SDGs「誰一人取り残さない」

① SDGs 17の目標

2015年、国連サミットでSDGs（エス・ディー・ジーズ）が採択された。SDGsとは、「Sustainable Development Goals（持続可能な開発目標）」の略称で、誰一人取り残さない持続可能で多様性と包摂性のある社会の実現を目指し、2016年から2030年（略）られたものである。「貧富の格差の是正」「気候変動への対応」など、17分野のゴール（目標）と、具体的な169のターゲット（達成基準）も設定されている。

■環境、社会、経済を三層構造で示した木の図

経済

8 働きがいも経済成長も
包摂的かつ持続可能な経済成長及びすべての人々の完全かつ生産的な雇用と働きがいのある人間らしい雇用（ディーセント・ワーク）を促進する

9 産業と技術革新の基盤をつくろう
強靭（レジリエント）なインフラ構築、包摂的かつ持続可能な産業化の促進及びイノベーションの推進を図る

社会

1 貧困をなくそう
あらゆる場所のあらゆる形態の貧困を終わらせる

2 飢餓をゼロに
飢餓を終わらせ、食料安全保障及び栄養改善を実現し、持続可能な農業を促進する

4 質の高い教育をみんなに
すべての人に包摂的かつ公正な質の高い教育を確保し、生涯学習の機会を促進する

3 すべての人に健康と福祉を
あらゆる年齢のすべての人々の健康的な生活を確保し、福祉を促進する

5 ジェンダー平等を実現しよう
ジェンダー平等を達成し、すべての女性及び女児の能力強化を行う

11 住み続けられるまちづくりを
包摂的で安全かつ強靭（レジリエント）で持続可能な都市及び人間居住を実現する

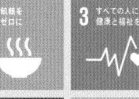

環境

6 安全な水とトイレを世界中に
すべての人々の水と衛生の利用可能性と持続可能な管理を確保する

7 エネルギーをみんなにそしてクリーンに
すべての人々の、安価かつ信頼できる持続可能な近代的エネルギーへのアクセスを確保する

13 気候変動に具体的な対策を
気候変動及びその影響を軽減するための緊急対策を講じる

12 つくる責任つかう責任
持続可能な生産消費形態を確保する

14 海の豊かさを守ろう
持続可能な開発のために海洋・海洋資源を保全し、持続可能な形で利用する

15 陸の豊かさも守ろう
陸域生態系の保護、回復、持続可能な利用の推進、持続可能な森林の経営、砂漠化への対処、並びに土地の劣化の阻止・回復及び生物多様性の損失を阻止する

ガバナンス

10 人や国の不平等をなくそう
各国内及び各国間の不平等を是正する

16 平和と公正をすべての人に
持続可能な開発のための平和で包摂的な社会を促進し、すべての人々に司法へのアクセスを提供し、効果的で説明責任のある包摂的な制度を構築する

17 パートナーシップで目標を達成しよう
持続可能な開発のための実施手段を強化し、グローバル・パートナーシップを活性化する

（環境省HPより作成）

解説 17分野のゴールは、ガバナンス（※）・環境・社会・経済のグループに分けることができる。ここではガバナンスは木を支える幹、環境・社会・経済はその先に生い茂る枝葉として表されている。木が健全に生育するためには、幹がそれらの枝葉をしっかり支えるとともに、水や養分を隅々まで行き渡らせる必要がある。ガバナンスが環境・社会・経済の目標を達成するためには不可欠であり、社会と経済は、環境が根底にあることを意味している。

※ガバナンス…組織や社会に関わる人々が主体的に関与を行う、意思決定、合意形成のシステムのこと。

□ ごみを減らす工夫をしている

環境

ごみを減らす工夫としては、リサイクル・リユース・リデュースなどがある。どのような行為が該当するのか理解し、実践したい。

参照ページ p.90〜91

□ 省エネや節電に取り組んでいる

2011年から国全体で取り組んでいる節電の動きや、地球温暖化防止のためにも、どのような行為が省エネになるのか理解し実践したい。

参照ページ p.89、93

□ 地震が発生したとき、適切な判断をして身を守ることができる

 **災害**

パニックを起こして慌てて建物から飛び出すと、上から物が落ちてくる場合もある。適切な判断ができるようになりたい。

参照ページ 口絵 13〜 16

□ 地震が発生したときの帰宅ルートや家族との連絡方法を把握している

どうやって帰ればいいの〜

2011年の東日本大震災のように、地震や災害は思ってもみないときに起こる。何が起きても慌てないように、日頃から家族で話し合い備えておきたい。

参照ページ 口絵 13〜 16

□ 思わぬトラブルにあったときやケガをしたとき、冷静に対処できる

熱中症？水分と塩分をとろう…

トラブルやケガでは、はじめの応急処置が大切な場合も多い。簡単な知識は身につけておきたい。

参照ページ p.337、339

□ 敬語の使い方を間違えていない自信がある

他

でね〜

相手や状況に応じて適切な言葉づかいをすることは、コミュニケーションの基本である。またお礼状などの手紙も書けるようになりたい。

参照ページ p.331、336

□ 家電製品を使うときの注意点を把握している

マンガンないからアルカリを使おう

ふだん何気なく使っている電気だが、使い方を誤ると思わぬ事故につながってしまうこともあるので気をつけたい。

参照ページ p.338

□ 同席者に対して恥ずかしくないテーブルマナーを身につけている

おとしちゃった

外食したときに恥ずかしい思いをしないよう、基本的なマナーは押さえておきたい。また、他の家に招かれたときの注意点も押さえておきたい。

参照ページ p.124〜125、330〜332

□ 披露宴や通夜へ出席するときにふさわしい服装を知っている

えっ昼は露出ひかえめなの？

それぞれの状況にふさわしい服装やマナーがある。一人だけ浮いてしまわないよう基本的なマナーは押さえておこう。

参照ページ p.326〜327、333

自分のチェック数

学習前 □個　学習後 □個

チェックした数から診断しよう。

- ○ 0〜7個　　生活力の明らかな不足。少しずつでもいいので身につけていこう。
- ● 8〜14個　　まだまだ発展途上。高校生の間にできるだけの生活力を身につけよう。
- ○ 15〜21個　ある程度の生活力あり。自分の苦手なところを克服していこう。
- ● 22〜28個　かなりの生活力あり。さらなる向上を目指そう。

※各項目の参照ページの先には詳しい解説があるので、目を通してみよう。

□ 住まいにダニやカビが発生
しないような工夫をしている

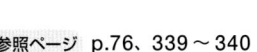

住

ダニやカビなどが発生する原因
を把握し、未然に防ぎたい。あわ
せて掃除のポイントも押さえてお
きたい。

参照ページ　p.76、339 ～ 340

□ 空き巣に備えた
住まいの工夫をしている

日常的に発生するわけではない
が、被害にあわないために、最低
限の防犯対策は怠らないようにし
たい。

参照ページ　p.77

□ 自分の部屋が使いやすいように
工夫をしている

収納は、工夫次第で有効活用が
可能だ。照明器具もさまざまな種
類があるので、雰囲気にあわせて
使い分けよう。

参照ページ　p.74 ～ 75

□ 衣服のカラーコーディネートには
自信がある

色の与える影響や組み合わせの基
本を知ることで、自分自身をうまく
コーディネートしていきたい。

参照ページ　p.52 ～ 53

□ アイロンは
自分でかけられる

形状記憶シャツなどアイロンをか
る必要がない服も近年増えてきて
るが、基本的なかけ方は押さえて
きたい。

照ページ　p.63

□ 契約を解除できる場合が
あることを知っている

消費

どのような行為が「契約」とな
るのか把握しよう。また、私たち
消費者を守る法律や、契約を解除
できる場合があることを知ってお
くことも必要だ。

参照ページ　p.82 ～ 83

□ どのような問題商法があるのか
知っている

世の中には、さまざまな方法で
物を売りつけ、金を稼ごうとする
人がいる。どのような問題商法が
あるのか把握し、被害にあわない
ようにしたい。

参照ページ　p.84

□ ネットショッピングの留意点を
把握している

ネットショッピングはいつでも
買い物ができて便利だが、トラブ
ルも多く起こっている。トラブル
を未然に防ぐために気をつけるこ
とや、トラブルにあってしまった
ときの対策も押さえておきたい。

参照ページ　p.85

□ クレジットカードは分割回数によって
支払総額が違うのを知っている

クレジットカードで払うのは便
利だが、「借金」でもある。注意
点を押さえておきたい。

参照ページ　p.86 ～ 87

□ 私たちが使う商品についているさまざ
まなマーク。その意味を知っている

さまざまな意味が込められてい
るマーク。その意味する内容を正
しく理解すれば、より賢い商品の
選択・購入ができる。

参照ページ　口絵 ■21 ～ ■22

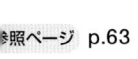

社会」を目指して

② SDGs17の達成状況

各国のSDGsに対する取り組みがどのくらい進んでいるかを示したレポートが、毎年発表されている。166か国のランキングも示されている。ただし、2030年までにすべてのゴールを達成できそうな国はまだひとつもないという。

カッコ内数値はスコア

1位	フィンランド (86.8)	4位	ドイツ (83.4)	31位	大韓民国 (78.1)
2位	スウェーデン (86.0)	5位	オーストリア (82.3)	39位	アメリカ合衆国 (75.9)
3位	デンマーク (85.7)	21位	日本 (79.4)	49位	ロシア (73.8)

(Sustainable Development Report 2023より)

● 日本　　　　　　　　　　　　　　　　　　　　　　　21位

日本はジェンダー平等やパートナーシップの実現、海や森林の保護、気候変動、クリーンエネルギーの利用などにおいて「主要または重要な課題が残っている」と評価されています。同性婚を合法化していない、女性の管理職が増加していないなどの「ジェンダーギャップ」が解消されていない状況にあります。また、海や森林の保護も十分でない状態です。

しかし、教育、技術革新、平和と公正の実現においては高く評価されており、子ども食堂や生活困窮者を支援するためのフードバンクを行う非営利団体や、男女共同参画の推進に向けた研修を行っている独立行政法人など、多くの団体・企業がSDGsの課題達成に向けて取り組んでいます。

 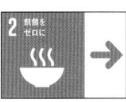 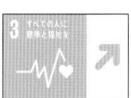 

 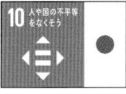  

 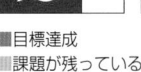

■目標達成　　　　　　　↑目標達成／目標達成が順調
■課題が残っている　　　↗達成に向けて順調
■重要な課題が残っている　→停滞している
■主要な課題が残っている　↓悪化している
　　　　　　　　　　　　●データなし

(Sustainable Development Report 2023より)

● フィンランド　　　　　　　　　　　　1位

公的福祉制度が充実しており、特に子育て支援は充実している。出産費は国民保険の対象で、出産時には「ベビーボックス」か、出産給付金のいずれかがもらえる。2021年からは、両親のそれぞれに164日ずつの育児休暇が与えられ、ひとり親でも、親2人分の有給育児休暇を取得できる。また、保育園から大学院までの教育費が無償である。

このほか、教育現場ではLGBTについて学ぶ機会があり、自治体や企業ではジェンダー平等への取り組みも進んでいる。

さらに国民全体の環境保全に対する意識が高く、再生可能な素材を使った商品を選ぶことや、自然の中で過ごしたり、自転車や徒歩で移動することが一般的になっている。

● デンマーク　　　　　　　　　　　　3位

デンマークには、持続可能な社会を目標に運営されているコミュニティ「エコビレッジ」がいくつもある。「UN17 Village」というプロジェクトは、SDGsの17の目標すべての達成を目指して運営されている。このエコビレッジの建設には、廃材などからつくられたアップサイクル資材が使われている。

また「食品ロス」への関心が高く、「Too Good To Go」というアプリにより、レストランや食料品店で余った食料品を誰もが安価で購入できる。2016年には「Wefood」がオープンし、賞味期限切れ商品のほか、パッケージに傷のある商品や、色・形の悪い野菜などが市場価格の30～50%引きで販売され、利益の一部は飢餓に苦しむ国への慈善活動に寄付されている。

18歳から "おとな" へ　2022年4月〜

1 18歳成年で何が変わった？変わらない？

1 チェック！

　民法が改正されて、2022年4月1日以降は18歳以上が「成年」として扱われ、法律上できることが増えた。18歳でできるようになると思うものにチェックを入れよう！

❶ 保護者の同意なしの結婚　□
❷ 飲酒・喫煙　□
❸ 保護者の同意なしのローン契約　□
❹ 10年有効なパスポート作成　□
❺ 性別の変更申し立て　□
❻ 国民年金への加入義務　□
❼ 保護者の同意なしのアパート賃貸契約　□
❽ 携帯電話の加入契約　□

2 あなたは、いつから「成年」？

	2005年度生まれ	2006年度生まれ	2007年度生まれ	2008年度生まれ
2024年度	18歳→19歳	17歳→18歳（高校3年生）	16歳→17歳（高校2年生）	15歳→16歳（高校1年生）
2025年度	19歳→20歳	18歳→19歳	17歳→18歳（高校3年生）	16歳→17歳（高校2年生）
2026年度	20歳→21歳	19歳→20歳	18歳→19歳	17歳→18歳（高校3年生）
2027年度	21歳→22歳	20歳→21歳	19歳→20歳	18歳→19歳

解説　2022年4月以降は、18歳の誕生日を迎えた人から順次成年となる。高校3年在学中に成年となるので、どんなことができるようになるのか、またどのような責任がともなうのかをよく理解しておこう。

3 成年年齢引き下げについてどう思う？

17〜19歳の男女各400人に聞いたところ、不安を感じる意見が多く示された。

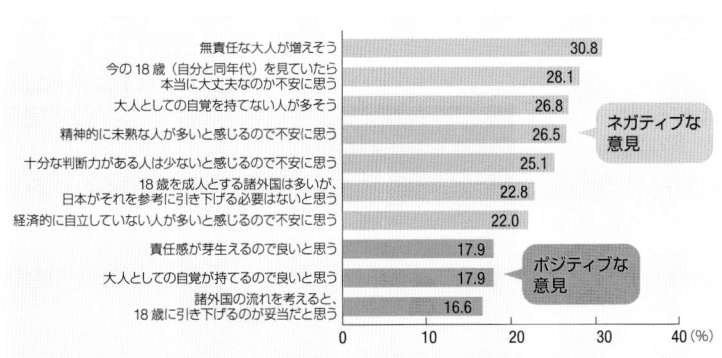

	(%)
無責任な大人が増えそう	30.8
今の18歳（自分と同年代）を見ていたら本当に大丈夫なのか不安に思う	28.1
大人としての自覚を持てない人が多そう	26.8
精神的に未熟な人が多いと感じるので不安に思う	26.5
十分な判断力がある人は少ないと感じるので不安に思う	25.1
18歳を成人とする諸外国は多いが、日本がそれを参考に引き下げる必要はないと思う	22.8
経済的に自立していない人が多いと感じるので不安に思う	22.0
責任感が芽生えるので良いと思う	17.9
大人としての自覚が持てるので良いと思う	17.9
諸外国の流れを考えると、18歳に引き下げるのが妥当だと思う	16.6

ネガティブな意見
ポジティブな意見

（日本財団「18歳意識調査」2018年より）

4 国際比較

国名	成年年齢	完全婚姻年齢※1
日本	18	18
イギリス	18	18
アメリカ	18、19、21※2	18、19、21※2
ドイツ	18	18
フランス	18	18
イタリア	18	18
オーストラリア	18	18
韓国	19	19
中国	18	男22、女20

※1：親の同意なしに本人の意思のみで婚姻できる年齢のこと。
※2：州によって異なる。

（出典：国立国会図書館「民法の成年年齢・婚姻適齢・養親年齢」2018年より）

5 なぜ成年年齢は18歳に引き下げられたの？

1876年 太政官布告	満20歳で丁年（一人前とする年齢）
1896年 民法成立	満20歳を成年と法律に明記
2007年 国民投票法成立	満18歳以上で国民投票可能（2010年施行）
2015年 公職選挙法改正	満18歳以上を選挙年齢（2016年施行）
2018年 民法改正	満18歳を成年年齢とする（2022年施行）

　若者の政治参加を促すために、近年法律が整備されてきた。市民生活に関わる成年年齢もこれに合わせるために民法が改正され、若者も積極的に社会に参画する「権利」を得るとともに「責任」も発生することとなった。

6 成人式はどうなるの？

　多くの自治体は、これまで成年年齢とされた20歳になる年度に成人式を行ってきた。しかし成人の日は1月第2月曜日とされており、高校3年生にとっては受験や進路決定の重要な時期。お祝いどころじゃないかもしれない。
　こうした不安を受けてか、法務省の調査によると8割近い自治体が従来通り20歳になる年度に成人式を実施するという。自分が住んでいる地域の成人式について、いつどのような形で実施するのか調べてみよう。

⑦ 20歳→18歳となるもの［契約］

 **以前は…**

20歳未満は社会経験が少なく、判断力が不十分なため、契約（→p.88）には保護者の同意が必要だった。

 **2022年4月〜**

18歳以上なら成年（責任も判断力もある）とみなされ、保護者の同意がなくても契約が可能となった。

（例）・スマホを契約する ・クレジットカードをつくる
・アパートを借りる ・消費者金融から借金する
・高額商品を購入してローンを組む　など

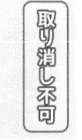

●未成年者取消権

以前は…

契約時に20歳未満であれば、保護者の同意がない契約は取り消すことができた。

2022年4月〜

18歳以上の契約は取り消すことはできなくなった。取り消すことができる未成年は、18歳未満となった。

契約書
価格 50万円
名前 ○○△△
年齢 18歳
取り消し可

契約書
価格 50万円
名前 ○○△△
年齢 18歳
取り消し不可

ただし、契約時に
・年齢を偽る
・保護者の同意があると偽る
などの場合は対象外。この他小遣い程度の契約金額も対象外。

ただし、クーリング・オフや消費者契約法（→p.83）などによる契約解除は年齢に関係なく有効だ。

　今後は18〜19歳の人は未成年者取消権を行使することができなくなるため、問題商法（→p.84）などによる消費者被害の拡大が懸念される。トラブルに巻き込まれてしまったら、消費者ホットライン「188」に電話しよう！

⑧ 16歳→18歳に引き上げられたものは？

♥ **婚姻年齢**（→p.4、8、11）

　これまでは男18歳、女16歳で、親の同意が必要だった。女性の婚姻年齢が引き上げられ、男女ともに18歳に統一され、親の同意も不要となった。

⑨ 20歳→18歳となるもの［その他］

❶ **パスポート**

　5年用パスポートだけでなく、10年用パスポートも取得可能に。

10年用　　5年用

❷ **民事裁判**

　代理人無しに民事裁判を起こすことができる。

❸ **性別変更**

　性同一性障害により、家庭裁判所に性別変更の申し立てができる。

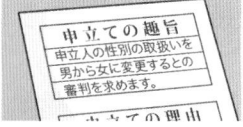
申立ての趣旨
申立人の性別の取扱いを男から女に変更するとの審判を求めます。

❹ **裁判員**

　一般の人が裁判官と一緒に判決を出す制度。

❺ **資格取得**

　公認会計士や司法書士、行政書士などの資格を取得できる。

　これらのほかに、重国籍を持つ者が国籍を選択する規定も2歳引き下げられた。

⑩ 20歳のまま変わらないものは？

　成年の定義が18歳に引き下げられても、20歳のまま変わらないこともある。

❶ **飲酒・タバコ**

　酒やタバコは20歳未満は禁止。売った店や放置した保護者が罰せられることもある。

❷ **国民年金保険料納付**

　加入義務年齢は20歳以上で変わらない（→p.50）。

❸ **公営ギャンブル**

　20歳未満の者は、競馬、競輪、競艇、オートレースに賭けてはいけない。

Let's Act 話し合ってみよう！

●成年になったらやってみたいことは、何だろう？
●成年になったら注意すべきことは、何だろう？
●成年になった身近な人に、話を聞いてみよう。

チーム作りってどうやったらいいの？

「○○さんの指示に従っていれば大丈夫！」「自分から動け！ といわれるけど、できることは何があるかな…」「クラスで目立ちたくないな…」「みんなのために一人でやっちゃおう…」

グループワークや調理実習を行うとき、こんな気持ちになってしまわないように一人ひとりが力を発揮できる「チーム」で行動しよう。

グループとチームの違いって？

グループ
目的があるか無いかは関係なく、人が集まっている集団。

チーム
ある目的を達成させるために集まった集団。メンバーが自分の役割を果たすことで、目的を達成させることができる。

チームで活動するときの「合言葉」！

❶「この授業の目的ってなんだっけ？」→ 目的を共有する

グループワークや調理実習には必ず目的がある。しかし、それぞれが全く違った目的を目指していては、いつになっても達成させることはできない。全員で**目的を共有**し、チームでやるべきことを明確にしよう。

❷「私は○○できます！」→ 率先して行動する

チームの目的を達成するために、自分ができることを考え、**自ら率先して行動**することで、チームの目的達成に貢献することができる。まずは自分ができることから始めればいいので、進んで行動しよう。

書記やるよ / 発表ならまかせて / 絵は描けるよ / 何ができるかな

❸「困っていたら、助けるよ！」→ 仲間を支援する

チームでの活動は、**仲間を支援**することで、予想以上の結果を出すこともできるようになる。メンバーの得意なところを発見したり、不得意なところは助け合うことでチームの力を高めることができる。

さっきの行動ココがよかったよ！ / 困ってたら助けるよ！

チーム活動で気をつけたいこと

チームでの活動を成功させるには、先に紹介した『合言葉』のほかにも心がけたいことがある。

❶ 時間を守ろう

先生が合図を出したらすぐに手を止めよう。

❷ 恐れずどんどん発言しよう

思いついたら恐れずに発言してみよう。意見がまとまっていなくても話しているうちにわかってくることもある。

❸ どんな意見でも受け入れよう

どんな意見でも、批判・評価をせず、多様な意見を受け入れ、活発な雰囲気を作ろう。

Check!

…と思うんだけど…
それ面白いね！

グループワークの具体例

❶ Think-Pair-Share

チームで活動するときに基本となる手法のひとつ。まずは課題に対して個人で考え（Think）、それをペア（Pair）、またはチームで共有する（Share）。自分とは違った考え方を知ることで視野を広げることができる。

答えをひとつにまとめる必要があるときには、お互いの意見を尊重しながら進めよう。

❷ ブレインストーミングとKJ法

ブレインストーミングとは、課題に対して浮かんだアイディアや情報を模造紙などに書き出していく手法である。また、模造紙に直接書き込まず、付せんなどに書き出せば、情報の整理がしやすくなる。どんな内容でもよいので、とにかくたくさん書き出すことが重要である。

KJ法とはブレインストーミングで付せんなどに書き出された多くのアイディアや情報をグループ分けなどすることで、整理・分析を行う手法である。情報を効率よく整理できるだけでなく、問題の特定や新たな問題解決策の発見、アイディアの創出なども期待できる。

どんな「エコ」がある？ / エコバッグ / クールビズ / エコクッキング / ウォームビズ / フリマアプリ / 地産地消 / 車を使わない / 質より量 / うら紙を使う / まだまだありそう

グラフをしっかり見ている？

私たちの周りには、さまざまな統計資料やデータがあふれている。本書にも多くの統計資料やデータが掲載されているが、あなたはどのように統計を読んでいるだろうか。改めて確認してみよう。

❶ 注目するのは平均値だけ？

給与階級別給与所得者数

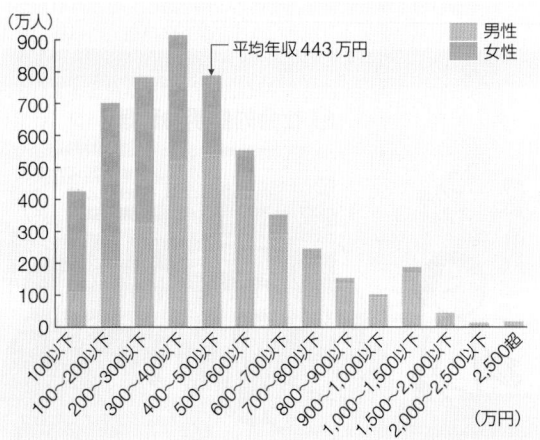

（国税庁「令和3年分 民間給与実態統計調査」）

解説 「平均年収は443万円」として公表されているが、年収は低い人もいれば高い人もおり、分布には、かなりのバラつきがある。また平均値＝最大多数でもない。"平均"など一部の数値だけに注目するのではなく、どのように分布しているのかなど、グラフの特徴にも注目する必要がある。

❷ 資料に現れないものは？

健康意識の構成割合

■あまりよくない ■よくない ■不詳

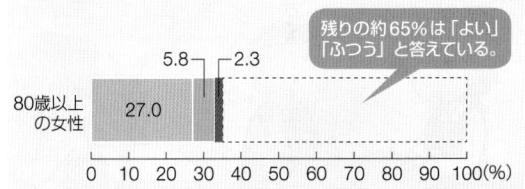

残りの約65%は「よい」「ふつう」と答えている。

（厚生労働省「令和元年 国民生活基礎調査」より作成）

解説 自分の健康状態について、「あまりよくない」「よくない」と思っている人（ここでは女性）の割合は、80歳以上では約3割いる。しかし、残りの約65%の人は「よい」「ふつう」と感じていることや、80歳以上には、90歳以上の人も含まれることについても留意する必要がある。

❸ 急増している？ ほとんど変化ない!?

育児休業の取得率（男性）

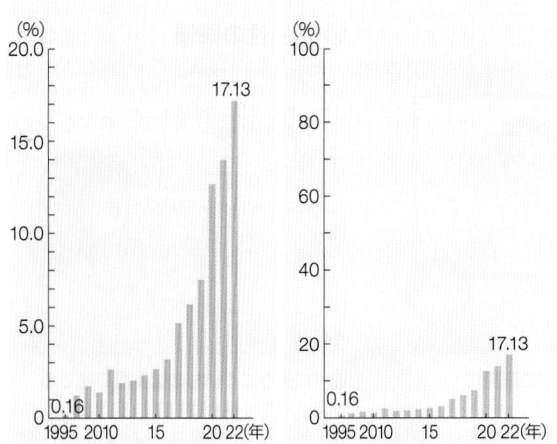

（厚生労働省「雇用均等基本調査」）

解説 男性の育児休業取得率は、左のグラフからは急上昇しているように見える。しかし、右のグラフを見るとそこまで大きく上昇しているようには見えない。同じデータであっても、値（縦軸など）が違えば、印象が大きく変わることに注目して判断する必要がある。（→p.28 ❷❸）

❹ あなたは信じる？ 信じない？

専業主婦世帯とルームエアコン国内出荷台数の推移

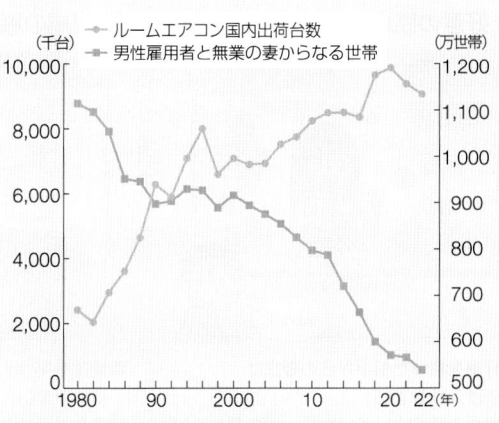

（総務省「労働力調査」「労働力調査特別調査」、一般社団法人日本冷凍空調工業会「家庭用エアコン（ルームエアコン）国内出荷実績」より作成）

解説 「専業主婦が減るとエアコンがよく売れる」 こう言われたらあなたは信じるだろうか。もちろん、「専業主婦」と「ルームエアコン」の間に関係性はなく、これは全くの偶然である。しかしグラフの見せ方によって、全くの偶然を真実であるかのように印象づけられるのである。

Act 3 「私の理想の家」をプレゼンしてみよう →p.78〜81

1 「私の理想の家」プランニングシートを作成しよう。

【個】❶ 誰と住むことを想定しますか?

【個】❷ どのような家にしたいか、プランニングシートを作成しよう(参考:広告、雑誌、書籍など)。

イメージ資料を添付したり,
イラストを描いたりしてみよう。

模造紙に写真や自分のこだわりポイントを示した資料の例。

【個】❸ 各項目にそって、自分のこだわりポイントを書き込もう。

項目		具体的な説明 (こんな感じにしたい! その理由、こだわりポイントなど)
外観		
間取り		
各部屋の様子	リビング	
	ダイニングキッチン	
	自分の部屋	
	風呂	
	トイレ	
	洗面所	
	庭・ベランダ	
暮らしの様子 (食事、ファッション、趣味、ペットとの暮らし、など)		

2 発表とまとめをしよう。

【班・全】❶ プランニングシートをチーム内で発表しよう。

【個】❷ 友達のプランニングシートを聞いた感想をまとめよう
(参考になったことなど)。

Act 4　身近な "もったいない" エコライフ※を提案しよう →p.88〜91

※環境に配慮した暮らし

❶ ノーベル平和賞（2004年）を受賞したワンガリ・マータイさんの発言を読んで考えよう。

『はじめて日本語の「もったいない」の意味を知った時、世界へのメッセージとして大事な言葉だと直感しました。私はまず、もったいないの精神的なルーツにとても惹かれました。そして、長年、環境問題に取り組むなかで掲げてきた合言葉「3つのR」（リデュース・リユース・リサイクル）を、たった一言で言い表しているのが素晴らしいと思いました。（中略）「私になにができるの」と聞かれたら、私はいつも、「人間一人ひとりに変化を起こす力があるのよ！」と答えます。』

「MOTTAINAI もったいない　プラネット・リンク編」

ワンガリ・マータイ
（ケニアの環境副大臣、1940 − 2011）

個 ❶ あなたは「もったいない」ということばを、どんな場面で使ったことがあるだろうか。

個 ❷ 「もったいない」とは、何（だれ）に対するどんな気持ちが込められているか考えてみよう。

❷ 持続可能な社会に向けて、できることを考えてみよう。

❶ 省エネルギーの実践など、行動していることや、やってみたいことをあげて、話し合おう（→p.93）。

場面	個 考えをまとめよう	班 チームで話し合おう
夏、冬（電気、ガスの使用など）		
水道（水の使用、雨水の活用など）		
その他（暮らし方など）		

❷ 身近な生活の中でできるエコライフをあげて、話し合おう（→p.91〜93など）。

場面	個 考えをまとめよう	班 チームで話し合おう
衣生活		
食生活		
住生活		
生活行動など		

洋服のリメイク
とか どうかな？

個 ❸ ❶・❷をふまえ、「これはいい」「やってみたい」と思ったことや感想などをまとめよう。

❸ 時間があれば、実習してみよう。

個 空き瓶にイラストを描いて、小物入れや花瓶を作ろう。

[材料] 空き瓶（ジャム、はちみつなど）、ガラス用絵具

❶ 空き瓶はシールなどをはがし、洗って乾かしておく
　（シールはお湯にしばらくつけておくとはがしやすい）。
❷ イラストを考え、空き瓶に描いていく
　（瓶の内側に下絵を貼りつけると、描きやすい）。
❸ 絵具が乾いたら、できあがり。

他にも
捨ててしまうもので
何かできないかな

金融商品を賢く使う

● 銀行の機能と主な商品・サービスは？

機能	商品・サービス		内容
増やす	預金	普通預金	預け入れや払い戻しが自由。個人向き。カードや通帳を利用。
		定期預金	原則一定期間引き出せず、利子が普通預金より高い。
		通知預金	大口の金額を7日以上預け、引き出す2日前に予告する。
		当座預金	支払いに小切手等を用いる企業向けの預金で無利子。
借りる	借入れ（ローン）		住宅ローン、教育ローン、マイカーローン、カードローン等
動かす	振り込み（送金）		他の銀行や他の人の口座に振り込みができる。
	自動支払い（口座振替）	一度手続きが必要	公共料金などを毎月自動で支払える。
	自動受け取り		給与や年金等を毎月自動で受け取れる。
	Pay-easy（ペイジー）		パソコンやATMから公共料金や税金等の支払いができる。
	デビットカード		銀行口座から買い物代金を即時引き落とせるカード。
	インターネットバンキング		インターネットで口座残高の照会や振り込み等ができる。
その他	外貨両替		円を外貨に両替。交換レートは銀行により、日々、異なる。
	その他		保険の加入、投資信託の売買、個人向け国債の購入等も可能。

（金融庁Webサイト「わたしたちの生活と金融の働き」、坂本綾子「今さら聞けないお金の超基本」、マイナビブック「一生困らないお金の貯め方・増やし方」より作成）

解説　銀行との付き合いなしには生活が成り立たないくらい、銀行の商品・サービスは社会に浸透している。ATMでは、現金の引き出しと預け入れ、振り込み、通帳記入などができる。取引状況に応じたポイント付加、手数料無料などの会員サービスや、重要書類などを保管する貸金庫もある。取り扱う商品も、投資信託や保険まで幅広く、銀行のサービスの提供方法は、時代と共に進化している。銀行の窓口営業時間は、9：00～15：00と法律で定められているが、銀行の判断で延長も可能となっている。

● 金融商品のポイントをおさえよう

❶ 金融商品の性格

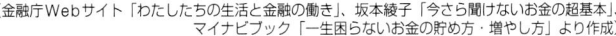

安全性

元本保証されているか？
預金保険制度の対象か？

収益性

より高いリターン（収益）が期待できるか？

流動性

すぐ引き出せるか？
換金できるか？
中途解約できるか？

解説　3つの性格全てに優れた金融商品は1つもない。それぞれの長所と短所を理解し、自分の目的別に商品を選ぶことが大切。

❷ さまざまな金融商品

❶預貯金（申込先）
・積立定期預金…毎月決まった積立日に、毎月決まった積立金額を普通預金口座から自動積立する。
・外貨預金…日本円を海外の通貨に替えて預ける。
・財形貯蓄…賃金から一定の金額を天引きして貯蓄する。
・社内預金…希望する従業員の給与の一部を預かり、会社が管理する。
❷債券…国や企業などが、借金する際に発行する文書（有価証券）。保有している間は定期的に利息がもらえ、満期になれば貸したお金が戻る。
❸投資信託…投資家から集めたファンド（運用基金）を資金として、専門家が投資・運用する。投資額に応じて利益が還元される。
❹株式…株式会社に資金を出資して株主になり、経営に参加

する権利や配当金を受け取る権利を得る。
❺保険…貯蓄代わりに使えるものがある。個人年金保険、終身保険、養老保険、子ども保険が代表的なものである（→p.96～97）。

解説　金融機関を選ぶポイントは、①利便性②金利③ATM利用手数料④振込手数料の4点である。
・外貨預金は、円に戻して受け取る際、為替レートによって受取額が異なる。
・掛け捨てではない保険は、保険料が高く、低金利である。保険料は一定額まで所得控除ができて少々節税できる。払った保険料には保障が含まれているため、受取額が支払額を下回る「元本割れ」が生じることもある。

（金融庁Webサイト「基礎から学べる金融ガイド」坂本綾子「今さら聞けないお金の超基本」）

■ 税金を優遇される金融商品

（＋はメリット、ーはデメリットを示す）

● 確定拠出年金（→p.44）…現役時代に掛け金を積み立てて運用し、60歳以降に生活資金として受け取る。
＋現役時代は節税、老後の受取時も税金が優遇される。ー60歳まで引き出せない。投資信託の場合元本保証がない。

	企業型	個人型（iDeCo）
制度対象者	導入している会社の社員	公的年金制度に加入する20歳以上65歳未満の者
投資限度額（月額）	55,000円（企業により異なる）	個人事業主68,000円、公務員12,000円、専業主婦23,000円 会社員　勤務先の企業年金制度により12,000～23,000円
利用金融商品	預金、投資信託（運営管理機関によっては保険もあり）	
運営管理機関	勤務先が契約した金融機関	自分で選んだ金融機関
運営管理手数料	勤務先が払うケースが一般的	自分で払う

（坂本綾子「今さら聞けないお金の超基本」、森本貴子「お金の教室」より作成）

● つみたてNISA（小額投資非課税制度）

毎月投資信託で積み立てる。
＋利益にかかる税金が20年間非課税。ー元本保証がない。

制度対象者	20歳以上の国内居住者
年間の投資上限金額	40万円
投資期間	2042年まで
非課税対象	分配金や譲渡金
非課税期間	最長20年間
資金の引き出し	いつでも可能

（金融庁Webサイト「基礎から学べる金融ガイド」）

● 財形住宅貯蓄
● 財形年金貯蓄

＋利子などが非課税。ー用途以外で引き出すと課税。

制度対象者	55歳未満の勤労者
非課税対象金額	財形住宅貯蓄と財形年金貯蓄合わせて550万円まで
積立期間	5年以上

財形年金貯蓄は60歳まで引き出せない。60歳以降に受け取る場合、5年以上20年以内の期間で受け取る。

（坂本綾子「今さら聞けないお金の超基本」などより作成）

❸ 金融商品を選択するポイント　～リスクとリターンの関係～

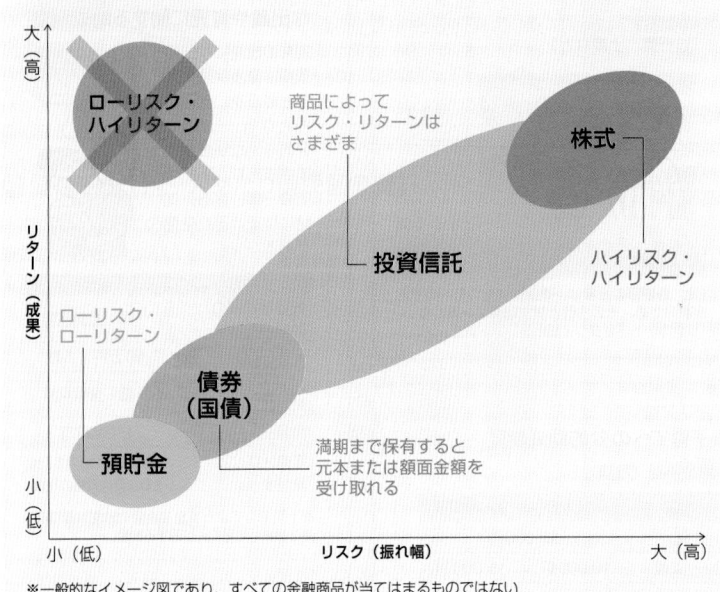

※一般的なイメージ図であり、すべての金融商品が当てはまるものではない

（日本証券業協会Webサイト）

❹ 株式等の取引きの際のルール

・**手数料がかかる**
　株式・債券・投資信託の売買には、通常、手数料がかかる。

・**株はすぐには現金にならない**
　例えば、株式を売った場合、自分の口座に金が振り込まれるのは、売った日を含めて3営業日目となる。

・**利益が出たら、税金を払う必要がある**
　売って利益が出た時や配当金を受け取ったら税金を払う。証券会社による代行制度があり、口座開設の際に確かめる。

（金融庁Webサイト「基礎から学べる金融ガイド」）

解説　以下の4つの観点でリスク管理をする。①複数の商品を分散して投資する。②商品によっては長期間保有する。③ハイリスク・ハイリターンの商品には、余裕のある資金で投資する。④同じ商品でも投資する時期をずらす。

また、金融ADR制度という制度がある。利用者と金融機関との間でトラブルが発生した時に、当事者以外の第三者（金融ADR機関）にかかわってもらいながら、裁判以外の方法で解決を図る制度である。中立・公正、迅速、低コストの3大メリットがある。

（金融庁「わたしたちの生活と金融の働き」、金融庁Webサイト）

ボランティアに参加してみよう！

● あなたはどんなボランティアに向いてる？

START ⇒ YES ⇒ NO
「頼りになるね」とよく言われる

時間はないけれど、何かしたいあなた
- 募金活動
- リサイクル品の回収
- 衣料品・医薬品を集めて外国へ
- 国際里親（フォスタープラン）

海外支援の募金を呼びかける高校生

身体を動かすことが好きなあなた
- 野外活動やスポーツなどの指導
- 河川や森林のごみ拾い
- 障がい児キャンプのリーダー
- 災害時の支援活動

東日本大震災の避難所を設営する高校生

部屋が片付いていないと落ち着かない

どちらかといえばアウトドア派

チームプレーは得意だ

世界を舞台に活躍したい

パソコンならまかせて！

特技をフルに活用したいあなた
- 点字・手話・日本語通訳
- 施設を訪問して楽器や歌を披露
- パソコンを使った事務運営
- 福祉機器・補助具づくり

被災地の野外コンサートで演じる高校生

クラブやサークルで忙しい学校生活を送っている

いま、夢中になっていることがある

何か始めたら止まらない凝り性だ

じっくりお付き合いが得意なあなた
- 高齢者や障害者への介助
- 不登校児童・生徒の相談相手
- 地域の子どもたちとの交流
- 外国人学生への日本語通訳

子どもが好き

被災地で子どもと遊ぶ高校生

（東京ボランティア・市民活動センターの資料より作成）

● ボランティアを始めるにあたって

●ボランティアの4原則

❶自ら進んで行動する
自主性　**主体性**
「やってみよう」という気持ちが大切。強制されたり義務的に行うものではない。

❷ともに支えあい学びあう
社会性　**連帯性**
性別・年齢・職業や国境を越えて、多くの人々と協力する。

❸見返りを求めない
無償性　**無給性**
活動の見返りとして金銭的な報酬を目的にはしない。感動や共感が返ってくる。

❹よりよい社会を創る
創造性　**先駆性**
自由な発想やアイディアをもとに、現状にとらわれず、新しい方法を創り出していく。

（東京ボランティア・市民活動センター資料より）

● さぁ始めよう

　年齢や性別はもちろん国境すら越えて、あなたを必要としている人は必ずいる。まずは身近な活動に参加してみよう。
　自分の住んでいる地域でどんなボランティア活動があるかは、地元のボランティアセンター（社会福祉協議会）に問い合わせてみよう。

●ボランティアセンターの役割
❶活動の相談・紹介　❷情報収集・提供
❸研修の開催　❹調査・研究　❺交流会
❻イベント開催　❼ボランティア保険手続き

いつか来る災害に備えよう

東日本大震災や熊本地震など、地震をはじめとした自然災害を完全に防ぐことは不可能である。しかし想定される最悪の事態に備えることで、被害を最小限に抑えることはできる。日頃から「災害は必ず来る」という前提で、どうすべきかを話し合っておこう。

被災した熊本城戌亥櫓

● 災害に備える工夫

地震 に備える工夫

いつ襲ってくるかもわからない地震。いざというときのために、日ごろの備えが大切となってくる。地震災害では、家屋そのものの倒壊の他に、家具の転倒やものの落下による被害が多いので、対策を施そう。具体的には、家具などの転倒や、割れたガラスの飛散を防止する。高いところには割れやすいものは置かないことも大事だ。また、家具が転倒しても安全なレイアウトを心がけよう。

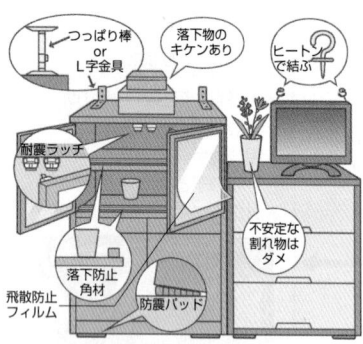

●地震対策チェックポイント

- □ 背の高い家具に転倒防止対策はしているか
- □ 食器棚などのガラス扉に、飛散防止フィルムは貼られているか
- □ 家具の扉に耐震ラッチはついているか
- □ 家具が倒れても問題ないレイアウトか
- □ 重いものを下に、軽いものを上に収納しているか
- □ 防災グッズの準備はOKか
- □ 夜間でも懐中電灯をすぐに用意できるか
- □ 1日1人3Lの水は用意しているか
- □ 広域避難場所がどこか知っているか
- □ いざというとき、家族との連絡方法は決まっているか
- □ 家まで歩いて帰るルートを知っているか

台風 に備える工夫

台風が直撃するまでには、数日の余裕がある。気象予報などをこまめにチェックして、強い風と雨への対策をしておこう。

❶**屋根**：アンテナや瓦の確認
❷**ベランダ**：鉢植えや物干し竿等は風に飛ばされるので、屋内へ取りこむ
❸**窓**：強風による破損や飛来物対策。窓を閉め、雨戸やシャッターを下ろす
❹**浸水の備え**：家財道具を高い場所へ移す
❺**避難の準備**：浸水や土砂崩れなどの危険性がある地域では、いつでも避難できる準備をしておく

竜巻 に備える工夫

2012年5月、北関東に大型の竜巻が発生して、大きな被害が出た。竜巻は日本各地でいつでも起きる可能性がある。台風と同じ備えが必要だが、直撃すると風の威力は台風の比ではなく、家屋ごと飛ばされてしまう。「竜巻注意情報」をチェックして家屋の対策を済ませよう。もし直撃する場合は、事前に避難するようにしよう。
●警報が出たら…
- 外にいる場合：ビルなど頑丈な建物に避難する。車の中は危険。
- 家にいる場合：窓には近づかない。2階より1階が比較的安全。
- 身を小さくして、頭や体を守る。

落雷 に対する備え

●屋外にいるとき
- 安全な屋内に避難するのが一番だが、やむを得ない場合は姿勢を低くしてやりすごそう。
- 高い木は落雷しやすく、近くにいるとその木から放電（側撃雷）するので、2m以上離れる。
- 車の中は、落雷しても車体を通じて地面に電気が逃げるので、安全といわれている。

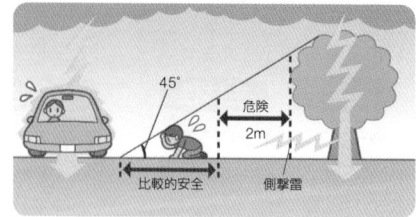

●屋内にいるとき
- 停電に備えて、懐中電灯や予備の電池を用意。
- 不要な電源プラグは、コンセントから抜く。
- どうしても使用する場合は、雷ブロック機能付きの電源タップなど、落雷防止機器を使用する。
- パソコンは過剰電流に弱いので、できれば使用を避ける。ノートパソコンならコンセントを抜いて、バッテリーのみで使おう。

🔘 生きるための防災グッズ

> 広域に被害が生じる大地震の場合は、7日分の備蓄が必要。

● 防災グッズ──救助が来るまでの3日間をサバイバルするための必須アイテム

ヘルメット
防災ずきん
飲料水
非常食
非常用持ち出し袋
軍手
ライター
懐中電灯
予備の電池
救急セット
常備薬の中からコンパクトにそろえよう。
ろうそく
歯ブラシ
ラジオ
生理用品
ゴミ袋
健康保険証 印鑑 通帳 現金
ナイフ
缶切り
割り箸
紙コップ
小物入れにまとめる

● ポリ袋を使って、鍋を汚さずにお米を炊く方法

【材料】米1カップ、水1.2カップ

❶ 耐熱性のポリ袋に米と水（分量外）を入れて軽くもみ、とぎ汁を捨てる。

❷ 吸水するまで待ってから、水を入れて袋の空気を抜いて、口を閉じる。

❸ 水を入れた鍋に、❷のポリ袋を入れて、沸騰後20分ほど加熱する。その後10分蒸らす。

> 袋が鍋肌に触れないように注意する。箸などにつるすとよい。

❹ 食器の洗い物を減らすために、ポリ袋を皿にのせてそのまま食べる。

● OnePoint

・耐熱性がある炊飯袋を非常用に用意しておくとよい。
・米に具材を入れてもよい。
・袋を開ける際は湯気に注意。
・鍋のお湯の余熱で缶詰やレトルト食品を温めてもよい。

● 最も重要なものが水

生きるためには、1日約3Lの水が必要といわれている。3日分なら約9L必要だ。これ以外の生活水として、湯船の水を残しておくなどの工夫が必要だ。

● 緊急地震速報

気象庁から、地震の初期微動から予測される震度を通知する。携帯電話やテレビ放送で流される。精度に問題は残るが、数秒～十数秒程度の時間とはいえ、車を止めたり、とっさの避難は可能となる。

緊急地震速報
来る前に知る

🔘 家族とつながるために

自然災害はいつ起きるのか、誰にもわからない。大きな災害が起きた場合、一時的に家族がバラバラになる可能性もあるし、戻る自宅が失われることもある。そうした場合に備えて、家族が集合する場所を、自宅以外にも複数決めておこう。集合できない場合、家族同士の安否確認の方法も決めておこう。

● 一時避難場所と広域避難場所の確認

・一時避難場所：延焼火災などから一時的に避難するための場所。近隣の公園などが指定されることが多い。帰宅困難者が公共交通機関が回復するまで待機する場所としても利用される。

・広域避難場所：地震などによる火災が延焼拡大して、一時避難所では危険になったときに避難する場所で、自治体が指定する。

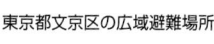

東京都文京区の広域避難場所

● スマホの災害対策用アプリ

災害対策用として、各携帯電話会社からスマホ用のアプリも提供されているので、スマホ利用者は、使い方を確認しておこう。

● ドコモの場合

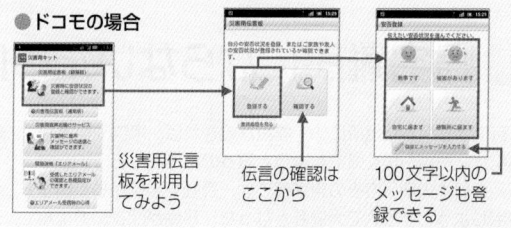

災害用伝言板を利用してみよう
伝言の確認はここから
100文字以内のメッセージも登録できる

● 家族の安否を確認する方法

離ればなれになったときの連絡方法を、数種類決めておこう。

・NTT災害用伝言ダイヤル
携帯電話は回線がパンクしてつながりにくいので、安否確認は、固定電話や公衆電話による「災害用伝言ダイヤル　番号171」（伝言は30秒）が有効だ。

171
↓
1（録音）
↓
自宅の電話番号
↓
メッセージを入れる

メッセージを聞く
↑
自宅の電話番号
↑
2（再生）
↑
171

> 父さん、母さん、太郎だよ。元気だよ！

被害を最小限に抑える知恵と行動

◉ 大地震発生時の対応

建物にある程度の耐震強度があれば、むやみに外に出ないこと。ガラスの破片や屋根瓦、看板などが落ちてくる危険がある。

また、火元の始末は大切だが、揺れが大きいと難しい。消火は揺れがおさまってからしっかり行う。

●自宅にいる場合

机の下や丈夫な構造物の下に隠れる。ドアを開けるなどの避難経路の確保は、揺れの大きさなど、状況によって判断する。

●学校にいる場合

避難訓練の成果を発揮しよう。あわてず先生の誘導に従うこと。グラウンドなど広域部分が最も安全だ。

●トイレや風呂に入っている場合

狭いところは柱や壁に囲まれているので、比較的安全。扉を開けるなど出口を確保する。緊急時のために、タンクや湯船の水は流さない。

●駅やホームにいる場合

広い場所に避難して、落下物などに注意する。線路に下りることは厳禁。誤って落下した場合は待避所へ。

●高層ビルにいる場合

柔構造の高層ビル上階の揺れは大きく長いが、まず倒壊はしないので、パニックにならないこと。ガラス窓には近づかず、構造物にしがみつこう。

●エレベーター内にいる場合

すぐ降りるのが原則。閉じこめられたら、インターホンで救助を要請して待つ。また、停電の恐れがあるので、地震直後は利用しないこと。

どうしました!?

非常ボタン

●地下街にいる場合

耐震構造の地下は、比較的安全。火災が発生した場合は、姿勢を低くしてあわてず非常口へ。停電で真っ暗になってもパニックにならないこと。

◉ 帰宅難民にならないために

自宅から離れた場所にいて震災が起きれば、家族や自宅が心配だ。一刻も早く帰宅しようと思うのも当然だろう。しかし、東日本大震災直後の東京都では、会社や学校から歩いて帰宅しようとする人で大混乱となった。移動が深夜におよんだことによる疲労から、野宿同然となった人もいる。

●一斉帰宅はひかえよう

東京都の試算では大規模災害時の帰宅難民は453万人と想定されている（2022年5月）。これらの人が一斉に移動を始めれば、仮に交通機関が動いていても大混乱となる。

東京都は、各事業所に従業員3日分の水と食料を備蓄するように呼びかけている。JRや地下鉄の駅では、毛布や食料を用意し、避難できるようにしている。それでも徒歩で帰らざるを得ない場合は、次のことを考えよう。

●自宅までのルートと時間

ルートと距離、徒歩でかかる時間を考える。1時間で4kmがめやす。自分の体力と相談する。

●通常のルートは使えるか？

火災や、建物や橋の崩落により想定したルートが使えないこともある。迂回路も想定する。車による移動は大渋滞を引き起こすのでひかえる。

●助け合う

帰宅者どうし、物心ともに助け合う精神を持つようにしよう。

●災害時帰宅支援ステーション

徒歩による帰宅者のために水・トイレ・災害情報の提供を行っている。学校や自治体の施設、コンビニなどが指定されている。

↑「復興の狼煙」ポスター
岩手県の釜石市や大槌町で撮影され、「第1章」として47枚制作されたポスターの中の1枚。

東日本大震災後の陸前高田市。2011年4月11日（左）と2014年3月7日の様子。
左端に「奇跡の一本松」が見えるが、復興は今も続けられている。

●「災害弱者」へのケア

お年寄りや病人、妊婦や乳幼児など、災害が発生したときに1人では逃げられない人たちを「災害弱者」という。また外国人も、言葉が十分にわからないために、ニュースや避難指示が伝わらないこともあり、こうした人たちも災害弱者といえるだろう。

近所の人たちや、居合わせた人たちで助け合う努力をしよう。

● 津波は逃げるしかない！

●津波は繰り返しやってくる

1度目の津波がおさまり、高台から降りたところへ2度目の津波がきたことによる犠牲者も多かった。

●警報の予測を上回った

警報以上の高さの津波を想定し、可能な限り高いところに逃げよう。

●「津波てんでんこ」

三陸地方の言い伝えで、「命てんでんこ」ともいう。津波がきたら、肉親に構わずてんでんばらばらに一人でもまず逃げろ＝自分の命は自分で守れ、ということ。家族を心配するよりも信頼して（きっと避難しているはず）、それぞれが避難すべし。

●「あわてず、急いで、正確に」

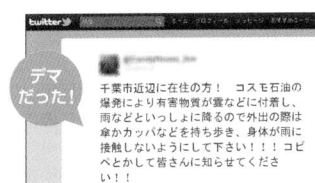

デマだった！

大きな災害が発生したときに、状況を冷静に判断し、落ち着いて行動できなければ、日ごろの備えもムダになってしまう。また、「大丈夫だろう」と高をくくると避難が間に合わないこともあるので油断は禁物。

メールやツイッター（現X）が安否確認などに非常に役に立った反面、上の例のような誤った情報が拡散したケースもあった。正確な情報を見抜こう。

● けが人への応急処置

●けが人を搬送する場合

1人の場合は背負うしかないが、2人いれば、つないだ腕で抱えるなどの方法もある。練習しておこう。

●腕を骨折した場合

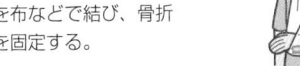

動かさずに、冷やす。添え木は身近なもので代用、これを布などで結び、骨折箇所を固定する。

●出血した場合

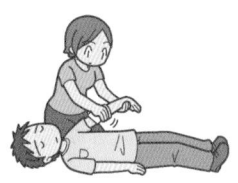

患部にガーゼや布を直接当てて、強く圧迫する。手足は、心臓より高い位置に上げると止血しやすい。

● 被災地支援の方法

●ボランティアに参加して、現地に行く（→口絵 ■12）

- **やること**：がれきの除去や清掃、物資の仕分けや管理、食事の用意、高齢者や子どもの世話など、時期や対象により多岐にわたる。
- **参加の原則―自己責任・自己完結**：災害発生直後は、衣食住に関してすべて自分で用意する。
- **参加の方法**：自治体やNGOなどで募集している。旅行会社の企画もある。

●現地に行かなくてもできること

- 募金活動と、その呼びかけ。
- 必要な物資の寄付・仕分け・発送。
- 被災地域の特産物の購入。
- 風評に惑わされず、冷静に判断する（買い占めはダメ）。
- チャリティーイベントの企画、運営、参加。

防災マニュアルもひとつの指針に過ぎない。いざというときは、自分自身が考え、判断し、行動できるように備えることがもっとも大切だ。

少子高齢化って、何が問題？

　日本を含む先進国においては、子どもの出生数が減少する少子化（→p.7）の傾向にある。一方、平均寿命が延び、高齢化（→p.40）も進行している。少子化と高齢化はそれぞれ独自の問題もあるが、総合的にとらえると日本の将来に関わる問題である。具体的に、どんな問題が生じ、どのような対策がとられているのだろうか。

➡ 労働人口が減少

　日本は少子化と高齢化が進行するなか（→p.40）、2010年頃初めて人口減少に転じた。日本の総人口が減っていく初めての現象だ。これにより、働くことができる世代＝労働人口が減ることによる影響が懸念されている（ここでは労働人口を15〜64歳とした）。

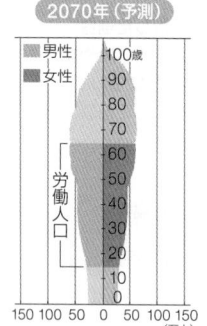

2022年	2070年（予測）
■男性 ■女性	■男性 ■女性

❶社会保障制度の維持が困難に

　日本の社会保障制度は、働く世代が高齢者や子ども世代の生活や福祉を、保険料や税金などの形でまかなっている。働く者1人あたりの負担が増加し、将来この制度を維持することが可能かどうかが懸念されている（→p.44❶）。

❷日本経済に与える影響

　2070年に予想される人口構成は下記の通り（→p.40❷は中位推計）。楽観的推計でも総人口は1億人を下回る。一部の地方都市は「消滅」する可能性も指摘されている。労働人口が減少することで生産力が低下し、総人口が減少することで全体の購買力も低下する。このことにより、日本経済全体の規模縮小が懸念される。

●2070年における人口推計

	0〜14歳	15〜64歳	65歳以上	高齢化率（％）	推計人口（万人）
出生率［低］死亡率［高］	569	4,076	3,188	40.7	7,833
出生率［中］死亡率［中］	798	4,535	3,367	38.7	8,700
出生率［高］死亡率［低］	1,116	5,077	3,550	36.4	9,744

5,000万　　1億（人）

（国立社会保障・人口問題研究所「日本の将来推計人口」などより）

● なぜ、労働人口は減少

A 出生率の減少と女性の退職

　子どもの出生数が減少することで、将来の労働人口も同じように減少する。また、出産は女性の働き方にも密接に関連している。

❶子どもは欲しいけど…経済的にちょっとムリ

　子ども1人あたりの教育費は、学校が公立か私立かにもよるが、1,000〜2,500万円必要といわれている（→口絵■10）。このために2人目以降をあきらめたり、そもそも出産をためらう人もいる（→p.28❶）。収入が安定しない働き方が増えていることも、一因である。

❷仕事と育児の両立が大変
ⓐ出産をためらう

　仕事を続けながら育児をすることは、とても大変なこと。仕事と育児を両立させることが難しい場合、夫か妻の片方が仕事を辞めるか、出産を控えることになる。後者を選ぶ場合が多ければ、結果的に少子化につながることになる。

ⓑ女性の退職

　仕事と育児の両立が困難で、仕事を辞めざるを得ない場合、結果として女性の退職が圧倒的に多く、第1子出産前後に3割程度が退職（→p.28❷）し、働く女性が減少することとなる。背景にはマタハラ（→p.12）の問題もある。

　右図の通り退職理由は「育児に専念するため」が1位だが、2位に「仕事との両立が困難」、3位に「解雇・退職勧奨」が続いており、本意ではない退職実態がある。

●妊娠・出産前後に女性正社員が退職した理由

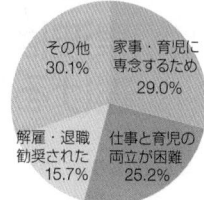

- その他 30.1%
- 家事・育児に専念するため 29.0%
- 仕事と育児の両立が困難 25.2%
- 解雇・退職勧奨された 15.7%

（三菱UFJリサーチ＆コンサルティング2015年調査報告書より）

ⓒ旧態依然とした男性の意識

　仕事と育児で悩むのは父親も同じはず。しかし実態は、育児は母親の仕事と決め込み、「お手伝い」感覚の男性も多い。育休取得率も低く（→p.28❷）、女性の社会復帰が遠のく一因となっている。

ⓓ待機児童問題（→p.29）

　施設不足などのため、希望する保育所に入れない児童が多数おり、育児休業から仕事に復帰できない場合もある。

B 若者の就労状況の変化

❶非正規雇用の増加

　現在、若者の2〜3割が非正規雇用となっているが、雇用が安定せず、年収が少ないことも多い。このことが結婚や子どもを持つことをためらう原因にもなっている。また、広い視点で見ると、社会保障制度を支えるための保険料や納税額の低下にもつながる。

❷ニートの増加

　15〜34歳のなかで、学校に行かず、仕事もしていない者をニートといい、58万人いると推計されている（内閣府「子供・若者白書」2022年版）。

するの？

ⓔ 小1の壁、小4の壁

小1で学童保育に入れなかったり、入っても学童保育の終了時間が保育所よりも早いこともある。さらに小4以降は原則学童保育の対象外なので、新たな待機児童問題が生じている。

ⓕ 育児休業制度の限界

職場に休業制度があっても使いづらかったり、派遣社員などは契約が打ち切られるなど厳しい実態もある。

上記のことなどにより、育児世代の女性が退職し、労働力率曲線はM字を描いてきた（→p.13❸）。一度退職するとその後の正社員の再就職が困難であるため、収入の面で経済的な影響も出てくる。

❸ 子どもを育てるのが不安…

核家族化の進行や、地域のつながりが希薄化しているため、育児に関する不安や悩みを相談する相手が減っている。さらに父親が育児を母親まかせにすると、母親の孤立感はさらに強まり、その後の出産への意欲がそがれてしまう。

❹ 個人の価値観の変化

平均初婚年齢や出産年齢が上がる傾向（晩婚化・晩産化）にあり（→p.4）、生む子どもの数が減ってきた。また、結婚や子どもを持つことへの価値観も多様化している（→p.5）。

Ⓒ 団塊世代の退職と介護離職

❶ 平均寿命の伸長

医療技術の進歩などにより、平均寿命が延びていることは好ましい状況である（→p.40）。

❷ 団塊世代の大量退職

第1次ベビーブーマーである団塊の世代（70代前半）が、定年・再雇用満了などにより大量に退職したことで、他国に例を見ない急激な労働人口減少となった。

❸ 介護離職10万人の時代

要介護者も増えており、このため介護保険制度もスタートした（→p.42）。しかし親の介護と仕事の両立が困難な場合もあり、仕事を辞めて介護にあたる「介護離職」も年間約10万人に達している。統計によると、そのうち7割以上が女性である。

●介護離職者の男女別割合
男 24.5%
介護離職者 10.6万人
女 75.5%
（「就業構造基本調査」2022年より）

● 現在の主な対策

Ａ 安心して子育てできるように

❶ 経済的な支援

出産育児一時金や、育児休業制度利用者への給付金がある。また児童手当や公立高校授業料の無償化がなされている。

❷ ワーク・ライフ・バランス（→p.13）

仕事と家庭を両立させるため、国として行動指針を策定。

❸ 育児休業・介護休業の利用拡大をうながす

制度利用者が増えるように社内の行動指針（→p.30）を設けて、基準を満たした企業には、くるみんマーク、トモニンマークを付与する。企業は自社のイメージアップを図る。

❹ 待機児童の解消（→p.29、31）

あらたな保育所を新設したり、自治体独自の基準を満たした認可外保育施設を含めて児童を受け入れるようにする。

❺ 子ども・子育て支援新制度（→p.31）

保育施設の幅を広げて施設数や定員を増やしたり、保育士の待遇改善などをうたい、2015年度からスタート。

❻ 男女共同参画社会へ

男女が社会の対等な構成員となるよう基本法を制定。

❼ イクメンプロジェクト

男性の意識を少しでも変えようと、厚生労働省が支援。

Ｂ 高齢者も働けるしくみ

●高年齢者雇用安定法

企業は、労働者が希望すれば、65歳まで働けるようにすることが義務化された。これにより、労働人口の減少を多少でも食い止め、経済活動に寄与し、税収増にもつながる。また働き続けることで、高齢者の心身の健康にもつながる。

Ｃ 若者の就労支援

●地域若者サポートステーション

「働きたいけど、どうしたらよいかわからない…」「自信がない」など、悩みを抱えている若者が就労に向かえるように、厚生労働省がサポート。

年金などの社会保障制度が将来も維持・存続できるようにという触れ込みで「税と社会保障の一体改革」の名の下に、消費増税などが議論されてきた。

おじいちゃんやおばあちゃんが長生きできるのは、うれしいよ。

子どもを生む生まないは、個人の選択の自由。これは尊重されるべきだね。

生みたいけど生めない、という人に対する対策はもっと必要かな。

少子高齢化の傾向を大きく変えることは難しいようだね。

やりたい仕事を考えてみよう

家族と家庭

●法務従事者（→p.8〜9）
司法に関連する専門的な仕事に従事するものをいう。例えば弁護士・裁判官・検察官などがある。司法試験の合格者は司法修習を終えたのち弁護士・裁判官・検察官のいずれかを選択する。

●社労士（社会保険労務士）
企業を経営していくうえでの労務管理や、社会保険に関する相談・指導をおこなう。一般企業で資格を持ち働く人もいる。 資格 社労士（国）

●キャリアカウンセラー
個人の興味、能力、価値観などをもとに、望ましい職業選択やキャリア形成を支援する専門家。 資格 キャリア・コンサルティング技能士（国）、産業カウンセラー（民）

●ウエディングプランナー
結婚するカップルの意見や要望を聞きながら、結婚式の進行や演出の総合的なプロデュースをおこなう。 資格 ブライダルプランナー（民）

保育

●保育士（→p.31）
食事、排泄、睡眠、遊びなど日常生活の基本を身につけさせ、子どもたちが心身ともに健やかに成長するように援助する。厚生労働省の管轄にあり、児童福祉法に基づいて保育をおこなう。 資格 保育士（国）

●幼稚園教諭（→p.31）
毎朝登園した幼児の健康状態をチェックし、音楽、絵画、運動や遊びなどの指導をする。文部科学省の管轄にあり、学校教育法に基づいて教育をおこなう教員。 資格 幼稚園教諭（公）

●児童福祉司（→p.29）
児童相談所に勤務する職員のこと。児童の保護や保護者への援助などの福祉に関する事項について相談に応じ、必要な指導をおこなう。地方公務員試験に合格することが前提となる。

●児童の遊びを指導する者
児童館や放課後の児童クラブ、学童保育などに勤務し、児童の自主性・社会性の育成を助けるスタッフ。地方自治体運営の児童厚生施設で働く場合には、公務員資格が必要となる。

●助産師（→p.18〜21、口絵 ■25〜26）
出産介助、育児相談、妊産婦への保健指導をおこなう。産婦人科医は男性でもなれるが、助産師には女性しかなれない。 資格 助産師（国）

●ピアノ教室講師
ピアノを習いにくる生徒に、ピアノ演奏の指導や音楽の基礎、楽しみを教える。 関連 英会話教室講師、スイミングインストラクター

高齢者・福祉

●医療従事者
医療業務に従事するものをいう。例えば医師・看護師・薬剤師などがあり、それぞれ国家試験に合格する必要がある。

●理学療法士（PT）／作業療法士（OT）
理学療法士は基本的な身体機能回復のためのリハビリ、作業療法士は理学療法で基本動作が回復した患者に、食事や入浴など日常生活のためのリハビリをおこなう。 資格 理学療法士（国）／作業療法士（国）

●社会福祉士
身体、精神上の障がいで日常生活に支障がある人の福祉に関する相談、援助にあたる。自治体ではケースワーカー、医療機関では医療ソーシャルワーカーとして働くことができる。 資格 社会福祉士（国）

●カウンセラー（セラピスト）
悩みを持つ人の精神的自立を助け、心理学的手法で回復や解決の手助けをする。学校ではスクールカウンセラー、企業では産業カウンセラーとして活躍する。 資格 カウンセラー（民）、臨床心理士（民）

●介護福祉士／ケアマネジャー（介護支援専門員）（→p.42〜43）
介護福祉士は専門知識と技術を持ち、高齢者や障がい者の介護や支援をおこなう。ケアマネジャーはケアプランを立てるなど、介護サービス全体の調整をする。 資格 介護福祉士（国）／ケアマネジャー（公）

●介護タクシー乗務員
車いすごと乗降可能な介護タクシーに乗車して介助をおこなう。普通自動車第2種免許以外に、介護職員初任者研修修了者の資格が必要。 資格 普通自動車第2種（国）、介護職員初任者研修（民）

衣生活

●ファッションデザイナー（→p.58）
時代の流行や変化をよみ、服やバッグなどのデザインをおこなう。実際に裁縫をすることは少ない。 関連 パタンナー、ソーイングスタッフ

●ショップスタッフ（アパレル店員）
店舗での接客やレジ販売の他、商品がそろっているか、きれいにたたまれて配置されているかのチェックなどをおこなう。

●ネイリスト
ネイルサロンなどで、顧客の好みに応じて爪にさまざまなデザインをほどこす。 資格 ネイリスト技能検定（民）

●ファッションモデル（→p.58）
ファッションショーや雑誌、テレビCMなどに出演して服を着こなし、ブランドや雑誌のイメージを表現する。 関連 スタイリスト

●美容師
パーマやカットなどの技術により、ヘアスタイルを作り出す。また、メイクアップや着付けなど、全身の容姿を美しくする。 資格 美容師（国）

●パヒューマー（調香師）
香料を独自の感性で調合し、さまざまな香りを創造する。パヒューマーのほとんどは香料会社や化粧品会社で働いている。

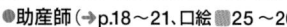

※（国）は国が試験や講習会を実施する国家資格、（公）は各省庁が認定し、公営法人等が実施する公的資格、（民）は民間団体が独自に実施する民間資格

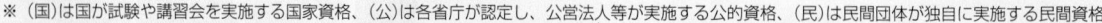

住生活

●建築士（→p.78〜81）
一般住宅からオフィス、公共建築物まであらゆる建築物の企画・デザイン・設計・工事監理などをおこなう。資格 一級建築士（国）、二級建築士（国）、木造建築士（国）

●CADオペレーター
CAD（Computer Aided Design）を使い、設計士やデザイナーの描いた図面をもとに設計図を入力していく。資格 CAD実務キャリア（民）、CADトレース技能（公）、CAD利用技術者（民）

●大工
主に木造住宅の新築や増改築をおこなう職人のこと。かつては、木造建築の職人のことを「右官」と呼んでいたが、徐々にその呼び方はすたれていった。資格 建築大工技能士（国）関連 とび職人、宮大工

●左官
家やマンション、オフィスビルなどの壁を漆喰（しっくい）や吹付（ふきつけ）をして塗り仕上げる職人のこと。土を扱う「左官」は木材を扱う「右官」と対になっていた。資格 左官技能士（国）

●発破技士
建設工事や採鉱現場で、発破（はっぱ）（ダイナマイトなどの火薬を使って山などを切り開くこと）に関する作業全般に携わる。資格 発破技士（国）関連 クレーン運転士（国）

●測量士
土地の利用開発、住宅やビルの建築などで測量をおこない、建築に必要な基礎データを作る。資格 測量士／測量士補（国）

●家具職人
家具デザイナーが設計した図面に基づき、主に木材を用いて、テーブルやいすなどの家具を製作する。資格 家具製作技能士（国）

●インテリアコーディネーター（→p.74〜75）
快適な住環境をつくるためにインテリア計画を立て、その人にあったインテリア商品選択のアドバイスをおこなう。資格 インテリアコーディネーター（民）

消費・経済

●消費生活アドバイザー（→p.83〜85）
消費者相談を中心に、製品開発に対する助言、消費者向け資料の作成・チェックなど幅広い分野で活躍する。資格 消費生活アドバイザー（公）

●ファイナンシャルプランナー（→p.96〜97）
貯蓄計画・投資計画・相続対策・保険対策・税金対策などといった総合的な資産設計や運用法をアドバイスする。資格 ファイナンシャルプランナー（民）

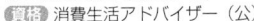

●経理・財務担当者（→p.94〜95）
企業・団体の経理や資産運用を担当する。どちらも就職した組織で適材とみなされることで配属される。資格 日商簿記検定（公）関連 公認会計士（国）、税理士（国）

●保険外務員（保険外交員）（→p.97）
保険商品の販売や、契約後の顧客のアフターサービスなどをおこなう。保険外務員は、財務省に外務員としての登録を受ける必要がある。

環境

●パークレンジャー
国立公園内の開発をおこなう事業者への指導や、自然や環境を保護するための調査や企画などをおこなう。環境省の自然保護局に所属する国家公務員であるため、国家公務員試験に合格することが必要。

●公害防止管理者（→p.90〜92）
汚水、騒音、ダイオキシンなど、公害を発生させる施設を持つ工場に配置され、公害防止に関する業務をおこなう。国家資格が必要。資格 公害防止管理者（国）

●青年海外協力隊員（→口絵12）
開発途上国の人々のために技術・知識を活かしたいと望む青年を募集し、海外に派遣する。国際協力機構（JICA）が実施している。

●国際協力NGOスタッフ（→口絵12）
貧困や環境などの国境を越える問題に非政府・非営利の立場で取り組んでいるNGO（非政府組織）に所属するスタッフ。

食生活

●栄養士／管理栄養士（→p.102〜105、320〜325）
栄養士は、栄養バランスの取れた献立の作成や、食生活のアドバイスをおこなう。管理栄養士は、傷病者の栄養指導、大規模給食施設における管理業務にあたる。資格 栄養士（国）／管理栄養士（国）

●調理師（→p.116〜127）
食品の栄養や衛生について、適切な知識を持っており、安全な料理を作ることができる調理のプロ。和食調理師は板前、洋食調理師はシェフとも呼ばれる。資格 調理師（国）、ふぐ調理師（公）

●フードコーディネーター
食のシーンの演出から料理やメニューの企画、料理教室の企画・運営など、食に関するあらゆることに関わる仕事。資格 フードコーディネーター（民）

●杜氏（とうじ）
日本酒の醸造工程をおこなう職人集団（蔵人）（くらびと）のなかでも、経験を重ねて就く酒造りの最高責任者のこと。資格 酒造技能士（国）

●パン職人
製パン工場や個人経営のパン店（ホームベーカリー）でパンを製造する。ほとんどが力仕事や立ち仕事であり、朝もとても早い。資格 パン製造技能士（民）

●パティシエ
洋菓子店や菓子工場で、洋菓子を製造する。パティシエとはフランス語で洋菓子職人のこと。関連 ショコラティエ

●野菜ソムリエ
野菜と果物のおいしさと食べる楽しさを人に伝えるスペシャリスト。本来は一般人ではなく、青果販売業者等を対象とした資格である。資格 野菜ソムリエ（民）

●ソムリエ
ホテルやレストラン、バーなどでワインの仕入れから接客サービスまで担当する。女性の場合はソムリエールと呼ばれる。資格 ソムリエ（民）

知っておきたいマーク&ラベル

保育／高齢者・福祉

マタニティマーク（→p.18）
外見からは判別し難い妊娠初期の妊産婦に対する理解を得るために、厚生労働省が策定した。

ベビーカーマーク（→p.24）
公共交通機関でベビーカーが使用可能であることを示す。右は使用禁止の場所に表示。

次世代認定マーク（→p.30）
別名くるみんマーク。従業員の子育て支援計画を策定・実施し、その成果を厚生労働大臣が認定する。

トモニンマーク（→p.41）
介護離職を防止し、仕事と介護を両立できる職場環境の整備に取り組む企業に厚生労働省が付与する。

ヘルプマーク
外見からは分からなくても援助や配慮が必要な人が身につける。東京都が導入し、全国に広がった。

シルバーマーク
福祉適合性の基準を満たし、高齢者に良質な介護サービス等を提供する事業者に交付される。

国際シンボルマーク
障がい者が利用できる建築物や施設であることを示す世界共通のシンボルマーク。

ユニバーサルデザインフード
日本介護食品協議会が定めた規格により、介護用加工食品に表示される。

うさぎマーク
耳の不自由な子ども達も一緒に楽しめるように工夫されたおもちゃにつけられるマーク。

耳マーク
耳の不自由なことを表す。耳の不自由な状態を伝えるほか、必要な援助の用意がある場に掲示される。

ほじょ犬マーク
盲導犬などの身体障害者補助犬について、社会の理解を促進するために厚生労働省が作成した。

衣生活

ウールマーク
ザ・ウールマーク・カンパニーの品質基準に合格した羊毛製品の品質を証明する世界共通のマーク。

ジャパン・コットン・マーク
日本紡績協会会員が製造した国産綿素材100%の製品に添付される。

LDマーク
47都道府県のクリーニング生活衛生同業組合に加盟しているクリーニング店に表示。

Sマーク
厚労大臣が認可した標準営業約款に基づいて営業しているクリーニング店。理美容・飲食店も。

抗菌防臭加工SEKマーク
（一社）繊維評価技術協議会の承認基準に合格した抗菌防臭加工の繊維製品の製品認証マーク。

シューフィッター店マーク
(社)足と靴と健康協議会認定の、足の形に靴を正しく合わせる技術者（シューフィッター）がいる店。

エコテックス®スタンダード100
有害物質を含まない繊維であることを認定された商品。

取扱い表示（→p.62）
衣服の取扱いについて、標準的なマークが設定されている。JISとISOの表記がある。

住生活

環境共生住宅認定マーク
エネルギー・資源・廃棄物へ配慮し、周辺の自然環境と調和するよう工夫された住宅につけられる。

建築物の省エネ性能ラベル
建築物省エネ法に基づき、住宅の広告等において建築物の省エネ性能等を示す。

BLマーク
品質・性能・サービス等に優れた住宅部品につけられ、瑕疵保証と損害賠償の保険制度がある。

防炎ラベル
消防法で定める「防炎性能基準」を満たしたものに取りつけられる。

CPマーク
警視庁が防犯性が高いと認めた建物に付与される。「防犯」を意味するCrime Preventionの頭文字。

住宅防火安心マーク
住宅用防災機器等のうち、推奨基準に適合するものにつけられる。

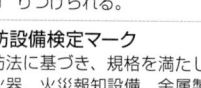
消防設備検定マーク
消防法に基づき、規格を満たした消火器、火災報知設備、金属製避難はしごなどにつけられる。

広域避難場所（→口絵 12）
災害時に避難できる、安全な広い場所を示す。国土交通省や消防庁により定められた。

非常口
建物の外へ通じる避難口を示すマーク。日本で考案され、世界中で使用されている。

耐震診断・耐震改修マーク
建築物の耐震改修の促進に関する法律施行規則の規定による基準適合認定建築物に表示される。

食生活

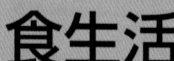
JASマーク
日本農林規格。品位、成分、性能などの検査に合格した食品などに表示される。

有機JASマーク
基準を満たした方法で栽培された有機農産物などに表示される。

特色JASマーク
特色JASと生産情報公表JASなどが統合。明確な特色のあるJAS規格を満たす製品に付けられる。

GIマーク
地理的表示法にもとづき、産品の特性と地域との結び付きが見られる地理的表示産品であることを示す。

特定保健用食品マーク（→p.109）
科学的根拠に基づいて、有効性や安全性の審査や認可を消費者庁から受けた食品に表示される。

特別用途食品マーク（→p.109）
乳児、幼児、妊産婦、病者などの特別の用途に適するとして、消費者庁から許可を受けた食品。

公正マーク
全国飲用牛乳公正取引協議会の会員で、公正な表示がなされている飲用乳であることの証。

Eマーク
各都道府県による地域特産品基準に合格した地域特産品に表示。ふるさと認証食品マークともいう。

認定健康食品（JHFA）マーク （公財）日本健康・栄養食品協会による独自の品質規格に合格した健康食品につけられているマーク。	GMP製品マーク （公財）日本健康・栄養食品協会が認定した健康食品製造所で製造された健康食品につけられる。	 ハラールマーク 原材料や全製造過程においてイスラムのルールに則っている食べ物を示す。マークはさまざまある。
冷凍めん協会（RMK）認定マーク （社）日本冷凍めん協会が定めた基準を満たした工場で製造された冷凍めんに表示される。	冷凍食品認定証マーク （社）日本冷凍食品協会が定めた基準に適合している工場で製造された冷凍食品に表示される。	ヴィーガン認証マーク 原材料に、肉魚介類卵乳製品はちみつ等、動物由来の物を含まないことが確認できたものにつく。
 MSC「海のエコラベル」 水産資源や環境に配慮し、持続可能な漁業による水産物につけられる。	米の情報提供マーク （一財）日本穀物検定協会が、「安全性」「銘柄表示」などの情報を提供している商品に表示される。	全国無洗米協会の認証マーク 全国無洗米協会が定めた規格基準に適合した無洗米に表示される。

消費生活

	Gマーク （公財）日本デザイン振興会が主催する「グッドデザイン賞」を受賞した商品や施設につけられる。	国際フェアトレード認証（→p.89） 国際フェアトレードラベル機構による基準を満たすことを示す。
JISマーク 日本産業規格に適合した製品につけられる。消費者が安心して製品を購入するための指標。	SFマーク （公社）日本煙火協会が、構造や使い方について検査し、合格した花火に表示される。	STマーク （社）日本玩具協会が定めた安全基準に合格したおもちゃにつけられる。
SGマーク （一財）製品安全協会が定める安全基準に適合した製品に表示。欠陥による人身への賠償制度もある。	TSマーク 道路交通法令に定められた大きさ、構造、性能等の基準に適合した安全な自転車に表示。	PSCマーク 消費生活用製品安全法により、国が定める安全基準に適合した製品につけられるマーク。
PSEマーク 電気用品安全法により、国が定める安全基準に適合した電化製品などにつけられるマーク。	PSTGマーク ガス事業法により、国が定める安全基準に適合したガス用品などにつけられるマーク。	PSLPGマーク 液化石油ガスの保安の確保及び取引の適正化に関する法律により、石油製品などに表示される。
 JADMAマーク （公社）日本通信販売協会の会員マーク。会員は法令や倫理綱領を遵守する。	プライバシーマーク（→p.85） 個人情報の取扱いが適切である事業者を示す。（一財）日本情報経済社会推進協会が使用を認めている。	Sマーク 洗濯機やテレビなどの電気製品について、安全性を示すマーク。電気製品認証協議会が推奨

環境関連

	統一美化マーク リサイクルを促進するために（公社）食品容器環境美化協会が制定したマーク。	エコマーク （公財）日本環境協会から環境負荷の少ない商品として認定された商品に表示される。
グリーンマーク 古紙再生促進センターが制定した。古紙を規定の割合以上使用した製品に表示できる。	3Rキャンペーンマーク（→p.91） リデュース・リユース・リサイクルの3R運動推進のためのマーク。	省エネラベル JISの規定によって省エネルギー基準を100％達成した製品に表示される。
スチール缶 資源有効利用促進法で、飲料用スチール缶などに表示が義務づけられている。	アルミ缶 資源有効利用促進法で、飲料用アルミ缶などに表示が義務づけられている。	紙製容器包装 資源有効利用促進法で、紙製のパックなどに表示が義務づけられている。段ボールを除く。
段ボール 紙などと分別しやすいように、段ボールリサイクル協議会によって表示を推奨している。	紙パック 牛乳パックなど飲料用の紙容器につけられる。飲料用紙容器リサイクル協議会による自主的な表示。	牛乳パック再利用マーク 牛乳パックをリサイクルして作られた商品（トイレットペーパーなど）に表示される。
プラスチック製容器包装の識別マーク 資源有効利用促進法で、プラスチック製容器包装に表示義務がある。	ペットボトル識別表示マーク（→p.91） 資源有効利用促進法でペットボトルに表示が義務づけられている。	PETボトルリサイクル推奨マーク リサイクルされたペットボトルが原料の25％以上の商品に表示。
［R］マーク 日本ガラスびん協会が規格を統一したリターナブルびんと認定したガラスびんにつけられるマーク。	 エコロジーボトルマーク 原料としてカレット（再生原料）を90％以上使用し、製品化されたガラスびんにつけられるマーク。	 Rマーク（再生紙使用マーク） 再生紙の原材料に古紙が何％使用されているかを表すマーク。
モバイル・リサイクル・ネットワーク 携帯電話、PHSを回収している店を表すマーク。	電池リサイクルマーク 資源有効利用促進法で、携帯電話などの小型充電式電池に表示が義務づけられている。	PCリサイクルマーク 資源有効利用促進法により、パソコンを廃棄する際に料金負担なしで廃棄できる製品に表示される。
エネルギースターロゴ OA機器の省エネルギーのための国際的な環境ラベリング制度。日本の経済産業省が運営。	統一省エネルギーラベル 改正省エネ法で、エアコン・テレビ・冷蔵庫などに表示が義務づけられた。省エネ性能を示す。	車の燃費性能（上）と、低排出ガス車認定マーク 燃費基準の達成度や排出ガスの低減レベルを示す。

エシカル消費

　エシカルとは本来「倫理的」という意味の言葉だが、より具体的に「人や環境に配慮した」といった意味合いで使用されることが増えてきている。フェアトレードで取引される製品、リサイクル素材の衣料や雑貨（→ p.93）、地産地消（→ p.113）など、社会貢献や環境保全に配慮した製品やサービスを選ぶ消費者のことを「エシカルコンシューマー」という（→p.89）。

◉ エシカルファッション

■エシカルファッションとは

　エシカル消費のあり方の1つに、エシカルファッションという考え方がある。エシカルファッションとは、環境に負担をかけない素材や生産方法、適切な労働条件に配慮したファッションのことである。

　エシカルファッション推進団体の「エシカルファッションジャパン」は、エシカルな取り組みを以下の9つに分類している。

●エシカルファッションの考え方

	分類	内容
①	フェアトレード	対等なパートナーシップに基づいた取引で、不当な労働と搾取をなくす
②	オーガニック	有機栽培で生産された素材である
③	アップサイクルとリクレイム	捨てられるはずのものを活用する
④	サスティナブルマテリアル	環境負荷がより低い素材を活用する
⑤	クラフトマンシップ	昔から受け継がれてきた文化・技術を未来に伝えるような取り組み
⑥	ローカルメイド	地域産業・産地の活性化により、雇用の創出、技術の伝承と向上を目指す
⑦	アニマルフレンドリー	動物の権利や動物の福祉に配慮する
⑧	ウェイストレス	ライフサイクル各段階の無駄を削減する
⑨	ソーシャルプロジェクト	NPOやNGOへの寄付、ビジネスモデルを生かしての支援・雇用創出など

（エシカルファッションジャパンHPより作成）

　この9つのいずれかを考慮に入れたファッションをエシカルファッションと呼んでいる。

■ファストファッションが安い理由は？

　ファストファッションとは、流行を取り入れつつ、低価格に抑えた衣料品を大量生産し、短いサイクルで販売するブランドやその業態を総称したもので、「ファストフード」になぞらえた造語である。

　低価格で流行の服が手に入るファストファッションだが、手ごろな価格を実現するために、一番のコストカットにつながるのは人件費だ。

　現在アジアで最も低賃金だといわれるバングラデシュは、世界の主要アパレルメーカーが生産拠点としている。

　最低賃金は支払われるものの、貯蓄につながるような賃金が支払われることは少なく、労働環境も劣悪なことが多い。

　2013年4月24日、バングラデシュの首都ダッカで起きた衣料品工場ラナ・プラザの崩壊事故で1,100人以上が犠牲となった。ヨーロッパの大手ファッションメーカーが多数入っていたラナ・プラザの劣悪な労働環境やずさんな安全管理が明らかとなり、ファッション産業のあり方が問い直されている。

バングラデシュの縫製工場倒壊事故現場（ダッカ郊外）

◉ シェアサイクル

　自転車は多くの人が利用でき、車のようにCO_2を排出することがない、人や環境にやさしいエシカルな移動手段だ。その自転車を登録した人で共有して利用できる、シェアサイクルが注目されている。

　スマホやICカードを活用することで、簡単に自転車をレンタルして利用することができるようになった。

　シェアサイクルのように、ものを購入せず共有や貸し借りでまかなうことをシェア・エコノミーといい、他にもカーシェアリング（会員制で車を必要な時に貸し出すこと）等、さまざまな分野で広がりをみせている。

◉ フェアトレードチョコレート

■カカオと児童労働

　チョコレートの原料であるカカオ豆は、主に発展途上国で栽培されているが、カカオ農園が抱える深刻な問題の1つに、児童労働がある。ガーナのカカオ農園で働く人の約6割が14歳以下の子どもたちであったという報告もある。

■フェアトレード

　国際フェアトレード基準では、児童労働を禁止し、安全な労働環境を保証している。公正な取引価格で商品を流通させることにより、カカオ豆の生産者の正当な賃金を保証することが、児童労働から子どもたちを守ることにつながるのだ。

　多少割高であっても、フェアトレードチョコレートを選ぶことは児童労働のない未来へ向けた消費であるといえる。

CONTENTS

1 現在の私たち

自分のことって意外と知らない？
今の私たちはどんなライフステージにいるのだろう？
「自立」の具体的な内容ってなに？

1 今の自分を見つめる

1 私ってどんな人？

自分のことを見つめ直してみよう。また一歩ふみ込み、その理由・原因も自分の中から探ってみよう。

	自分の考え	その理由・原因
小学生の時なりたかった職業は？		
自分の人生の中で一番大きな出来事は？		
よく友だちに言われることは？		
自分の長所は？		
自分の短所は？		
自分の趣味は？		
今一番がんばっていることは？		
最近気になる話題は？		
尊敬する人は？		
自分がこれから絶対やりとげたいことは？		

2 高校生へのQ&A

Q1 関心のあること
（2012年／複数回答）

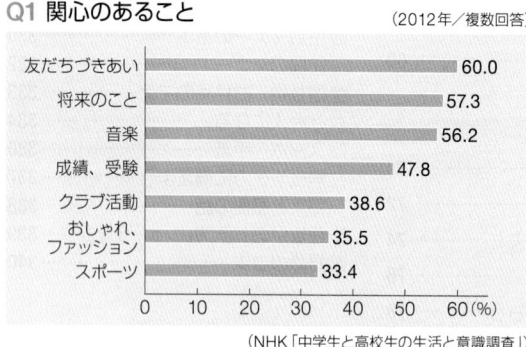

- 友だちづきあい 60.0
- 将来のこと 57.3
- 音楽 56.2
- 成績、受験 47.8
- クラブ活動 38.6
- おしゃれ、ファッション 35.5
- スポーツ 33.4

（NHK「中学生と高校生の生活と意識調査」）

Q2 悩み
（2012年／複数回答）

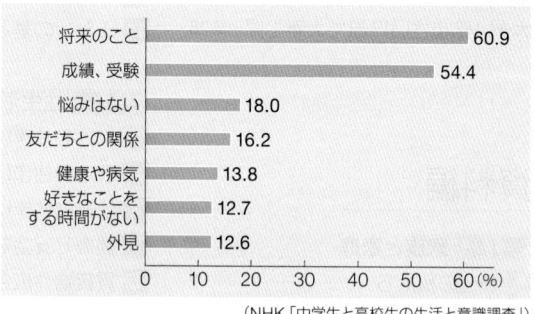

- 将来のこと 60.9
- 成績、受験 54.4
- 悩みはない 18.0
- 友だちとの関係 16.2
- 健康や病気 13.8
- 好きなことをする時間がない 12.7
- 外見 12.6

（NHK「中学生と高校生の生活と意識調査」）

Q3 悩みごとを相談できる友だちの数
（2012年）

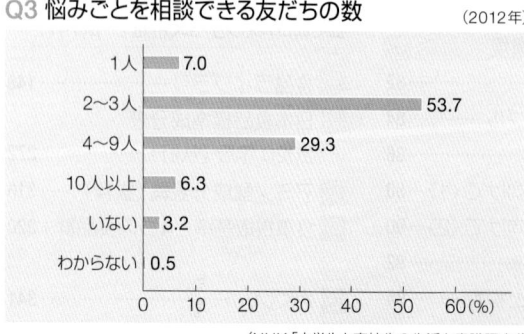

- 1人 7.0
- 2〜3人 53.7
- 4〜9人 29.3
- 10人以上 6.3
- いない 3.2
- わからない 0.5

（NHK「中学生と高校生の生活と意識調査」）

Q4 異性のこと
（2012年／%）

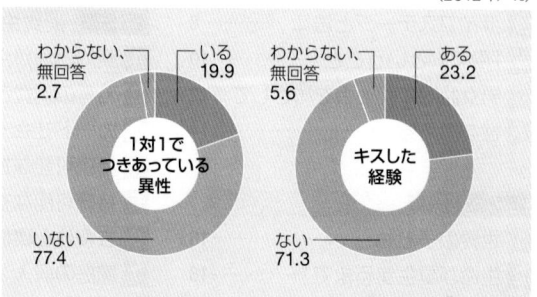

1対1でつきあっている異性
- わからない、無回答 2.7
- いる 19.9
- いない 77.4

キスした経験
- わからない、無回答 5.6
- ある 23.2
- ない 71.3

（NHK「中学生と高校生の生活と意識調査」）

Q&A パーソナリティってなに？▶「個性」「人格」「その人らしさ」など、広い意味で使われるのがパーソナリティという言葉。語源はラテン語の

2 ライフステージと青年期の課題

家計についての選択
- 住居は借りる？買う？
- 貯蓄と保険は？
- 子どもの教育費は？
- 老後への備えは？

パートナーの選択
- パートナーを持つかどうか？
- 結婚するかしないか？
- 子どもはつくるか？
（何人つくるか？）

引退期

勤労期

「第二の人生」の選択
- 何歳まで働き続けるか？
- 生活の拠点をどこにおくか？
- 誰とすごすか？
- 仕事以外に何を生きがいにするか？

高校・大学教育期

義務教育期

乳幼児期

職業選択
- どんな仕事がしたいのか？
- 正規雇用にこだわるか、どうか？
- 民間企業か公務員か？
- 将来転職は？

自立
- 3の1参照

保護者からの経済的援助

生活をささえる公共サービス

公教育・社会保障その他

3 自立に向けて

1 自立の要素

経済的自立
（職業選択）
自分の生活を維持できるだけの収入を得ながら、自分で家計を管理し、収入と支出のバランスも考える。

精神的自立
（自己実現）
自分らしさを大切にしながら、社会の一員としての自覚と責任を持つ。

性的自立（→ p.14、15）
（パートナーとの生活）
パートナーを対等の存在として尊重し、互いに支えあい、学びあっていく。

自立

生活的自立
（衣食住に関する知識や技能）
衣食住に関するさまざまな作業を自分で管理し、日常生活を支障なく送ることができる。

2 職業選択の重視点 (国際比較)　　(2018年／複数回答)

国＼順位	1位	2位	3位	4位	5位
日本	収入 70.7%	仕事内容 63.1%	労働時間 60.3%	職場の雰囲気 51.1%	通勤の便 38.7%
韓国	収入 61.9%	労働時間 54.9%	職場の雰囲気 54.7%	仕事内容 46.5%	自分の趣味などを生かせること 36.8%
アメリカ	収入 70.0%	労働時間 63.4%	仕事内容 55.1%	通勤の便 41.4%	職場の雰囲気 40.8%
イギリス	労働時間 64.2%	収入 62.7%	仕事内容 53.1%	通勤の便 43.8%	将来性 36.7%
ドイツ	収入 68.5%	労働時間 61.4%	職場の雰囲気 55.2%	通勤の便 53.3%	仕事内容 44.2%

(内閣府「我が国と諸外国の若者の意識に関する調査」)

解説 日本では、「収入」と同時に「仕事内容」を重視していることがわかる。「収入」を重視するという国は多いが、「労働時間」も上位であり、仕事よりもプライベートな時間をより大切にしたいという意向が読み取れる。

「仮面（ペルソナ）」で、社会のなかで演じる役割というのが本来の意味。

2 結婚と離婚

将来結婚したい？
現在の結婚をめぐる状況は？
離婚のリスクは？

1 結婚という選択

1 結婚したい理由

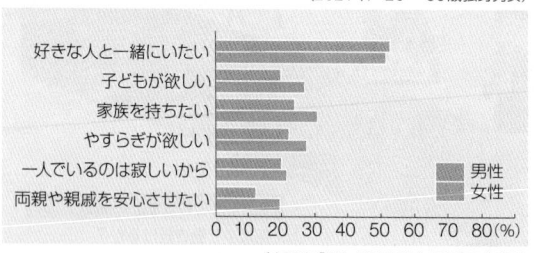

(2021年／20～39歳独身男女)

好きな人と一緒にいたい
子どもが欲しい
家族を持ちたい
やすらぎが欲しい
一人でいるのは寂しいから
両親や親戚を安心させたい

■男性
■女性

0 10 20 30 40 50 60 70 80(%)

(内閣府「男女共同参画白書令和4年版」)

2 結婚相手に求める条件

(2014年／複数回答)

1位	価値観が近いこと
2位	一緒にいて楽しいこと
3位	一緒にいて気をつかわないこと
4位	金銭感覚
5位	恋愛感情
6位	自分の仕事を理解してくれること
7位	経済力があること

(内閣府「結婚・家族形成に関する意識調査」)

3 結婚生活を送る上での不安要素

(2014年／複数回答)

1位	配偶者と心が通わなくなる・不仲になること
2位	経済的に十分な生活ができるかどうか
3位	配偶者の親族とのつきあい
4位	自分の自由時間がとれなくなる
5位	出産・子育て
6位	子どもの教育やしつけ
7位	配偶者や自分の親の介護

(内閣府「結婚・家族形成に関する意識調査」)

TOPIC

同性カップル条例の成立

東京都渋谷区では、2015年に「男女平等及び多様性を尊重する社会を推進する条例」が施行された。この条例は、同性カップル（→p.12 QA）を「結婚に相当する関係」と認めて証明書を発行するという全国で初めての例となった。証明書があれば、家族向けの区営住宅の入居が可能となる。

国際的には、2001年のオランダをはじめ、同性婚を認める国と地域が33（2022年9月）となり、2019年には台湾でも認められた（アジア初）。

2 結婚をめぐる現代の状況

1 平均初婚年齢

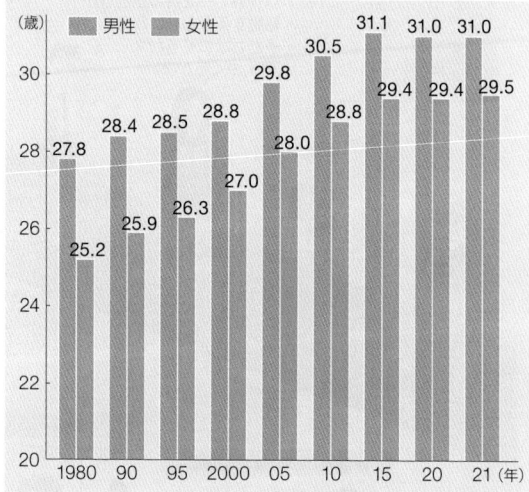

(歳)
■男性 ■女性

1980年: 男性27.8, 女性25.2
90: 男性28.4, 女性25.9
95: 男性28.5, 女性26.3
2000: 男性28.8, 女性27.0
05: 男性29.8, 女性28.0
10: 男性30.5, 女性28.8
15: 男性31.1, 女性29.4
20: 男性31.0, 女性29.4
21: 男性31.0, 女性29.5

(厚生労働省「人口動態統計」)

解説 初婚年齢が高くなるという晩婚化が進行すると、それに伴い、子どもを出産するときの母親の平均年齢も高くなるという晩産化の傾向があらわれ、出産を控える傾向にあることから、少子化（→p.7）の原因にもなる。

2 未婚率の上昇

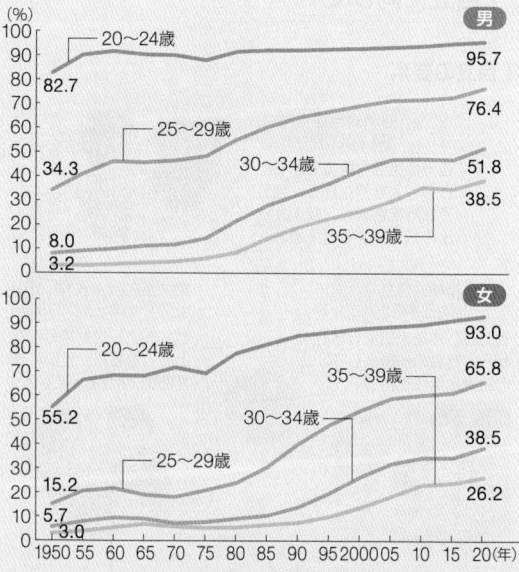

(%)
【男】
20～24歳: 82.7 → 95.7
25～29歳: 34.3 → 76.4
30～34歳: 8.0 → 51.8
35～39歳: 3.2 → 38.5

【女】
20～24歳: 55.2 → 93.0
25～29歳: 15.2 → 65.8
30～34歳: 5.7 → 38.5
35～39歳: 3.0 → 26.2

1950 55 60 65 70 75 80 85 90 95 2000 05 10 15 20(年)

(総務省「国勢調査」)

解説 30代前半では、男性は約半数、女性も約4割が未婚である。結婚のメリットよりデメリットを感じる若者の増加が原因の一つとも言われている。近年では、結婚を支援するために地方自治体でも様々な活動が行われている。

QA 離婚後300日問題とは？ ▶民法772条の規定により、離婚後300日以内に生まれた子が、遺伝的関係は考慮されずに前夫の子と推定されるこ

3 結婚における国際比較

1 結婚は個人の自由

結婚についての考え
(2018年)

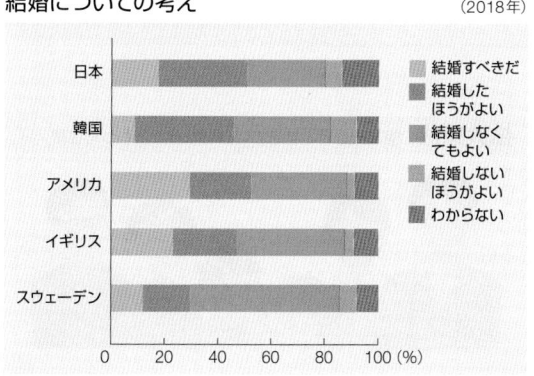

- 結婚すべきだ
- 結婚したほうがよい
- 結婚しなくてもよい
- 結婚しないほうがよい
- わからない

日本
韓国
アメリカ
イギリス
スウェーデン

0 20 40 60 80 100 (%)

結婚したほうがよい理由
(左で「結婚すべきだ」「結婚したほうがよい」と回答した人が対象)
(2018年／複数回答)

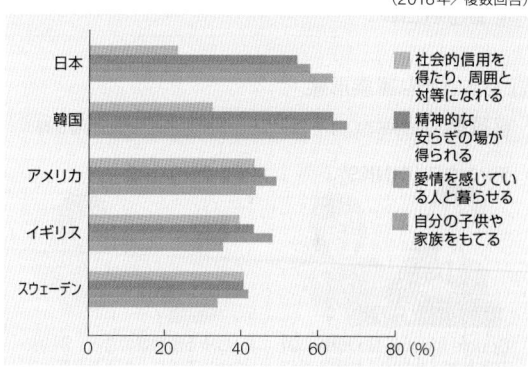

- 社会的信用を得たり、周囲と対等になれる
- 精神的な安らぎの場が得られる
- 愛情を感じている人と暮らせる
- 自分の子供や家族をもてる

日本
韓国
アメリカ
イギリス
スウェーデン

0 20 40 60 80 (%)

(内閣府「我が国と諸外国の若者の意識に関する調査」)

解説 結婚観について比較すると、結婚に肯定的な回答の割合が最も高いのはアメリカで、次いで日本となっている。スウェーデンは結婚に否定的な回答の割合が約60%を占めており、非婚カップルが多い実態とつながる。また、結婚したほうがよい理由は、p.4 **1**の**1**からもわかるように、日本では精神的な安らぎを求めたり、家族をもちたいと考えたりすることが大きな理由となっているが、欧米では利便性や経済的な理由をあげることも多い。

4 離婚

1 離婚件数および離婚率の年次推移

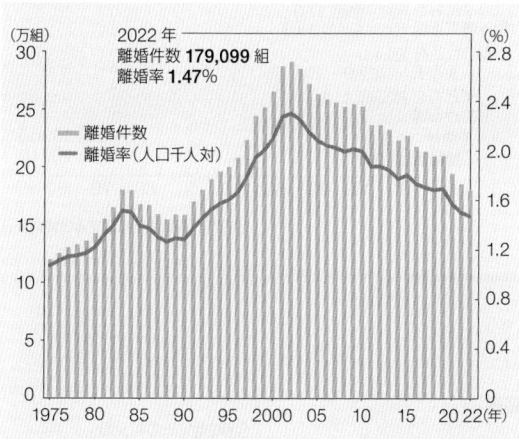

2022年
離婚件数 **179,099** 組
離婚率 **1.47**%

— 離婚件数
— 離婚率(人口千人対)

(万組)
30
25
20
15
10
5
0

(%)
2.8
2.4
2.0
1.6
1.2
0.8
0.4
0

1975 80 85 90 95 2000 05 10 15 20 22(年)

(厚生労働省「人口動態統計」)

解説 現行法では、離婚の形態として、協議離婚(協議上の離婚)、調停離婚、審判離婚、裁判離婚(裁判上の離婚)を規定している。現在、大半は協議離婚である。

2 離婚の経済的リスク

夫婦が離婚するときに、一方から他方へ財産が支払われることがある。大きく分けると下記の4つのケースである。

❶財産分与−結婚生活中の共通財産の清算
❷生活費−離婚後の生活に困る者を他方が扶養する
❸慰謝料−離婚原因をつくった側が、他方へ与えた損害を賠償する
❹養育費−未成年の子どもがいる場合、親権者でない者が支払う

5 ドメスティック・バイオレンス(DV)

1 DVの種類

DVとは、配偶者やパートナーなど親密な関係にある(あった)者からふるわれる暴力のことである。暴力の種類は、以下のように分けられる。

身体的暴力	なぐる、蹴る、物を投げつける、水や熱湯をかけるなど
精神的暴力	大声でどなる、ののしる、無視するなど
性的暴力	性行為を強要する、避妊に協力しない、中絶を強要するなど
経済的暴力	生活費を渡さない、働きに行かせないなど
社会的暴力	外出や電話を細かくチェックする、友人に会わせないなど

解説 被害者は圧倒的に女性が多い。この背景にあるのは、性差別社会である。夫が妻に暴力を振るうのはある程度は仕方がないといった社会通念、妻に収入がない場合が多いといった男女の経済的格差など、個人の問題として片付けられないような構造的問題も大きく関係している。

2 配偶者の暴力による被害者の推移

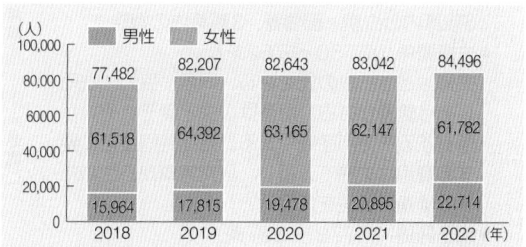

(人)
100,000

■男性 ■女性

	2018	2019	2020	2021	2022 (年)
合計	77,482	82,207	82,643	83,042	84,496
女性	61,518	64,392	63,165	62,147	61,782
男性	15,964	17,815	19,478	20,895	22,714

(警察庁資料)

解説 配偶者の暴力による被害者は増加傾向にある。女性の被害が多いのは変わらないが、男性が被害者となるケースが増えている。

と。また、推定されて前夫の子となることを避けるために、出生届を出さないなど戸籍上の手続きがなされず、無戸籍の子どもが生じている問題。

3 現代の家族

家族の形は決まっているの？
法律ではどのように定められているのだろうか？
現在の家族をめぐる状況は？

1 家族とは？

1 さまざまな家族形態

核家族 夫婦あるいはその一方と、未婚の子どもからなる世帯

ディンクス（DINKS）

Double Income No Kidsの頭文字を並べたもの。共働きで子どものいない夫婦。

デュークス（DEWKS）

Double Employed With Kidsの頭文字を並べたもの。共働きで子どものいる夫婦。

シングルマザー／シングルファザー

主に一人で子どもを育てる親。

オンデマンド婚

いわゆる別居婚のこと。別々に生活しており、相手を必要とするときに会う共働きの夫婦。

ステップファミリー

夫婦の一方あるいは双方が、前の配偶者との子どもを連れて再婚し、誕生した家族。

夫婦の一方が専業主婦（夫）

拡大家族 祖父母などの核家族以外の親族が加わった世帯

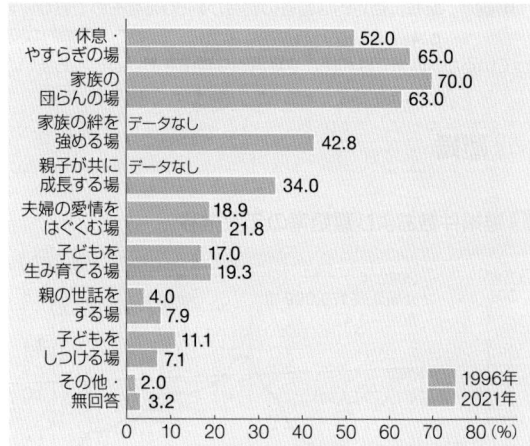

2 家庭の役割

（複数回答）

項目	1996年	2021年
休息・やすらぎの場	52.0	65.0
家族の団らんの場	70.0	63.0
家族の絆を強める場	データなし	42.8
親子が共に成長する場	データなし	34.0
夫婦の愛情をはぐくむ場	18.9	21.8
子どもを生み育てる場	17.0	19.3
親の世話をする場	4.0	7.9
子どもをしつける場	11.1	7.1
その他・無回答	2.0	3.2

（内閣府「国民生活に関する世論調査」）

民法のなかの家族

　1948年より施行された民法は、全部で5編から成っている。このうち、第4編「親族」には、親族の範囲、婚姻の成立、離婚、夫婦関係、親子関係などが記載され、第5編「相続」に、法定相続に関する条文がある。

● **親族の範囲**（第725～730条）
　6親等内の血族、配偶者、3親等内の姻族

● **夫婦関係**（第750～762条）
　夫婦はどちらかの氏を称し、同居・協力・扶助しあう義務がある。財産は、夫と妻それぞれが所有する夫婦別産制である。婚姻共同生活に要する費用は夫婦で分担し、日常家事から生じた債務は連帯責任を負う。

● **親子関係**（第772～837条）
　子どもには、実子と養子がある。実子は嫡出子と嫡出でない子に分けられる。父母には未成年の子に対する共同親権がある。

● **親族の範囲**

● 6親等内の血族
● 3親等内の姻族

　Q&A ベビーブームっていつ？▶新生児の出生が急増する現象は、戦後日本では1947年から49年（第1次）と1971年から74年（第2次）にお

2 進む少子化

■ 出生数と合計特殊出生率の推移

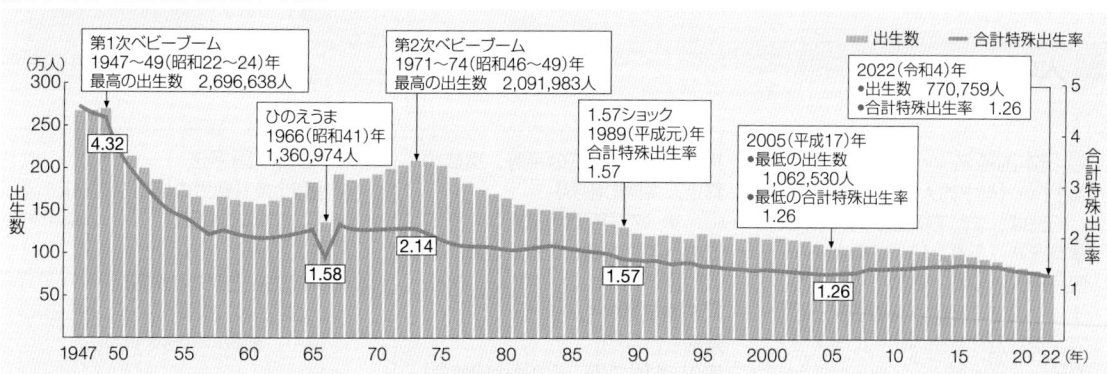

第1次ベビーブーム
1947〜49(昭和22〜24)年
最高の出生数　2,696,638人

第2次ベビーブーム
1971〜74(昭和46〜49)年
最高の出生数　2,091,983人

ひのえうま
1966(昭和41)年
1,360,974人

1.57ショック
1989(平成元)年
合計特殊出生率
1.57

2022(令和4)年
●出生数　770,759人
●合計特殊出生率　1.26

2005(平成17)年
●最低の出生数
1,062,530人
●最低の合計特殊出生率
1.26

出生数　　合計特殊出生率

(注) ひのえうまの年に生まれた女性は、気性が激しいという迷信から、この年に子どもを産むのを避けた夫婦が多いと考えられる。　(厚生労働省「人口動態統計」)

解説 合計特殊出生率とは、一人の女性が一生のうち平均何人の子を産むかを示す指標。15歳から49歳の女性の年齢別出生率を合計するので、合計特殊出生率という。人口維持には2.08以上が必要とされるが、現在の日本は約1.3となっている。

3 時代と共に変わる家族

■ 家族類型別一般世帯数の推移

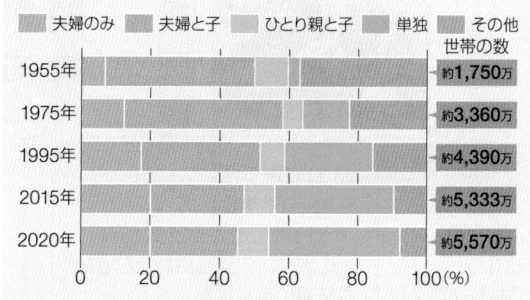

夫婦のみ　夫婦と子　ひとり親と子　単独　その他

年	世帯の数
1955年	約1,750万
1975年	約3,360万
1995年	約4,390万
2015年	約5,333万
2020年	約5,570万

(総務省「国勢調査」)

解説 戦後、夫婦と子どもからなる核家族が増加したが、少子化の進行、独身男女の増加、高齢者の一人暮らしの増加などにより、単独世帯の割合が増える傾向にある。

■ 世帯構造別にみた高齢者のいる世帯数の構成割合

(2021年／%)

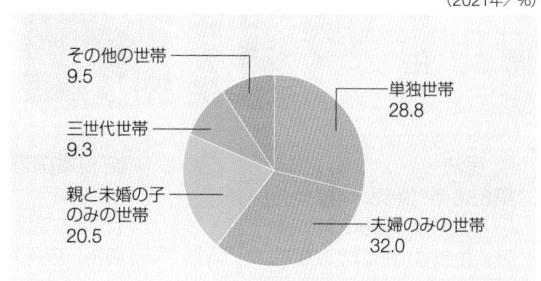

その他の世帯 9.5
三世代世帯 9.3
親と未婚の子のみの世帯 20.5
単独世帯 28.8
夫婦のみの世帯 32.0

(厚生労働省「国民生活基礎調査」)

解説 高齢者夫婦のみで生活している世帯や一人暮らしをしている高齢者が増え、子どもと同居している高齢者は減っている。

4 相続

■ 法定相続分

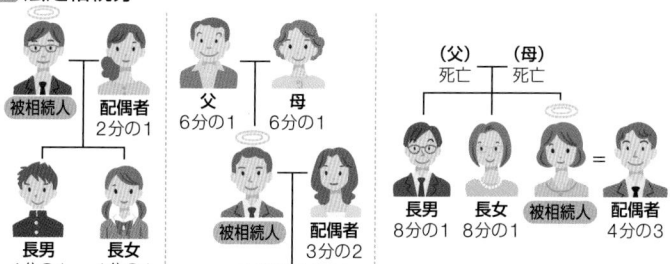

被相続人　配偶者 2分の1　長男 4分の1　長女 4分の1

父 6分の1　母 6分の1　被相続人　配偶者 3分の2　子どもはいない

(父)死亡　(母)死亡　長男 8分の1　長女 8分の1　被相続人 ＝ 配偶者 4分の3

解説 財産の相続については遺言書が尊重される。なければ相続人が話しあって決める。その目安として民法第900条で定められているのが「法定相続分」である。

TOPIC

民法改正

いくつかの民法の規定が、時代の変化に応じて見直されている。
❶婚姻年齢：男女とも18歳に（2022年施行）
❷女性の再婚禁止期間：6か月→100日→廃止（2024年4月施行）
❸婚内子と婚外子の相続差別：遺産相続割合は同等に（2013年施行）
❹夫婦別姓：最高裁が、夫婦別姓を認めない「結婚時に夫または妻の姓を名乗る」との規定は合憲と判断（2015年）

きている。前者がいわゆる「団塊の世代」、後者は「団塊ジュニア」にあたる。

4 ライフステージと法律

私たちの一生と法律はどのように関わっているのだろうか？
婚姻届や出生届ってどんな書類？

■ 人の一生と法律

■ 日本国憲法
第11条【基本的人権の享有】
　国民は、すべての基本的人権の享有を妨げられない。この憲法が国民に保障する基本的人権は、侵すことのできない永久の権利として、現在及び将来の国民に与えられる。
第13条【個人の尊重と公共の福祉】
　すべて国民は、個人として尊重される。生命、自由及び幸福追求に対する国民の権利については、公共の福祉に反しない限り、立法その他の国政の上で、最大の尊重を必要とする。

第14条【法の下の平等、貴族の禁止、栄典の限界】
① すべて国民は、法の下に平等であって、人種、信条、性別、社会的身分又は門地により、政治的、経済的又は社会的関係において、差別されない。
第25条【生存権、国の社会的使命】
① すべて国民は、健康で文化的な最低限度の生活を営む権利を有する。
② 国は、すべての生活部面について、社会福祉、社会保障及び公衆衛生の向上及び増進に努めなければならない。

■ 日本国憲法
第27条【勤労の権利と義務】
① すべて国民は、勤労の権利を有し、義務を負う。
第30条【納税の義務】
　国民は、法律の定めるところにより、納税の義務を負う。

■ 男女雇用機会均等法
　男女双方への、募集・採用、配置・昇進・教育訓練、福利厚生、定年・解雇、降格、職種変更、雇用形態変更、退職勧奨、雇止め等の差別や、身長、体力、転勤等の間接差別禁止。セクハラ対策、等。

 胎児　誕生
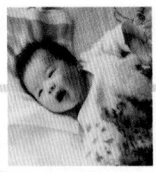
 小学校入学

18歳　20歳　就職

■ 民法
第886条【胎児の相続能力】
① 胎児は、相続については、既に生まれたものとみなす。

■ 戸籍法
第49条【出生の届出期間】
① 出生の届出は、14日（国外で出生があったときは3箇月）以内にこれをしなければならない。

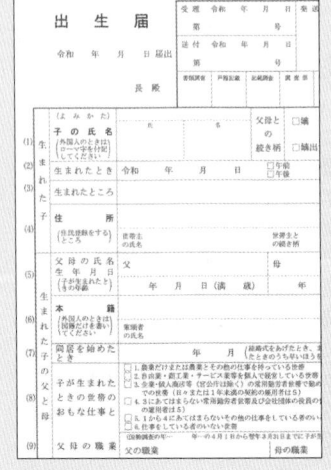

■ 日本国憲法
第26条
【教育を受ける権利、教育の義務、義務教育の無償】
① すべて国民は、法律の定めるところにより、その能力に応じて、ひとしく教育を受ける権利を有する。
② すべて国民は、法律の定めるところにより、その保護する子女に普通教育を受けさせる義務を負う。義務教育は、これを無償とする。

■ 児童福祉法
第1条【児童福祉の理念】
全て児童は、児童の権利に関する条約の精神にのっとり、適切に養育されること、その生活を保障されること、愛され、保護されること、その心身の健やかな成長及び発達並びにその自立が図られることその他の福祉を等しく保障される権利を有する。

■ 公職選挙法
第9条【選挙権】
① 日本国民で年齢満18年以上の者は、衆議院議員及び参議院議員の選挙権を有する。

■ 労働基準法
第61条【深夜業】
　使用者は、満18歳に満たない者を午後10時から午前5時までの間において使用してはならない。ただし、交替制によって使用する満16歳以上の男性については、この限りではない。

■ 民法
第4条【成年となる時期】ⓐ
　年齢18歳をもって、成年とする。

■ 国民年金法
第8条【資格取得の時期】
　20歳に達したとき国民年金の被保険者の資格を取得する。

ⓐ：2022年改正民法施行により20歳→18歳となった。

QA 婚姻届を出すことをなぜ「入籍」という？▶入籍とは、「女性が男性側の家の戸籍に入る」という、戦前の民法の考え方にもとづいた言い方。

■日本国憲法
第24条【家族生活における個人の尊厳と両性の平等】
① 婚姻は、両性の合意のみに基づいて成立し、夫婦が同等の権利を有することを基本として、相互の協力により、維持されなければならない。
② 配偶者の選択、財産権、相続、住居の選定、離婚並びに婚姻及び家族に関するその他の事項に関しては、法律は、個人の尊厳と両性の本質的平等に立脚して、制定されなければならない。

■労働基準法
第65条【産前産後】
① 使用者は、6週間（多胎妊娠にあっては、14週間）以内に出産する予定の女性が休業を請求した場合においては、その者を就業させてはならない。
② 使用者は、産後8週間を経過しない女性を就業させてはならない。（略）
第66条【産前産後】
② 使用者は、妊産婦が請求した場合においては（略）、時間外労働をさせてはならず、又は休日に労働させてはならない。

■育児・介護休業法
1. 育児休業制度
　子が1歳に達するまで（両親ともに育児休業を取得する場合は、子が1歳2か月に達するまでの間に1年間）の間（保育所に入れない等の場合には、子が2歳に達するまで）、育児休業を取得することができる。
2. 介護休業制度
　要介護状態にある対象家族1人につき、3回を上限として、通算93日まで、介護休業を分割取得できる。
（略）

結婚

子の出生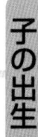

育児 介護 65歳 死亡

■民法
第731条【婚姻適齢】[b]
　婚姻は、18歳にならなければ、することができない。
第732条【重婚の禁止】
　配偶者のある者は、重ねて婚姻をすることができない。
第733条【再婚禁止期間】
（2024年4月廃止）
第739条【婚姻の届出】
① 婚姻は、戸籍法の定めるところによりこれを届け出ることによって、その効力を生ずる。
第750条【夫婦の氏】
　夫婦は、婚姻の際に定めるところに従い、夫又は妻の氏を称する。
第752条【同居、協力及び扶助の義務】
　夫婦は同居し、互いに協力し扶助しなければならない。

第763条【協議離婚】
　夫婦は、その協議で、離婚をすることができる。
第768条【財産分与】
　協議上の離婚をした者の一方は、相手方に対して財産の分与を請求することができる。

婚姻届

■厚生年金保険法
第42条【受給権者】
　老齢厚生年金は、被保険者期間を有する者が、次の各号のいずれにも該当するに至ったときに、その者に支給する。
① 65歳以上であること。
② 保険料納付済期間と保険料免除期間とを合算した期間が25年以上であること。

■国民年金法
第26条【支給要件】
　老齢基礎年金は、保険料納付済期間又は保険料免除期間を有する者が65歳に達したときに、その者に支給する。（略）

■戸籍法
第86条【死亡の届出期間】
① 死亡の届出は、届出の義務者が、死亡の事実を知った日から7日（国外での死亡は3箇月）以内にこれをしなければならない。

■民法
第882条【相続開始の原因】
　相続は、死亡によって開始する。

[b]：2022年改正民法施行による。これ以前は男18歳、女16歳だった。これにともない成年年齢と婚姻年齢が一致し、未成年＝18歳未満の結婚は不可となったので、未成年者の婚姻には父母の同意が必要とする737条は、削除された。

現在の戸籍法では、未婚の男女が結婚すると2人で新しい戸籍が作成される。

5 「働く」ということ

求人票ってどんな書類?
フリーターって結局得なの?損なの?
ワーキングプアってなに?

1 どんな職業に就きたい?

1 求人票を読んでみよう

求人票の例

会社の概要
会社の規模や所在地、事業の内容を確認しよう。

仕事の情報
どのような雇用形態での募集なのか、また具体的な仕事の内容を確認しよう。

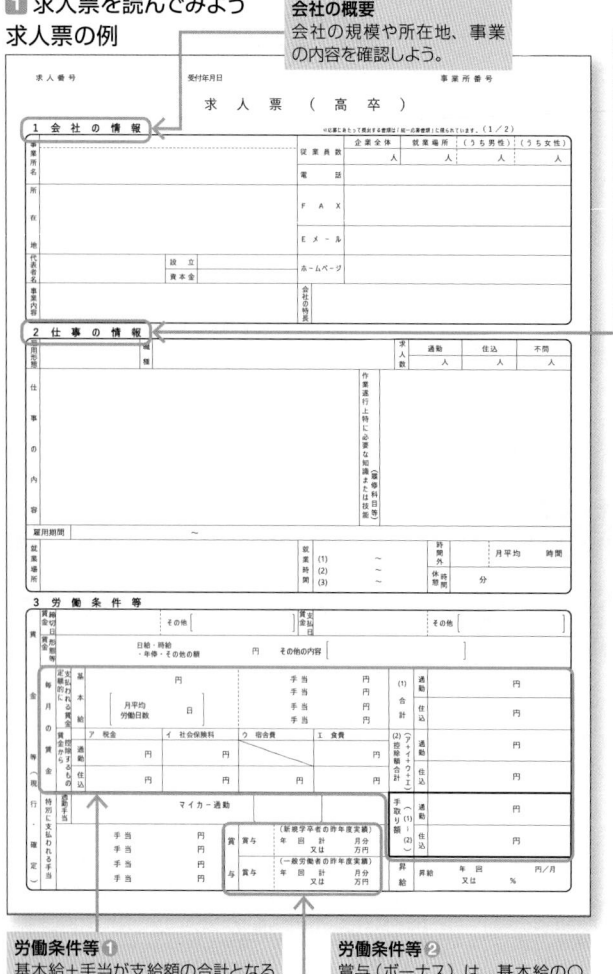

労働条件等❶
基本給+手当が支給額の合計となる(→p.94)。ここから社会保険料などが差し引かれて手取り額となる。

労働条件等❷
賞与(ボーナス)は、基本給の○か月分として計算される。手当は含まれない場合もあるので、注意。

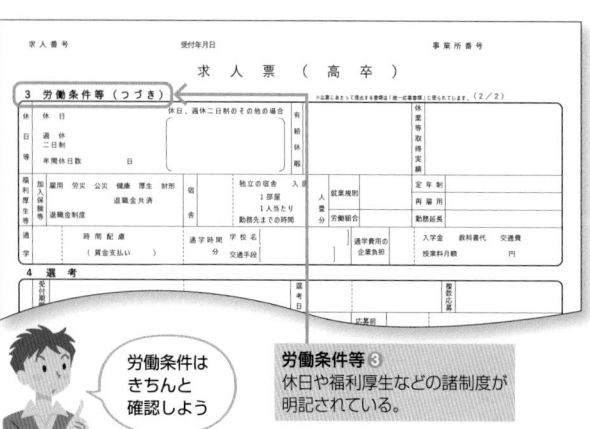

労働条件はきちんと確認しよう

労働条件等❸
休日や福利厚生などの諸制度が明記されている。

2 仕事のやりがいを感じることは?

(2018年/複数回答)

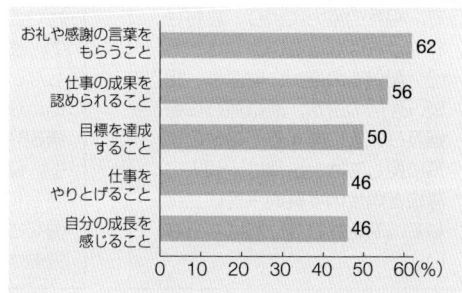

お礼や感謝の言葉をもらうこと	62
仕事の成果を認められること	56
目標を達成すること	50
仕事をやりとげること	46
自分の成長を感じること	46

(エン・ジャパン株式会社調べ)

解説 英語で仕事を表現する言葉には "labor" と "work" がある。laborはつらい労働であり、workはある目的のために意識的にする仕事である。私たちはどちらを望むのだろうか。一方、「働く」とは「傍(はた)を楽にする」ことだといわれる。親が働いて、子どもが学校に通う。働いて税金を払い、その税金が社会福祉に使われる。これらの過程すべてが「傍を楽にしている」ことである。また、「仕事の報酬は仕事である」ともいわれるように、仕事を通じて人は成長し、さらに大きな仕事が得られる。このようなサイクルが、自分に生きる力を与えているのではないだろうか。

2 勤務形態別賃金

1か月あたりの賃金のちがい

(2021年)

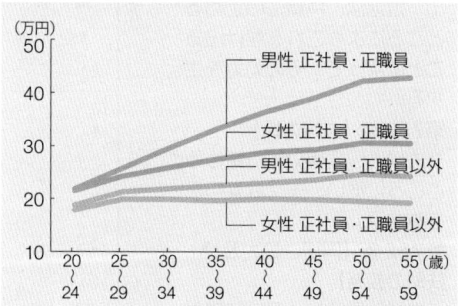

(厚生労働省「賃金構造基本統計調査」)

解説 例えば派遣社員は、勤続年数や年齢に関係なく「仕事」に対して時給が設定される。正社員は年齢とともに賃金が上昇する傾向にあるが、派遣社員だと大きな変化はない。生涯賃金では約1億円程度の差ができるといわれている。

QA フリーターには有給休暇がないってホント? ▶正社員であれフリーターであれ有給休暇を取る権利を得るためには、「入社から6か月勤務す

③ 派遣社員

① 派遣社員のしくみ

労働者はまず派遣会社と雇用契約を結び、その後、労働力を必要としている企業に派遣される。

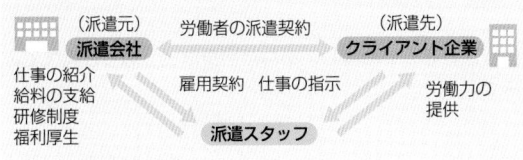

② 派遣社員のメリットとデメリット

メリット

•希望に合わせて仕事内容を選べる。•いろいろな企業や職場を体験できる。•勤務時間や場所を選べる。

デメリット

•登録していても仕事を紹介してもらえないこともある。•ボーナスの支給が少ない（またはない）。•契約期間が設定されており、契約満了後仕事があるかどうかの保証はない。•派遣先企業の社員より立場が弱い場合が多い。

④ フリーターって得？損？

① 生涯賃金の比較 (退職金は含まない) 　(2019年)

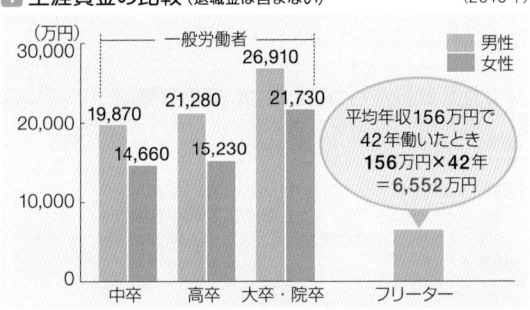

（労働政策研究・研修機構「ユースフル労働統計」）

解説 正規職員・従業員が生涯にもらう賃金は、およそ1.5億円以上になる。フリーターの場合は高校卒業から60歳までの42年間働いても6,500万円程度。さらに正規職員・従業員には退職金があり、年金も多い。

② 収入別による結婚した割合 　(2019年)

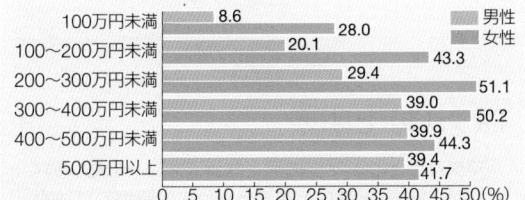

（厚生労働省「第8回21世紀成年者縦断調査（平成24年成年者）」）

解説 正社員などとの賃金格差は20代では目立たないが、30代以降は大きな開きとなる（→p.10）。厚労省の調査によると、平成24年当時20〜29歳のうち、ここ7年間で結婚した人の割合は、年収が低いほど割合も低い結果となった。女性よりも男性のほうが、その傾向が強いといえる。

⑤ ブラック企業

ブラック企業とは、労働者を、過重労働・違法労働によって使い捨てにする企業をさす。

長時間労働

労働基準法が定める労働時間は、原則1日8時間。1週間40時間。いわゆる「過労死ライン」は、月に時間外労働時間が80時間。

賃金不払い

いわゆる、サービス残業のこと。企業が所定の労働時間を超えて働かせる場合、超過時間に応じて割増賃金（残業代）を払わなければいけないのに、正規の賃金の全額が支払われないこと。

ハラスメントや脅し

脅迫的に退職を勧めることは違法。パワーハラスメント（パワハラ）やセクシュアルハラスメント（セクハラ）は人権侵害であり、企業の安全配慮義務に違反する。

解説 ブラック企業かどうかは、3年内の離職率の高さや社員の年齢構成（30〜40代が極端に少ないなど）を見ることが一つの指標になる。また、就職活動の時には、同じ業界で働くOBやOGを訪問すると、業界内の噂も聞くことができる。

日本では、働き過ぎの文化が下地になっているとも言われる。法律でどこまで守られているのか、労働基準法などの労働法（→p.8）を大まかに把握しておくとよい。

ワーキングプア (働く貧困層)

午前2時半、高層ビルに囲まれた東京・新宿のハンバーガー店。髪を伸ばした男性（30）が、トイレで歯磨きを済ませて席に戻ってきた。机の上には空のカップ。今夜はここで休む。"宿代"は紅茶代の100円だ。運送会社や建設現場で、日雇い労働者や短期の契約社員として働いている。力仕事が多いから、夜はせめて、マンガ喫茶かネットカフェの個室で足を伸ばしたい。だが、1泊800円。手持ちが少なければ、24時間営業のファストフード店で寝る。（『読売新聞』2007年3月1日）

ネットカフェに1年以上暮らす24歳の男性

6 男女共同参画社会をめざして

「男らしさ」「女らしさ」にしばられていない？
男は仕事、女は家事・育児？
他の国ではどうなっているのだろう？

1 「男らしさ」「女らしさ」って何？

生物としての性別をセックスと呼ぶのに対し、社会的・文化的に規定された男女の役割・性差のことをジェンダーという。いろいろな場面で登場してくる「男らしさ」「女らしさ」をみつめ直し、あなた自身はどう思うか考えてみよう。

■「男らしさ」「女らしさ」に対するイメージ

	男らしい		女らしい	
男子が考える	強い 仕事 ヒゲ 頑固 会社 力が強い	車の運転 ごう慢 ぐずぐず、なよなよしていない なにげないやさしさ 根性がある	やさしい 弱い 内股 化粧 バーゲン	料理ができる おしとやか 子育て・家事 身のこなしが優雅 思いやりがある
女子が考える	力が強い たくましい 精神的に強い 制服のズボン 給料が高い 背が高い	頼りがいがある 引っ張ってくれる人 gentlemanで女性に礼儀正しい 字があまりうまくない やると決めたらちゃんとやる 冷静な判断をする	やさしい 気がきく 家事ができる おしとやか 化粧する かわいい ひかえめ	しぐさや言葉が上品 大声で話さない スカートが似合う 整理整頓ができる・清潔 手先が器用 体がまるっぽい 髪を伸ばしているとき

（都立H高校2年生のアンケートによる）

2 男女共同参画社会をめざして

1 ジェンダーにとらわれない職業選択

立川円（たちかわ・まどか）
パイロット
1977年生まれ、神戸市出身。
00年、関西学院大文学部卒業後にJALスカイサービスに入社。01年、航空大学校に入校。03年、日本航空に入社。米カリフォルニア州のナパなどで訓練。06年4月、ボーイング767副操縦士に昇格。

（写真：シバサキフミト）

客室乗務員をめざした。「女の子が操縦士になれるとは思わなかった」からだ。「まずは英語」と、大学は英文科へ進学。接客マナーを身につけるため、ホテルでアルバイトもした。

就職活動中、新卒者対象のJALの操縦士募集のポスターを目にする。「性別、学部問わず」とある。すぐに応募した。約50人に3000人が殺到する難関。3次の管理職面接で落選した。全日空の募集は終わっていた。残された道は航空大学校だった。

受験では理系科目の出題があり、文系に不利と言われる。だが「1年あれば」と、成田空港で旅客係として働きながら勉強すると決めた。（略）

約10倍を突破し、合格した。体力で負けないよう、週数回、1時間ほど走った。握力強化器具を鞄（かばん）に忍ばせ、電車の中でも握った。握力はいま、左右とも約40キロある。そして2年間で事業用の操縦資格を取得し、改めてJALを受験。就職を果たした。

（『朝日新聞』2009年6月23日）

2 女性が職業をもつことについての意識 （%）

- 女性は職業をもたないほうがよい
- 結婚するまでは職業をもつほうがよい
- 子どもができるまでは、職業をもつほうがよい
- 子どもができても、ずっと職業を続けるほうがよい
- 子どもができたら職業をやめ、大きくなったら再び職業をもつほうがよい
- その他
- わからない

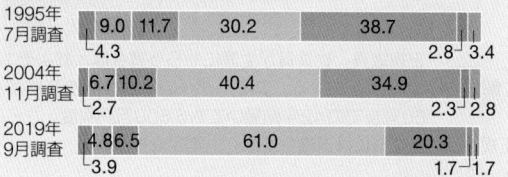

1995年7月調査	9.0 11.7 30.2 38.7 / 4.3 2.8 3.4	
2004年11月調査	6.7 10.2 40.4 34.9 / 2.7 2.3 2.8	
2019年9月調査	4.8 6.5 61.0 20.3 / 3.9 1.7 1.7	

（内閣府「男女共同参画社会に関する世論調査」）

TOPIC

「マタハラ」とは…？

マタハラとは、マタニティハラスメントの略。働く女性が、妊娠・出産などをきっかけに、職場で精神的、肉体的な嫌がらせを受けたり、解雇や雇い止め、自主退職の強要で不利益を被る扱いを受けること。こうした不利益な扱いは、男女雇用機会均等法や育児・介護休業法で禁じられている。しかし現実には、マタハラは横行しているとみられる。

3 共働き等世帯数の推移

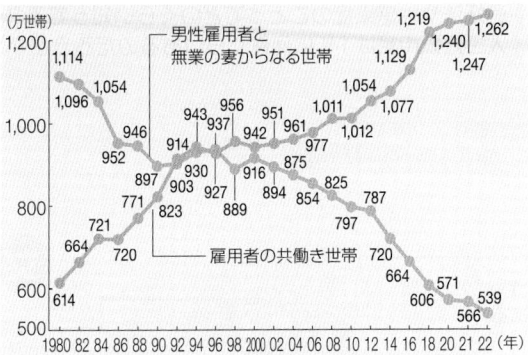

(注1)「男性雇用者と無業の妻からなる世帯」とは、夫が非農林業雇用者で、妻が非就業者(非労働力人口及び完全失業者)の世帯
(注2)「雇用者の共働き世帯」とは、夫婦ともに非農林業雇用者の世帯
(総務省「労働力調査」「労働力調査特別調査」)

解説 女性の社会進出が進み、年々共働きの世帯が増えている。このような状況に対応できるよう、制度としても地域としても、さまざまなバックアップ体制を考えていかなければならない(→p.28、30〜31)。

ワーク・ライフ・バランス

「仕事と生活の調和」ともいう。働く人が、子育てや介護、自己啓発、地域活動などといった仕事以外の生活と仕事を、自分が望むバランスで実現できるようにしようという考え方。安定した仕事に就けず経済的に自立ができない、仕事に追われ子育てや介護との両立に悩む、などの問題を抱える人が多く見られるためである。社会の活力の低下や少子化にもつながっていると考えられている。企業優先の働き方を見直し、労働時間の短縮や多様な働き方を認め合うことが求められている。

---

3 男女の働き方と賃金格差の実態

1 女性の年齢階級別労働力率の推移

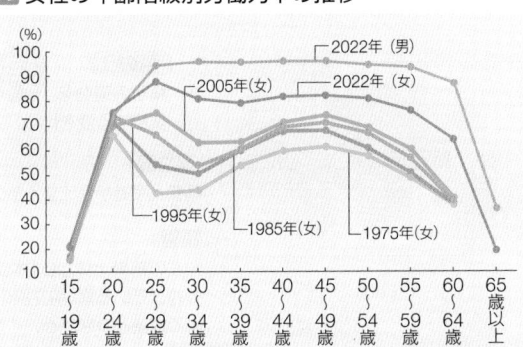

(注) 労働力率とは、15歳以上人口に占める労働力人口(就業者+完全失業者)の割合
(総務省「労働力調査」より作成)

解説 女性の労働力率は、出産・育児期にいったん下降するので、グラフの形からM字型曲線(M字型就労)と呼ばれる。しかし近年は、緩和されつつある。

2 女性の年齢階級別労働力率 (国際比較) (2022年)

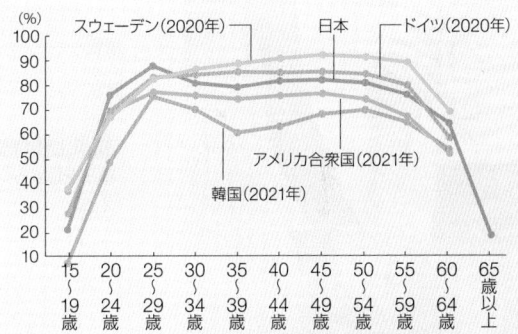

(総務省「労働力調査」およびILO「労働統計年鑑」)

解説 M字型曲線は、日本や韓国などに独特なもの。保育環境が整っている北欧諸国などでは、出産・育児期の落ちこみはみられず、台形のカーブを描いている。

3 男女間の賃金格差の推移 (男性＝100)

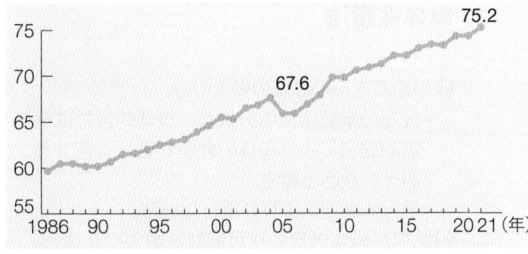

(厚生労働省「賃金構造基本統計調査」)

解説 男性労働者の賃金(所定内給与、パートを含まない)を100として女性労働者の賃金(同)をみると、男女雇用機会均等法が施行された1986年以降着実に縮小傾向をたどり、2004年には67.6まで縮まった。その後いったん停滞したが、また縮まってきている。

4 6歳未満児のいる夫の家事・育児関連時間

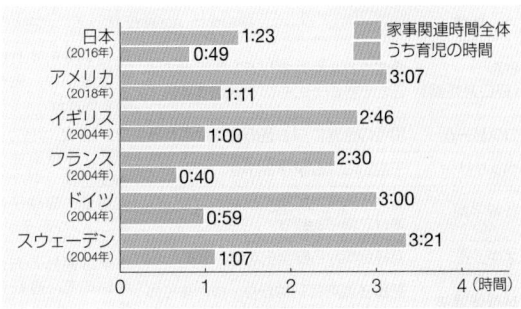

(内閣府男女共同参画局「男女共同参画白書」)

解説 日本の男性は、欧米諸国と比べて1日あたりの家事関連時間は1/3程度にしかならない。その中の育児関連の時間も少ない傾向にある。

T：トランスジェンダー(心と体の性が一致しない)の頭文字をとった総称。

7 性を考える

好きな人のことを本当に大事にしている？
避妊法や性感染症のことってどのくらい知ってる？
人工妊娠中絶は1年に何件ぐらいあるのだろうか？

1 性的自立のために (妊娠については→p.18〜19)

1 パートナーのことを考えている？

　たった1度のセックスでも、妊娠する可能性がある。性感染症をうつされる危険もある。これらを避けるには、きちんと予防することが大切だ。現在、妊娠すると困るのであれば、必ず避妊しよう。女性は、避妊の用意がないならば、彼にセックスを求められてもはっきりと断ること。男性は、「妊娠したらどうしよう」と思う女性の不安な気持ちを理解し、彼女の気持ちに寄り添うこと。セックスを自分たちの好奇心や性衝動のはけ口としないで、その前に、互いの気持ちや考えを相手に伝えあい、受け止め、互いを尊重できる関係を築こう。

2 生殖器のしくみ

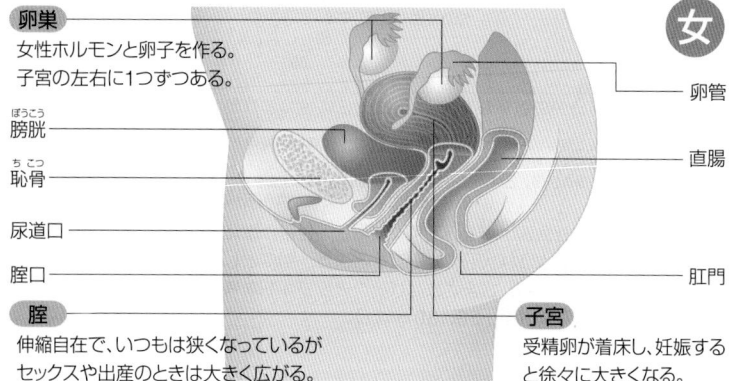

女

卵巣
女性ホルモンと卵子を作る。子宮の左右に1つずつある。

膀胱（ぼうこう）
恥骨（ちこつ）
尿道口
腟口

— 卵管
— 直腸
— 肛門

腟
伸縮自在で、いつもは狭くなっているがセックスや出産のときは大きく広がる。

子宮
受精卵が着床し、妊娠すると徐々に大きくなる。

　女性は卵巣に、卵子のもとである原始卵胞がストックされている。思春期になると、卵巣で1個ずつ成熟させ、約1か月の間隔で排卵する。排卵の後、卵子が受精せずに2週間ほどたつと、古くなった子宮内膜がはがれ落ち、子宮頸管から腟を通り外へ出て行く。そのときの出血が生理（月経）といわれる。

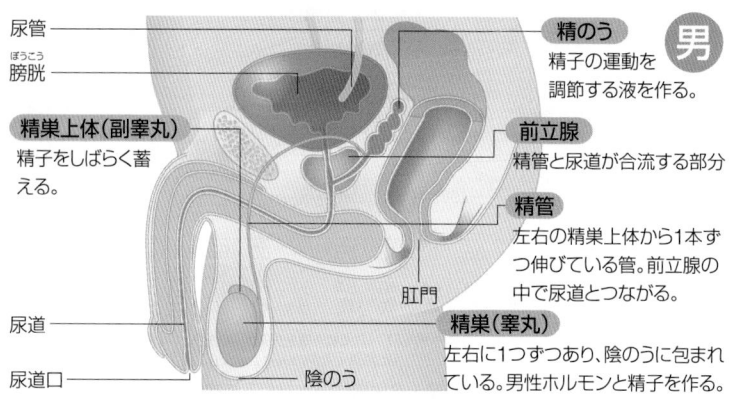

尿管
膀胱（ぼうこう）

精のう
精子の運動を調節する液を作る。

男

精巣上体（副睾丸）
精子をしばらく蓄える。

前立腺
精管と尿道が合流する部分

精管
左右の精巣上体から1本ずつ伸びている管。前立腺の中で尿道とつながる。

肛門

尿道
尿道口
陰のう

精巣（睾丸）
左右に1つずつあり、陰のうに包まれている。男性ホルモンと精子を作る。

　男性の精子は精巣で作られる。精子は精管を移動し、前立腺や精のうからの分泌液と混ざって精液となり、射精により尿道から放出される。

3 いろいろな避妊法

種類	使用方法・効果など	
ビル（経口避妊薬）	合成された女性ホルモンを服用することで排卵そのものを抑制する	正しく服用すれば成功率は高いが、副作用がある場合も
コンドーム	男性の性器にゴム製の袋をかぶせる	コンドームは他と比べて安く、性感染症予防にも役立つ。ペッサリーは装着法、殺精子剤はタイミングがむずかしい
ペッサリー	子宮口にゴム膜をつける	
殺精子剤	腟内に入れた固形の錠剤やゼリーが溶けて精子を殺す	
オギノ式	月経周期から安全日を割り出す	本来は避妊の方法ではないので、避妊効果は低い
基礎体温法	基礎体温を毎日はかり、排卵後に体温が上がる安全日を割り出す	

解説 避妊の目的は望まない妊娠と中絶（→p.15）を避けることであるが、①パートナーに対する責任、②生命および社会に対する責任をはたすという面もある。

母体保護法

❶中絶できるのは次の場合のみ。
　・妊娠の継続または分娩が、身体的または経済的理由により母体の健康を著しく害するおそれがある場合。
　・暴行や脅迫により妊娠した場合。
❷胎児が母体外で生存可能な妊娠22週以降は認められない。
❸相手の同意書が原則必要だが、未婚であったり、性暴力による妊娠には同意書は不要である。

4 さまざまな性感染症

病名	病原体	症状	治療法	2020年件数
後天性免疫不全症候群（AIDS＝エイズ）	HIV（ヒト免疫不全ウイルス）	平均10年の潜伏期を経て発病。免疫がしだいに低下し、発熱や下痢を繰りかえし急激な体重減少、最悪は死に至る	複数の抗ウイルス剤投与で発病を抑える（遅らせる）ことが可能	1,095 件
淋病	淋菌	男性→排尿時の激しい痛み、排尿口より膿 女性→外陰部の発疹、悪臭のあるおりもの、下腹部の痛み	抗生物質の服用	8,474 件
クラミジア	クラミジア・トラコマティスとよばれる細菌	男性→尿道に不快感 女性→おりものの増加がみられることもあるが自覚症状がほとんどなく、気づかないことが多い。感染が子宮や卵管に広がると不妊の原因になる	抗生物質の服用	28,381 件
性器ヘルペス	ヘルペスウイルス	感染して2週間位から性器周辺に米粒大の水疱ができる。激しい痛みがある	抗ウイルス剤、軟膏	9,000 件
尖圭コンジローマ	ヒト乳頭腫ウイルス	性器にイボができる。かゆみや痛みがある。子宮頸がんとの関連がある	イボを手術で切り取ったり、焼き切ったりする	5,685 件
トリコモナス	トリコモナス原虫	男性→排尿痛、分泌物の増加 女性→かゆみ、悪臭のあるおりもの	内服薬、腟座薬	
梅毒	梅毒トレポネーマパリダムとよばれる細菌	感染後2週間ほどで外陰部や肛門周辺にしこりができる。いったん消えるがその後発熱や倦怠感、足の付け根のリンパ腺が腫れたり、発疹がみられる。初期から晩期と症状が変わり血管や神経、脳が侵される。胎児にも感染する	抗生物質の服用	5,867 件

（注）2020年件数は、厚生労働省「感染症発生動向調査」による

解説 性的接触によって感染する病気を、性感染症という。STD（Sexually Transmitted Diseases）やSTI（Sexually Transmitted Infection）と略称される。基本的には、性交時にコンドームをきちんとつけるなどの手段で予防できるとされているが、近年はエイズ・梅毒の感染例が増えている。

エイズ（AIDS）

　エイズとは、HIV（エイズウイルス）が粘膜や傷から血液に入り感染し、免疫のシステムが侵される病気。HIVは、感染者の血液や精液、腟からの分泌液に多く含まれ、セックスによる感染が約85%を占める。母子感染や注射針の共用（麻薬などの回し打ち）なども感染経路となる。

　治療法は飛躍的に進歩しており、早期に感染に気づき薬を飲むことにより発病を遅らせることができるが、国内での新たなHIV感染者は、年々増加し続けている。
　少しでも心配であれば、保健所（匿名、無料で受けられる）や病院で検査を受けることが可能だ。

2 性をめぐる問題

1 人工妊娠中絶件数の推移

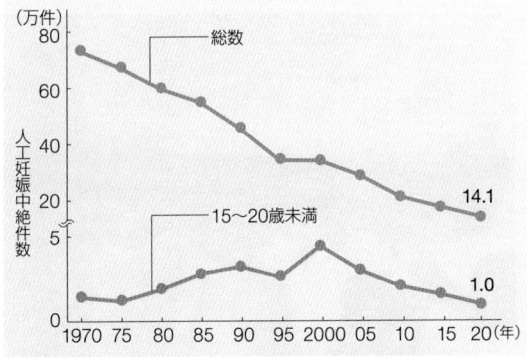

（厚生労働省「衛生行政報告例」ほか）

解説 人工妊娠中絶は、胎児の命を奪うだけではなく、母体の健康を損ねたり精神的苦痛を与えたりする危険性もある。日本の人工妊娠中絶件数は減少傾向にあり、2000年以降は15〜20歳未満でも減少に転じている。

2 SNS等に起因する被害児童数

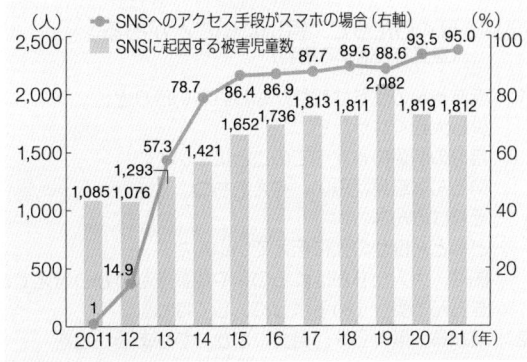

（警察庁広報資料より）

解説 SNSを通じて児童・生徒が被害にあうケースが増えつつある。2021年の被害のおよそ半数は、児童買春・児童ポルノ禁止法違反によるものである。

33.2%にのぼり、調査対象58か国のうち第13位だった。年齢や性別で差異はみられるが、20年で約3.5倍の増加となった。

1 世界の子ども

子どもの権利条約ってどんな内容？
世界の子どもたちは、日本の子どもの様子とどんな
点が異なっているだろうか？

■ 子どもによる子どものための「子どもの権利条約」

■ ほんとのまえおき（前文）

みんなと仲良くするためには、どうしたらいいだろう？
どうしたらいいと思う？
まず、相手が「いやだなあ」と思うことを
言ったりしたりするのはやめようよ。
これ、大事だよ。
だって、そしたらみんな「いやだなあ」って思わないでしょ。
どんな人にも、"いいところ"と"わるいところ"がある。
だから、その人の"わるいところ"ばっかり見て、
「あの人はわるい人だ、自分のほうがいいや」なんて思うのは、
やめてほしい。
「あの人はわるいから」って悪口を言ったり、ばかにしたり、
いじめたりするのは、
もう絶対やめてほしい。

フィンランド

第6条 いのちのこと（生命に対する固有の権利）

1　ぼくらは、生きてていいんだ。
　　ほかの人に殺されていいはずがない。
　　苦しんでなきゃいけないとか、痛い思いをしなきゃいけない、
　　なんてことは、
　　絶対ない。
2　だから、どんなときも、
　　ぼくらが元気に生きて、育っていけるように、
　　できることは全部してほしい。

タイ

第12条 ぼくらだって、言いたいことがある。
　　　　（意見を表明する権利）

1　赤ちゃんのうちはむりかもしれないけれど、
　　少し大きくなったら、
　　自分の関係あるすべてのことについて、
　　いろんな意見、思い、考えをもつ。
　　それはみんな、
　　どんどんほかの人に伝えていいんだ。
　　国は、大人たちがぼくらの年や成長をしっかり考えて、
　　きちんと受け止めるように、してほしい。
2　だから、ぼくらは、自分にかかわりがあることを
　　住んでいる国の法律に合うやり方で、
　　裁判所などで何かを決めるとき、
　　言いぶんや意見を十分に表現して、聞いてもらえるんだ。
　　自分で言ってもいいし、
　　ほかの人にたのんで代わりに言ってもらってもいい。

ドゴン族（マリ共和国）

第19条 親から痛い目に、ひどい目にあわされるなんて（虐待からの保護）

1 ぼくら子どもだって、人間だ。
　痛い思いをするのはいやだ。
　いやな思いもしたくない。
　ほうっておかれたくない。
　むりやり働かされたくない。
　もし、お父さんお母さん、それに代わる人が、
　そんないろんな"ひどいこと"をすることがあれば、
　国は、法律をつくるのはもちろん、
　そのほかにもそういうことを防ぐために、
　できることは、
　みんなやってほしい。
2 （略）

スペイン

第23条 みんなで楽しくくらすために、できること
（障害を有する児童に対する特別の養護および援助）

1 ぼくらの心や体に障害があっても、
　障害のない人といっしょに、楽しくくらせる。
　ぼくは「障害」って書いたけど、悪いことは全然ない。
　目が見えないまま、生まれてきたからって、
　目が見える人のほうがえらいとか、
　すぐれているなんてことは、絶対ないんだ。
　みんなおんなじ人間だもん、
　あたりまえだよね。
　もちろん、国も、あたりまえのことだよ、って
　みとめなくちゃいけない。
　これもあたりまえのことなんだけどね。
2、3（略）

インド

4 ぼくらの心や体に障害があるのはどうしてか、とか、
　どうすれば赤ちゃんができるだけ障害を持たずに生まれるかとか、
　どうすればもっとよくなるかとか、
　どうすればみんなもっと楽しくくらせるかとか、
　いろんな国でわかったことは、
　教え合って、役に立ててくことがとっても大切。
　とくに、まだそういうことがわからない国や、
　いろいろあってそういうことが調べられない国は、
　ほかの進んでいる国から教えてもらって、がんばる。
　日本はそういうのがけっこう進んでいる国だから、
　わかったことを教えてあげたり、
　ほかの国を助けてあげたりするのも、
　大切なことなんだ。

（『子どもによる子どものための「子どもの権利条約」』
文／小口尚子・福岡鮎美　小学館刊）
各見出し後の（　）内の表記は本書筆者による

ハワイ（アメリカ合衆国）

17

2 生命が誕生するまで

妊娠するってどういうこと？
妊娠中、胎児と母体はどのように変化していくのだ
ろうか？

1 胎児の成長と母体の変化

妊娠時期	妊娠初期（流産しやすい時期）				妊娠中期（安定期）
妊娠週数（月数）	0〜3週（1か月）	4〜7週（満2か月）	8〜11週（満3か月）	12〜15週（満4か月）	16〜19週（満5か月）
胎児の身長・体重	約1cm／約1g	約2.5cm／約4g	約8cm／約20g	約16cm／約120g	約25cm／約250g
胎児の発育	受精卵が子宮内膜に着床。脊椎・神経系・血管系などの基礎が形成される。	頭と胴体が分かれ、手足ができ始める。	内臓ができ始める。ほぼ3頭身になる。	内臓がほぼ完成する。	手の爪が生え始める。
母体の変化	基礎体温の高温状態が2週間以上続く。	月経が止まり、つわりの症状が現れる。体がだるくなる。	つわりで苦しい時期。子宮が膀胱を圧迫し、頻尿になる。	胎盤が完成し安定する。つわりが軽くなる。	腹部のふくらみが増す。
		レモンぐらい	女性の握りこぶし大	新生児の頭ぐらい	大人の頭ぐらい
母体の健康管理（妊娠中ずっと必要な注意事項が多い）	酒・たばこ・X線・薬に注意する。	妊娠がわかったら、母子健康手帳を交付してもらう。	流産しやすい時期なので、ヒールの高いくつや激しい運動はさける。	マタニティマーク（※）　※妊産婦が交通機関等を利用する際に身につける。	おなかを冷やさないようにし、胎児を安定させる。　腹帯（腹巻きタイプ）
夫の役割	●高いところにある物をとったり、重い物を持つ。			●家事の中でも中腰になることは引き受ける。	

2 妊娠するとは

1 基礎体温と妊娠による変化

　女性は、ほぼ4週間の周期で排卵が起こる。月経の周期
は、基礎体温を測定することによって知ることができる。
高温期が2週間以上続くと、妊娠の可能性が考えられる。

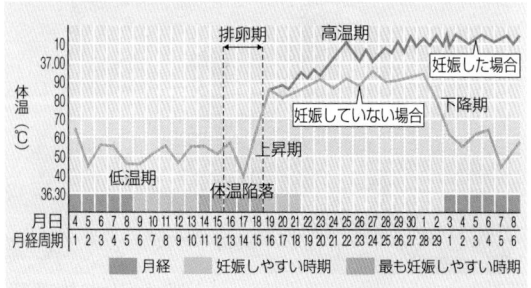

2 妊娠の成立

　卵巣から排卵された卵子は卵管に入り、精子と出会い受
精する。受精した卵（受精卵）は細胞分裂を繰り返しなが
ら子宮に向かって進む。3〜6日で子宮内膜に着床する。

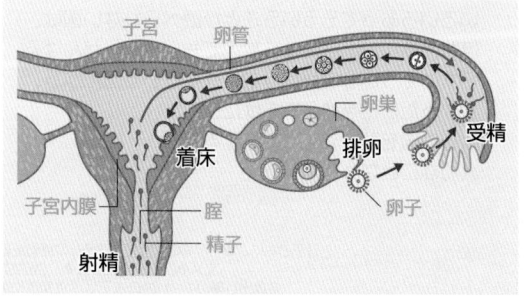

　Q＆A 基礎体温とは？ ▶安静状態の体温を基礎体温という。通常より目盛りの細かい婦人体温計を用い、朝、起床前の口腔内の体温を測定する。

多い名前ランキング

2007年生 男		2007年生 女		2022年生 男		2022年生 女	
1	大翔	1	葵	1	蒼	1	陽葵
2	蓮	2	さくら	1	凪	2	凛
3	大輝	2	優奈	3	蓮	3	詩
4	翔太	4	結衣	4	陽翔・湊	4	陽菜
5	悠斗・陸	4	陽菜	4	颯真・碧	4	結菜

（明治安田生命Webサイト）

	妊娠後期			
20～23週（満6か月）	24～27週（満7か月）	28～31週（満8か月）	32～35週（満9か月）	36～39週（満10か月）
約30cm／約650g	約35cm／約1,000g	約40cm／約1,500g	約45cm／約2,000g	約50cm／約3,000g
骨格がしっかりする。音が聞こえるようになる。	温度感覚や味覚が発達する。目鼻立ちがはっきりしてくる。	内臓や神経系の機能がほぼ一人前になる。	肺の機能が整う。皮膚のしわが少なくなり、張りが出てくる。	生まれても胎外での生活が可能となる。母体の免疫物質移行。
胎動をはっきり感じる。	動作がゆっくりになる。	疲れやすい。	子宮が上がり、動悸や息切れが起きやすい。	胎児が骨盤内に入り、胃の圧迫がとれる。
子宮の長さ18cm～21cm	子宮の長さ22cm～26cm	子宮の長さ25cm～28cm	子宮の長さ28cm～31cm	子宮の長さ32cm～35cm
出産に対する準備を進める。 出産準備	静脈瘤（じょうみゃくりゅう）やむくみが出やすいので、軽い体操をする。	妊娠高血圧症候群に注意（※）。無理をしてからだに負担をかけない。 ※妊娠後期に起こりやすく、高血圧とたんぱく尿が見られる。	早産に気をつけ、できるだけ満期産で出産する。	母子健康手帳と健康保険証は常に携帯しておく。

●両親教室などに参加。　　　　　　　　　　●出産に対する準備をともに行う。

3 胎児と母体のつながり

1 胎盤の働き

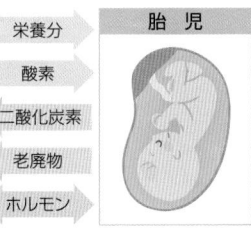

母 体		胎 児
	栄養分 →	
	酸素 →	
	← 二酸化炭素	
	← 老廃物	
	ホルモン →	

解説 胎児と母体は、胎盤とさい帯（へその緒）でつながっている。胎盤・さい帯は、胎児の生命維持装置ともいえる。子どもが誕生した後、胎盤は体外に排出される。

2 妊娠中の酒やたばこの影響

たばこ…胎児が酸素不足、栄養不足になる。早・流産、低出生体重児などのリスクが高くなる。

酒………胎児も酒を飲んだ状態になる。大量に飲むと、発育遅延や知能障害をもつおそれもある。

TOPIC

卵子は老化する？

妊娠率を年齢でみれば、31歳を過ぎると徐々に、35歳を過ぎると急激に低下します。40歳以上はかなり厳しくなり、45歳で自然妊娠する確率は、0.4％ともいわれます。

なぜ35歳を過ぎると妊娠率が急激に低下するのでしょうか？じつは、このころから卵子の質が急激に劣化（老化）するのです。そのため受精・着床能力が落ちるだけでなく、染色体異常などが蓄積されて、流産する率も高くなります。残念ながら卵子を若く保つ方法はありません。

（河野美香『女の一生の「性」の教科書』講談社）

基礎体温を測定することにより、妊娠の有無のほか、排卵日・生理の時期・ホルモンバランスなども知ることができる。

3 乳幼児の成長カレンダー〈1〉

新生児の特徴はなんだろう？
誕生～生後5か月までの成長の過程は？
母乳栄養の成分値って知っている？

1 誕生～5か月

データ	新生児	体重 3,000g 身長 48.7cm	1か月	体重 4,735g 身長 55.6cm	2か月	体重 5,705g 身長 59.4cm
成長の記録	（生後19日）産湯につかっていい気持ち		おもしろいなぁ		お母さんにだっこ	
心身	生後4週間を新生児という。生理的体重減少や生理的黄だんなどがみられる。五感は未発達。		体重増加が著しい。明るさを感じたり、ものをじっと見つめたりする。母親の声を聞き分ける。		あやすとにっこり笑う。音のする方に顔を向ける。「アー」「ウー」などの声を出す。	
運動	さまざまな反射機能がみられる。（吸啜反射、把握反射、モロー反射）		首に力がつき、自分で顔の向きを変える。裸にすると、手足を元気に動かす。		体全体を活発に動かす。手の動きも活発で、指しゃぶりも盛んになる。	
生活	寝て起きて飲んでのくり返しで、生活リズムは一定しない。生後2～3日に胎便が出る。		昼間起きている時間が長くなる。外気浴と日光浴をするようになる。		昼夜の区別がつくようになり、日光浴と散歩をすることで、生活リズムができる。	

2 新生児の特徴って何？

ー生まれてまもない赤ちゃんはどんな様子だろうー

- 体重：約3,000g
- 身長：約50cm

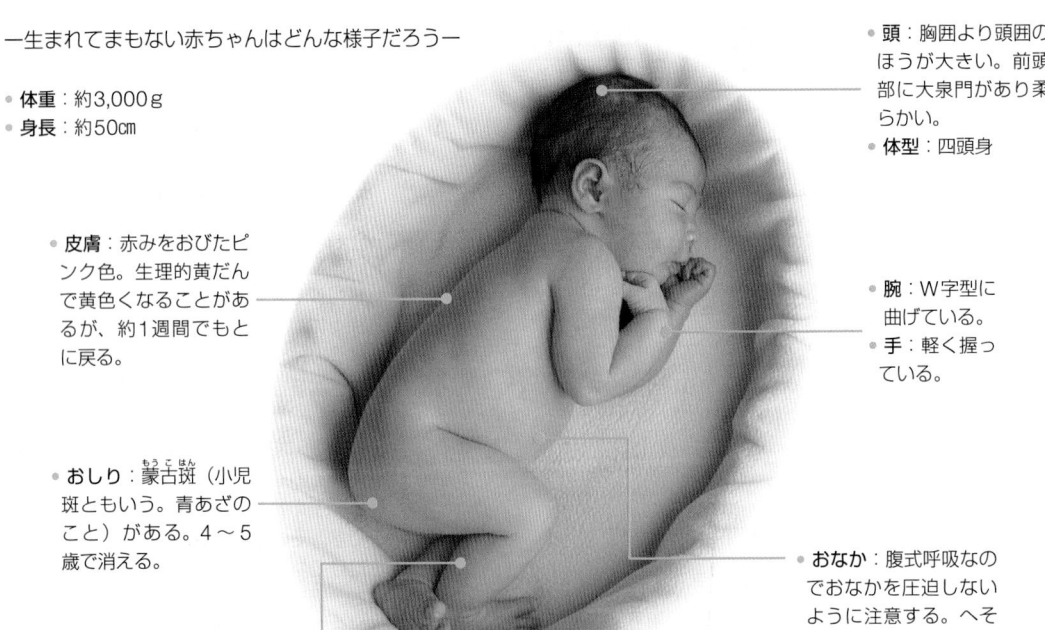

- 頭：胸囲より頭囲のほうが大きい。前頭部に大泉門があり柔らかい。
- 体型：四頭身
- 皮膚：赤みをおびたピンク色。生理的黄だんで黄色くなることがあるが、約1週間でもとに戻る。
- 腕：W字型に曲げている。
- 手：軽く握っている。
- おしり：蒙古斑（小児斑ともいう。青あざのこと）がある。4～5歳で消える。
- 足：M字型に曲げている。足の裏は扁平足。
- おなか：腹式呼吸なのでおなかを圧迫しないように注意する。へその緒は5～7日くらいで自然にとれる。

QA マタニティブルーって何？▶出産によるホルモンバランスの激変により、涙もろくなったり無気力状態に陥ったりする状態のこと。出産し

③ 生後2週間の赤ちゃんの一日

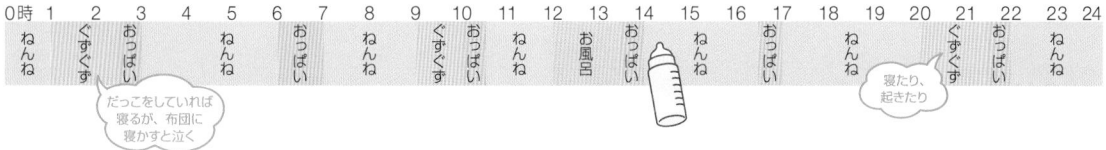

0時 1　2　3　4　5　6　7　8　9　10　11　12　13　14　15　16　17　18　19　20　21　22　23　24

ねんね｜ぐずぐず｜おっぱい｜ねんね｜おっぱい｜ねんね｜ぐずぐず｜おっぱい｜ねんね｜お風呂｜おっぱい｜ねんね｜おっぱい｜ねんね｜ぐずぐず｜おっぱい｜ねんね

だっこをしていれば寝るが、布団に寝かすと泣く

寝たり、起きたり

データ	3か月	体重 6,470g／身長 62.3cm	4か月	体重 7,035g／身長 64.5cm	5か月	体重 7,485g／身長 66.1cm
成長の記録	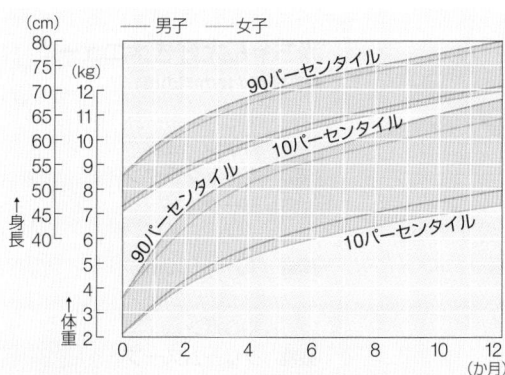 あっ、何か動いてる		自分で飲めるよ		おもちゃに熱中	
心身	体重は出生時の2倍、身長は約10cm伸びる。動くものを目で追えるようになる。		知的な発達がめざましく、遊びやおもちゃに声を立てて喜ぶようになる。一人遊びもできるようになる。		大脳が発達し、家族の顔がわかるようになる。喃語が発生する。発育に個人差が目立ってくる。	
運動	ほぼ首がすわる。おんぶができる。手を体の中心に持ってきて指遊びをする。		首すわりが完成する。おもちゃをにぎって遊ぶことができる。筋肉が発達してくる。		寝返りができるようになる。なんでも手につかんで口に入れようとする。足の指をしゃぶることもある。	
生活	授乳の時間がほぼ決まり、1日5回程度になる。夜まとめて眠れるようになる。		よだれが多くなるので口唇を清潔にする。おしっこの回数が減る。		離乳食が始まる。スプーンに慣れさせ、トロトロで飲み込みやすいものから始める。	

※成長の記録の中央の写真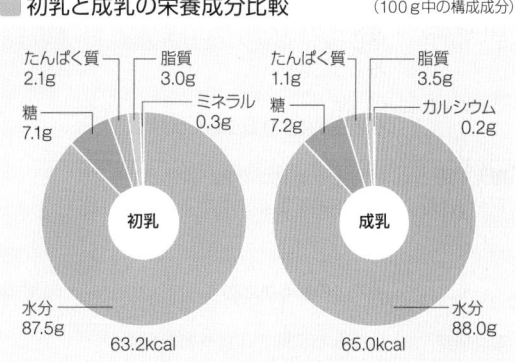

④ 身長と体重の発育値

(cm) — 男子　女子
80 75 70 65 60 55 50 45 40 （身長）
(kg) 12 11 10 9 8 7 6 5 4 3 2 （体重）

90パーセンタイル
10パーセンタイル
90パーセンタイル
10パーセンタイル

0　2　4　6　8　10　12（か月）

● 生理的体重減少
　出生直後（2〜5日）は、ほ乳量に対して排せつ量が多いため、体重が5〜10%減少する。

体重・身長の増加状況

月年齢	体重	身長
出生	約3,000g	約50cm
3〜4か月	約2倍	
1歳	約3倍	約1.5倍
4歳	約5倍	約2倍

⑤ 母乳の栄養

初乳と成乳の栄養成分比較 （100g中の構成成分）

初乳
たんぱく質 2.1g｜脂質 3.0g｜ミネラル 0.3g｜糖 7.1g｜水分 87.5g｜63.2kcal

成乳
たんぱく質 1.1g｜脂質 3.5g｜カルシウム 0.2g｜糖 7.2g｜水分 88.0g｜65.0kcal

● 初乳
　出産後数日間分泌される黄色の濃い母乳。たんぱく質、カルシウム、リン、ビタミンなどを豊富に含み、免疫物質グロブリンも多く含まれている。

親子の相互作用と心拍数

乳を飲む	120／分
抱く	140〜130／分
親と目を合わせる	150／分
ひとりで寝ている	160／分

た直後から3か月後ほどの間に見られる症状で、妊娠期間中に見られることもある。特に初産婦に多い。

4 乳幼児の成長カレンダー〈2〉

生後6か月～11か月までの成長の過程は？
離乳食はどのように変化していくのだろう？
家庭内で起こりやすい事故ってなんだろう？

1 6か月～11か月

データ	6か月	体重 7,855g 身長 67.6cm	7か月	体重 8,150g 身長 68.9cm	8か月	体重 8,395g 身長 70.1cm
成長の記録	ハイハイの始まり		ハイハイがうまくなったよ！		ひとり座りでも平気！	
心身	人見知りが始まる。こまやかな感情が発達してきていろいろな理由で泣くようになる。		知的な発達が顕著になる。「イナイイナイバー」を喜ぶ。大人の動作をまねし始める。		漠然と言葉や状況が理解できる。情緒が発達し、かわいい表情を見せるようになる。	
運動	身体のバランス感覚も発達し、少しの間、座れるようになる。くま手つかみができる。ハイハイが始まる。		運動が活発で、体型も細くなってくる。お座りをして手遊びの範囲も広がる。		背筋が伸び、ひとり座りが完成。ハイハイが盛んになるので、室内の安全に気をつける。	
生活	離乳食が進み、便がかたくなる。ウイルスや細菌による感染症にかかりやすくなる。		睡眠や食事のリズムに個人差が目立つ。歯が生え始め、離乳食は1日2回食になる。		おもちゃは、動きのあるもの、手を使うと変化するものを与えるとよい。薄着の習慣をつける。	

2 赤ちゃん大好きメニュー

離乳初期 5～6か月	開きっぱなしの唇が、だんだん閉じられ、ゴックンと飲み込めるようになる。 なめらかにすりつぶした状態
離乳中期 7～8か月	舌の上下運動ができ、やわらかい食べ物を舌でつぶせるようになる。 舌でつぶせるかたさ
離乳後期 9～11か月	舌が左右に動き、食べ物を歯ぐきのほうへ移動させ、歯ぐきですりつぶす。 歯ぐきでつぶせるかたさ
完了期 12～18か月	歯が生えるに従ってかむ運動が完成する。 歯ぐきでかめるかたさ 白身魚のムニエル

赤ちゃん大好きメニュー
離乳後期（10か月の頃）

朝	おかゆ　豆腐 ポテトグラタン ヨーグルト
間食	果汁（100mL）
昼食	蒸しパン クリームスープ ハンバーグおろしがけ
間食	牛乳 みかん 赤ちゃんせんべい
夜	おかゆ つみれ汁 かぼちゃのそぼろあんかけ

Q&A 子どもの靴の選び方は？▶子どもの足は骨が未熟なため、扁平足（へんぺいそく）でまだほとんど土踏まずがない。そのため不安定なので、

③ 生後8か月の赤ちゃんの一日

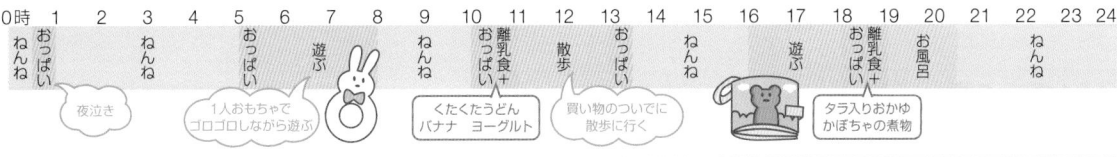

0時	1 おっぱい	2	3 ねんね	4	5 おっぱい	6	7 遊ぶ	8	9 ねんね	10 おっぱい	11 離乳食+	12 散歩	13 おっぱい	14	15 ねんね	16	17 遊ぶ	18 おっぱい	19 離乳食+	20 お風呂	21	22	23 ねんね	24
ねんね																								

夜泣き
1人おもちゃでゴロゴロしながら遊ぶ
くたくたうどん バナナ ヨーグルト
買い物のついでに散歩に行く
タラ入りおかゆ かぼちゃの煮物

データ	9か月	体重 8,600g 身長 71.3cm	10か月	体重 8,795g 身長 72.4cm	11か月	体重 9,000g 身長 73.5cm

成長の記録	つかまり立ち、できた！	ボール、投げられるかな？	う〜ん、歩くのでせいいっぱい
心身	笑ったり、泣いたりなど意思表示をする。大人のまねがじょうずになる。	母親の後追いが盛んになる。遊びを通じて、言葉や社会性が身についていく。	大人の言葉を理解し、それに合わせた表情を見せ始める。言葉に近い音を発する子もでてくる。
運動	ハイハイからよじ登り、つかまり立ちが始まる。探索行動が盛ん。2本指でつまめるようになる。	つかまり立ち、伝い歩きができる。行動範囲が広がり、指先が器用になる。	立つ姿勢から歩行へ少しずつ進歩する。ハイハイから歩行できる時期は個人差が大きい。
生活	離乳食は1日3回食になる。食べる量や好き嫌いに個人差が出る。バランスのよい献立にする。	寝たり起きたりする時間が安定し、生活リズムができあがる。	生活リズムが規則正しくなって、昼寝も短くなる。

④ 家庭内事故

① 事故を防ぐために

　子どもは好奇心のかたまりであり、子どもの手の届く範囲は常に危険と考えて、点検しておきたい。下の絵で危険だと思う箇所に○をつけてみよう。

② 不慮の事故による子どもの死亡数

(2021年)

凡例：
■ 交通事故　■ 溺死・溺水
■ 窒息　■ 煙、火、火災
■ 転倒・転落・墜落　■ その他

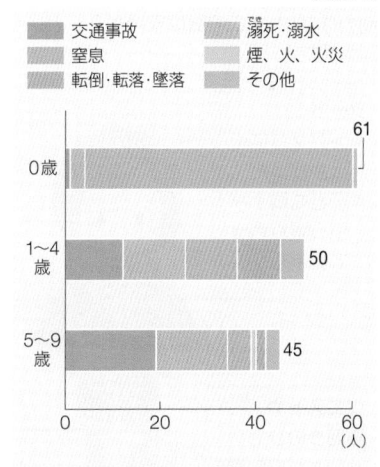

	死亡数
0歳	61
1〜4歳	50
5〜9歳	45

(厚生労働省「人口動態統計」)

解説 家庭で起きやすい事故は、やけど、誤飲、溺水、転倒・転落などである。子どもの発達段階に応じた安全な環境を整えるよう常に配慮しよう。

5 乳幼児の成長カレンダー〈3〉

1歳以降の成長の過程は？
ベビーカーの注意点は？
受けておくべき予防接種は知っている？

1 1歳〜6歳

データ	1歳	体重 9.2kg / 身長 74.7cm	2歳	体重 11.8kg / 身長 86.6cm	3歳	体重 13.9kg / 身長 94.2cm
成長の記録		もう自由に歩けるよ！		くるま運転できるよ、見て！		ポーズ決めた！
心身	体重は出生時の約3倍、身長は約1.5倍になる。一語文（単語のみ）「ママ」「ワンワン」。		大人の関心を引こうとする。命令がわかる。二語文や多語文「マンマ、チョウダイ」。		独立心が育ち始め、反抗期に入る。大人のまねをしたがる。三語文「オオキイ、ワンワン、キタ」。	
運動	伝い歩きからひとり歩きができる。親指と人さし指を使って小さなものをつまめる。		走ることができる。階段を立ったまま上がる。ボールを蹴る。運動遊びやごっこ遊びが盛ん。		スキップやジャンプができる。ブランコにのる。砂場で遊ぶ。線や円が描けるようになる。	
生活	スプーンを使うこともあるが、手づかみで食べることもまだ多い。排便を知らせる。		ひとりで脱ごうとする。手を洗う。茶碗とスプーンを両手で使う。		ほとんどの子のおむつがはずれる。はしを使う。靴をはく。靴下、パンツをはく。歯を磨く。	

2 衣服が原因の事故例

子ども服は、場合により事故につながることがある。安全基準はJISによって定められているが、メーカーへの強制力はない。「この服は安全か？」という意識をもつことが大切だ。

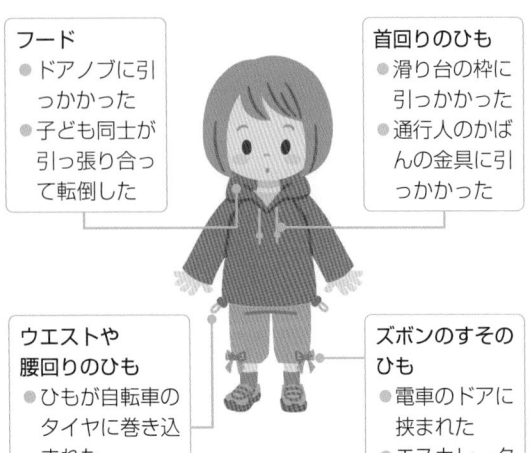

フード
● ドアノブに引っかかった
● 子ども同士が引っ張り合って転倒した

首回りのひも
● 滑り台の枠に引っかかった
● 通行人のかばんの金具に引っかかった

ウエストや腰回りのひも
● ひもが自転車のタイヤに巻き込まれた
● スクールバスのドアに挟まれた

ズボンのすそのひも
● 電車のドアに挟まれた
● エスカレーターに挟まり転倒した

3 子どもと外へ出よう

■ ベビーカーはここに注意

ベビーカーの中は高温になりやすいので、こまめに様子を見る。

後ろに転倒しないよう、ハンドルに重い荷物をつるさない。

シートからずり落ちないよう、シートベルトでからだを必ず固定する。

ベビーカーの開閉時に指がはさまれないよう注意。

ベビーカーマーク
電車やバスの中でも、ベビーカーを折りたたまずに使うことができることを意味する。

4 2歳の子どもの一日

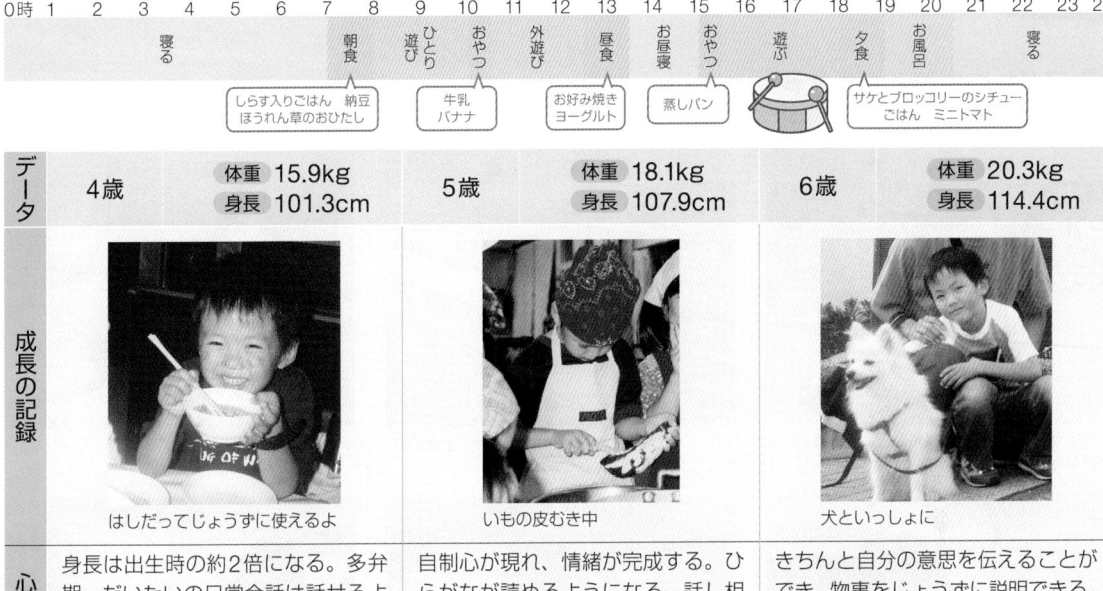

0時 1 2 3 4 5 6 7 8 9 10 11 12 13 14 15 16 17 18 19 20 21 22 23 24
寝る　　　　　　　朝食　遊び　ひとり　おやつ　外遊び　昼食　お昼寝　おやつ　遊ぶ　夕食　お風呂　寝る

しらす入りごはん／納豆／ほうれん草のおひたし
牛乳／バナナ
お好み焼き／ヨーグルト
蒸しパン
サケとブロッコリーのシチュー／ごはん／ミニトマト

データ	4歳	5歳	6歳
	体重 15.9kg 身長 101.3cm	体重 18.1kg 身長 107.9cm	体重 20.3kg 身長 114.4cm

成長の記録	はしだってじょうずに使えるよ	いもの皮むき中	犬といっしょに
心身	身長は出生時の約2倍になる。多弁期。だいたいの日常会話は話せるようになる。	自制心が現れ、情緒が完成する。ひらがなが読めるようになる。話し相手に応じた言葉が使える。	きちんと自分の意思を伝えることができ、物事をじょうずに説明できる。ひらがなが書ける。
運動	三輪車にのる。ルールを守って遊べる。はさみが使える。はしがじょうずに使える。	スキップや片足立ちができる。役割分担をしながら、ルールを守って遊べる。	跳び箱やなわとびができる。立体制作ができる。
生活	排せつの自立。ボタンをかける。ひとりで着替える。顔を洗う。	ひとりで寝られる。ひもがむすべる。髪をとかす。	ひとりで身のまわりのことができる。社会的生活習慣が身につく（安全、あいさつ、マナーなど）。

5 ぜひ受けておきたい予防接種

健康診断と予防接種はいつ受ける？
▼接種　標準的な接種時期　接種が定められている年齢

	2 3 かか月月	6 か月	9 か月	1歳	2歳	3歳	4歳	5歳	6歳	7歳	8歳	9歳	10歳	11歳	12歳	13歳	14歳	15歳
健康診断	●	●	●	●														
B型肝炎	▼▼	▼																
ロタウイルス 1価	▼▼																	
ロタウイルス 5価	▼▼▼																	
DPT-IPV※1 I期	▼▼▼																	
DT II期												▼						
BCG		▼																
麻疹・風疹混合（MR）				▼				▼										
水痘				▼▼														
日本脳炎				1期 ▼		▼▼	▼							◁2期				
Hib※2	▼▼▼			▼														
肺炎球菌	▼▼▼			▼														

4/2生まれ／8/1生まれ／12/1生まれ／4/1生まれ
1期　2期
1歳児と、5歳から7歳未満で小学校就学前の1年間（就学前年度4/1～3/31）の者。

定期予防接種
ぜひとも受けておくべきもので、基本的に無料。具体的には、DPT-IPV（百日咳・破傷風・ジフテリア・不活化ポリオ）、麻疹（はしか）、風疹、日本脳炎、BCGなど。

任意予防接種
受けたほうがよいが、料金がかかるもの（自治体により料金が異なる）。インフルエンザ、おたふくかぜ（流行性耳下腺炎）などがある。

※1 D：ジフテリア、P：百日咳、T：破傷風、IPV：不活化ポリオ　※2 Hib：インフルエンザ菌b型

ので反抗しているように感じるが、自立のための過渡期で、自我が発達しそれをやりたいと自己主張しているのである。

6 乳幼児の遊び

子どもの成長にともない遊びはどのように変化する？
絵本は子どもにどのように受け取られているの？
テレビはどんな影響を与える？

■ 子どもの成長とおもちゃ

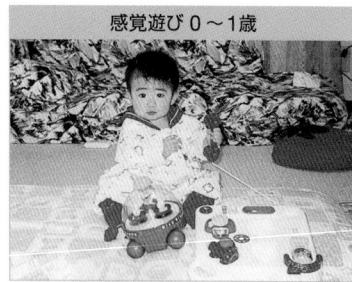

感覚遊び 0〜1歳
ガラガラ・おしゃぶり・風車など、目・耳・口・手先などの感覚を楽しませる。

運動遊び 1〜6歳
ブランコ・なわとび・すべり台など、手足やからだ全体を動かす。

受容遊び 1〜6歳
テレビ・絵本・紙芝居などを見聞きして楽しむ。

模倣遊び 2〜6歳
ままごと・電車ごっこなど、ごっこ遊びや想像遊び、周囲の生活のまねをする。

構成遊び 2〜6歳
粘土や折り紙などを組み立て、製作する。

ゲーム遊び 3〜6歳
トランプ・カルタ・かんけりなど、2人以上で行うルールのある共同遊び。

子どもと接する時には…

❶まず大きな声であいさつしよう。

こんにちは！

❹ゆっくりと大きな声で話そう。

こうやってね…

❷元気な笑顔で接しよう。

❺子どもの話を最後までよく聞いて答えよう。

❸子どもと同じ目線で、目を見て話そう。

❻子どもを名前で呼ぼう。

○○くんこっち！

絵本の読み聞かせ

手洗い

Q&A おもちゃについている「STマーク」とは？ ▶「ST」は、セーフティートイ（安全なおもちゃ）の略。日本玩具協会が定めた安全基準を満た

２ 絵本の世界

■ どのように子どもたちは絵本を楽しんでいるのだろう

ものの絵本：「動物」「食べ物」など

『いちご』（平山和子 福音館書店）

やっと摘みとられたいちごは、ボールの中でみずみずしく輝いています。じつに美しい絵です。

はじめてこの絵本を読んだとき、赤い実をそっとつまんで食べてみせました。「みんなにもあげるね」子どもたちは、いっせいに口をあけ、絵の中のいちごを入れてくれるのを待っていました。

（保育所の１歳児クラスにて）

生活絵本：１日の生活や遊びを描いたもの

『いない いない ばあ』（松谷みよ子 童心社）

ねこや、くまや、ねずみが「いない いない」をしていて、ページをくるごとに、一匹ずつ「ばあ」と顔を見せる絵本です。ときどき、おとなをよびつけては、「オッ、オッ」と画面を指さして笑っている、まさくん。けいくんは、両手で顔をおおうねことつぎのページのねこを、交互に見ています。

（保育所の１歳児クラスにて）

物語絵本：昔話を採録したものや創作物語

『おおきなかぶ』（A・トルストイ再話 福音館書店）

読んでいくうちに、〈うんとこしょ どっこいしょ〉の言葉に呼応して、子どもの体が自然とゆれはじめました。（略）かぶが抜けると、みんな、絵の中のおじいさんやおばあさんのように小躍りしています。

（保育所の２歳児クラスにて）

（中村柾子『絵本はともだち』精興社）

絵本は宝物が現れる不思議なおまじない

わたしが思うに、このくらいの年の子（一歳半〜二歳）にとっては、自分がその中にひたって暮らしていることばというものが、まだ意味をもったものとしてはとらえられておらず、ある種の音として感じられる状態なのでしょう。そして、本という、なんだかわからないが、四角い形をしたものをあけると、おとなが、一定の音声を発してくれる。

それは、まるで、全体として、ふしぎな、魔力をもった呪文のようなものに、思われるのではないでしょうか。

（松岡享子『サンタクロースの部屋』こぐま社）

---

３ スマホと子育て

■ 乳幼児の年齢別スマホの使用状況 (2018年)

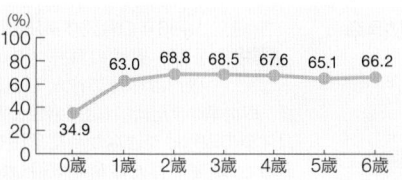

■ 乳幼児のユーチューブ、ゲーム・知育アプリの利用状況 (2018年)

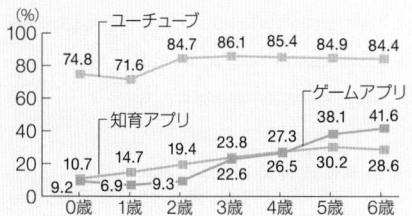

■ 乳幼児の情報機器やネット利用に関する心配事 (2018年)

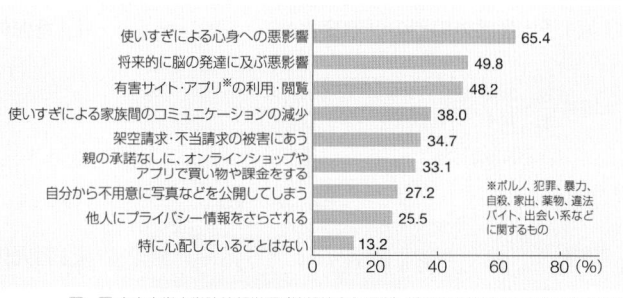

※ポルノ、犯罪、暴力、自殺、家出、薬物、違法バイト、出会い系などに関するもの

■～■ 東京大学大学院情報学環（情報社会心理学）橋元良明教授の研究室による調査

解説 2018年に、０〜６歳の第１子を育てている母親を対象に実施した調査によると、幼い子どもを育てる母親たちがスマホを手放せない一方、子どもが情報機器に触れることで、心身や脳の発達への悪影響や、ポルノや暴力などの有害サイト・アプリを見てしまうのではないかと懸念していることがわかる。

した製品につけられる。形状、燃焼性、鉛・カドミウムなどの有害物質などを検査する。海外では、欧州のCEマークや米国のASTMマークがある。

7 子どもと親をとり巻く問題

子どもは欲しい？
仕事しながら子どもを育てるって難しいこと？
児童虐待ってどんな行為のこと？

1 子どもをもつということ

1 子育てに対する楽しさ・つらさ（4か国比較）(2020年／%)

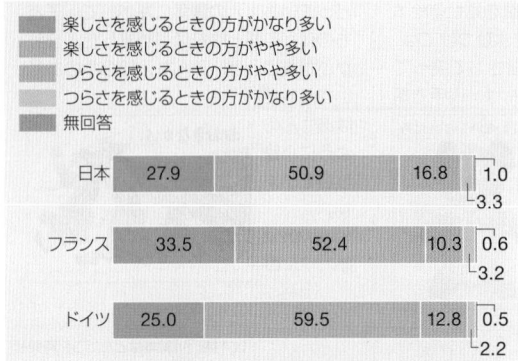

- 楽しさを感じるときの方がかなり多い
- 楽しさを感じるときの方がやや多い
- つらさを感じるときの方がやや多い
- つらさを感じるときの方がかなり多い
- 無回答

日本	27.9	50.9	16.8	1.0 / 3.3
フランス	33.5	52.4	10.3	0.6 / 3.2
ドイツ	25.0	59.5	12.8	0.5 / 2.2
スウェーデン	34.1	56.9	6.7	1.1 / 1.2

（内閣府「少子化社会に関する国際意識調査」）

2 子どもをもつ場合の条件 (2014年／複数回答)

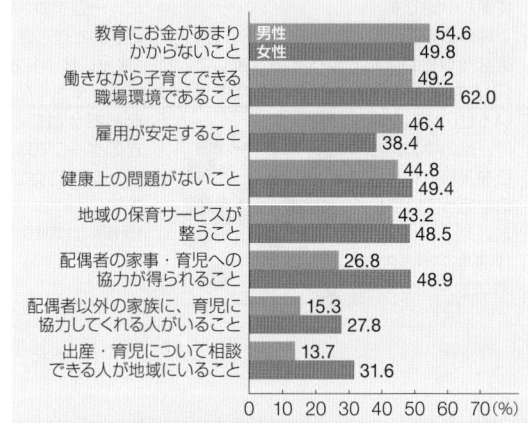

	男性	女性
教育にお金があまりかからないこと	54.6	49.8
働きながら子育てできる職場環境であること	49.2	62.0
雇用が安定すること	46.4	38.4
健康上の問題がないこと	44.8	49.4
地域の保育サービスが整うこと	43.2	48.5
配偶者の家事・育児への協力が得られること	26.8	48.9
配偶者以外の家族に、育児に協力してくれる人がいること	15.3	27.8
出産・育児について相談できる人が地域にいること	13.7	31.6

（注）20～49歳有配偶者への調査。
（内閣府「家族と地域における子育てに関する意識調査」）

3 理想子ども数と予定子ども数 (2021年)

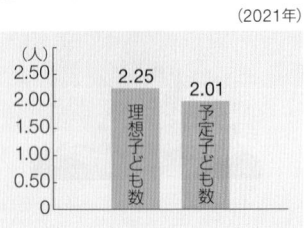

- 理想子ども数 2.25（人）
- 予定子ども数 2.01（人）

（国立社会保障・人口問題研究所「第16回出生動向基本調査」）

解説 夫婦が予定している子ども数は、理想としている子ども数を下回る（3）。その理由としては、「子育てや教育にお金がかかる」という経済的負担の大きさがもっとも多い（4）。

4 予定子ども数が理想子ども数を下回る理由

- 育児の心理的・肉体的負担に耐えられない
- 子育てや教育にお金がかかりすぎる
- 自分の仕事に差し支える
- 夫の家事・育児への協力が得られない
- 欲しいけれどもできない
- 高年齢で生むのはいやだから

2 仕事と育児の両立は難しい？（少子化については→p.7）

1 第1子出産前後の妻の就業変化 (2021年／%)

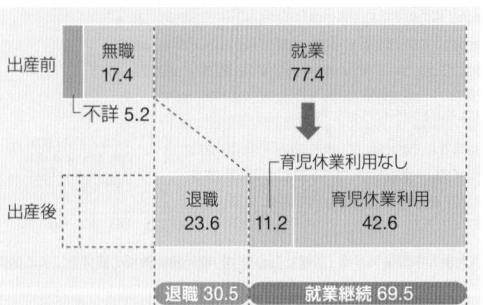

出産前
- 無職 17.4
- 不詳 5.2
- 就業 77.4

出産後
- 退職 23.6
- 育児休業利用なし 11.2
- 育児休業利用 42.6

退職 30.5　　就業継続 69.5

（国立社会保障・人口問題研究所「第16回出生動向基本調査（2015～2019年出生児）」より作成）

解説 出産前には8割近くの女性が就業している。しかし、そのうちの約30％が出産・妊娠を機に退職している。女性の育児休業の取得は増えてきているが、制度を利用する前に多くの女性が退職しているのだ。

2 育児休業の取得率

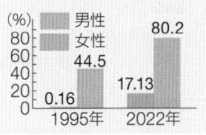

- 男性
- 女性

	1995年	2022年
女性	44.5	80.2
男性	0.16	17.13

（厚生労働省「雇用均等基本調査」）

解説 1996年の育児休業法の改正後、男性の育児休業の取得は徐々に進んでいるが、取得率はまだ低い（2）。男性の育児休業の取得はできなかった理由をみると、職場で育児休業を取得しにくい状況であることがわかる（3）。

3 育児休業を利用しなかった理由（男性） (2022年／複数回答上位5つ)

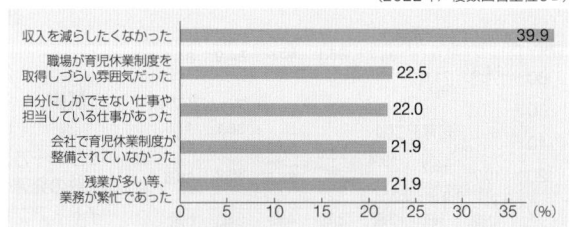

収入を減らしたくなかった	39.9
職場が育児休業制度を取得しづらい雰囲気だった	22.5
自分にしかできない仕事や担当している仕事があった	22.0
会社で育児休業制度が整備されていなかった	21.9
残業が多い等、業務が繁忙であった	21.9

（厚生労働省「仕事と育児等の両立に関する実態把握のための調査研究事業」）

QA アジアの少子化の状況は？▶出生率の低下は、日本や欧米諸国だけでなく、アジアでも起きている。2020年の合計特殊出生率が、韓国0.84、

4 待機児童数と年齢区分別の割合

(2023年)

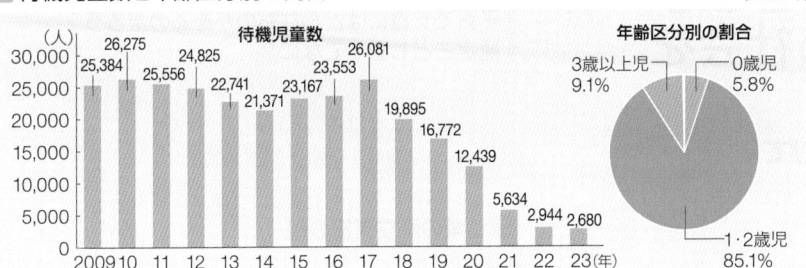

待機児童数

(人)
年	人数
2009	25,384
10	26,275
11	25,556
12	24,825
13	22,741
14	21,371
15	23,167
16	23,553
17	26,081
18	19,895
19	16,772
20	12,439
21	5,634
22	2,944
23	2,680

年齢区分別の割合

3歳以上児 9.1%
0歳児 5.8%
1・2歳児 85.1%

解説 待機児童とは、定員超過などの理由で、保育所に入所したいと希望していて入所できない児童のことである。近年、共働き世帯が増えたことを背景に、多くの待機児童が常に存在する（→p.31 TOPIC）。年齢構成をみると、3歳未満が約9割を占める。

(注) 2011年の数値は、震災の影響のため、岩手県、宮城県、福島県の8市町を除く。
(厚生労働省「保育所等関連状況取りまとめ」)

---

3 児童虐待の現状

1 虐待の種類

身体的虐待	殴る、何日も食事を与えない、戸外に放置する、タバコの火を押しつけるなど。
ネグレクト（保護の怠慢・拒否・放置）	育児放棄、遺棄、衣食住を与えない、学校に行かせない、同居人による虐待を放置することなど。
心理的虐待	子どもへの暴言・脅迫・無視などにより心理的外傷を与えること。子どもがDV（配偶者への暴力）を目撃する、など。
性的虐待	性的行為の強要・誘導、子どもをポルノグラフィーの被写体にする、売買春行為をさせるなど。

2 虐待の内容

(2021年)

ネグレクト
31,448件
15.1%

性的虐待
2,247件
1.1%

心理的虐待
124,724件
60.1%

身体的虐待
49,241件
23.7%

(注) 総数207,660件の内訳。 (厚生労働省「福祉行政報告例」)

3 虐待を行った者

(2021年)

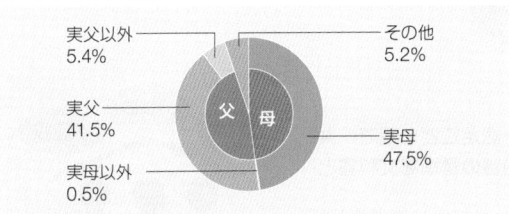

実父以外 5.4%
その他 5.2%
実父 41.5%
実母 47.5%
実母以外 0.5%

(注) 総数207,660件の内訳。 (厚生労働省「福祉行政報告例」)

4 児童虐待防止法

児童虐待防止法は2000年に制定された。2019年の改正（2020年4月施行）では、親らが「しつけ」として体罰を行うことが禁止された。2022年の民法改正では「監護及び教育に必要な範囲内で懲戒できる」とする懲戒権が削除された。

5 現代の育児環境と育児不安

私の体験では乳児の育児をして抱える不安は、父親／母親に関係しない。「育児」そのものに不安があるとも思わない。現在の住宅地で赤ん坊と二人だけで孤立無援に生活すること、そこに不安の核心があるのだと思う。

核家族には余計な人間が全然いない。フルタイムの育児を引き受けた親はたった一人で子どもと向き合わなくてはならない。一般常識では母性の名のもとに母親が子どもを育てるんだからそんなことは当たり前だということになるのだが、そこには重要なことが見落とされていると私は言うことができる。母性があろうがなかろうが、一人きりで子どもと生活するのはしんどいことなのだ。それは自分でやってみればわかる。（略）

育児不安を母親の問題としてとらえては、問題を見誤ると私は思う。私たちが生活している今の社会は、たった一人で赤ん坊と生活するのがきつい社会なのである。そこから問題を見ていってほしいと思う。[体験記−太田睦]

(大日向雅美編『こころの科学103』日本評論社)

父親
育児責任

TOPIC

「子どもの貧困」の問題

現在日本では、約7人に1人の子どもが「貧困」とされる水準で生活する。これは、先進国のなかで高く、問題視されるようになった。家庭が貧困だと、学費や塾代などの捻出が難しく、教育の機会が制限される。高校進学率は、全世帯（約99%）に比べ、生活保護世帯の子は約5ポイント低い（2020年）。学歴が低いと高所得の仕事に就きにくく、親から子への「貧困の連鎖」も指摘されている。

こうした状況を受け、2013年には「子どもの貧困対策法」が成立し、2019年に改正された。

●貧困の負の連鎖

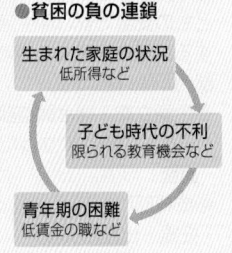

生まれた家庭の状況
低所得など

子ども時代の不利
限られる教育機会など

青年期の困難
低賃金の職など

香港0.88、シンガポール1.10となっており、これらの東アジアの国や地域は日本を下回る水準となっている。

8 安心して子どもを生み育てる社会を

男性が育児をしやすい環境を整えるためには？
子育て支援にはどんなものがあるのだろう？
認定こども園ってなに？

1 男性の育児参加に向けて

1 職場で解決すべき課題

意識面での課題

職場全体が両立支援制度を理解し、制度利用を「お互い様」という感覚で認め合える雰囲気をつくることが必要である。

経営者「育児は女房が一人でがんばったものだよ。」

同僚「君の仕事は誰がやるの？」

管理職※「うちは女房の実家が手伝ってくれてね。」

子育て世代の社員「育児休業を取りたいって言いづらいよなあ。」

※経営層の方針を伝達する立場

働き方の面での課題

有給休暇の取得率は、近年50％をようやく超えた程度で、職場全体の業務の進め方が長時間労働を前提としている。

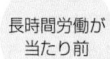

明らかな人員不足／長時間労働が当たり前／一部の社員に仕事集中／単身赴任／誰も休暇を取らない雰囲気

制度・運用面での課題

男性の場合、多くが主たる生計維持者であり、育児休業のような長期休業により、その間の収入がとだえる不安が女性以上に大きい。

キャリアに傷？／収入は？／周囲に迷惑？

（厚生労働省、21世紀職業財団『男性社員が育児参加しやすい職場づくりガイドブック』、内閣府「男女共同参画白書」より作成）

2 企業の両立支援の例

経済的支援

子どもが生まれたら子ども1人につき55万円を支給される。（電気機器製造業）

勤務時間

在宅勤務、週3日勤務、半日勤務など多様な働き方の選択肢を持つ。（化学工業）

勤務評価

短時間勤務者がフルタイム勤務者と同じ成果をあげた場合は、同じ基準で評価される。（医薬品製造業）

支援体制の整備

育児休業者には、インターネットでさまざまなビジネススキルアップのための講座や育児支援のためのコンテンツが提供される。（医薬品製造業）

（厚生労働省、21世紀職業財団『男性社員が育児参加しやすい職場づくりガイドブック』）

3 くるみんマーク（→口絵■21）

2003年に成立した次世代育成支援対策推進法は、従業員数101人以上の企業に両立支援のための行動計画を作るよう義務づけた。そして、ある一定の認定基準を満たした企業に対しては、2007年以降、次世代認定マーク「くるみん」が交付されるようになった。2015年より、さらに優良な企業に対し、「プラチナくるみんマーク」が交付されている。

TOPIC

こども家庭庁の発足（2023年4月）

こども家庭庁は、虐待やいじめ、子どもの貧困などに幅広く対応するため、子どもの安全で安心な生活環境の整備に関する政策を推進する役割がある。3つの部門が設けられる。

●企画立案・総合調整部門
・子どもの視点に立った企画立案、総合調整

●成育部門
・妊娠・出産の支援

・幼稚園や保育所・認定こども園で、共通の教育・保育内容の基準を文科省と共同で策定。
・子どもの性被害を防ぐため、子どもと関わる仕事をする人の犯罪歴をチェックする「日本版DBS」の導入を検討

●支援部門
・いじめ対策や不登校対策
・ヤングケアラーの支援
・子どもの貧困対策、ひとり親家庭の支援

Q&A 幼児教育・保育無償化とは？▶2019年10月から幼児教育・保育の無償化が全面的に実施された。幼稚園や保育所に通う3〜5歳の全ての

2 子ども・子育て支援新制度

2012年に子ども・子育て関連3法が成立し、これに基づく「子ども・子育て支援新制度」が2015年からスタートした。

1 施設の流れ

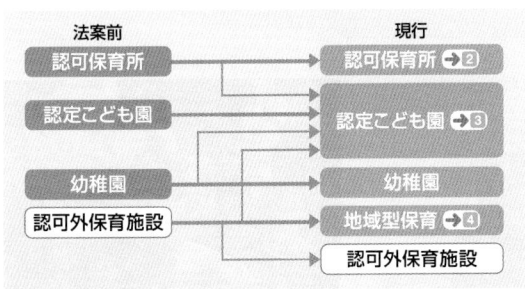

2 認可保育所

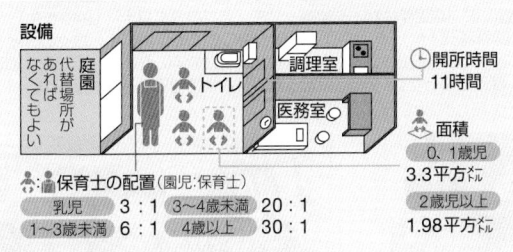

認可保育所の基準（一部抜粋）

設備
代替場所があればなくてもよい　庭園　トイレ　調理室　医務室

🕐 開所時間 11時間

面積
0、1歳児 3.3平方メートル
2歳児以上 1.98平方メートル

保育士の配置（園児：保育士）
| 乳児 | 3：1 | 3〜4歳未満 | 20：1 |
| 1〜3歳未満 | 6：1 | 4歳以上 | 30：1 |

3 認定こども園

	幼稚園	認定こども園（2006年〜）	保育所
対象	保護者の希望		保育が必要な乳幼児
年齢	3歳〜就学前の児童	0歳〜就学前の児童	
保育時間	標準4時間（＋預かり保育）	原則8時間（＋延長保育など）	
入園手続き	設置者と直接契約		市区町村と契約
保育料の設定	施設の設置者		市区町村（保護者の所得に応じる）
管轄	文部科学省	こども家庭庁文部科学省	厚生労働省

特徴
- 保護者が働いている・いないにかかわらず利用可能。
- 園に通っていない子どもの保護者に対しても、子育て相談や親子交流の場を提供するなど、地域の子育て支援活動も行う。

現状
- 地域の事情や保護者のニーズに応じて、「幼稚園型」「保育所型」「幼保連携型」「地方裁量型」の4つのタイプがある。
- 2021年4月1日現在、施設数は8,585になった。

解説 子ども・子育て支援新制度は、すべての子育て家庭を支援する仕組み。ファミリーサポートセンター、地域子育て支援拠点、病児保育、一時預かり、養育支援訪問などの支援も用意されている。
また、子ども・子育て関連3法の1つだった「子ども・子育て支援法」は2018年4月に改正された。これは、認可保育所に入れない待機児童の解消を進めるための法律である。

4 地域型保育の4つのタイプ

家庭的保育（保育ママ）
家庭的な雰囲気のもとで、少人数（定員5人以下）を対象に、きめ細かな保育を行う。

小規模保育
少人数（定員6〜19人）を対象に、家庭的保育に近い雰囲気のもと、きめ細かな保育を行う。

事業所内保育
会社の事業所の保育施設などで、従業員の子どもと地域の子どもを一緒に保育する。

居宅訪問型保育
障がい・病気などで個別のケアが必要な場合などに、保護者の自宅で1対1で保育を行う。

待機児童と保育施設の現状

認可外保育施設とは、国の基準は満たしていないが、自治体が独自に決めている基準には達していて、自治体から助成を受けて運営されている保育施設のことである。待機児童の多い都市部などでは、このような認可外保育施設が多くある。有名なのは、東京都の認証保育所だ。0、1歳児の面積は、一人当たり2.5平方メートル以上に緩和され、0〜2歳児を一緒に保育する混合保育も行われている。

このような運用が、待機児童の解消に役立つ一方、基準以上の詰め込みが原因で、死亡する事故も全国では起きている。保育の『質』を保った上で待機児童をいかに解消できるかが課題となる。

隠れ待機児童の問題もある。隠れ待機児童とは、自治体が補助する認可外施設に入った等のケースに当てはまるもので、待機児童の対象には含まれない。2022年4月時点の隠れ待機児童の数は、約7万3千人であった。

子どもと、保育所に通う0〜2歳の住民税非課税世帯の子どもについて、利用料が原則無料となる。

1 高齢者のいま

高齢な人からイメージするものは何だろう？
高齢者の方が不安と感じることは何だろう？
身近な高齢者の方の話を聞いたことがある？

1 元気な高齢者

「高齢者」と聞いて、どんな印象を受けるだろうか。もしかしたら、マイナスイメージを持っていないだろうか。

年を重ねていても活躍を続けている人はたくさんいる。マスコミで活躍が伝えられる高齢者だけでなく、身近ななかにも、さまざまな社会参加を通じて活躍する高齢者の姿を見ることができる。

イクジイ

定年を機会に、子育てならぬ孫育てに積極的に関わろうという高齢男性を、「イクジイ」という。自分の孫だけではなく、ファミリーサポートセンターなどを通じて、近隣地域にいる子どもの面倒を見ることで、高齢者自身も近所とのつながりが新たに生まれるメリットもある。

三浦雄一郎（プロスキーヤー・登山家 1932年生）
2013年5月23日、80歳（世界歴代1位）でエベレスト再登頂を果たした。父の敬三氏も100歳でスキー滑降を行い、話題となった。

加藤一二三（元プロ将棋棋士 1940年生）
1954年当時の史上最年少棋士。数々のタイトルを獲得し、2017年に引退するまで最高齢現役だった。現在は芸能界などでも活躍中。

東京都港区のヘアーブティックを経営する82歳の福島好子さん。仕事への意欲が大切という。

愛知県一宮市のマクドナルドで働く84歳の横川英子さん。週5日、3輪自転車で通う。

2 何歳からが高齢者？

「高齢者」と聞いて、あなたは何歳以上の人をイメージするだろうか？

右のグラフは、60歳以上の男女を対象に「高齢者とは何歳以上だと思うか」との問いに対する回答結果である。一般的には、高齢者＝65歳以上を指す場合が多いが、そう答えた人は、むしろ少数派という結果となった。

■ 学会が75歳からと提言

平均寿命が延び（→p.40 QA）、社会を支える側としての高齢者の活躍を期待して、2017年に日本老年学会と日本老年医学会が、高齢者の定義を現在の65歳以上から75歳以上にすべきとの提言を行った（65歳〜74歳は准高齢者）。

しかし国連の定義とも異なる上に、誰もが健康とは限らず、年金の支給開始年齢の先延ばしにつながりかねないとの心配する声も出ている。

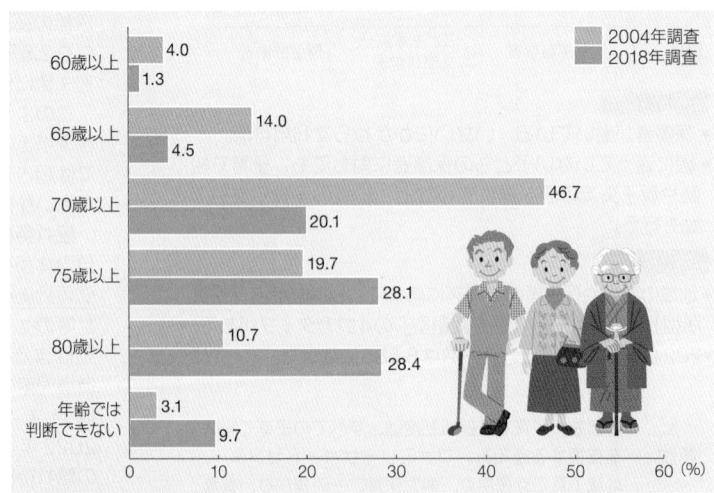

2004年調査 / 2018年調査

区分	2004年調査	2018年調査
60歳以上	4.0	1.3
65歳以上	14.0	4.5
70歳以上	46.7	20.1
75歳以上	19.7	28.1
80歳以上	10.7	28.4
年齢では判断できない	3.1	9.7

（内閣府「高齢者の日常生活に関する意識調査」「高齢者の住宅と生活環境に関する調査」）

解説 2004年と2018年の比較としてみると、高齢者をイメージする年齢は、「70歳以上」は大きく減り、「75歳以上」「80歳以上」とする回答が増えている。

3 高齢者（60歳以上）の意識

1 あなたはどの程度生きがいを感じていますか?

(2021年／%)

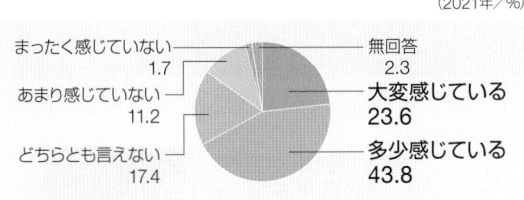

まったく感じていない 1.7
あまり感じていない 11.2
どちらとも言えない 17.4
無回答 2.3
大変感じている 23.6
多少感じている 43.8

（内閣府「高齢者の生活と意識 第9回国際比較調査」）

2 生きがいを感じるのはどのようなときですか?

(2021年)

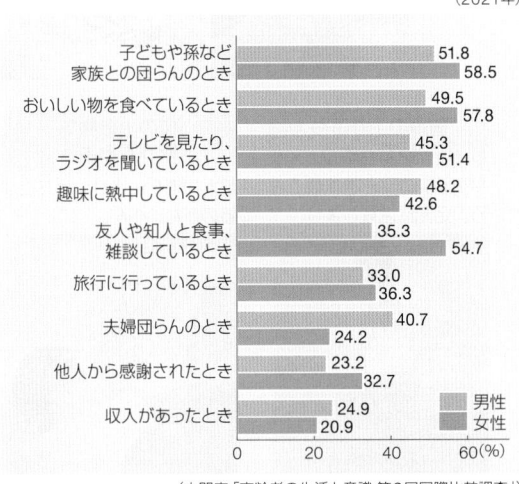

項目	男性	女性
子どもや孫など家族との団らんのとき	51.8	58.5
おいしい物を食べているとき	49.5	57.8
テレビを見たり、ラジオを聞いているとき	45.3	51.4
趣味に熱中しているとき	48.2	42.6
友人や知人と食事、雑談しているとき	35.3	54.7
旅行に行っているとき	33.0	36.3
夫婦団らんのとき	40.7	24.2
他人から感謝されたとき	23.2	32.7
収入があったとき	24.9	20.9

（内閣府「高齢者の生活と意識 第9回国際比較調査」）

3 おしゃれについてどの程度関心がありますか?

(%)

積極的におしゃれしたい／ある程度おしゃれしたい／あまり関心はない／関心はない／他

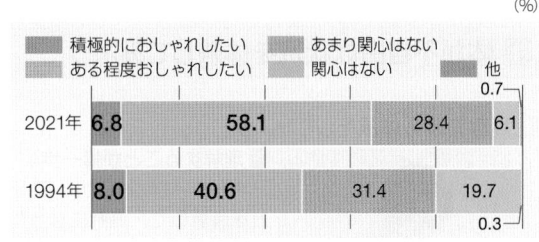

2021年 6.8／58.1／28.4／6.1／0.7
1994年 8.0／40.6／31.4／19.7／0.3

（内閣府「高齢者の日常生活・地域社会への参加に関する調査」）

4 地域活動やボランティアに参加していますか?

(2009年／%)

継続的に参加している／たまに参加する／以前参加していた／参加したことはない／わからない

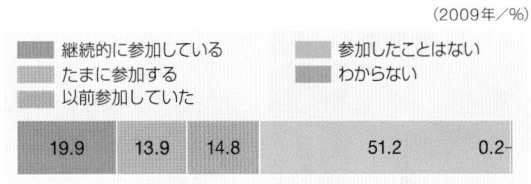

19.9／13.9／14.8／51.2／0.2

（内閣府「高齢者の地域におけるライフスタイルに関する調査」）

5 今後、地域活動やボランティアに参加したいですか?

(2009年／%)

積極的に参加したい／できるだけ参加したい／機会があれば参加してもよい／参加したいが、できない／あまり参加したくない／わからない

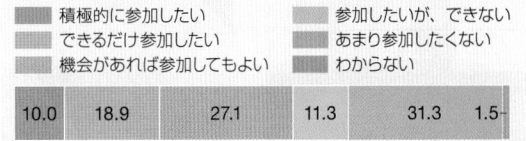

10.0／18.9／27.1／11.3／31.3／1.5

（内閣府「高齢者の地域におけるライフスタイルに関する調査」）

4 高齢者が不安に感じることは?

1 将来の日常生活に不安を感じるか

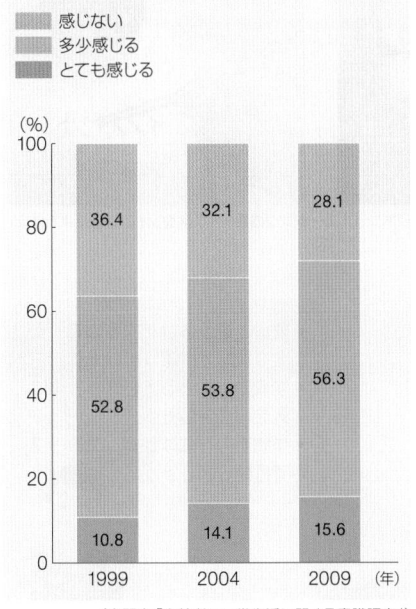

感じない／多少感じる／とても感じる

年	とても感じる	多少感じる	感じない
1999	10.8	52.8	36.4
2004	14.1	53.8	32.1
2009	15.6	56.3	28.1

（内閣府「高齢者の日常生活に関する意識調査」）

2 不安を感じる理由

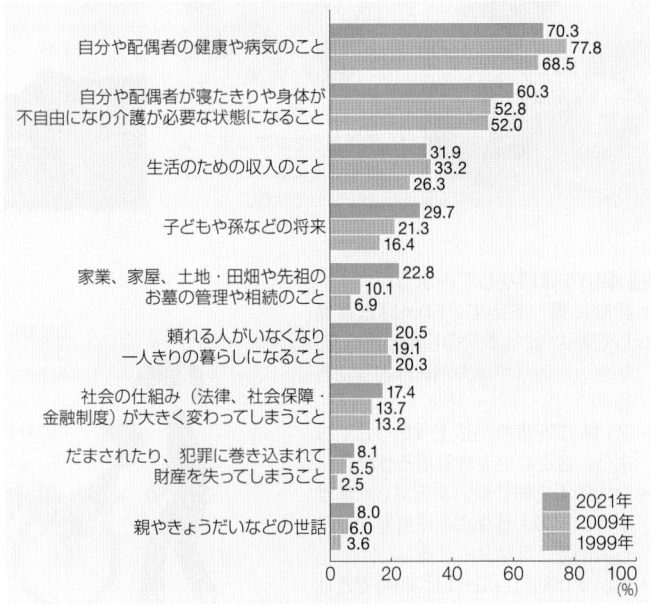

理由	2021年	2009年	1999年
自分や配偶者の健康や病気のこと	70.3	77.8	68.5
自分や配偶者が寝たきりや身体が不自由になり介護が必要な状態になること	60.3	52.8	52.0
生活のための収入のこと	31.9	33.2	26.3
子どもや孫などの将来	29.7	21.3	16.4
家業、家屋、土地・田畑や先祖のお墓の管理や相続のこと	22.8	10.1	6.9
頼れる人がいなくなり一人きりの暮らしになること	20.5	19.1	20.3
社会の仕組み（法律、社会保障・金融制度）が大きく変わってしまうこと	17.4	13.7	13.2
だまされたり、犯罪に巻き込まれて財産を失ってしまうこと	8.1	5.5	2.5
親やきょうだいなどの世話	8.0	6.0	3.6

（内閣府「高齢者の日常生活・地域社会への参加に関する調査」）

を示すが、健康寿命は「質」に着目している。厚労省によると、日本の男性は72.68歳、女性は75.38歳（2019年）である。

2 高齢者の健康〈1〉

年をとると、体にどのような変化があるのだろう？
車いすの生活で不便なことは？
介護認定の要支援と要介護は、どう違うのだろう？

1 体が不自由な状況を体験してみよう

1 高齢者疑似体験をしてみよう

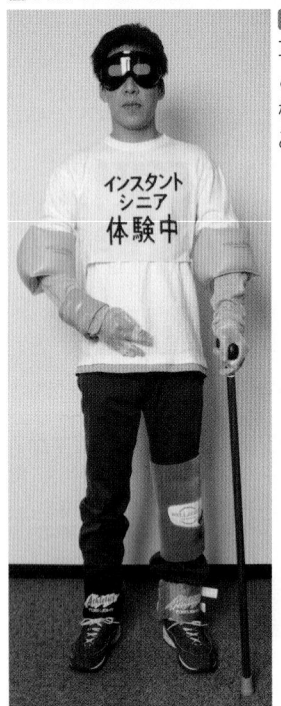

■ 理解することが第一歩
耳せんや特殊ゴーグル、手足のおもりなどを装着して、高齢になったときの身体機能低下や心理変化を擬似的に体験してみよう！

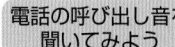
電話の呼び出し音を聞いてみよう
聴覚の変化を体験。

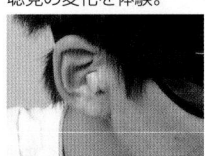

新聞を読んでみよう
視覚の変化・老人性白内障や視野狭さくを体験するゴーグルを使用。

階段の上り下りをしてみよう
平衡感覚の変化を体験できる。足元に注意しよう。

棚の上の物を取ってみよう
筋力の老化により、手を上げるのがたいへん。

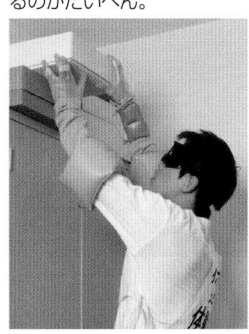

小銭を数えてみよう

うすいゴム手袋を2枚ずつ着け、両手指を2本ずつテープでしばることにより、指先が不自由になった状態。

床に落とした物を拾ってみよう
関節が曲がりにくくなった状態を体験。うまく拾えるだろうか。

食事をしてみよう

（日本ウェルエージング協会・インスタントシニアにより作成）

2 車いす体験をしてみよう

• 実際に乗ってみて、50mほど移動してみよう。徒歩での移動と比べて、かかった時間や体力消費はどうだろう？
• スロープを下りたり上ったりしてみよう。ひとりでできるだろうか？
• 介助する立場で車いすを押してあげよう。どのようなことに気をつけたらよいだろうか？
• 車いすが利用しにくい、利用できなかった場所はどこだろう？

段差です。前をあげますよ

はい

• 普段と違う体験をするので、安全な状態を確認しましょう。
• 学校の外に出るときは、とくに気を配りましょう。
• 単独での行動はせず、グループで行動しましょう。

2 高齢者の身体の変化

人が生まれてから死ぬまでの時間的な過程を「加齢（aging）」といい、加齢にともなって身体の諸機能が低下することを「老化」という。

退職によって社会的な役割や人間関係が変化したり、身近な人の死に直面したりすることで不安や焦燥、疎外感を感じる人もいる。

■ 五感の変化

- **視力**：40歳代から視力の低下が始まり、80歳では40歳時の半分以下となる。
- **聴力**：特に高い音が聞こえにくくなる。
- **味覚**：味覚が鈍くなることで、濃い味を好むようになり、塩分の過剰摂取にもつながる。
- **嗅覚**：匂いに鈍感になり、食品の鮮度低下やガス漏れなどの危険の察知が遅れる。
- **触覚**：痛みなどにも鈍感になり、病気の発見が遅れることもある。

- **知能**：もの忘れなどがあるが、加齢が原因の能力低下は日常生活に著しい支障はない。
- **口腔**：唾液量が減ることで虫歯になりやすく、歯茎も弱まることで歯が抜けることもある。
- **循環器系**：心拍数の低下、血圧の上昇、動脈硬化など。血流が減少することで脳機能にも影響が出る。
- **呼吸器系**：肺機能が低下することで呼吸量も減少する。
- **消化器系**：胃腸の動きの低下、便秘など。
- **骨量・筋肉の減少**
- **関節の変形**

3 認知症

脳疾患によって知的能力が低下した状態の総称で、日常生活にも支障が出る。2012年には約462万人だったが、2025年には約700万人（高齢者の5人に1人）に増えると推計され、誰もがなりうる病気といえる。

1 認知症の症状

脳の障がいに起因する中核症状と、それによるストレスや対人関係などから生じる行動・心理症状がある。

●中核症状	●行動・心理症状
・記憶障がい、判断力の低下	・焦燥、不安
・失行：目的に合った行動ができない	・無気力、抑うつ
・失語・言語障がい	・幻覚、妄想
・見当識障がい：時間や場所、相手が誰だかわからなくなる	・道に迷う ・危険行為
・失認：見えるものがわからない	・不潔行為
・実行機能障がい：手順がわからず準備や計画ができない	・暴力、暴言 ・介護拒否
など	など

2 認知症の人と接するには

認知症によって記憶力や判断力が低下しても、その人の感情や心まで失われたわけではない。もっとも不安の中にいるのは、当の本人である。認知症の人と接するときは、下記の点を考慮しよう。

- その人の世界に寄り添う
- できることはやってもらい、自尊心を傷つけない
- 理屈で説得しない。納得できることを大切にする
- 相手の言動を否定せず、その言動の背景にある意味を理解する

3 認知症の高齢者を支える工夫

認知症の高齢者は、その症状から日々の生活に困難を感じることが多い。周囲の人のひと工夫でその苦労を軽減させることもできる。

年月日や予定をわかりやすく

ものを見つけやすくする

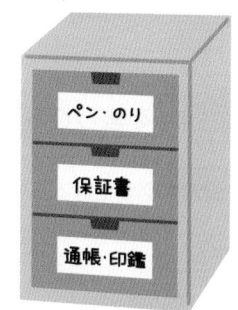

リモコンはシンプルに

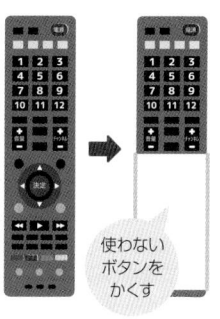

家族がいることがわかるように

（大島千帆『認知症ケア やさしい住まい・暮らしの工夫』家の光協会より作成）

3 高齢者の健康〈2〉

ロコモティブシンドロームとはなんだろう？
介護認定の要支援と要介護は、どう違うのだろう？
高齢者の介護をめぐる問題とは何だろう？

1 ロコモティブシンドローム (locomotive syndrome)

筋肉、骨、関節、軟骨、椎間板といった運動器の障がいにより立ったり歩いたりする機能が低下している状態をロコモティブシンドローム（運動器症候群）という。進行すると日常生活にも支障が生じ、介護が必要となる場合もある。若い頃からの生活習慣も影響しているので、要注意。

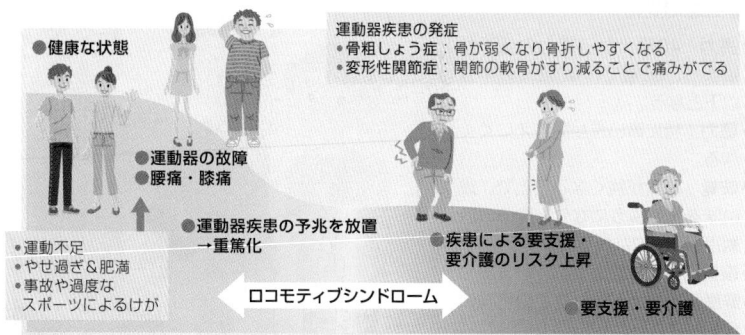

■ ロコモをチェックする7つのポイント

□ 片脚立ちで靴下がはけない

□ 家の中でつまずいたりすべったりする

□ 階段を上がるのに手すりが必要である

□ 家のやや重い仕事が困難である

□ 2kg程度の買い物をして持ち帰るのが困難である

□ 15分くらい続けて歩くことができない

□ 横断歩道を青信号で渡り切れない

ひとつでもチェックがあるとロコモの心配あり！

（ロコモチャレンジ！推進協議会Ｗｅｂサイトより）

2 健康を害してしまったら

1 介護が必要になる不安 （2012年）

(%)	総数	男性	女性	配偶者いる	配偶者いない
現在すでに介護を受けている	4.2	4.3	4.1	3.6	5.9
わからない	0.8	0.6	0.9	0.5	1.6
まったくない	25.3	30.6	20.9	26.0	23.3
あまりない	24.8	26.4	23.5	26.1	20.9
ときどきある	35.7	30.1	40.4	35.9	35.4
よくある	9.2	8.1	10.2	8.0	12.9

（内閣府「高齢者の健康に関する意識調査」）

解説 高齢期の不安の1位はなんといっても健康（→p.33）。介護が必要となる不安を感じる（「よくある」と「ときどきある」の合計）のは、男性よりも女性、配偶者がいない場合の方が高い結果となった。

2 介護が必要な高齢者の状況 （介護認定者数）（2021年／人）

要介護5 569,917
要介護4 858,473
要介護3 899,500
要介護2 1,135,383
要介護1 1,408,339
要支援1 962,246
要支援2 932,137

認定者総数 6,765,995人

（厚生労働省「介護保険事業状況報告年報」）

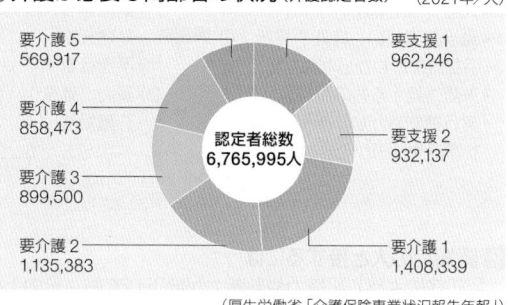

要支援1〜2	日常生活の一部に介護が必要だが、介護サービスを適応に利用すれば心身の機能の維持・改善が見込める状態。
要介護1	立ち上がりや歩行が不安定で、排せつや入浴などに部分的介助が必要。
〜	〜
要介護5	日常生活全般について全面的な介助が必要で、意志の伝達も困難。

QA QOLとは？ ▶ Quality Of Life の略で、精神面を含めた生活全体の豊かさをふまえた「生活の質」のこと。高齢者を支援するにあたっては、

3 高齢者をめぐる状況

1 老老介護・認認介護

高齢者を介護する人が同世代の高齢の配偶者だったり、親を介護する子が高齢化している実態がある。同居で介護する人の約4割が70歳以上という調査もあり、これを老老介護という。高齢者による介護は、体力的にも精神的にも負担が大きい。さらに、認知症の人が認知症の家族を介護することを、認認介護という。火の不始末など何か起きても自ら助けを求めることが難しい場合もあり、危険が見過ごされるような深刻な事態も生じている。

■ 介護する人の続柄　(2019年／%)

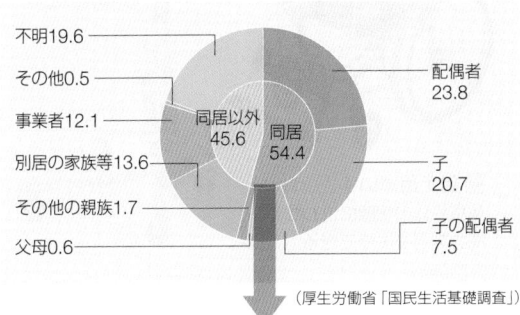

(厚生労働省「国民生活基礎調査」)

■ 介護する人（同居）の年齢構成　(2019年／%)

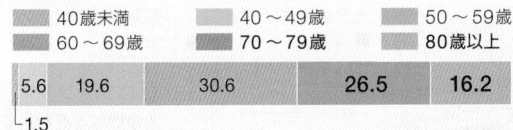

(厚生労働省「国民生活基礎調査」)

2 高齢者虐待

介護疲れや介護ストレスから起こる、高齢者に対する虐待が問題となっている。その4割は息子によるものとされている。高齢者に対するこうした虐待が増加している事態を受け、2006年には高齢者虐待防止法が施行され、早期の発見と対処が図られるようになったが、すべての虐待について対応できているわけではない。

■ 虐待の種別・類型別被虐待者の人数

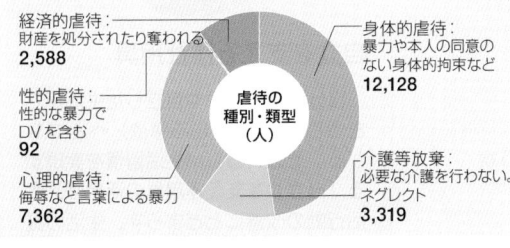

■ 虐待の加害者　(人)

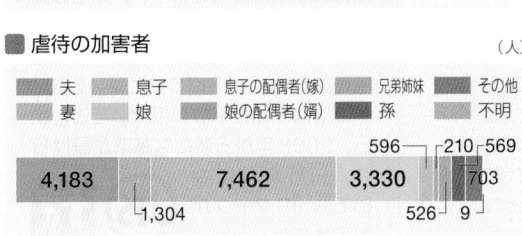

(厚生労働省「令和2年度高齢者虐待の防止、高齢者の養護者に対する支援等に関する法律に基づく対応状況等に関する調査結果」)

家族にのしかかる介護

介護を理由とする離職はとくに女性に多く、ある女性はこんな風にいった。

「介護で仕事を辞めたんです。この17年間の間に、夫の両親、自分の両親、夫、5人の介護です。介護漬けの一生、悔しさで今でも涙が出ます。今度は、自分の介護ですが、誰がしてくれるんでしょうね」

(沖藤典子『介護保険は老いを守るか』岩波書店)

介護疲れから来る無理心中、介護殺人、老人虐待などが現在でも起きているように、家族だけで介護することには限界がある。介護保険制度（→p.42～43）は、介護を家族の問題ではなく、社会が取り組む問題としてつくられた。

3 孤立死（孤独死）

ひとり暮らしの人が、誰にも看取られることなく、亡くなること。死後かなりの時間が経過して発見されることもある。核家族化と希薄な人間関係が背景にある。

最近では、亡くなったあとに引き取り手もいない「無縁死」も社会問題化しつつある。

■ 孤立死を身近な問題と感じますか　(60歳以上)(2018年度／%)

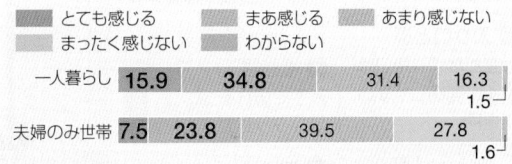

(内閣府「高齢者の住宅と生活環境に関する調査」)

4 成年後見制度

認知症、知的障がい、精神障がいなどによって物事を判断する能力が十分ではない人について、本人の権利を守る援助者（成年後見人等）を選ぶことで本人を法律的に支援する制度で、2000年に施行された。後見人は、本人の意思を尊重し、かつ本人の心身の状態や生活状況に配慮しながら、本人に代わって、財産を管理したり必要な契約を結ぶ。あらかじめ契約により後見人と内容を決めておく「任意後見制度」と、判断力が不十分となってから家庭裁判所によって後見人が選ばれる「法定後見制度」がある。

4 福祉用具と住まい

高齢者が不自由を感じるのはどんな場面だろう？
福祉用具にはどのようなものがあるのだろう？
住まいの工夫のポイントは何だろう？

1 福祉用具のいろいろ

■ 眠る

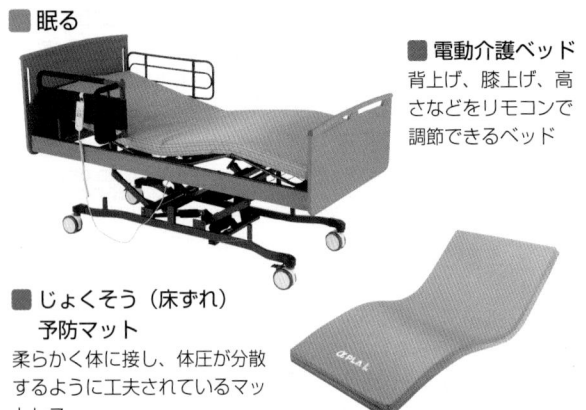

■ 電動介護ベッド
背上げ、膝上げ、高さなどをリモコンで調節できるベッド

■ じょくそう（床ずれ）予防マット
柔らかく体に接し、体圧が分散するように工夫されているマットレス

■ 移動する

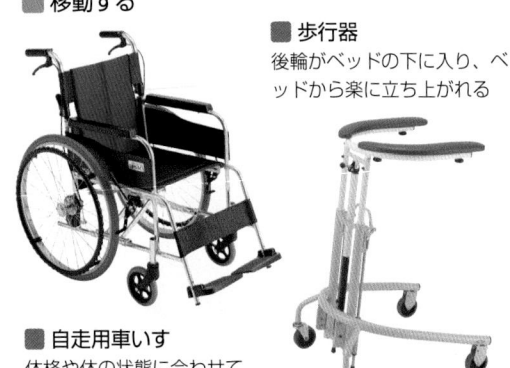

■ 歩行器
後輪がベッドの下に入り、ベッドから楽に立ち上がれる

■ 自走用車いす
体格や体の状態に合わせて高さなどを調節できる

■ 排せつする

■ 照明
十分な明るさを確保

■ 入り口と扉
段差がなく、間口は広く、開閉しやすい引き戸

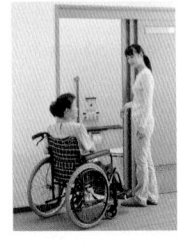

■ 手すり
便器の立ち座りにあわせた手すりの設置

■ 紙巻器
片手で切れるワンタッチ式

■ 暖房
室温の急激な変化は体に負担。冬場の温度変化を少なくする

■ 床
滑りにくく、掃除しやすい床

■ 操作盤（リモコン）
表示の大きいリモコン

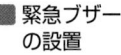

■ おしり洗浄機
おしりを清潔に保てる。暖房便座機能があるとより快適

■ 便座昇降付きトイレ
斜め昇降または垂直昇降で便座の立ち座りを補助する

■ 緊急ブザーの設置
緊急通報のためのブザー

■ コンセント
洗浄機などを利用するためにあると便利

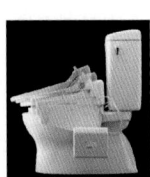

効果的な機器の活用——在宅介護を行う

1. 介護者を含めた家族全体を視野に入れる。
2. 本人や家族がどのような生活をめざしているか整理する。
3. 「その人らしさ」や「満足度の高い生活」を考える。
4. 「満足度の高い生活」のために、生活をデザインするという視点をもつ。
5. 心身の状態の変化の方向性をふまえた長期的視点が必要。

こうした観点をふまえ、それぞれの介護の事情に合った福祉用具を導入する工夫が重要になる。用具による支援には、高齢者の自立支援と介護者の負担の軽減という2つの側面がある。機器の導入が生活改善の起爆剤になることもある。介護保険においても「福祉用具の貸与・購入費支給」や「住宅改修費用の補助」といった項目があるので、適用できる内容についてケアマネジャーに相談することも必要である。

TOPIC

自立を支える福祉用具

自分らしい生活や自立した生活ができることは、〈生きる意欲〉へとつながる。その人らしい生活習慣を実現する「自立」を支える用具の活用は、生活行動の改善にとどまらず、生活の質をも高めてくれるだろう。
なお、車いす（電動・手動）や在宅用電動介護ベッドについては、2007年に重傷・死亡事故が相次いだことから、2008年から新たな基準が設けられ、福祉用具についてもJISマークが設定された。

2 暮らしやすい住まいの工夫

1 移動しやすい安全な室内

段差のない床と広い廊下

和室と洋室の間に段差なし

操作面が大きく、軽くさわるだけで点灯・消灯できるスイッチ

階段手すりと照明

室内に多くの段差があったりすると福祉用具の導入にも支障がある。設計段階から、移動しやすい空間を工夫したり、住宅改造によって安全な空間を作り出すことが必要。

2 使いやすい浴室と機器

■ 節水にもなる水栓金具
ワンタッチのスイッチシャワー

■ サーモスタット付き水栓
目盛りやハンドルが大きく、出っ張りが少ない

■ 低い洗面器台
らくな姿勢でからだが洗える洗面器台

■ 安全な入り口
敷居の段差がない、引き戸の広い入り口

■ 浴槽移乗スペース
浴槽の縁に腰掛けてから浴槽をまたげる

■ 冬場の寒さ対策
浴室暖房

■ またぎ込み時、浴槽内の握りバー
姿勢保持、浴槽の出入りをサポート

■ プッシュ式の排水栓
腰をかがめなくても操作ができるプッシュワンウェイ式

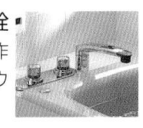

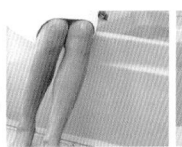

浴室用品

■ 浴槽台
浴槽内での立ち座りの負担を軽減

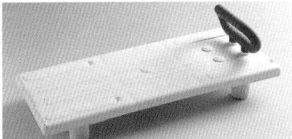

■ バスボード
浴槽に渡しかけて移乗台として使用

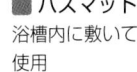

■ バスマット
浴槽内に敷いて使用

■ 移乗台
移乗スペースがない場合に洗い場に取り付ける

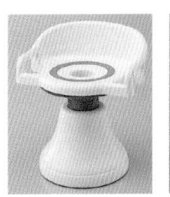

■ 回転いす
洗い場から浴槽への移動がらく

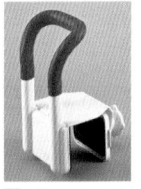

■ 浴槽手すり
湯気のなかでも見やすい赤色グリップ付き

■ シャワーチェアー
握り手付きで、立ち上がりがらく

体に大きな負担となる場合がある。各部屋の寒暖の差はできるだけ少なくすることが大切である。

5 高齢社会の現状

日本の人口構成はどのように変化するだろうか？
仕事を退職した高齢者は、収入はどうするのだろう？
生活費はどのくらい必要だろう？

1 日本の人口ピラミッド

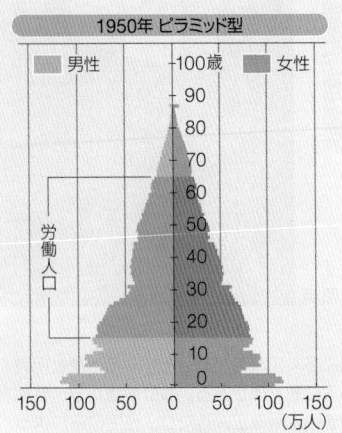

1950年 ピラミッド型
男性 / 女性
労働人口

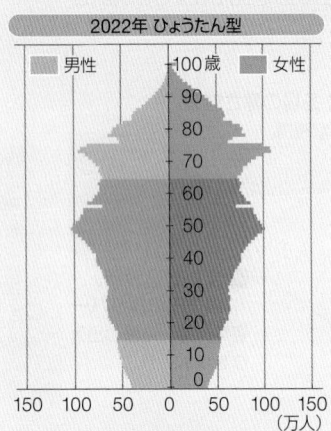

2022年 ひょうたん型
男性 / 女性

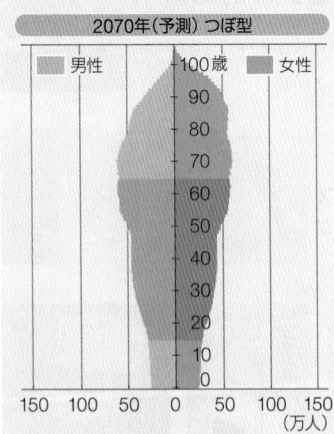

2070年（予測）つぼ型
男性 / 女性

（総務省統計局Webサイト「我が国の推計人口」、国立社会保障・人口問題研究所「日本の将来推計人口（2017年推計）」ほか）

解説 日本の人口構成は、若年層が少なく、高齢層が多い「つぼ型」になると予測される。

2 高齢化の推移と将来推計

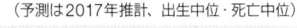
（予測は2017年推計、出生中位・死亡中位）

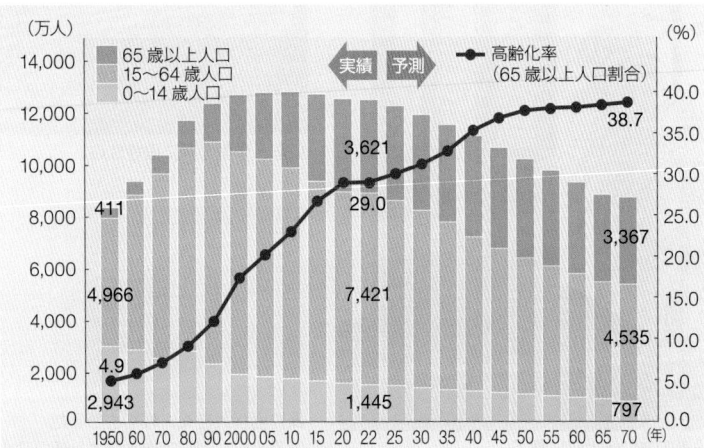

（総務省「国勢調査」、国立社会保障・人口問題研究所「日本の将来推計人口」ほかより作成）

解説 65歳以上の高齢者の割合（高齢化率）が14％以上を「高齢社会」、21％以上を「超高齢社会」という。日本は2007年以降、超高齢社会である。今後もさらにその割合は増えると予測される（→口絵■17）。

3 ひとり暮らし高齢者世帯の増加

1 65歳以上の世帯員がいる世帯の内訳

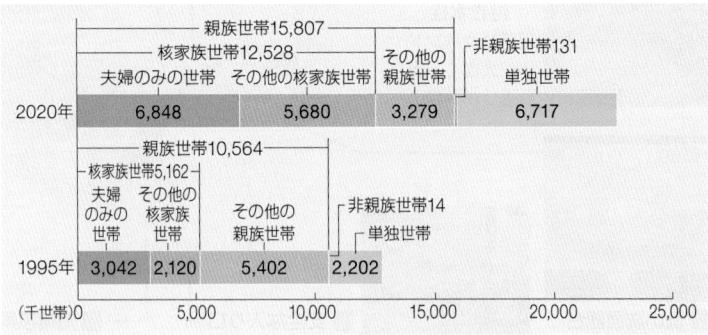

（総務省「国勢調査」）

2 65歳以上のひとり暮らしの割合 (%)

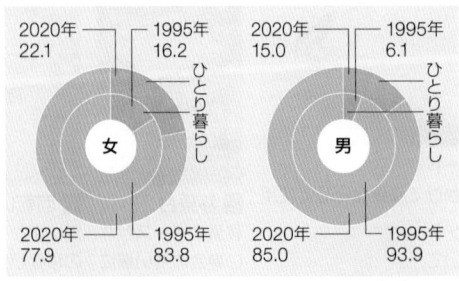

（総務省「国勢調査」）

解説 高齢者のいる世帯全体が大幅に増え、とくに「夫婦のみの世帯」と「単独世帯（ひとり暮らし）」が急速に拡大している（■1）。ひとり暮らし率は女性の方が多いが、増加率では男性の方が急増している（■2）。

4 高齢者の経済 ── 1か月の平均収支 ──

1 高齢夫婦（65歳以上）の無職世帯

(2022年)

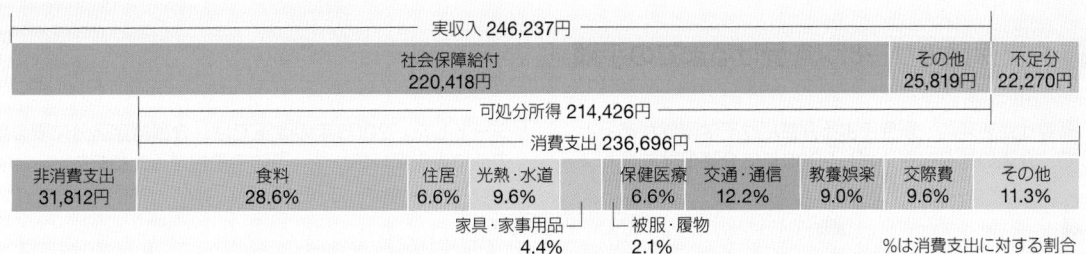

実収入 246,237円

| 社会保障給付 220,418円 | | | | | | その他 25,819円 | 不足分 22,270円 |

可処分所得 214,426円

消費支出 236,696円

| 非消費支出 31,812円 | 食料 28.6% | 住居 6.6% | 光熱・水道 9.6% | 保健医療 6.6% | 交通・通信 12.2% | 教養娯楽 9.0% | 交際費 9.6% | その他 11.3% |

家具・家事用品 4.4%　　被服・履物 2.1%

%は消費支出に対する割合

（総務省「家計調査」）

2 65歳以上の単身無職世帯

(2022年)

実収入 134,915円

| 社会保障給付 121,496円 | その他 13,419円 | 不足分 20,580円 |

可処分所得 122,559円

消費支出 143,139円

| 食料 26.2% | 住居 8.9% | 光熱・水道 10.3% | 教養娯楽 10.1% | 交際費 12.5% | その他 9.8% |

非消費支出 12,356円　　家具・家事用品 4.2%　　被服・履物 2.2%　保健医療 5.7%　交通・通信 10.2%

（総務省「家計調査」）

解説 夫婦でも単身者でも高齢者の収入の約9割は社会保障給付に依存している。それでも支出総額には足りず不足分が生じているが、預貯金によってまかなっている。

※消費支出とは、食料費、住居費、光熱費などの生活するのに直接必要な費用のこと。非消費支出とは、税金や社会保険料のこと（→p.94）。

5 高齢者の就業状況

1 高齢者の就業・失業状況

(2021年)

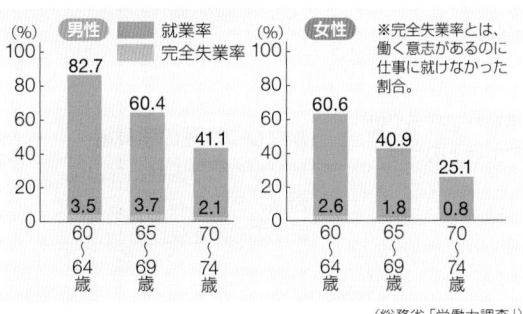

※完全失業率とは、働く意志があるのに仕事に就けなかった割合。

（総務省「労働力調査」）

解説 一般に、公的年金受給額が増加するほど就業率は低下し、受給額が減少するほどそれを補うために就業率は高くなる。高齢者の多くが働いており、60〜64歳では男性の約8割、女性の約6割が働いている。

2 高齢者（65歳以上）が働きたい理由

(2017年)

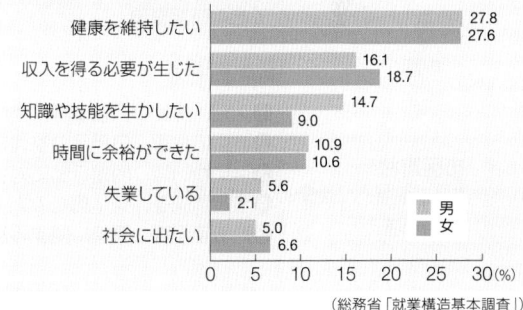

理由	男	女
健康を維持したい	27.8	27.6
収入を得る必要が生じた	16.1	18.7
知識や技能を生かしたい	14.7	9.0
時間に余裕ができた	10.9	10.6
失業している	5.6	2.1
社会に出たい	5.0	6.6

（総務省「就業構造基本調査」）

解説 男女ともに「健康を維持したい」とする割合がもっとも高い。理由に男女差はあまりないが、差が出るのは「知識や技能を生かしたい」である。

介護離職とトモニンマーク

　親や家族などの介護のために、やむを得ず仕事を辞める介護離職が年間約10万人に達している（→口絵■18）。離職しないまでも、働きながらの介護には、育児とは異なる心身の疲労が負担となっている。背景には、突発的に問題が発生することや、必要な介護も多種多様であること、また場合によっては期間のめどが立ちにくいことなどがある。厚生労働省は、介護休業制度をつくるだけでなく、継続的に就業できるような職場環境の整備促進に取り組んでいる企業に対し、トモニンマークを交付するようになった。

仕事と介護の両立支援

女性の平均余命は5.47年、男性は4.14年である（簡易生命表による）。平均寿命とは、0歳児の平均余命のことである。

6 介護保険によるサービスの利用

介護保険サービスの申請はどうしたらいいのだろう？
どのように判定されるのか？
どのような介護サービスがあるのだろう？

1 介護保険のサービスを受けるまでの手順

高齢社会を迎え、家族による介護だけでは限界があるとして、介護の社会化をめざし2000年に介護保険制度がスタートした。2005年の改正では、介護認定区分に要介護の他に要支援が加わり、予防の重視がうたわれた。

1 申請書の提出
本人か家族が、市区町村の窓口に介護保険証を添えて提出。

2 訪問調査

3 かかりつけ医（主治医）の意見書

4 審査・判定

5 認定結果の通知

被保険者	要介護認定

在宅の人

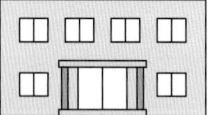
現に施設に
入所している人

↓ 申請

市区町村
高齢者福祉
担当部署

訪問調査
保健師やケースワーカー、介護支援専門員（ケアマネジャー）など、専門の調査員が家庭を訪問し、本人の心身の状況（74項目）＋透析など特別な医療処置の必要度（12項目）を調査票にチェック。

訪問調査の際、書き取ってきた特記事項

1次判定
コンピュータによる判定
訪問調査をもとに、コンピュータによる個別項目から介護の必要時間（要介護認定基準時間）を推計。

2次判定
介護認定審査会による判定
1次判定とかかりつけ医の意見書をもとに判定。不備などがあれば「再調査」と判定したり、申請者や家族に直接、話を聞くこともある。

調査項目
❶入浴、排せつ、食事等、身体に直接触れて行う介助
❷衣服の洗濯、日用品の整理等、日常生活上の世話
❸はいかい等、問題行動に対する対応
❹歩行訓練等、身体機能の訓練および補助
❺呼吸管理等、医療に関することの補助

かかりつけ医の意見書
＊かかりつけ医がいない場合は、市区町村が指定する医師の診断を受ける。

■ さまざまな介護サービス

■ 訪問介護（ホームヘルプサービス）
お年寄りの自宅で食事のお世話。

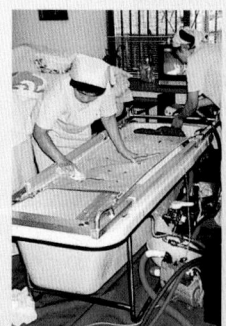

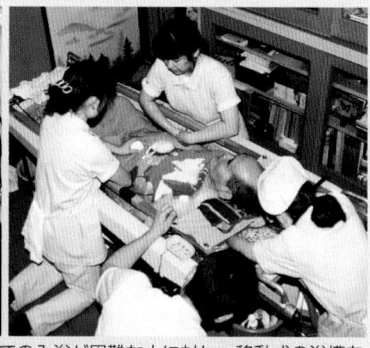

■ 訪問入浴介護 自宅での入浴が困難な人に対し、移動式の浴槽を使って専門のスタッフが体を洗う。

介護スケジュールの一例（1週間単位）

	月	火	水	木	金	土	日
午前	ホームヘルプサービス 訪問看護	自治体のデイサービス （送迎あり）	通院および訪問診療	老人保健施設のデイサービス（送迎はボランティア）	ホームヘルプサービス（ボランティア） 訪問看護	ホームヘルプサービス（ボランティア）	家族対応
午後	食事サービス	デイサービス （10時～15時）	リハビリテーション	デイサービス	食事サービス	家族対応	家族対応
夜間	家族対応	民間ホームヘルプサービス（15時～）	家族対応	民間ホームヘルプサービス	家族対応	家族対応	家族対応

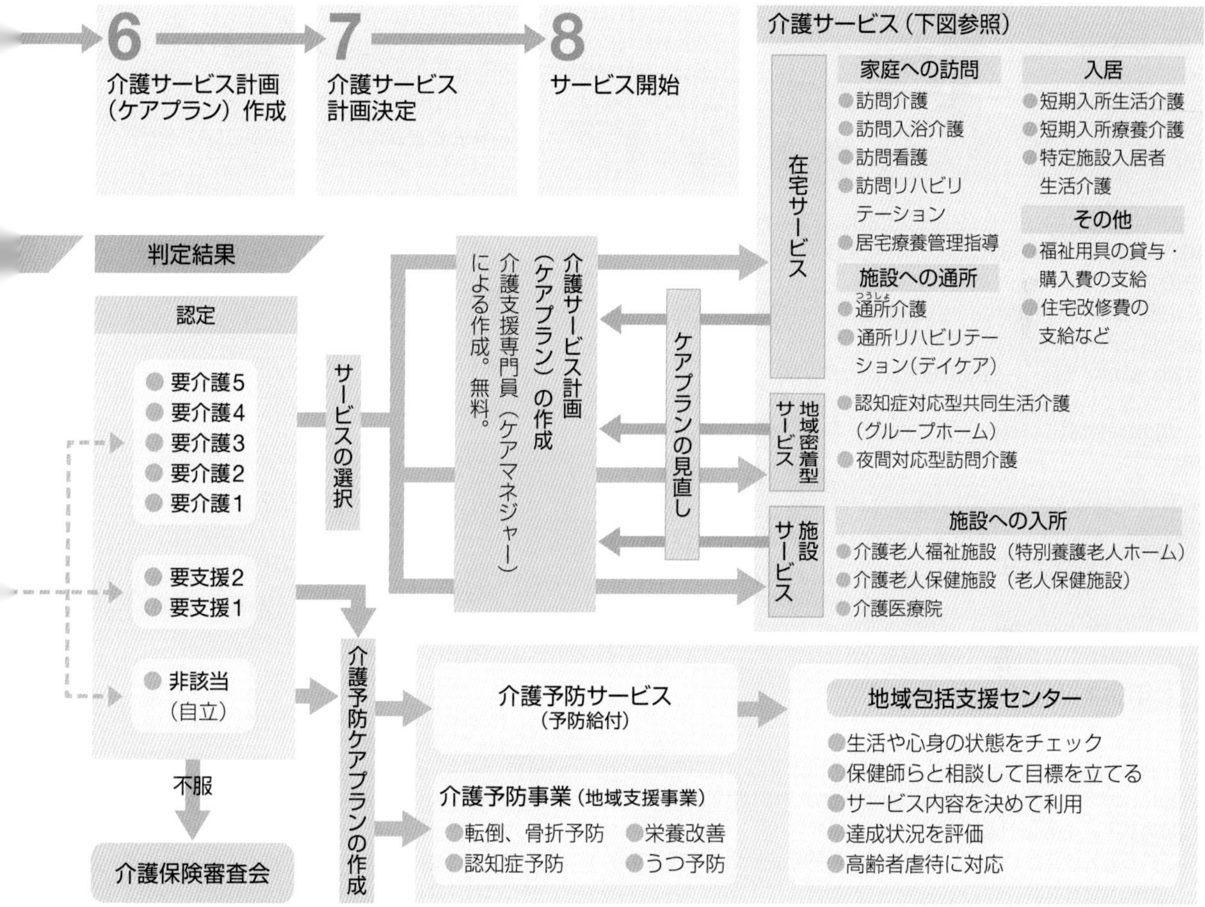

6 介護サービス計画（ケアプラン）作成
7 介護サービス計画決定
8 サービス開始
判定結果
認定
要介護5
要介護4
要介護3
要介護2
要介護1
要支援2
要支援1
非該当（自立）
不服
介護保険審査会
サービスの選択
介護サービス計画（ケアプラン）の作成
介護支援専門員（ケアマネジャー）による作成。無料。
ケアプランの見直し
介護予防ケアプランの作成
介護サービス（下図参照）
在宅サービス
家庭への訪問
訪問介護
訪問入浴介護
訪問看護
訪問リハビリテーション
居宅療養管理指導
施設への通所
通所介護
通所リハビリテーション（デイケア）
入居
短期入所生活介護
短期入所療養介護
特定施設入居者生活介護
その他
福祉用具の貸与・購入費の支給
住宅改修費の支給など
地域密着型サービス
認知症対応型共同生活介護（グループホーム）
夜間対応型訪問介護
施設サービス
施設への入所
介護老人福祉施設（特別養護老人ホーム）
介護老人保健施設（老人保健施設）
介護医療院
介護予防サービス（予防給付）
介護予防事業（地域支援事業）
転倒、骨折予防
栄養改善
認知症予防
うつ予防
地域包括支援センター
生活や心身の状態をチェック
保健師らと相談して目標を立てる
サービス内容を決めて利用
達成状況を評価
高齢者虐待に対応

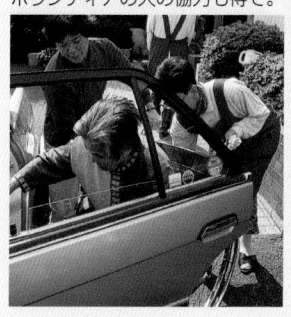

デイサービス

通所介護（デイサービス）の送迎。ボランティアの人の協力も得て。

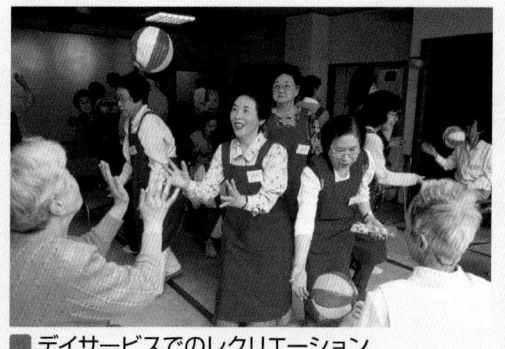

デイサービスでのレクリエーション

ボランティアの人と体を動かし機能回復にも。

特別養護老人ホームでの介護

床ずれができないよう体を動かす。

サービスの一部を国から市町村の事業に移管する、③特養ホームの利用は要介護3以上とする法律が成立した。

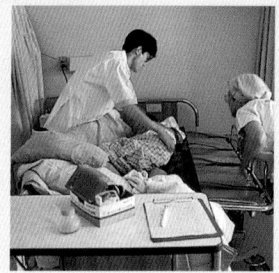

7 生活を支える社会保障制度

年金ってよく聞くけど、どういう制度？
若いうちは関係ないと思うんだけど……？
年金のほかにどんな社会保障制度があるの？

1 国民年金って、どういう制度？

年金ってよく聞くけど、どういう制度なのか、よくわからない。

高校生の私たちには、まだまだ先の話なんでしょ？

「国民皆年金」といって、20歳になったら加入して、保険料を納める義務があるの。メリットもあるから、よく勉強しておきましょう。

国民年金は、働く世代（20歳以上60歳未満）が納める保険料と、国の税金によって、65歳以上の高齢者に生活費を支給する制度。自分の払った年金を受け取るのではなく、現時点における世代と世代が支えあうしくみ（賦課方式）。高齢者に対する支給だけでなく、若者にもメリットはある（→p.45 3）。

2024年度の保険料は、月額16,980円。

65歳以上人口
（年金受給世代）

現役世代の保険料 ＋ 税金

解説 現役世代の保険料と、税金の割合は1：1。年金支給の半額は税金である。

2 年金制度のしくみ

国民年金を基礎年金として、全国民が加入する（国民皆年金）。さらに、サラリーマンや公務員は厚生年金が上乗せされるので「二階建方式」とも呼ばれる。

これらの公的年金でも不足する場合は、私的年金に個人で加入する。

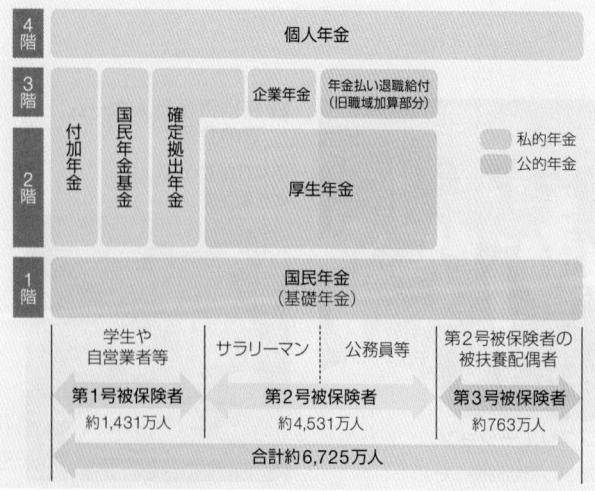

4階	個人年金			
3階			企業年金	年金払い退職給付（旧職域加算部分）
2階	付加年金	国民年金基金	確定拠出年金	厚生年金
1階	国民年金（基礎年金）			

■ 私的年金
■ 公的年金

	学生や自営業者等	サラリーマン	公務員等	第2号被保険者の被扶養配偶者
	第1号被保険者 約1,431万人	第2号被保険者 約4,531万人		第3号被保険者 約763万人
		合計6,725万人		

（人数は、厚生労働省「令和3年度の国民年金の加入・保険料納付状況」より）

年金Q&A

❶ 保険料は何年間支払うの？

保険料を納付した期間と免除された期間の合計が10年以上であれば老齢年金を受け取ることができます。ただし、支給額は年額20万円弱となります。満額（年額約80万円）受け取るには40年間支払う必要があります。

❷ 未払い者が増えると制度が破綻する？

サラリーマンやその被扶養配偶者などは給料から自動的に徴収されるので、未払い者は第1号被保険者の一部で、全体からみると約2%にすぎません。未払い者は将来年金を受け取れないので、長期的な影響は少ないとされています。

（厚生労働省、日本年金機構「知っておきたい年金のはなし」より）

こんなときどうする！？

❶ 学生で保険料が納められない！
➡ 学生納付特例制度

年金課

学生で収入が少なく、保険料の納付が難しい場合は、市町村の窓口に申請することで、在学期間中の保険料納付を猶予することができ、年金加入期間としても認められる。この期間中に障害・事故にあっても、納付していた場合と同様に満額の障害基礎年金・遺族基礎年金が受給できる。

		納付	特例	未納
障害・遺族年金		満額	満額	×
老齢年金	資格期間	○	○	×
	年金額	満額	減額	×

❷ 20歳代で保険料が納められない！
➡ 保険料納付猶予制度

所得が少ない50歳未満の人が、将来、年金を受け取ることができなくなることを防止するため、保険料の納付が猶予される（2025年6月までの時限措置）。

❸ 保険料の追納

保険料が免除や猶予された期間があると、保険料を全額納付したときに比べ、将来受け取る年金額は少なくなるが、後から追納すれば大丈夫。

3 3つのリスクに備える公的年金制度

「年金」というと、高齢者のための制度ととらえがちだが、若い人にとっても利用できる制度である。公的年金制度は「老齢」「障がい」「死亡」の個人では避けられない3つのリスクに備えて、生活を支える。

	[リスク その1] もしも60歳定年後、その時点の平均余命※1まで生きるとしたら 「老齢基礎年金」	[リスク その2] もしも45歳で病気やけがで働けなくなったら 「障害基礎年金」	[リスク その3] もしも45歳で不幸にも亡くなってしまったら 「遺族基礎年金」
[太郎くんの場合] 「将来どうなるかわからないから、貯蓄しておく方が確実!!」	国民年金に加入せず、保険料と同じ、約815万円を貯金した。60歳以降、年に約80万円を生活費に使うと、70歳で底をついてしまう。その後の生活費はどうしよう…。	20歳から25年貯めていたお金（たとえば16,980円×12か月×25年間＝約509万円）は、家族の生活費や介護の費用を考えると、老後のゆとりはない。	太郎くんが老後のために蓄えた貯金を取り崩して生活することになる。
[次郎くんの場合] 「将来を考えたらリスクに対応してくれる国民年金でしょう!!」	65歳から国民年金を受け取れる。その額、年に約80万円。この額を一生涯受け取れ、平均余命までには支払い保険料以上の金額が受け取れる。長生きすればさらに受け取れる。	寝たきり（1級障がい）だと年に約99万円を生涯受け取り、子どもがいれば、上乗せで、高校を卒業するまで年23万円受け取れる。	残された家族は遺族基礎年金として、基本年に約79万円＋子どもの加算額（高校を卒業するまで）年約23万円を受け取れる。

（注）※1：2022年の60歳男性の平均余命はおよそ24年。つまり84歳までと想定した。
→p.40 Q A

（厚生労働省、日本年金機構「知っておきたい年金のはなし」より作成）

4 日本の社会保障制度

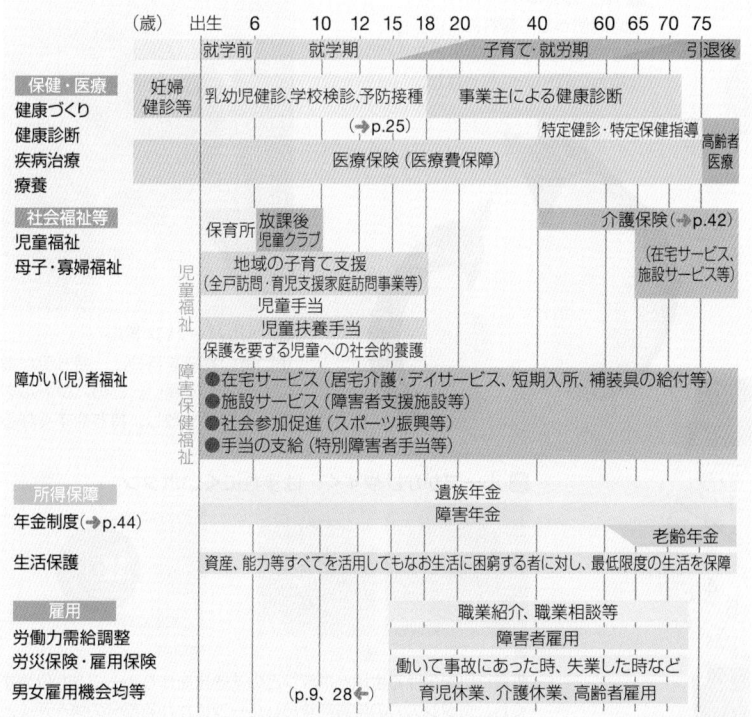

（社会保障入門編集委員会編「社会保障入門2018」より作成）

年金制度（→p.44）

TOPIC

年金は将来どうなる?

　厚生年金を含む年金支給は、現役世代の月収の5割以上を支給する前提があり、この割合を所得代替率という。

　政府による将来予測では、残念ながら現在の所得代替率よりも下がる結果となった。今後の経済状況（物価や賃金アップ率）や、現役世代の人数次第で、予測も大きく変わる。

　悲嘆して保険料を納めないと無年金となり、障害・遺族年金も対象外となる。

政府試算の厚生年金モデル所得代替率による比較		
61.7%	51.9%	46.1%
22万円	26.3万円	18.8万円
2019年	経済成長がうまくいく場合	経済成長がうまくいかない場合

（厚生労働省「2019年 財政検証結果」より）

していた共済年金（2階部分）は、厚生年金に制度的に統合された。

8 ユニバーサル・デザイン

ユニバーサル・デザインって聞いたことある？
バリアフリーとはどう違うのだろう？
これからどんな工夫が必要なのだろう？

1 ノーマライゼーションとは

　社会生活をどう送るかについて、すべての人々が基本的人権を尊重されながら自らが選択し、自らが決定できる社会をめざす考え方。例えば、障がいがあっても施設などに「隔離」するのではなく、自分が生活する地域で、健常者とともに同じ生活を送れるようにすることをめざす。

　ノーマライゼーションの実現のために、バリアフリーやユニバーサル・デザインの考え方がある。

ノーマライゼーションの実現

バリアフリー	ユニバーサル・デザイン
【事後的対策】	【事前的対策】
すでにある障壁（バリア）を除去する	誰もが使えるように、最初からデザインする

2 ユニバーサル・デザインとは

　ユニバーサル・デザインは、対象となる人を限定せず（ユニバーサル＝普遍的）、誰にとっても使いやすくあらかじめデザインする、事前の対策である。一方、似たような用語として「バリアフリー」がある。こちらは、障がいや高齢であることによってハンディキャップを負う人たちが生活する上で、支障となるようなもの（障壁＝バリア）を取り除くことをいい、事後の対策である。

　身の回りにどのようなユニバーサル・デザインがあるか、実際に使ったときにどのような点がよいか考えてみよう。

■ ユニバーサル・デザインの考え方
❶ みんなが公平に使える
❷ さまざまな使い方ができる
❸ 使い方が簡単でわかりやすい
❹ その人にとって、使うのに必要なことがすぐわかる
❺ 使い方を間違っても、危なくない
❻ 少ない力で、楽に使える
❼ 使いやすい大きさや広さである

（川内美彦『ユニバーサル・デザイン バリアフリーへの問いかけ』「TOYOTA　Universal Design Showcase」MEGAWEB ）

3 日々の生活で

■ ボールペン
長時間使っても疲れにくい。はっきりしたカラーコントラストは視力の弱い人にもやさしい

■ はさみ
にぎりやすい球状のハンドル。カバーをつけたまま、置いた状態で切ることもできるので安全

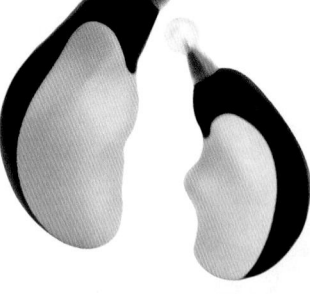

■ ヘルパーハンドル
重い買い物袋を持つと、持ち手が指にくいこんで痛い。このハンドルを使うと力が分散し、持ちやすくなる

■ 時計
ねじが大きく操作しやすい。文字盤も見やすい

■ ループがかけやすく、はずれにくいボタン

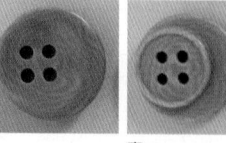

表　　　　裏　　　　　使用図

裏側に足をつけて生地とボタンとのすきまを作りループをかけやすくし、ボタンの穴の位置をずらしループにかかる部分の懐を深くとってはずれにくくしてある

4 台所で

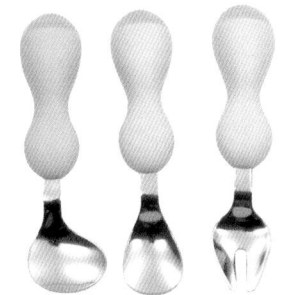

■ スプーン・フォーク
さまざまなにぎり方に配慮したグリップの形。軽くて、力がなくてもにぎりやすい

■ オープナー
かたく閉まったびんのふたを簡単に開けられる

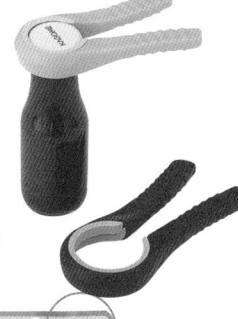

■ 缶入りのアルコール飲料
識別のための点字がついている

■ ラップ
ラップをつまみやすい凹面加工。誰でもスムーズにカットできる押さえ位置を表示

■ ユニバーサルデザインフード
日本介護食品協議会により、固さや粘度によって区分表示されている

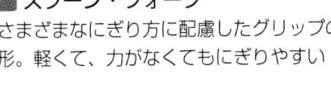

区分 1	容易にかめる
区分 2	歯ぐきでつぶせる
区分 3	舌でつぶせる
区分 4	かまなくてよい

■ キッチンばさみ
立てかけておけるので指がかけやすい

5 まちなかで

■ スロープ
段差のある場所に設けられたスロープを利用すれば、ベビーカーや荷台をスムーズに移動できる

■ 通り抜けできるエレベータ
ベビーカーや車いすを使用している場合、エレベータから降りるときに、向きを変えずにそのまま通り抜けできるので進みやすい

■ 溝のフタなど
隙間が狭ければベビーカーの車輪やハイヒールのかかととがはさまらない

■ 超低床車両
入り口を低くして誰もがらくに乗降できる。内部も段差がなく、移動しやすいデザイン

■ 案内表示
外国の人でもわかりやすいように4か国語で表記されている。さらにピクトグラム(絵文字)による表示

TOPIC

カラー・ユニバーサル・デザイン

人間の色の感じ方は一様ではなく、「色自体の見え方が異なる」「特定の色同士が判別しにくい」という色覚の人も多くいる。カラー・ユニバーサル・デザインは、そうした色覚タイプの違いによる不便さをデザインの段階から取り除き、なるべく全ての人に情報が伝わるようにデザインしようとする考え方である。

視覚障害がある人の見え方の例 →

1 世界の衣服

世界には、どのような民族衣装があるだろうか？
その服を着る背景には、どのような要因が影響して
いるのだろうか（気候・宗教など）？

❶ アラスカ

アザラシやトナカイ（カリブー）
をつかまえ、これらの毛皮を使
った服で寒さをしのいでいる。

❷ ペルー

大きな布の真ん中に首を出すた
めの穴があるだけの簡単な衣服
の「ポンチョ」。

❸ ケニア　マサイ族

「カンガ」「キテンゲ」とよばれる大きな布を、体に巻きつ
ける。

❹ ノルウェー　サーメ

あたたかいウールの衣服を重ねて着る。鮮やかな赤
と青が特徴で、白一色の雪の中でも目立つよう考え
られている。

❺ イギリス　スコットランド

男性は晴れ着として、「キルト」と
よばれるタータン（チェックの毛織
物）のスカートをはく。

❻ ブルガリア

女性はもちろん、男性の衣装にも刺しゅうがされている。
刺しゅうには飾りだけでなく、魔よけの意味もある。

❼ サウジアラビア

イスラム教義に厳格な国で
は、女性は自分の家族以外の
人に、肌をみせてはいけない。

⑧ 韓国・朝鮮

女性は「チョゴリ」とよばれる上着を着て、「チマ」とよばれる長い巻きスカートをはく。

⑨ 日本

振り袖は正式な祝いごとに着る着物で、金や銀の糸を使った豪華な刺しゅうや華やかな模様で飾られている。

⑩ 中国　苗族

住む地域によって衣装もさまざまだが、基本は短い上着に、女性はプリーツスカートで男性はズボンをはく。アクセサリーには銀が用いられている。

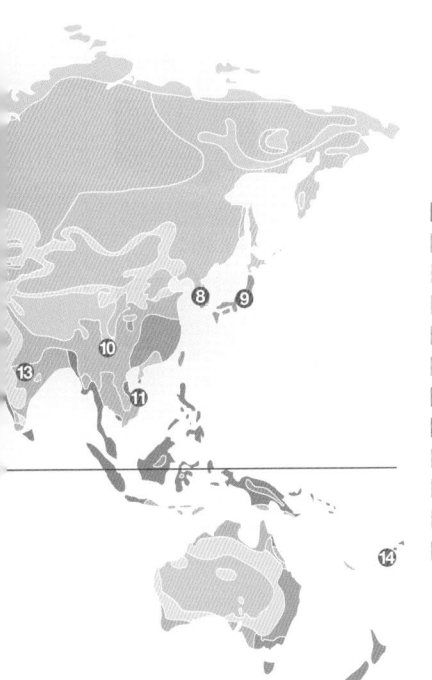

熱帯雨林気候
サバナ気候
ステップ気候
砂漠気候
地中海性気候
温暖冬季少雨気候
温暖湿潤気候
西岸海洋性気候
亜寒帯(冷帯)湿潤気候
亜寒帯(冷帯)冬季少雨気候
ツンドラ気候
氷雪気候

⑪ ベトナム

「アオザイ」は長い着物という意味で、ふくらはぎから足首まで届くくらいの、長袖ワンピースの下に、「クワン」とよばれるゆったりしたズボンをはく。

⑫ カタール

砂漠の多いこの地域では、ベールやターバン、ゆったりとした衣服で、日差しやほこりをふせぎ風通しをよくしている。

⑬ インド

「サリー」とよばれる大きな1枚の布を体に巻きつける。現在でも職場や家庭でサリーを着ている。

⑭ フィジー

オセアニアは暑い地域が多く、あまり服を着る必要がないが、祭りのときはさまざまに工夫して飾る。

2 日本の衣服

日本の伝統衣装である着物の使われ方は？
日本の衣服の変遷はどのようになっているだろうか？
受け継がれてきた模様や染め物・織り物の種類は？

1 着物の種類

1 フォーマル（慶事用の第一礼装）

振り袖
袖丈の長い着物。未婚女性。

黒留め袖
地色が黒い留め袖。既婚女性。華やかな裾模様が特徴。五つ紋。

紋付き・袴
黒色の紋付きの羽織。五つ紋。

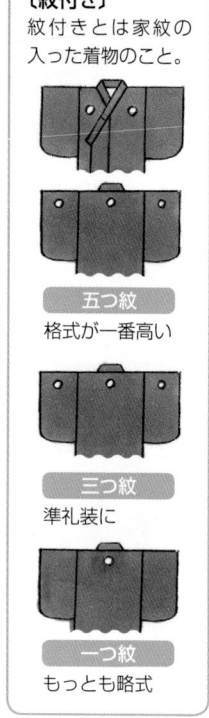

〔紋付き〕
紋付きとは家紋の入った着物のこと。

五つ紋
格式が一番高い

三つ紋
準礼装に

一つ紋
もっとも略式

2 セミフォーマル
（友人の結婚式やパーティなど）

訪問着
既婚未婚を問わない。柄付けが美しくつながっている。

3 普段着

小紋
同じ柄が着物全体に繰り返し続いている。紋なし。

浴衣
素材は綿・麻・ポリエステルなどがある。

4 浴衣

女性　男性

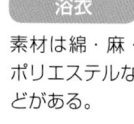

2 衣服の変遷（へんせん）

獣皮などを着用	製縫技術伝来	懸衣（かけぎぬ）を着用	胡服（こふく）を着用	錦・綾などの織物技術伝来	冠位十二階制定	唐風化が進む	国風化が進む	貴族文化が栄える	強装束（こわしょうぞく）がみられる	武家服装の成立	家紋の使用が盛んになる	金襴（きんらん）・緞子（どんす）などの織物技術伝来	

B.C.	A.D.					1000	1100	1200	1300	1400
縄文	弥生	古墳	飛鳥・奈良	平安				鎌倉		室町

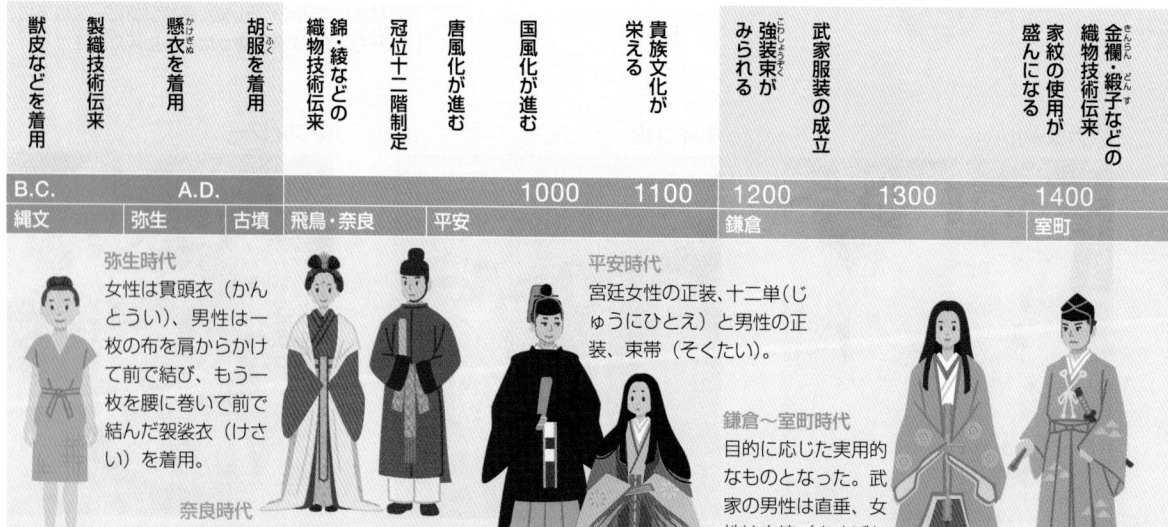

弥生時代
女性は貫頭衣（かんとうい）、男性は一枚の布を肩からかけて前で結び、もう一枚を腰に巻いて前で結んだ袈裟衣（けさい）を着用。

奈良時代
武官朝服（ちょうふく）、女官礼服（らいふく）

平安時代
宮廷女性の正装、十二単（じゅうにひとえ）と男性の正装、束帯（そくたい）。

鎌倉〜室町時代
目的に応じた実用的なものとなった。武家の男性は直垂、女性は衣袴（きぬばかま）を用いた。

Q.A 平安時代、貴族の女性の正装である「十二単」の衣装は何キロぐらい？▶下着から唐衣までをすべて着ると約20kg。貴族の生活は、身の

③ 日本の色・柄と染め織り

① 衣装模様

古来から日本人は模様（紋様、文様）に対してさまざまな思いをこめていた。着る人の願いや祈りを表すだけでなく、教養や遊び心を表現したものもあった。江戸時代には、判じ絵と呼ばれる描かれた文字や絵からその意味を当てる絵解き形式の絵画が流行し、この傾向は模様の世界にも及んでいた。

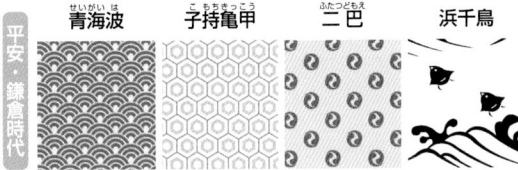

平安・鎌倉時代
- 青海波（せいがいは）
- 子持亀甲（こもちきっこう）
- 二巴（ふたつどもえ）
- 浜千鳥

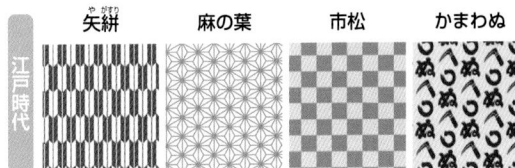

江戸時代
- 矢絣（やがすり）
- 麻の葉
- 市松
- かまわぬ

② おもな染め織り

着物や帯には大きく分けて、染めと織りがある。染めとは、白生地に織り上げた後、染め加工を施したもの。織りとは、糸の色を染めてから織り上げたものをいう。

生地を彩色する染料は、かつてはすべて天然のものであった。その種類は、植物性・動物性・鉱物性の三つで、特定の地域だけで採れるものも多かった。

染め

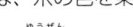

京友禅（京都府）

糊置きによる模様染めで、本友禅（ほんゆうぜん）ともいわれる。

加賀友禅（石川県）

色のぼかしと、水彩画的な模様が特徴。

江戸小紋（東京都）

模様は遠目には無地のように見えるほど細かい。

琉球紅型（沖縄県）

色使用の型染めで、模様は花鳥風月などがある。

織り

西陣織（京都府）

多くの色糸を使った絢爛（けんらん）豪華な絹織物。

結城紬（茨城県）

紬着尺地（つむぎきじゃくじ）の最高峰。細かい十字絣（がすり）で模様を表す。

大島紬（鹿児島県）

大島独特の絣加工で、繊細な絣模様を織り出す。

佐賀錦（佐賀県）
金箔（ばく）・銀箔などの特製和紙や絹糸で織りあげる。

ポルトガルより西洋服飾品の伝来		小袖（こそで）が中心になる	綿織物の普及	友禅染めの発達	粋の美感成立	ミシンの伝来	斬髪（ざんぱつ）・洋風化の進行		既製服販売開始		パーマネント流行		国民服制定	洋服化の進行 化学繊維の普及	ジーンズ流行	既製服中心の衣生活		ミニからビッグへ	

1500		1600	1700		1800			1920					1950	1960		1970	
		桃山・江戸				明治		大正				昭和					

武士

江戸時代
士農工商の身分が厳しく定められ、外見で身分がわかった。

明治時代
一般には紋付き羽織袴で山高帽子にこうもり傘を持ち、靴をはく等の和洋折衷の風俗も見られた。

高級武士

大正時代
1927年頃には、短い髪に帽子をかぶりスカートとハイヒールという姿のモガ（モダンガール）が流行した。

昭和時代
戦時中は衣料品不足から、男性は国民服着用が義務づけられた。女性はもんぺ姿となった。

昭和時代
1960年代後半ミニスカートの流行

まわりのことを召使いが行い、外出するときは牛車に乗るという自分で動くことが少ない生活だった。そのため重ね着をしても不便ではなかった。

3 衣服の色とイメージ

衣服を選ぶとき、何を基準にしているだろうか？
色でイメージは変わるのだろうか？
流行はどうやってつくられるのだろう？

1 色相・明度・彩度

1 色相環

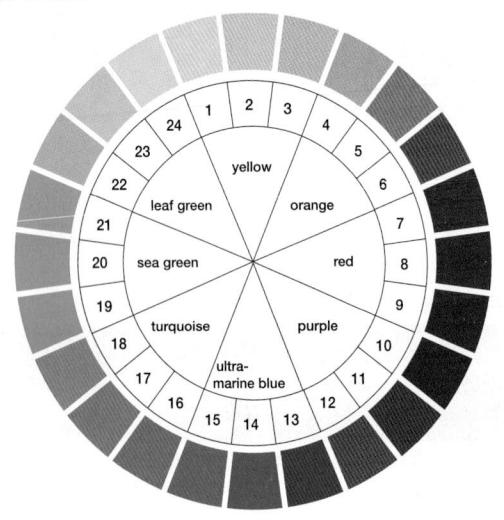

（オストワルト色相環・24色相）

2 明度と彩度

色相環の赤の部分を縦に切って明度と彩度を含んだ側面図にしたもの。

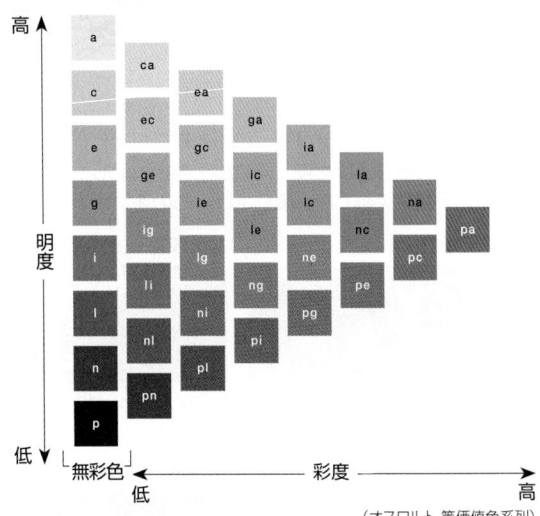

（オスワルト 等価値色系列）

3 色の3要素

1. 色相
赤み、黄み、青みなど色の違いをあらわす。色相を円形に並べたものが色相環。隣り合っている色は類似色、向かい合っているのは反対色。

2. 明度
色の明るさの度合いをあらわす。基準は白、灰、黒。白みが多いと高明度、黒みが多いと低明度になる。無彩色には、明度の要素だけがある。

3. 彩度
色みの強さ、弱さの度合いをあらわす。無彩色には彩度の要素はない。

色相環の赤の部分を縦に切って明度と彩度を含んだ側面図にしたものが右の図。3つの要素から色のイメージがさまざまに変わる。

2 色にも性格がある

太陽を思わせる**暖色系**

水を思わせる**寒色系**

暖色系でも寒色系でもない**中性色**

重い色・軽い色

硬い色・やわらかい色

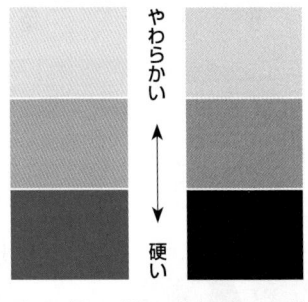

重い・軽い、硬い・やわらかいなどの印象は、ともに色の濃淡、明暗、くすみと冴えなどで決まる。

Q&A カラーコーディネーターってどんな仕事？▶色彩の特性を正しく理解し、最も効果的な配色やデザインなどの指導をするのがカラーコー

2 おもな化学繊維のできるまで

1 再生繊維（レーヨンの場合）

天然繊維を化学処理して溶解させ、原液を紡糸して繊維に再生する。

パルプチップ

パルプやコットンリンター（綿の実から綿花〈リント〉をとったあとに残る短繊維）に苛性ソーダを加え、アルカリセルロースさらには粘性の強いビスコースをつくる。これを液体に押し出して固めるとビスコースレーヨンになる。

湿式紡糸

ビスコースレーヨン

2 合成繊維（ポリエステルの場合）

天然繊維素をまったく使わず、化学的に合成した物質を原料とする。

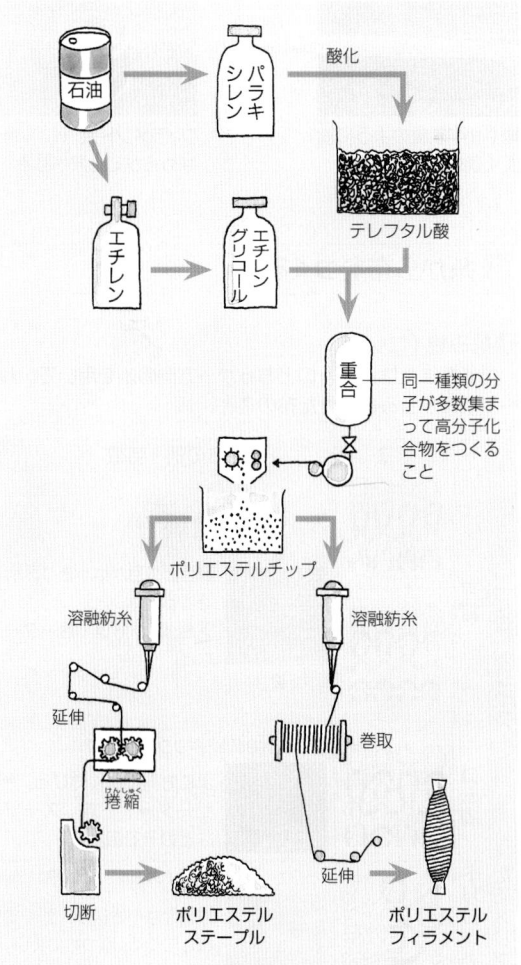

石油 → パラキシレン → 酸化 → テレフタル酸

エチレン → エチレングリコール

重合 — 同一種類の分子が多数集まって高分子化合物をつくること

ポリエステルチップ

溶融紡糸　溶融紡糸

延伸　巻取

捲縮　延伸

切断　ポリエステルステープル　ポリエステルフィラメント

（日本化学繊維協会『化学せんい』）

3 半合成繊維（アセテートの場合）

天然繊維に合成化合物を結合させ、紡糸して繊維とする。

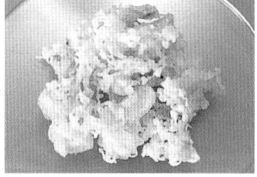
パルプチップ

無水酢酸 → 酢酸繊維素（アセテートフレーク） ← アセトン

乾式紡糸　熱空気

紡糸原液

巻取

アセテートフィラメント

捲縮　切断　アセテートステープル

パルプチップに無水酢酸を加え、アセテートフレークをつくり、これにアセトンを加えてできた原液を気体中に押し出し蒸発させる。

TOPIC

進化する繊維

■ 涼しい繊維

自己調節機能繊維（動く繊維）：吸水すると伸長し乾燥すると収縮する。

- 通気調節タイプ（乾燥時は目が閉じ、発汗すると目が開く…運動時の蒸れ感を減らす）

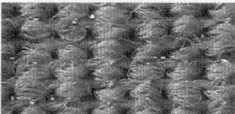
乾燥時：目が閉じている

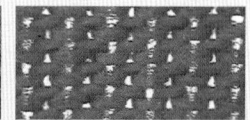
発汗時：目が開いている

- 凹凸調節タイプ（乾燥時は表面がフラットで発汗すると凹凸になる…運動時のべとつき感を減らし運動後快適）

乾燥時：フラット

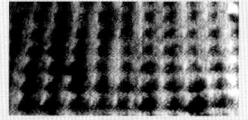
発汗時：凹凸

■ 電磁波を遮へいする繊維

電磁波シールド素材：繊維に金属（銀・銅・ニッケルなど）を接着し、電磁波を遮へいする。

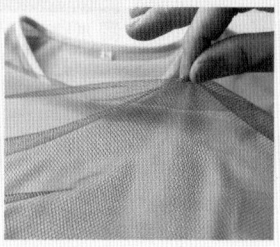
電磁波シールドウェア

多年草。琉球列島に多く見られ、葉に抗菌性・防虫性がある。

5 繊維が布になるまで〈2〉

各繊維は燃えるとどのような特徴があるのだろうか？
繊維から糸にする方法は？
布の種類にはどのようなものがあるのだろうか？

1 繊維の燃焼実験

布地の燃え方で、原料の糸がどんな繊維でできているか調べることができる。ただし、混紡（2種類以上の繊維を混ぜてよること）の糸による生地では判別はむずかしい。

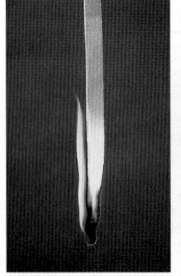
■綿
急速に燃え、炎を離しても燃え続ける。

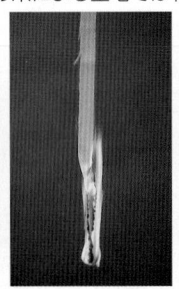
■絹
縮みながら燃える。

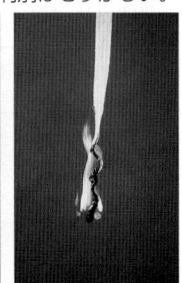
■毛
縮れながらくすぶるように燃える。

■レーヨン
紙のように勢いよく燃える。炎を離しても燃え続ける（キュプラも同様）。

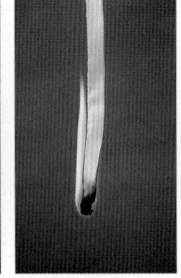
■アセテート
溶融しながら燃え、炎を離しても燃え続ける。

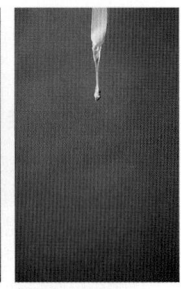
■ナイロン
溶融しながらゆっくり燃え、炎を離すと通常は消える。固まる前はあめのように伸びる。

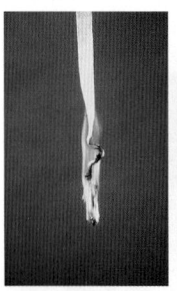
■ビニロン
溶融しながらゆっくりと燃え、炎を離してもゆっくりと燃え続ける。

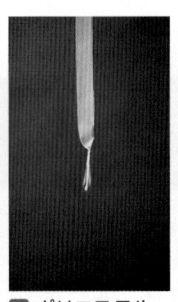
■ポリエステル
黒煙を出して溶融しながら燃え、炎を離すと通常は消える。固まる前はあめのように伸びる。

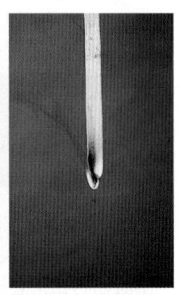
■アクリル
溶融しながら急速に燃える。炎を離しても燃え続け、滴下する。

2 繊維から糸をつくる

1 紡績糸をつくる

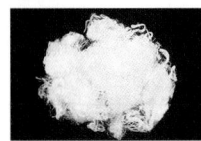
綿や羊毛のように短い短繊維（ステープル）

平行にひきそろえよりをかける（紡績）

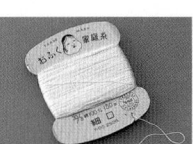
紡績糸 例：木綿糸
毛羽が多くかさ高

紡績機

よりをかける

2 フィラメント糸をつくる

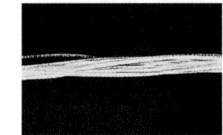
絹や化学繊維のように細長く連続した長繊維

よりをかける

フィラメント糸 例：絹糸
なめらかで光沢がある

3 糸から布をつくる

1 編み物（ニット）

たて糸またはよこ糸のどちらか一方向の糸を用いて、ループ状にからみあわせた布のこと。

		組織	布の例・特徴
よこメリヤス	平編	（表）（裏）	天竺（てんじく綿100%）表/裏 表目と裏目がはっきり区別できる。下着・Tシャツ・セーターなど。
	ゴム編		リブ（綿95%・ポリウレタン5%）よこ方向によく伸びる。セーター・下着・スーツなどのそで口。
たてメリヤス	トリコット編		ツーウェイトリコット（ナイロン85%・ポリウレタン15%）伸縮性は小さいが、型くずれしにくく、ほつれにくい。水着・レオタード・シャツなど。

Q&A ジャージとは？▶元来ニット生地の総称で英国ジャージー島でとれる羊毛を用いた生地をさしたのでこう呼ぶ。現在はポリエステル素材が

② おもな織り物

たて・よこ2方向に、ほぼ直角に糸を交錯させて織った布のこと。

		組織	組織図	布の例・特徴	
一重組織	三原組織	平織 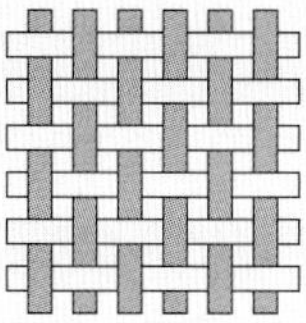	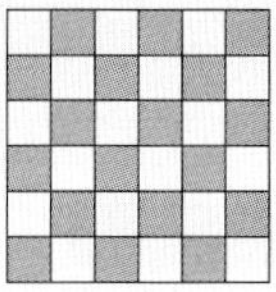	綿ブロード（綿100%）　ギンガム（綿100%） 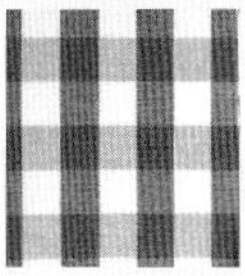	滑らかでじょうぶ。薄地。下着、実用的な布として使われる。
		斜文織 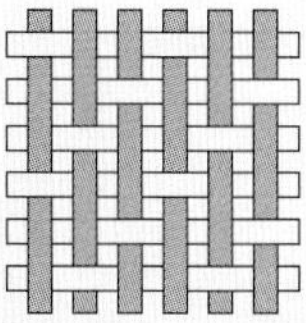	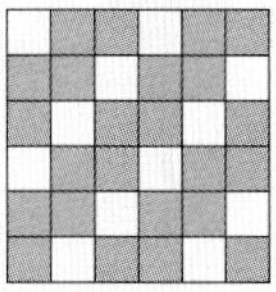	デニム（綿100%）　サージ（毛100%） 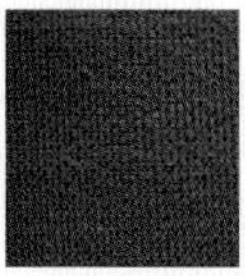	柔軟で光沢があり、摩擦に強い。外衣・作業衣・学生服など。
		朱子織 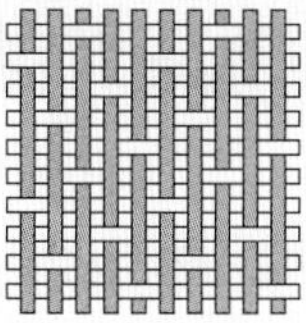	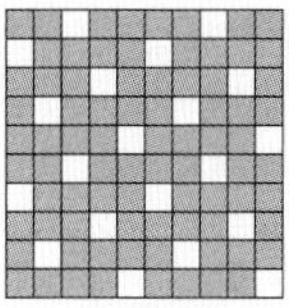	アセテートサテン（アセテート100%）　綿サテン（綿100%）	摩擦には弱いがすべりがよく、光沢に富む。外出着、裏地など。
重ね組織	よこ二重織		断面図 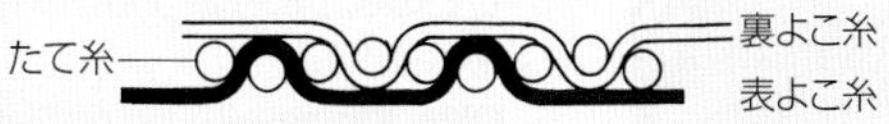　たて糸　裏よこ糸　表よこ糸	ピケ（綿100%）	たて方向に畝（うね）がある。厚手ではりがあり、しわになりにくい。夏物向き。ブラウス、スカート、ワンピースなど。
	添毛組織	よこビロード	断面図 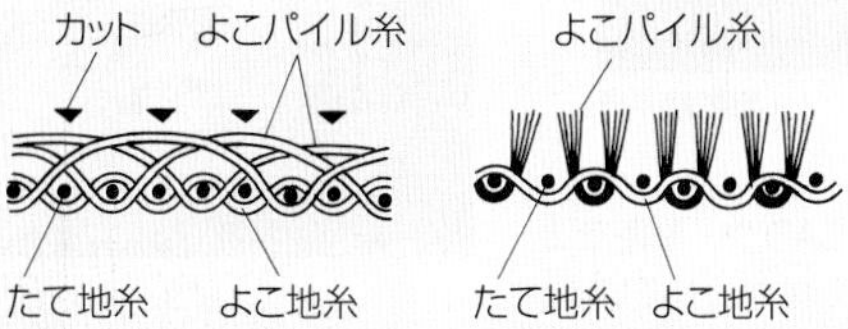　カット　よこパイル糸　よこパイル糸　たて地糸　よこ地糸　たて地糸　よこ地糸	コーデュロイ（綿100%）	たて方向に畝（うね）がある。厚くて重いが、じょうぶであたたかい。ズボン、ジャケット、コート類など。

③ その他の布

衣服の素材となる布は、そのほとんどが織り物と編み物で占められているが、その他の布も一部であるが使われている。

■ レース

糸をよりあわせたり、織り物・編み物に刺しゅうすることで、すかし模様をつくった布。ドレス、衣服の装飾など。

■ フェルト

羊毛の縮充性で、繊維がからみ合っている布。帽子・手芸材料など。

■ 不織布

繊維同士をからみ合わせ、接着剤などで接合した布。衣服のしん地など。

■ 人工皮革

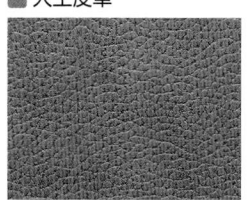

微細な繊維の不織布や織り物を、ポリウレタン樹脂で固定したもの。スーツ、コートなど。

6 既製服の製作と選択

既製服がつくられるまでの流れは？
日本はどのような国から輸入している？
衣料品の事故を未然に防ぐには？

1 既製服ができるまで

マーチャンダイジング

（商品企画、MDと略される）
商品の企画から生産、販売までの全般に関わりコントロールする業務。この業務をする人をマーチャンダイザーという。情報を収集・分析し、デザイナーに指示、素材・デザイン選定、サイズ設定、試作品に対する批評・修正をし、企画を決定する。

デザイン

決定された企画にそったデザイン画をおこす、デザイナーが担当。企業内デザイナーとフリーのデザイナーがいる。

デザイン画

パターンメーキング

デザイン画にもとづいてパターン（型紙）をおこす、パターンナーが担当。

縫製

各種の工業用ミシンを使用して流れ作業で縫製する。

裁断

量産の場合、数十枚の布地を重ねて、同時に裁断する。ナイフ、レーザーや超音波がコンピュータと連動した自動裁断機で数百着もの衣服パーツが非常に短時間で裁断される。

グレーディング・マーキング

基準になるパターンのサイズを拡大・縮小して複数サイズのパターンをつくる（グレーディング）。
使用する布地の幅に合わせて無駄のないように効率的にパターンを配置しどのように裁断するか決める（マーキング）。

仕上げ

立体化された衣服を立体プレス機を用いて仕上げをし、検査・出荷される。

検針

自動裁断機

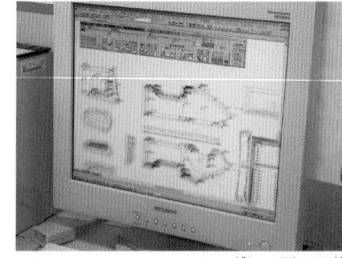
グレーディング

解説 デザインからマーキングまでをコンピュータで行うアパレルCADや、裁断をコンピュータ制御で自動で行うアパレルCAMが普及し、効率化がはかられている。縫製工場が海外にあっても型紙データ・縫製仕様書などはインターネットで短時間で送られる。（CAD：Computer Aided Design,CAM:Computer Aided Manufacturing）

（デザイン画：文化服装学院、写真：㈱ミヤモリ）

ファッションデザイナー

多くの人が洋服を着るようになってまだ100年もたたない日本であるが、世界に誇るファッションデザイナーを輩出している。1980年代からずっとパリコレクションの人気ブランドとして常に上位にランクされている、山本耀司、川久保玲、三宅一生などである。その他、アパレルメーカーに所属して、既製服を大量にデザインする、いわゆる企業内デザイナーも多く存在する。

企業内デザイナー

② 衣類の輸入

■ 衣服の輸入品の比率

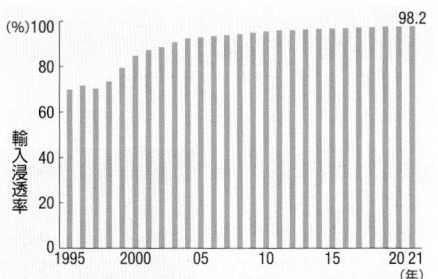

(経済産業省「繊維・生活用品統計」、財務省「貿易統計」、
日本繊維輸入組合「日本のアパレル市場と輸入品概況」)

解説 日本における衣類の輸入品の割合は年々増え、2014年で97%を超えた。また、アパレルにおいて原産国の意味は、原材料の産出国ではなく、縫製や編立を行った国をさす。

■ 衣服の輸入国別シェア

(2021年)

(財務省「日本貿易統計」)

解説 日本が輸入する衣類の国別シェアでは、中国が圧倒的な存在感を示している。大量生産が可能な能力を備えた工場が多いうえ、糸などの素材は現地でまかなえる。日本企業の技術指導もあり、品質は高水準になった。また、ベトナムやバングラデシュもシェアを伸ばしている。ベトナムは優秀な労働力を抱え、製造コストが低い。バングラデシュは欧米のファストファッションの生産を手がけ、製品が日本に流入している。

③ 既製服のサイズ表示

快適な服を選ぶ際には、サイズ表示はなくてはならない指標である。サイズ表示はJIS（日本産業規格）によって定められており、定期的に体型の変化に合わせた規格の見直しが行われている。快適な衣生活のためには、サイズ表示が何を表しているかを理解し、自らのサイズを把握しておく必要がある。（JIS L4004、L4005より）

■ 成人男子用（スーツやジャケットなど）

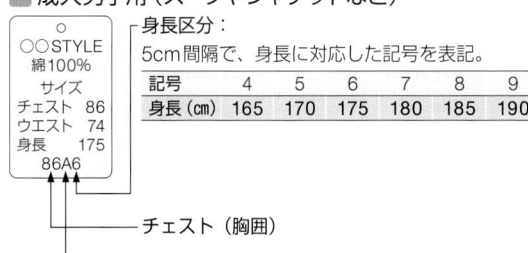

身長区分：
5cm間隔で、身長に対応した記号を表記。

記号	4	5	6	7	8	9
身長 (cm)	165	170	175	180	185	190

チェスト（胸囲）

体型区分：
チェスト（胸囲）とウエストの差（ドロップ量）によって区分されている。Aは普通の体型、B〜Eは太め、Y〜Jはやせ型。

体型	J	JY	Y	YA	A	AB	B	BB	BE	E
ドロップ量 (cm)	20	18	16	14	12	10	8	6	4	0

■ 成人女子用（スーツ・ドレスなど）

身長区分：身長に対応した記号で表記。
単位：cm

記号	PP	P	R	T
中心値	142	150	158	166
身長(cm)	138〜146	146〜154	154〜162	162〜170

体型区分：4つの体型に区分されている。A型を中心にヒップサイズの大小で分けられる。

A体型	普通の体型
Y体型	A体型よりヒップが4cm小さい人の体型
AB体型	A体型よりヒップが4cm大きい人の体型
B体型	A体型よりヒップが8cm大きい人の体型

バスト区分：
バストサイズに対応した記号で表記。3〜15までは3cm間隔。

記号	3	5	7	9	11	13	15	17	…	31
バスト (cm)	74	77	80	83	86	89	92	96	…	124

衣料品の健康と安全

■ ドライクリーニングによる化学やけど

返却時、溶剤のにおいが残っていたり、よく乾いていなかったりする場合があるので着用前によく確認しよう（→p.62）。

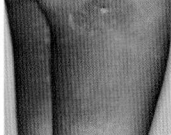

■ ピアスによる皮膚障害

多くは、コバルト・ニッケルが原因の金属アレルギーによるもの。低価格のピアスはこれらが使われている率が高いので、注意しよう。

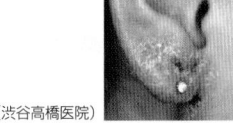

(渋谷高橋医院)

TOPIC

カラーコンタクト

カラーコンタクトによるトラブルが絶えない。着色方法に問題があり、色を着けただけのものが販売されていることもある。眼球に接触する内側に着色されていると、微少の不純物がはがれて、角膜を傷つける恐れがある。時には、失明にまで及ぶ。問題がない製品を使っていたとしても、きちんと洗浄しない、着けたまま寝るといった誤った使い方をすると、目を傷つけるので注意が必要だ。

7 洗剤の働きと活用

界面活性剤が汚れを落とすしくみは？
蛍光増白剤と漂白剤の違いはなんだろう？
洗剤はどのように使いわければよい？

1 洗剤の成分とその働き

■ 界面活性剤

界面活性剤は、洗剤や石けんの主成分で、ふつうは分離してしまう水と油を混ぜ合わせる作用がある。

水になじみやすい「親水基」と油になじみやすい「親油基」の2つの部分からできているので、水と油の境目（界面）で、親水基が水と、親油基が汚れや衣類とそれぞれ結びついて、汚れを水のなかへ取り出すことができる。

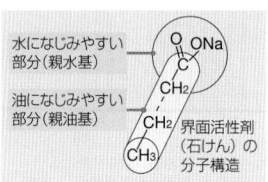

水になじみやすい部分（親水基）
油になじみやすい部分（親油基）
界面活性剤（石けん）の分子構造

油汚れのローリングアップ

2 界面活性剤が汚れを落とすしくみ

1 界面活性剤の働き

| | 浸透作用 | 乳化・分散作用 | 再付着防止作用 |

界面活性剤
親水基
親油基
汚れ
布

界面活性剤が繊維や汚れの表面に集まる（吸着する）。

汚れを包むようにして、水と油が混ざった状態をつくる。

汚れが少しずつ水中に取り出され、細分化される。

完全に汚れを包み、再び繊維につかない。

2 実験

| 浸透作用 | 乳化作用 | 分散作用 | 再付着防止作用 |

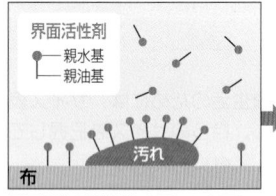

A B

❶Aには水、Bには洗剤液をたらす。❷布の状態をみる。❸Aの水分はそのまま、Bの液はしみ込む。❹Bは、界面活性剤が水に溶けて水の表面張力が低下し、水が繊維の内部にまで浸透する。

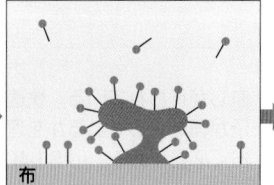

A B

❶Aには水と油、Bには水と洗剤液に油を入れてよくかき混ぜる。❷静置しておくと、Bは分離しない。Aは水と油に分離する。❸Bは、界面活性剤が油のまわりに吸着し、細かい粒となって、水中に安定に保たれる。

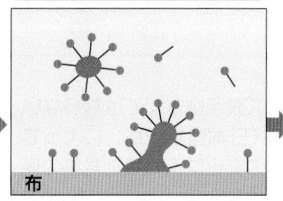

A B

❶Aには水、Bには洗剤液を入れる。❷すすを入れ、かき混ぜる。❸Bは、すすが水中に散り、水が黒くみえる。Aは、水面にすすが浮いている。❹界面活性剤がすすのまわりに吸着し、水中にすすを分散させる。

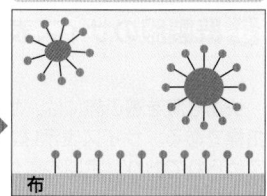

A B

❶分散作用の実験で調整したそれぞれのビーカーに、白い布を入れる。❷Bの布にはすすがつかない。Aの布にはすすがつく。界面活性剤がすすのまわりと繊維の表面に吸着して、すすが布につくのを防ぐ。

3 蛍光増白剤と漂白剤のしくみ

蛍光増白剤と漂白剤は、どちらも見た目は衣類を白くするが、そのメカニズムはまったく異なる。

■ 蛍光増白剤

染料の一種で、光のなかで目に見えない紫外線を吸収して目に見える青紫の光に変え、黄ばんだ衣類などを見た目に白く感じさせる。淡色または生成りの綿・麻・レーヨンなどは変色の危険性がある。

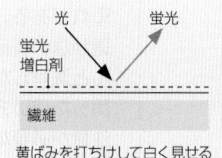

光
蛍光
蛍光増白剤
繊維
黄ばみを打ち消して白く見せる

■ 漂白剤

繊維についた汚れやしみの色素を分解して、無色にする。素材によっては色落ちの恐れがある漂白剤の種類もある（→p.61）。

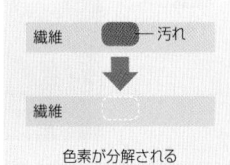

繊維 汚れ
繊維
色素が分解される

4 衣料用洗剤の成分例と生分解

1 洗剤の成分 (実際のもの)

■ 石けん

品　名	洗濯用石けん		
用　途	綿・麻・合成繊維用	液　性	弱アルカリ性
成　分	純石けん分(60% 脂肪酸ナトリウム)、アルカリ剤(炭酸塩)、金属イオン封鎖剤		

■ 合成洗剤1

品名	洗濯用合成洗剤	液性	中性
用途	綿、麻、合成繊維用	正味量	1.58kg
成分	界面活性剤(23%:アルキルエーテル硫酸エステル塩、ポリオキシエチレンアルキルエーテル、純せっけん分(脂肪酸塩))、安定化剤、pH調整剤、水軟化剤、酵素		

■ 合成洗剤2

品名	洗濯用合成洗剤	用途	綿、麻、合成繊維用	液性	弱アルカリ性	正味量910g
成分	界面活性剤(28%:直鎖アルキルベンゼンスルホン酸塩、ポリオキシエチレンアルキルエーテル、純石けん分(脂肪酸塩))、安定化剤、アルカリ剤、水軟化剤、分散剤、蛍光増白剤、酵素					

2 界面活性剤の生分解性

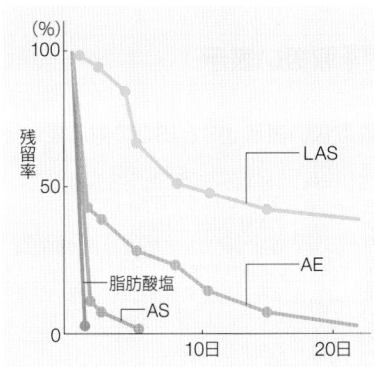

(注) LAS＝直鎖アルキルベンゼンスルホン酸ナトリウム
AE＝ポリオキシエチレンアルキルエーテル
AS＝アルキル硫酸エステルナトリウム
(藤井徹也『洗剤、その科学と実際』幸書房)

解説 衣料を洗う洗剤は、石けん・合成洗剤・複合石けんの3種類だが、含まれている成分は種類やメーカーによって大きく違いがある。合成洗剤の中には、生分解性のやや悪い界面活性剤LAS(2)を使用している洗剤がある。また、漂白剤や蛍光増白剤入りの洗剤もある(1)。

5 衣服の手入れに利用される洗濯洗剤

▒ 洗濯洗剤の種類

石けん

天然の油脂とアルカリで作られている。十分泡立つ濃度で使用しよう。ぬるま湯を使うとさらに汚れが落ちやすい。粉の場合は、すすぎが十分でないと石けんかすが残り、変色の原因ともなる。

合成洗剤

弱アルカリ性洗剤

汚れ落ちを強化するために、洗浄補助剤などが配合されていたり、酵素・漂白剤・蛍光増白剤・柔軟剤が配合されているものもある。

部屋干し用

洗浄力が強い弱アルカリ性・漂白剤入りなど、洗浄力や除菌力を高めて、雑菌を繁殖しにくくしている。

中性洗剤

毛や絹の天然繊維は、弱アルカリ性の洗剤で洗うといたむため、必ず中性洗剤で洗う。蛍光剤も入っていないので、色物・柄物にも使える。

漂白剤 塩素系・酸性製品を混ぜては危険

酸化型		還元型

酸化型

塩素系
○白物
×色物・柄物・毛・絹・ナイロン・ポリウレタン・アセテート

漂白する力がもっとも高い分、素材に与える影響も強い。また、使える素材が限られる。

酸素系
○白物・色物・柄物
×毛・絹

液体　スプレー　粉末

塩素系に比べて漂白力が弱い分、使える素材も多い。衣類の色や柄をはっきりさせたいときに最適。

還元型
○白物すべて
×色物・柄物

鉄さびや赤土の汚れなど酸化型の漂白剤で落ちないシミが落とせる。色物・柄物以外のどんな素材にも使用できる。

柔軟剤

汗や体温に反応して香るタイプ

汗や体温に反応し、さまざまな場面で香りたつ。

汗の臭いを変えるタイプ

汗の臭いをよりさわやかに変える。

※濃度が高すぎると、吸水性が悪くなることもある。

のり剤

アイロン用

必要な部分にだけのりづけでき、固さも調節できる。

洗濯機用

洗濯のすすぎの水がきれいになったら、洗濯機に入れる。ワイシャツやシーツなど、むらなくのりづけしたいものに。

※のりづけすると、ついた汚れが落としやすくなる。

解説 使用上の注意をよく見て使用しよう。また、容器の裏に書いてある使用量の目安を守ろう。洗剤は、多く入れれば入れるほど汚れが落ちるわけではなく、環境にも負荷を与えることになる。逆に水が少なければ、衣類などに洗剤が残り体に付着することになるので、適量を心がけよう。

すぐ溶ける。メリットは、計量の必要がない、手が汚れないなど。デメリットは、洗剤量の調節ができない、子どもの誤飲事故が多いなど。

8 衣服の上手な手入れ

取扱い表示は理解できる？
トラブルを防止するためにできることは？
しみ抜きやアイロンがけはできる？

1 取扱い表示

■ 取扱い表示 JISとISOの対応表（完全一致ではない）

	ISO JIS(新)	表示の説明	JIS(旧)		ISO JIS(新)	表示の説明	JIS(旧)
洗い方（水洗い）	60	液温は60℃を限度とし、洗濯機で洗濯できる	60	絞り方		手絞りの場合は弱く遠心脱水の場合は短時間で	
	40	液温は40℃を限度とし、洗濯機で弱い洗濯ができる	弱40			絞ってはいけない	
		液温は40℃を限度とし、手洗いができる（旧JISは最高液温30℃）	手洗イ30	アイロン	･･･	底面温度200℃を限度としてアイロン仕上げできる（旧JISは210℃を限度）	高
		家庭での洗濯禁止			･･	底面温度150℃を限度としてアイロン仕上げできる（旧JISは160℃を限度）	中
漂白	△	すべての漂白剤が使用できる			･	底面温度110℃を限度としてアイロン仕上げできる（旧JISは120℃を限度）	低
	△	酸素系漂白剤の使用はできるが、塩素系漂白剤は使用できない				アイロン仕上げ禁止	
乾燥	|	つり干しがよい				中程度の温度 アイロンの下に当て布を使用する	中
		日陰の平干しがよい	平	クリーニング	P	パークロロエチレン及び石油系溶剤によるドライクリーニングができる。	ドライ
		タンブル乾燥ができる 排気温度上限80℃				ドライクリーニングは禁止	

解説 現在使用されている取扱い表示は、日本ではJIS（日本産業規格）で定められており、ヨーロッパ・カナダでは、国際規格であるISO（国際標準化機構）である。世界貿易機関（WTO）加盟国には、国際規格にあわせることが求められたため、日本では、2014年にISOと整合化した新表示のJISが制定された。新表示の付いた衣服は、2016年12月以降に店頭に並んでいる。

2 トラブル防止策

1 クリーニング

■ 衣類を出すとき
- ポケットの中に何も入っていないことを確認する。
- ほつれや、取れそうなボタンの修繕をしておく。
- しみの種類と箇所を確認する。
- 衣服の注意表示を伝える。
- 預かり証をきちんと受け取る。

■ 衣類を受け取るとき
- しみや汚れは取れているか。
- ボタンなどの破損はないか。
- 上下・付属品はそろっているか。
- 色あせ、破れ、毛羽立ち、型くずれなどはないか。
- 袋から出したときの溶剤臭はきつくないか（→p.59）。

解説 クリーニング事故賠償基準では、客の受け取り後6か月を経過すれば、クリーニング店は賠償金の支払いを免除されるので注意しよう。

2 家庭での洗濯

■ 蛍光剤による生成りの変色
蛍光剤処理をしていない生成りの衣類を洗濯するときは、中性洗剤（→p.61）を使用する。

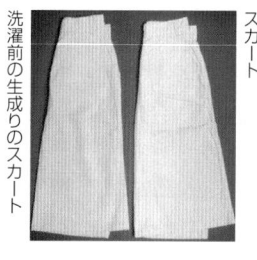
洗濯前の生成りのスカート／蛍光剤着色で白っぽくなったスカート

■ つけおきによる移染
洗剤液につけおきが可能か必ず確認する。

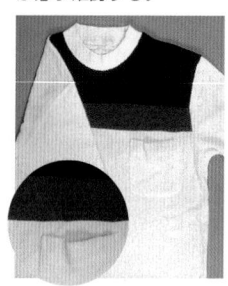

3 手洗いのテクニック

汚れの程度、繊維の種類や衣類のデリケートさによって、洗い方は使い分ける必要がある。

もみ洗い	押し洗い	つかみ洗い	ふり洗い	たたき洗い
![もみ洗い]	![押し洗い]	![つかみ洗い]	![ふり洗い]	![たたき洗い]
・両手でもむ。 ・じょうぶな綿や麻に。	・押しつけては持ち上げる。 ・縮みやすい毛などに。	・やさしくつかんで放す。 ・伸びやすいそで口などに。	・軽くつかみ液中でふる。 ・絹やアセテートなどに。	・板にのせ、ブラシの背で軽くたたく。 ・部分汚れに。

Q&A スカートの「テカリ」の直し方を知ってる？▶水150mLに対して約小さじ1の酢を入れてかき混ぜたものを、霧吹きで吹きつけたり、夕

4 しみ抜きの方法

しみがついたらできるだけ早く落とすことが大切である。

油を含んでいるしみ　口紅・ドレッシングなど

■ 応急処置

  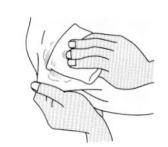

■ 洗濯

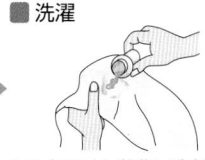

固形物はつまんでとり、石けんやハンドソープをつけたハンカチにしみを移す。

水でぬらしたハンカチを押しあて、衣類についた石けん分をハンカチに移しとる。

石けん分がとれたら、乾いたティッシュなどで衣類についた水けをふきとる。

しみをつけた部分に洗剤の原液を直接つけ、あとは普段どおりに洗濯を。

水に溶けやすいしみ　しょうゆ・コーヒー・ジュースなど

■ 応急処置

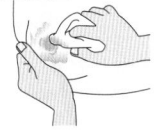 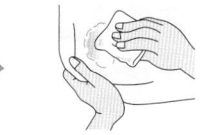

■ 洗濯

水でぬらしたハンカチで、しみの外側から軽く押しあて、しみを移していく。

しみを移しとったら、乾いたティッシュなどで衣類についた水けをふきとる。

しみをつけた部分にポイント漂白剤をスプレーして、あとは普段どおりに洗濯を。

5 アイロンがけのテクニック

アイロンは細かい部分から先にかけ、しわになりやすい広い部分は最後にかけるのが基本。

1 カフス

❶カフスの両端を広げ、形を整える。

❷裏側の端から中心に向かってかける。

❸表側も同様にかける。ボタンの周りはアイロンの先を使う。

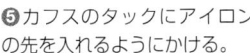

2 そで

❹そで下の縫い目を折り、形を整える。

❺カフスのタックにアイロンの先を入れるようにかける。

❻そで下をわき方向にかけ、そで下からそで山へ、そで山をそで口に向かってかける。

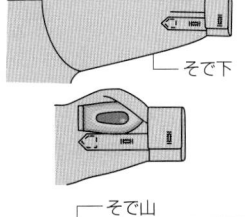

—そで下

—そで山

—そで下

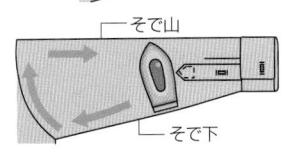

3 えり（裏→表）

❼えりの形を整える。裏側の端から中心に向けてアイロンをかける。縫い目にしわが寄らないように。表も同様に。

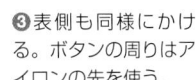

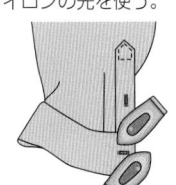

4 ヨーク

❽ヨーク（肩や胸、背などの切り替え部分）を広げ、ヨークの10cmほど下で折り返してしっかりかける。

—ヨーク

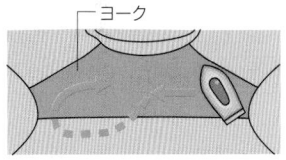

5 後ろ身ごろ

❾後ろ身ごろの形を整え、すそから上に向かってアイロンをかける。タックがある場合は、タックの形を整えてピンとはり、ずれないようにかける。

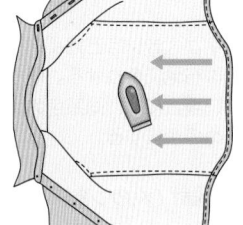

6 前身ごろ

❿後ろ身ごろと前身ごろをていねいに重ねる。えりは立てておく。前立て・ポケットからかけはじめる。きれいに仕上げるために、手で布をひっぱる。えりやそでつけ線はカーブにそってかける。

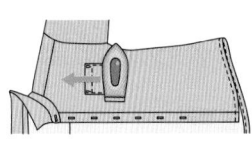

セーターはスチームアイロンで

アイロンを浮かせ、あて布をして蒸気をあて、毛並みや編み目をきれいに整える。

オルにしみこませて「テカテカ」の部分にたたきこませ、そこにスチームアイロンを浮かせてかけると「テカリ」を消すことができる。

9 手縫いの基本〈1〉

どんな裁縫用具があるだろうか？
基本的な手縫いはできる？

1 裁縫用具の種類

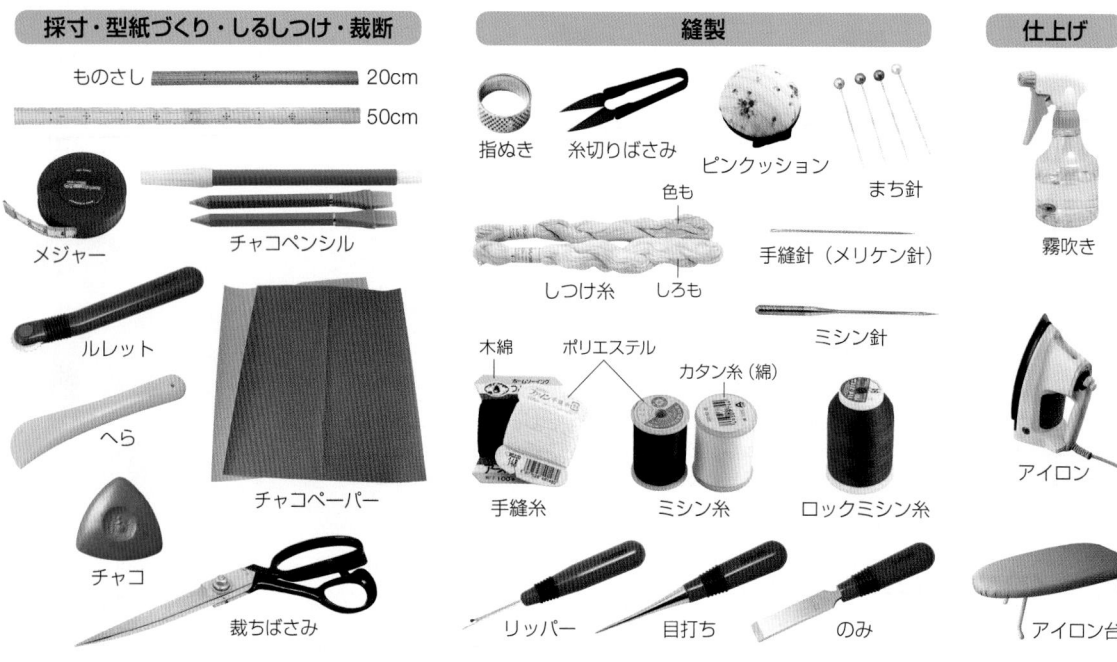

| 採寸・型紙づくり・しるしつけ・裁断 | 縫製 | 仕上げ |

ものさし 20cm / 50cm
メジャー　チャコペンシル
ルレット
へら
チャコ
チャコペーパー
裁ちばさみ

指ぬき　糸切りばさみ　ピンクッション　まち針
色も
しつけ糸　しろも
手縫針（メリケン針）
ミシン針
木綿　ポリエステル　カタン糸（綿）
手縫糸　ミシン糸　ロックミシン糸
リッパー　目打ち　のみ

霧吹き
アイロン
アイロン台

リッパー：ミシン縫い目をほどくときなどに使う。　目打ち：えり先やすその角を整えるときなどに使う。　のみ：ボタン穴をあけるときに使う。

2 手縫糸と針

1 手縫糸
素材は絹・綿・ポリエステルがある。
数字が大きいほど細くなる。
色は布地に合わせる。同じ色がない場合には、同系色の少し濃いめの色にする。

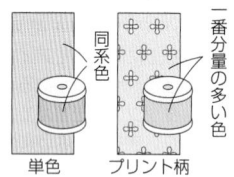
同系色／一番分量の多い色
単色　プリント柄

2 手縫針（メリケン針）
番号が小さいほど太く、短針と長針がある。
7〜8号が使いやすい。直線縫いなら長めの針、まつり縫いやボタンつけには短い針が便利。

3 まち針
布どうしを合わせたり、止めたりするときに使う。針の部分はさびにくいステンレス製がよい。

まち針のうち方
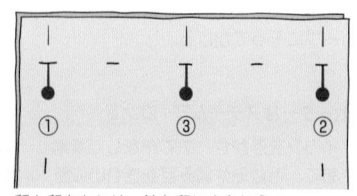
印と印をあわせ、針を印に直角にうつ。

4 手縫糸とミシン糸のよりの方向
手縫糸　ミシン糸
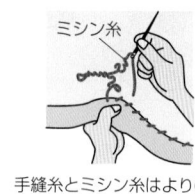
Sより（右より）　Zより（左より）
手縫糸とミシン糸はよりの方向が違うので、ミシン糸でまつると糸がよじれる。

5 1本どりと2本どり
縫うときには1本どりでも2本どりでもかまわない。
●1本どり
縫い目が目立ちにくいが丈夫さにかける。
●2本どり
丈夫に縫えるが、縫い目が目立ちやすい。
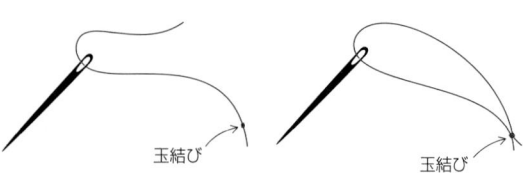
玉結び　玉結び

③ 手縫いの基本 (玉結び、玉止め、並縫い、返し縫い)

① 玉結び (指で作る)

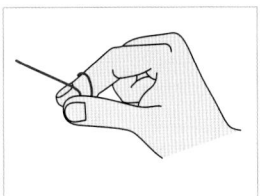 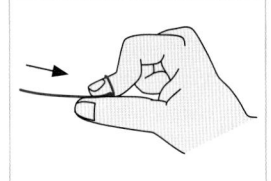 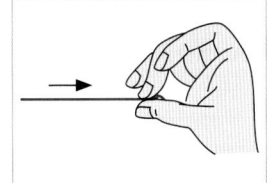 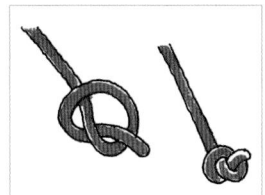

❶人さし指に糸を巻く。
❷人さし指をずらしながら糸をよる。
❸人さし指を抜き、親指と中指で玉結びを押さえて糸を引く。
❹より合わせた糸を引き締める。

② 玉結び (針で作る)

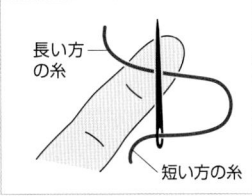 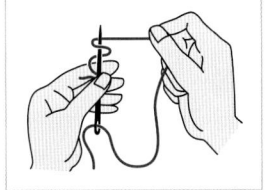 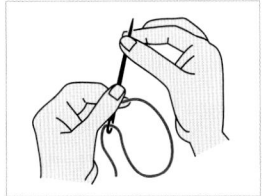 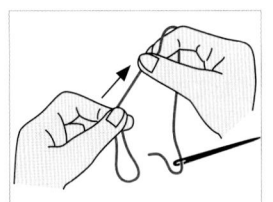

❶針穴に通っていない方の糸端を、針と人さし指の間に置く。
❷針を持っていない方の手で、糸を針に2回以上巻く。
❸巻いたところをしっかり押さえて針を抜く。
❹糸をそのまま引っぱる。

③ 玉止め

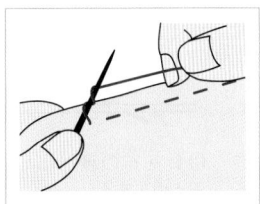 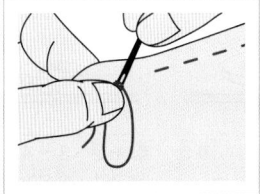 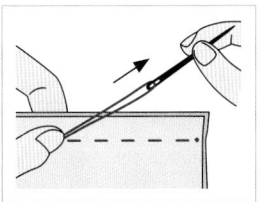 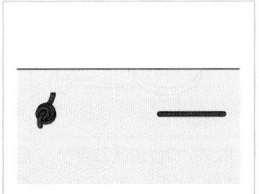

❶縫い終わりの位置に針をあて、糸を2〜3回巻く。
❷巻いたところをしっかり押さえる。
❸針を抜き、糸をそのまま引っぱる。
❹できた結び玉の糸端を少し残して切る。

④ 並縫い

針先を親指と人さし指ではさみ、布を持った手を前後に動かしながら縫い進む。
用途：どんな場合でも使える。

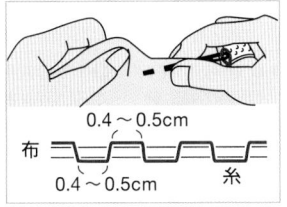  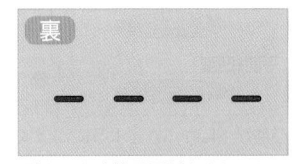

表と裏の縫い目が同じになる。縫い目がまっすぐ等間隔だときれいに見える。

⑤ 返し縫い (本返し縫い)

1針分戻りながら縫い進む。
用途：手縫いでもっとも丈夫。厚手の布やよく洗濯するものに。

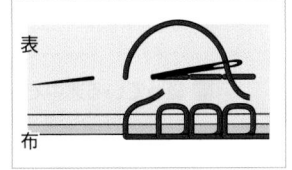 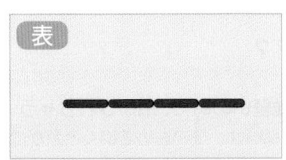 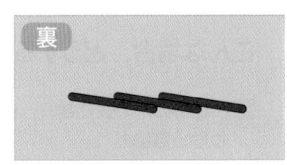

表はミシンの縫い目のように見え、裏は縫い目が重なる。

⑥ 返し縫い (半返し縫い)

針目の半分戻りながら進む。
用途：並縫いよりも丈夫。伸縮性のある布に。

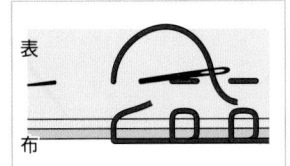  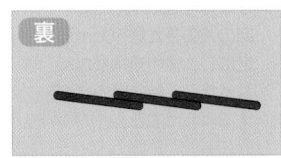

表は並縫いと同じだが、裏は半分ずつ重なったような縫い目になる。

10 手縫いの基本〈2〉

ボタンやスナップのつけ方は知っている？
布にあったミシン針と糸を選べる？
よく使われる用語は理解している？

1 手縫いの基本（まつり縫い、ボタン・スナップつけ）

1 まつり縫い

折り山に針を出す。折り山のすぐ上を水平に0.1cmほどすくう。そのまま針先を折り山の裏から出す。

用途：ズボンやスカートなど、すそ始末全般に。

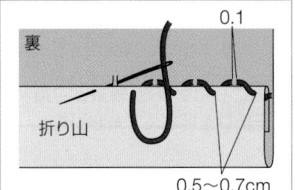

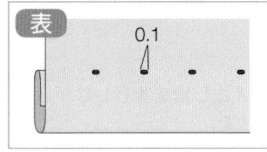

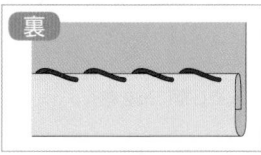

表は縫い目が小さな点のように見える。同系色の糸を使えば目立たない。裏は糸が斜めになる。

2 たてまつり

折り山に針を出す。その上の本体の裏側を水平に0.1cmほどすくう。

用途：アップリケやゼッケンの縫いつけに。

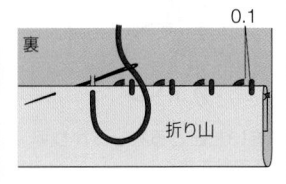

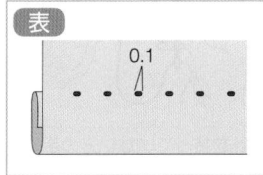

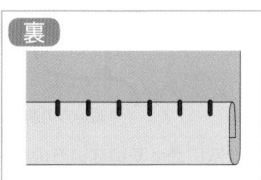

表は細かい点のようになる。裏は折り山にたてに糸がわたる。

3 ボタンのつけ方（2本どり）

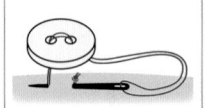

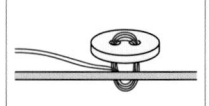

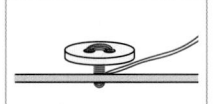

❶ボタンつけ位置の表から1針すくい、ボタン穴に糸を通す。

❷糸を引いてボタンつけ位置に針をさす。これを3〜4回繰り返す。

❸布の厚さくらいにすき間（糸足）をつくる。

❹糸足へ3〜4回糸を巻きつけ、ボタンを布から浮かせる。

❺針を布の裏へ出し、玉止めをする。

4 スナップのつけ方

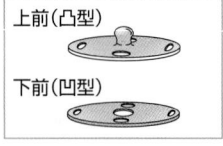

凸型が上にかぶさるようにつける。

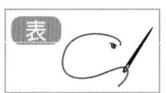

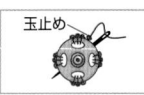

❶スナップをつける位置を表からすくい、玉結びを表に出す。

❷布をすくってスナップの穴に針をさす。

❸針を抜いて、できた糸の輪に針をくぐらせてそのまま引く。

❹1つの穴に3回くらい糸を通す。すべての穴を同様に縫う。

❺最後にひと針すくって玉止めし、スナップの裏に針を通してから切る。

こんな場合、どうするの！？

■ 手縫いの糸の長さがわからない！

手縫いの糸の長さは、縫いたいものの1.5倍が目安。しかし、縫う部分がかなり長い場合は、1回の糸の長さを50cm程度にし、途中で糸がなくなったら、新しい糸に変えるようにする。

■ 並縫いの時に、糸がつれちゃう！

並縫いは、縫い進めていくと糸がつれてくるので、時々縫ったところを指でしごき（糸こきという）、布を平らにならすとよい。

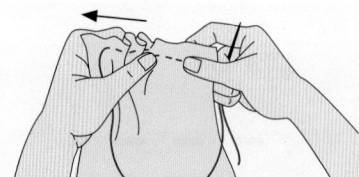

■ 縫っている途中で玉止めができちゃった！

玉止めのようになっている部分に針を突き立て、両端をそっと引くとほどけてくる。それでもほどけない場合は、糸を切るしかない。糸を長めにカットして、玉止めをしよう。

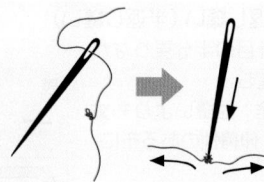

2 布

■ よく使われる用語

布幅

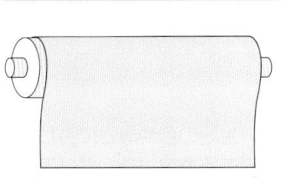

←—布幅—→

布の端から端までの長さ。よく
見かけるのは以下の3種類。
- 90cm…麻、綿など
- 110cm…一般的な布
- 140～150cm…ウールなど

中表

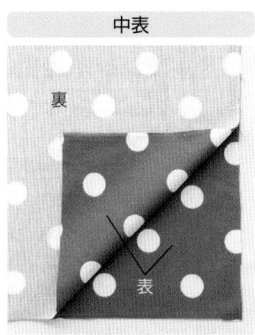

裏 表

2枚とも布の内側が表にな
るように重ねた状態。

外表

表 裏

2枚とも布の外側が表にな
るように重ねた状態。

みみ

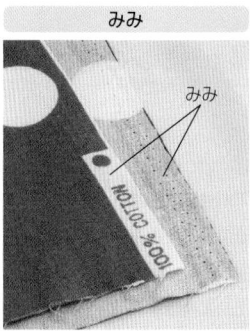

みみ

布の両端のこと。

わ

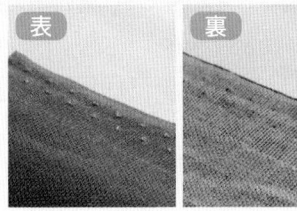

わ

1枚の布を二つ折りにした状態。

■ 布の表裏の見分け方（みみにある針穴で判断）

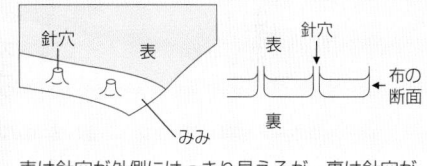

表は針穴が外側にはっきり見えるが、裏は針穴が
あまり見えない。

3 型紙

■ よく使われる記号

できあがり線	布目線
- - - - - - -	←——————→
できあがりの印	布のたて方向を示す
わにする	合印
⌒	○
布を二つ折りにすること	布と布を合わせる印

■ 布の上に置くとき

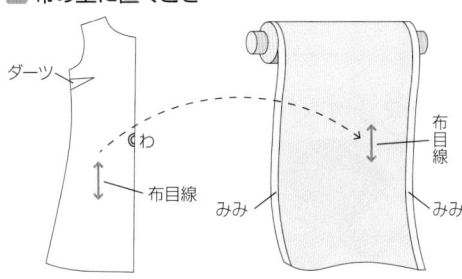

ダーツ

わ

布目線

布目線

みみ みみ

型紙を布の上に置
くときは、布と型
紙の布目線を合わ
せる。

4 裁断

■ 準備
- テーブルなど平らで広い場
所に布を広げる。
- テーブルクロスなどは外し
ておく（誤って切らないよ
うにするため）。

■ 裁断のポイント

❶はさみの刃を下につける。

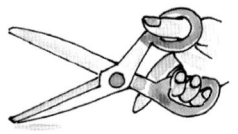

切るときは下の刃をテーブル
につける。刃を浮かせて切る
と不安定で切りづらい。

❷はさみの刃先は使わない。

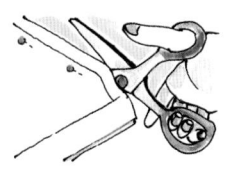

刃先は痛みやすいので、刃を
大きく開いて切る。

❸はさみは体の前でまっ
すぐ構える。

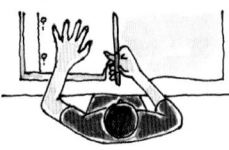

手首を曲げて切ると切りづら
いので、布を回転させて体の
前に持ってきて切る。

11 ミシンの基本

布に合ったミシン針と糸を選べる？
ミシンの準備を一人でできる？
ミシンを上手にかけられる？

1 ミシンの名称

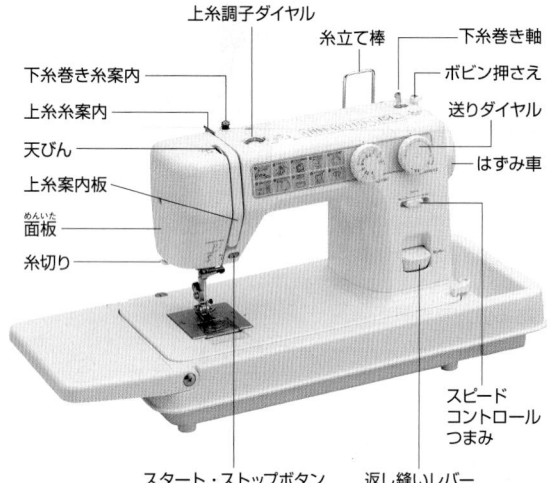

上糸調子ダイヤル
糸立て棒
下糸巻き軸
下糸巻き糸案内
ボビン押さえ
上糸糸案内
送りダイヤル
天びん
はずみ車
上糸案内板
面板（めんいた）
糸切り
スピードコントロールつまみ
スタート・ストップボタン
返し縫いレバー

2 ミシン糸と針、布

1 ミシン糸

数字が大きいほど細くなる。生地の色や厚さに合わせて選ぶ。種類は、綿のミシン糸であるカタン糸、ポリエステル糸、ナイロン糸などがある。ポリエステル糸は、丈夫で色も豊富な上、どの素材の布地にも合う。

ロックミシン糸は、縁かがり専用の糸。

2 ミシン針

番号が大きいほど太い。

9番
11番
14番

3 糸・針・布の組み合わせ例

	布の種類	ミシン糸	ミシン針
薄地	ローン、モスリンなど	90番ポリエステル糸 80番カタン糸	9番
普通地	ブロード、ギンガム、サージなど	60番ポリエステル糸 50・60番カタン糸	11番
厚地	コーデュロイ、ツィードなど	30・50番ポリエステル糸 30・40番カタン糸	14番

3 ミシンの準備

（株式会社ジャノメ資料による）

1 針の取り替え方

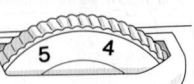

平らな面

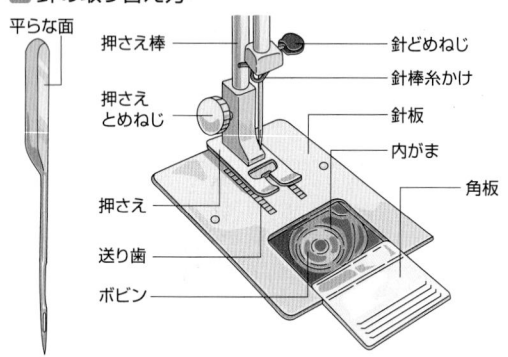

押さえ棒
針どめねじ
針棒糸かけ
押さえとめねじ
針板
押さえ
内がま
送り歯
角板
ボビン

❶はずみ車を回して、針を一番上まで上げる。
❷針どめねじを手前に回してゆるめ、針をはずす。
❸新しい針の平らな面を合わせ、針頭が奥にあたるまで上にさしこむ。
❹針どめねじをかたく締める。

ダイヤルの調節

■ 上糸調子ダイヤル

5　4

●数字を大きくするほど
　上糸が強くなる。

■ 送りダイヤル

●数字を大きくするほど
　縫い目があらくなる。

2 下糸の巻き方

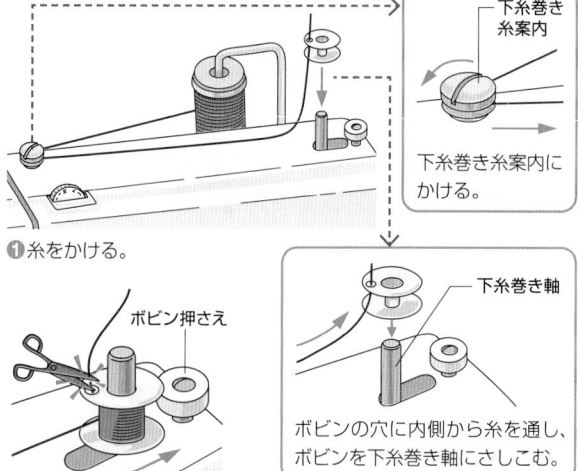

下糸巻き糸案内

下糸巻き糸案内にかける。

❶糸をかける。

ボビン押さえ

下糸巻き軸

ボビンの穴に内側から糸を通し、ボビンを下糸巻き軸にさしこむ。

❷ボビンをボビン押さえに押しつける。糸の端をつまんだまま巻きはじめ、糸がボビンに3重ぐらい巻きついたらミシンを止めて穴のきわで糸を切る。再びミシンをスタートさせて、巻く（自動停止）。

❸巻き終わったら、ボビンをもとに戻して糸を切る。

●下糸の巻き状態

※下糸を巻く前に、クラッチつまみを止まるまで軽く引き出す。巻き終わったら、クラッチつまみを押してもとの位置に戻す。

　Q&A どうして布が伸びるの？▶芯糸にポリウレタン弾性糸を使い、そのまわりに他の紡績糸（綿や羊毛、麻などをよってつくった糸）やフィラ

③ 下糸の入れ方（水平がまの場合）

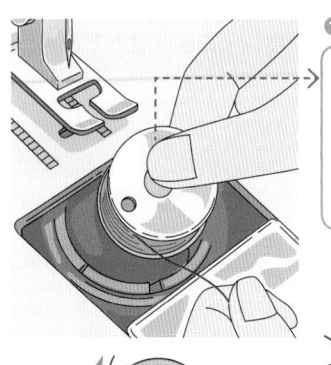

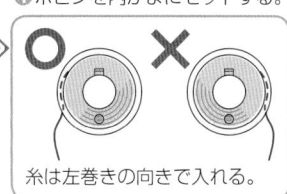

❶ボビンを内がまにセットする。

糸は左巻きの向きで入れる。

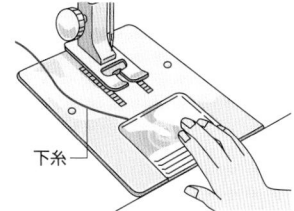

❷糸を引きながら手前のみぞに糸をかけ、ボビンの向こう側に糸を出す。

❸下糸を 10 〜 15cm くらい引き出してカバーを閉める。

④ 上糸のかけ方

天びん（上に上げる）
- ◯正しい上糸通し
- ✕逆に通している

上糸糸案内
- ◯正しい上糸通し
- ✕きちんと入っていない

針棒糸かけと針穴
- ◯正しい上糸通し
- ✕逆に通している

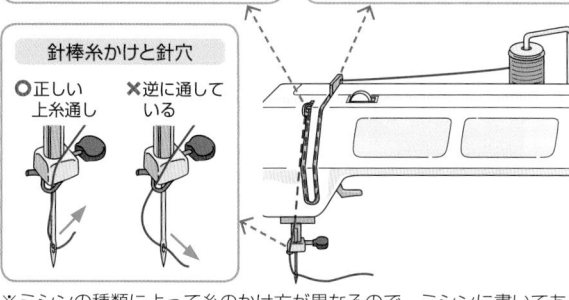

※ミシンの種類によって糸のかけ方が異なるので、ミシンに書いてある図を見たり、先生の指示に従う。

⑤ 下糸の出し方

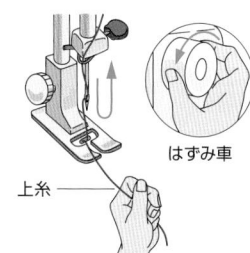
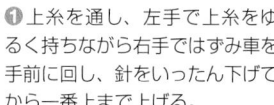

❶上糸を通し、左手で上糸をゆるく持ちながら右手ではずみ車を手前に回し、針をいったん下げてから一番上まで上げる。

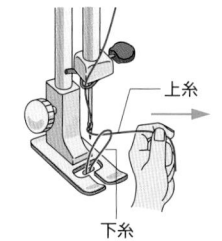

❷上糸をかるく引くと下糸が引き出せる。上糸と下糸を15cmほど引き出し、押さえの向こう側にそろえておく。

④ ミシンのかけ方

① 縫いはじめと縫い終わり

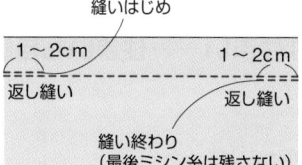

ミシンの縫いはじめと縫い終わりは、返し縫いを行う。

針をさす

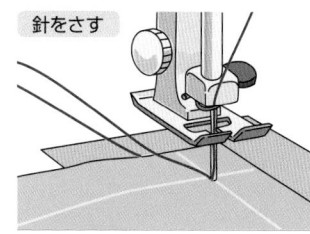

❶返し縫いをするため、縫う部分の1〜2cm内側に針をさす（右手ではずみ車を手前に回して、縫いはじめの位置に針をさす）。

返し縫い

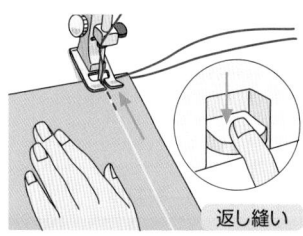

❷押さえを下げ、右手で返し縫いレバーを押し、縫いはじめまで返し縫いをする。上糸と下糸は押さえの下から、縫う方向にないところにおく。

縫い進める

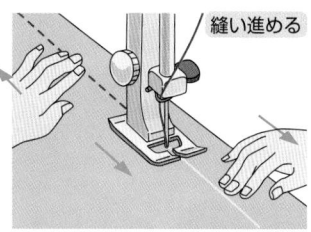

❸返し縫いをしたら、スタートボタンまたはコントローラーで前に縫い進める。縫い終わりのところまで縫ったら、1〜2cm返し縫いをする。

縫い終わり

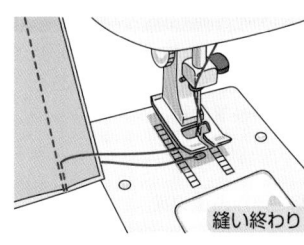

❹針を上げ、押さえを上げて、布を左側に引き、糸を切る。返し縫いをしたところは、糸がほつれないので、糸を残さず切る。ミシンには、次にすぐに縫えるよう、針から10 〜 15cmほど糸を残す。

② 角の縫い方

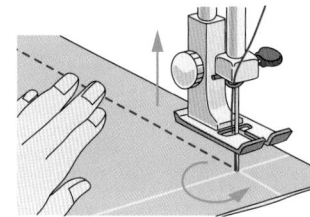

❶ちょうど角の位置に針がささるようにしてミシンを止め、針は布にさしたまま押さえを上げる。
❷布を回して縫う方向に合わせ、押さえを下ろして再び縫う。

1 世界の住まい

世界の人々は、どんな家に住んでいるのだろう？
住まいと気候は、どう関係しているだろうか？
世界の衣服（→p.48）や食（→p.98）と比べてみよう。

■ いろいろな住まい── 住まいも自然の一部

❶ アメリカ
シップロックの「ホーガン」

ナバホ族の伝統的な住居。木で六角形に組み、表面を泥で覆っている。表面がしっかりとしているので、雨が降っても崩れない。

❷ ベネズエラ
ヤノマミ族・ジャングルの中の一軒長屋

熱帯ジャングルの中の狩猟民族、ヤノマミ族の円形住居「シャボノ」。大きいものでは直径50メートルもある。ジャングルの木だけで造る一軒長家の家。

❸ ペルー
ウル族・チチカカ湖に浮かぶ葦の家

湖の浅瀬に生えた葦（トトラ）を支えに、刈り取った葦を積み、浮島を造る。その上に骨組み以外は葦を編んで造った家に暮らしている。生業は漁業である。

❹ ポルトガル
モンサント村・岩の間の家

何十年・何百年前から存在する何百トンもある岩やその隙間を、自然のままに、ありのままに、住まいの壁、床、屋根として使っている。

❺ モロッコ
保護色のような「カスバ」

「カスバ」とは砂漠の熱風や外敵の侵入を防ぐ砦のような建築物のこと。土で造られた黄土色の家は峡谷に溶け込み、保護色のよう。

熱帯雨林気候
サバナ気候
ステップ気候
砂漠気候
地中海性気候

温暖冬季少雨気候
温暖湿潤気候
西岸海洋性気候
亜寒帯(冷帯)湿潤気候
亜寒帯(冷帯)冬季少雨気候

ツンドラ気候
氷雪気候

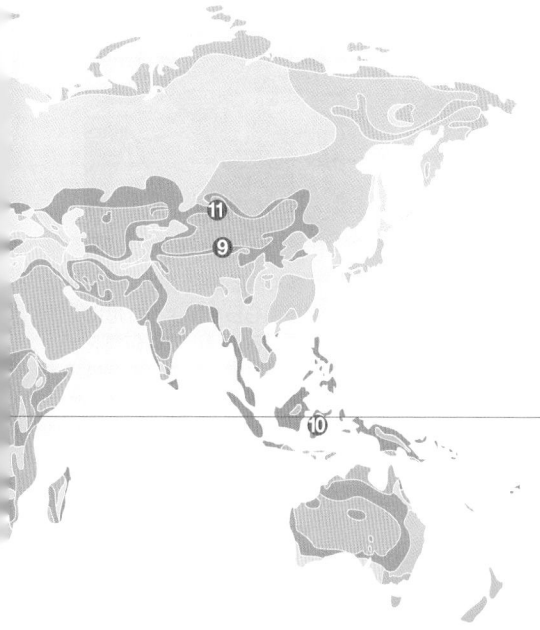

❽ 南アフリカ共和国
ンデベレ族の壁画の家

ンデベレ族の家の模様は女性が描く。母から娘へと代々引き継がれている模様が基本である。模様は家畜を囲う柵を意味している。

❾ 中国
黄土高原の土の中の家「ヤオトン」

雨が少なく寒暑の差が激しい地域なので、土の中の「ヤオトン」は一年中一定の温度で過ごしやすい。黄土高原の土は掘りやすい。

❿ インドネシア
トラジャ族の舟型高床式住居「トンコナン」

高温・湿潤の地方では、強い日射しが家の中に入らないように、また大量の雨水がすぐに流れ落ちるように、半割の竹を幾層にも重ねた長い屋根を、急勾配に造っている。

❻ ギリシア
サントリーニ島の白壁の町なみ

地中海に浮かぶサントリーニ島では、日差しが強いため壁を白く塗った町なみが続いている。

❼ トーゴ
タンベルマ族の土の2階家「タンチェタ」

「タンチェタ」は近くで採れるさまざまな色の粘土質の土を積み上げて造った家。階下に家畜、階上に人が住む。

⓫ モンゴル
移動式住居「ゲル」

遊牧民は木の骨組みに獣毛フェルトをおおい、獣毛の綱で巻いた折り畳み式移動式住居「ゲル」で暮らす。

2 日本の住まい

日本の住居の特徴は何だろう？
地域ごとにどのような工夫がされているだろう？
住まいはどのように変遷してきたのだろう？

1 日本各地の住居の工夫と伝統的な町なみ

住まいや町なみは、そこに住む人々の生活とも大きくかかわっている。気候・風土だけではなく、地域の歴史や文化、産業によっても特徴があることに注目してみよう。

❷菅沼（富山県）★

屋根は雪が積もらないように急勾配の形をしている五箇山の合掌造り。屋根裏部屋は養蚕に利用されていた。

❼築地松（島根県）

風が強い地域では、頑丈な寄棟（よせむね）屋根にしたり、石垣で家を囲むなどの工夫がなされている。出雲地方では美しい防風林で風を防いでいる。

❽竹富島（沖縄県）★

台風に備えるため、1階建てで屋根も頑丈である。さらに石垣で家を守っている。また、夏の暑さを快適に過ごせるように、軒下が広く開放的な造りである。

❶北海道

雪が多く降る地域では、屋根に雪が積もらないような形になっている。最近では傾斜をつけずに融雪されるような設備のついている屋根もある。

❸川越（埼玉県）★

川越藩の城下町として繁栄した。現在も重厚な蔵造りの商家が並んでいる。

❻倉敷川畔（岡山県）★

江戸時代、天領として栄えた商人の町。白壁なまこ壁の屋敷や蔵が並び、当時の町なみが保存されている。

❹奈良井宿（長野県）★

江戸時代は賑わいを見せた中山道の宿場町。住民の努力により、当時の町なみが保存されている。

❺伊根浦（京都府）★

漁業を営む生活をしている舟屋。1階部分に海から直接船を引き込むように造られている。

★は国が指定した重要伝統的建造物群保存地区。

Q A 畳のサイズって決まってないの？▶畳の大きさは地域によって大きく異なる。関西で使用される京間（1.82㎡）、関東の江戸間（1.55㎡）、

2 村と町の住まい 中世・近世の民家

1 農家（村の住まい）
曲屋（岩手県）の外観

曲屋は寒さをしのぐために母屋の手前に馬を飼う厩をL字型につないで形成した。

2 町家（町の住まい）
町家の並ぶ町なみ（京都府）

街路にそって建ち並び、街路側に店があった。間口が狭く、奥行の深い短冊状の形だった。防火のために、瓦葺や漆喰塗りの外壁が使用されている。

3 近現代の住まい 住居観の変化にともなう住まいの変化

1 接客本位型（明治後期）

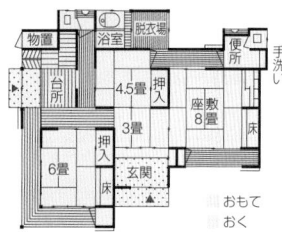

客に対する「おもて」と家庭生活の「おく」が隔絶されている。プライバシーへの配慮はなく、部屋の用途が確定していない。書院造りの影響がある。

2 中廊下型（大正〜昭和初期）

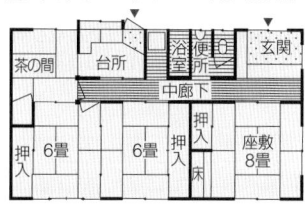

都市の中流家庭に広く普及した「家族本位」の形。南側に家族の部屋を設置し、部屋を独立して自由に使える。個室は確保されていない。

3 公私分離型（第二次世界大戦後）

「公」である食堂や居間に家族が集まる一方、「私」である個室においてはプライバシーが重視されている。「食寝分離」も特徴である。

4 マンション型（現代）

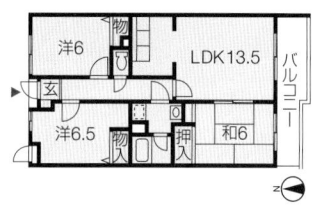

一般的に、都市部に多いマンションは、窓の方角が一方向にあり、気密性が高い。また、収納空間も少ない。

和室のキホン

壁
砂を混ぜた土で塗り固める。湿度を調整する。

床の間
季節感を演出する場所。

畳
い草で編んだ敷物。寸法の基準がいくつかある。

襖
部屋と部屋を仕切る。

欄間
天井と鴨居の間の開口部で、採光・通風を兼ねた装飾。

障子
部屋と縁側の間を仕切る。外光や温度を調整する。

縁側
室内と外部をつなぐ接点。雨戸の外のものを濡縁という。

3 快適な住まいの工夫

快適な住まいのための工夫はどんなことだろう？
さまざまな照明器具は、どう使い分けるのだろう？
効率的な収納工夫とは？

1 快適な空気環境

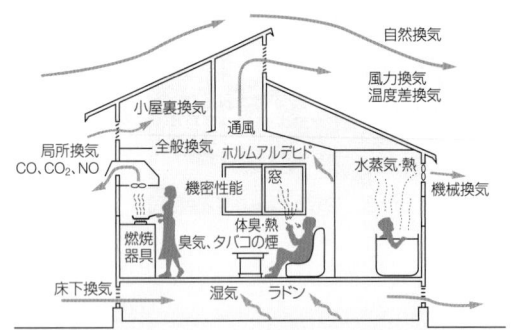

| 換気 | 室内の空気を入れ替えること。 |
| 通風 | 風などの通りやすさのこと。 |

| 必要換気量 | 室内のCO₂濃度を0.1%以下に保つために、成人1人あたり約30m³/hが必要。 |

2 日照と隣りの家との関係

日照は、季節・時刻により変化するが、日照時間のもっとも短い冬至（12月22日頃）に1階の部屋に最低2時間、標準4時間、理想的には6時間日が当たるとよいとされる。しかし、高密度化・高層化した都市部では日照条件は悪化している。

■ 日差しと日影
東京（北緯35°）

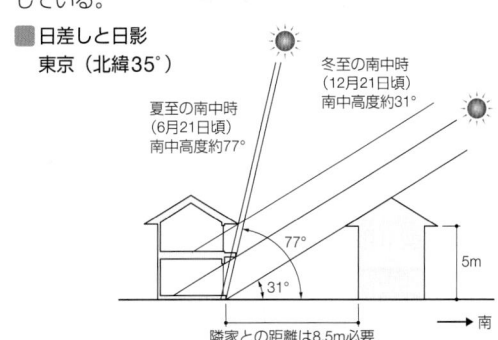

3 いろいろな照明

1 おもな照明器具

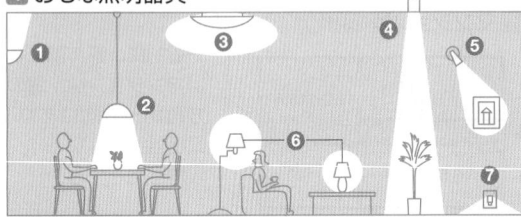

❶ブラケット：壁面に取りつける照明。空間を広く見せる。
❷ペンダントライト：吊り下げ型の照明。食卓などに。
❸シーリングライト：天井に直接取りつけて、部屋全体を明るくする。
❹ダウンライト：天井埋め込み型で、凸凹がなく天井がすっきりする。
❺スポットライト：特定の場所を集中的に照らす。
❻スタンドライト：床上や卓上に置く。部分照明に適する。
❼フットライト：足元の安全のため、階段や廊下などで使う。

2 照明器具の使い分け

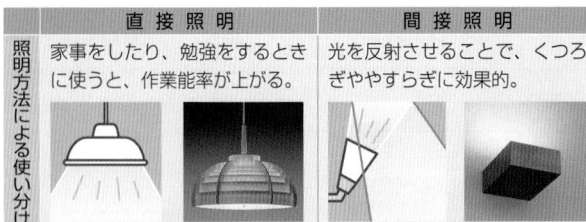

照明方法による使い分け

直接照明：家事をしたり、勉強をするときに使うと、作業能率が上がる。

間接照明：光を反射させることで、くつろぎややすらぎに効果的。

光の色による使い分け

昼光色：青白い色の光ですっきり明るく、すがすがしい。勉強部屋などに適する。

昼白色：白い自然な光で、明るく、いきいきとした明るさ。一般的な蛍光灯に多い。

電球色：赤みを帯び、暖かく、落ち着いた感じ。リビングなどでくつろぐのに適する。

共同住宅の騒音

人が生活すれば、必ず音が発生する。しかし共同住宅などでは、生活音が騒音となる場合もある。お互いに配慮し、修繕工事などやむを得ない場合は、ひと言断っておこう。

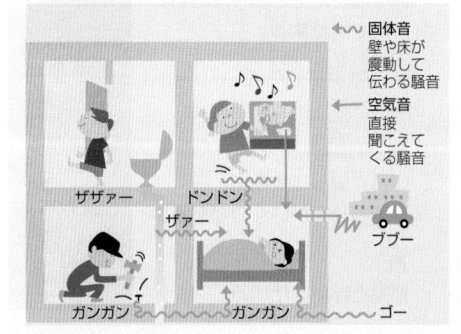

4 空間を快適に過ごすコツ

限られた住まいのスペースでも、収納を工夫すれば快適に過ごすことができる。また、家具の配置や採光、色彩などにも工夫するとさらに快適さが増す。

床座（ゆかざ）の生活
低い視線となるため、天井が高く、部屋が広く感じられる。椅子がないため、オープンでゆったりとしたレイアウトができる。

かくれた収納
ソファやベッドを選ぶときは収納機能があるものを選ぶ。季節ものなどを収納するとよい。

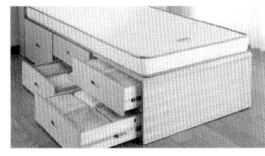

解説 限られた空間で快適に過ごすには、ものを増やさないことにつきる。本やCDは借りることでスペースとお金の節約になる。不要なものを思い切って「捨てる」決断も必要である。

すき間の収納
数cm程度のすき間に入る家具を利用して、小物の保管などに利用する。

玄関の収納
シーズンオフのはき物はこまめにしまい、使うものだけを出すようにする。

■ 明るくする
窓をふさがずに、光を採り入れて明るくすることで、部屋が広く見える。

■ 鏡を活用
大きい鏡を置くと、部屋が広く見える。

■ カラーコーディネート
インテリアの配色を統一すると、すっきり見える。

■ 低い家具
新規に購入するときは、高さの低い家具にすると圧迫感が少ない。

■ 家具の配置を工夫
高い順に家具を配置すると、整然として見える。

家の造りしだいで収納力アップ

階段の手すり下
わずかな空間を利用して本棚とする。

床下収納
キッチンなどの床下にビン類などの重いものや湿気に強いものを収納。

畳下収納
畳は床座となるので、天井までゆとりがある。そこで畳スペース全体を上げて、その下を収納スペースとする。

5 整理・整頓のコツ——押入れの活用法

天袋は湿気が少ないので、ふとんの収納に適している

季節ものや思い出の品などは、大きな箱にまとめて収納。なにが入っているのかわかるようにする

クローゼットとして使うときは、ポールをつけて洋服をつるす。前にスライドするタイプは、奥行きのある押入れには便利

収納ケースを使って、押入れの奥まで利用しよう。棚や引き出しなどを利用する

洋服の近くにバッグや帽子などの小物を置けると便利

棚などを使って、むだな空間をうめ、出し入れしやすくする

最下段には、キャスターのついた収納用具が便利。掃除機、アイロンなどを収納するとよい

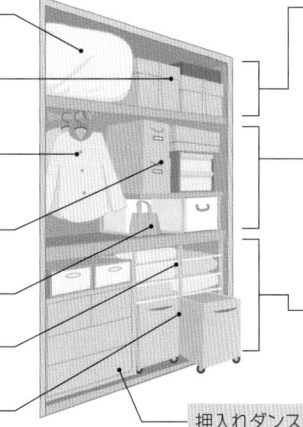

天袋（てんぶくろ）
奥が見えにくく、ものを出し入れしにくい。普段使わないものや、大きく軽いものを収納

上段
いちばん使いやすい場所。毎日使うふとんはここに。または、クローゼットとして使うこともできる

下段
上段よりも使用頻度の低いもの、重いものを収納

押入れダンスは、衣類の収納力をアップ

4 健康で安全な住まい

自宅で「不快」と感じるのはどんなことだろう？
自宅で「危険」と思うのはどんなときだろう？
どのような対策をすればよいだろうか？

1 ダニ・カビ・シロアリ

1 ダニ

暖房機器や加湿器の普及などから、冬でもダニが活動しやすくなっている。ダニはアレルギー性のぜん息や鼻炎、アトピー性皮膚炎を起こす原因となる。

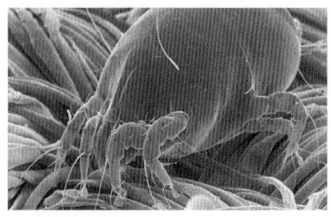

[予防]
- こまめな掃除
- 布団を天日に干す
- 通気性をよくする

2 カビ

カビは、適度な湿気と温度、そして栄養のあるところにはどこでも繁殖し、温度20℃以上・湿度70％以上になると急激に発生しやすくなる。特に風呂場での発生が多い。

[予防]
- 押入れはすのこを敷き隙間をつくる
- 浴室・トイレなどは換気する
- エアコンのフィルター清掃など

3 シロアリ

浴室、キッチン、洗面所などの水を使う場所は湿気が多くなる上、配置上北側などジメジメした環境に置かれやすいため、シロアリの食害の危険がある。

[予防]
- 通気性をよくする
- 湿気をこもらせない
- 点検を怠らない

2 結露

結露とは、空気中に含まれている水蒸気が、ガラスなどの冷たい材質の表面に水滴として生じる現象のこと。放っておくとカビが生え、家財などを汚損させるだけでなく、ダニの発生源ともなる。

また、外壁の内部などに結露が生じる（内部結露）と、木材が腐朽し、シロアリの食害にあいやすくなる。

■ 結露防止のポイント

①水蒸気の発生を極力抑える
- 過度の加湿に注意
- 洗濯物の部屋干しも注意

②暖房する部屋と他の部分との温度差を小さくする
- 隣接する部屋の温度差に注意

③部屋の通風・換気をよくする
- 居室だけでなく、押入れはすのこを敷く、浴室は換気扇を回すなど、こまめに換気する

■ 結露が発生しやすい場所

3 シックハウス症候群

シックハウス症候群とは、新築やリフォーム直後の室内空気汚染による病気のこと。最近の家屋は密閉率が高く、建材・家具などに揮発性の化学物質が使われることによる。

2003年に改正建築基準法が施行されて、ホルムアルデヒドの使用制限や換気設備設置が義務付けられた。

[原因]
①化学物質
- ホルムアルデヒド―接着剤の原料
- 揮発性有機物質（VOC）―天井・床壁など仕上げ材に使用される
- シロアリ駆除剤
- 畳の防虫加工

②生物的要因
- ダニ・カビ

[対策]
①換気・清掃による室内濃度の低減
②低ホルムアルデヒド合板の使用
③天然素材の使用

●VOCによる知覚症状

クラクラする／精神的興奮／頭痛／目がチカチカする／食欲不振／吐き気／疲れがとれない／どうき、息切れ／手足のしびれ

■ シックハウスの原因となりうるもの

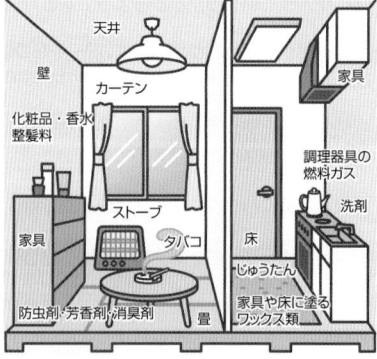

4 安全な暮らしのために1——防犯の基本

第5章 住生活

空き巣や住居侵入などの被害にあわないために、最低限気をつけることを確認しよう。

■ 住宅における侵入窃盗犯罪件数

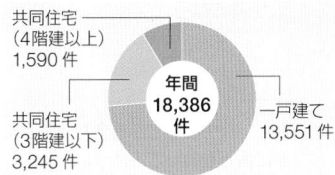

共同住宅（4階建て以上）1,590件

年間18,386件

一戸建て13,551件

共同住宅（3階建て以下）3,245件

（警視庁「令和3年の刑法犯に関する統計資料」）

■ 侵入をあきらめる時間

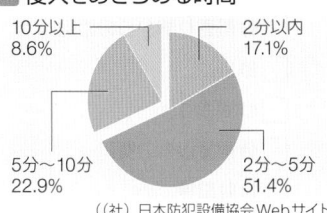

10分以上 8.6%　2分以内 17.1%

5分〜10分 22.9%　2分〜5分 51.4%

（（社）日本防犯設備協会Webサイト）

1 鍵をかける
空き巣の原因トップは施錠のし忘れという単純ミス。当たり前の対策を必ず行おう。

2 時間をかけさせる
侵入者の約7割は、侵入に5分かかる住居はあきらめる。そのためには複数の鍵が有効。

ム、ムリだ…

3 窓への対策
窓からの侵入も多い。自宅だったら格子をつけることが有効。

4 2階以上も安心できない
ねらわれるのは1階だけではない。上層階は気が緩んで、ねらわれやすい。

5 見通しをよくする
物陰に隠れる場所がなければ、ドアや窓をこじ開けられない。また、近所の目が光る。

6 旅行時には新聞は止める
ポストに新聞などがたまっていると、長期の留守とわかってしまい、ねらわれやすい。

5 安全な暮らしのために2——地震にそなえる（→口絵■13〜■16）

右の図には、地震への備えという点から、不適切な箇所があります。どこが、なぜ不適切なのか考えてみよう。

ハザードマップ

TOPIC

ハザードマップとは、地震災害、水害、土砂災害等の自然災害が起きた場合の被害予想図。これをふまえて地域住民がすばやく安全に避難できるように、避難経路、避難場所などの情報を掲載した防災マップを市区町村等が作成・発行している。

- 地震災害ハザードマップ… 地震によってどの程度の揺れが想定されるかを示す。あわせて液状化現象が発生する範囲、大規模な火災が発生する範囲等を記載。
- 津波浸水・高潮ハザードマップ…津波・高潮による被害が想定される区域とその程度を掲載。

神奈川県逗子市の津波ハザードマップの例

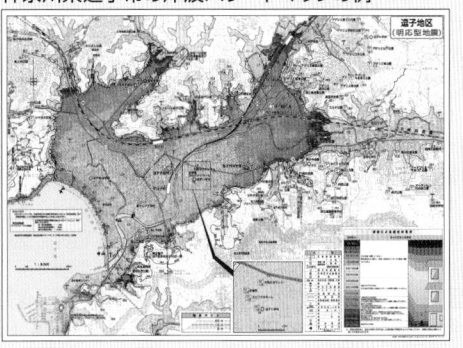

5 賃貸物件広告を読もう

将来、ひとり暮らしをしてみたい？
物件広告の読み方を知ってる？
住まいを借りるときの注意点は何だろう？

1 ひとり暮らしを始めるとしたら、あなたは、どちらの部屋を選びますか？

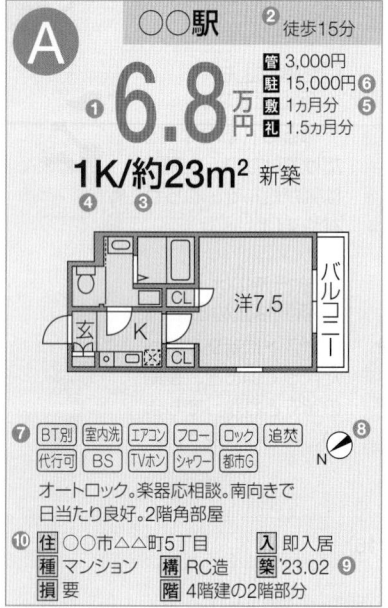

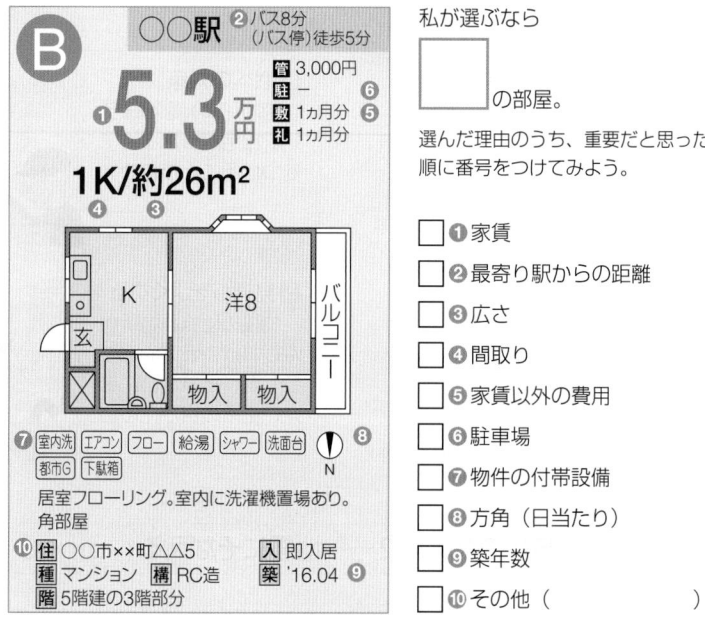

私が選ぶなら

□ の部屋。

選んだ理由のうち、重要だと思った
順に番号をつけてみよう。

- □ ❶家賃
- □ ❷最寄り駅からの距離
- □ ❸広さ
- □ ❹間取り
- □ ❺家賃以外の費用
- □ ❻駐車場
- □ ❼物件の付帯設備
- □ ❽方角（日当たり）
- □ ❾築年数
- □ ❿その他（　　　　　　）

2 不動産広告を見るポイント

❶家賃
1か月の賃貸料。立地している環境や築年数によって異なる。管は管理費のことで、共用部分の維持に必要な経費で、家賃とは別に毎月かかる。

❷最寄り駅からの距離
徒歩時間は道路距離80mにつき1分で換算されている。坂や信号待ちは含まれない。

❸広さ
室内の面積のこと。トイレ・収納・玄関なども含むが、バルコニーやポーチ、専用庭はこれに含まれない。1坪＝3.3㎡で、畳約2畳分を表す。

❹間取り
洋（洋室）、和（和室）、K（キッチン）、D（ダイニング）、L（リビング）、S（収納その他の部分）。最初の数字は部屋の数。例：2DK＝2部屋とダイニングキッチン。洋8、和6などは各部屋の広さを畳何畳分かで表している。

❺家賃以外の費用
● 敷 敷金のこと。家賃や損害賠償の費用を保障するために、契約時に家主に預けるお金。解約時に家賃滞

納分、破損箇所の補修経費などを差し引いた額が返金される。
● 礼 礼金のこと。契約時に家主に謝礼として支払うお金。
● その他に、手付け金（予約金）や、不動産会社を通して物件を決めた場合の仲介手数料を支払う場合もある。

❻駐車場
駐 物件に付属している駐車場を利用する場合の月額利用料。

❼物件の付帯設備
CATV：ケーブルテレビ対応
BS CS：BS、CS受信可能
都市G：都市ガス
BT別：バス・トイレ別
追焚：追い焚き可能
浴室乾：浴室乾燥機能あり
洗便座：温水洗浄便座
室内洗：室内洗濯機置き場
ロック：オートロック式鍵
フロー：室内フローリング
TVホン：テレビモニターホン
代行：保証人代行システム利用可

❽方角（日当たり）
記号で表されている。Nが北。方角

は日当たりや通気にかかわる。周囲に高い建物があると方角にかかわらず日当たりや通気が悪いことがある。

❾築年数
建築された年月が表示されている。［新築］は建築中または完成1年未満で、未入居の場合に表示される。

❿その他
● 種 は、建物の種別を表す。
鉄筋コンクリート造などのマンションに対して、木造や軽量鉄骨造で建築された建築物をアパートという。ハイツやコーポはアパートの別称で明確な区分はない。
● 構 は、構造を表す。
RC（鉄筋コンクリート）
SRC（鉄筋鉄骨コンクリート）
PC（プレキャストコンクリート）
● 階 は、建物全体の階数と物件の該当階数。
● 損 は、損害保険加入が必要な物件。
● バルコニーは、屋根無し。ベランダは屋根付き。

3 平面図から空間を読み取ろう

1 おもな平面表示記号 (JIS A 0150)

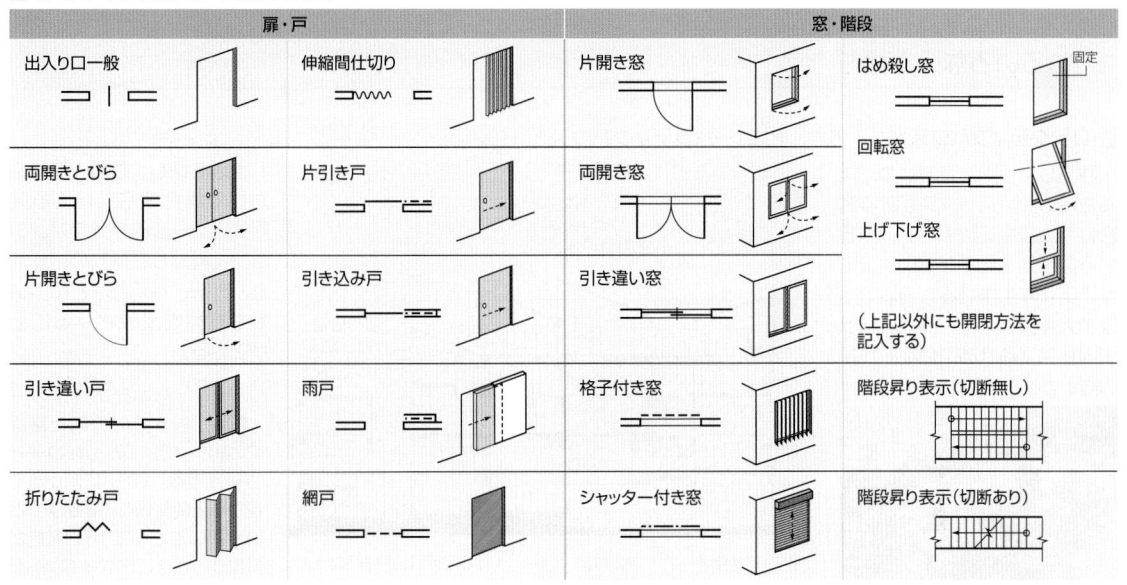

扉・戸			窓・階段	
出入り口一般	伸縮間仕切り	片開き窓	はめ殺し窓	固定
両開きとびら	片引き戸	両開き窓	回転窓	
片開きとびら	引き込み戸	引き違い窓	上げ下げ窓	
引き違い戸	雨戸	格子付き窓	(上記以外にも開閉方法を記入する)	
折りたたみ戸	網戸	シャッター付き窓	階段昇り表示(切断無し) 階段昇り表示(切断あり)	

（注）実際の広告では、左ページのように窓やとびらの記号を簡略化することもある。

2 おもな家具・設備の表示記号

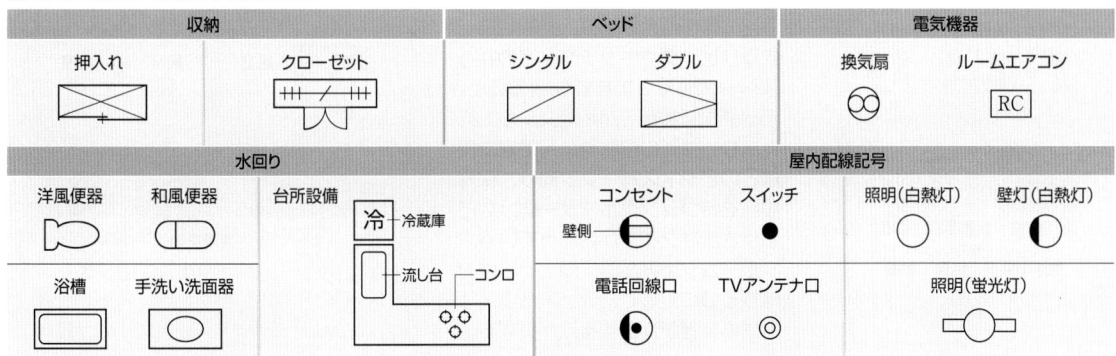

収納		ベッド		電気機器	
押入れ	クローゼット	シングル	ダブル	換気扇	ルームエアコン RC

水回り			屋内配線記号			
洋風便器	和風便器	台所設備 冷→冷蔵庫 流し台 コンロ	コンセント 壁側	スイッチ	照明(白熱灯)	壁灯(白熱灯)
浴槽	手洗い洗面器		電話回線口	TVアンテナロ	照明(蛍光灯)	

4 住まいを借りるまでのSTEP

STEP 1 ----→ 希望条件をあげる。

STEP 2 ----→ 情報を集める。
- 住宅情報誌
- 不動産会社

STEP 3 ----→ 不動産会社の説明を受け、条件の合う部屋を数件下見する。

STEP 4 ----→ 部屋決定後、申し込む。契約条件をよく確認して契約する。

STEP 5 引っ越し

❶家賃
「手取り収入の1/3以内」が一般的。管理費など家賃以外の費用も確認。
❷場所
交通の便のいいところ、周辺環境、日当たりなどのポイントをおさえる。
❸広さ・間取り
ライフスタイルと密接にかかわるので、入居後をイメージして決める。

部屋を見るときのチェックポイント
❶室内
収納スペース・日照・風通し・コンセントの場所と数・防音・防犯
❷敷地内
管理人の有無・共有スペースの管理
❸周辺
最寄り駅までの所要時間・病院やスーパーなど付近の施設

契約書を細かくチェックしておこう
❶必要なもの
住民票・印鑑・保証人承諾書、印鑑証明、収入を証明する書類など
❷契約金
敷金＋礼金＋管理費＋前家賃＋仲介手数料（仲介した不動産会社に支払う手数料）＋保険料＋鍵の付け替え料など

あった「敷金」は「家賃などの担保」と定義され、壁紙の日焼けなど経年劣化による修繕にはあてないことが明文化された。

6 住まいと共生

「住まいと共生」から、何をイメージする？
「共に住む」ための住まいとは？
周囲の地域で何ができるだろう？

1 いろいろな人と住む

1 コレクティブハウス

独立した住戸を持ちつつ、たくさんの共用スペースがある集合住宅。自主運営のため、いろいろな役割を住民が担い、コミュニティが生まれる。日本では阪神大震災のあと、高齢者向け復興住宅（ふれあい住宅）が初の試み。

撮影 松本路子

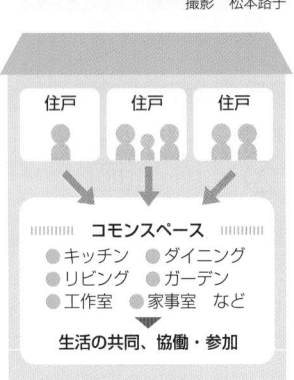

2 コーポラティブハウス

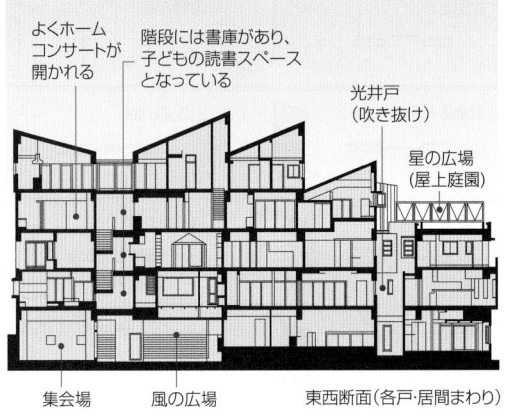

よくホームコンサートが開かれる
階段には書庫があり、子どもの読書スペースとなっている
光井戸（吹き抜け）
星の広場（屋上庭園）
集会場　風の広場　東西断面（各戸・居間まわり）

土地を探し、住む人達で協力して集合住宅を建てる共同住宅。一般的な分譲マンションと異なり、建物の全体計画、外観、共用部などについても意見を反映させることができる。

解説 熊本市の「Mポート」の外観と断面図。「みんなの子どもを育てる」「老いに向かって豊かな人間関係を紡ぎ出す」という願いをこめて16の家族が集まり、さまざまなイベントが行われている。

3 シェアハウス

自分の部屋とは別に、共同利用できるリビングやキッチンなどの共有スペースを持った賃貸住宅のこと。年齢や国籍などを超えた交流が人気となり、共通の趣味や、起業家支援などのビジネスパーソン向け、保育設備を持つシングルマザー向けなどさまざまなタイプが広がっている。

ルームシェアが個人同士で物件を借りるのに対して、シェアハウスは運営事業者が介在する点が異なる。

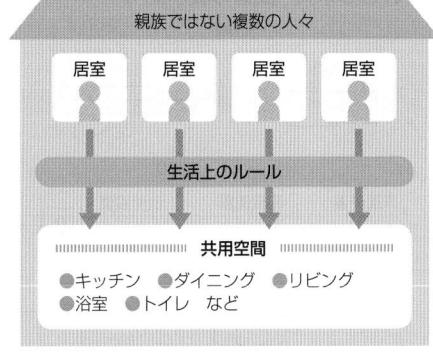

2 高齢者が共に住む

1 グループハウス

居住者の部屋は個室のようになっており、自由に外出できるようになっている。

週2回、デッキには野菜や魚の移動販売が来て、地域の人と自然に交流が行われる。

解説 家庭的な雰囲気のなかで高齢者の自主性を重んじながら、地域の人たちとの交流を促すよう工夫された高齢者施設。ヘルパーのケアを必要とするグループホームとは異なる。

2 シルバーハウジング

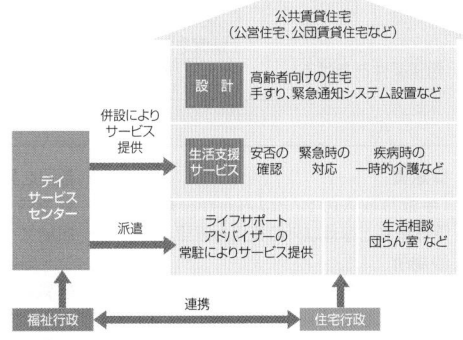

解説 バリアフリー化された公営住宅と生活援助員による日常生活支援サービスの提供を併せて行う、高齢者世帯向けの公的賃貸住宅。

3 子育て支援住宅

解説 国土交通省では、一定の公営住宅の建て替えにおいて、保育所などの社会福祉施設を原則として併設することとしている。

4 ペット対応共生住宅

猫用の足がかり

犬や猫が自由に行き来できる「くぐり戸」がついたドア

ペット飛び出し防止扉

解説 高齢化や核家族化が進むなか、ペットと住むことを望む人が増えている。戸建ての他、集合住宅でも対応する建物が出てきている。

5 環境に配慮して住む (→p.88〜93)

1 ZEH住宅

ZEH（ゼッチ）とは、Net Zero Energy House（ネット・ゼロ・エネルギー・ハウス）のことで、住まいの断熱性能や省エネ性能を向上させるとともに、太陽光発電など生活に必要なエネルギーをつくり出すことにより、年間の一次消費エネルギー量（空調・給湯・照明・換気）をおおむねゼロ以下にする住宅。

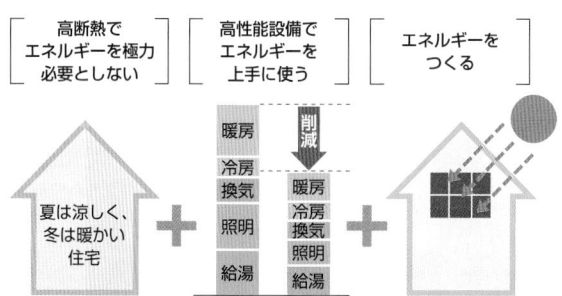

（経済産業省資源エネルギー庁Webサイトより）

解説 地球規模の温暖化対策が課題とされる現在、CO_2排出の削減は、日本の最も重要な政策課題のひとつです。なかでも、住宅分野においては、建築で使用されるエネルギー消費量の増加が続いており、低炭素化の取り組みを一層強化することが求められています。政府はこれまで、「省エネ基準」「認定低炭素住宅」「ZEH（ゼロ・エネルギー・ハウス）」など、さまざまな省エネ・省CO_2対策を行ってきました。
（ヤマト住建Webサイトより）

3 屋上緑化

解説 屋上緑化により、断熱効果を発揮し、冷暖房効果が高まる。壁面を緑化する方法もある。同様に「緑のカーテン」も注目されている。

2 環境共生住宅

ビオトープ（池や草木など小さな生物が生息できる空間）を囲むようにビルがある。

解説 環境共生住宅の実現には、住宅単体だけでなく、庭・道路・広場・まちなど周辺環境全体の緑化も大切である。

6 地域と調和する

かつては、建築物に対して周辺地域との調和という観点がなかったため、建築基準法や都市計画法に反しない限りどのような建物でも建てることができた。そのため、建築の賛否をめぐって議論が起こり、京都ホテル、国立マンションなどのように訴訟に発展するケースも出た。

こうした事態を背景に、2005年6月に景観法が施行され、各自治体で実効性のある景観条例の制定が可能になった。京都では、新たな建築物については、高さ制限を設けたり、屋外広告を規制することとなった。

落ち着いた配色の京都の店舗

東京の店舗の例

しが屋内に入ってくることを遮ることで、室内の温度上昇を防ぐ効果があり、省エネにも貢献している。

1 契約と消費生活

買い物が契約って、どういうことだろう？
現金以外に、どんな支払い方法があるのだろう？
契約を解除することって、できるの？

1 コンビニでの買い物も「契約」

　「契約」と聞くと大げさに感じるかも知れないが、「コンビニでおにぎりを買う」「宅配ピザをとる」「美容院で髪を切る」「バスに乗る」、これらすべてが「契約」である。
　契約は売り手と買い手が合意したときに成立する。いったん契約が成立すると、契約に基づく権利・義務が生じ、どちらか一方の都合で契約を取りやめること（契約の解除）はできない。したがって、何かを買うときには、本当に必要か、今必要か、商品は納得できるものか、価格は妥当かなどを十分に確認することが大切である。

申し込み ← 契約の成立 → 承諾

2 多様化する販売方法

店舗販売	無店舗販売	
■通常の店頭販売 コンビニ・デパート・スーパーなど	**■訪問販売** 直接訪問し、商品説明をする	**■電話勧誘販売** 電話で商品説明をする
■移動販売 オフィス街でのお弁当販売など	**■通信販売** カタログショッピング、ネットショッピング、TVショッピング	

3 多様化する決済方法

デビットカード	クレジットカード	IC カード型 電子マネー	プリペイドカード	スマートフォン決済
金融機関が発行したキャッシュカードを残高の範囲内で利用。	クレジット会社が一時支払いを代行する（→p.86）。	あらかじめ入金した金額をICカードに記録し、購入時に即時決済する。	特定の商品購入のために、一定額のカードを事前購入して利用する。	非接触IC決済とQRコード（バーコード）決済がある。

4 消費者保護と法律

1 消費者基本法 (2004年制定)

1968年制定の消費者保護基本法を改正することにより成立した法律。「消費者を保護する」のではなく、消費者が権利に支えられた自立をめざすことができるような支援体制を整備しようという考え方への変化が背景。これにより、消費者の権利が明確になった一方で、消費者の自己責任が問われることにもなった。

2 消費者契約法 (2000年制定)(→p.84 1)

消費者と事業者の間には「持っている情報の質と量」および「交渉力」という面で大きな差が存在しつづけているため、対等な契約を可能にするための新しいルールとしてつくられた。販売方法などに関係なく消費者と事業者のあいだのすべての契約に適用され、不適切な勧誘行為があった場合、契約を取り消すことができる。

「消費者の4つの権利」
- 安全である権利
- 知らされる権利
- 選ぶ権利
- 意見を反映させる権利

解説 1962年にアメリカのケネディ大統領は上記の「消費者の4つの権利」を発表した。これが世界の消費者行政の基本理念となり、日本の消費者保護基本法(1968年)にもつながった。

3 製造物責任法ーPL (Product Liability) 法 (1994年制定)

商品の欠陥によって生命・身体・財産に損害が出た場合、それを製造した業者に対し、過失の有無にかかわらず賠償責任が生じる(無過失責任)ことを規定した法律。これ以前は、業者の「過失」を消費者が証明する必要があり、ハードルが高かった。

消費者庁 (2009年9月発足)

問題商法(→p.84)を取り締まる特定商取引法や、食品表示法(→p.106)や家庭用品品質表示法など、消費者庁が所管する法律に基づき、違反した業者に対して指導や処分を行う。消費者が安心して安全で豊かに暮らすことができる社会を目指す。

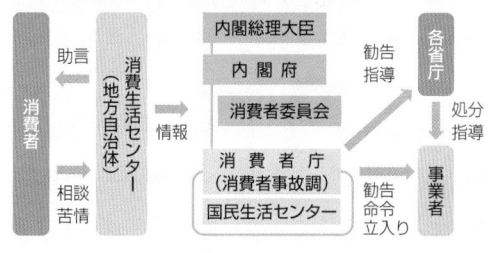

5 契約の解除——クーリング・オフ

売り手と買い手のどちらか一方の勝手な都合で契約を取りやめること(契約の解除)は本来できないが、**特定商取引法**や**割賦販売法**などでは買い手から一方的に解約できる**クーリング・オフ制度**を認めている。販売方法・支払方法が複雑になればなるほど、消費者は冷静な判断ができないからである。

もしクーリング・オフの適用が受けられなくても、**消費者契約法**で取り消しが可能になる場合がある。未成年者が親の同意なく契約した場合は、民法4条に基づいて取り消しが認められている。まずは消費生活センターなどに相談しよう。

問題商法のうちとくに悪質なものは消費者契約法で対抗できる。

1 クーリング・オフの適用
1. 訪問販売や電話勧誘販売における取引に適用される。
2. すべての商品・サービスを対象とするのが原則。
3. 例外：通信販売は対象外。政令で指定された消耗品などを使用した分も対象外。
4. 消費者が申し込みや契約をして、その内容を記載した書面を受け取った日から一定期間内であること。

マルチ商法 (連鎖販売取引)	20日間
内職・モニター商法 (業務提供誘引販売取引)	20日間
訪問販売	8日間
割賦販売	8日間
生命保険	8日間
電話勧誘販売	8日間
エステ・語学教室など (特定継続的役務提供)	8日間

5. 現金取引は3,000円以上であること。

2 クーリング・オフの具体的な方法
1. 申込書や契約書のクーリング・オフに関する記載を確認して、メールアドレスや専用フォームがあれば、必要事項を入力して送る。
2. クレジット契約の場合は、信販会社にも出す。
3. はがきなどの書面も、記載事項はメールなどで出す場合と同じ。証拠として両面コピーを取り、特定記録郵便や簡易書留などで送る。
4. 通知した内容と日付がわかるデータや関係書類は、5年間保管する。

2 若者の消費者トラブル

都合のいい「うまい話」って、あると思う？
覚えのない請求メールが来たらどうする？
ネットショッピングで注意すべきことは？

1 さまざまな問題商法

アポイントメント・セールス

電話や郵便で「特別に選ばれました」などと呼び出して高額の商品やサービスを売りつける。異性間の感情を利用して誘い出すものはデート商法という。

開運商法（霊感商法）

「買うと幸運がおとずれる」「買わないと災難にあう」「これで先祖の供養になる」などの説得やおどしで売りつける。

キャッチセールス

街頭でアンケート調査などをよそおって近づき、商品などを売る。モニター商法などと併用される場合も多い。

モニター商法

「無料でサービスするので感想をきかせてほしい」などと誘い、高額の商品やサービスを売りつける。

催眠商法（SF商法）

巧みな話術で気分を高揚させ、高額商品を買う気にさせる。集まった人の競争心や集団心理を巧みに利用する。

就職商法（求人商法）

社員やアルバイトの募集をよそおって売りつける。「○○士の試験が免除になる」とだまして書籍や講座を購入させるものは士（さむらい）商法という。

ネガティブ・オプション

注文のない商品を勝手に送付して代金を支払わせる。別名送りつけ商法、押しつけ商法。購入しなくても、返送・連絡義務はない。

マルチ商法

知人などにある商品を勧めて、その人が購入したら紹介料が入る。さらに自分の紹介で会員になった人が、別の人に商品を勧めて購入したら、自分に報酬が入る。

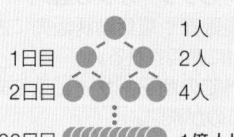

1日目		1人
2日目		2人
		4人
28日目		1億人以上

架空・不当請求

手紙や携帯メールなどで「インターネットのアダルトサイト利用料」などさまざまな理由をつけた請求書を使い、不安にさせて金銭をだましとる詐欺。

請求メール
○月×日の
アダルトサイト
利用料金
50000円

＊2018年には消費者契約法（→p.83 4）が改正され、就職や容姿などについて不安をあおることや、恋愛感情を悪用した「デート商法」を不当な勧誘と定め、契約を取り消せるようにした。契約を取り消すには、「社会生活上の経験が乏しい」ことが要件になっており、成年者も対象だ。施行は2019年6月から。

2 問題商法の被害にあわないために

❶ うまい話には落とし穴があることを肝に銘じておく。
❷ 見知らぬ人の親しげな接近には要注意。
❸ 相手の身なりや態度にまどわされない。
❹ 必要がなければ、きっぱりと断る。
❺ 自分の連絡先などの個人情報をむやみに明かさない。
❻ その場で契約はしない、お金を渡さない。
❼ おかしいと思ったら、家族や消費生活センターに相談する。
❽ いったん契約してもあきらめない。クーリング・オフ制度など救済方法を相談する。
❾ 泣き寝入りすると、次もターゲットになる恐れがある。

❸ ネットショッピング

1 便利だなと思うのは、こんなとき

- 深夜でも自宅にいながら、都合のいい時間に購入できる。スマホに対応していれば外出先からも。
- 送料、手数料込みでも値段が安いことがある。
- 品数が豊富で、手に入れにくいものも探し出せる。
- 商品や価格の比較などが容易。

2 ちょっと心配なこと

- パソコンやスマホ画面だけでは実物を十分確認できない。
- 商品の説明を直接店員に聞くことができない。
- 信頼のないお店の場合、代金を支払っても商品が届かないことも。
- 対策が不十分だと、個人情報の流出の恐れも。

3 ネットショッピングの留意点

❶ 会社名、代表者名、所在地、電話番号、ジャドママーク（右図）などの有無を確認する。ショップの評判を事前にネットなどで確認する。
❷ 返品できるかなどの販売条件を確認する。
❸ 個人情報の取り扱いが厳格に規定されているか、プライバシーマーク（右図）の有無を確認する。
❹ 情報を暗号化するSSL（右図）対応サイトであることを確認する。
❺ 決済方法（支払い方法）の確認。手数料がかかるが、代金引換が安心。
❻ 必要事項の入力ミスをしないように、また、商品・個数・価格・送料・配送先などに誤りがないかを確認する。
❼ 注文確定メールを確認し、保存しておく。
❽ 配送されたら、すぐに内容を確認する。

オンラインショップの信頼の目安

ノートンセキュアドシール
Webサイトの運営者が実在することを認証するマーク。

プライバシーマーク
個人情報管理が適切であることを示す。

ジャドママーク
(社)日本通信販売協会の会員マーク。

SSL
情報を暗号化して個人情報を送信するサイト。ブラウザに表示される。

❹ ネットショッピングでトラブルにあったら

1 「代金を振り込んでも商品が届かず、連絡もない！？」

- メール・電話などあらゆる手段で督促する。
- 連絡が取れない場合は、内容証明郵便（下図）を配達証明付きで送る（→p.84 QA ）。
- 内容証明郵便が不受理、または宛先不明で戻ってきた場合は詐欺の疑いが濃厚。警察やサイバー犯罪相談窓口に連絡する。

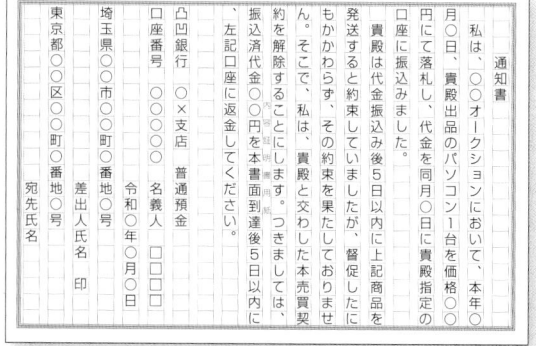

2 「個人情報を盗まれた！？」

- 「フィッシング」とは、金融機関や企業などになりすましたメールやWebサイトを使って、個人情報を入力させ、その情報を元に不正アクセスや詐欺を行うこと。

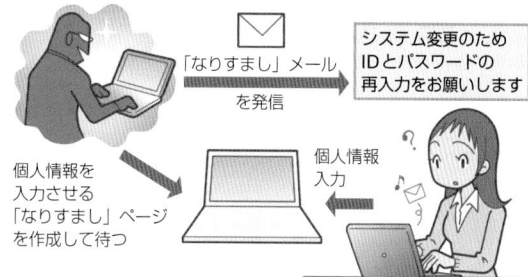

- 偽のWebサイトなどに個人情報を入力してしまった場合は、本来のサイトでパスワードなどを変更する。
- クレジットカード番号などを入力してしまった場合は、カード会社に連絡し、利用をストップする。
- 不正アクセスや金銭的被害にあった場合は、警察に相談する。

3 カード社会

クレジットカードの利用＝借金って、本当？
一括払いと分割払いのメリット・デメリットは？
多重債務って、どのようなこと？

1 はじめてのクレジットカード

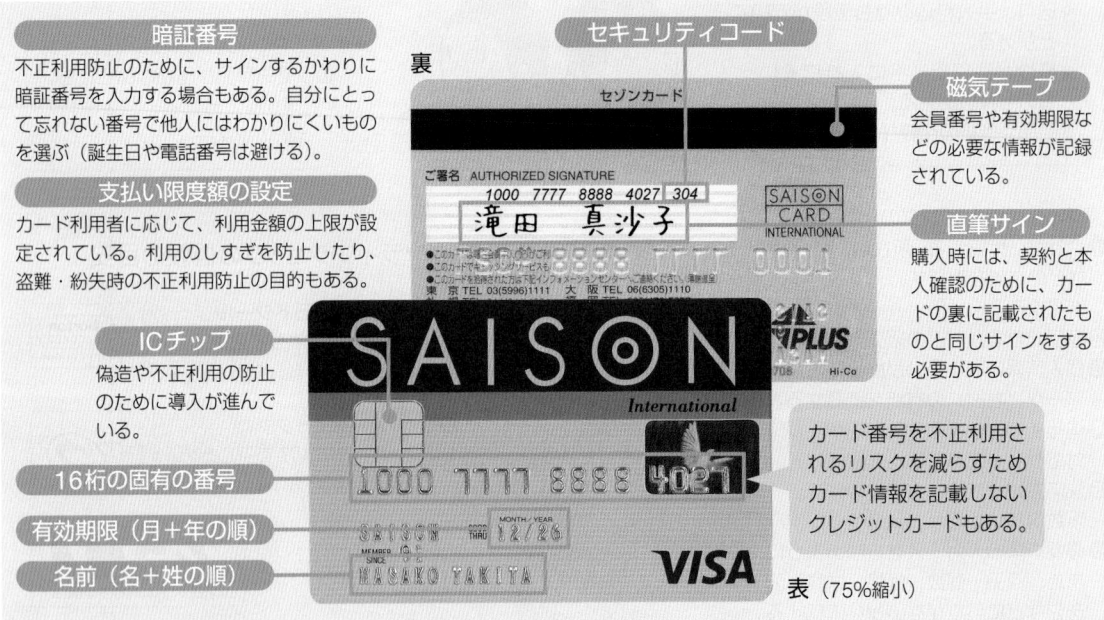

セキュリティコード

裏

暗証番号
不正利用防止のために、サインするかわりに暗証番号を入力する場合もある。自分にとって忘れない番号で他人にはわかりにくいものを選ぶ（誕生日や電話番号は避ける）。

支払い限度額の設定
カード利用者に応じて、利用金額の上限が設定されている。利用のしすぎを防止したり、盗難・紛失時の不正利用防止の目的もある。

ICチップ
偽造や不正利用の防止のために導入が進んでいる。

16桁の固有の番号

有効期限（月＋年の順）

名前（名＋姓の順）

磁気テープ
会員番号や有効期限などの必要な情報が記録されている。

直筆サイン
購入時には、契約と本人確認のために、カードの裏に記載されたものと同じサインをする必要がある。

カード番号を不正利用されるリスクを減らすためカード情報を記載しないクレジットカードもある。

表（75%縮小）

2 クレジットカードを上手に使うポイント

1 クレジットカードを利用することは、ショッピングでもキャッシングでも「借金」であることを認識して利用する。

2 常に自分の支払い能力を考えて、計画的に利用する。

支払い能力を超えた返済のために、さらに借金をすること（多重債務→p.87）が社会問題になっている。

3 支払い金額・支払い期限を守り、**自分の信用**を大切にする。信用を失うと、新たなローンを組んだりすることができなくなる。

4 購入額をよく確かめて、売上票にサインすること（または暗証番号を入力する）。

5 利用明細書はしっかり保管し、銀行の引落額と照合する。

6 他人にカードを貸したり、他人に名義貸しをすることは契約違反になる。

7 紛失したり盗難にあったら、カード会社に連絡し、カードを他人に使われないようにする。

対応を怠ると思わぬ高額を請求されるおそれがある。管理が悪ければ保険がきかない場合もある。

Q&A グレーゾーン金利とは？▶利息制限法に定める上限金利以上、出資法に定める上限金利未満の金利のこと。貸金業法改正（2010年6月施行）

③ 返済方法によって変わる返済総額

20万円の商品を、クレジットカードを利用して購入した場合（実質年率15.0%）の返済総額を比較してみよう。
※右は5月1日に購入したシミュレーション例。実際の金額とは異なることがある。

一括払い

利息 0円

200,000円

分割払い

3回払い
204,979円
利息4,979円

12回払い
216,608円
利息16,608円

リボ払い

毎回10,000円返済
→24回払い
231,578円
利息31,578円

毎回5,000円返済
→56回払い
278,995円
利息78,995円

解説 同じ分割払いでも、返済回数が増えれば、返済総額も増える。リボ払いは、1回あたりの返済金額を一定にする返済方法。毎月の返済金額が変わらないが、「無理のない返済金額を」と考えて低額に設定すると、支払が長期化して返済総額が膨らむこととなる。しかも実際にはリボ払いの方が分割払いよりも金利が高いので、要注意だ。

④ クレジットカード利用の広がり

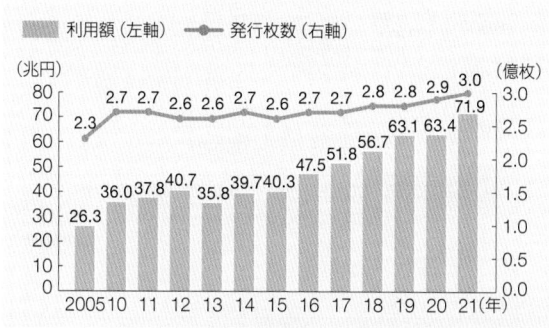

利用額（左軸）　発行枚数（右軸）

（兆円）　　　　　　　　　　　　　　　　　（億枚）
80　　　　　　　　　　　　　　　　　　　3.0
70　　　2.7 2.7 2.6 2.6 2.7 2.6 2.7 2.7 2.8 2.8 2.9 3.0　　71.9
60　2.3
50　　　　　　　　　　　　　　　　63.1 63.4
40　　36.0 37.8 40.7 35.8 39.7 40.3 47.5 51.8 56.7
30　26.3
20
10
0　　　　　　　　　　　　　　　　　　　0.0
2005 10 11 12 13 14 15 16 17 18 19 20 21（年）

（（一社）日本クレジット協会Web資料）

解説 クレジットカードの発行枚数は約3億枚に達し、成人1人あたり2.8枚所有していることになる。利用額は、ショッピングの利用が次第に拡大している。

借金で借金を返していると……!!

借金で借金を返し続けた場合、金利が高いほど雪だるま式に借金が増える。

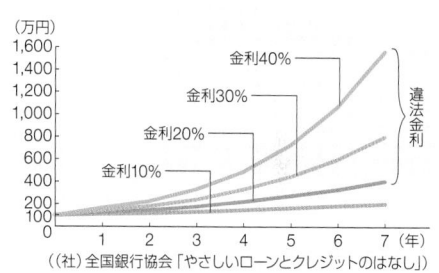

（万円）
1,600
1,400
1,200
1,000
800
600
400
200
100
0　　1　　2　　3　　4　　5　　6　　7（年）

金利40%
金利30%
金利20%
金利10%
違法金利

（（社）全国銀行協会「やさしいローンとクレジットのはなし」）

⑤ 多重債務と自己破産

① 多重債務とは

複数の金融機関から借金を重ね、利息がかさみ返済が困難な状態のこと。多重債務には次のような原因がある。
- 無計画なクレジットカード利用。
- 安易に連帯保証人となり、他人の負債を抱え込む。
- 生活苦・低所得のために借りてしまう。
- 違法な金利を設定する悪質なヤミ金融業者の誘惑。

② 消費者金融への借入件数と多重債務の実態

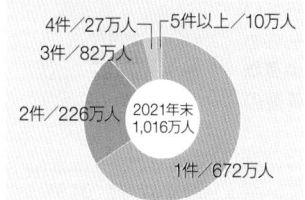

4件／27万人　5件以上／10万人
3件／82万人
2件／226万人
2021年末
1,016万人
1件／672万人

（日本信用情報機構Webサイトより）

解説 消費者金融へ借金がある人が1,016万人。このうち約3割が、複数の借金がある。なお、3か月以上返済が滞っている人が350万人もいる。

③ 自己破産の申し立て件数

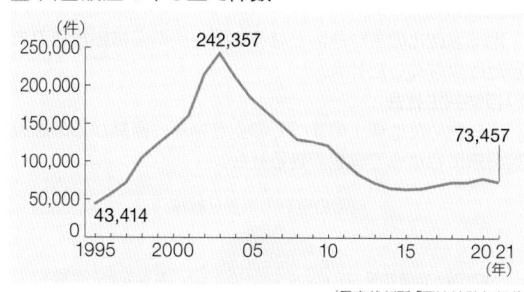

（件）
250,000
200,000　　　　242,357
150,000
100,000　　　　　　　　　　　　　　　73,457
50,000
43,414
0
1995　2000　05　10　15　20 21（年）

（最高裁判所「司法統計年報」）

④ 自己破産すると

自己破産を申請し、「免責決定」を受けると、借金の支払い義務は免除される。しかし財産は原則処分させられ、その人の「信用」に傷がつくことでクレジットカードは5～7年つくれない。

により撤廃され、借りる金額により上限金利は15～20%に引き下げられた。これを超える金利は違法で「ヤミ金融」となる。

4 持続可能な社会に向けて〈1〉

環境問題と聞いて、思い浮かぶことは？
自宅で使うエネルギーには何がある？
自分たちができることは何だろう？

1 身近な環境問題

❶地球温暖化の現状

人間活動の拡大により、二酸化炭素・メタンなどの温室効果ガスの濃度が増加することで、地球の表面温度が上昇しつつある。これにより海水が膨張することで海面が上昇し、国土が水没することが懸念されている。また気候が大きく変動することで、異常気象が頻発し、生態系や農産物などに大きな影響が出ると予想されている。

■ 世界の平均気温の偏差の経年変化

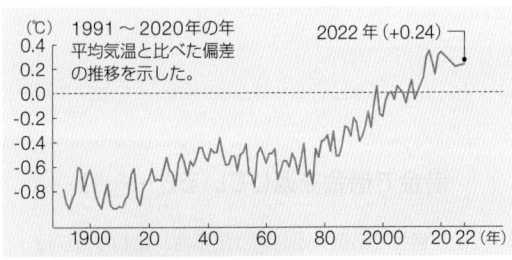

（気象庁Webサイトより）

海水面の上昇により、国土が水没し移住を余儀なくされる国もある。（ツバル共和国）

2 持続可能な社会とは

持続可能な社会とは「循環型社会」「低炭素社会」「自然共生社会」の3つの要素が組み合わさった社会のこと。

❶循環型社会

限りある資源を繰り返し利用できるように工夫する社会。3R・5R（→p.91）を通じて実現する社会。

❷低炭素社会

地球温暖化の主な原因となる二酸化炭素の排出量をできるだけ少なくした社会。

❸自然共生社会

人も含めた地球上のすべての生き物が、自然からの恵みを将来にわたって享受できる社会。

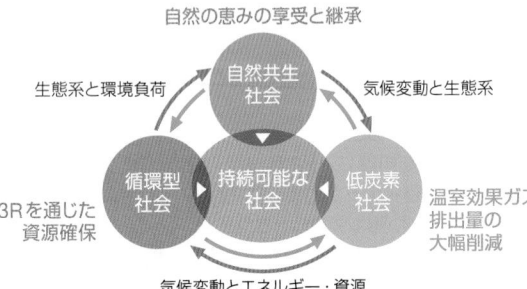

❷増え続けてきたごみ

ごみ・し尿などの一般廃棄物は、2021年度で年間4,095万t（国民1人1日あたり890g）。また、産業廃棄物は3億7,382万t（2020年度）排出されている。廃棄物をごみとしてではなく、資源として生かすために、相次いで法律が制定され、近年ごみの総量は減少しつつある。

■ ごみ排出量の推移（全国）

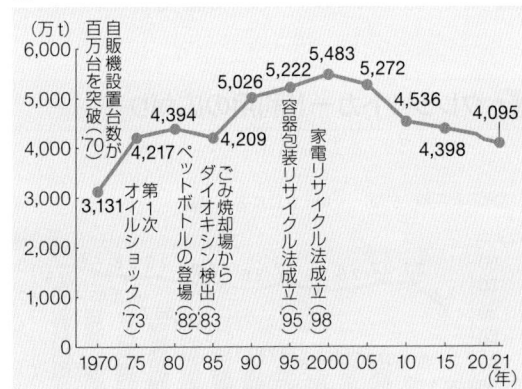

（環境省発表）

3 低炭素社会をめざして

1 家庭における用途別世帯あたりCO₂排出量 (2021年)

暖房から	キッチンから	ゴミから
冷房から	照明・家電製品から	水道から
給湯から	自動車から	

(%)	2.2	5.6		1.7 4.0
15.6	14.5	32.1	24.3	

（国立環境研究所Webサイトより作成）

解説 家庭から出されるCO₂は、照明・家電製品と自動車で5割以上を占める。照明自体からの排出はないが、電気をつくるプロセスでCO₂が発生する。

2 家庭における待機時消費電力（待機電力） (2012年)

現在の家電製品は、リモコン操作や液晶表示、タイマーに対応するため、主電源を切らない限り電力を消費しているものも多い。この電力を待機時消費電力といい、年間電力消費量の5%にもなる。

長期の外出や夜間などは、必要最小限の機器をのぞいて、主電源を切るようにしよう。

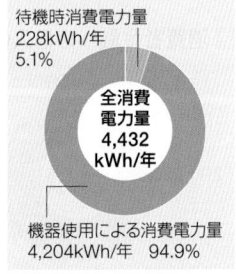

待機時消費電力量 228kWh/年 5.1%
全消費電力量 4,432 kWh/年
機器使用による消費電力量 4,204kWh/年 94.9%

（資源エネルギー庁Webサイトより）

4 グリーンコンシューマー・エシカルコンシューマー

1 グリーンコンシューマー

　私たちが何かを買うとき、「価格」「性能」「安全性」という観点で商品を選択するが、これに「環境」という観点を追加して商品を購入する人をグリーンコンシューマー（緑＝環境を大切にする消費者）という。「環境」に配慮した商品を選択するという消費行動を通じて、環境問題の解決につなげていくことができる。

2 グリーンコンシューマー10原則

❶必要なものを必要な量だけ買う
❷使い捨て商品ではなく、長く使えるものを選ぶ
❸包装はないものを最優先し、次に最小限のもの、容器は再使用できるものを選ぶ
❹作るとき、使うとき、捨てるとき、資源とエネルギー消費の少ないものを選ぶ
❺化学物質による環境汚染と健康への影響の少ないものを選ぶ
❻自然と生物多様性を損なわないものを選ぶ
❼近くで生産・製造されたものを選ぶ
❽作る人に公正な分配が保証されるものを選ぶ
❾リサイクルされたもの、リサイクルシステムのあるものを選ぶ
❿環境問題に熱心に取り組み、環境情報を公開しているメーカーや店を選ぶ

（グリーンコンシューマー全国ネットワーク作成）

　こうした消費者が増えることで、企業は商品の開発・製造・販売という段階で、環境に配慮するようになる。現代社会においては、こうしたことは企業としての社会的責任（CSR）のひとつであると、広く認知されるようになった。

3 エシカルコンシューマー（→口絵 ▮ 23）

　環境に配慮した消費行動を含めて、「社会に配慮」した消費行動をとる人を、エシカルコンシューマー（ethical consumer＝倫理的な消費者）という。

●社会に配慮した企業や商品とは
・製造過程で児童労働などがない
・公正な取引（フェアトレード※）である商品
・労働者の権利が守られている
・必要な情報が公開されている

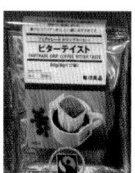

※フェアトレード：途上国の人々が貧困から抜け出せるように、生産物に正当な価格を設定した取引のこと。基準を満たす商品には右のようにマークが付けられる（→口絵 ▮ 22、▮ 23）。

TOPIC

あなたならどの照明を使いますか？

■ 電気代
■ 器具費用

同等の明るさを持つ白熱電球・蛍光灯・LED電球とで、4万時間使用した場合の費用とCO_2排出量を比較した。なお、環境負荷の高い白熱電球の生産を打ち切る企業も出ている。

費用（円）	白熱電球	蛍光灯	LED電球
電気代	31,680	6,667	3,520
器具費用	4,400	7,040	1,500

	白熱電球	蛍光灯	LED電球
単価	110円	1,000円	1,500円
寿命	1,000時間	6,000時間	40,000時間
必要数	40個	6.7個	1個
消費電力	36W	8W	4W

CO_2排出量（kg）	白熱電球	蛍光灯	LED電球
	792	176	88

●比較条件
・4万時間使用（寿命が来たら交換）
・CO_2換算係数＝0.55kgCO_2/kWh
・電力料金目安単価＝0.022円/Wh（単価、係数はいずれも目安）

エネルギーのことを考えよう

　家庭で消費するエネルギーの約半分が電気。しかし、2011年3月11日の東日本大震災における原子力発電所の事故以来、電気エネルギーの供給は大きな見直しを迫られている。電気をどのように作るべきか、発電方法について考えてみよう。

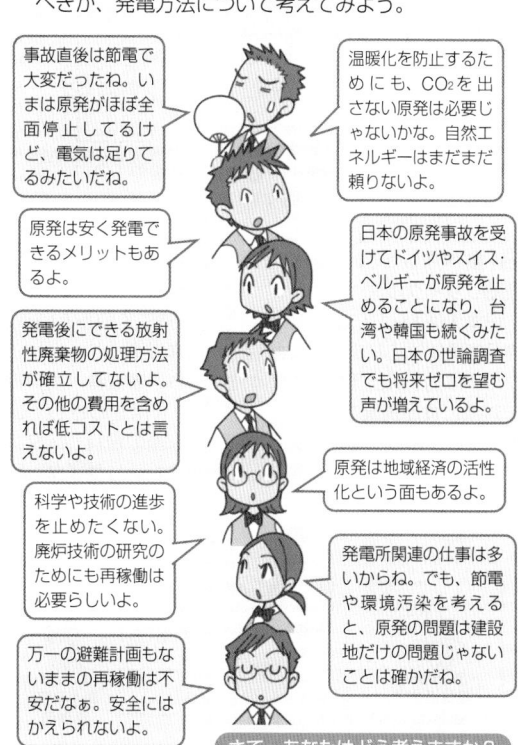

事故直後は節電で大変だったね。いまは原発がほぼ全面停止してるけど、電気は足りてるみたいだね。

温暖化を防止するためにも、CO_2を出さない原発は必要じゃないかな。自然エネルギーはまだまだ頼りないよ。

原発は安く発電できるメリットもあるよ。

日本の原発事故を受けてドイツやスイス・ベルギーが原発を止めることになり、台湾や韓国も続くみたい。日本の世論調査でも将来ゼロを望む声が増えているよ。

発電後にできる放射性廃棄物の処理方法が確立してないよ。その他の費用を含めれば低コストとは言えないよ。

原発は地域経済の活性化という面もあるよ。

科学や技術の進歩を止めたくない。廃炉技術の研究のためにも再稼働は必要らしいよ。

発電所関連の仕事は多いからね。でも、節電や環境汚染を考えると、原発の問題は建設地だけの問題じゃないことは確かだね。

万一の避難計画もないいままの再稼働は不安だなぁ。安全にはかえられないよ。

さて、あなたはどう考えますか？

5 持続可能な社会に向けて〈2〉

リサイクルを促進する制度には何があるだろう？
リサイクルにはどんな効果があるのだろう？
5Rとは、何だろう？

1 循環型社会をめざして

環境基本法	循環型社会形成推進基本法（基本的枠組み法）	個別のものに関する規制	廃棄物処理法（1970年成立、2017年最終改正）		資源有効利用促進法（1991年成立、2014年最終改正）	
			容器包装リサイクル法 2-1 (1995年成立、2011年最終改正)		家電リサイクル法 2-2 (1998年成立、2017年最終改正)	
			食品リサイクル法 2-3 (2000年成立、2013年最終改正)		建設リサイクル法 (2000年成立、2014年最終改正)	
			自動車リサイクル法 (2002年成立、2017年最終改正)		小型家電リサイクル法 (2012年成立)	
(1993年成立、2019年最終改正)	(2000年成立、2012年最終改正)		グリーン購入法 (2000年成立、2015年最終改正)		プラスック資源循環法 (2021年成立)	

解説 従来の公害基本法や自然環境保護法にかわって日本の環境政策の根幹を定める基本法として、環境基本法が制定された。また、大量生産・大量消費・大量廃棄の社会から脱却し、循環型社会をめざして循環型社会形成推進基本法が作られた。

2 リサイクル法はどのように活用されている？

1 「混ぜたらごみ、分ければ資源」？
容器包装リサイクル法

家庭や企業から出る一般廃棄物のうち、約6割が容器や包装材。これらはアルミ、スチール、プラスチック、紙など、再資源化しやすいものが多く、最初にリサイクル法が制定された。分別せずに捨てては再利用ができず、ただのごみ。消費者の分別排出、市町村の分別回収、事業者の再商品化が規定され、リサイクルを進めている。

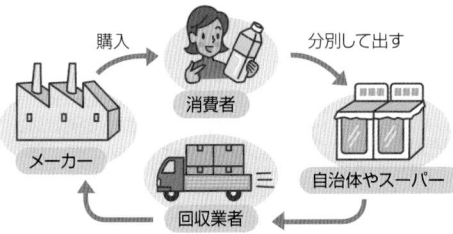

2 「テレビを買い換えたら、リサイクル料金」？
家電リサイクル法

家庭から排出される家電の重量の80%を占めるのは、テレビ、エアコン、冷蔵庫、洗濯機・衣類乾燥機。これらを処分するとき、消費者は収集運搬や処理にかかる費用を払う。家電小売店は家電メーカーに運搬し、家電メーカーが家電製品をリサイクルする。家電リサイクル法により回収が義務化されたことで、リサイクル率は、エアコンや洗濯機・衣類乾燥機で、90%以上となっている。

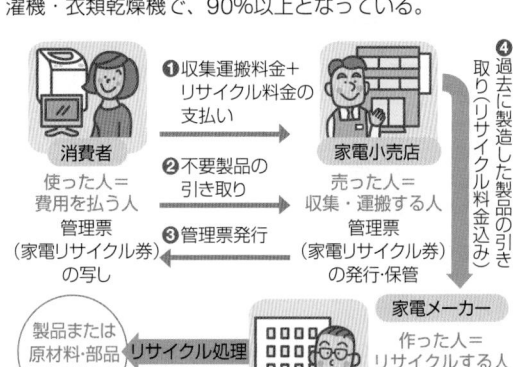

3 「食べ残しって、ごみにするしかない」？
食品リサイクル法

日本人は1日1人あたり茶碗1杯分を捨てているという。食品廃棄物はこれまで多くが焼却や海洋投棄され、リサイクル率は約1割と低かった。本法により、事業者・消費者を対象に食品廃棄物の抑制と廃棄物の利用をめざしている。これにより、食品廃棄物は肥料や家畜の飼料、メタン発酵によるバイオマス発電などに利用され、リサイクル率は9割程となった。

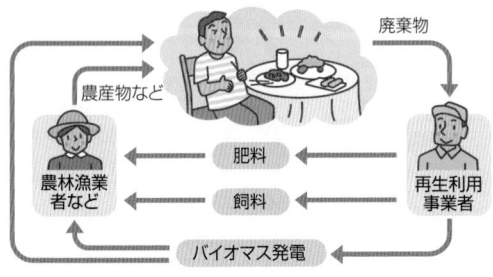

リサイクルされれば資源となるが、捨てられてしまえばごみとなる。

3 できることからはじめよう——5R

1 リサイクル（Recycle）

再生利用：ごみとなるものを分別し原料としてもう一度使う（→p.90）。リサイクルマーク（→口絵22）などを確認しよう。ペットボトル・アルミ缶・牛乳パックのリサイクルから生産できるものを下に示した。

PET

■ ペットボトル

回収　ペットボトル（500mL）15本　製品1着

■ アルミ缶

ボーキサイト

100%

アルミ地金

3%

回収アルミ缶

回収されたアルミ缶から再生地金をつくるエネルギーは、原料のボーキサイトから全く新しい地金をつくるときのエネルギーのたった3%ですむ。

リサイクルに関するマーク

PETボトル再利用品

R100

Ni-Cd

リサイクル

リサイクルの意識を高めたり分別の目安として、また、再生資源を使った商品であることを示すために、さまざまなマークが表示されている。上のマークはどのような意味があるだろうか？（→口絵20）

■ 牛乳パック

1Lパック

30個

古紙にすると

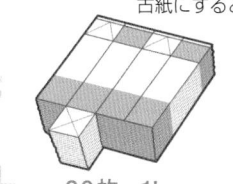

30枚＝1kg

トイレットペーパー

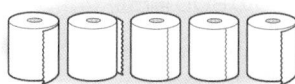

65m×5個分

2 リユース（Reuse）

再使用：びんなどを回収・洗浄して繰り返し何度も使用する。こうしたびんをリターナブルびんといい、一度の使用で捨てられるびんをワンウェイびんという。ワンウェイびんは色別に回収・粉砕され、カレットというびんやタイルの原料になる（リサイクル）。

4 リペア（Repair）

修理：多少の破損なら修繕して使い続けること。服・鞄・靴・家電製品など。

3 リデュース（Reduce）

発生抑制：ごみとなるものを減らす。詰めかえ（リフィル）用品を買うことで、すでにある容器がむだ（ごみ）にならない。衣服なら、飽きのこない長く使えるものを選ぶ。

5 リフューズ（Refuse）

拒否：ごみとなるレジ袋を断って、持参のエコバッグを使う。贈り物でも過剰包装を断ってシンプルに。

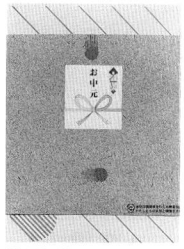

簡易包装

エコバッグ

3Rキャンペーンマーク

RRR

リデュース・リユース・リサイクルの3R運動推進のためのマーク。

6 衣食住と環境

みそ汁一杯の排水を浄化するのに必要な水の量は？
いらなくなった服はどうなるのだろう？
省エネのために住まいで工夫できることは？

① 食生活と環境

購入

- 献立をつくって、計画購入
- 家にある食材を確認して購入
- 余計なものは買わない
- エコバッグ（→p.91）を持参する
- 旬の食材を選ぶ（→❶）
- 地産、国産のものを選ぶ
- 包装の少ないもの（→p.91）、リサイクルマーク（→口絵■22、p.91）のあるものを選ぶ

❶ きゅうりへの投入エネルギー量 （1990年）

凡例：光熱・動力／肥料／農薬／園芸施設／農機具／その他

夏秋どり：露地／ハウス加温
冬春どり：ハウス無加温／ハウス加温

（横軸：0〜5,000 千kcal／t）

（環境省「環境白書（平成15年版）」）

調理

- 材料は使い切る（食品ロス率→p.113）
- 熱源（オーブン、電子レンジ、ガスコンロなど）は、材料・目的に合わせて効率よく使用
- 火力や炎の大きさはなべのサイズに合わせる
- 洗いものを減らすために調理器具は必要最小限にする
- 食べ残さないように、作りすぎない

保存

- 冷蔵庫、冷凍庫は省エネタイプにする（→❷）
- 消費期限、賞味期限（→p.107）を確認し、むだにしない
- まとめてつくり、冷凍保存

❷ 冷蔵庫（450Lクラス）**の実使用時年間電力消費量の推移**

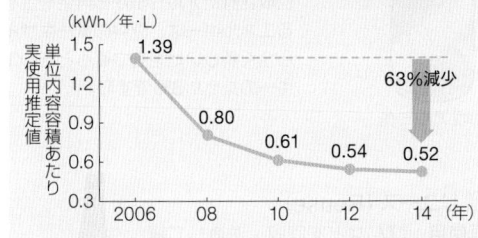

（縦軸：kWh／年・L 実使用推定値 単位内容容積あたり）
1.39（2006）／0.80（08）／0.61（10）／0.54（12）／0.52（14年）
63%減少

（Panasonic Webサイトより作成）

❸ 1人1日あたりのBOD排出量（43g）

し尿 13g (30.2%)	風呂 9g (20.9%)	台所 17g (39.5%)	洗濯など 4g (9.3%)
	生活雑排水 30g (69.8%)		

（環境省「生活雑排水対策推進指導指針」）

■ 魚が住める水質（BOD：5mg／L程度）**にするために必要な水の量**

食器の汚れぐあい		必要な水の量
種類・（ ）内は捨てる量	そのBOD（mg/L）は	
使用済みの天ぷら油（500mL）	1,000,000	風呂おけ330杯分（100,000L）
おでんの汁（500mL）	74,000	風呂おけ25杯分（7,400L）
牛乳（200mL）	78,000	風呂おけ10杯分（3,120L）
みそ汁（200mL）	35,000	風呂おけ4.7杯分（1,400L）
米のとぎ汁（2L）	3,000	風呂おけ4杯分（1,200L）
ラーメンの汁（200mL）	25,000	風呂おけ3.3杯分（990L）

BODとは…微生物が水中の有機物を分解するときに消費される酸素量を表す値で、数値が高いほど環境負荷が高い。

食事

- 各自の皿へは、食べ残しのない配分を考える

後かたづけ

- 料理が残った場合は、翌日違う料理にアレンジする
- 洗う前に油汚れなどはふき取る。また、排水をできるだけ汚さない（→❸）
- 水道を出しっぱなしで食器を洗わない
- 水につけて汚れを浮かし、洗剤の量を減らす

ごみ

- 減量、分別（リサイクル）をしっかりと
- ポリ容器などは小物入れに作り替えて利用
- 生ごみの水分を切る
- できれば、生ごみはコンポスト容器でたい肥にする

② 衣生活と環境

■ 繊維製品の再資源化の方法

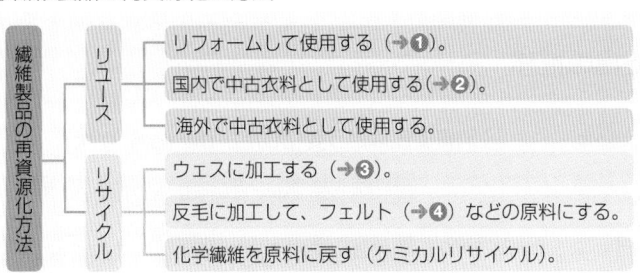

繊維製品の再資源化方法	リユース	リフォームして使用する（→❶）。
		国内で中古衣料として使用する（→❷）。
		海外で中古衣料として使用する。
	リサイクル	ウェスに加工する（→❸）。
		反毛に加工して、フェルト（→❹）などの原料にする。
		化学繊維を原料に戻す（ケミカルリサイクル）。

解説 反毛とはもとの綿状に戻すこと。その他、サーマルリサイクル（燃焼によりエネルギーを回収すること）という方法もある。

（ダイナックス都市環境研究所「中古衣料リユースビジネスモデルに関する調査・検討報告書」）

❶リフォーム
作り直すこと。洋服などの仕立て直し。

加賀友禅の古着を洋服に

❷フリーマーケット
不要になった衣類の売買・交換を行う市。

❸ウェス
ウェスは工場で使用する油ふき用ぞうきんのこと。

❹フェルト（→p.57）
羊毛の縮充性で、繊維がからみあっている布。

③ 住生活と環境

■ あなたの省エネ度チェック

❶冷房はガンガンにきかせる。　□Yes 670

❷ヒーター全開で冬でもTシャツで大丈夫。　□Yes 1,280

❸冷蔵庫はギューギューに詰まっている。　□Yes 960

❹パソコンはいつもついている。　□Yes 690

❺蛍光灯より白熱電球の雰囲気が好き。　□Yes 1,850

❻見ていなくてもテレビはついている。　□Yes 700

❼シャワーは流しっぱなしが好き。　□Yes 3,000

❽少量でも洗濯機でこまめに洗う。　□Yes 3,950

❾入浴時間は家族バラバラ。　□Yes 6,000

❿エアコンのフィルターを掃除したことはない。　□Yes 700

⓫暖房便座のふたは開けっ放し。　□Yes 770

⓬食器洗いは手洗い。食洗機はあっても使わない。　□Yes 8,060

（（財）省エネルギーセンター「家庭の省エネ大辞典」を参考に作成）

それぞれの右下の数値は、あなたがYesとした場合に余計にかかった光熱費（年間）です。Yesと答えた箇所の数値を合計すると、いくらになりましたか？

あなたの合計は？  円／年

7 家庭の収入・支出と税金

自立した生活のための費用はいくらだろう？
生活費の中で使う割合が大きいのは、何？
給与明細の項目の意味って、わかる？

1 ライフステージごとの収入と消費支出の推移

1 ライフステージごとの収入と支出（勤労者世帯平均、2022年）

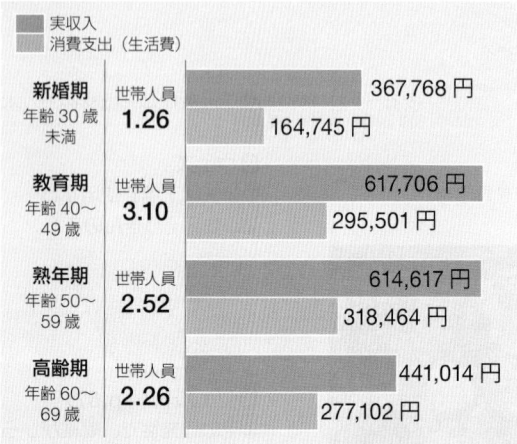

- ■ 実収入
- ■ 消費支出（生活費）

新婚期 年齢30歳未満　世帯人員 **1.26**
- 実収入：367,768 円
- 消費支出：164,745 円

教育期 年齢40〜49歳　世帯人員 **3.10**
- 実収入：617,706 円
- 消費支出：295,501 円

熟年期 年齢50〜59歳　世帯人員 **2.52**
- 実収入：614,617 円
- 消費支出：318,464 円

高齢期 年齢60〜69歳　世帯人員 **2.26**
- 実収入：441,014 円
- 消費支出：277,102 円

2 消費支出はどう変化したか（勤労者世帯・月平均）

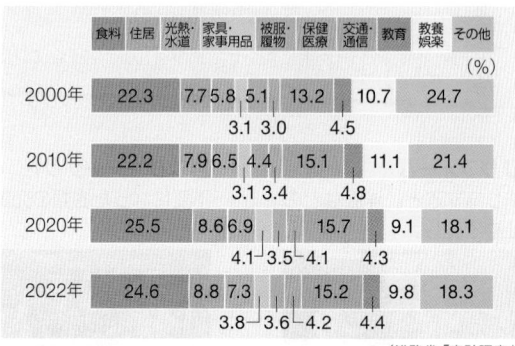

	食料	住居	光熱・水道	家具・家事用品	被服・履物	保健医療	交通・通信	教育	教養娯楽	その他
2000年	22.3	7.7	5.8	3.1	5.1	3.0	13.2	4.5	10.7	24.7
2010年	22.2	7.9	6.5	3.1	4.4	3.4	15.1	4.8	11.1	21.4
2020年	25.5	8.6	6.9	4.1	3.5	4.1	15.7	4.3	9.1	18.1
2022年	24.6	8.8	7.3	3.8	3.6	4.2	15.2	4.4	9.8	18.3

（％）

（総務省「家計調査」）

解説 「被服・履物」は減少傾向にあるが、携帯電話の普及などで「交通・通信」は増加傾向にある。

2 給与明細表の見方

働いた結果受け取る給料は、基本給＋諸手当。税金や保険料は天引き（あらかじめ差し引かれること＝控除）されることが多い。下のモデルで、その構造をみてみよう。

- 支給額の基本。ボーナスや退職金の算定基礎となる
- 基本給の他に会社によってさまざまな手当がある場合がある。時間外手当は残業時間に応じて支払われる
- 基本給と各種手当の合計金額

番号	部課コード	氏名					
12345	A-100	実教太郎					
基本給	役職手当	扶養手当	住宅手当	通勤手当	時間外手当	その他手当	支給額合計
195,000	0	0	10,000	11,450	11,080	0	227,530
健康保険	介護保険	厚生年金保険	雇用保険	所得税	住民税	その他	控除額合計
5,688	0	12,836	1,365	4,550	14,000		38,439
						差引支給額	189,091

- 病気やけがの治療や薬代を給付する社会保険に対して支払う金額
- 介護サービスを行う社会保険に対して、40歳以上の人が支払う金額
- 厚生年金制度を支えるために支払う金額
- 失業した場合の収入確保のために支払う金額
- 月ごとの所得に応じて国に支払う税金
- 前年の収入に応じて各自治体に支払う税金
- 社会保険料や税金など控除金額の合計

各種社会保険料（→p.44〜45）

差引支給額 ＝ 支給額合計 ー 控除額合計
支給額合計は、額面上の給与額
差引支給額は、実際に支給される手取りの金額

3 収入と支出

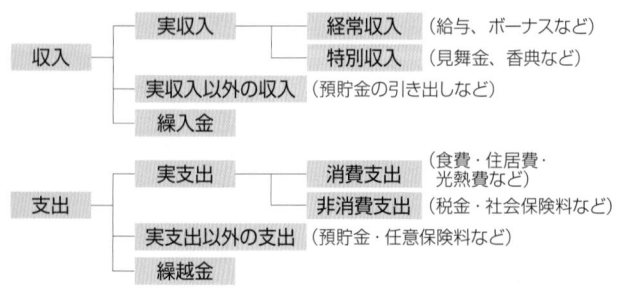

```
        ┌ 実収入 ─────┬─ 経常収入 （給与、ボーナスなど）
        │            └─ 特別収入 （見舞金、香典など）
収入 ───┼ 実収入以外の収入 （預貯金の引き出しなど）
        └ 繰入金

        ┌ 実支出 ─────┬─ 消費支出 （食費・住居費・光熱費など）
        │            └─ 非消費支出 （税金・社会保険料など）
支出 ───┼ 実支出以外の支出 （預貯金・任意保険料など）
        └ 繰越金
```

マイナンバー制度

マイナンバーとは、国民一人ひとりが持つ12ケタの個人識別番号のこと。社会保障、税、災害対策の行政手続きに必要となる。また、従業員として勤務する場合、勤務先から税や社会保険の手続きのために、マイナンバーの提示をもとめられる。番号は重要性の高い個人情報なので、従来以上に厳重に管理する必要がある。

Q&A エコマネーとは？ ▶地域通貨とも呼ばれ、疑似的なお金を限定された地域内で通用させ、財やサービスをやり取りする。1983年にカナダ

4 家計・企業・政府—三つの経済主体

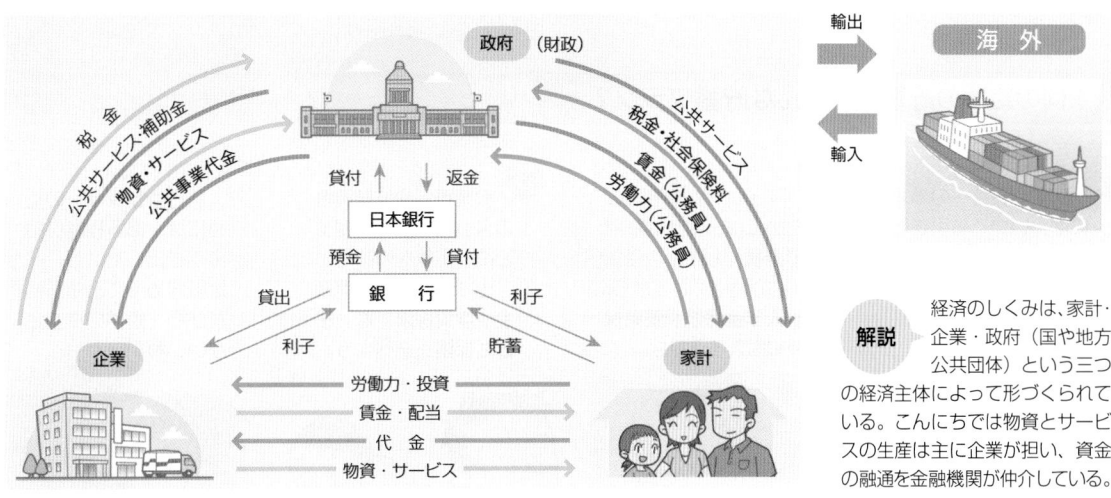

解説 経済のしくみは、家計・企業・政府（国や地方公共団体）という三つの経済主体によって形づくられている。こんにちでは物資とサービスの生産は主に企業が担い、資金の融通を金融機関が仲介している。

5 国に納める国税と地方に納める地方税

税金には、税金を払う人が自分で納める「直接税」と、商品の価値などに税が含まれていて、買った人がその税を負担する「間接税」がある。直接税は、各人の所得によって税率を変える累進課税が適用できるが、間接税は、商品に一律に課税されるため、同率負担であり、低所得者層にとっての負担割合は重いものとなる。

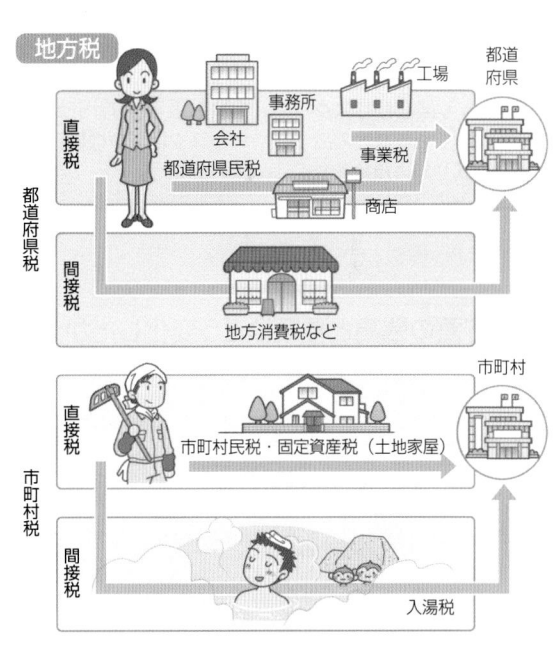

源泉徴収と申告納税

納税は自分で申告する方法が基本であるが、勤労者が個々に税金を納めるのは事務も煩雑になるため、給料から税金分を差し引き、事業主がまとめて納税する方法がとられる。これが源泉徴収である。法人、個人事業者や複雑な所得源のある者、高額所得者は自分で所得額を申告して納税する。申告納税の場合には、申告漏れなどが起こりやすく問題となる。

●源泉徴収
所得として受け取る前に税金を差し引いている。

●申告納税
自分の税金を計算して納税する。

8 貯蓄と保険

家計にとって貯蓄や保険はどう関係するの？
保険なんて、高校生には関係ない？
口絵■10、11も参考にしよう。

1 何のための貯蓄？ どんな貯蓄プラン？

① 病気や災害への備えには、いつでも引き出せるように、身近な**銀行の普通預金**を利用しよう。

② マイホームや老後のためには、やっぱり**財形貯蓄**でしょう。老後の豊かさをめざすなら、**個人年金保険**や**養老保険**にも入ろうかな。

③ 教育資金や結婚資金のように、予定期間までに一定額を貯めたいときは、**銀行の定期預金**や**学資保険**だな。**子ども保険**も調べよう。

④ 旅行やレジャーのためには、ある程度自由に引き出したいし、一定額貯めることも必要だから、短期の積立金がいいわ。

⑤ 余裕資金を持ちたい私は、いくらかリスクがあっても収益性の高い**株式**や**外貨預金**をやってみようかしら。

⑥ 私は余裕資金は**投資信託**にしようかな。元本割れのリスクは、分散投資で低下させよう。5～7年運用して収益を狙うね。

⑦ 何はともあれ、**総合口座**をつくりましょう。

2 貯蓄の残高と種類はどう変化したか

(万円)

■ 普通預金など ■ 定期預金など ■ 生命保険など
■ 有価証券 ■ その他

貯蓄総額

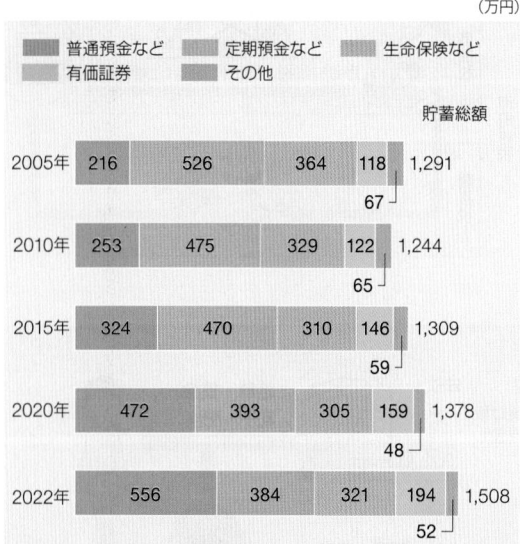

年	普通預金など	定期預金など	生命保険など	有価証券	その他	貯蓄総額
2005年	216	526	364	118	67	1,291
2010年	253	475	329	122	65	1,244
2015年	324	470	310	146	59	1,309
2020年	472	393	305	159	48	1,378
2022年	556	384	321	194	52	1,508

（総務省「家計調査報告（貯蓄・負債編）」より作成）

解説 利率の低さから定期の預貯金や生命保険が減少し、普通預金が増えている。

3 年齢層別貯蓄と負債の比較

(2022年)

■ 貯蓄 ■ 負債

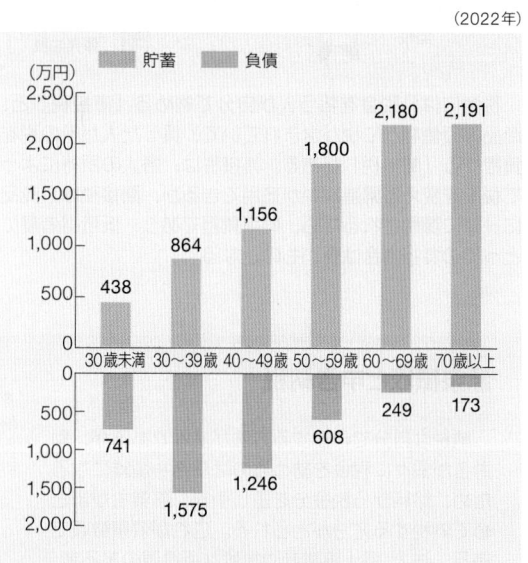

(万円)

	30歳未満	30～39歳	40～49歳	50～59歳	60～69歳	70歳以上
貯蓄	438	864	1,156	1,800	2,180	2,191
負債	741	1,575	1,246	608	249	173

（総務省「家計調査報告（貯蓄・負債編）」より作成）

解説 年齢層が高くなると貯蓄も多くなっている。一方、負債（借金）は30～40代が最も多い。すべての世代で負債のほとんどは不動産取得によるものである。

4 身近な保険

1 自転車（総合）保険

自転車に乗っていて事故にあった場合に保険金が出る。自分だけでなく、相手に対する損害を補償するものもある。

自転車事故によって他人に重傷を負わせた場合、損害賠償という形で6,000万円の支払いを命じられた例もある。

2 海外旅行保険

海外旅行先で病気になったりケガをしたり、誤ってものを壊してしまったときなどにかかる費用を補償する損害保険のこと。

海外では救急車が有料だったり、治療費が高額だったり、ささいなことで高額な損害賠償を請求されたりすることがある。

3 ボランティア保険

- 傷害保険：ボランティア会場に行く途中や、活動中に事故・ケガをした場合など、ボランティア活動者自身に対して補償する保険。
- 賠償責任保険：ボランティア活動中の思いがけない事故により、他人にケガをさせたり持ち物を破損した場合に補償する保険。

5 ライフステージと保険

人生のそれぞれの時期やそのときの家族構成によっても、必要な保険は異なる。自分にとってどのような保険が必要なのか、どの程度の補償が必要なのかをよく考えよう。

1 就職する時期

卒業したばかりで独身の時期は、自分のケガや病気に備えた医療保険が重要。

2 結婚する時期

配偶者（夫または妻）という家族が増え、家族のために必要な保険を考える。夫婦の働き方でもポイントが異なる。

- 共働き夫婦の場合

一方（例えば夫）に万一のことがあっても、もう一方（妻）も仕事をして収入があれば、多くの保険はあまり必要ない。

- 「大黒柱」型夫婦の場合

おもな収入を得る夫（妻）＝大黒柱に万一のことがあれば、家族の生活保障のために、保険の必要性は高い。

3 出産・子育ての時期

子どもが生まれてから独立するまでは、保険の必要性がもっとも高い時期。長期に保障される保険が適している。

4 高齢期

公的年金では不足するので、老後の生活費や、死亡後に家族などが受け取れるための保険。

6 保険の基礎知識

1 保険の種類

保険には、国などが補償する公的保険（社会保険→p.44〜45）と、個人が任意で加入する私的保険がある。私的保険は、何に備えるかによって大きく2つに分かれる。

人の生死に備える [生命保険]	亡くなったり、ケガや病気になったときに、あらかじめ契約した保険金額が支払われる。例：終身保険・定期保険・養老保険・ガン保険など
モノの損失に備える [損害保険]	事故や災害などで失ったモノに対する損害を、実際の損失額を上限として保険金が支払われる。例：自動車保険・火災保険・地震保険・自転車保険・海外旅行保険など

2 貯蓄と保険の違い

- 定期預金

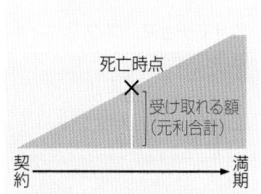

メリット：満期後に減額されないので、長期で準備する老後資金に向く。
デメリット：積み立てた時点までの元利合計金額しか受け取れない。

- 生命保険

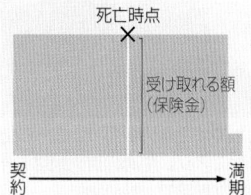

メリット：支払い済み保険料にかかわらず、規定の保険金を受け取れる。
デメリット：満期後は一部またはすべて減額されることが多い。

1 世界の食文化

他の国はどのような食事をしているのだろうか？
気候の違いはどのような影響を与えているのだろう？
主食の違いはどのような影響を与えているのだろう？

1 世界の主食類型の分布と各国料理

❶ ドイツ [マッシュポテト、ザワークラウト、アイスバイン]

キャベツの酢漬けはザワークラウト、豚肉は香辛料とともに煮込んでアイスバインに、じゃがいもはマッシュポテトに。

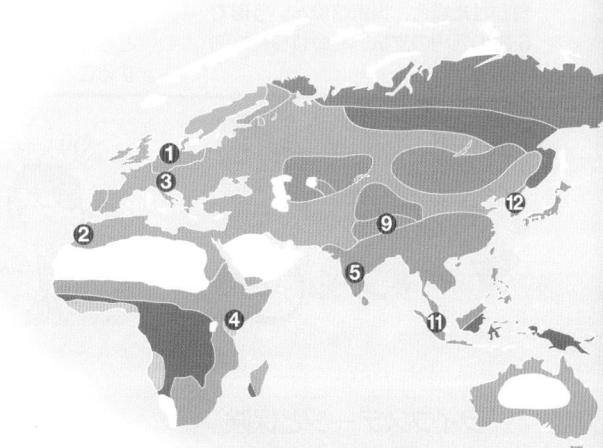

❷ モロッコ [クスクス]

小麦粉をあらくひいた粉を蒸したクスクス。羊やラクダ、ヤギなどの肉を入れたスープや煮込みをかける。大麦やとうもろこしの粉でもつくられる。

❸ イタリア [ピザ]

トマトソースをぬり、パンチェッタ（塩漬けハム）、オリーブ、チーズなどをのせて焼く。

❺ インド [ナン、カレー、タンドリーチキン]

ナンは高温に蒸した石窯（タンドール）の内壁に小麦粉でつくった生地をたたきつけて焼く発酵パン。カレーは基本スパイスを使い、肉や豆を具にするなどさまざま。

❹ ケニア [ウガリ、ケニアジ、ニャマチョマ、スクマウィキ]

とうもろこしの粉を湯でねったものが主食のウガリ。コーンとほうれんそう入りのマッシュポテトはケニアジ。牛肉の炭火焼はニャマチョマ。スクマウィキはビタミン豊富な青菜で、炒め物に。

- 肉＋乳
- 小麦＋肉
- 小麦＋乳
- 小麦＋肉＋乳
- 米
- 小麦
- 大麦
- 雑穀（モロコシ・キビなど）
- とうもろこし
- 肉類（豚・牛・羊・鳥・魚など）
- 麦類＋いも類
- いも類（じゃがいも・キャッサバ・タロイモ・ヤムイモ・料理用バナナなど）

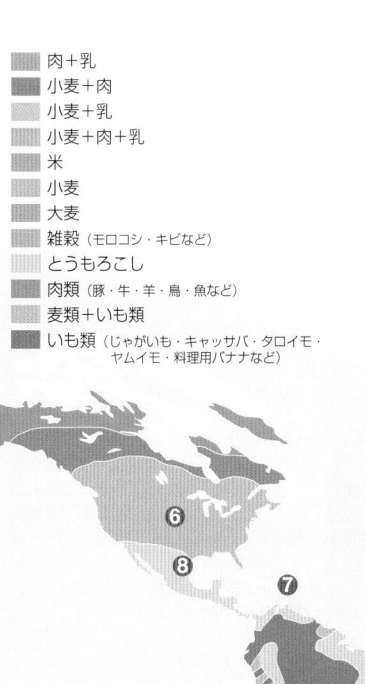

❻ アメリカ ［ホットドッグ、ポークビーンズ］

簡単に早く食事をするために、ファストフードが多い。いんげん豆とベーコンをトマトピューレで煮込んだポークビーンズも代表的料理。

❼ ハイチ ［キャッサバパン］

トウダイグサ科の作物の根からとれるでんぷんを乾燥させ、粉砕してつくったキャッサバの粉で焼いたパン。

❽ メキシコ ［タコス］

とうもろこしの粉を使って焼いたトルティーヤという無発酵パンに、トマトやたまねぎなどでつくったサルサソースと肉などの具をはさんで食べる。

❾ 中国（チベット自治区）［ツァンバ］

大麦を煎って焦がし、くだいて粉にしたもの。砂糖を混ぜたり、湯で練って食べる。

❿ ミクロネシア（カロリン諸島）［タロイモ］

タロイモをバナナの葉を使い蒸し焼きにする。オセアニアの主食のひとつ。

⓫ インドネシア ［サテ］

サテは、羊肉・鶏肉などを甘辛いタレにつけて焼いた串焼き。主食のご飯は「ナシ」といい、炒めたご飯は「ナシゴレン」。

⓬ 韓国 ［石焼きビビンバ］

直火にかけて熱くした鉄製のどんぶりにご飯を盛り、ナムル（ぜんまい・にんじん・もやしなどのあえ物）や肉をのせ、熱いうちによく混ぜて食べる。

2 日本の食文化

行事食とは、何だろう？
お正月のおせち料理には何が入っているだろう？
全国にはどのような郷土料理があるだろう？

1 日本の行事食

1月1日 正月 おせち料理

正月を祝う縁起物の料理。また、年神を迎えるあいだは煮炊きなどを慎み、料理をつくる人が骨休めできるようにとの意味もあり、冷めてもおいしい料理が工夫されている。

雑煮

年神（稲の豊作をもたらす神）に供えた食べ物を雑多に煮て食べたことに由来する。
1年間、丈夫に（身体が長持ち（モチ））過ごせるように願い新年を祝う。

屠蘇

屠蘇（鬼気を屠絶して人の魂を蘇生する）は家族の無病息災、延命長寿を願う。

❶田作り：かたくちいわしの幼魚を干してつくった佃煮。豊作祈願の縁起物。「五万米」の字をあてて「ごまめ」ともいう。子宝、繁栄も願う。
❷数の子：にしんの卵巣。子孫繁栄を願うもの。
❸かまぼこ：紅白、日の出に似た形から門出を祝う。
❹黒豆：1年間、まめに（健康に・元気に）暮らせるように。
❺れんこん：穴が空いているため、先の見通しがきく。
❻栗きんとん：勝ち栗から勝ち運を願う。
❼昆布巻き：昆布は「喜ぶ（よろこぶ）」に通じる縁起物。

1月7日 七草がゆ

古来より、正月7日に春の七草をつかった「七草がゆ」を食べると万病を払うと信じられてきた。❶せり、❷なずな、❸ごぎょう、❹はこべら、❺ほとけのざ、❻すずな（かぶ）、❼すずしろ（大根）

（中央の円）春 冬 夏 秋

12月31日 大晦日 年越しそば

1年間の健康に感謝し、そばのように「細く長く」生きられるように願う。

12月22ごろ 冬至

「冬にかぼちゃを食べると風邪や中風（脳卒中）にならない」といわれる。

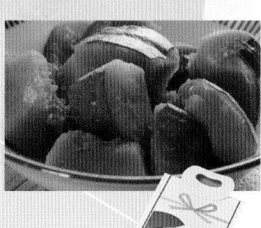

3月21ごろ 彼岸の中日

精進料理、ぼたもち、彼岸だんご

1月15日 小正月 あずきがゆ

2月3日 節分

年の数の煎り大豆を食べる。

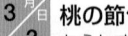

11月15日 七五三 千歳飴

千歳とは長い年月のたとえで、親が子の長寿を願い、細く長くつくられている。

3月3日 桃の節句

ちらしずし・はまぐりの吸い物

5月5日 端午の節句

かしわもち、ちまき

9月中旬 中秋の名月

月見だんご、枝豆、栗、果物

7月土用 丑の日

うなぎのかば焼き

2 日本全国のおもな郷土料理

太字は農林水産省『農山漁村の郷土料理百選』

日本は四方を海に囲まれ、南北に長い地形から、各地にその土地の特産品を生み出し、特色のある郷土料理を作り出してきた。あなたの身近な郷土料理は何だろう？

近畿

京都：**賀茂なすの田楽**・はも刺
滋賀：ふなずし・もろこ料理・近江牛のみそ漬・鴨鍋
大阪：船場汁・**箱ずし**
奈良：奈良漬・柿の葉ずし
三重：伊勢うどん・手こねずし・松阪牛すき焼き
和歌山：鯨の竜田揚げ・なれずし・めはりずし
兵庫：ぼたん鍋・たこ飯・いかなごのくぎ煮

はも刺

ぼたん鍋

九州

佐賀：呼子いかのいきづくり
福岡：筑前煮・おきゅうと・もつ鍋・**水炊き**
大分：ぶりのあつめし・ごまだしうどん・**手延べだんご汁**
長崎：ちゃんぽん・皿うどん・**卓袱料理**・具雑煮
熊本：辛子れんこん・豆腐のみそ漬・菜焼き
宮崎：冷や汁・飫肥天
鹿児島：つけあげ・きびなご料理・**鶏飯**

筑前煮

ちゃんぽん

北陸

富山：**ますずし**・ほたるいかの酢みそあえ
石川：かもの治部煮・かぶらずし
福井：越前かに料理・豆腐のぼっかけ・**さばのへしこ**

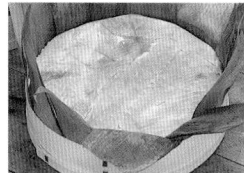
ますずし

中国

鳥取：松葉かに料理・**あごのやき**・かに汁
島根：しじみ汁・出雲そば
岡山：祭りずし・ままかりずし・ばらずし
広島：小いわしの刺身・かきの土手鍋・あなご飯
山口：ふく料理・岩国ずし・茶がゆ

ふく料理（ふく刺・ふくちり）

沖縄

沖縄：ラフティ・**沖縄そば**・ゴーヤチャンプルー

ミミガー・山羊汁・ラフティ

東北

青森：たらのじゃっぱ汁・**いちご煮**・せんべい汁
岩手：**わんこそば**・まつものの酢の物・**ひっつみ**
秋田：**きりたんぽ鍋**・はたはたのしょっつる鍋
山形：むきそば・田楽もち・どんがら汁・いも煮
宮城：**はらこ飯**・ほやの酢みそあえ・おくずがけ・ずんだもち
福島：こづゆ・にしんの山椒漬

きりたんぽ鍋

四国

香川：**さぬきうどん**・あんもち雑炊
徳島：たらいうどん・竹ちくわ・そば米ぞうすい
愛媛：ふくめん・緋のかぶ漬・じゃこ天・宇和島たいめし
高知：かつおのたたき・皿鉢料理

かつおのたたき

北海道

北海道：ジンギスカン・**石狩鍋**・三平汁・にしん漬・イクラ丼

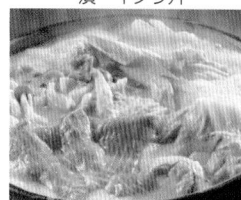
石狩鍋

関東

茨城：**あんこう鍋**・紫錦梅
栃木：**しもつかれ**・かんぴょう玉子とじ
群馬：**こんにゃく料理**・お切り込み
埼玉：豚のみそ漬・深谷ねぎのぬた・**冷汁うどん**
千葉：なめろう・**太巻きずし**・らっかせいみそ
東京：江戸前ずし・どじょうなべ・**深川丼**・くさや
神奈川：建長汁（けんちん汁）・**へらへらだんご**

どじょうなべ

甲信越・東海

新潟：鮭の焼漬・細切り昆布・**のっぺい汁**・笹ずし
長野：**お焼き**・野沢菜漬・わさび漬・馬刺し
山梨：**ほうとう**・ゆず巻き大根・吉田うどん
静岡：まご茶・かつおの角煮・うなぎのかば焼き
愛知：**ひつまぶし**・みそかつ・みそ煮こみうどん
岐阜：あゆの赤煮・**朴葉みそ**

朴葉みそ

ひつまぶし

3 データでみる食生活

食べる物は、今も昔も同じだろうか？
年齢や性別で、身体はどう違うだろうか？
あなたの食生活に問題はないだろうか？

いずれも厚生労働省「国民健康・栄養調査」による。

1 日本人の食卓はどう変化してきたか？

1 食品の摂取状況 (全国平均1人1日あたり)

	米	果実類	肉類	乳類	緑黄色野菜
1975年	248.3g	193.5g	64.2g	103.6g	48.2g
1985年	216.1g	140.6g	71.7g	116.7g	73.9g
1995年	167.9g	133.0g	82.3g	144.5g	94.0g
2005年	343.9g	125.7g	80.2g	125.1g	94.4g
2015年	318.3g	107.6g	91.0g	132.2g	94.4g
2019年	301.4g	96.4g	103.0g	131.2g	81.8g

米には、2001年より加工品（めし、かゆなど）が加わった。

解説 1975年に比べて果実の摂取量が減り、肉・乳・緑黄色野菜が増加している。ただし、若い世代は肉の摂取量が、高齢層は野菜の摂取量が多い傾向がある。

2 エネルギーの栄養素別摂取構成量の年次推移

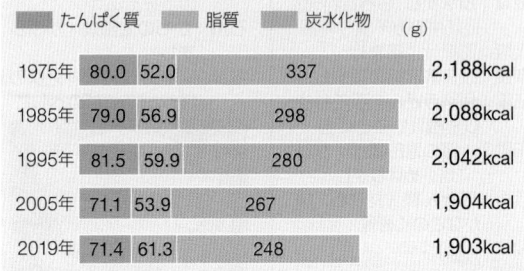

■ たんぱく質　■ 脂質　■ 炭水化物　(g)

	たんぱく質	脂質	炭水化物	
1975年	80.0	52.0	337	2,188kcal
1985年	79.0	56.9	298	2,088kcal
1995年	81.5	59.9	280	2,042kcal
2005年	71.1	53.9	267	1,904kcal
2019年	71.4	61.3	248	1,903kcal

解説 1人1日あたりのエネルギー摂取総量は減少しつつある。エネルギー摂取では、たんぱく質：脂質：炭水化物のバランス（→p.321）が大切。

3 食塩の摂取量状況 (性・年齢階級別)　(2019年／g)

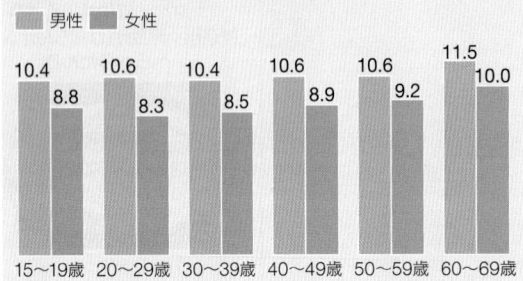

■ 男性　■ 女性

	15～19歳	20～29歳	30～39歳	40～49歳	50～59歳	60～69歳
男性	10.4	10.6	10.4	10.6	10.6	11.5
女性	8.8	8.3	8.5	8.9	9.2	10.0

解説 1人1日あたりの食塩の摂取量は9.7gで、食事摂取基準（→p.322）を超過している。また年齢層が高いほど摂取量が多い。

4 脂質摂取量の年次推移　(g)

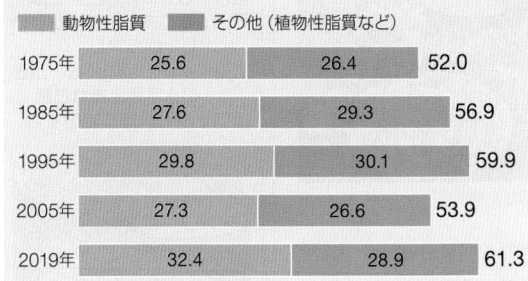

■ 動物性脂質　■ その他（植物性脂質など）

	動物性脂質	その他	計
1975年	25.6	26.4	52.0
1985年	27.6	29.3	56.9
1995年	29.8	30.1	59.9
2005年	27.3	26.6	53.9
2019年	32.4	28.9	61.3

解説 脂質摂取量は1995年をピークに減少傾向にあったが、近年増加のきざしがある。食品によって異なる脂肪酸を持つため、バランスのよい摂取が求められる。

2 食生活の状況

1 朝食の欠食率 (性・年齢階級別)　(2019年／%)

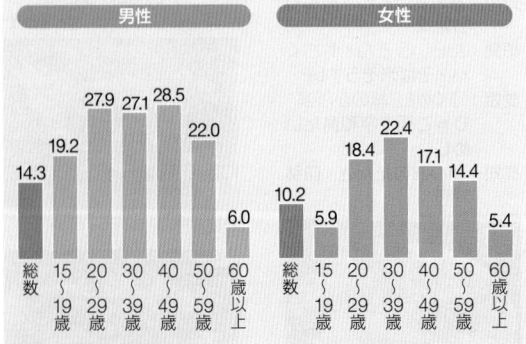

男性

総数	15～19歳	20～29歳	30～39歳	40～49歳	50～59歳	60歳以上
14.3	19.2	27.9	27.1	28.5	22.0	6.0

女性

総数	15～19歳	20～29歳	30～39歳	40～49歳	50～59歳	60歳以上
10.2	5.9	18.4	22.4	17.1	14.4	5.4

解説 男性は朝食を抜く率が高いが、特に20～40歳代にその傾向が強い。なお欠食には、菓子や果物、錠剤・栄養ドリンクのみの場合も含まれる。

2 広がる外食の利用

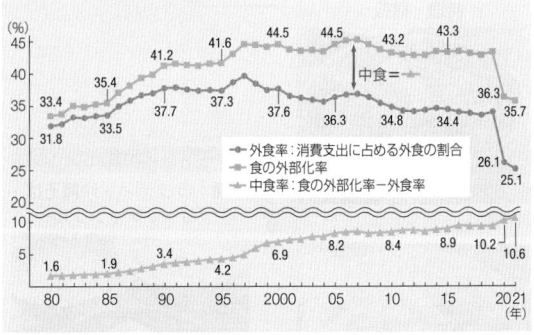

（財）食の安全・安心財団Webサイト

解説 「外食率」とは食料消費支出に占める外食の割合。「食の外部化」とは外食率に総菜・調理食品（中食）の割合を加えたもの。中食率が増加している。

Q.A 朝食を抜くとどうなるの？▶ 時間がない、食欲がない、眠いなどの理由で朝食を抜く人が増えている。朝食を抜くと低血糖状態となり、脳

TOPIC

10〜20代の女性はやせが多い!?

やせと肥満の状況 (性・年齢階級別)　(2019年／%)

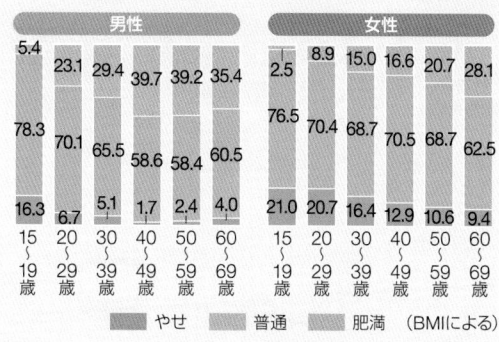

男性

	15〜19歳	20〜29歳	30〜39歳	40〜49歳	50〜59歳	60〜69歳
やせ	5.4	23.1	29.4	39.7	39.2	35.4
普通	78.3	70.1	65.5	58.6	58.4	60.5
肥満	16.3	6.7	5.1	1.7	2.4	4.0

女性

	15〜19歳	20〜29歳	30〜39歳	40〜49歳	50〜59歳	60〜69歳
やせ	2.5	8.9	15.0	16.6	20.7	28.1
普通	76.5	70.4	68.7	70.5	68.7	62.5
肥満	21.0	20.7	16.4	12.9	10.6	9.4

■ やせ　□ 普通　■ 肥満　(BMIによる)

BMI<18.5	18.5≦BMI<25.0	25.0≦BMI
やせ	普通体重	肥満

BMI（Body Mass Index：体格指数）とは、体重と身長の関係から算出した肥満度を表す指数のことで、22が標準とされる（→p.320）。

[BMIの算出方法]　$BMI = \dfrac{体重（kg）}{身長（m）×身長（m）}$

BMI判定による体重早見表　(kg)

BMI	18.5	20	22.0 (標準体重)	23	25
140	36.3	39.2	43.1	45.1	49
145	38.9	42.1	46.3	48.4	52.6
150	41.6	45	49.5	51.8	56.3
155	44.4	48.1	52.9	55.3	60.1
160	47.4	51.2	56.3	58.9	64
165	50.4	54.5	59.9	62.6	68.1
170	53.5	57.8	63.6	66.5	72.3
175	56.7	61.3	67.4	70.4	76.6
180	59.9	64.8	71.3	74.5	81
185	63.3	68.5	75.3	78.7	85.6

身長（cm）

子どもにいくつもの「コ食」

現在の食生活を考えると、いつでもどこでも食べ物が手に入るようになって、食のリズムがくずれる、食生活の欧米化や食生活習慣の変化によってさまざまな病気を引き起こす、食に関する関心や知識が薄れる、栄養バランスがくずれた食事や不規則な食事の増加など、いろいろと問題が起きている。子どもの食生活にはそれらが端的に反映されており、食の多様化により次のようないくつもの「コ食」が生まれている。

孤食…家族や友人といっしょではなく、1人だけで孤独に食べる。

個食…家族がいっしょの食卓についても、それぞれが別々に好きなものを食べる。

固食…決まったものしか食べない。好き嫌いが多く、同じものばかり食べる。

濃食…調味済み食品など、味の濃いものばかり食べる。薄味の料理は苦手。

庫食…冷蔵（凍）庫からとりだし、レンジで加熱して食べる物ばかりで食事をすませる。

小食…食べる量が少ない。食が細い。また、ダイエットブームを反映し、小学校低学年でも食べる量を意識して減らしている子どもがいる。

戸（外）食…家の外での食事。ハンバーガーなどのように、好きな場所で歩きながらでも食事をする。

粉食…めん類やパンなどのように粉を主体としたやわらかい食事が多くなり、噛む力がおとろえる。

五食…朝、昼、夕の3食だけでなく、おやつと夜食が増え、1日に5回かそれ以上の食事をとる。

に必要なエネルギーが供給されず、思考力や集中力の低下や、精神的に不安定になりイライラ状態となる。午前中の仕事や勉強に支障が出る。

4 食事バランスガイド

厚生労働省・農林水産省共同策定
(2005年6月、2010年4月一部変更)

昨日一日に食べたものは？
自分に必要な食事は、どういうものだろう？
食事を見直すために、簡単な方法はないだろうか？

p.105に示した「食生活指針」にある、「主食、主菜、副菜を基本に、食事のバランスを」という項目を具体化したものが「食事バランスガイド」である。1日に「何を」「どれだけ」食べたらよいかが、ひと目でわかるイラストで示されている。

イラストは、日本で古くから親しまれている「コマ」をイメージして描かれ、食事のバランスが悪くなると倒れてしまうということを表している。

■ 食事バランスガイド活用方法

１ 自分に必要な1日のエネルギー量は？

年齢・性別・身体活動レベルによって1日に必要なエネルギーはそれぞれ異なるため、自分がどこにあてはまるかをまず確認する。

身体活動レベルは「低い」「ふつう以上」の2区分。「低い」は生活の大部分が座った状態の場合。「ふつう以上」はそれ以外の場合。

２ 「何を」「どれだけ」食べるか？

右ページの表から、自分にあてはまる縦の列を見て、「何を」「どれだけ」食べたらいいか確認する。

例えば、一般的な男性の場合、一番右の列にあてはまり、主食は1日に6～8つ必要である。

具体的な数え方は、ごはん小盛り1杯＝1つ(SV)、うどん1杯＝2つ（SV）と数える※。

※SVはサービング（食事提供量の単位）の略。

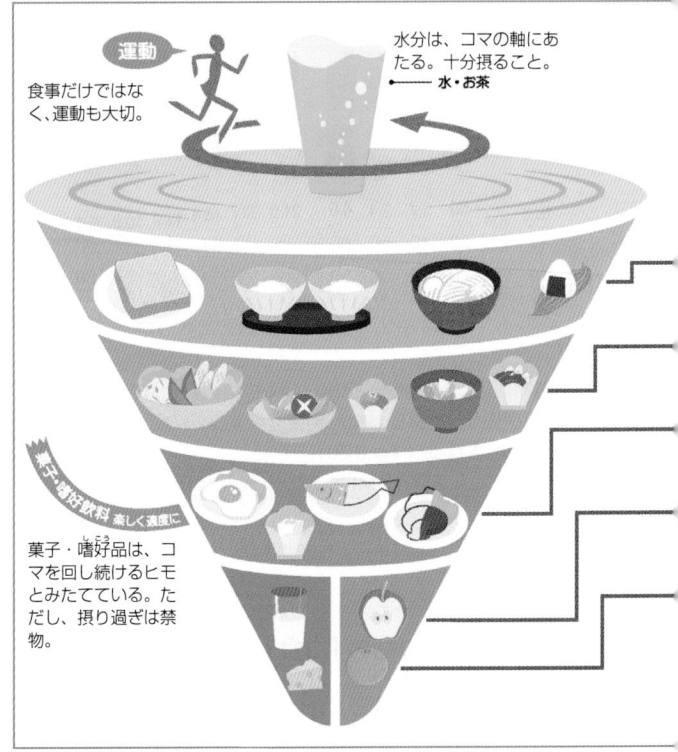

運動
食事だけではなく、運動も大切。

水分は、コマの軸にあたる。十分摂ること。
── 水・お茶

菓子・嗜好飲料 楽しく適度に

菓子・嗜好品は、コマを回し続けるヒモとみたてている。ただし、摂り過ぎは禁物。

■ 食事バランスガイドの具体的な活用例──20代会社勤めの女性の場合（2,200kcal）

	朝　食		昼　食		夕　食		合計
主食	食パン厚切り1枚	1つ	スパゲッティ1皿（ナポリタン）	2つ	ごはん小2杯	2つ	5つ
副菜	ミネストローネスープ	1つ	ナポリタン具 野菜サラダ	1つ 1つ	筑前煮 ほうれん草のお浸し	2つ 1つ	6つ
主菜	目玉焼き	1つ	－		さんま塩焼き 冷奴 1/3丁	2つ 1つ	4つ
牛乳・乳製品	ヨーグルト	1つ	ミルクコーヒー1杯	1つ	－		2つ
果物	いちご6個	1つ			みかん1個	1つ	2つ

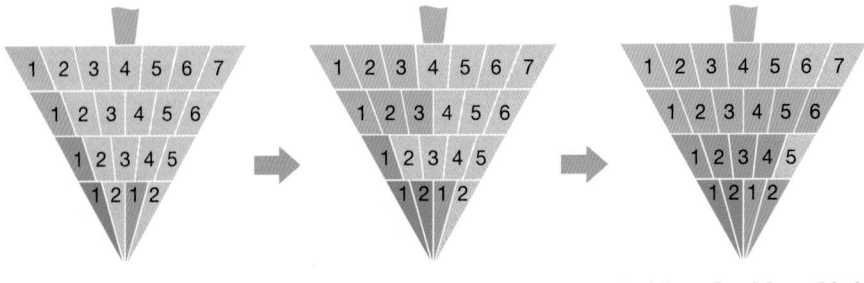

[朝食]　　　　　　[朝食] ＋ [昼食]　　　　　　[朝食] ＋ [昼食] ＋ [夕食]

食事バランスガイド あなたの食事は大丈夫?

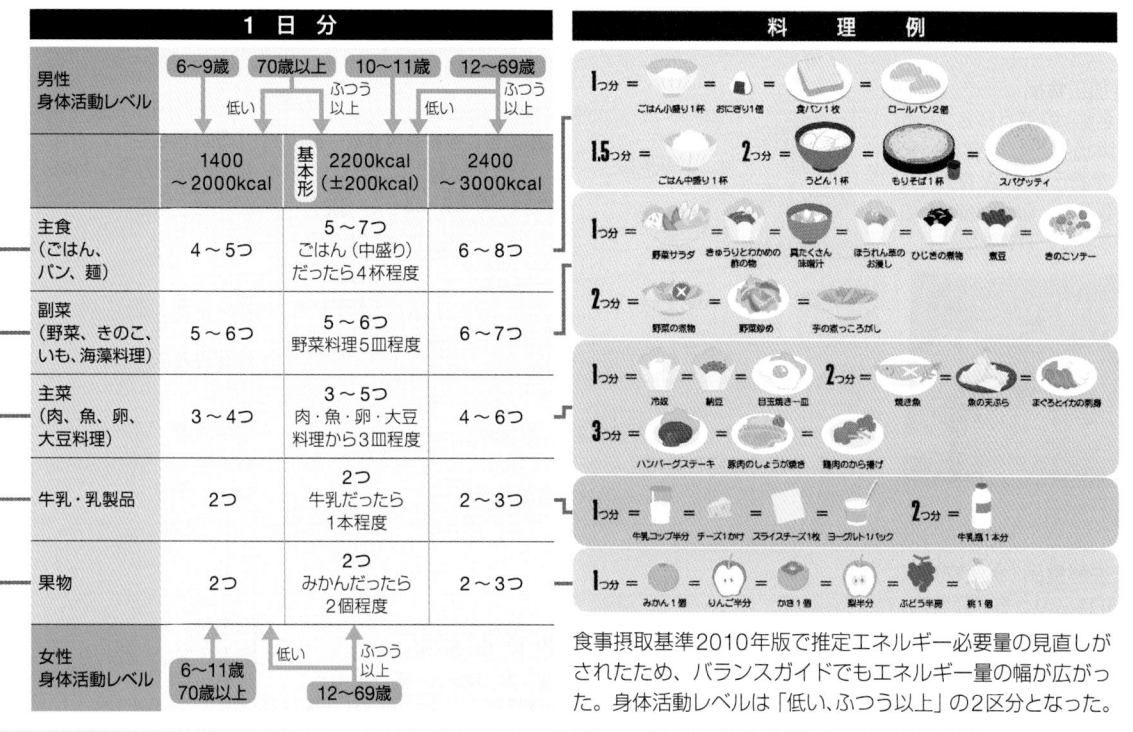

男性 身体活動レベル	6〜9歳	70歳以上 ふつう以上	10〜11歳	12〜69歳 ふつう以上		
		低い		低い		
	1400〜2000kcal	基本形 2200kcal (±200kcal)		2400〜3000kcal		
主食（ごはん、パン、麺）	4〜5つ	5〜7つ ごはん（中盛り）だったら4杯程度		6〜8つ		
副菜（野菜、きのこ、いも、海藻料理）	5〜6つ	5〜6つ 野菜料理5皿程度		6〜7つ		
主菜（肉、魚、卵、大豆料理）	3〜4つ	3〜5つ 肉・魚・卵・大豆料理から3皿程度		4〜6つ		
牛乳・乳製品	2つ	2つ 牛乳だったら1本程度		2〜3つ		
果物	2つ	2つ みかんだったら2個程度		2〜3つ		
女性 身体活動レベル	6〜11歳 70歳以上	低い	ふつう以上 12〜69歳			

食事摂取基準2010年版で推定エネルギー必要量の見直しがされたため、バランスガイドでもエネルギー量の幅が広がった。身体活動レベルは「低い、ふつう以上」の2区分となった。

■ チェックシート：昨日実際に食べたものと、それぞれの数（SV）を記入しよう。右のコマをその数分塗ることで、自分の食事をふりかえってみよう。

	朝食		昼食		夕食		合計（SV）
主食		つ		つ		つ	つ
副菜		つ		つ		つ	つ
主菜		つ		つ		つ	つ
牛乳・乳製品		つ		つ		つ	つ
果物		つ		つ		つ	つ

■ バランスが悪いと…

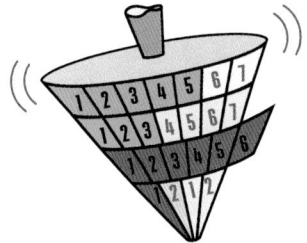

食事のバランスが悪いとコマは傾いてしまう。上の例は、主食や副菜などが少ないのに、主菜が多すぎる。また果物もないので、バランスがとれていない。

食生活指針 （文部科学省、厚生労働省、農林水産省共同策定　2000年、2016年一部改正）

食生活指針とは、現在の食生活の問題点をふまえ、国民一人ひとりが食生活の改善をはかるための目標である。

❶食事を楽しみましょう。
❷1日の食事のリズムから、健やかな生活リズムを。
❸適度な運動とバランスのよい食事で、適正体重の維持を。
❹主食、主菜、副菜を基本に、食事のバランスを。
❺ごはんなどの穀類をしっかりと。
❻野菜・果物、牛乳・乳製品、豆類、魚なども組み合わせて。
❼食塩は控えめに、脂肪は質と量を考えて。
❽日本の食文化や地域の産物を活かし、郷土の味の継承を。
❾食料資源を大切に、無駄や廃棄の少ない食生活を。
❿「食」に関する理解を深め、食生活を見直してみましょう。

5 食品の表示と選択〈1〉

食品の表示は読みとれる？
アレルギー物質を含む食品を把握している？
遺伝子組換え食品の現状って知っている？

1 食品の表示を見てみよう （食品マークについては➡口絵■21～■22）

加工食品

❶名称、❷原材料名、❸食品添加物、❹内容量、❺期限表示、❻保存方法、❼製造者、❽栄養成分の8つの項目を必ず表示する。

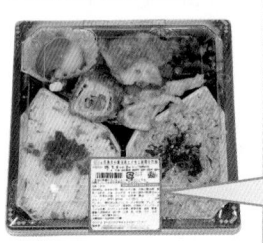

❺期限表示
消費期限または、賞味期限を必ず記載する。

❽栄養成分表示

❶名称
「品名」でもよい。

❸食品添加物

```
◆ 2色ご飯幕の内弁当    B
消費期限：24. 7. 6 午前 2時   レンジ加熱目安
          7.4 午後8時製造    1500W 30秒  500W 90秒
                                              （税込）
1食当たり熱量642kcal  蛋白質22.5g        550円
脂質17.3g 炭水化物99.6g  食塩相当量6.9g
保存料・合成着色料は使用しておりません
◆名称：弁当
原料名：おかかご飯 梅しらすご飯 赤魚白醤油焼 煮
物（玉ねぎ 人参 じゃが芋 その他）豚肉野菜包みフ
ライ 野菜かき揚げ ひじき豆 昆布煮 醤油 ソース（一
部に卵 小麦 乳 牛肉 さけ さば りんご 魚介類を含む）
添加物：調味料（アミノ酸等）酸味料 ph調整剤 グリシン
酒精 V. B1 酸化防止剤（V. C チャ抽出物 V. E 油性
カンゾウ）ソルビット 膨張剤 甘味料（カンゾウ）カラ
メル色素 カロチノイド色素 野菜色素 香料 酵素 重曹
消費期限：別途枠外に記載
保存方法：直射日光及び高温多湿を避けて下さい
製造者：株式会社フレッシュ○○○
神奈川県相模原市○○○町○一○一○ TEL0120-○○○-○○○
```

❷原材料名
重量の割合が多いものから順に表示。

アレルギー物質の表示。

❻保存方法

❼製造者（輸入品の場合は輸入者）の氏名（名称）と住所。

❹の内容量は、重量で表示する方法の他に、「1食」など内容数量による表示が可能。この場合、外見上明らかなものは省略が可能。

生鮮食品（水産物）

生鮮食品のうち水産物は、❶名称、❷原産地のほか、❸解凍、❹養殖のものはその表示も必要。

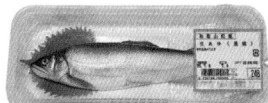

❷原産地
輸入品には原産国、国産品には漁獲した水域名か養殖場のある都道府県名。

食品の品質などを保持するために好ましい方法を具体的に表示。

食品の品質が劣化しやすく、製造日から5日以内に消費すべき食品につける。

```
和 歌 山 県 産
生 あ ゆ （ 養 殖 ）
保存温度4℃以下

消費期限    加工日       DPT 232 品番 0492
24. 7. 6    7.4
                        248
0 232782 102485

○○○行徳駅前店 （株）□□□
千葉県市川市行徳駅前△―△△
URL. http://www.□□□.co.jp
```

販売者や加工者の氏名（名称）と住所。

❶名称
魚の名など一般的な名称を記載。

❹養殖
養殖されたものは「養殖」と記載する。

❸解凍
冷凍したものを解凍した場合には「解凍」と記載する。

2 食品表示に関する法律

　食品の原材料や添加物、栄養成分などの表示方法を統一する「食品表示法」が、2015年4月より施行された。

　食品表示法では、これまで食品衛生法、JAS（日本農林規格）法、健康増進法の3法に分かれていた義務表示のルールが一元化された。新ルールへの経過措置期間は5年（生鮮食品は1年）あり、徐々に新ルールへ移行していくことになる。

　なお、機能性表示食品制度（➡p.109）も、この新法のもとで導入された。

主な変更

- 加工食品の栄養表示の義務化。義務表示は5項目（エネルギー、たんぱく質、脂質、炭水化物、食塩相当量）推奨表示は2項目（飽和脂肪酸、食物繊維）。
- アレルギー表示をより安全にわかりやすい表示方法に。
- 原材料と添加物の間に明確に区分を付けて表示。

まぎらわしい表示に気をつけよう！

　「シュガーレス」「ノンシュガー」「無糖」という表示は、砂糖・果糖などの糖質が食品100g中0.5g未満であれば表示できる。

　気をつけたいのが、「砂糖不使用」という表示。単に砂糖を使っていないという意味で、果糖や乳糖を含んでいてもこの表示は可能。

　また、「甘さ控えめ」は栄養成分とはまったく関係のない、製造・販売者側の主観的な表現である。

③ 消費期限と賞味期限

■ 消費期限
弁当やパンなど劣化が速い食品（5日程度）に記載される。この期間を過ぎると衛生上問題が起こる可能性が高い。

■ 賞味期限
缶詰やスナック菓子など品質が比較的長く保持される食品につけられる。期限が過ぎてもすぐに食べられなくなるわけではない。

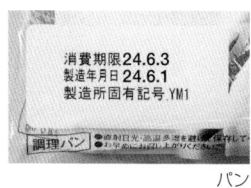
パン

ゼリー

④ アレルギー物質を含む食品の原材料表示

■ 表示を義務化された8品目と推奨された20品目

※くるみの表示義務の完全施行は2025年4月。

解説 ある食べ物を食べたとき、じんましん、下痢・嘔吐、せきや呼吸困難、くしゃみといった症状が出た場合、食物アレルギーの可能性がある。必ず表示する8種類と、表示が推奨されている20種類の食物がある。

また、食べる・触るなどにより原因となるものが身体の中に入ったときに、急激に全身に起こるアレルギー反応のことをアナフィラキシーという。その中でも血圧の低下や意識障害などを起こす場合は、アナフィラキシーショックと呼ばれ、すぐに対応しないと生命の危険を伴うこともある。

⑤ 遺伝子組換え食品の表示

種の壁を越え人為的に遺伝子を操作し、遺伝的な性質を変えた作物や食品のことを、遺伝子組換え食品という。遺伝子組換え食品は、
❶ 病気や害虫、除草剤に強い
❷ 日もちがよい
❸ 味や栄養価が高い
などの利点がある。病気や害虫、および除草剤に強い性質をもたせるのは、生産性を高めて収穫量を上げ、コストを安くするためである。また、食料の安定供給の面でも期待される食品の技術開発として国際的にも関心が高まっている。

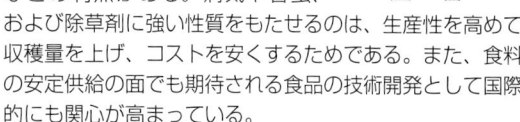
遺伝子組換え

しかし、人体に害を与えないか、生態系を破壊しないかなどの安全性はまだ十分に証明されていない。日本では商業栽培はされていないが、多くの食品を輸入に頼っているため、私たちの食事にも遺伝子組換え食品が入ってきている。

① 表示方法
遺伝子組換え農作物を使用した食品には、表示の義務化が実施された（2001年4月）。

原材料別ケース	表示例	義務・任意
原材料が遺伝子組換え農産物の場合	「遺伝子組換え」など	義務＊
原材料（遺伝子組換え農産物とそうでない農産物）を分別していない場合	「遺伝子組換え不分別」など	義務＊
原材料を分別するが、混入は5％以下の場合	「分別生産流通管理済み」など	任意＊＊
原材料が遺伝子組換え農産物でない場合や、原材料を分別し混入不検出の場合	「遺伝子組換えでない」など	任意

＊重量順に上位3品目かつ、重量に占める割合が5％以上のもので、組換えDNA等が残存するもの。
＊＊大豆・とうもろこしに限る。

② 義務表示の対象となる農産物

※は義務表示対象外

解説 日本では、大豆・とうもろこし・じゃがいも・てんさい・わた・なたね・アルファルファ・パパイア・からしなの9種類331種の安全性を確認したとしている（2022年10月現在）。表示義務の対象は、現在農産物9作物、加工食品33食品群である。加工食品については、原材料に占める重量割合が上位3品目に入り、かつ、5％以上のものについて表示が義務づけられている（混入5％未満は対象外）。

づけられた。しかし新基準には例外的な表示方法も可能となっている。

6 食品の表示と選択〈2〉

食品添加物にはどのような種類があるだろう？
トクホって何だろう？
サプリメントって食事の代わりになるの？

1 食品添加物

食品添加物はおもに加工食品に用いられ、❶長期間の保存が可能になる、❷味をよくする、❸コストが安くすむ、などのメリットがある。しかし、単品の摂取については専門家の安全評価は受けている一方、複数の添加物を摂取した場合の複合作用については、まだ明らかになっていない。

1 どのように使われているか

種類	色			味			香り
	着色料	発色剤	漂白剤	甘味料	酸味料	調味料	香料
おもな物質名	クチナシ黄色素、食用黄色4号	亜硝酸ナトリウム	次亜塩素酸ナトリウム	キシリトール、アスパルテーム	クエン酸、乳酸	グルタミン酸ナトリウム	オレンジ香料、バニリン
使用目的	色の強化、色調の調節	色素の固定と発色	脱色および着色抑制	甘味の強化	酸味の強化	味の強化	香りの強化
おもな食品	めん類、菓子類、漬物	ソーセージ、ハム、いくら	かんぴょう、生食用野菜類、乾燥果実	ガム、ジャム、清涼飲料水	清涼飲料水、ジャム、ゼリー	うま味調味料、しょうゆ、みそ	ガム、ジュース、チョコレート

種類	舌触り・歯触り			変質・腐敗防止			栄養強化
	増粘剤・安定剤・ゲル化剤または糊料	乳化剤	膨張剤	保存料	酸化防止剤	防かび剤	強化剤
おもな物質名	アルギン酸ナトリウム、メチルセルロース	グリセリン脂肪酸エステル	炭酸水素ナトリウム、ミョウバン	ソルビン酸、安息香酸ナトリウム	L-アスコルビン酸、エリソルビン酸ナトリウム	ジフェニル、オルトフェニルフェノール	ビタミンA・B、炭酸カルシウム
使用目的	粘性の増強、安定化、ゲル化	水と油の乳化	材料の膨張	食品の腐敗防止	脂質の酸化防止	かびの発生を防止	栄養素の強化
おもな食品	アイスクリーム、プリン、ドレッシング	マーガリン、乳製品、菓子類	ビスケット、スポンジケーキ、クッキー	チーズ、魚肉ねり製品、しょうゆ	果実加工品、そう菜、水産加工品	かんきつ類、バナナ	パン、菓子類、米

あなたはどちらのハムを買う？

食品添加物は、加工に必要なもの以外に、外観のため含まれている場合もある。食品添加物が少ないが高い食品（❶）を選ぶか、多いが安い食品（❷）を選ぶかは、消費者の選択である。

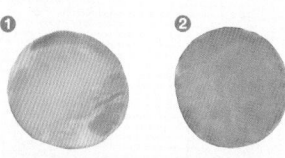

❶58g（4枚）で298円

名 称	ロースハム（スライス）
原材料名	豚ロース肉（国産）、卵たん白、還元水あめ、食塩、乳たん白、酵母エキス、たん白加水分解物/香料抽出物、（一部に乳成分・卵・豚肉を含む）
内 容 量	58g
賞味期限	表面下部に記載しています。
保存方法	10℃以下で保存してください。
製 造 者	○○○○（株）長野県○○□□□

❷160g（4枚×4パック）で288円

名 称	ロースハム（スライス）
原材料名	豚ロース肉、還元水あめ、卵たん白、植物性たん白、食塩、ポークブイヨン、昆布エキス、たん白加水分解物/リン酸塩（Na）、増粘多糖類、調味料（アミノ酸等）、酸化防止剤（ビタミンC）、発色剤（亜硝酸Na）、カルミン酸色素、香辛料抽出物、（一部に卵・乳成分・大豆・豚肉を含む）
内 容 量	40g
賞味期限	表面上部に記載
保存方法	冷蔵（10℃以下）で保存してください。
製 造 者	株式会社○○○○○東京都渋谷区○□□□□

業界に「プリンハム」なる用語があります。響きは一見可愛らしいのですが、要は水を肉の中で固めたハムということです。（略）ハムの原料はもちろん豚肉ですが、たとえば100キロの豚肉のかたまりから120～130キロのハムをつくるのです。では、増えた20キロは何か？ もちろん「つなぎ」で増量させているのです。増量させるために一番安くて便利なのは「水」です。しかし水をそのまま入れ込んだのでは肉がグチャグチャになってどうしようもない。そこで加熱すると固まる「ゼリー」を使用するのです。（略）増量した分だけ、色や弾力を持たせるために、添加物も余計に入れなければなりません。

（安部司『食品の裏側』東洋経済新報社）

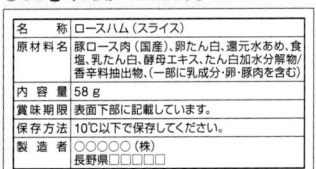

2 指定添加物数の推移

食品添加物のうち指定添加物は厚生労働大臣が定めており、その他の製造・輸入・使用・販売は禁止されている。

指定添加物以外には、既存添加物、天然香料、一般飲食物添加物が定められている。

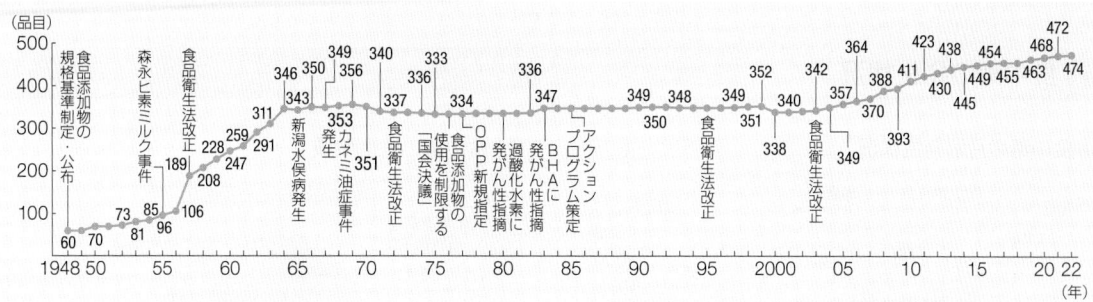

（品目）

1948年から2022年までの指定添加物数の推移のグラフ。主な数値：60、70、81、73、85、96、106、189、208、228、247、259、291、311、343、346、350、356、353、337、351、349、340、334、336、333、347、336、350、349、348、351、349、338、340、352、342、357、349、364、388、411、370、393、430、445、423、449、438、455、454、463、468、472、474。
節目：食品添加物の規格基準制定・公布、森永ヒ素ミルク事件、食品衛生法改正、新潟水俣病発生、カネミ油症事件、食品衛生法改正、食品添加物の使用を制限する「国会決議」、OPP新規指定、過酸化水素の発がん性指摘、BHAに発がん性指摘、アクションプログラム策定、食品衛生法改正、食品衛生法改正。
横軸：1948 50 55 60 65 70 75 80 85 90 95 2000 05 10 15 20 22（年）

2 保健機能食品や特別用途食品の選択

保健機能食品

保健機能食品とは、消費者庁が審査し効果に一定の科学的根拠があると認めた**特定保健用食品**、栄養成分の補給・補完を目的にした**栄養機能食品**と、新しく位置づけられた**機能性表示食品**をあわせた名称で、保健機能食品制度の中に位置づけられる。

特別用途食品

特別用途食品とは、乳児、幼児、妊産婦、病者などの発育、健康の保持・回復などに適するという特別の用途のために作られたもの。許可されたものにはマークが表示されている。**特定保健用食品**も含む。

乳児用調製粉乳

● サプリメント

サプリメントは、「薬」と混同しがちだが、「食品」である。不規則な生活などで不足しがちな栄養素を手軽に摂取できるというメリットはあるが、同じビタミンCでも食物からとるものと、サプリメントからとるものはまったく同じ成分ではない。また、サプリメントによっては特定の栄養素だけを過剰にとりやすいため、過剰症には気をつけたい。サプリメントは、あくまでも補助的に利用しよう。

サプリメント

保健機能食品
- 栄養機能食品
- 機能性表示食品
- 特定保健用食品

特別用途食品
- 病者用食品
- 妊産婦、授乳婦用粉乳
- 乳児用調製乳
- えん下困難者用食品

いわゆる健康食品
- 栄養補助食品
- サプリメント　など

栄養機能食品

身体の健全な成長、発達、健康の維持に必要な栄養成分の補給・補完を目的に利用する製品。13種類のビタミン（Aなど）、6種類のミネラル（鉄など）、n-3系脂肪酸の含有量が国の基準を満たしている製品には、定められた栄養機能表示を付け（マークはなし）、国への届け出や審査を受けなくても販売できる。

機能性表示食品

アルコール類を除くすべての食品が対象。保健機能食品の1つとして新たに分類。事業者が、健康に与える効果を消費者庁に届けるだけで、「体にどうよいのか」を表示できる。トクホのような国の事前審査はない。事業者側のハードルが一方的に下げられることで、商品リスクは消費者が負うことになるのではないか、という懸念の声もある。

特定保健用食品（トクホ）

「カルシウムの吸収を高める食品」「食物繊維を含む食品」など、特定の保健の目的が期待できることを表示した食品であり、身体の生理学的機能などに影響を与える保健機能成分を含んでいる。許可されたものには、マークが表示されている。

TOPIC

トクホの誇大広告に注意

「脂肪の吸収を抑える」「コレステロールを下げる」など、食したら一気に悩みを解決するようなトクホ（特定保健用食品）の広告が増えている。

トクホは、内閣府の消費者委員会と食品安全委員会で審査して、有効性や安全性が認められれば、消費者庁が許可を出す。しかし、あくまでも補助的なものであって、重要なのは、食事をバランスよくとることだ。巧みな企業宣伝にだまされないよう気をつけたい。

7 食の安全

もっとも多い食中毒の原因物質は何だろう？
主な食中毒の症状や対策は知っている？
毎日の生活で、食中毒の予防はできているだろうか？

1 食中毒の発生状況

1 食中毒の月別発生状況 (2022年)

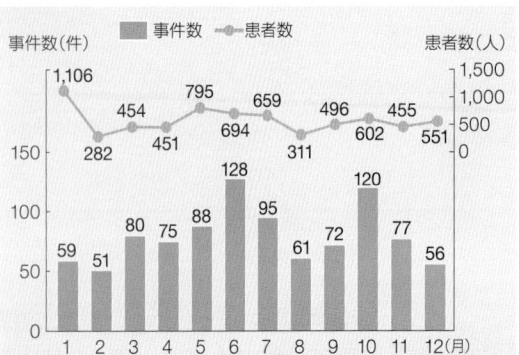

（厚生労働省「食中毒統計」）

解説 近年は、ノロウイルスなどが原因で、夏場以上に冬場に発生する食中毒件数が増えている。年間を通して食中毒への注意が必要となってきている。

2 食中毒の病因物質 (2022年／件)

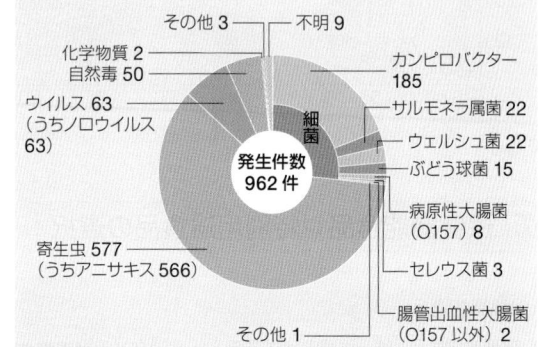

その他 3 ── 不明 9
化学物質 2
自然毒 50
ウイルス 63（うちノロウイルス 63）
カンピロバクター 185
サルモネラ属菌 22
ウェルシュ菌 22
ぶどう球菌 15
病原性大腸菌（O157）8
セレウス菌 3
腸管出血性大腸菌（O157以外）2
その他 1
寄生虫 577（うちアニサキス 566）

細菌
発生件数 962件

（厚生労働省「食中毒統計」）

解説 近年は、カンピロバクターやノロウイルスに加え、寄生虫のアニサキスが原因となる食中毒の件数が多い傾向がある。

2 主な食中毒の種類と特徴

原因となるもの	原因食品		症状	対策
カンピロバクター	食肉（特に鶏肉）、飲料水、生野菜、牛乳など。		発熱、けんたい感、頭痛、吐き気、腹痛など。	・調理器具を熱湯消毒し、よく乾燥させる。 ・生肉と他の食品との接触を防ぐ。 ・十分に加熱する（65℃以上、数分）。
サルモネラ菌	卵またはその加工品、食肉、うなぎなど。		激しい腹痛、下痢、発熱、嘔吐（おうと）。	・肉や卵は十分に加熱する（75℃以上、1分以上）。 ・卵の生食は、新鮮なものだけにする。
黄色ブドウ球菌	おにぎり、弁当など、調理をする人の手により菌が食品を汚染。		吐き気、嘔吐、腹痛、下痢。	・手指をきちんと洗う。 ・手指に傷や化膿がある人は、食品に直接触れない。 ・調理器具をよく洗う。
病原性大腸菌O157	焼き肉、牛レバー、かいわれ大根など。		下痢、腹痛、発熱、吐き気、嘔吐。	・食肉は中心部までよく加熱する（75℃、1分以上）。 ・野菜類はよく洗う。
ノロウイルス	貝類、調理従事者からの二次汚染など。		嘔吐、下痢、吐き気、腹痛など。	・二枚貝は中心部まで十分に加熱する（85℃以上、1分以上）。 ・感染者の嘔吐物や糞便を処理する場合は、手袋・マスクを使用する。
アニサキス（寄生虫）	アニサキスの幼虫が寄生した魚介類（さば、あじ、いかなど）。		激しい腹痛、発熱、じんましんなど。	・70℃以上でしっかり加熱するか、マイナス20℃で24時間以上冷凍する。

③ 食中毒の予防

買い物		食品の保存	
新鮮な食品を購入する。	消費期限などをしっかり確認する。	買い物から帰ったらすぐに適切な保存をする。	冷蔵庫への詰めすぎに注意。

調　理

指輪などのアクセサリーやつけ爪などははずす。

十分に手を洗ってから調理する。

手の傷などは、食品に直接触れないようにする。

調理器具や食器は清潔なものを使用する。

生肉・魚・卵にさわった包丁やまな板はすぐ洗浄する。

食品は中心まで十分に加熱する。

調理を途中でやめるときは冷蔵庫に入れる。

きれいに洗った手で盛りつける。

食事中	食　後	後片づけ	
温かいものは温かいうちに、冷たいものは冷たいうちに。	残った食品は清潔な食器で保存する。	時間がたちすぎた残り物は、思い切って捨てる。	タオルやふきんは、清潔で乾燥したものを使用する。

④ 食中毒の症状が出たら…

■ 下痢や嘔吐をしたら、しっかり水分をとろう。

■ 勝手に判断して薬を飲まない。医者に診てもらおう。

■ 家族にうつさない。

- 特に調理の前、食事の前、トイレの後、便や吐いた物にさわった後にはよく手を洗う。
- 使った食器は熱湯をかけて消毒する。
- 洗濯は別に分けて洗う。

8 食料自給率

食料自給率とは何だろう？
食料自給率が低いと困ることはあるだろうか？
私たちの食生活とどのような関係があるだろうか？

1 食料自給率とは何だろう？

国民が消費した食料を、国産でどの程度まかなえるかを示す指標のこと。重量ベース、生産額ベース、供給熱量ベース（カロリーベース）の3つの示し方がある。おもには、供給熱量ベースで示した供給熱量総合食料自給率が用いられる。

各国と日本の食料自給率の推移を比較してみよう。

解説 アメリカやフランスなどは100%以上となり、輸出が盛んなことがわかる。イギリスやドイツも長期的には自給率が向上している。一方、日本は近年、4割前後で推移している。

■ 各国別食料自給率の推移

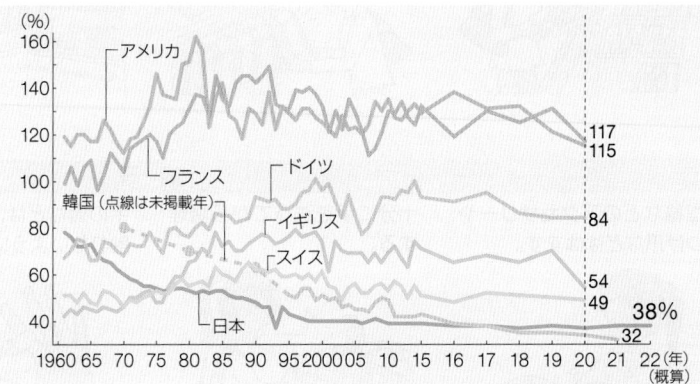

（農林水産省「食料需給表」）

2 品目別自給率の例（2022年度概算値）

1 朝食（和食）

野菜 79%
魚（食用）56%
米 99%
大豆 6%
海藻 67%

2 夕食（洋食）

牛乳・乳製品 62（27）%
果物 39%
小麦 15%
豚肉 49（6）%
牛肉 39（11）%
じゃがいも 65%

（注）牛乳・乳製品、豚肉、牛肉の（ ）の値は、飼料自給率を考慮した値。

（農林水産省「食料需給表」）

解説 食品の種類によっても自給率は大きく違う。一般的な朝食や夕食を例にみると、米や野菜、いもなど和食系の方が自給率は比較的高い。しかし、納豆、しょう油、味噌などの原料である大豆は、わずか6%の自給率しかない。

3 なぜ食料自給率は低下するのだろう？

1 食生活の変化

国内で自給可能な米の消費が半減する一方、肉類や油脂類の消費が2〜3倍に増加したため。

■ 各食品の1人あたり
年間供給量の推移（概算）
（1965年＝100%）

肉類 370
油脂類 214
米 46

（農林水産省「食料需給表」より）

2 政策や国際競争の激化

1の背景には減反政策や、1980年代以降の農・畜産物の輸入拡大などの政策による面も大きい。TPPが正式発効すれば、さらに加速すると懸念されている。

4 食料を外国に頼りすぎると、何が困る!?

輸出国で冷夏などの異常気象が起きたら……

News Europe 23°C

作物の不作
→輸出する余裕がない！

輸出国でBSEや鳥インフルエンザ、口蹄疫が発生……

感染防止のため、病気が発生した国からの輸入禁止措置

STOP!

これまで輸入されていた食料が、輸入できなくなる！
日本の食料が足りなくなる !!

5 食料自給率の改善にむけて

1 地産地消
私たちが住んでいる土地には、その風土や環境に適した食べ物が育つ。一人ひとりが地元でとれる食材を選ぶことが、地域の農業を応援することにつながる。

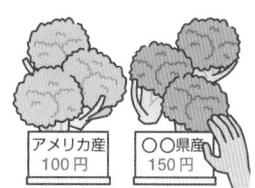
アメリカ産 100円　○○県産 150円

2 ごはんを中心とした食事から
かたよった食事は生活習慣病を引き起こす原因になる。ごはんを中心に、肉や油を使った料理はほどほどに、野菜をたっぷり使ったバランスの良い食事を心がけよう。

3 「旬」の食べ物を食べる（→ A ）
「旬」の食べ物は、最も適した時期に無理なく作られるので、余分な燃料などを使わない。味も良く、栄養分も多い。からだにも環境にもやさしい食事を心がけよう。

4 食品ロスの削減（→ B ）
食料の多くを海外に依存しながら、大量に廃棄している。食べ残し、賞味期限切れや傷などの理由で廃棄しないように、食品の購入、調理に当たっては適量を心がけたい。

A 季節によるほうれんそうのビタミンCの変化
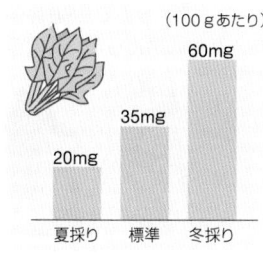
（100gあたり）
夏採り 20mg　標準 35mg　冬採り 60mg
（文部科学省「日本食品標準成分表」）

解説　ほうれん草100gあたりのビタミンCは、35mgが標準値だが、夏に収穫されたものと冬のものでは大きく違う。他の野菜の栄養素も同様と考えられる。

B 食品ロス量と、その主な発生源
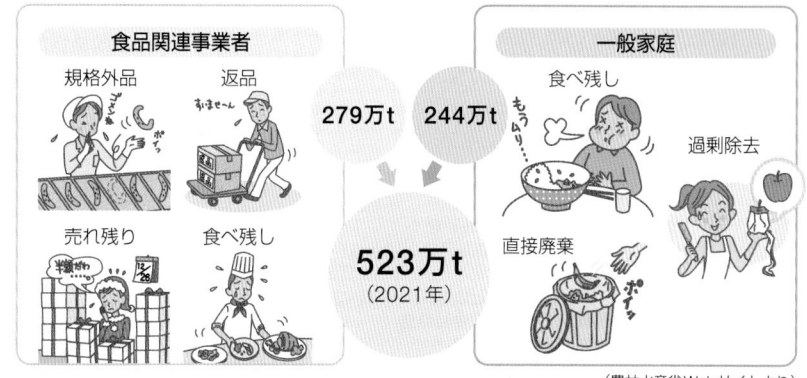
（農林水産省Webサイトより）

解説　食品ロスの削減を目指して食品ロス削減推進法が可決、成立した（2019年5月）。今後政府が基本方針を策定して、自治体が削減推進計画を作る。事業者や消費者がそれらを踏まえた行動をすることで、食品ロスが削減されることが期待される。

6 フード・マイレージとは？
食料の生産地から食卓までの距離に着目し、なるべく近くでとれる食材を食べたほうが、輸送にともなう環境汚染が少なくなるという考え方。イギリスの消費者運動家ティム・ラング氏が提唱した考え方をもとにしている。

$$フード・マイレージ（t・km）= \begin{bmatrix}輸入相手国別の\\食料輸入量（t）\end{bmatrix} × \begin{bmatrix}輸出国からの\\輸送距離（km）\end{bmatrix}$$

輸入食料品のマイレージ

日本（2016年）8,413　韓国（2001年）3,172　アメリカ（2001年）2,958
（億t・km）
（中田哲也『フード・マイレージ新版』日本評論社）

解説　日本（2016年）は、韓国やアメリカ（2001年）と比べて突出した値となっている。穀物や種子を、大量に遠方から輸入しているためと考えられる。

スローフードって、何？
スローフードと言う言葉を聞いたことがあるだろうか。始まりはイタリアだった。
1980年代半ば、イタリアのローマにマクドナルド1号店が開店した。食の安全性軽視や画一化・スピードを偏重する「ファストフード」に対して、1986年、「スローフード」という考え方が起きた。次の3つの指針を掲げて、各地の食文化を尊重し、食べ物についてじっくり考えようとする提案である。

スローフード協会

❶消えゆく恐れのある伝統的な食材や料理、質のよい食品を守る。
❷質のよい食材を提供する。地域の中小農業者を守る。
❸子どもたちを含め、消費者に"食"や"味"の教育を進め、本物の食を提供する。

最近では、食に限らず生活様式全般を見直そうとする、「スローライフ」という考え方もある。

9 食に対する不安

日常の食べ物について不安はあるだろうか？
食の「安全」と「安心」はどう違うのだろう？
消費者としてできることは何だろう？

1 食の安全を揺るがす問題

BSE（牛海綿状脳症）の発生、食品偽装表示など、食の安全を揺るがす問題が次々に起こっている。これにより、食の安全・安心への関心が高まっている。

1975年4月	米国産輸入かんきつ類から国内不認可の防カビ剤（ポストハーベスト）を検出
1996年5月	岡山県と大阪府において、腸管出血性大腸菌O157による集団食中毒が発生
1999年2月	ダイオキシン含有騒動（一部報道により、埼玉県産野菜等の販売に影響）
2000年6月	雪印乳業製の低脂肪乳の黄色ブドウ球菌によって大規模食中毒が発生（→2-1）
10月	安全性未審査の遺伝子組換えとうもろこしを検出
2001年9月	国内で初のBSEの牛を千葉県で確認（→2-2）
2002年1月	雪印食品による牛肉不正表示、その後続発（→2-2）
6月	残留農薬の基準値を超えた輸入冷凍ほうれん草の回収相次ぐ
2003年12月	卵の賞味期限不正表示発覚
2004年1月	国内外で高病原性鳥インフルエンザの発生（アジアを中心に被害拡大）（→2-4）
2007年1月	不二家の食品の期限表示の偽装発覚
6月	ミートホープ社の牛肉ミンチ偽装発覚（→2-3）
9月	台湾より輸入したうなぎを宮崎産とした産地偽装発覚
10月	名古屋コーチン、比内地鶏などのブランド偽装発覚 船場吉兆の消費期限・ブランド偽装発覚
2008年6月	うなぎの産地偽装が発覚
9月	三笠フーズによる汚染米（事故米）問題発覚
2009年9月	エコナ関連商品、発がん性のおそれがあるとして販売自粛。10月特保マーク返上
2010年5月	宮崎県で口蹄疫に感染した牛が発見され、その後感染牛が急速に拡大（→2-5）
2011年3月	福島第一原子力発電所事故による放射線汚染の発生と拡大。食品の暫定規制値を策定（→TOPIC）
4月	ユッケによる集団食中毒事件で5人死亡（→2-6）
2012年8月	札幌市で、浅漬のO157による食中毒で、8人死亡
2013年10月	ホテル提供メニューの食材偽装が発覚。（→2-3）
2014年7月	中国の食肉加工工場で食品取扱いの不正が発覚
2017年3月	築地市場の移転先の豊洲地下水から基準の100倍超えるベンゼンが検出され、移転の是非が議論されることに
2019年10月	豚コレラの感染防止のためワクチン接種はじまる
2022年2月	熊本県産としていたアサリの産地偽装が発覚（→2-7）

2 食品をめぐるおもな事件の概要

1 雪印集団食中毒事件

2000年6〜7月、近畿地方を中心に集団食中毒事件が発生した。原因は、停電をきっかけにして、雪印乳業（当時）の乳製品（おもに低脂肪乳）に黄色ブドウ球菌が繁殖したことによる。工場の衛生管理に批判が強まった。この事件は、認定患者数13,420人となり、戦後最大の集団食中毒事件となった。

2 BSEと牛肉偽装事件

BSE（牛海綿状脳症：Bovine Spongiform Encephalopathy）とは

1980年代イギリスで、異常行動をとる牛が出現。狂牛病と呼ばれた。原因は、異常プリオン（たんぱく質の一種）により脳の運動神経に障害が起きたためとされている。同様の異常プリオンによるヒトのクロイツフェルト・ヤコブ病との関連性が指摘され、大きな社会問題に発展した。

日本では確実な安全措置として、2001年以降、すべての牛にBSE検査を実施（全頭検査）し、特定危険部位（脳、脊髄、目玉、回腸遠位部）はすべて除去して焼却する対策がとられた。2013年7月、安全が確認されたとして全頭検査は終了した。

一方、全頭検査が行われていないアメリカでBSE症例が発覚し、2003年に日本は輸入を全面禁止した。その後再開、再禁輸を経て、2013年安全が確認できるとして30か月齢以下の牛の輸入が解禁された。

牛肉偽装事件（雪印食品）

日本国内でのBSE感染牛発生を受けて全頭検査が始まり、産業保護のため政府による国産牛肉買い取り事業が行われた。これを悪用して、雪印食品が国外産の牛肉を国内産と偽って、農林水産省に買い取り費用を不正請求したことが判明。世論の反発にあい、雪印食品は精算（事実上の倒産）に追い込まれた。

3 食品（食材）表示偽装事件

2007年6月、牛肉コロッケから豚肉が検出され、製造元のミートホープ社が故意に混入したことが判明。その後、肉以外の異物の混入や、消費期限表示を貼り替えて再出荷していたことも暴露された。同社は翌月倒産。社長は、不正競争防止法違反と詐欺の罪で有罪が確定。食品表示に対する消費者の信頼を根底から覆す事件だった。

食品の自主回収件数

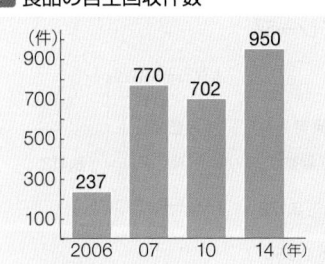

（農林水産消費安全技術センター Webサイト）

解説 2007年の偽装事件で世論の批判が高まり、国の監視も強化され、自主回収が急増している。しかし半数は表示の不備が原因で、過剰反応との意見もある。

2013年10月ホテルのレストランでバナメイエビを芝エビ、牛脂注入肉をサイコロステーキなどと表示した問題が大きな広がりを見せ、主要ホテルの4割にのぼると報道された。

4 高病原性鳥インフルエンザ

家畜の鶏などだけに感染する高病原性インフルエンザ（H5N1型など）は、人間に感染した場合、重症化しやすいため、鶏に感染が発覚した時点で鶏農場全体の鶏を数万羽単位で「処分」する。国内でも2004〜05年に大規模に発生したが、その後も散発的な発生が報告されている。

5 口蹄疫の衝撃

感染力が強く、幼畜の致死率の高い口蹄疫が宮崎県で発生し、約30万頭の牛や豚が殺処分された。種牛の産地であることから、畜産業全体に大きな影響が出た。

6 ユッケによる集団食中毒事件

2011年4月、焼肉酒家えびすで、牛肉を生で食べるユッケなどを食べた客100人以上が、O111、O157（→p.110）による食中毒となり、5人が死亡する事件が起きた。

これを機にユッケやレバ刺しなど、牛肉の生食が全面的に禁止されることとなった。食の安全のためには厳しい規制もやむなしとする一方、生の食材を食べるという食文化が損なわれることへの懸念の声も出ている。

7 アサリの産地偽装

熊本県産アサリの年間漁獲量の100倍に相当する約2,500 tが、「熊本県産」として流通しており、その97%が中国や韓国に由来していたことが判明。

外国産でも輸入後国内で育てた期間の方が長ければ、国産（熊本県産）と表示できる。しかし短期間のうちに出荷しているにもかかわらず国産＝熊本県産と偽装する行為が20年以上続いていたらしい。国産を好む消費者の行動も影響していると考えられる。

■ 小売店調査におけるアサリの産地表示
（2021年10〜12月）

推計販売数量 3,138t

- 有明海産 5.0%
- 韓国産 0.9%
- 愛知県産 5.8%
- その他国産 0.7%
- 北海道産 8.5%
- 熊本県産 79.2%

（農林水産省調査による）

食品中の放射性物質の基準値

原発事故によって、放射性物質が極めて大量に放出された。当初は10億Bq／時の放出だったが、2018年時点では1.6万Bq／時となっている。食品の安全を確保するために、事故直後に暫定規制値が定められたが、2012年4月により厳しい基準値が設けられた（右表）。しかし、流通過程で表示偽装なども発生し、消費者の不安は払拭されたとは言い難い。

● 放射性物質の基準値　(Bq/kg)

	放射性セシウム
乳児用食品	50
飲料水	10
牛乳	50
一般食品	100

食の「安全」と「安心」はどう違う？

安全とは、具体的な危険性や健康被害が生じないという状態。一方安心とは、心配や不安がないという主観的な心の状態をいう。これらが一致することが望ましいが、科学的に「安全」と判断されても、必ずしも「安心」に結びつかないことも多い。例えば、遺伝子組換え食品の安全性について、不安を感じる消費者は多い。

安全が安心になるには、何が必要なのだろうか。少なくとも生産者や販売業者に対する消費者の「信頼」なくしては成り立たないのだが、偽装事件はこの信頼を覆してしまう。

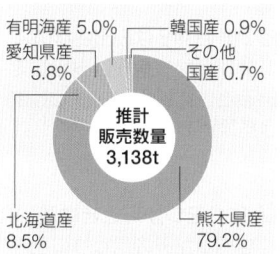

安全です！

3 食品のトレーサビリティ

1 食品のトレーサビリティ

生産段階、加工段階、流通段階、小売段階で、「いつだれがどのようにしたか」を記録し、食品のラベルをもとにインターネット、小売店やお客様相談室などで情報を入手できるシステム。これによって、食品に問題が発生したときには原因を見つけやすく、早い対応ができる。また、消費者が食品の安全性を判断しやすい。

2 牛肉のトレーサビリティ

2004年12月より、「牛の個体識別のための情報の管理及び伝達に関する特別措置法」が施行され、牛の個体識別番号の表示が義務づけられた。これによって、家畜改良センターのWebサイトにアクセスして、個体識別番号を入力すると、その牛がいつ、どこで生まれたか、どこで育ったか、いつどこで食肉処理されたかなどの情報を見ることができる。

■ 商品ラベルへの表示

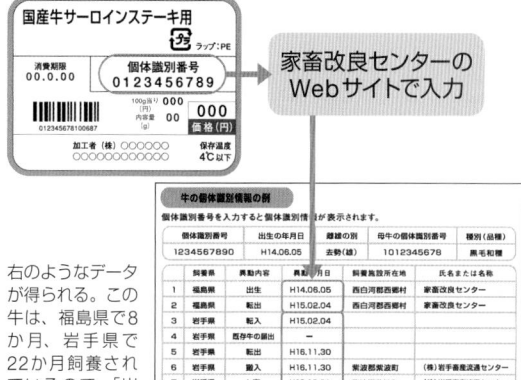

国産牛サーロインステーキ用　ラップ:PE

消費期限 00.0.00

個体識別番号 0123456789

100g当り(円) 000
内容量(g)

価格(円) 000

加工者（株）○○○○○○
○○○○○○○○○○

保存温度 4℃以下

→ 家畜改良センターのWebサイトで入力

牛の個体識別情報の例
個体識別番号を入力すると個体識別情報1が表示されます。

個体識別番号	出生の年月日	雌雄の別	母牛の個体識別番号	種別（品種）
1234567890	H14.06.05	去勢(雄)	1012345678	黒毛和種

右のようなデータが得られる。この牛は、福島県で8か月、岩手県で22か月飼養されているので、「岩手県産」である。

	飼養県	異動内容	異動年月日	飼養施設所在地	氏名または名称
1	福島県	出生	H14.06.05	西白河郡西郷村	家畜改良センター
2	福島県	転出	H15.02.04	西白河郡西郷村	家畜改良センター
3	岩手県	転入	H15.02.04		
4	岩手県	肥育牛の届出			
5	岩手県	転出	H16.11.30	紫波郡紫波町	（株）岩手畜産流通センター
6	岩手県	転入	H16.11.30	紫波郡紫波町	（株）岩手畜産流通センター
7	岩手県	と畜	H16.12.01	紫波郡紫波町	（株）岩手畜産流通センター

（農林水産省Webサイト）

1 調理の常識

料理は楽しいが、火や包丁を扱うなど危険な作業でもある。衛生にも気をつけなければ、食中毒になる可能性も。料理を始める前の基本常識をおさえておこう。

■ 手を洗うタイミング

■ 調理を始める前にはしっかり洗おう

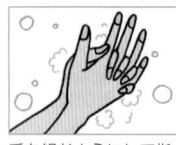

手を組むようにして指の間もていねいに。

手首は握るようにして回しながら。

水でよく洗い流し、清潔なタオルでふく。

■ その他、以下のような場合にも洗おう

- 食材が入っていたトレイに触れたあと
- 生の肉や魚に触れたあと
- そのまま食べるもの（サラダ・あえ物・刺身など）の盛りつけ前
- トイレを使ったあと

■ まな板の扱い方

■ 最初にぬらしてから使おう

乾いたものを切るとき以外は、必ず水でぬらし、ふきんでふいてから使う。汚れやにおいがしみこみにくく、とれやすくなる。また、魚・肉用、野菜・果物用と使い分けをする。

■ 物置き台にしない

まな板の上に物をいろいろ置くのは、細菌汚染のもと。切るものと材料だけを置く。

■ 安定させて置く

❶流しの上にはみ出さない

調理台がせまい場合などに、流しの上にはみ出して置いてしまいがちだが、不安定で危ない。

❷調理台からはみ出さない

調理台からはみ出していると、包丁やまな板を足の上に落とす危険がある。

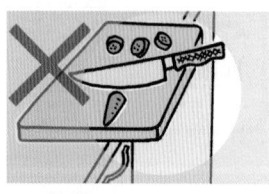

■ 洗うとき、最初は水で

肉や魚の汚れは、まず水で洗い流してから洗剤で洗う。最初に湯をかけると、熱で血やたんぱく質が固まり、落ちにくくなる。

■ 包丁の扱い方

■ 魚や肉を切ったあとは洗う

生の肉や魚を切った包丁・まな板には細菌がついている。洗剤でしっかり洗おう。野菜を切ったときは、水で洗い流すだけでもよい。

■ 使い終わったら、すぐ片づける

洗いおけや水切りかごの中に、他の食器とともに入れるのはけがのもと。使い終わったらすぐに片づけよう。

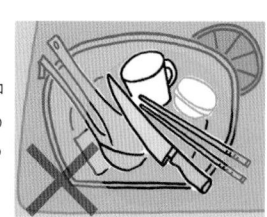

■ 加熱器具の扱い方

■ なべの柄の位置に注意！

❶複数のコンロを使う場合

他の鍋に柄が触れていると、持つとき熱くなっていて危ない。

❷調理台からはみ出さない

調理台から柄がはみ出していると、体に引っかけてしまう危険がある。

■ なべをつかむときは乾いた布で

なべつかみの代わりにふきんなどを使うときは、必ず乾いた布で。ぬれた布は熱が伝わりやすい。

■ やかんの持ち手は立てる

やかんの持ち手をねかせると危険。持ち手が熱くなり、やけどの原因になる。

■ 火のまわりに物を置かない

火のまわりにふきんなどの燃えやすいものを置くのは危険。なべのふたの上に置くのもやめよう。

■ コンロの汚れはすぐにふこう

油はねなどの汚れは、すぐにふく。熱いうちなら汚れも簡単に落ちる。

包丁の使い方

包丁の名称

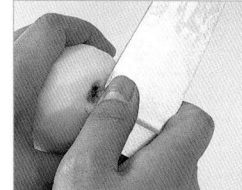

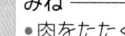

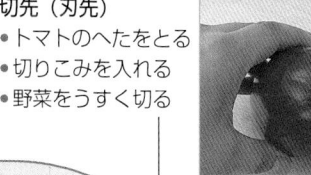

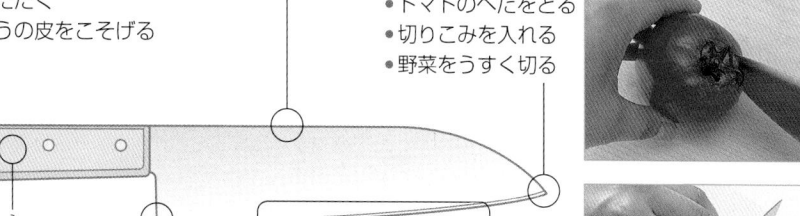

みね
• 肉をたたく
• ごぼうの皮をこそげる

切先（刃先）
• トマトのへたをとる
• 切りこみを入れる
• 野菜をうすく切る

柄

刃元
• じゃがいもの芽を取り除く
• 皮をむく
• かたいものを切る

中央
• 輪切り・せん切りにする

包丁の正しい持ち方

人差し指を曲げ、中指、薬指、小指で柄の元の部分をしっかり握り込むと力が入りやすく、かたいものもよく切れる。

材料を持つ手は

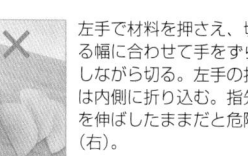

左手で材料を押さえ、切る幅に合わせて手をずらしながら切る。左手の指は内側に折り込む。指先を伸ばしたままだと危険（右）。

料理レシピの基本ルール

材料表

　材料表の分量には基本ルールがあるのでおさえておこう。「カップ1」と書いてあれば、1カップ＝200mLの計量カップのことをさす。同じく、大さじ1は15mLの、小さじ1は5mLの計量スプーンをさす。

　決まったもので量らないと、レシピに書かれている分量とは大きな違いがでて、できあがりの味つけがまったく別のものになってしまう。気をつけよう。

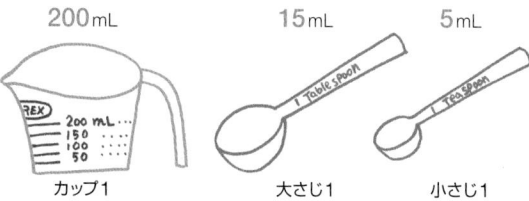

| 200mL | 15mL | 5mL |

カップ1　　　大さじ1　　　小さじ1

味つけ

　初めに加える調味料をひかえめにしよう。調理はたし算はできてもひき算はできない。少し薄めに味つけをし、味見をして確認することが大切。

電子レンジの使い方

ラップあり？ なし？

　電子レンジでもっとも使われる機能は、温め直し。ラップをするかしないかは迷う問題。目安は、しっとりふっくらさせたいものや煮立つと汁けがあふれるものはラップが必要。飯・煮物・汁物など。耐熱温度が140℃以上のラップを選ぼう。逆に水けをとばして仕上げたいものはラップは不要。炒め物・焼き物など。

ラップが必要

ラップは不要

注意しよう！

　電子レンジで使えない容器がある。アルミ、ステンレス、ホウロウなどの金属製品は、スパーク（火花）を起こすので使えない。耐熱性のないガラス製品なども使えない。また、殻つきの卵、ゆで卵（殻なしも）は、破裂することがあるので危険。

冷蔵庫の使い方

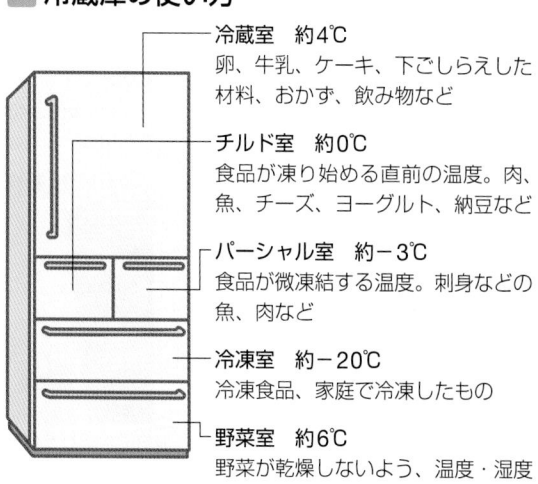

冷蔵室　約4℃
卵、牛乳、ケーキ、下ごしらえした材料、おかず、飲み物など

チルド室　約0℃
食品が凍り始める直前の温度。肉、魚、チーズ、ヨーグルト、納豆など

パーシャル室　約−3℃
食品が微凍結する温度。刺身などの魚、肉など

冷凍室　約−20℃
冷凍食品、家庭で冷凍したもの

野菜室　約6℃
野菜が乾燥しないよう、温度・湿度がやや高め。ほとんどの野菜や果実

2 調理・計量の基本

味つけを失敗しないためには、調味料を正確に計量することが大切である。また、野菜の切り方は多種にわたるので、料理に応じた切り方をしよう。

■ 計量の基本
■ 計量スプーン

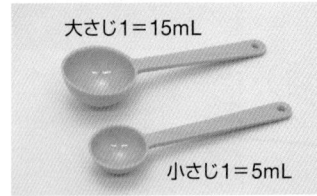

大さじ1=15mL
小さじ1=5mL

粒子状

多めにとってから、すりきる。

2分の1は、一度すりきり、半分落とす。

液体・ペースト

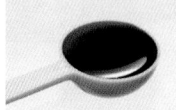

表面が盛り上がるくらいまで入れる。

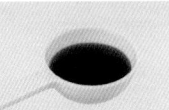

2分の1は、6〜7分目まで入れる。

■ 計量カップ

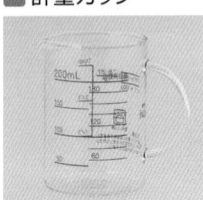

1カップ=200mL
液体は、たいらなところにカップを置き、量りたい目盛りの位置まで液をそそぐ。

■ 手ばかり

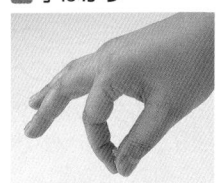

塩少量
2本の指で、約小さじ12分の1（約0.5g）。

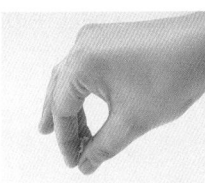

塩ひとつまみ
3本の指で、約小さじ6分の1（約1g）。

■ 火加減

■ 強火
炎がなべの底全体にあたっている状態。

■ 中火
ガスの炎の先端がなべの底に少しあたるくらいの状態。

■ 弱火
中火の半分ほどで、炎がなべの底にあたらない状態。

■ 水加減

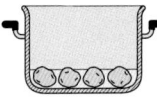

■ ひたひたの水
材料が煮汁から少し頭を出している状態。

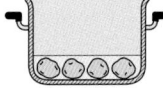

■ かぶるくらいの水
材料が完全に煮汁の中に入っている状態。

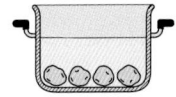

■ たっぷりの水
煮汁が材料の高さの倍くらいある状態。

■ 基本切り

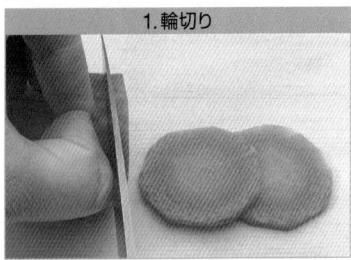

1. 輪切り

切り口が輪になるように端から同じ大きさで切る。厚さは料理による。

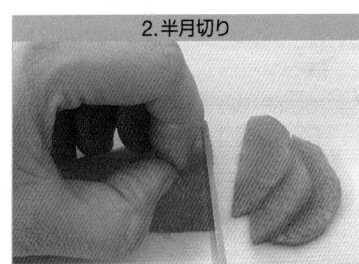

2. 半月切り

輪切りをさらに半分に切った状態。
縦半分に切り、切り口をまな板につけて端から切る。

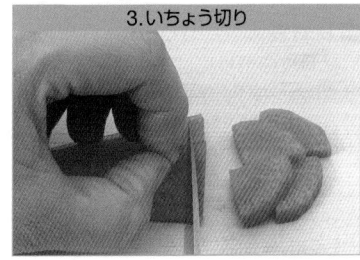

3. いちょう切り

半月切りをさらに半分に切った状態。
縦半分に切り、さらに縦半分に切って端から切る。

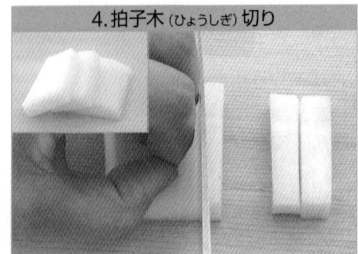

4. 拍子木（ひょうしぎ）切り

長さ4cm、さらに繊維にそうように縦1cm幅に切る。厚さがそろうように幅1cmの細長い棒状に切る。

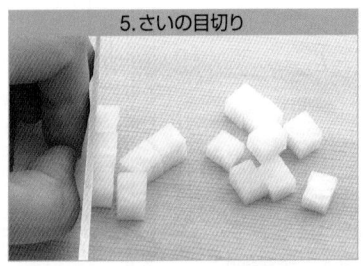

5. さいの目切り

拍子木切りを0.7〜1cmくらいの立方体に切る。

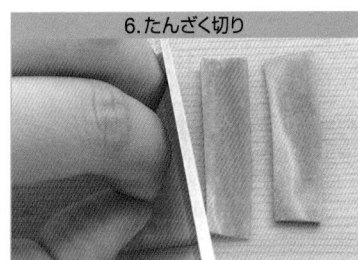

6. たんざく切り

長さ4〜5cm、幅1cmのものをさらに薄く切る。

7. 色紙切り

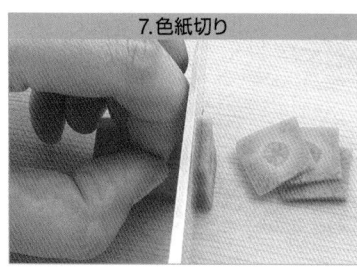

断面が正方形の立方体を薄切りにする。

8. 小口切り

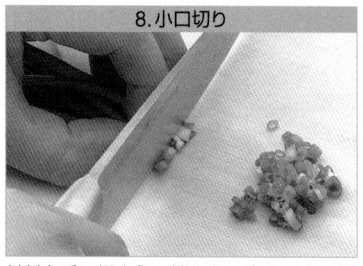

材料を手で押さえ、端から一定の長さで切る。

9. 乱切り

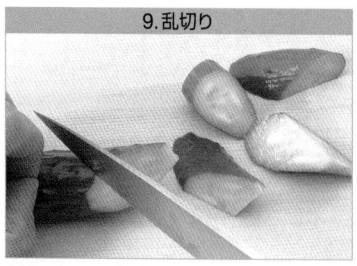

斜めに切る。材料を手前にまわして切り口の中央を同様に切る。

10. くし形切り

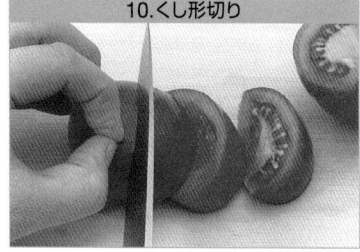

縦半分に切り、三日月形になるように、切っていく。

11. ささがき

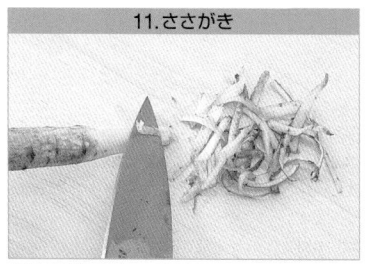

鉛筆を削る要領で材料をまわしながら刃先で薄く削っていく。

12. そぎ切り

包丁を寝かせて引きながら薄く切る。

13. 斜め切り（ねぎ）

端から包丁を斜めに入れて切る。

14. せん切り

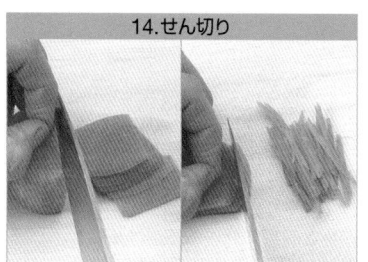

長さ4～5cmの薄切りにする。
薄切りを重ねて、端から細く切る。太さは1～2mmが一般的。

15. みじん切り（長ねぎ）

まわしながら、刃先で縦に何本も切れ目を入れる。切り込みが広がらないように押さえ、端から細かく切る。

16. みじん切り（たまねぎ）

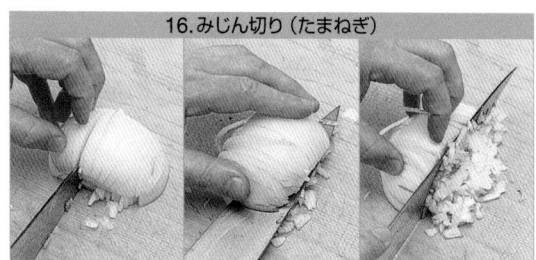

縦半分に切り、根元を切り離さないように、縦に細かく切り込みを入れる。
切り離さない程度に横に切り込みを入れる。
根元を押さえ、端から細かく切る。

■ 調味の手順

さ	砂糖
し	塩
す	酢
せ	しょうゆ
そ	みそ

●砂糖より塩を先に入れると…

— 砂糖
— 塩

砂糖は分子が大きいため、いったん小さい分子の塩が入ったあとにしみ込ませようとしても入りにくい。

野菜の繊維

料理の本を見ると、よく目につくのが「繊維にそって切る」「繊維に直角に切る」という文章。実は野菜は、繊維にそって切るか、繊維を断ち切るかで歯ごたえや風味などがちがってくるのだ。

●繊維にそって切る
加熱しても形くずれがしにくい切り方で、炒め物などに向く。シャキシャキとした歯ごたえ。
●繊維に直角に切る
香りが強く出る切り方で、サラダなどの生食や、香りを出したいスープなどに向く。

繊維の方向

しょうがの繊維の方向は、皮の節目に直角

3 材料の下ごしらえ

調理の前に食材にほどこす下処理。❶あくをぬく、❷切れ目を入れる、❸乾物をもどす、など。魚介類は鮮度を保つため、買ってきたらすぐに下処理をする。

■ 野菜

■ 水にさらす

冷水につける

じゃがいも・さつまいもなどのいも類やなすは、冷水につけてあく抜きする。

酢水につける

酢水に入れるとれんこんやごぼうは白く仕上がる。上は酢水につけた場合。

■ 塩でもむ

きゅうりやキャベツは塩でもむと、浸透圧の作用で野菜から水分が出てしんなりする。

■ ゆでる

茎から入れ、ふたをせず短時間ゆでる。えぐみをとるため冷水にとり色よく仕上げる。

■ 肉

■ 焼く場合

筋を切る

赤身と脂身の間にある筋は加熱により縮み、肉が反り返るので、切れ目を入れる。

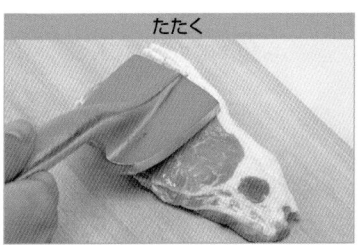

たたく

肉たたきでたたき、形を整えて焼くと、縮まずやわらかく仕上がる。

■ 乾物・加工品

■ 乾物をもどす

干ししいたけは水に20～30分つけ、石づきのところがやわらかくなってから使う。

切り干しだいこんは水でもみ洗いし、かぶるくらいの水に約10分つけてもどす。

■ 油抜きをする

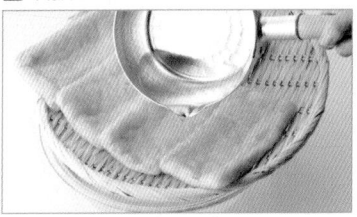

油揚げ・厚揚げ・がんもどきなどは、熱湯をかけ回すか、熱湯にくぐらせる。

ホームフリージングのポイント

1 冷凍に向かないものは冷凍しない
- ●向く…ごはん、パン、加熱調理したもの、乾物・茶葉など乾燥したもの
- ●向かない…とうふ・こんにゃく・たけのこなど（食感が変わる）、牛乳やクリーム（分離する）、一度解凍したもの（再冷凍は品質が悪くなる）

2 すばやく凍らせる
　熱いものは必ず冷ましてから凍らせる。

3 小分けして、密閉する
　1回に使う量に分け、できるだけ薄く、空気を抜く。

4 1か月以内に使い切る
　家庭で冷凍したものは、目安として1か月以内、いたみやすい生肉・魚介類・生野菜は2週間以内に食べる。

解凍法
- ●**自然解凍**…肉・魚やおかずは冷蔵庫で。ゆっくり時間をかけて解凍することで、水っぽくならず生に近い味になる。
- ●**流水解凍**…急ぐときに。水が入らない袋に入れて流水をかける。
- ●**電子レンジ解凍**…解凍（弱）機能を使うなどして、加熱しすぎないようにする（ムラになる）。
- ●**加熱解凍**…凍ったままゆでるなど、解凍と同時に調理する。

■ 魚 (一尾の処理)

■ ぜいごを取る

皮をつけたまま料理するときは、ぜいご(かたいうろこの部分)を取る。

■ えらを取る

えらの下側から包丁を入れ、刃先でえらを引き出す。

■ 腹わたを取る

❶腹側に切れ目を入れる。

❷包丁の先をさし入れ、内臓を引き出す。流水で汚れを洗い落とす。

■ 二枚おろしと三枚おろし

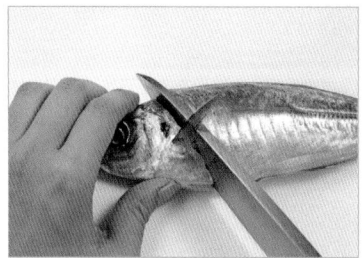

❶胸びれの下から包丁を入れ、頭を切り落とす。

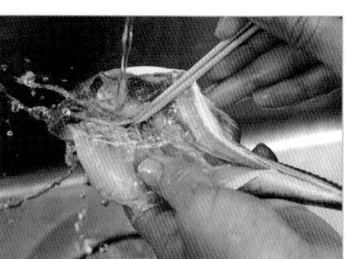

❷腹わたを取り、汚れを洗い流す。洗ったら水気をふきとっておく。

❸腹側から包丁を入れ、刃先を中骨にそわせて尾まで包丁を引く。

❹向きを逆にし、背から包丁を入れ、刃先を中骨にそわせて尾から頭まで包丁を引く。

❺包丁の刃を返し、中骨の上をすべらせるようにし、上身を尾から切り離す。

❻二枚おろし。

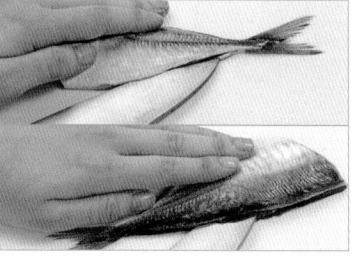

❼中骨を下にし、❸〜❺の要領で背側と腹側から包丁を入れ、下身を中骨から離す。

❽三枚おろし。両方の腹側に残った腹骨を薄くそぎ取る。

■ いか

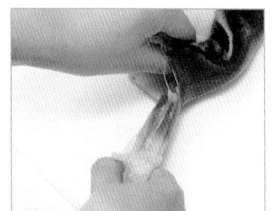

❶足と胴をはがし、内臓を引き抜く。内側に残った軟骨を取る。

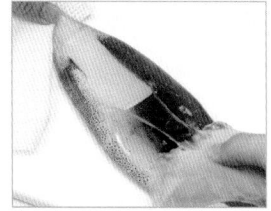

❷えんぺら (→ p.126) を引っ張りながら、そのまま皮をむく。

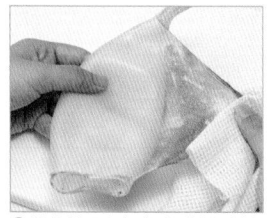

❸胴全体の皮をむく(ぬれぶきんを使うとよい)。

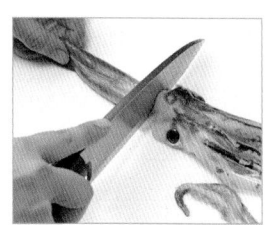

❹足からわたを切りはずし、目・口ばし・吸盤を取る。

4 調理操作

一つの料理は、複数の操作を組み合わせてできあがる。調理操作は、煮る・焼くなどの加熱操作、調味料で味をととのえる調味操作とその他非加熱操作に分かれる。

■ 飯物

■ おいしいご飯の炊き方

※炊飯器によっては、浸水時間や蒸らし時間まで自動で行う。

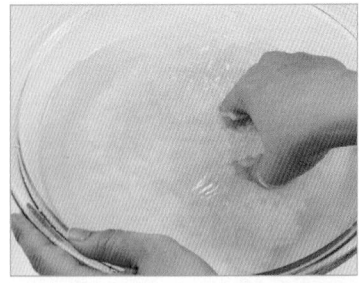

❶大きめのボウルに分量の米を入れ、たっぷりの水を一気に加え、さっとかき混ぜる。

❷ボウルのふちに手をあててすぐに水を捨てる（ぬかくさくならないように）。

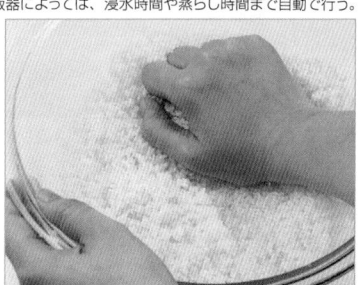

❸手のひらで米を軽く押すようにして混ぜる。

❹水を3～4回かえてすすぐ。

❺炊飯器に米を入れ米の量に合わせて水を入れる。約30分浸水させて炊く（※）。

❻炊き上がったら約10分ほど蒸らし（※）、水で濡らしたしゃもじで全体を大きく混ぜる。

■ 汁物

■ こんぶとかつおの混合だしのとり方

❶なべに水（4カップ）とこんぶ（水の1～2％の重量）を入れ、約30分浸しておく。

❷中火にかけ、なべ底から泡が沸々としてきたら火を止め、こんぶを取り出す。

❸ふたたび沸騰させ、かつお節（だしの1～2％の重量）を一気に加えて約1分加熱する。

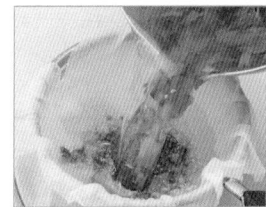

❹火を止め3分おき、だし汁をふきんなどでこす。

■ 汁のうま味と用途

種類		材料の汁に対する重量割合（％）	だし汁のとり方	用途	おもなうま味成分
こんぶだし		2～5	水に30～60分つけてから火にかけ、沸騰直前に取り出す。	すし飯 精進料理	グルタミン酸
かつお節だし	一番だし	1～4	沸騰直前にかつお節を入れ、ふたたび沸騰したら火を止め、上澄みをこす。	吸い物 茶わん蒸し	イノシン酸
	二番だし	2～4	一番だしを取ったあとのかつお節に一番だしの半量の水を入れ、沸騰したら2～3分煮てこす。	煮物 みそ汁	イノシン酸
混合だし		かつお節2 こんぶ1	こんぶからだしを取り、その後、かつお節を用いて取る。	上等な吸い物 上等な煮物	グルタミン酸 イノシン酸
煮干しだし		3～4	水に30分つけてから火にかけ、沸騰後2～3分煮出す。	みそ汁 煮物	イノシン酸
干ししいたけ		5～10	水または40℃以下のぬるま湯につける。	煮物	グアニル酸
うま味調味料		0.02～0.05	汁にとかす。	各種の調味	L-グルタミン酸ナトリウム

■ 煮物

■ おいしい煮物の作り方

1. 材料にしんが残ったり煮汁が回らなかったりしないよう、厚手で大きめのなべを使う。
2. 火加減は、一般に材料を入れて煮立つまでは強火で、その後は弱火にして煮込みながら味をふくめる。
3. 落としぶた（→ p.126）を用い、じっくりと味をしみ込ませる。
4. 魚を煮るときは、生臭みを抑えうま味が流れ出ないように、煮汁をひと煮立ちさせたところに入れる。

落としぶた

■ 焼き物

■ 焼き魚のポイント

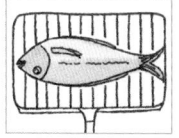
❶焼きはじめは、裏になる方が上。

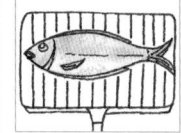
❷ひっくり返し、表を上にする。

❸でき上がりは、頭を左に盛りつける。

■ おいしい焼き物の作り方

1. 肉類・魚介類などたんぱく質を多く含む食品は、最初の強火で短時間加熱し、表面を熱で凝固させうま味の流出を防ぐ。
2. でん粉性食品（焼きいも・ホットケーキなど）は、十分に糊化させ甘味を引き出すため、弱火で時間をかけて焼く。

■ 蒸し物

■ 蒸し方の種類

蒸し方	料理例
100℃を保ちながら加熱する	まんじゅう類、だんご・もち類、蒸しパン類、いも類、魚介類、肉類など
100℃を保ちながら、ふり水またはきりをふく	魚介類など
85～90℃を保つために弱火にしたり、ふたをずらして温度調節をしながら蒸す	たまご豆腐、茶わん蒸し、カスタードプディングなど

■ 蒸し器の使い方

蒸し器は、食品を動かさずそのままの状態で加熱できるので、煮くずれや栄養成分の流出の心配が少ない。

1. 蒸し水は容量の80％程度入れる。
2. 蒸し水が沸騰してから食品を入れる。
3. 蒸し水の補充は熱湯を用いる。

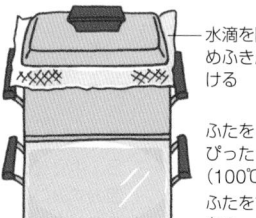

水滴を防ぐためふきんをかける

ふたをぴったりする（100℃）

ふたをずらす（85～90℃）

■ 揚げ物

■ 揚げ物の適温と時間のめやす

調理名		温度（℃）	時間（分）
天ぷら	魚介類	180～190	1～2
	いも類	160～180	3
かき揚げ		180～200	1～2
フライ		180	2～3
カツレツ		180	3～4
コロッケ		190～200	1～1.5
ドーナッツ		160	3
クルトン		180～190	30秒
ポテトチップス		130～140	8～10

※材料により適温は異なるので注意する。

■ 油の温度の見分け方（衣を少し落とす）

❶沈まずに表面に浮くか散る。（200℃）

❷途中まで沈んで浮き上がる。（170～180℃）

❸底に沈んでゆっくり浮き上がる。（150～160℃）

❹底に沈んで浮き上がりにくい。（150℃以下）

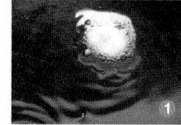
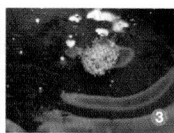

※この他、水分をふきとったさいばしを、火にかけた油の中に入れてはかる方法もある。

■ おいしい揚げ物の作り方

1. 熱を一定に保ちやすい厚手のなべを用いる。
2. 油の量はなべの7分目くらい。
3. 油がはねると危険なので、材料の水切り・下ごしらえを確実に。
4. 天ぷらの衣は揚げる直前につくる。
5. 揚げる順番は、野菜類を先に、臭みのある魚介・肉類は後に。
6. 一度にたくさんの材料を入れると油の温度が下がり、べとついた仕上がりになる。なべの表面積の2/3までとする。

7分目

■ 揚げたあとは…

網じゃくしで揚げかすをすくい、温かいうちに油こし器でこすと、2～3回は揚げ物に使える。そのあとは、炒め物で使い切ろう。

油を捨てるときは、決して台所の排水溝に捨ててはいけない。環境を汚す原因になる。油処理用品を使って捨てるとよい。

5 配膳とテーブルマナー

食卓についたときのマナーとは、同じテーブルを囲む人たちが気持ちよく食事をすることができるように気を配ることである。基本的なマナーを身につけよう。

日本料理

日常の食事マナー

熱いものは熱いうちに、冷たいものは冷たいうちにいただく。

焼き魚や煮魚は、左から食べはじめ、食べ終わったら骨や皮をまとめておく。

飯をよそう量は、茶碗の約8分目にする。飯と汁物は、茶碗や汁椀を必ず手に持って食べる。

はしは、はしおきにもどす。

汁物は音をたてずに飲む。

❶焼き魚・さしみなど　❷煮物など　❸酢の物・あえ物など
❹飯　❺汁物

はしの持ち方

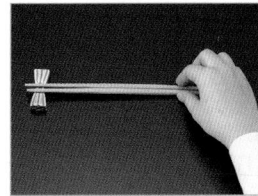
❶右手ではしを取り上げる。

❷はしの下に左手をそえる。

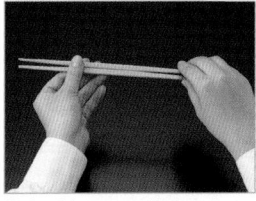
❸右手をはしの端まですべらせる。

❹右手を反転させ左手を離す。

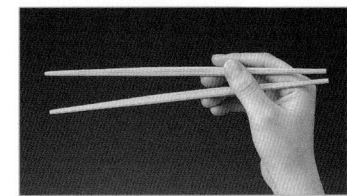
正しい持ち方
上から3分の1くらいのところを持つ。2本のはしの間に中指をそえる。

はしの使い方のタブー

寄せばし 器をはしで引き寄せる

刺しばし はしでおかずを刺す

迷いばし はしを持ってあれこれと迷う

探りばし 好きなものを探して器の中をさぐる

渡しばし はしを茶碗の上に渡し掛けておく

そらばし 料理に一度、はしをつけておきながら、取らないではしを引くこと

ねぶりばし はしをなめまわす

指しばし 食事中にはしで人を指す

椀を持った場合のはしのとり方

❶椀を左手で持ち、右手ではしをとり、左手の人さし指と中指の間にはさむ。

❷右手ではしの上側、端、下側となぞっていく。

❸椀を左手でしっかり持ち、右手ではしを持つ。

尾頭つきの魚の食べ方

❶頭から尾に向かって順に食べる。

❷上の身を食べたら、中骨をはずして皿のすみに置き、下の身を食べる。

❸食べ終わったら、骨はまとめておく。

西洋料理

テーブルセッティング（フルコース）

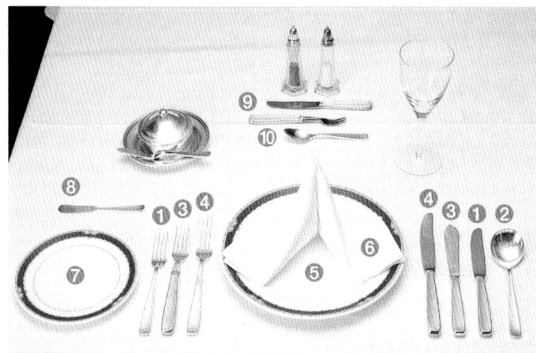

一番外側のナイフとフォークから使う　❶オードブル用ナイフ・フォーク　❷スープスプーン　❸魚用ナイフ・フォーク　❹肉用ナイフ・フォーク　❺位置皿　❻ナプキン　❼パン皿　❽バターナイフ　❾デザート用ナイフ・フォーク　❿コーヒースプーン

フルコースのメニュー例

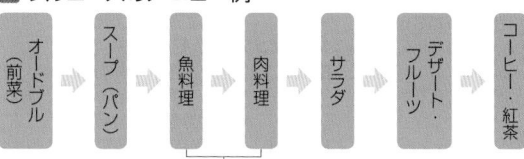

メイン料理

ナイフとフォークの扱い方

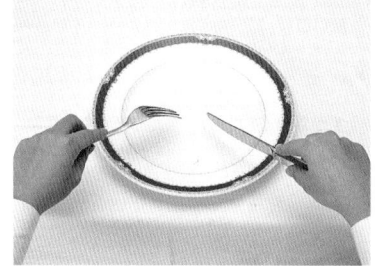

ナイフとフォークは、外側においてあるものから使う。原則として、ナイフは利き手で持つが、フォークを利き手に持ちかえて食べてもよい。ナイフは口に入れない。

料理を食べている最中　　食べ終わり

中国料理

フルコースのメニュー例

前菜（オードブル）

大菜（メイン料理）

湯（スープ）

点心
飯・めん類
菓子類

ちりれんげの持ち方

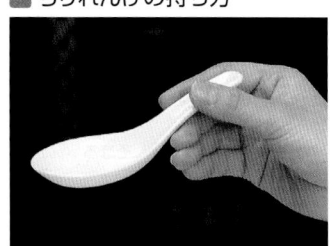

スプーンと同じようにえんぴつの持ち方をする。

料理を食べるときのマナー

料理

料理は、左からひと口大に切りながら食べる。食器を持って食べない。

スープ
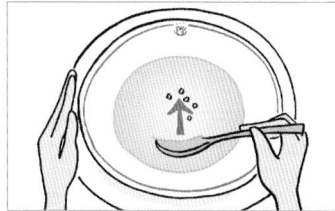
スープは、スプーンで手前から向こうへすくって飲む。少量になったら、皿の手前を持ち上げてすくう。

パン
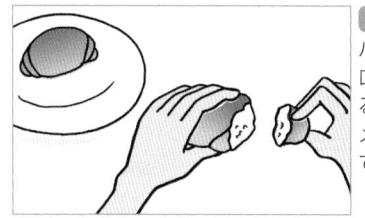
パンは、皿の上でひと口大にちぎって食べる。スープが出てからメイン料理が終わるまでに食べ終わる。

ナプキンの使い方

置き方

二つ折りにし、折り目を手前にしてひざの上に。

使い方

くちびるや指先の汚れはナプキンの端で押さえる程度に。

中座するとき

軽くたたんでいすの上に置く。

料理の取り方

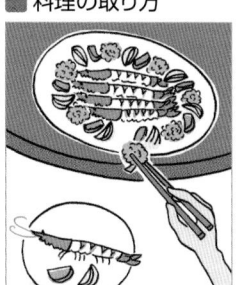

- 主賓や目上の人が料理を取り終えてから時計回りで回す。
- 料理がまわってきたら、早めに取る。分量は人数を考慮して加減する。
- 取り皿はテーブルに置いたまま食べ、味つけが異なるごとに、新しい皿にかえてよい。

6 調理基本用語集

あ～お

あえる 魚介・野菜などをあえ衣で混ぜ合わせること。

あく ごぼうやほうれんそうなどの野菜や肉類を調理する際に出る苦味や渋味のこと。あくを取ることをあく抜きという。

あしらい 料理の美しさや香り、味を引き立て、栄養のバランスをよくするために料理に添えるもの。さしみのけんやつま。

油通し 野菜や肉などの材料を低温の油にさっと通すこと。中国料理で使われる手法。余分な水気をとばしたり、色鮮やかに仕上げるために行う。

油抜き 油揚げ、さつま揚げなどの余分な油や油臭さを抜くため、熱湯をかけたり湯通しをして表面の油を取ること（→p.120）。

あら 魚をおろしたときに残る頭、中骨、えら、はらわたなどの総称。廃棄されることが多いが、汁物やなべ物に利用されるものもある。

あら熱を取る なべを火からおろしてすぐの熱をしばらくおいて冷ますこと。完全に冷ますのではなく、なべを手で持っても熱く感じないくらい（30～50℃くらい）に冷ます。

あらみじん 2～3mm角のあらめのみじん切りのこと。

アル・デンテ パスタのゆで加減で、歯ごたえのある状態のこと。

合わせ調味料 各種の調味料を混ぜ合わせたもの。あらかじめ混ぜておく。

石づき きのこ類の軸のうち地面や木に接しているかたい部分のこと。切り落として用いる。

板ずり まな板の上で塩をまぶした材料を手のひらで軽く押さえながら前後にころがすこと。青臭さを取り、緑色を鮮やかにする効果がある。

煎る 材料に脂分や水分を加えずに火にかけ、かき混ぜて熱を通す手法。ごまなどに用いる。

色止め 料理を色よく仕上げる手法。野菜を切ったらすぐに水、塩水、酢水などにつけ、変色を防ぐ。

打ち粉 うどんやそばを打ったり、餃子の皮やパイ生地をのばすとき、台や手にくっつかないようにふる粉のこと。

えぐみ 野菜に含まれるあくのひとつ。舌やのどを刺激する、苦味と渋味を合わせたような味。

えんがわ ひらめなどの魚の縁についた部位。

えんぺら いかの胴の先にある三角形のヒレの部分で、耳ともいう。

落としぶた 煮物をするとき、なべよりひとまわり小さいふたを中の材料に直接のせて煮ること。材料の煮くずれを防いだり煮汁を上下に回してむらなく味をつけるなどの効果がある。

おろす 大根をすりおろす意味と魚を切り分ける下ごしらえという二つの意味がある。

か～こ

かくし包丁 かたい材料を食べやすくしたり、材料への火の通りや味のしみ込みをよくしたりするために、盛りつけたときに表から見えない部分に包丁で切れ目を入れること。

かぶと 魚の頭の部分。兜に形が似ていることからこの名がある。たいが代表的。

かま 魚の胸びれの周辺。

ガラ 鶏の肉を除いた骨の部分。グルタミン酸やゼラチン分が多く含まれ、長時間煮込むことによって味のよいスープがとれる。

ガラムマサラ インドの混合香辛料。カルダモン・シナモン・クローブを基本に、クミン・コリアンダーなどを混ぜてすりあわせる。

皮目 魚や鶏の、皮のついている方の側。

皮をこそげる 皮をむかずに包丁のみねなどでこすり取ること。ごぼうなどの下ごしらえに用いる。

皮を引く さしみをつくるとき、魚の皮を取り除くこと。

生地 仕上げ前の材料。

グラッセ ゆでた野菜をバターで炒めたり、ソースをかけて加熱して、つやを出すこと。

化粧塩 魚を姿のまま塩焼するときに、こげるのを防いで焼き上がりを美しくするためにふる塩。

けん さしみのあしらい。大根、にんじん、きゅうりなどの野菜を細切りにして水に放し、シャキッとさせて使う。

香味野菜 肉や魚の臭みを消し、料理に香りをつける野菜類。青じそ、さんしょう、ねぎ、セロリ、パセリ、たまねぎ、にんにく、しょうがなど。

こし 食品の弾力性や粘り。こしがある、こしが強いという。

こす 裏ごし器などを用い、材料をつぶしてなめらかにすること。

こそげる 野菜の皮や魚のうろこなどを、包丁でこすり取ったり、なべの底にこげついた飯などをしゃもじでこすり取ったりすること。

混合だし こんぶ（グルタミン酸）とかつお節（イノシン酸）の両方のうま味をきかせて取るだし。

コンソメ 牛赤身肉や野菜などで取った西洋料理の澄んだスープ。

さ～そ

ささがき ごぼう・にんじん・うどなど棒状の材料を回しながら、鉛筆を削るように薄く削ぐ切り方。

さし水 ゆでている途中に水を加えること。煮立っているところに水を加えて沸騰を静め、再び沸騰させると材料がやわらかくゆであがる。

さらす 野菜のあく抜き、レバーの血抜きなどのために、材料を水や酢水、塩水などにつけること。

三枚おろし 魚のおろし方の一種。魚の頭を落とし、上身・下身・中骨の三枚

におろす手法（→p.121）。

塩抜き わかめなどの海藻類、塩漬けにした魚類などから塩を抜くこと。真水ではなく、薄い塩水にしばらくひたしてから真水に入れると早く塩を抜くことができる。

塩もみ 材料に塩をまぶし、軽くもんでしんなりさせること。余分な水分が抜けて、味がよくしみ込む。酢の物などの下ごしらえによく用いる。

塩ゆで 青菜などを色鮮やかにゆで上げるための下ごしらえで、熱湯に少量の塩を加えてゆでる。

下味 本格的な調理の前に、材料に調味料をかけたり、調味液をつけたりしてあらかじめつけておく味。

下煮 味のしみにくい材料や煮えにくい材料を前もって少し煮ておくこと。

締める 魚の身を、塩や酢をふって引き締めること。

霜降り 魚や鶏肉を熱湯で手早く加熱すること。中心までは加熱されず、肉の表面だけが霜のついたように白くなっている状態。

じゃばら きゅうりなど、へびの腹に見立てて伸縮するように切ること。

ジュリエンヌ せん切りの意味。

白あえ 豆腐と白ごまをすり鉢ですり、砂糖・塩で調味したあえ衣で、おもに野菜類をあえる料理。

白髪ねぎ 長ねぎを開き、芯を抜いて白い部分をごく細くたてに切り、水にさらしたもの。

酢洗い 酢または酢水で魚などをさらし、生臭みを取ること。

吸い口 吸い物の風味をよくし、季節感を出すために少量加えるもので、木の芽、ゆずの皮、針しょうがなどがある。

すが立つ（すだち） 茶わん蒸しや卵豆腐、カスタードプディングなどを作るときに、火を通し過ぎるために、生地に細かい泡のような穴があき、なめらかさがなくなること。

筋切り 厚い切り身肉をソテーやステーキにするとき、脂身と赤身の境にあるかたい筋を、包丁の先で数か所切ること。肉の焼き縮みを防ぎ、形よく焼き上げるとともに、火の通りをよくする。

酢締め 材料を酢にひたして身を締めること。余分な臭気と生臭さを消し、さっぱりとした味になる。

スープストック スープをはじめ、ソースや煮込み料理に用いる西洋料理のだし汁。フランス料理ではスープには鶏と牛すね肉、香味野菜から取ったブイヨンを用いる。

ぜいご（ぜんご） あじの側面の尾のつけ根から5～6cmの長さでついているかたい骨状のもの（→p.121）。

背わた えびの背にある黒い筋状のわたのこと。竹串などを使ってすくうように取り除く。

そぼろ ひき肉や魚の身をほぐしてぽろぽろに煎りあげたもの。

た～と

たね 日本料理では「材料」の意味で用いられている。吸い物に入れる物をわんだね、すしにのせるのがす

しだねなど。西洋料理ではパンだね、パイだね、スポンジだねなど。

ダマになる　ホワイトソースを作るために小麦粉を水でとくとき、なめらかにとけず、粉のかたまりができること。

血合い　魚の肉で、赤黒い血の多い部分のこと。

血抜き　味を損なわないように、水などにつけて肉や内臓の血を早く抜き取ること。

茶きんしぼり　魚のすり身やさつまいもを裏ごししたものをふきんかラップに包んでしぼり、表面にしぼりめをつけたもの。

茶せん切り　切り方の一種。なすなどを茶道具の茶せんのような形に切ること。

つけ合わせ　料理の味や彩りを引き立て、栄養のバランスをとるために料理に添えるもの。

筒切り　切り方の一種。魚などのぶつ切り。

つなぎ　いくつかの材料を混ぜ合わせてひとつにするときに加えるもの。粘り気があって、材料をつないでまとめる役割をはたす。卵、すりおろした山いも、小麦粉、かたくり粉など。

つま　さしみを盛るときに添えるあしらいのこと。香りや色どりのために、青じそや花穂じそなどの香味野菜が使われる。

照り焼き　魚や鶏肉などを素焼きにして、しょうゆ・砂糖・みりんなどを合わせたかけじょうゆをかけてあぶり、照りを出す焼き方。

ドウ　こね生地のこと。粘りと弾力性がある。耳たぶのかたさくらいがよい。

共立て　スポンジケーキの生地の作り方で、全卵を軽くかくはんし、砂糖を加えて泡立てる方法。

ドリップ　冷凍食品を解凍するときに流出する液体。

とろ火　弱火以下のもっとも弱い火加減。

とろみをつける　かたくり粉やくず粉を水でとき、ソースや煮汁に入れてとろりとさせること。

中落ち　魚を三枚におろしたときに中骨についた身のこと。

なべ肌から入れる　調味料を入れるとき、なべの縁から内側の側面にそって入れること。香りがきわ立つ。

煮えばな　煮えはじめ。

煮切る　煮立ててアルコール分をとばすこと。

煮こごり　ゼラチン質の多い魚の煮汁が冷えて、ゼリー状にかたまったもの。

煮ころがし　さといもやじゃがいもなどを少なめの煮汁で、汁を煮切って仕上げる煮かた。

煮しめ　野菜や乾物の形をくずさずに煮た煮物。

煮びたし　たっぷりの煮汁で時間をかけて煮たり、加熱した材料を煮汁に浸して味を含ませる方法。

煮含める　薄味にしたたっぷりの煮汁で材料をゆっくり煮て味を含ませること。

ぬた　魚介類や野菜を酢みそであえたもの。

ぬめりを取る　材料のぬるぬるした粘液を取り除くこと。さといもは、皮をむいてから塩でもむか、ゆでてぬめ

りを落とす。

ねかす　味をよくしたり、こしを強くしたり、やわらかくするために、調理の途中で材料をしばらくの間そのままにしておくこと。

のす　材料を平らにひろげること。

のばす　のすと同じく平らにひろげるという意味と、薄めるという意味がある。

はかまを取る　グリーンアスパラやつくしなどの側面にある筋ばったかたい部分を削り取ること。

ピカタ　薄切り肉に塩・こしょうをして小麦粉をつけ、とき卵をつけてバターや油で焼いたもの。

びっくり水　沸騰しているなべに入れるさし水。沸騰している水が冷水によって急に静まるようすからこの名がある。

ひと塩　魚介類に薄く塩をふること。

ひと煮立ちさせる　煮汁が沸騰してからほんの少し煮て火を止めること。

人肌　人間の体温と同じくらいの温度。

ピューレー　生、または煮た野菜などをすりつぶしたり、裏ごししたりしてどろどろにしたもの。

ブイヤベース　海の幸を豊富にとり合わせ、サフランとにんにくの香りをつけて煮込んだなべ料理。

ブイヨン　西洋料理のスープのもとになるだし汁のことで、スープストックの一種。骨付きの肉や香味野菜を時間をかけてじっくり煮出す。

フィリング　詰めもののこと。パイに詰めるくだものや、泡立てたクリームなど。

ブーケガルニ　パセリ、セロリー、ローリエ、タイムなどの香草類をたこ糸で花束のようにしばったもの。煮込み料理の風味づけや、材料の臭み取りに効果的。

ブラウンソース　フランス料理の褐色系の基本ソース。茶色のルウと茶色のフォン（だし）、香味野菜、トマトペーストを煮込んだもの。

フランベ　加熱中などにアルコールをふりかけ火を入れること。

ふり塩　材料に直接塩をふりかけること。

フリッター　生の材料に洋風の衣（泡立てた卵白と小麦粉）をつけて揚げること。

ブールマニエ　小麦粉とバターを混ぜてねったもの。スープやソースにとろみをつけるときに用いる。

ベシャメルソース　フランス料理の白色系の基本ソース。白いルー（バターと小麦粉）と牛乳で作る。

ペースト　食品材料をすりつぶしてこねたもの。のばすことのできるものという意味がある。

へた　なすやトマトなどの実についているがく。

別立て　スポンジケーキの生地の作り方で、卵を卵黄と卵白に分け、それぞれに砂糖を振り分けて泡立てる方法。

ホイップ　泡立てること。

ボイル　ゆでること。

骨切り　はもなどの小骨の多い魚に用いる方法で、身と小骨を切り、皮は残す切り方。

マリネ　魚介類、肉、野菜を漬け汁（マリ

ナード）につけること。保存の目的を持ち、臭みを抜いてよい香味をつける。

回し入れる　調理中に液体の調味料をなべの縁の方からぐるりと回すように入れること。

水にとる　材料を水の中に入れること。ゆで上がったものを水の中に入れ、急激に冷ますときなどに行う。

水に放す　材料を水につけること。あく抜きや野菜をシャキッとさせるために行う。

みぞれ　大根おろしを使った料理に使われる。みぞれあえ、みぞれ汁など。

ミンチ　ひき肉のこと。

むき身　貝類やえびの殻をむいて身だけにしたもの。

ムース　フランス語で「泡」の意。生クリームや卵白の泡立てたものがベースになった料理。

ムニエル　魚に塩・こしょうをして小麦粉をまぶし、バターで焼く料理。

メレンゲ　卵白を泡立てて砂糖を加えたもの。

面取り　切った野菜の角を薄く切り取り、丸みをつけること。煮くずれを防ぎ、きれいに仕上げる。

もどす　乾物類を水や湯につけてやわらかくすること（→p.120）。冷凍してある食品を解凍するときにもこのようにいう。

焼き霜　表面を焼きあぶること。

薬味　料理の香りや味を引き立てるために添える香味野菜や香辛料。

湯洗い　魚介類をおろし、湯通しをして冷水で冷やすこと。

湯がく　野菜などのあくを抜くために、熱湯にしばらくひたすこと。

湯せん　湯を沸かした大きめのなべに、材料を入れたなべをつけて間接的に熱を通す方法。バターをとかすときなどに用いる。

ゆでこぼし　材料をゆでた後、ゆで汁を捨てること。

湯通し　材料を湯に入れてすぐ取り出すこと。熱湯にくぐらせること。

湯引き　魚肉を熱湯に通すこと。

湯むき　材料を熱湯につけ、水で冷やして皮をむくことで、トマトなどの皮むきに用いられる。

寄せる　寒天やゼラチンなどを使って材料をかためること。

余熱　火を止めた後に、電熱器や厚手のなべ、電気がまなどに残る熱気。

予熱　オーブンを使う際に、あらかじめ庫内の温度を上げてあたためておくこと。

ルウ　小麦粉をバターで炒め、なめらかにのばしたもの。ソースのベースになるもの。

わた　魚の内臓のこと。またはかぼちゃのたねのまわりにあるやわらかい部分のこと。

割り下　調味した煮汁のこと。なべ料理などに使う。

わんだね　吸い物や汁物の中身にする材料。

1 からだの組成と栄養素

人はなぜ食べるのか

　自動車はガソリンがなくなると止まってしまう。人間も同じようにからだの中のエネルギーがすべてなくなると、動けなくなる。その前に脳から「エネルギーを補給しなさい」という命令が出る。これが、「おなかがすいた」ということ。では、摂取した食べ物はからだの中でどのように役立っているのだろうか。一生営んでいく食生活について、その意味をもう一度考えてみよう。

■ からだの組成と摂取する栄養素

　人のからだの組成と1日に摂取する栄養素は右の図のようであり、食物の摂取により細胞内で生命維持活動が営まれている。からだの組成には、性別、年齢、体型などにより個人差がある。

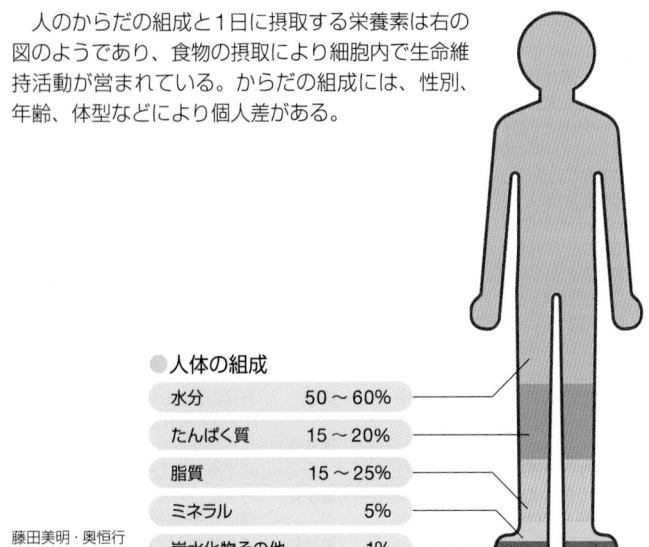

●人体の組成

水分	50～60%
たんぱく質	15～20%
脂質	15～25%
ミネラル	5%
炭水化物その他	1%

藤田美明・奥恒行
『栄養学総論』より

● 1日に摂取する栄養素

飲料水		1.0L	
食物中の水		1.0L	2.3L
代謝水※		0.3L	
炭水化物		340g	
たんぱく質		65g	
脂質		61g	
ミネラル	食塩	10g	
	カルシウム	1,100mg	
	鉄	10mg	
ビタミン類	ビタミンA	700μgRE	
	その他のビタミン類	130mg	

※代謝水：摂取した食物の栄養素が代謝されて生じる水。

■ 栄養素のはたらき

　栄養素は、炭水化物、脂質、たんぱく質、ビタミン、ミネラルの5つに分類でき、5大栄養素とよばれる（また、炭水化物、脂質、たんぱく質を3大栄養素ともいう）。これらの栄養素は、からだを構成したり、生活や成長に必要なエネルギーを生成したり、生理機能の調整などを行っている。また、これらの栄養素は連携しながらはたらいているため、バランスのよい食事が理想とされている。栄養素は、欠乏しても過剰摂取しても、健康上よくない。

エネルギーになる（熱量素）

生きるために必要なエネルギーを供給する栄養素で、炭水化物・脂質・たんぱく質が関係する。

からだをつくる（構成素）

からだの骨や組織・筋肉・血液などをつくる栄養素で、脂質・たんぱく質・ミネラルが関係する。

からだの調子を整える（調節素）

からだの各機能を調節する栄養素で、たんぱく質・ミネラル・ビタミン・脂質の一部が関係する。

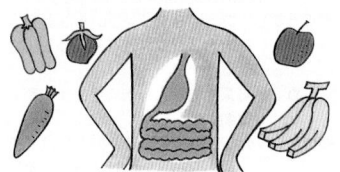

（食物繊維）

炭水化物(→p.130)（糖質・食物繊維）	脂質(→p.132)	たんぱく質(→p.134)	ミネラル(→p.136)	ビタミン(→p.140)

2 食物の消化と吸収

消化・吸収とは

消化とは、口から取り入れた食物を、小腸などの壁（上皮細胞）を通過できる状態に分解する作用をいう。歯によるそしゃくや腸のぜん動・かくはんによる物理的消化と、消化酵素による化学的消化がある。

消化された物質が血管やリンパ管に取り込まれる作用を吸収という。栄養素の約90％以上が小腸から吸収される。大腸では、水分が吸収され、未消化物や腸壁細胞・腸内細菌の死骸が糞となり、排せつされる。

■ 消化器官と消化酵素のはたらき

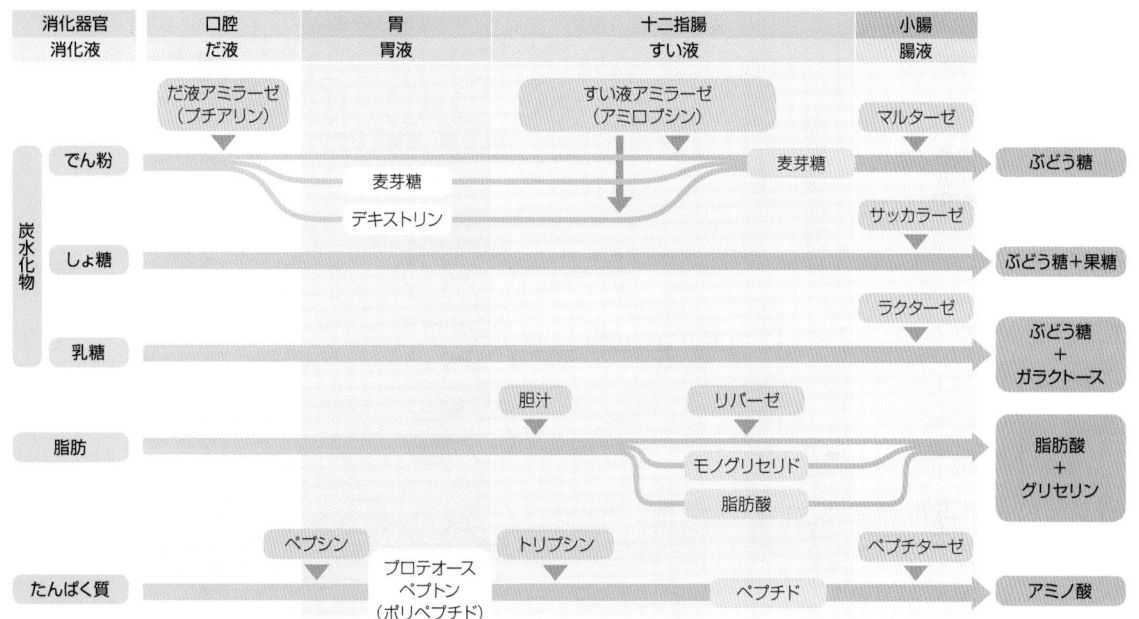

消化器官	口腔	胃	十二指腸	小腸
消化液	だ液	胃液	すい液	腸液

■ 消化管と吸収の過程

栄養素は、その90％以上が小腸で吸収される。小腸の内壁は、吸収面積を広くするために柔毛で覆われている。その面積はテニスコート1面ほどになる。

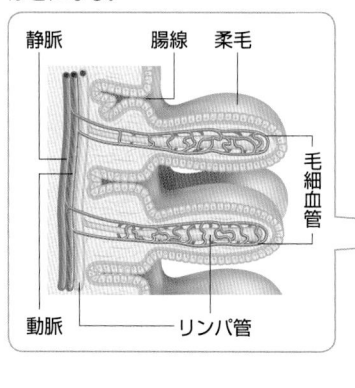

静脈　腸線　柔毛
毛細血管
動脈　　リンパ管

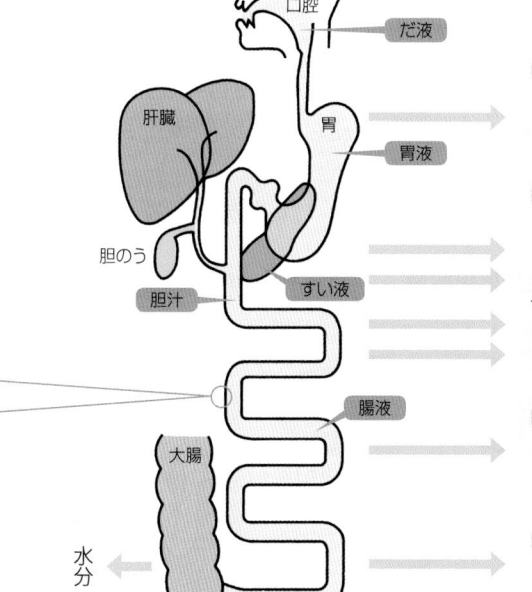

口腔 — だ液
肝臓
胃 — 胃液
胆のう
胆汁
すい液
腸液
大腸
水分

胃
アルコール
一部の薬品

十二指腸〜空腸
糖・鉄
カルシウム
マグネシウム

たんぱく質・脂肪・カリウム
脂溶性ビタミン（A、E）・塩素

小腸中部
水溶性ビタミン
（B、Cなど）

回腸
胆汁酸・ナトリウム
ビタミンB12

3 炭水化物（糖質・食物繊維）

炭水化物とは

　炭素（C）、水素（H）、酸素（O）の3元素から構成され、分子式$C_m(H_2O)_n$であらわされる。消化酵素により消化される「糖質」と、消化されない「食物繊維」に分かれる。

　このうち糖質は、1gあたり4kcalのエネルギーを持ち、全摂取エネルギーの約6割を占める。
　食物繊維はほとんどエネルギー源とはならないが、整腸作用などがある。

■ 糖質と食物繊維の区分

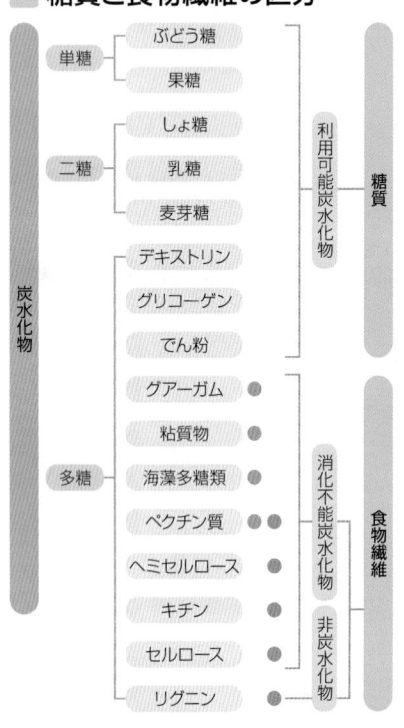

■ 糖質の種類

分類	種類	構造と分子式	おもな所在	特性
単糖類	ぶどう糖	ぶどう糖　果糖　ガラクトース $C_6(H_2O)_6$	果物・野菜・血液（0.1%）	水溶性 甘い
単糖類	果糖（フルクトース）		果物・はちみつ	
単糖類	ガラクトース		（乳汁にぶどう糖と結合して）乳糖	
少糖類 二糖類	麦芽糖（マルトース）	ぶどう糖＋ぶどう糖	水あめ	
少糖類 二糖類	しょ糖（スクロース）	ぶどう糖＋果糖　$C_{12}(H_2O)_{11}$	さとうきびの茎・てんさいの根	
少糖類 二糖類	乳糖（ラクトース）	ぶどう糖＋ガラクトース	人乳・牛乳	
少糖類 三糖類	ラフィノース	ぶどう糖＋果糖＋ガラクトース $C_{18}(H_2O)_{16}$	大豆・てんさい・綿実	
多糖類	でん粉（スターチ）	アミロースとアミロペクチンがある	穀類・いも類・豆類	不溶性 甘くない
多糖類	デキストリン	でん粉の途中分解産物	あめ	
多糖類	グリコーゲン	動物の貯蔵炭水化物	動物の肝臓・筋肉	

単糖類：1個の糖から構成される。　少糖類：2～10個の単糖が結合したもの。結合数によって二糖類、三糖類などという。　多糖類：単糖が多数結合したもの。分子式は$(C_6H_{10}O_5)_n$

■ でん粉の構造

　でん粉は、アミロースとアミロペクチンからなり、その割合は食品によって異なる。

■ アミロースとアミロペクチンの割合 (%)

食品名	アミロース	アミロペクチン
うるち米	20	80
もち米	0	100
とうもろこし	26	74

糖質を多く含む食品と目標摂取量

1日の目標量（15～17歳）　男女とも、総エネルギー摂取量の50%以上65%未満（→p.321）

●多く含む食品（100gあたり）

うどん…56.8g　　食パン…46.4g　　ごはん…37.1g

さつまいも…31.9g　　バナナ…22.5g

●とりすぎた場合
肥満／糖尿病／高脂血症／脂肪肝／虫歯

●足りない場合
疲れやすくなる／集中力がなくなる／皮膚が衰えてくる

食物繊維とは

人間のもつ消化酵素で分解されない動植物食品中に含まれる難消化成分をいい、ダイエタリーファイバーともいう。その多くが多糖類である。水溶性と不溶性があり、いずれも消化吸収されず栄養素には含めないとされたが、近年、食物繊維の摂取量の低下と生活習慣病の増加との関連性が注目され、見直されている。食物繊維は5大栄養素（→p.128）に続く「第6の栄養素」とよばれるようになった。

■ 食物繊維の主なはたらき

1. 消化管を刺激し、その動きを活発にする
2. 食物繊維の保水性・ゲル形成機能により、便容積を増大し、かたさを正常化する（便秘予防）
3. 便量を増すことにより、消化管通過時間を短縮させる（便秘予防）
4. 満腹感を与え、エネルギーの過剰摂取を防ぐ（肥満予防）

5. 胆汁酸を吸収し排出することで、血中コレステロールの上昇を抑制する（動脈硬化予防）
6. 腸内の有害物質を吸着させ、糞便中に排出する

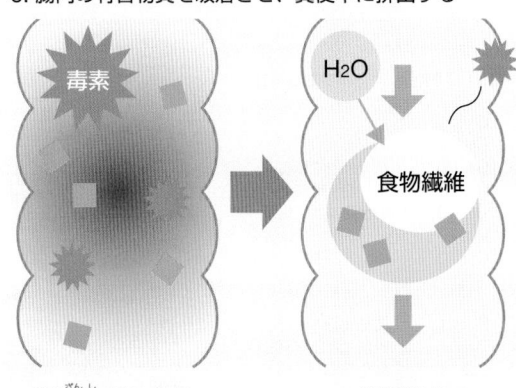

消化残滓（残りかす）が滞留し、毒素が充満。　　消化残滓がスムーズに排出。

■ 食物繊維の分類

分類	含まれる部位	名称	多く含む食品
不溶性食物繊維	植物細胞壁の構成成分	セルロース	野菜・穀類・豆類・小麦ふすま
		ヘミセルロース	穀類・豆類・小麦ふすま
		ペクチン質	未熟な果物・野菜
		リグニン	ココア・小麦ふすま・豆類
	甲殻類の殻の構成成分	キチン	えび・かにの殻
水溶性食物繊維	植物細胞の貯蔵多糖類	ペクチン質	熟した果物
		植物ガム（グアーガム）	樹皮・果樹など
		粘質物（グルコマンナン）	こんにゃく
		海藻多糖類（アルギン酸、ラミナリン、フコイダン）	海藻・寒天
	食品添加物	化学修飾多糖類	
		化学合成多糖類	
その他	結合組織の成分	コンドロイチン硫酸	動物食品の骨・腱など

■ 食物繊維の摂取

食物繊維を含む野菜を食べる際には、とくに加熱調理して食べると効果的である。加熱によってかさが減るので、量もたっぷりとることができる。主食には、白米のほか玄米や麦などをうまくとり入れるとよい。

一方で、食物繊維をとり過ぎると、ビタミンやミネラルなどの吸収障害を引き起こすことがある。一般的に、通常の食品から食物繊維をとっている限りはとくに問題はないが、いわゆる「サプリメント」の過剰摂取には注意が必要である。

食物繊維を多く含む食品と目標摂取量　　　1日の目標量（15〜17歳以上）　男：19g以上、女：18g以上（→p.321）

●多く含む食品（1回使用量あたり）

いんげんまめ（80g）…15.7g

ごぼう（100g）…5.7g

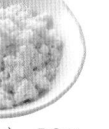

おから（50g）…5.8g

とうもろこし　玄穀（150g）…13.5g

●とりすぎた場合

下痢／鉄・カルシウム・亜鉛の吸収が妨げられる

●足りない場合

便秘／痔（ぢ）／腸内環境の悪化＝発がんのリスクが高まる

4 脂質

脂質とは

炭水化物と同様に、炭素（C）、水素（H）、酸素（O）の3元素から構成される。エネルギー源、必須脂肪酸の供給源としてのはたらきのほかに、脂溶性ビタミンの吸収をよくするはたらきをもつ。単独では水に溶けないが、りん脂質やたんぱく質などと複合体をつくり、水に可溶化されている場合が多い。1gあたりのエネルギー値が9kcalと高いので、エネルギーの貯蔵に適しているが、過剰摂取に要注意。

■ 脂質の種類

分類	種類	構造	おもな所在	生理機能
単純脂質	中性脂肪 ろう	脂肪酸＋グリセリン 脂肪酸＋高級アルコール	食用油・魚卵	エネルギー貯蔵、保温作用
複合脂質	りん脂質 糖脂質	脂肪酸＋グリセリン＋りん酸 ＋コリン（レシチン）など 脂肪酸＋グリセリン＋単糖類	卵黄	細胞膜などの構成成分 脳組織に広く分布
誘導脂質	脂肪酸 ステロール	脂肪を構成する有機酸 エルゴステロール（植物性） コレステロール（動物性） 性ホルモン、胆汁酸など	バター・食用油 あさり・かき・植物油 卵黄・えび・いか	脂肪として蓄積し、分解してエネルギー供給する ホルモンの構成成分

■ 中性脂肪の模式図

■ りん脂質の模式図

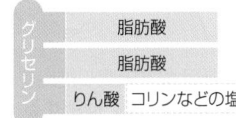

■ 脂肪酸の種類

分類		名称	構造	炭素数(n)：二重結合	おもな所在	特性
飽和脂肪酸（S）		酪酸 カプロン酸（ヘキサン酸） カプリル酸（オクタン酸） ラウリン酸 ミリスチン酸 パルミチン酸 ステアリン酸	$C_nH_{2n}O_2$ 例：パルミチン酸	C_4：0 C_6：0 C_8：0 C_{12}：0 C_{14}：0 C_{16}：0 C_{18}：0	バター バター バター・やし油 やし油・鯨油 やし油・落花生油 パーム油・やし油 ヘット（牛脂）・ラード（豚脂）	融点が高く、常温で固体のものが多い コレステロールをふやす 中性脂肪をふやし、動脈硬化の原因となる 酸化しにくい
不飽和脂肪酸	一価（M）	パルミトレイン酸 オレイン酸 エルシン酸	$C_nH_{2(n-x)}O_2$	C_{16}：1 C_{18}：1 C_{22}：1	動植物油 魚油・オリーブ油 なたね油	融点が低く、常温で液体のものが多い オレイン酸は酸化しにくく、コレステロールを減らす
	多価（P） n-6系	リノール酸● アラキドン酸	例：リノール酸（n-6系）	C_{18}：2 C_{20}：4	ごま油・だいず油 肝油	必須脂肪酸を含む コレステロールを減らす 酸化しやすい
	多価（P） n-3系	α-リノレン酸● イコサペンタエン酸 ドコサヘキサエン酸		C_{18}：3 C_{20}：5 C_{22}：6	なたね油・しそ油 魚油 魚油	

（注）●は必須脂肪酸。リノール酸をもとにアラキドン酸、α-リノレン酸をもとにIPAとDHAが体内で合成される。これら3つを必須脂肪酸に含める場合もある。

■ 必須脂肪酸

不飽和脂肪酸のうち、リノール酸やα-リノレン酸は体内では合成されず、かならず食物から摂取しなければならない。健康な人では、食品から摂取したリノール酸をもとに、体内でアラキドン酸が合成される。また、α-リノレン酸をもとにイコサペンタエン酸（IPA）、ドコサヘキサエン酸（DHA）が合成される。必須脂肪酸が欠乏すると、成長不良や皮膚異常が見られたり、感染症にかかりやすくなったりする。

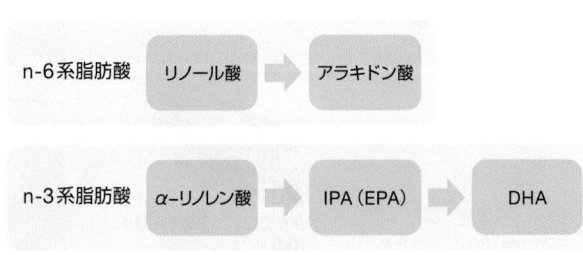

（注）イコサペンタエン酸（IPA）はエイコサペンタエン酸（EPA）ともいう。本書は文部科学省「日本食品標準成分表」の表記にあわせた。

■ 望ましい脂肪酸の摂取比率

■ S:M:P比

脂質の栄養的評価は、脂肪酸のバランスに大きく左右される。

S		M		P
3	:	**4**	:	**3**
飽和脂肪酸		一価不飽和脂肪酸		多価不飽和脂肪酸

■ n-6系:n-3系比

同じ多価不飽和脂肪酸でも、生体における機能が違うため、適切な摂取バランスを心がけることが大切である。

n-6系		n-3系
4	:	**1**

■ コレステロール

コレステロールは、血液中の脂質の1つである。成人の体内には約100gのコレステロールが存在し、体成分更新のために1日1g以上の供給が必要である。食物としてその一部を摂取し、ほかは肝臓で合成される。コレステロールは、①細胞膜の成分　②胆汁酸の成分　③性ホルモン、副腎皮質ホルモンの成分　④プロビタミン（体内でビタミンに変換されるもの）の成分としてのはたらきをもち、とくに成長期には必要とされる。

しかし、肝臓が送り出すコレステロール（LDL）と、肝臓に送られてくるコレステロール（HDL）のバランスが崩れると血液中にコレステロールのかすがたまり、動脈硬化を起こす原因となる。

■ トランス脂肪酸

とりすぎると悪玉コレステロールが増加し、動脈硬化や心筋梗塞の危険性が高まると報告されている。ショートニングやマーガリンの製造過程で発生する。

日本人の摂取状況は、WHOによる基準（総摂取カロリーの1%未満）を下回っている（0.3%程度）と推定されるため表示義務はないが、関心の高まりを受けて、消費者庁では情報開示に関する指針を公表している。

植物油	水素添加	マーガリン	+	トランス
不飽和脂肪酸	→	飽和脂肪酸		脂肪酸

■ コレステロールの吸収と代謝

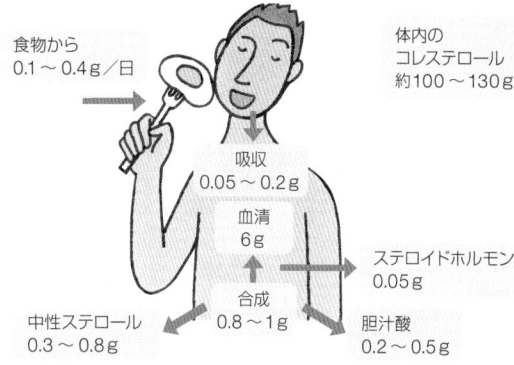

食物から　0.1〜0.4g／日

体内のコレステロール　約100〜130g

吸収　0.05〜0.2g

血清　6g

合成　0.8〜1g

ステロイドホルモン　0.05g

中性ステロール　0.3〜0.8g

胆汁酸　0.2〜0.5g

脂質を多く含む食品と目標摂取量

1日の目標量（15〜17歳）　男女とも、総エネルギー摂取量の20%以上30%未満（→p.321）

●多く含む食品（1回使用量あたり）

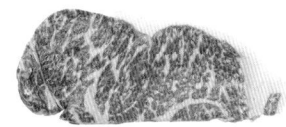

和牛肉 サーロイン（150g）…71.3g

ぶた ばら 脂身つき（100g）…35.4g

さんま 皮つき（1尾＝120g）…30.7g

アーモンド（30g）…15.5g

●とりすぎた場合

脂質異常症／肥満／動脈硬化／心臓疾患／老化／免疫力の低下

●足りない場合

摂取エネルギー不足／発育不良／脂溶性ビタミン欠乏／血管の脆弱化／免疫力の低下

オリーブ油とオレイン酸

南イタリア地方では、他のヨーロッパ諸国に比べて心臓疾患による死亡率が低いといわれる。肉やバターを多く使う欧米諸国の食事に比べれば、むしろ日本に近い摂取バランスである。多く使われるオリーブ油のオレイン酸含有量は70%以上もあり、一価不飽和脂肪酸の特徴である酸化に強い油で、がんの原因にもなる過酸化脂質をつくりにくく、血中コレステロールを減らすはたらきもある。生で利用すると香りが高く、加熱による酸化も少ないことから、料理にも安心して使える。製法・等級によって名称が異なり、果肉を冷圧法で絞った一番絞りの「バージンオイル」にも、オレイン酸の含量の多い順に「エクストラ・バージン」「ファイン・バージン」「セミ・ファイン」の3段階がある。

5 たんぱく質

たんぱく質とは

約20種類のアミノ酸が数十〜数百個以上結合したもので、炭素（C）、水素（H）、酸素（O）のほかに、窒素（N）を含む。からだを構成する細胞・酵素・ホルモン・免疫抗体・核酸は、たんぱく質からできている。1gあたり4kcalのエネルギー源となるなど、たんぱく質はからだを構成する成分として重要であるとともに、エネルギー源としても重要な栄養素である。

たんぱく質の種類

分類	種類	おもなものの名称と所在	特性
単純たんぱく質	アルブミン	オボアルブミン（卵白）、ラクトアルブミン（乳）、血清アルブミン（血液）	水に溶け、加熱すると凝固する。
	グロブリン	グロブリン（卵白・血液）、グリシニン（大豆）、アラキン（落花生）	水に溶けず、塩溶液に溶ける。加熱すると凝固する。
	グルテリン	オリゼニン（米）、グルテニン（小麦）	水や塩溶液に溶けず、薄い酸やアルカリに溶ける。加熱しても凝固しない。
	プロラミン	グリアジン（小麦）、ツェイン（とうもろこし）	水に溶けず、アルコールに溶ける。
	硬たんぱく質	コラーゲン（皮・骨）、エラスチン（腱）、ケラチン（爪・毛髪）	水・塩溶液・酸・アルカリなどに溶けない。
複合たんぱく質	核たんぱく質	（細胞核）	単純たんぱく質に核酸が結合したもの。
	糖たんぱく質	オボムコイド（卵白）、ムチン（血清）	たんぱく質に糖が結合したもの。
	リンたんぱく質	カゼイン（乳）、ビテリン（卵黄）	たんぱく質にリン酸が結合したもの。
	色素たんぱく質	ヘモグロビン（血液）、ミオグロビン（筋肉）	たんぱく質に色素が結合したもの。
	リボたんぱく質	リボビテリン（卵黄）	たんぱく質にリン脂質が結合したもの。
誘導たんぱく質	ゼラチン	コラーゲン（皮・骨）	たんぱく質を、物理的、化学的に処理したもの。

アミノ酸の種類

たんぱく質は、アミノ酸を1個ずつ順番に結合させて合成するので、どれか1つでも不足すると、完全なたんぱく質ができない。たんぱく質を構成するアミノ酸のうち、体内で合成されない9種類のアミノ酸を必須アミノ酸、それ以外のものを非必須アミノ酸という。

非必須アミノ酸は、体内で合成することができるので、必ずしも食事から摂取する必要はないという意味で、体内になくてもよいという意味ではない。たんぱく質の合成には、必須アミノ酸も非必須アミノ酸もどちらも必要である。

分類	種類	働き	多く含む食品
必須アミノ酸	イソロイシン	成長促進、神経・肝機能向上、筋力向上	牛肉・鶏肉・鮭・チーズ
	ロイシン	肝機能向上、筋力向上	牛乳・ハム・チーズ
	リシン（リジン）	体組織の修復、ぶどう糖代謝促進	魚介類・肉類・レバー
	メチオニン	抑うつ状態の改善	牛乳・牛肉・レバー
	フェニルアラニン	抑うつ状態の改善、鎮痛作用	肉類・魚介類・大豆・卵
	トレオニン（スレオニン）	脂肪肝予防、成長促進	卵・ゼラチン・スキムミルク
	トリプトファン	精神安定、抑うつ状態改善	チーズ・種実
	バリン	成長促進	プロセスチーズ・レバー
	ヒスチジン	子どもの成長に必須、神経機能	チーズ・鶏肉・ハム
非必須アミノ酸	グリシン／アラニン／セリン／シスチン／チロシン／アスパラギン酸／グルタミン酸／プロリン／アルギニン（子どもにとっては必須アミノ酸）		

※メチオニン、フェニルアラニンは一部をそれぞれシスチン、チロシンで代替することができる。
　メチオニン＋シスチン＝含硫アミノ酸、フェニルアラニン＋チロシン＝芳香族アミノ酸

食品による必須アミノ酸のバランスのちがい

必須アミノ酸は、食品により含まれる量が異なる。右のグラフは、可食部100g中の各必須アミノ酸の量を示したものである。これを見ると、各食品によって必須アミノ酸のバランスはさまざまに異なっていることがわかる。食事摂取基準（→p.321）に1日に必要なたんぱく質の推奨量が掲載されているが、1つの食品を食べることで推奨量を満たしたとしても、必須アミノ酸のバランスはとれていない場合が多い。いろんな食品を組み合わせて食べる必要がある。

可食部100g中

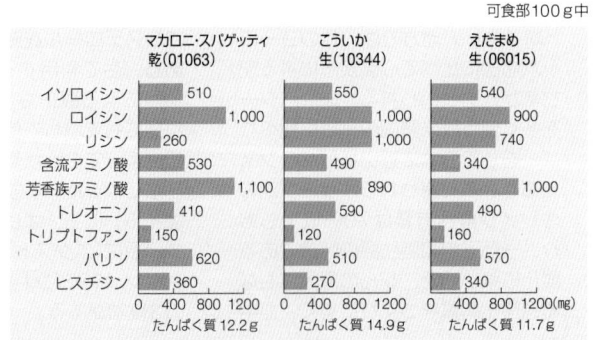

マカロニ・スパゲッティ 乾（01063）　たんぱく質12.2g
こういか 生（10344）　たんぱく質14.9g
えだまめ 生（06015）　たんぱく質11.7g

	マカロニ・スパゲッティ 乾	こういか 生	えだまめ 生
イソロイシン	510	550	540
ロイシン	1,000	1,000	900
リシン	260	1,000	740
含流アミノ酸	530	490	340
芳香族アミノ酸	1,100	890	1,000
トレオニン	410	590	490
トリプトファン	150	120	160
バリン	620	510	570
ヒスチジン	360	270	340

■ 必須アミノ酸の必要量

必須アミノ酸は、それぞれ1日あたりどれくらい必要かが決められている。乳幼児、児童および青少年は、体重維持のためのアミノ酸必要量に加え、成長に伴うアミノ酸必要量も加えられるので、成人よりも必要量が高い。

通常の食生活を送っていれば不足する心配はない。

(mg／kg体重／日)

必須アミノ酸	6か月	1～2歳	3～10歳	11～14歳	15～17歳	18歳以上
ヒスチジン	22	15	12	12	11	10
イソロイシン	36	27	22	22	21	20
ロイシン	73	54	44	44	42	39
リシン	63	44	35	35	33	30
含硫アミノ酸	31	22	17	17	16	15
芳香族アミノ酸	59	40	30	30	28	25
トレオニン	35	24	18	18	17	15
トリプトファン	9.5	6.4	4.8	4.8	4.5	4
バリン	48	36	29	29	28	26

(「WHO/FAO/UNU合同専門協議会報告」2007年)

■ アミノ酸価 (アミノ酸スコア) とは

各食品のたんぱく質の「質」つまり栄養価を評価する方法の1つに、アミノ酸価がある。体のたんぱく質合成のために理想的な必須アミノ酸組成をアミノ酸評点パターン[※1] (必須アミノ酸必要量パターン) として設定し、それぞれの食品に含まれる必須アミノ酸量[※2]がその何%にあたるかを算出する方法である。

評点パターンに満たない必須アミノ酸があると、十分に量がある必須アミノ酸が複数あったとしても、その最も少ない量のアミノ酸に見合う量でしかたんぱく質を合成できない (おけでいえば、一番短い板の部分にあたる)。

評点パターンに満たないものを制限アミノ酸といい、そのなかで最も比率の小さいもの (第一制限アミノ酸) の数値が、その食品のアミノ酸価となる。

[※1] アミノ酸評点パターンは1～2歳のもの (「WHO/FAO/UNU合同専門協議会報告」2015年)
[※2] アミノ酸成分表は、第3表「アミノ酸組成によるたんぱく質1g当たりのアミノ酸成分表」(→p.314～319) を使用する。

■ アミノ酸価の計算方法—食パンの場合

アミノ酸評点パターン (A) に対する食パンのたんぱく質1gあたりのアミノ酸量 (B) の比率をみると、リシンは44となり100未満なので制限アミノ酸であり、なおかつ第一制限アミノ酸であるので、リシンのアミノ酸評点パターンに対する比率 (C) が、食パンのアミノ酸価となる。

■ たんぱく質の補足効果

食品を上手に組み合わせることで、互いに不足の必須アミノ酸 (制限アミノ酸) を補いあい、全体でその効力を発揮して栄養価を総合的に高めることができる。

(例) 穀物 (リシンが不足) ＋豆類 (リシンが多い)

●アミノ酸価の求め方

$$アミノ酸価(C) = \frac{第一制限アミノ酸含量}{アミノ酸評点パターンの同アミノ酸含量(A)} \times 100$$

●食パンの場合

食パンのアミノ酸価は44

必須アミノ酸	たんぱく質1gあたりのアミノ酸量(mg)		アミノ酸評点パターンに対する比率
	アミノ酸評点パターン(A)	食パン(B)	
イソロイシン	31	42	135
ロイシン	63	81	129
リシン	52	23	44 (C)
含硫アミノ酸	25	42	168
芳香族アミノ酸	46	96	209
トレオニン	27	33	122
トリプトファン	7.4	12	162
バリン	41	48	117
ヒスチジン	18	27	150

アミノ酸評点パターン

ヒスチジン
含硫アミノ酸
芳香族アミノ酸
トレオニン
バリン
ロイシン
イソロイシン
リシン
トリプトファン

アミノ酸価44

ヒスチジン(150)
含硫アミノ酸(168)
芳香族アミノ酸(209)
トレオニン(122)
バリン(117)
ロイシン(129)
イソロイシン(135)
リシン(44)
トリプトファン(162)

※9種類すべてが100以上の場合、アミノ酸価は100になる。

たんぱく質を多く含む食品と目標摂取量

1日の推奨量 (15～17歳)　男65g、女55g (→p.321)

●多く含む食品 (1回使用量あたり)

かつお 春獲り(100g)…25.8g

うなぎ かば焼き(100g)…23.0g

にわとり ささみ 生(80g)…19.1g

ぶた もも 脂身つき(80g)…16.4g

●とりすぎた場合

肥満／脂肪の摂取量が増える／カルシウムの尿排泄増加などをまねく

●足りない場合

スタミナ不足／ウイルスなどへの抵抗力がおちる／発育障害／貧血／血管壁が弱まる／記憶力・思考力の減退／うつ病や神経症になりやすい

6 ミネラル

ミネラルとは

　人体を構成する元素は、酸素（O）・炭素（C）・水素（H）・窒素（N）が全体の約95％を占めているが、これ以外の元素を総称してミネラルという。ミネラルの含有量は微量であるが、それぞれの元素は重要な生理機能をつかさどっている。ミネラルは体内で合成されないので、食品から摂取しなくてはならない。欠乏症などにならないよう、バランスのよい摂取を心がけることが必要だ。

■ 人体のミネラルの含有量

多量ミネラル	％	微量ミネラル	％
カルシウム（Ca）	1.5～2.2	鉄（Fe）	0.004
リン（P）	0.8～1.2	亜鉛（Zn）	0.003
カリウム（K）	0.35	銅（Cu）	0.0001
ナトリウム（Na）	0.15	マンガン（Mn）	
マグネシウム（Mg）	0.05	ヨウ素（I）	
		セレン（Se）	微量
		モリブデン（Mo）	
		クロム（Cr）	

多量ミネラルは、1日の必要量が100mg以上のミネラル。微量ミネラルはそれ未満のミネラル。

■ 多量ミネラル

1 カルシウム（Ca）

　カルシウムは、体内に最も多く存在するミネラル。約99％は、骨や歯などの硬い組織に存在している。残り1％のカルシウムは、血液や筋肉などすべての細胞に存在する。

生理機能	骨や歯の形成。血液凝固や筋肉収縮。神経の興奮の抑制。
じょうずなとり方	牛乳中のカルシウムは吸収率が高く、効率がよい。
欠乏症	骨量が減少し、骨折や骨粗しょう症を起こす可能性が高くなる。
過剰症	泌尿器系結石を起こす。他のミネラルの吸収を阻害する。

2 リン（P）

　カルシウムとともに骨や歯を形成したり、エネルギーを蓄える物質の成分になるなど細胞の生命活動にかかせない栄養素。

生理機能	骨や歯の形成。体内の酸・アルカリの平衡を保つ。
じょうずなとり方	リンは保存性を高める目的で多くの加工食品に添加されている。加工食品をよく食べる人はカルシウム不足に注意（→コラム）。
欠乏症	骨や歯が弱くなる。
過剰症	カルシウムの吸収を妨げる。肝機能低下。

■ 可食部100gあたり
■ 1人1回使用量あたり
（　）内の数値は1人1回使用量の目安

グラフ中の「推奨量」「目安量」の数値は、15～17歳の1日の食事摂取基準の値である。詳細はp.322～323を参照。

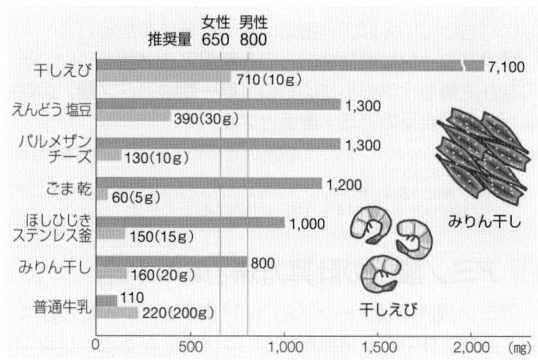

女性 男性
推奨量 650 800

- 干しえび 7,100 / 710（10g）
- えんどう 塩豆 1,300 / 390（30g）
- パルメザンチーズ 1,300 / 130（10g）
- ごま 乾 1,200 / 60（5g）
- ほしひじき ステンレス釜 1,000 / 150（15g）
- みりん干し 800 / 160（20g）
- 普通牛乳 110 / 220（200g）

みりん干し　干しえび

0　500　1,000　1,500　2,000（mg）

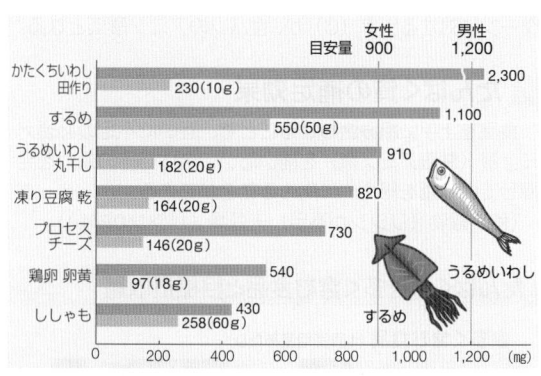

女性 目安量 900　男性 1,200

- かたくちいわし 田作り 2,300 / 230（10g）
- するめ 1,100 / 550（50g）
- うるめいわし 丸干し 910 / 182（20g）
- 凍り豆腐 乾 820 / 164（20g）
- プロセスチーズ 730 / 146（20g）
- 鶏卵 卵黄 540 / 97（18g）
- ししゃも 430 / 258（60g）

うるめいわし　するめ

0　200　400　600　800　1,000　1,200（mg）

カルシウムを上手に摂取するには

　カルシウムの体内への吸収は、他の成分の影響を受けることがわかっている。カルシウムはリンとの比が1：1のとき最も吸収がよいが、現状ではリンの摂取の方が多い。リンが過剰になるのは、肉類、魚介類などに含まれるほか、食品添加物として加工食品に多く含まれるためである。

　また、カルシウムとマグネシウムの比率も、筋肉の収縮や正常な血圧の維持、骨の強化などに影響を与えている。マグネシウム1に対して、カルシウム2～3がよいとされている。

● カルシウムを助け、骨を強くする栄養素

マグネシウム　リン　カルシウム　ビタミンD　ビタミンK

3 カリウム (K)

あらゆる細胞の正常な活動をバックアップ。ナトリウムと作用し合い、細胞の浸透圧を維持したり、水分を保持したりしている。またカリウムには、ナトリウムが腎臓で再吸収されるのを抑制し、尿への排泄を促す働きがあることから、血圧を下げる作用があると考えられている。

生理機能	細胞の浸透圧の調節。細胞内の酵素反応を調節。
じょうずなとり方	あらゆる食品に含まれているが、新鮮なものほど多い。
欠乏症	脱力感や食欲不振。
過剰症	なし（とりすぎても尿中に排泄される）。

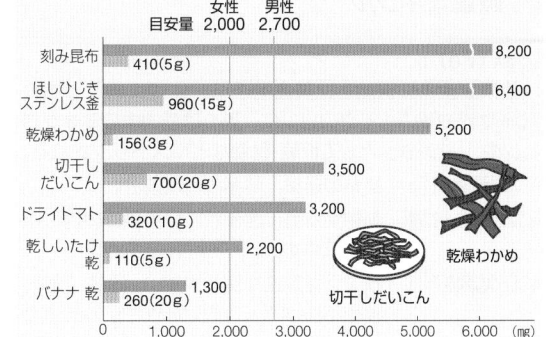

4 ナトリウム (Na)

細胞内外のミネラルバランスを保つために不可欠。多くは、細胞外液に含まれている。カリウムと作用し合い、細胞外液の浸透圧を維持する。

生理機能	細胞外液の浸透圧を維持。酸・アルカリの平衡を調節。
じょうずなとり方	食塩が多く使われている加工食品をひかえることが、減塩対策。
欠乏症	なし（日本人は食事から塩分を必要量以上にとっている）。
過剰症	細胞内外のミネラルバランスがくずれ、むくみが生じる。高血圧の原因の1つ。

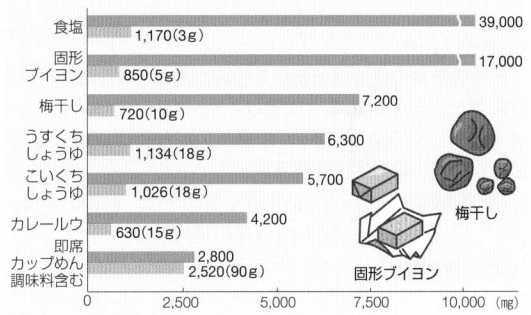

5 マグネシウム (Mg)

骨の成分として重要で、体内にあるうち約60%〜70%は骨に含まれる。残りは肝臓や筋肉、血液などにたんぱく質と結合して存在している。マグネシウムは、300種類以上もの酵素の働きを助ける。

生理機能	筋肉の収縮。神経の興奮を抑える。酵素の活性化。
じょうずなとり方	加工していない食品に多く含まれる。未精製の穀類や種実類、豆腐などの大豆製品からがとりやすい。
欠乏症	動悸、不整脈、神経過敏、抑うつ症。骨・歯の形成障害。
過剰症	なし（とりすぎても、腸管からの吸収量が調節される）。

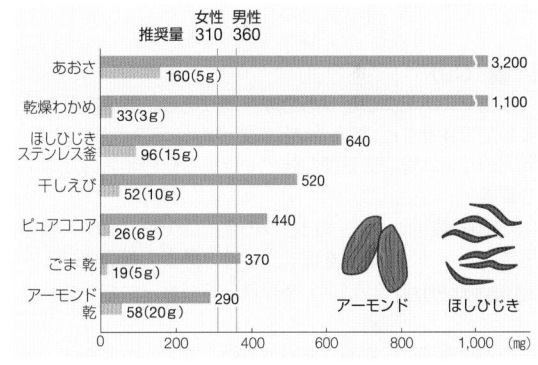

カルシウム不足が骨粗しょう症に

骨の主成分であるカルシウムが不足すると、骨粗しょう症になる危険性がある。骨粗しょう症とは、骨量（骨に蓄えられたカルシウムの量）が減少し、骨に「す」が入ったようにもろく骨折しやすくなることである（写真参照）。

骨量は、20歳頃までは増加し、一生を通じて最高のレベルに達したときの骨は「ピーク・ボーン・マス（最大骨量）」と呼ばれるが、中高年以降は減少してしまう（グラフ参照）。骨量を増加させなければならない時期に食生活を乱していると、骨粗しょう症になりやすいといえる。

● 年齢による骨量の変化

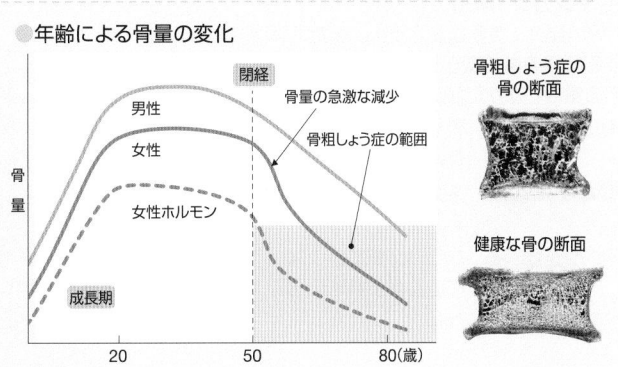

微量ミネラル

6 鉄（Fe）

酸素を全身に供給し、貧血を予防。体内にあるうち約70%は赤血球のヘモグロビンに、残りは筋肉中のミオグロビンや、「貯蔵鉄」として肝臓・骨髄などにストックされる。

生理機能	酸素の運搬。酵素の構成成分。
じょうずなとり方	動物性食品に含まれている鉄は体内に吸収されやすい。
欠乏症	鉄欠乏性貧血（疲れやすい、頭痛、動悸、食欲不振など）。成長期や月経のある女性、妊産婦などは特に注意が必要。
過剰症	通常なし（サプリメントによる過剰摂取で鉄沈着症）。

7 亜鉛（Zn）

多くの酵素の構成成分として重要なミネラル。味を感じる味蕾の形成にも重要（味蕾は10〜12日のサイクルで次々と新しくつくられる）。からだのなかでは、骨や皮膚などすべての細胞内に存在する。

生理機能	DNAやたんぱく質の合成。味蕾の形成。生殖機能を正常に維持する。
じょうずなとり方	肉・魚介・野菜などに含まれる。特にかきはよい供給源。アルコールをとりすぎると亜鉛の排泄量が増加する。
欠乏症	貧血、味覚異常、生殖機能の低下（男性）。
過剰症	なし。

8 銅（Cu）

赤血球のヘモグロビンの合成を助けたり、鉄の吸収をよくしたりするなど、貧血予防に欠かせないミネラル。また、乳児の成長、骨や血管壁の強化や皮膚の健康維持のためにも重要。

生理機能	ヘモグロビンの生成に欠かせない。鉄の吸収を促す。多くの酵素の構成成分。
じょうずなとり方	レバー・魚介類・豆類などに多く含まれる。
欠乏症	貧血、毛髪の異常。子どもの場合は、成長障害を起こすことがある。
過剰症	なし。

9 マンガン（Mn）

骨の発育に重要なミネラル。また、体内で重要な働きをする酵素の構成成分としても欠かせない。人や動物に存在する量はわずかだが、肝臓・すい臓・毛髪に含まれる。

生理機能	骨や肝臓の酵素作用の活性化。骨の発育促進。
じょうずなとり方	茶葉・種実類・穀類・豆類に多く含まれる。
欠乏症	なし（必要量が少ないうえ、植物性食品に広く含まれている）。
過剰症	なし。

■ 可食部100gあたり
■ 1人1回使用量あたり
（ ）内の数値は1人1回使用量の目安

グラフ中の「推奨量」「目安量」の数値は、15〜17歳の1日の食事摂取基準の値である。詳細はp.322〜323を参照。

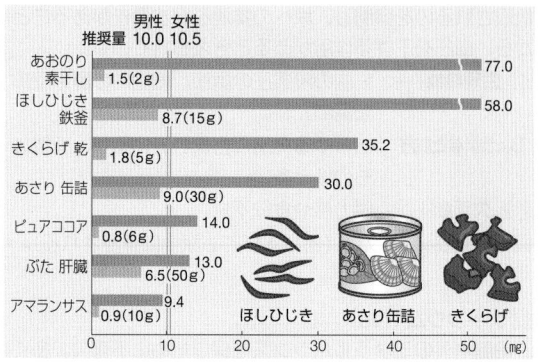

鉄（Fe）　推奨量　男性 10.0 女性 10.5

食品	可食部100gあたり (mg)	1人1回使用量あたり
あおのり 素干し	77.0	1.5（2g）
ほしひじき 鉄釜	58.0	8.7（15g）
きくらげ 乾	35.2	1.8（5g）
あさり 缶詰	30.0	9.0（30g）
ピュアココア	14.0	0.8（6g）
ぶた 肝臓	13.0	6.5（50g）
アマランサス	9.4	0.9（10g）

ほしひじき　あさり缶詰　きくらげ

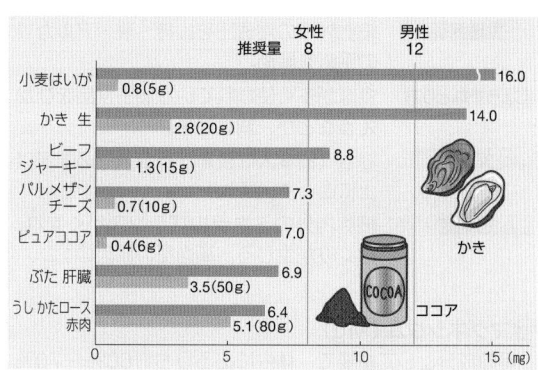

亜鉛（Zn）　推奨量　女性 8　男性 12

食品	可食部100gあたり (mg)	1人1回使用量あたり
小麦はいが	16.0	0.8（5g）
かき 生	14.0	2.8（20g）
ビーフジャーキー	8.8	1.3（15g）
パルメザンチーズ	7.3	0.7（10g）
ピュアココア	7.0	0.4（6g）
ぶた 肝臓	6.9	3.5（50g）
うしかたロース 赤肉	6.4	5.1（80g）

かき　ココア

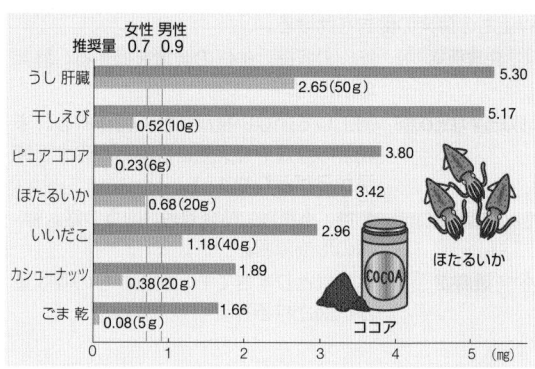

銅（Cu）　推奨量　女性 0.7　男性 0.9

食品	可食部100gあたり (mg)	1人1回使用量あたり
うし 肝臓	5.30	2.65（50g）
干しえび	5.17	0.52（10g）
ピュアココア	3.80	0.23（6g）
ほたるいか	3.42	0.68（20g）
いいだこ	2.96	1.18（40g）
カシューナッツ	1.89	0.38（20g）
ごま 乾	1.66	0.08（5g）

ほたるいか　ココア

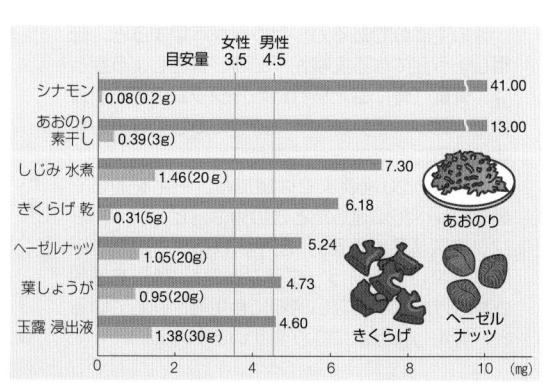

マンガン（Mn）　目安量　女性 3.5　男性 4.5

食品	可食部100gあたり (mg)	1人1回使用量あたり
シナモン	41.00	0.08（0.2g）
あおのり 素干し	13.00	0.39（3g）
しじみ 水煮	7.30	1.46（20g）
きくらげ 乾	6.18	0.31（5g）
ヘーゼルナッツ	5.24	1.05（20g）
葉しょうが	4.73	0.95（20g）
玉露 浸出液	4.60	1.38（30g）

あおのり　きくらげ　ヘーゼルナッツ

⑩ ヨウ素（I）

成長や代謝を促す甲状腺ホルモンの成分として欠かせないミネラル。体内では、ほとんど甲状腺に集中している。

生理機能	発育の促進。基礎代謝の促進。
じょうずなとり方	魚介類・海藻類に多く含まれる。
欠乏症	甲状腺が肥大し、機能が低下。ただし、海産物をよく食べる日本人にはほとんどない。
過剰症	とり過ぎても甲状腺ホルモンの合成ができなくなり、甲状腺が肥大し、甲状腺腫になる。

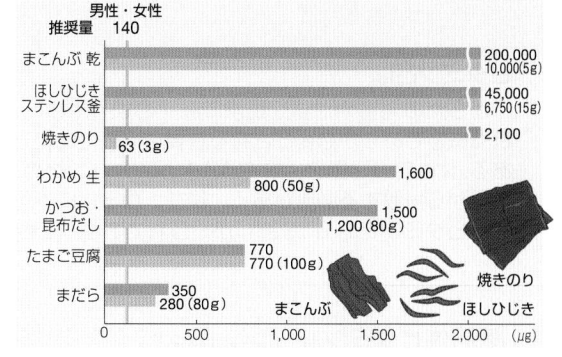

男性・女性 推奨量 140

- まこんぶ 乾 200,000 / 10,000（5g）
- ほしひじき ステンレス釜 45,000 / 6,750（15g）
- 焼きのり 2,100 / 63（3g）
- わかめ 生 1,600 / 800（50g）
- かつお・昆布だし 1,500 / 1,200（80g）
- たまご豆腐 770 / 770（100g）
- まだら 350 / 280（80g）

焼きのり・まこんぶ・ほしひじき

⑪ セレン（Se）

過酸化物質を分解する酵素の構成成分なので、細胞の酸化を防ぐ。胃・下垂体・肝臓に多く含まれる。

生理機能	抗酸化作用で細胞の酸化を防ぐ。
じょうずなとり方	魚介類、セレン濃度の高い土壌で育った植物に多く含まれる。
欠乏症	心筋障害。
過剰症	脱毛や爪の変形。おう吐、下痢、しびれ、頭痛。

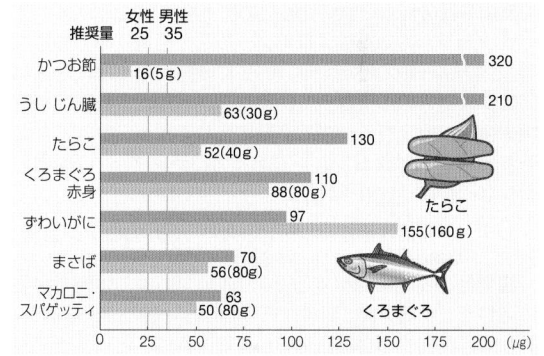

女性 男性 推奨量 25 35

- かつお節 320 / 16（5g）
- うし じん臓 210 / 63（30g）
- たらこ 130 / 52（40g）
- くろまぐろ 赤身 110 / 88（80g）
- ずわいがに 97 / 155（160g）
- まさば 70 / 56（80g）
- マカロニ・スパゲッティ 63 / 50（80g）

たらこ・くろまぐろ

⑫ モリブデン（Mo）

体内において、尿酸という最終老廃物を作り出すために不可欠な酵素の働きを助ける重要なミネラル。肝臓・腎臓に含まれる。

生理機能	尿酸を作り出す働きをサポート。
じょうずなとり方	レバー・豆類・種実類などに多く含まれる。
欠乏症	発がんの可能性。
過剰症	尿中に銅の排泄量が増える。

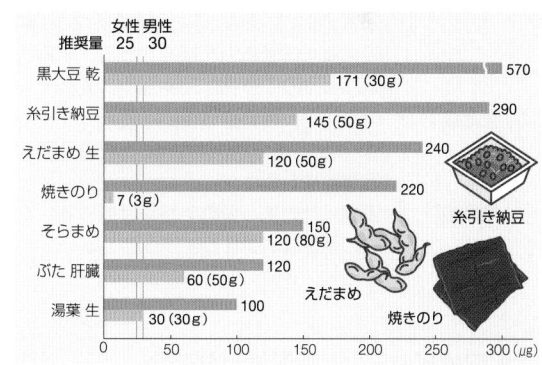

女性 男性 推奨量 25 30

- 黒大豆 乾 570 / 171（30g）
- 糸引き納豆 290 / 145（50g）
- えだまめ 生 240 / 120（50g）
- 焼きのり 220 / 7（3g）
- そらまめ 150 / 120（80g）
- ぶた 肝臓 120 / 60（50g）
- 湯葉 生 100 / 30（30g）

糸引き納豆・えだまめ・焼きのり

⑬ クロム（Cr）

炭水化物（糖質）や脂質の代謝を助ける重要なミネラル。血糖値を正常に保つ。すべての細胞に含まれる。

生理機能	糖質や脂質の代謝をサポート。糖尿病・高脂血症・動脈硬化の予防効果がある。
じょうずなとり方	魚介類・肉類・海藻類などに多く含まれる。
欠乏症	高血糖・動脈硬化につながる。
過剰症	呼吸器障害の可能性。

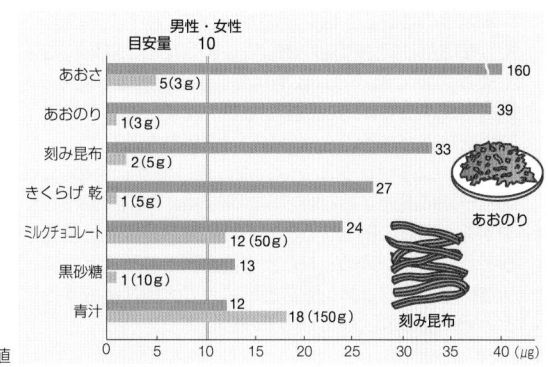

男性・女性 目安量 10

- あおさ 160 / 5（3g）
- あおのり 39 / 1（3g）
- 刻み昆布 33 / 2（5g）
- きくらげ 乾 27 / 1（5g）
- ミルクチョコレート 24 / 12（50g）
- 黒砂糖 13 / 1（10g）
- 青汁 12 / 18（150g）

あおのり・刻み昆布

※目安量は18歳以上の値

7 ビタミン

ビタミンとは

　からだの発育や活動を正常に機能させるために、ごく微量であるが必要とされる重要な有機化合物である。体内で必要量を合成することができないため、食品から摂取する必要がある。現在、からだに不可欠なビタミンとして13種類が知られており、これらは油に溶ける脂溶性ビタミンと水に溶ける水溶性ビタミンに大別される。

　またビタミンには、体内でビタミンに変化するプロビタミンという化合物があり、ビタミン摂取と同じ効果がある。ビタミンA、ビタミンDなどに存在する。

■ 脂溶性ビタミン（かっこ内は化学名）

1 ビタミンA（レチノール、β-カロテン）

　皮膚や目の健康を維持するために不可欠なビタミン。

　ビタミンAの効力は、レチノール活性当量であらわされる。レチノール活性当量は、おもに動物性の食品に含まれてビタミンAの形になっているレチノールと、おもに植物性の食品に含まれて体内で必要に応じてビタミンAにかわる物質（プロビタミンA）であるカロテノイド（β-カロテンなど）から求められる。

$$レチノール活性当量 = レチノール + \frac{1}{12}β\text{-カロテン当量}$$
$$(μgRAE) \qquad (μg) \qquad\qquad (μg)$$

　植物性の食品に由来するβ-カロテンには、体内で必要に応じてビタミンAに変換されるので過剰症の心配はない。しかし、動物性の食品由来のビタミンAは、とりすぎに注意が必要。

生理機能	正常な発育を促進し、皮膚や粘膜を維持する（授乳婦は多くとる必要がある）。細菌に対する抵抗力を増進させる。明るさを感じるのに必要な網膜色素の成分。
欠乏症	目の乾き、夜盲症（夜になると見えにくくなる）、乳幼児では、失明や成長障害の可能性もある。
過剰症	頭痛、吐き気。髪の毛が抜け落ちる。皮膚の剥落（はがれて落ちること）。

水溶性ビタミンと脂溶性ビタミン

　ビタミンは、水溶性と脂溶性に大きく分けられる。

　水溶性のビタミンは、水に溶けやすくゆでたり洗ったりするだけで水に溶け出してしまうため、調理にも工夫が必要である（→p.144）。過剰に摂取しても、尿などによって体内から排泄されやすく、通常の食事で大きな害となることは少ない（例外もある）。

　一方、脂溶性ビタミンは、油に溶けやすいために、油と一緒に調理すると吸収率が高まる。体内に蓄積しやすく、過剰に摂取するとからだに害を及ぼす可能性がある。バランスのとれた食事で過剰となることはまずないが、サプリメントなどによって大量に摂取すると、過剰症の危険があるので注意しよう。

■ 可食部100gあたり
■ 1人1回使用量あたり
（　）内の数値は1人1回使用量の目安

グラフ中の「推奨量」「目安量」の数値は、15〜17歳の1日の食事摂取基準の値である。詳細はp.323を参照。

●レチノール活性当量

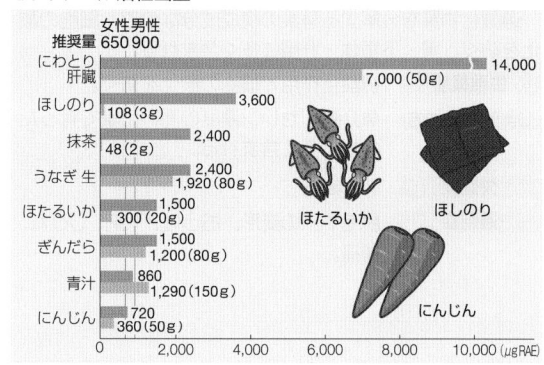

女性男性
推奨量 650 900

食品	数値
にわとり 肝臓	14,000 / 7,000（50g）
ほしのり	3,600 / 108（3g）
抹茶	2,400 / 48（2g）
うなぎ 生	2,400 / 1,920（80g）
ほたるいか	1,500 / 300（20g）
ぎんだら	1,500 / 1,200（80g）
青汁	860 / 1,290（150g）
にんじん	720 / 360（50g）

0　2,000　4,000　6,000　8,000　10,000（μgRAE）

●レチノール

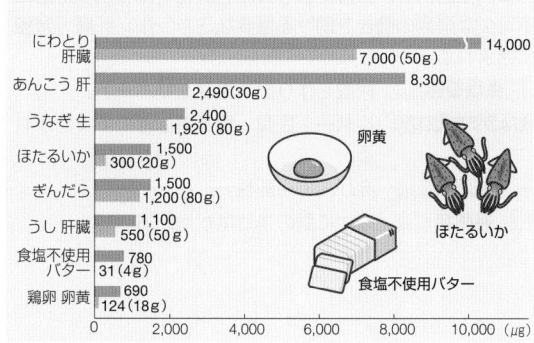

食品	数値
にわとり 肝臓	14,000 / 7,000（50g）
あんこう 肝	8,300 / 2,490（30g）
うなぎ 生	2,400 / 1,920（80g）
ほたるいか	1,500 / 300（20g）
ぎんだら	1,500 / 1,200（80g）
うし 肝臓	1,100 / 550（50g）
食塩不使用バター	780 / 31（4g）
鶏卵 卵黄	690 / 124（18g）

0　2,000　4,000　6,000　8,000　10,000（μg）

●β-カロテン当量

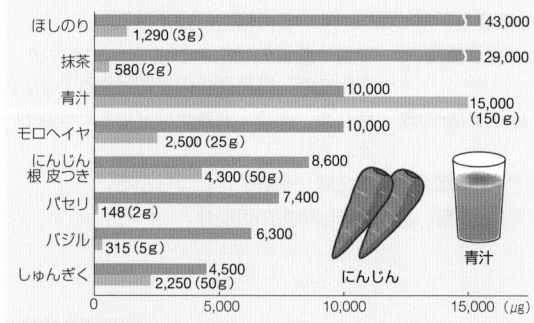

食品	数値
ほしのり	43,000 / 1,290（3g）
抹茶	29,000 / 580（2g）
青汁	10,000 / 15,000（150g）
モロヘイヤ	10,000 / 2,500（25g）
にんじん 根 皮つき	8,600 / 4,300（50g）
パセリ	7,400 / 148（2g）
バジル	6,300 / 315（5g）
しゅんぎく	4,500 / 2,250（50g）

0　5,000　10,000　15,000（μg）

② ビタミンD（カルシフェロール）

骨を作るのに欠かせないカルシウムやリンの吸収に関与する栄養素。特に乳幼児期の骨の形成に欠かせないため、妊婦や授乳婦は多くとる必要がある。日光浴により、皮膚で生成される。ビタミンAの吸収を助けるはたらきもある。

生理機能	カルシウムの吸収促進。骨や歯の成長。血中カルシウム濃度の調節。
欠乏症	小児のくる病（骨の変形）、成人の骨軟化症、高齢者や閉経後の女性の骨粗しょう症の原因。
過剰症	のどの渇き、目の痛み。

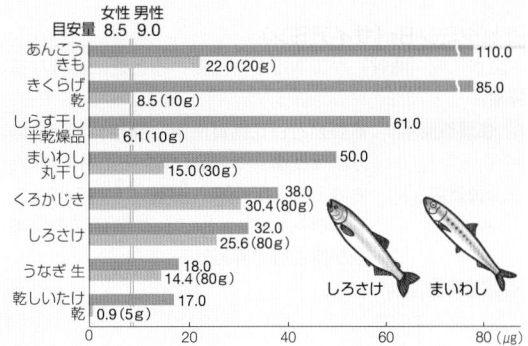

女性 男性
目安量 8.5 9.0

あんこう きも 110.0 / 22.0（20g）
きくらげ 乾 85.0 / 8.5（10g）
しらす干し 半乾燥品 61.0 / 6.1（10g）
まいわし 丸干し 50.0 / 15.0（30g）
くろかじき 38.0 / 30.4（80g）
しろさけ 32.0 / 25.6（80g）
うなぎ 生 18.0 / 14.4（80g）
乾しいたけ 乾 17.0 / 0.9（5g）

しろさけ　まいわし

③ ビタミンE（トコフェロール）

細胞膜に広く存在し、強い抗酸化力で、細胞の老化を遅らせる。トコフェロールという化合物の集まりで、なかでもα-トコフェロールが強い効力を持つ。摂取量の2/3は便として排泄され、体内の蓄積は比較的短時間。

生理機能	過酸化脂質の生成抑制。血液中のLDLコレステロールの酸化抑制。老化防止。赤血球の溶血防止。
欠乏症	赤血球の溶血による貧血、神経機能の低下、無筋力症。
過剰症	なし（体内に蓄積されにくいため）。

● α-トコフェロール

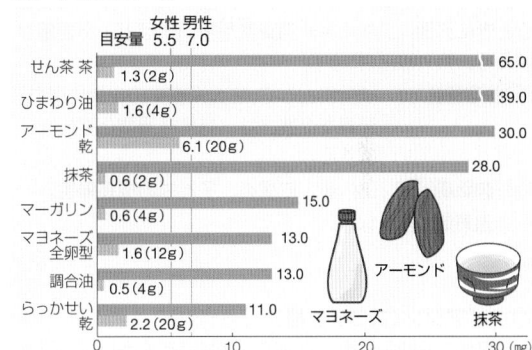

女性 男性
目安量 5.5 7.0

せん茶 茶 65.0 / 1.3（2g）
ひまわり油 39.0 / 1.6（4g）
アーモンド 乾 30.0 / 6.1（20g）
抹茶 28.0 / 0.6（2g）
マーガリン 15.0 / 0.6（4g）
マヨネーズ 全卵型 13.0 / 1.6（12g）
調合油 13.0 / 0.5（4g）
らっかせい 乾 11.0 / 2.2（20g）

マヨネーズ　アーモンド　抹茶

④ ビタミンK（フィロキノン）

血液が固まるときに重要なはたらきをすることから「止血ビタミン」ともいわれる。また、ビタミンDとともに、骨の形成にも関与する。腸内細菌によって体内合成される。

生理機能	血液の凝固に必須のプロトロンビンの生成に不可欠。カルシウム結合たんぱく質の生成。
欠乏症	血液凝固の遅れ、新生児の場合は頭がい内出血や消化管出血。
過剰症	なし。

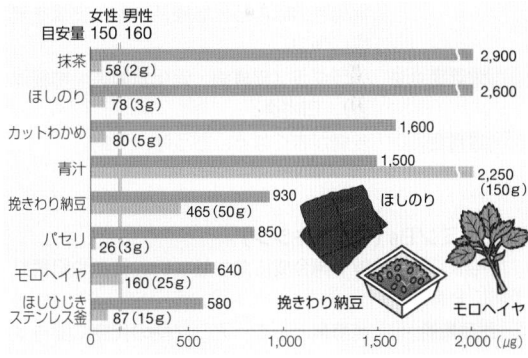

女性 男性
目安量 150 160

抹茶 2,900 / 58（2g）
ほしのり 2,600 / 78（3g）
カットわかめ 1,600 / 80（5g）
青汁 1,500
挽きわり納豆 930 / 465（50g） 2,250（150g）
パセリ 850 / 26（3g）
モロヘイヤ 640 / 160（25g）
ほしひじき ステンレス釜 580 / 87（15g）

ほしのり　挽きわり納豆　モロヘイヤ

ビタミン様物質

ビタミンと同様のはたらきをするが、体内で合成されるため欠乏症にはなりにくいことからビタミンとは区別されている物質。日頃から耳にするものもあるかもしれないが、研究途上のものも多い。

 ルチン  さらに研究じゃ  ビタミンU

● ルチン

ビタミンPの一種。ビタミンCの吸収を助け、抗酸化作用がある。血管を強くするはたらきや、血圧を下げる効果が期待される。そばに多く含まれ、水溶性のためゆで汁（そば湯）も飲むとよいとされる。

● コエンザイムQ10

ビタミンQ、ユビキノンともいわれる物質のひとつ。抗酸化作用があり、細胞の酸化を防ぐとされる。体内で合成されるが、年齢とともに合成能力が低下し体内から失われる。

● ビタミンU

水溶性の化合物で、熱に弱い。胃酸の分泌を抑え、胃腸粘膜の修復を助けるため、胃や腸の潰瘍の予防・治療に役立つとされている。キャベツから発見されたため、キャベジンともいう。パセリやセロリなどにも含まれる。

■ 水溶性ビタミン（かっこ内は化学名）

■ 可食部100gあたり
■ 1人1回使用量あたり
（　）内の数値は1人1回使用量の目安

グラフ中の「推奨量」「目安量」の数値は、15〜17歳の1日の食事摂取基準の値である。詳細はp.323〜324を参照。

⑤ ビタミンB₁（サイアミン）

炭水化物（糖質）がエネルギーに変わるときに必要な補酵素。

生理機能	補酵素として糖質代謝に関与。消化液の分泌を促進する。神経機能を正常に保つ。
欠乏症	食欲不振、倦怠感、脚気（下肢のむくみやしびれ）。ウェルニッケ脳症（中枢神経が侵される障害）。
過剰症	なし。

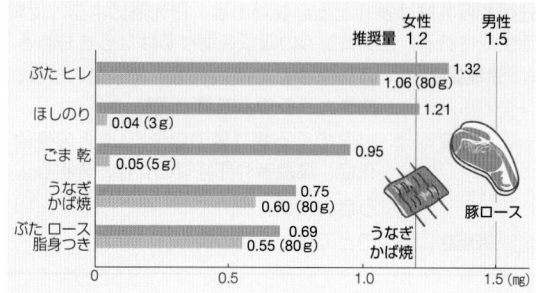

女性 推奨量 1.2　男性 1.5

- ぶた ヒレ　1.32 / 1.06 (80g)
- ほしのり　1.21 / 0.04 (3g)
- ごま 乾　0.95 / 0.05 (5g)
- うなぎ かば焼　0.75 / 0.60 (80g)
- ぶた ロース 脂身つき　0.69 / 0.55 (80g)

（単位 mg）

⑥ ビタミンB₂（リボフラビン）

炭水化物（糖質）や脂質、アミノ酸がエネルギーに変わるときに必要。エネルギー消費量が多い人ほど、必要量が増える。紫外線に弱い。

生理機能	補酵素として、三大栄養素の代謝に関与。発育を促進させ、有害な過酸化脂質を分解する。
欠乏症	口内炎、皮膚炎、子どもの成長障害。
過剰症	なし。

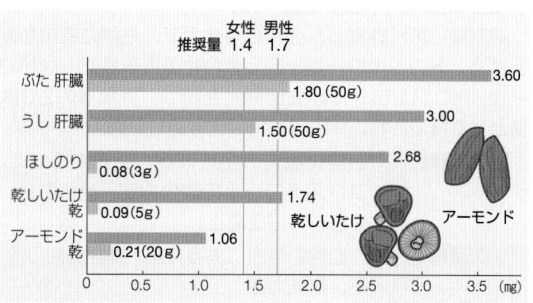

女性 推奨量 1.4　男性 1.7

- ぶた 肝臓　3.60 / 1.80 (50g)
- うし 肝臓　3.00 / 1.50 (50g)
- ほしのり　2.68 / 0.08 (3g)
- 乾しいたけ 乾　1.74 / 0.09 (5g)
- アーモンド 乾　1.06 / 0.21 (20g)

（単位 mg）

⑦ ナイアシン（ニコチン酸）

ビタミンB群の一種。必須アミノ酸であるトリプトファンからも体内合成される。

生理機能	補酵素として、三大栄養素の代謝に関与。胃腸管のはたらきを維持する。皮膚を健康に保つ。
欠乏症	ペラグラ（皮膚病・消化管障害・神経障害）、口内炎。
過剰症	皮膚が赤くなる、おう吐、下痢。

● ナイアシン当量

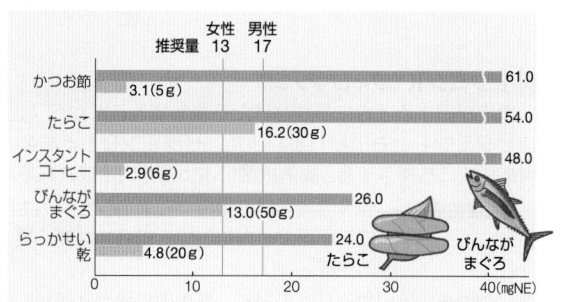

女性 推奨量 13　男性 17

- かつお節　61.0 / 3.5 (5g)
- たらこ　54.0 / 16.2 (30g)
- インスタントコーヒー　48.0 / 2.9 (6g)
- びんなが まぐろ　26.0 / 13.0 (50g)
- らっかせい 乾　24.0 / 4.8 (20g)

（単位 mgNE）

⑧ ビタミンB₆（ピリドキシン）

たんぱく質の分解や再合成に欠かせない。貧血や肌荒れ予防にも有効。

生理機能	補酵素として、アミノ酸の代謝に関与する。皮膚の抵抗力を増進させる。
欠乏症	皮膚炎、貧血、食欲不振。
過剰症	不眠、足のしびれ、神経障害。

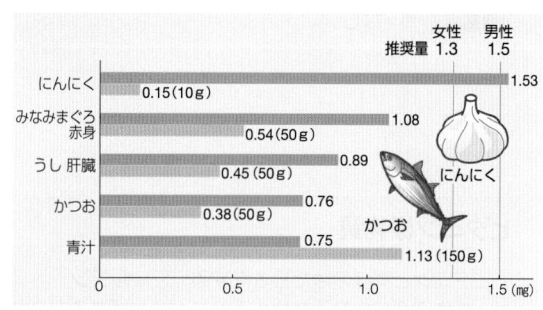

女性 推奨量 1.3　男性 1.5

- にんにく　1.53 / 0.15 (10g)
- みなみまぐろ 赤身　1.08 / 0.54 (50g)
- うし 肝臓　0.89 / 0.45 (50g)
- かつお　0.76 / 0.38 (50g)
- 青汁　0.75 / 1.13 (150g)

（単位 mg）

お肌のシミとビタミンC

シミやソバカスは、紫外線などの刺激から肌を守るために、メラノサイト（色素細胞）からつくられる黒色メラニンという色素が過剰に増えてしまった状態をいう。

ビタミンCには、過剰なメラニンの生成を抑制するはたらきがある。また、できてしまった黒色メラニンを無色化するはたらきもあるとされており、美容の強い味方である。しかしビタミンCが万能ということではない。過剰な日焼けは避けよう。

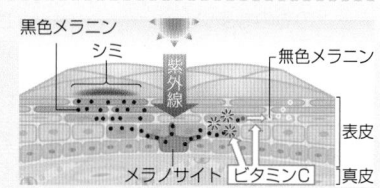

黒色メラニン　シミ　無色メラニン　紫外線　表皮　真皮　メラノサイト　ビタミンC

⑨ ビタミンB₁₂（シアノコバラミン）

コバルトを含み、「赤いビタミン」ともいわれる。おもに動物性食品に含まれるため、厳格なベジタリアンでは不足することがある。水溶性ビタミンのなかでは、唯一体内に蓄積される。

生理機能	葉酸とともに赤血球をつくる。中枢神経機能を維持する。
欠乏症	悪性貧血、しびれなどの神経障害。
過剰症	なし。

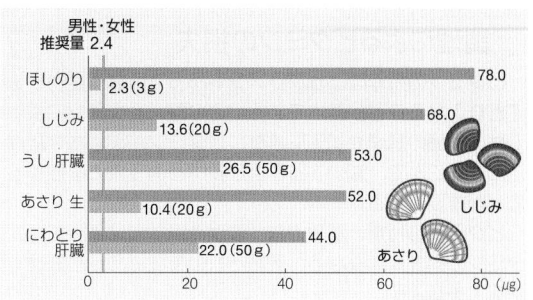

⑩ 葉酸（ホラシン）

ビタミンB群の一種。緑黄色野菜やレバーに多く含まれる。「造血ビタミン」ともいわれる。光に弱い。

生理機能	ビタミンB₁₂とともに赤血球をつくる。たんぱく質の合成や細胞増殖に関与。胎児や乳幼児の正常な発育に不可欠なため、妊婦や授乳婦の推奨量には付加量が設定されている。
欠乏症	悪性貧血、口内炎。
過剰症	なし。

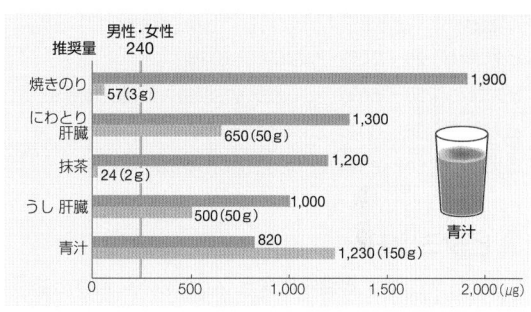

⑪ パントテン酸

ビタミンB群の一種。腸内細菌によっても合成される。

生理機能	3大栄養素からエネルギーをつくるときに必要な、補酵素の構成成分。善玉コレステロールを増やしたり、ホルモンや抗体の合成にも関与。
欠乏症	頭痛、疲労、末梢神経障害。
過剰症	なし。

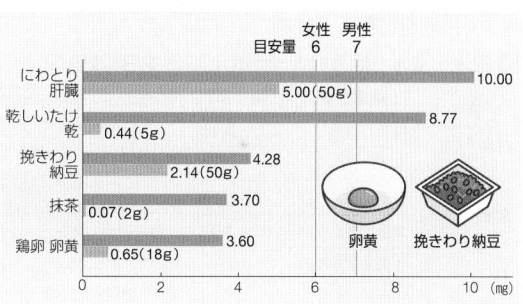

⑫ ビオチン

ビタミンB群の一種。皮膚や髪の健康に関与。

生理機能	三大栄養素がエネルギーに変わるときに代謝をサポート。
欠乏症	皮膚炎、脱毛。多くの食材に含まれ、腸内細菌によっても合成されるため、バランスのよい食事では不足しない。
過剰症	なし。

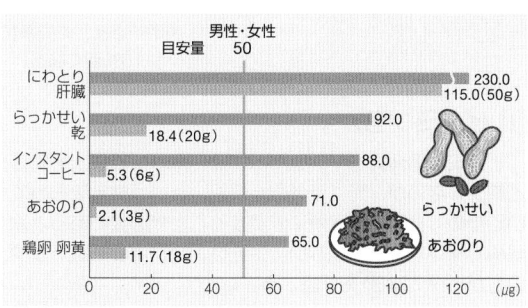

⑬ ビタミンC（アスコルビン酸）

強力な抗酸化作用がある。皮膚や血管の老化を防ぐ。人は体内で合成できず、多くとっても蓄積できない。

生理機能	軟骨などの結合組織をつくるコラーゲン合成に不可欠。抗酸化作用。免疫を高める効果があり、風邪を予防する。
欠乏症	壊血病（各組織からの出血、抵抗力の低下など）、骨の形成不全。
過剰症	なし。

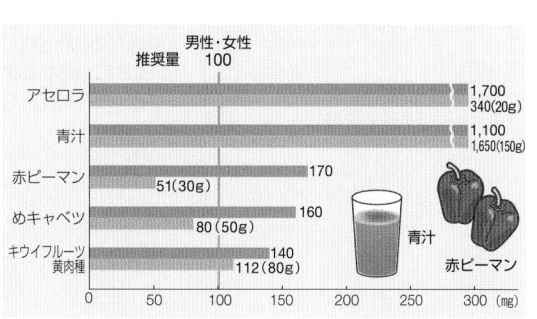

調理とビタミン

調理によるビタミンの損失

ビタミンの摂取は、サプリメントからではなく食物としてとり入れることが基本である。その際、ビタミンによっては、食品の調理や加工により、ビタミンが破壊されたり流出することで、減少することが多いという点に留意することが重要である。

ビタミンの種類、調理方法、調理時間などによって、ビタミンの損失量は異なる。それぞれの特徴にあった調理方法を工夫しよう。

おもなビタミン減少量の一般的なめやす

種類	減少率	調理上の注意
ビタミンA	20〜30%	加熱は高温・短時間。
ビタミンB₁	30〜50%	水浸・水洗いによる損失大。煮汁に溶出する。
ビタミンB₂	25〜30%	加熱調理に適する。
ビタミンC	50〜60%	煮汁の中に溶出しやすい。

ビタミンB₁

ビタミンB₁は、水溶性ビタミンのため水に溶け出すうえに、加熱に弱いという性質をもっている。汁をのがさない炒め物や、汁も飲めるスープなどの調理方法により、効率よく摂取できる。

白米・玄米・ほうれんそうのビタミンB₁減少率

食品	調理方法	減少率
白米	軽洗・強洗	23〜54%
	炊飯	75〜80%
玄米	軽洗・強洗	5〜8%
	炊飯	30〜36%
ほうれんそう	生のまま千切り	15%
	ゆでる（1分）	45%
	ゆでる（3分）	80%
	炒める	0%

ワンポイント・アドバイス
洗うだけでもビタミンB₁は減少し、炊きあがった米に含まれるビタミンB₁は、半分以下となる。ビタミンB₁を豊富に含む食品と組み合わせるとよい。

ゆでる代わりに、電子レンジの瞬間加熱を利用すると、減少率が5〜15%低くなる。

ビタミンB₂

ビタミンB₂は、熱に強いため加熱調理しても、それほど減少しないが、光（紫外線）に弱いという性質をもっているため、食品は、暗所に貯蔵することが必要である。冷蔵庫で保管すれば問題ない。牛乳は、ビンよりも紙パックの方がビタミンB₂を保護する。

牛レバー・牛乳のビタミンB₂の減少率

食品	調理方法	減少率
牛レバー	ゆでる	11%
	炒める	22%
牛乳	沸騰まで加熱	2%

ワンポイント・アドバイス
牛乳を200mL飲むと、1日に必要なビタミンB₂の約1/4がとれる。

ビタミンC

ビタミンCは、温度や湿度、光や紫外線の影響を受けやすく、たいへん壊れやすい。また水に溶けだしやすい性質をもつ。なおビタミンCは酸化しやすく、時間の経過も減少率を高める。

だいこんのビタミンC減少率

食品	調理方法	減少率
だいこん	おろす	5%
	炒める（7分）	13%
	煮る（3〜30分）	34〜48%
	ふろふき（23分）	38%

ワンポイント・アドバイス
ビタミンCを多くとるにはスピードが大切。たとえば、だいこんおろしのビタミンCは、2時間後には半減してしまう。

また、ビタミンCは、ゆでた場合だけでなく生でも水にさらすと減少してしまう。約5分間で0〜30%程度が減少する。

ほうれんそうのゆで時間とビタミンCの減少率

食品	調理方法	減少率
ほうれんそう	生	0%
	1分	26%
	3分	52%
	5分	60%

貯蔵条件（温度・時間）によるビタミンCの減少率

食品	貯蔵条件	減少率
トマト	購入時	0%
	5℃の冷蔵庫で3日後	5%
	30℃の室温で3日後	18%
ピーマン	購入時	0%
	10℃の冷蔵庫で3日後	8%
	10℃の冷蔵庫で5日後	20%

ビタミンを活かす方法

●日光をあてずに冷暗所で保存する。ふきんをかけておくだけでも効果がある。

●切る前に洗う（あく抜きをする場合は除く）。

●葉菜類をゆでるときは、長時間ゆで汁につけておかない。

●高温で手早く調理すると、ビタミンの減少は最小限ですむ。

8 健康と栄養

冷え性 ～たんぱく質、ビタミンC・E、鉄～

症状と要因

　手や足などの体の末端部分や、腰などが極端に冷たくなること。頭痛や便秘、不眠の症状につながることもある。

　血の流れが悪く、体の末端まで血液が行き渡らないことが要因だが、その原因としては貧血、動脈硬化、低血圧などがある。また、ストレスが原因の場合もある。

対策

①バランスよく食べ、血行をよくする。たんぱく質には保温効果、ビタミンEには血行促進効果、鉄には貧血防止効果、ビタミンCには鉄の吸収をよくするはたらきがある。

②生野菜や果物などは体を冷やすので避けるか、加熱調理する。

③体を温める食べ物を食べる。

■ 体を冷やす食べ物　■ 体を温める食べ物

トマト　なす　きゅうり　とうがらし　しょうが　にんにく

口内炎 ～ビタミンB群～

症状と要因

　ほほの内側、舌、歯茎などの口の中の粘膜に生じる炎症で、痛みや出血、口の中のはれや乾燥、食事がしみるなどの症状がある。味覚の変化や不眠などにもつながる。

　口の中をかんだりする直接的な原因がある場合と、体調不良、暴飲暴食、栄養不足、ストレスなどが原因の場合がある。また、口の中の衛生状態が悪いとウイルスや細菌が繁殖しやすく、傷ついた粘膜に菌が感染しやすい。

対策

①ビタミンB群をとる。不足すると口内が切れやすくなる。

②粘膜の構成成分となり、細菌への抵抗力を強くするビタミンAやCをとる。

③歯みがきやうがいで口の中をきれいに保つ。

④熱いものや冷たいもの、すっぱいものや辛いものは刺激が強いため、口の中が炎症を起こしている際には避ける。

便秘 ～食物繊維、ビフィズス菌～

症状と要因

　便を出すのがつらかったり、残便感がある状態を便秘という。適度なやわらかさの便がきちんと出て、お腹がスッキリすれば2～3日に1度の排便でも便秘ではない。おもな症状は腹痛やお腹の膨満感、食欲不振など。要因には体質、運動不足、食物繊維や水分不足などがある。

対策

①食物繊維をとり、便量の増加やかたさを正常化させる。

②ビフィズス菌をとる。ビフィズス菌は、腸を刺激して蠕動運動を活発にする。

③朝食を必ず食べることで胃腸を刺激する。

④運動する。

　なお、ストレスなどで大腸が神経障害をおこすけいれん性便秘の場合、腸を刺激する食べ物は避ける。

肌トラブル ～ビタミンA・B₂・C・E、たんぱく質～

症状と要因

　肌荒れには、にきび、日焼け、しみ、乾燥する、青あざになりやすいなど多くの症状がある。

　体の表面を覆っている角質層のうるおいは皮脂や汗で保たれている。食生活の乱れやストレスなどで、皮脂の分泌量の過不足がにきびや乾燥につながる。

　また、新しい皮膚は睡眠中につくられ、1か月～1か月半程度で入れかわっていく。そのため、睡眠不足や皮膚をつくる栄養成分が不足していると、入れかわりがうまくいかず肌が荒れる。

対策

①たんぱく質やビタミン類などをバランスよくとる。

②油っぽいものは皮脂の分泌を多くするため避ける。

③甘いもの、カフェイン飲料、アルコール飲料など、刺激の強いものは避ける。

④睡眠をしっかりとる。

■ 貧血 ～鉄～

■ 症状と要因

　貧血とは血液中の赤血球が不足することで、立ちくらみなどとは別。めまい、息切れ、動悸、耳鳴り、食欲不振、疲れやすいなどの症状が出る。

　鉄の不足により赤血球がつくれないことでおこる貧血を鉄欠乏性貧血といい、女性に多い。月経時の出血によって男性よりも多くの鉄を必要としているからである。無理なダイエットによる欠食や、バランスの偏った食事を続けていると、体内の鉄が欠乏し、貧血をおこしやすい。

　なお、ビタミンB12や葉酸の不足は、悪性貧血をおこすおそれもある。

■ 対策

①鉄を多く含む食品を食べる。
②一度に吸収できる鉄の量は限られるので、1日3回の食事をしっかりとる。
③鉄の吸収を助けるたんぱく質やビタミンCと一緒に食べる。
④タンニンや食物繊維は鉄の吸収を妨げるので、過剰摂取は避ける。

■ 風邪をひきやすい

■ 症状と要因

　風邪は病原体が感染することで鼻やのどが炎症を起こす症状の総称。こじらせると肺炎や気管支炎につながるので注意する。

　要因は、ウイルスや細菌、化学物質などで、その種類は多く特定することは困難。過労や栄養不足が続くと、体の抵抗力が低下してウイルスが体内に入り込み、鼻やのどの粘膜に付着し、炎症をおこす。

■ 対策

①少量でも高栄養の食事をバランスよくとる。
②基礎体力をつけ、抵抗力を高めるたんぱく質、免疫力を高めるビタミンC、のどや鼻の粘膜を保護するビタミンAを積極的にとる。
③風邪をひいた場合は、発熱、せき、鼻水、下痢など具体的な症状に応じた食事対策をとる。

●発熱、寒け
水分を十分とり、飯や麺類を多くとる。食欲がないときは果物など甘いもので補給を。

●鼻水、鼻づまり
味噌汁など温かいもの、発汗促進、殺菌作用のあるねぎやしょうがを食べて体を温める。

●せき、のどの痛み
辛みや酸味の強いもの、塩辛いもの、熱いものはNG。豆腐やゼリーなど、のどに通りやすいものでエネルギーを確保する。

●下痢、吐けけ
消化のよい穀物を中心に、少量でもこまめにとる。下痢のときは、水分とともにミネラルが失われるので、おかゆやスープで補給を。

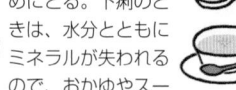

■ 肥満

■ 症状と要因

　BMI（体格指数→p.103）が25.0以上を「肥満」という。高脂血症や動脈硬化、糖尿病などの生活習慣病につながるおそれがる。

　「摂取エネルギー＞消費エネルギー」がおもな原因。要するに食べ過ぎと運動不足である。とりすぎたエネルギーが脂肪として蓄積される。適切な摂取エネルギーは年齢や性別などによって異なる（→p.320）。

■ 肥満のタイプ

洋なし型	りんご型

腰やお尻などの下半身に脂肪がついており、女性に多い。皮下脂肪型が多い。	腹囲りに脂肪がつく内臓脂肪型肥満で、男性に多い。生活習慣病になりやすい。

■ 対策

①消費エネルギーと摂取エネルギーのバランスをとる。
②1日3食しっかり食べる。食事を抜くと、体はエネルギー不足に備えて脂肪を蓄積するようになる。
③睡眠前の夜食はひかえる。
④運動する習慣や体重測定の習慣をつける。
⑤糖の代謝に必要なビタミン、ミネラルをとる。

■ やせ

■ 症状と要因

　BMI18.5未満を「やせ」という。極端なやせは、低血圧、筋力の低下、脱毛、生理不順、不妊などにつながる。BMI17以下は、女性ホルモンの分泌が減り、骨粗しょう症の危険もある。

　特に女性に多いが、過度の痩身願望によって、実際は標準体重であっても「太っている」と思いこむ傾向がある。太ることへの恐怖感が原因の1つ。

■ 対策

①高エネルギーの食品をバランスよくとる。
②牛乳や乳製品をとる。含まれているカゼインが、消化管の機能調整やカルシウムの吸収促進になる。
③食物繊維の過剰摂取はビタミン・ミネラルの排出につながり、栄養不足になる。

CONTENTS

食品成分表編

穀類　肉類
いも・でん粉類　卵類
砂糖・甘味類　乳類
豆類　油脂類
種実類　菓子類
野菜類　し好飲料類
果実類　調味料・香辛料類
きのこ類　調理済み流通食品類
藻類　外食・中食
魚介類　市販食品

食品ライブラリーのみかた

■ 食品成分表とは？

　日常的に食べている食品には、どのような栄養素がどのくらい含まれているのだろうか。文部科学省発行の「日本食品標準成分表2020年版（八訂）」には、食品の栄養成分に関する基礎データが掲載されている。本書でも、成分表に関する詳しい解説と数値（抜粋）を掲載している。

●日本食品標準成分表2020年版（八訂）（抜粋）
→p.270〜

■ 食品成分表とは？

　「日本食品標準成分表2020年版（八訂）」の18分類にそって、日常的によく利用されている食品約650品目を厳選し、食品の写真・解説を掲載した。食品図鑑としても利用することができる。また、おもな栄養素のデータを、食事摂取基準（15〜17歳男女）に照らしてビジュアルに掲載した。

各類のイントロダクション
「日本食品標準成分表」に準拠して18の各類に「とびら」を設けた。生産地のようす、食品の生の姿が伝わってくるような写真を使い、食品を紹介している。

栄養上の特徴
円グラフでは、可食部100gあたりの「水分」のほか、3大栄養素の「たんぱく質」「脂質」「炭水化物」と「その他（灰分）」の栄養素の割合を表した。その類の栄養上の特徴がひと目でわかる。

魚介類
FISHES & SHELLFISHES

いかの一夜干し。回転させることで早く完成する。

■ おもな魚介類の旬

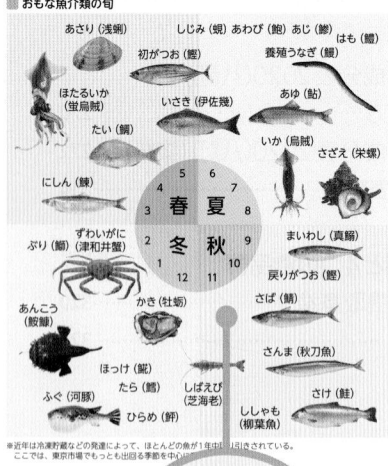

あさり（浅蜊）　しじみ（蜆）あわび（鮑）あじ（鯵）　はも（鱧）
初がつお（鰹）　養殖うなぎ（鰻）
ほたるいか（蛍烏賊）　いさき（伊佐幾）　あゆ（鮎）
たい（鯛）　いか（烏賊）　さざえ（栄螺）
にしん（鰊）
ずわいがに（津和井蟹）　まいわし（真鰯）
ぶり（鰤）　戻りがつお（鰹）
あんこう（鮟鱇）　かき（牡蠣）　さば（鯖）
　さんま（秋刀魚）
ほっけ（鯥）
ふぐ（河豚）　たら（鱈）　しばえび（芝海老）　さけ（鮭）
ひらめ（鮃）　ししゃも（柳葉魚）

春夏秋冬（4 5 6 7 8 9 10 11 12 1 2 3）

※近年は冷凍貯蔵などの発達によって、ほとんどの魚が1年中出引きされている。
　ここでは、東京市場でもっとも出回る季節を中心に

196

1 魚介類とは

　魚介類とは、魚類と貝類を中心とした食用水産動物の総称である。日本人にとって、古くから重要なたんぱく質の供給源であり、その種類は約1200種（海産物が約1100種、淡水魚が約100種）にのぼる。
　魚介類にはさまざまな分類法があるが、魚についてはその肉の性質によって、赤身魚、白身魚、淡水魚と分けられ、他に貝類、甲殻類、軟体類のように分類される。

血合肉とは

　魚の側線の直下にある赤褐色の筋肉。白身の魚では表層部に存在する表面血合肉だけが少ないが、赤身の魚では、深部にも血合肉が発達している。とくに、かつお、まぐろのように遠距離を活発に泳ぎまわる魚には多く含まれている。一般に、赤身魚は味が濃く、白身魚が淡白であるといわれている。なお、赤身魚は赤身魚の中で、背の皮が青いものをさす。

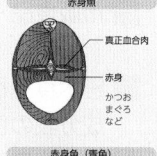
赤身魚
真正血合肉
赤身
かつおまぐろなど

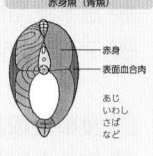
赤身魚（青魚）
赤身
表面血合肉
あじいわしさばなど

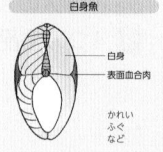
白身魚
白身
表面血合肉
かれいふぐなど

2 栄養上の特徴

　平均してたんぱく質を約20%含み、必須アミノ酸のリシンが多い。脂質の含有量は魚介の種類によって異なるが、不飽和脂肪酸が多いのが特徴である。とくに、イコサペンタエン酸=IPA（エイコサペンタエン酸=EPAともいう）やドコサヘキサエン酸=DHAは、血栓を予防するのに効果があるといわれている。ミネラルは1%前後含まれるが、カルシウム以外にも微量元素の亜鉛、銅、ヨウ素を多く含む。とくにヨウ素を含む点は肉類とは異なる特徴である。ビタミン類では脂溶性ビタミンのA・Dが血合肉などに

多く含まれ、水溶性ビタミンのB₂はうなぎなどに多く含まれている。また、血合肉と普通肉を比較すると、血合肉

3 選び方・保存方法

■ 選び方

1尾	●眼球がしっかり張り出していて、にごりがない。 ●えらがまっかで血液の色がきれいである。 ●はりがあり、色つやがよい。 ●内臓がしっかりしている。鮮度が落ちると、腹部が軟化する。 ●海水臭や淡水臭があり、生臭くない。
切り身	●白身は、身に弾力があり、透明感のあるもの。 ●赤身は色のあざやかなもの。とくに血合の色のあざやかなものならば新鮮である。 ●パックに水のたまっているものは、解凍してから時間がたっていて身がだれているので避ける。
貝類その他	●目のむき身は、透明感がありしまったもの。 ●むきえびは、形がそろい、身が透き通って太ったもの。 ●いかは色が濃い赤褐色のもの、目が黒くすんで身に弾力のあるもの。 ●たこは灰白色で弾力があり、吸盤が吸いついてくるもの。

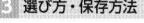

■ 保存方法

　魚の内臓・えらをとり出し、水けを切ってバットなどに入れ、ぬれた紙をかぶせて冷蔵する。刺身の場合、冷蔵保存は1日が限度である。小分けにして冷凍すると長期保存できるが、2週間程度が目安。

■ 可食部100gあたりの栄養素（g）

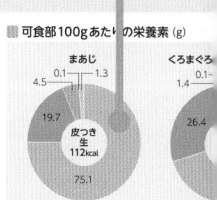

まあじ
4.5　0.1　1.3
19.7
皮つき
生
112kcal
75.1

くろまぐろ
1.4　0.1
26.4

■ 潮流とおもな漁港

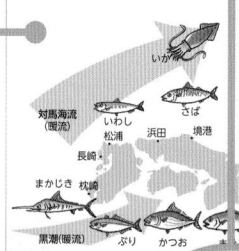

リマン海流（寒流）
対馬海流（暖流）
黒潮（暖流）
まだら
にしん
ほっけ
八戸
石巻　気仙沼
女川
いか
いわし
浜田
松浦
長崎
まかじき　枕崎
焼津　清水
銚子
かつお
ぶり　かつお

食材の旬
野菜、果実、魚介類の旬がひと目でわかるように、四季を代表する食材を示した。

コラム
食品に関連する文化的・歴史的な解説や、製品に至る過程などを囲みとして掲載した。

選び方・保存方法
食品を選ぶ際に注意する点、正しい保存方法についてまとめた。

■各食材ブロック

単位について
● エネルギー（1kcal = 1,000cal）で表記
● Tr（Trace）：微量　（　）は推定値または推計値
● 1000μg = 1mg　1000mg = 1g
● ビタミンAは、動物性食品についてはレチノール活性当量、植物性食品については β - カロテン当量の数値（ともにμg）を掲載した。ただしビタミンAの摂取基準はレチノール活性当量で設定されているため、β - カロテン当量の充足率計算はレチノール活性当量の数値を代入して行った。
● 食物繊維は総量（プロスキー変法）

［凡例］身体活動レベルⅡの15 ～ 17歳男女における食事摂取基準（→p.320）の約1/3を示す。

	男子	女子
エネルギー	933kcal	767kcal
たんぱく質	21.7g	18.3g
脂質	25.9g	21.3g
炭水化物	134.2g	110.2g
カリウム	900mg	667mg
カルシウム	267mg	217mg
鉄	3.3mg	3.5mg
マグネシウム	120mg	103mg
亜鉛	4mg	2.7mg
ビタミンA	300μg	217μg
ビタミンB$_1$	0.50mg	0.40mg
ビタミンB$_2$	0.57mg	0.47mg
ビタミンC	33mg	33mg
ビタミンD	3.0μg	2.8μg
ビタミンE	2.3mg	1.8mg
食物繊維	6.3g	6.0g
食塩相当量	2.5g	2.2g

食品概量
各食品のうち、皮や骨など、食べられない部分がある場合は、その廃棄率を含んだ分量である。

栄養価
1回の食事でとるべき栄養の充足率をビジュアル表記。15 ～ 17歳男女の1日の食事摂取基準の1／3の量（右上欄参照）を分母に、含まれている栄養素が、その栄養素の何％にあたるかを以下のようなグラフで示した。

成分比較表
品種や部位の違いで成分を比較する表を掲載した。写真も合わせてみてみよう。

油揚げ
Abura-age

1枚＝20 ～ 30g

豆腐を薄切り[…]し、水切りし[…]で揚げたもの[…]湯をかけて油[…]し、青菜との[…]煮、汁の実、[…]りずしなどに用[…]る。

〜あたり
1食あたり、1回使用量を設定できる食材についてはその重量で示した。

■ 生50gあたり

エネルギー	189kcal
たんぱく質	11.7g
脂質	17.2g
カルシウム	155mg
鉄	1.6mg
食物繊維	0.7g

めばる
眼張・Japanese stin[…]

1尾＝300g
体長＝30cm

[…]るような大き[…]がついた。生[…]によって体色[…]白色等に変化[…]色によって赤め[…]ばる等に区別して[…]ぶこともある。小骨が多い[…]が上品な味の白身魚。

可食部〜 g あたり
いも、野菜、果実、魚介類などについては、廃棄部分を除いた可食部あたりの分量で示した。

0	10	20	30

■ めばる1切れ　可食部80gあたり

エネルギー	80kcal
たんぱく質	14.5g
脂質	2.8g
カルシウム	64mg
ビタミンD	0.8μg
ビタミンE	1.2mg

スケール
魚介類については概量のほか、その大きさがわかるようにスケールをつけた。

赤色トマト 緑
Tomatoes

桃太郎

中1個＝100 ～ 150g

南米ペルー、エクアドルが原産地。酸味の主成分はクエン酸で、ヨーロッパではこのうま味を利用してトマトソースなどの調味料に使う。果実の橙黄色は β - カロテン、赤色はリコピンという色素。

赤色ミニトマト 緑
Cherry tomatoes

1個＝15g

プチトマト、チェリートマトともいわれる。出荷量が最近増えている。一般的に小型種の方が大玉や中玉より糖度が高く、果皮はかため。

■ 可食部100gあたり

	赤色トマト	赤色ミニトマト
エネルギー	20kcal	30kcal
カルシウム	7mg	12mg
鉄	0.2mg	0.4mg
β - カロテン当量	540μg	960μg
ビタミンC	15mg	32mg
食物繊維	1.0g	1.4g

穀類

CEREALS

実る稲穂と稲わら

穀類とは

　穀類は、収穫量が安定しているうえ、長期保存に適し、簡単な調理で食用にできるため、古くから世界各地で主食とされている。

　米・小麦・とうもろこしは「世界三大作物」とされ、このほかに大麦・えんばく・ライ麦・あわ・きび・ひえ・こうりゃん・そばなどがある。

　これらのうち、日本では米・小麦・大麦を「主穀」、ほかを「雑穀」と呼んでいる。また、古くから、米・麦・あわ・きび（またはひえ）・豆を「五穀」と称し、重要な食料として扱った。

キヌア。南米アンデス地方で主食とされている。

穀類のいろいろ

こめ

米・Rice

品種の違いにより長粒や短粒がある。もみの部分を脱穀して食べる。

こむぎ

小麦・Wheat

世界でもっとも生産量の多い穀物。世界人口の半分近くの主食。

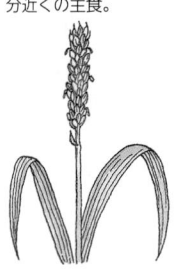

おおむぎ

大麦・Barley

精白して粒食する。グルテンが含まれていないので製パンには向かない。

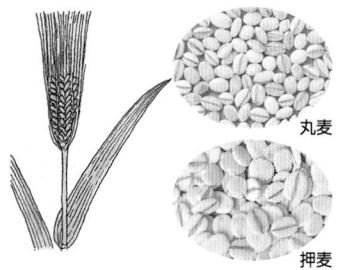

丸麦

押麦

ライむぎ

ライ麦・Rye

製粉してパンなどに利用されるほか、黒ビールやウイスキー、ウォッカなどの醸造にも用いられる。

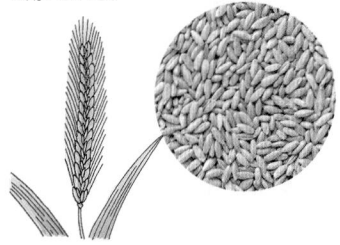

えんばく

燕麦・Oats

おもにオートミールに加工される。

オートミール

たんぱく質やビタミンB1、繊維質に富んだ食品。牛乳や砂糖をかけて食べる。

あわ

粟・Foxtail millet

ユーラシア大陸全域できわめて古くから栽培されてきた雑穀。米と同様、うるち種ともち種がある。かゆやもち、だんごなどに加工する。

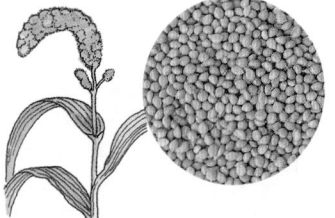

きび

黍・Proso millet

おもに、インド、中国、中央アジア地域で栽培されている。米、あわと同様うるち種ともち種がある。もちやかゆ、酒の原料にもなる。

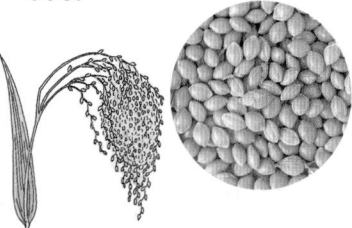

2 栄養上の特徴

　でん粉を約70％、たんぱく質を約10％含み、主要なエネルギー源となっている。また、穀類は摂取量が多いことから、日本人のたんぱく質摂取量の25％前後を占めている。ビタミンB₁などは搗精（とうせい）・製粉などによりかなり減少するため、副食などで補う必要がある。

　米やいもなどのでん粉は、生の状態（βでん粉）では食用に適さない。加水、加熱して、でん粉を膨張させ糊状にすることで、風味や消化もぐんとよくなる（αでん粉）。

可食部100gあたりの栄養素 (g)

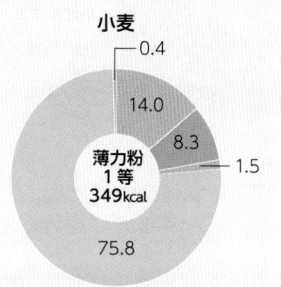

小麦
薄力粉
1等
349kcal
0.4
14.0
8.3
1.5
75.8

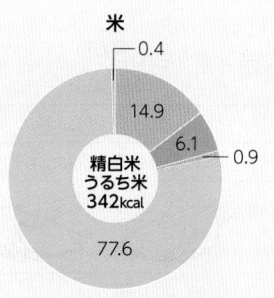

米
精白米
うるち米
342kcal
0.4
14.9
6.1
0.9
77.6

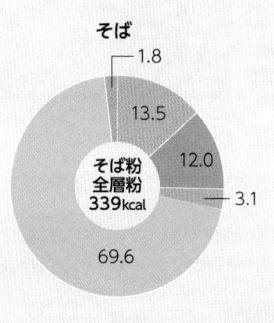

そば
そば粉
全層粉
339kcal
1.8
13.5
12.0
3.1
69.6

- 水分
- たんぱく質
- 脂質
- 炭水化物
- その他（灰分）

3 選び方・保存方法

米

消費者庁 玄米及び精米品質表示基準による表示例			
名　称	精　米		
原料玄米	産地	品種	産年
	単一原料米 新潟県産	コシヒカリ	欄外記載
内 容 量	5kg		
精米年月日	欄外記載		
販 売 者			

表示	米は精米したてがおいしいので、袋の表示を確認し、なるべく新しい日付けのものを選ぶ。
温度	気温が30℃を超えると、米はたちまち劣化するので、季節によって買う量を加減する。
場所	清潔で乾燥した容器に移し、風通しがよい冷暗所で保存する。
容器	隅に古いぬかが溜まりやすく、そこから穀象虫などが発生することもあるので、とくに隅を掃除し、予防を心がける。
期間	精米されて約1か月過ぎると味が多少落ちるといわれるが、冷蔵庫に入れ密閉して保存すれば、米の品質低下を防ぐことができる。

家庭での米の保存期間のめやす

収穫
9月　　12月　　3月　　5月　　7月　　収穫 9月

約2か月　　約1か月　　20～25日　　約15日

パン

選び方	切断面のガス泡が細かくきれいに並び、光沢があり、むらなく焼けているものを選ぶ。白くて焼き足りないものや、皮がこげてかたいものは避ける。
保存方法	湿気の多いところに放置すると、かびがはえるので、1回に食べる量だけ小分けにして密封し、冷凍するとよい。
食べ方	そのままトーストしてもよいが、自然解凍してからトーストした方が風味が落ちないといわれる。

米の加工プロセス

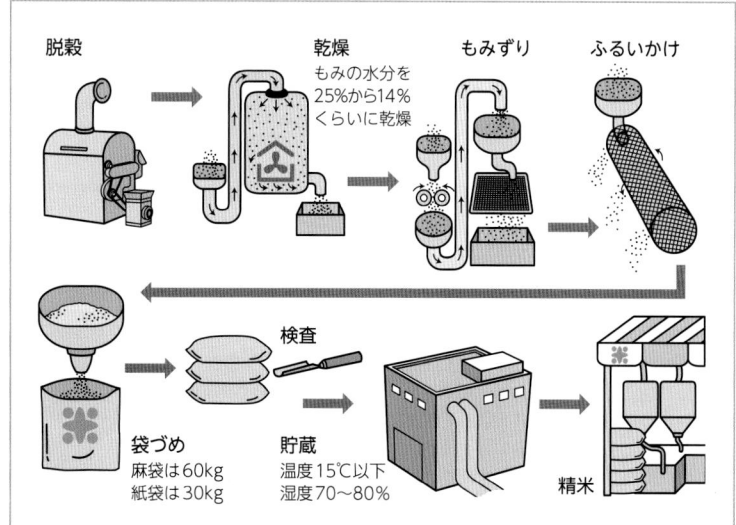

脱穀　　乾燥　もみの水分を25%から14%くらいに乾燥　　もみずり　　ふるいかけ

袋づめ　麻袋は60kg　紙袋は30kg　　貯蔵　温度15℃以下　湿度70～80%　　検査　　精米

こむぎこ
小麦粉・Wheat flour

1カップ=100g

小麦の実を粉砕し、表皮＝ふすま（果皮・種皮・糊粉層）と胚芽を除いた胚乳部分を粉にしたもの。原料となる小麦に含まれるグルテンの量によって薄力粉、中力粉、強力粉に分けられる（下記参照）。成分の70〜75％が重要なカロリー源となる炭水化物（でん粉）である。

薄力粉　　強力粉

小麦の構造

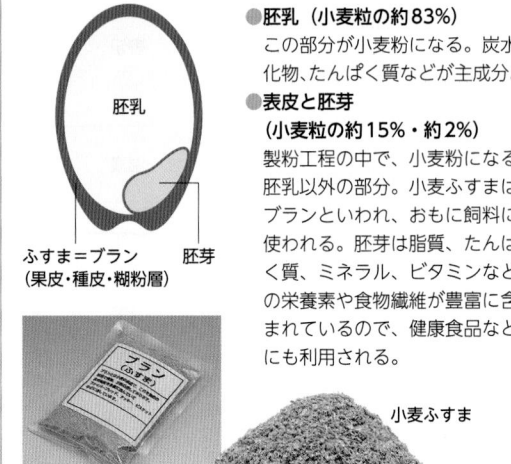

胚乳

ふすま＝ブラン（果皮・種皮・糊粉層）　胚芽

小麦ふすま

●**胚乳（小麦粒の約83％）**
この部分が小麦粉になる。炭水化物、たんぱく質などが主成分。

●**表皮と胚芽（小麦粒の約15％・約2％）**
製粉工程の中で、小麦粉になる胚乳以外の部分。小麦ふすまはブランといわれ、おもに飼料に使われる。胚芽は脂質、たんぱく質、ミネラル、ビタミンなどの栄養素や食物繊維が豊富に含まれているので、健康食品などにも利用される。

薄力粉（1等）100gあたり

エネルギー	349kcal
たんぱく質	8.3g
脂質	1.5g
炭水化物	75.8g
ビタミンB$_1$	0.11mg
食物繊維	2.5g

	強力粉	中力粉	薄力粉
グルテンの量	多い	中くらい	少ない
たんぱく質含有量	約12％	約9〜10％	約8〜9％以下
グルテンの性質	こねると弾力・粘力が出る 強い	こねると伸びがよい 普通	軽くまぜるとやわらかい 弱い
粒度	粗い	普通	細かい
原料小麦の種類	硬質	中間質	軟質
おもな用途	パン・パスタ・ぎょうざの皮など	うどん・中華めんなど	ケーキ・クッキー・天ぷら衣など

グルテンって、何？

　小麦粉に水を加えてこねると、小麦粉に含まれる**グルテニン**と**グリアジン**という2つのたんぱく質から小麦粉特有の弾力性と粘着性をもった**グルテン**がつくられる。
　パンがふっくらふくらんだり、うどんなどのめん類がシコシコした歯ごたえになるのは、このグルテンの働きによるもの。米やとうもろこしではパンはふくらまないし、うどんはプツプツと切れてしまう。小麦粉がさまざまな用途に使われるのは、このグルテンの性質が生かされているのだ。みそ汁の具などに使われる麩（ふ）はこのグルテンを加工したものである。

焼き麩

小麦粉から取り出したグルテン（左）とオーブンで焼いた乾麩（右）

食パン
White table bread

6枚切り1枚=60g
8枚切り1枚=45g

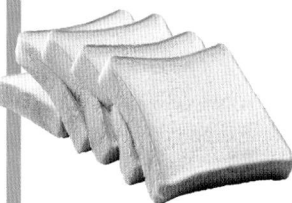

強力粉に塩、砂糖、イースト（パンづくり用の酵母菌）を混ぜ、こねた生地を発酵させて型焼きしたパン。パン生地に配合する糖や脂肪の割合は10％未満。

■ 60gあたり

エネルギー	149kcal
たんぱく質	5.3g
脂質	2.5g
炭水化物	27.8g
食物繊維	1.3g
食塩相当量	0.7g

ロールパン
Soft rolls

1個=40g

脂肪を多く使ったバターロールやチーズロール、多量の牛乳を配合したアメリカンロールなどの種類がある。

■ 40gあたり

エネルギー	124kcal
たんぱく質	4.0g
脂質	3.6g
炭水化物	19.4g
食物繊維	0.8g
食塩相当量	0.5g

クロワッサン
Croissants

1個=50g

生地にバターを折り込み、三日月をかたどって焼いたもの。

■ リッチタイプ50gあたり

エネルギー	219kcal
たんぱく質	4.0g
脂質	13.4g
炭水化物	22.0g
食物繊維	0.9g
食塩相当量	0.6g

ベーグル
Bagel

1個=75g

強力粉、水、塩、酵母でつくるために低カロリー・低脂肪。リング状に成形してゆでてから焼くためにもちもちとした独特の歯ごたえがあることが特徴。

■ 75gあたり　　203kcal

ぶどうパン
Raisin bread

8枚切り1枚=50g

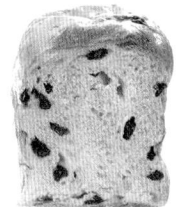

レーズンを混ぜ込んだパン。レーズンに含まれるカルシウムや鉄分、食物繊維といった栄養素が加えられる。

■ 50gあたり　　132kcal

ライ麦パン
Rye bread

1切れ=100g

ライ麦粉のたんぱく質は小麦粉のたんぱく質のようにグルテンを形成しないため、小麦のパンとは違った発酵作用で酸を生産させ、粘弾性を出す。ドイツの黒パンは、乳酸菌や酢酸菌などと野生酵母で発酵させてつくるので、独特の風味をもつ。日本では通常のパン酵母を使用している。

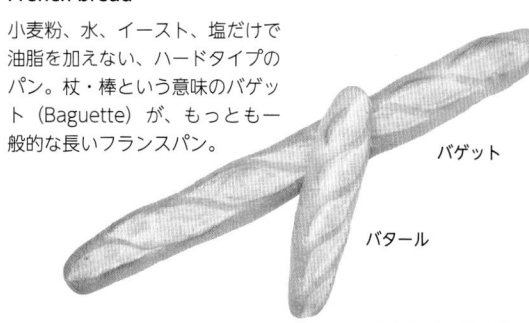

■ 100gあたり　　252kcal

フランスパン
French bread

バゲット1本=350g・1切れ=25g

小麦粉、水、イースト、塩だけで油脂を加えない、ハードタイプのパン。杖・棒という意味のバゲット（Baguette）が、もっとも一般的な長いフランスパン。

バゲット

バタール

■ 50gあたり　　145kcal

ナン
Nan

1枚=240g

ナンは小麦粉の生地を発酵させ、薄くのばしたものを、タンドールという粘土でつくったかまどで焼いたパン。インド料理とともに食べることが多い（→p.98）。

■ 120gあたり　　308kcal

■ 100gあたりの成分比較

	脂質	炭水化物	食物繊維	食塩相当量
ぶどうパン	3.5g	51.1g	2.2g	1.0g
ライ麦パン	2.2g	52.7g	5.6g	1.2g
フランスパン	1.3g	57.5g	2.7g	1.6g
ナン	3.4g	47.6g	2.0g	1.3g
ベーグル	2.0g	54.6g	2.5g	1.2g

ドイツ：ブロート（Brot）、イギリス・アメリカ：ブレッド（Bread）、中国：ミェンパオ（麺麭・面包）、ロシア：フリィエープ（Хлеб）。

うどん
饂飩・Udon

生1玉=170〜250g
乾1わ=200g

うどん（生）　　　干しうどん（乾）

小麦粉（中力粉）に食塩を混ぜてこね、細長く線状に仕上げたものが生うどん、これを乾燥させ、長期保存を可能にしたものが干しうどんである。秋田の稲庭うどん、名古屋のきしめん、香川のさぬきうどんなど、各地名産品がある。

■ 干しうどん（乾）100gあたり

エネルギー	333kcal
たんぱく質	8.5g
脂質	1.1g
炭水化物	71.9g
食物繊維	2.4g
食塩相当量	4.3g

そうめん・ひやむぎ
素麺、冷麦・Somen and Hiyamugi

乾1わ=100g
1人分=80〜100g

ひやむぎ　　　　そうめん

うどんとほぼ同じ工程でつくるが、ひやむぎの方がずっと細く、そうめんがもっとも細い。
手延は、植物油を塗り、よりをかけながら順次引き延ばして乾燥・熟成させるという特殊な製法である。

手延そうめん

■ 乾100gあたり

エネルギー	333kcal
たんぱく質	9.5g
脂質	1.1g
炭水化物	72.7g
食物繊維	2.5g
食塩相当量	3.8g

中華めん
中華麺・Chinese noodles

生1玉=120g
乾1袋=90g

生めん　　　　　乾めん

中力粉に、かんすいというアルカリ性の溶液（昔は炭酸カリウムなどを含む天然水）と水を加え、よくこねてつくる。アルカリ分によって小麦粉は黄色がかった色になり、歯ごたえのある独特の食感が得られる。めんに仕上げてから、ひだやちぢれをつける。インスタントラーメンやカップめんもある。

■ 生120gあたり

エネルギー	299kcal
たんぱく質	10.3g
脂質	1.4g
炭水化物	66.8g
食物繊維	―
食塩相当量	1.2g

■ 全国めんマップ

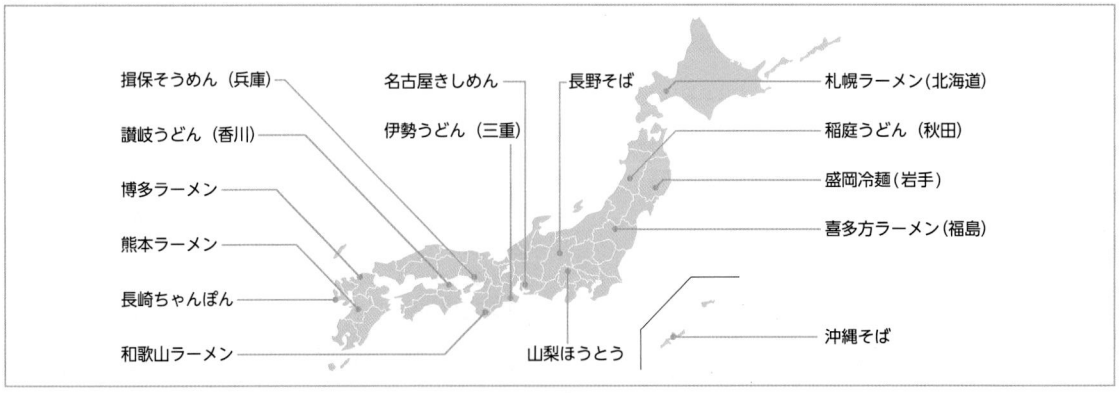

揖保そうめん（兵庫）
讃岐うどん（香川）
博多ラーメン
熊本ラーメン
長崎ちゃんぽん
和歌山ラーメン
名古屋きしめん
伊勢うどん（三重）
山梨ほうとう
長野そば
札幌ラーメン（北海道）
稲庭うどん（秋田）
盛岡冷麺（岩手）
喜多方ラーメン（福島）
沖縄そば

マカロニ・スパゲッティ
Macaroni and spaghetti

1袋＝200～300g
乾1食分＝80g

① マカロニ　② リガトーニ（管状）　⑦ ペンネ（ペン先）
③ スパゲッティ　⑧ フィスリ（らせん）
④ ルオーテ（車輪）　⑨ タリアテッレ（平打ち麺）
⑤ ファルファッレ（蝶）　⑩ ブカティーニ（太麺）
⑥ カペリーニ（極細麺）　⑪ ラザニア（板状）

本場イタリアでは、硬質小麦の一種、デュラム小麦を粗びきしたデュラム・セモリナのみを原料とするが、日本では強力粉も使う。デュラム小麦は、柔軟なグルテンを豊富に含み、黄色味が強いのが特徴で、パスタ類に

デュラム小麦

加工すると、あざやかな琥珀色とシコシコした歯ごたえになる。粉に加えるのは水で、製品によっては卵や野菜、少量のオリーブオイルを加える場合もある。
パスタと総称されるが、形状によって麺状のロングパスタとマカロニに代表されるショートパスタに分類され、料理方法や合わせるソースによって使い分ける。

乾80gあたり

エネルギー	278kcal
たんぱく質	10.3g
脂質	1.4g
炭水化物	58.5g
食物繊維	2.4g
食塩相当量	0g

そば
蕎麦・Buckwheat noodles

生1玉＝170g
乾1食分＝100g

生めん

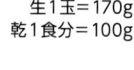

干しそば（乾）

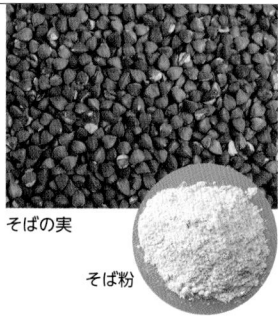

そばの実

そば粉

そばの花

そばの実を石臼にかけて挽き割り、皮をはがしてふるいにかけ、さらに石臼で粉砕して製粉する。たんぱく質は含まれるが、こねても粘弾性がないため、つなぎとして小麦粉、

ながいも、つくねいも、卵などを使うことが多い。ビタミンB含有量が多く、ビタミンPの一種で高血圧予防に有効とされるルチンも多く含まれている。

干しそば（乾）100gあたり

エネルギー	344kcal
たんぱく質	14.0g
脂質	2.3g
炭水化物	66.7g
食物繊維	3.7g
食塩相当量	2.2g

とうもろこし
玉蜀黍・Corn

生1本＝300～350g
コーンフレーク1袋＝170g

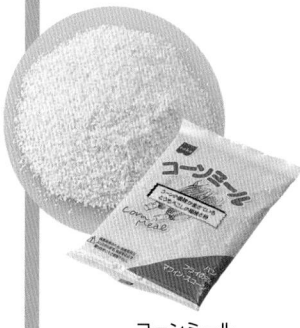

コーンミール

ポップコーン

小麦、米と並ぶ世界三大作物のひとつ。硬粒種を加工して主食として利用する。玄穀粒から胚芽を取り除いて挽き割りにしたものをコーンミールといい、かゆやパンなどにする。このほか、ポップコーンやコーンフレークにするなど、さまざまな利用方法がある。
なお、成熟しても炭水化物が完全にでん粉にならず、糖として残っている甘味種（スイートコーン）は、そのまま焼いたり、ゆでて野菜として食べる。

コーンフレーク（Corn flakes）
炒ったとうもろこしをつぶしてのばし、乾燥させたもの。ビタミンや無機質が強化されたものもある。

トルティーヤ（Tortilla）
硬粒種のとうもろこし粉、石灰、塩を合わせて水を加えて薄く焼いたもの。メキシコでは主食にする。

コーンフレーク100gあたり

エネルギー	380kcal
たんぱく質	7.8g
脂質	1.7g
炭水化物	83.6g
食物繊維	2.4g
食塩相当量	2.1g

こめ
米・Rice

精白米・はいが精米1カップ＝170g
もち米1カップ＝175g

精白米

玄米

米は、消化のよいでん粉やたんぱく質を含む。加工段階の違いで、**玄米**、**はいが精米**、**精白米**などに分けられ（下図参照）、各工程を搗精（とうせい）という。玄米は稲穂を脱穀して籾（もみ）にし、籾殻を除いたもの。はいが精米

は、玄米からぬか層のみを取り除き、胚芽部分を残した米。精白米は、ぬか層や胚芽部分を完全に取り除き胚乳のみとなったもので、ビタミンや無機質は、玄米などに比べかなり減少している。

■ 精白米（うるち米） 100gあたり

エネルギー	342kcal	
たんぱく質	6.1g	
脂質	0.9g	
炭水化物	77.6g	
ビタミンB$_1$	0.08mg	
食物繊維	0.5g	

■ 玄米100gあたり

エネルギー	346kcal	
たんぱく質	6.8g	
脂質	2.7g	
炭水化物	74.3g	
ビタミンB$_1$	0.41mg	
食物繊維	3.0g	

■ インディカ米100gあたり

エネルギー	347kcal	
たんぱく質	7.4g	
脂質	0.9g	
炭水化物	77.7g	
ビタミンB$_1$	0.06mg	
食物繊維	0.5g	

■ 赤米100gあたり

エネルギー	344kcal	
たんぱく質	8.5g	
脂質	3.3g	
炭水化物	71.9g	
ビタミンB$_1$	0.38mg	
食物繊維	―	

■ 米の構造（　）内は重量比

米ぬかや胚芽部分にはたんぱく質や脂質のほかにビタミンB群の仲間のイノシリトールという物質が含まれ、発がん性抑制、心筋梗塞や脳血栓などに有効な血液凝集抑制作用がある。

米ぬか粉

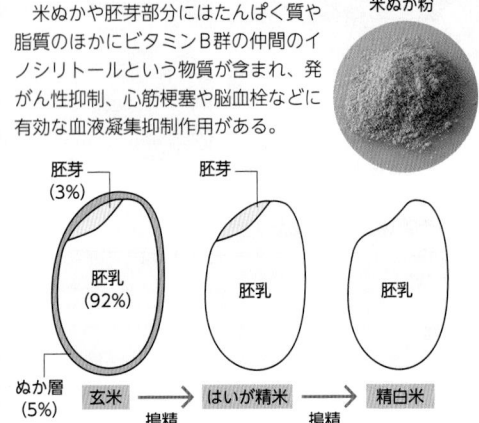

胚芽（3%）　胚芽

胚乳（92%）　胚乳　胚乳

ぬか層（5%）　玄米　→　はいが精米　→　精白米
搗精　搗精

うるち米ともち米、違いはなに？

米のでん粉には、アミロースとアミロペクチンがある。うるち米はアミロース2：アミロペクチン8に対し、もち米はアミロペクチン10からなる。アミロースの構造が直鎖状なのに対し、アミロペクチンはぶどう糖分子が枝状に多数結合しているため絡みやすい。この絡まりの多いことがもちの強い粘りけとなっている（→p.130）。

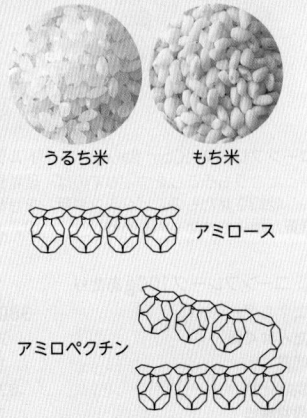

うるち米　もち米

アミロース

アミロペクチン

米のいろいろ

インディカ米
日本でつくられているジャポニカ種と比べて米粒が長い長粒種。アミロースの含量は26〜30%で、水分も少なく、粘りけがなくてパサパサしている。カレーなどを合わせたり、炒めて食べることが多い。

赤米
縄文時代に日本に初めて伝わったうるち米のルーツであり、赤飯の起源ともいわれる。玄米の色が赤褐色で、ぬか層に赤色系色素＝カテコールタンニンを含んでいる。白米に比べてたんぱく質やビタミン、ミネラルが豊富。

黒米
中国歴代の皇帝に献上されたもち米のルーツで、おはぎの起源ともいわれる。玄米の色が黒色で、ぬか層に紫黒色系色素＝アントシアニンを含んでいる。滋養強壮にすぐれ、造血作用があるため、薬膳料理にも用いられる。

めし
飯・Cooked paddy rice

1杯=150g

米は、生の状態ではβでん粉だが、これに水を加えて炊くことによりでん粉が糊化され、ほどよく粘りけが出て消化のよいαでん粉に変化する。炊飯後の水分は約65%。重量は原料米の2.3〜2.4倍である。

■ 精白米（うるち米）150gあたり

エネルギー	234kcal	
たんぱく質	3.8g	
脂質	0.5g	
炭水化物	55.7g	
ビタミンB1	0.03mg	
食物繊維	0.5g	

かゆ
粥・Paddy rice gruels

全かゆ1杯=180g

全かゆは、米の体積の6倍の水で炊いたもの。
12倍の水で炊いたものを五分かゆ、17倍の水で炊きガーゼでこしたのり状の汁をおもゆという。

■ 全かゆ精白米180gあたり

エネルギー	117kcal	
たんぱく質	2.0g	
脂質	0.2g	
炭水化物	28.3g	
ビタミンB1	0.02mg	
食物繊維	0.2g	

上新粉
Flour

1カップ=130g

うるち米を洗って乾燥させてから粉にしたもの。粘りけが少ないので、白玉粉（もち米が原料）と合わせて使い、だんごや草もちをつくる。

■ 100gあたり

エネルギー	343kcal	
たんぱく質	6.2g	
脂質	0.9g	
炭水化物	78.5g	
ビタミンB1	0.09mg	
食物繊維	0.6g	

もち
餅・Rice cake

1切れ=50g

もち米を蒸し、臼（うす）に入れてついたもの。東は四角く切る角もち（切りもち）、西は丸く形づくる丸もちが一般的。

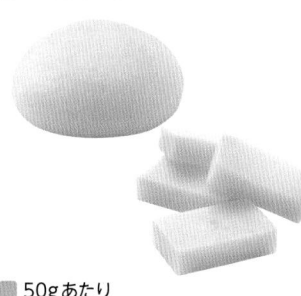

■ 50gあたり

エネルギー	112kcal	
たんぱく質	2.0g	
脂質	0.3g	
炭水化物	25.4g	
ビタミンB1	0.02mg	
食物繊維	0.3g	

ビーフン
Noodles, raw

1袋=150g

焼きビーフン

うるち米を粉にして水につけ、圧力を加えて練ったのち、熱湯中にめん状に押し出して、ゆでて乾燥させたもの。

■ 150gあたり

エネルギー	540kcal	
たんぱく質	10.5g	
脂質	2.4g	
炭水化物	119.9g	
ビタミンB1	0.09mg	
食物繊維	1.4g	

白玉粉
Shiratamako

1カップ=130g

もち米を粉にしたのち、水を加えてさらし、乾燥させたもの。粒が細かくなめらかで、舌ざわりもよい。白玉だんご、大福もちなどに加工する。

■ 100gあたり

エネルギー	347kcal	
たんぱく質	6.3g	
脂質	1.0g	
炭水化物	80.0g	
ビタミンB1	0.03mg	
食物繊維	0.5g	

をつかむように、リズミカルにキュッキュと研ぐ。また、ぬかの溶けた水を米が吸ってぬか臭くならないように、3カップなら2分程度で研ぎ終える。

いも・でん粉類

POTATOES & STARCHES

里芋畑のトンネル

　いもの固形分の大部分は炭水化物であるが、水分を約70％以上も含むため、穀類と比較して100gあたりのエネルギーはあまり高くない。カルシウムやカリウムなどのミネラル成分に富み、肉料理のつけ合わせにも向く。

　また、さつまいも・じゃがいもに含まれるビタミンCは、でん粉に包まれているため、貯蔵や調理による損失が少ないという特徴をもっている。

可食部100gあたりの栄養素 (g)

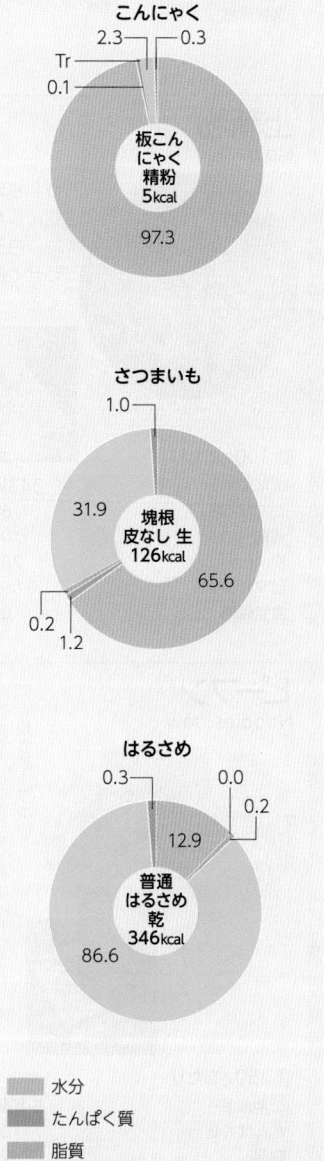

こんにゃく

2.3　　0.3
Tr
0.1

板こん
にゃく
精粉
5kcal

97.3

さつまいも

1.0

31.9

塊根
皮なし 生
126kcal

65.6

0.2
1.2

はるさめ

0.3　　0.0
0.2

12.9

普通
はるさめ
乾
346kcal

86.6

- 水分
- たんぱく質
- 脂質
- 炭水化物
- その他（灰分）

1 いも・でん粉類とは

　いも類は、地下茎または根の一部が肥大して塊茎（かいけい）や塊根（かいこん）となったもので、その部分に多量のでん粉やその他の多糖類が蓄えられたもの。穀類と同じくエネルギー源とされ、でん粉や菓子などの加工原料としても広く利用されている。

　でん粉は、植物の光合成により根・茎・種実に蓄えられた多糖類を乾燥させた無味・無臭の白色の粉末である。水に溶けず、生のままでは消化しにくいので、水を加えて加熱し、糊化（こ

か）させてから食用とする。

※糊化とは？：でん粉に水を加えて加熱すると白濁した状態から透明化するとともに、粘りけが出てくる状態のこと。

可食部となる部位での分類

塊根 （かいこん）	さつまいも、やまのいも
塊茎 （かいけい）	じゃがいも
球茎 （きゅうけい）	こんにゃくいも、さといも

いもの伝来

　じゃがいもが日本へ伝えられたのは慶長年間（1596〜1615年）といわれ、本格的な栽培は明治時代以降。ジャガタラ（現ジャカルタ）港からオランダ船によって長崎に運ばれたといわれる。ジャガタラいも、略してじゃがいもの名はそこから生じた。

　さつまいもは慶長2（1597）年に長真氏旨屋が中国から宮古島に持ち帰ったのが最初とされ、飢饉の際の救荒作物として栽培を広めたのは『蕃薯考』を著した江戸時代の蘭学者・青木昆陽である。

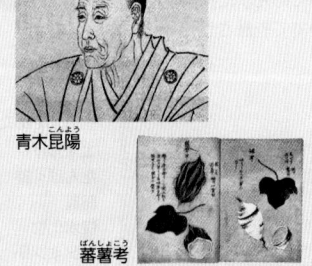

青木昆陽（こんよう）

蕃薯考（ばんしょこう）

3 選び方・保存方法

	選び方	保存方法
さつまいも	ずんぐりと太く、表皮の色があざやかで光沢のあるものがよい。凹凸や黒い斑点のあるものは避ける。	8℃以下で低温障害（表面に黒い斑点が出る）を起こすので、直射日光が当たらない室内で保存する。また、水気がつくと腐りやすいので、ラップ類などは使わず、かごなどに入れたり、新聞紙に包んで保存する。
じゃがいも	皮が薄く、しわがなく、色が一定しているものがよい。黒い斑点や傷のあるものは避ける。男爵は握りこぶしくらいの大きさのものがよい。	冷蔵庫に入れる必要はない。包まずに風通しのよい室内で保存する。土から掘り出して4か月ほど経過すると、有害物質（ソラニン）が含まれている芽の働きが活発となるので要注意。
さといも	泥つきで丸く、太ったもの、皮が茶褐色で、適度に湿りけがあるものがよい。	新聞紙に包み、室温で保存する。
やまのいも	いちょういもは切り口が白く、あまりでこぼこしていないものがよい。ながいもはすらりと細長く、皮がやや茶色がかったものがよい。	泥つきのものは新聞紙に包み、風通しのよい室内で保存する。使いかけのものはラップで包み、冷蔵庫に入れておく。また、細長いものは、折れないように注意する必要がある。
こんにゃく	袋入りの場合、水分の多すぎるものは避ける。	開封せずに中に入っている水にひたしておく。使いかけはラップに包み、冷蔵庫で保存し、なるべく早く使い切る。

いもの加熱による変化

●でん粉の糊化
いもが煮くずれるのは、加熱によってでん粉が糊化し、細胞間のペクチンの粘着性が弱まり、細胞単位で分離した状態となるため。

●裏ごしによる粘り
熱いうちに裏ごしすると細胞壁間の流動性が高いので、細胞膜を壊さずに分離できる。冷めると細胞膜が壊れてでん粉が糊化するため粘りけが出る。

●甘味の増加
さつまいもの糖化酵素は65℃前後で活発に作用し、甘味を増す。電子レンジでは急に加熱されるため、酵素の作用時間が短く、甘味は少なくなる。

4 でん粉の働きと用途

でん粉は原料となる植物によって粒子の形や大きさが異なるが、その調理効果は共通している。おもな働きには次のようなものがある。

おもな働き
●汁物に粘度を与え、具を安定させる
かきたま汁、のっぺい汁など

●材料の水分を吸収して調味料をからませ、油脂類の分散をよくし、乳化を助ける
揚げ物の衣など

●材料のつなぎとなり、材料をおおって持ち味を保つ（魚のすり身料理では、糊化でん粉粒が組織に弾力を与える）
揚げ物の衣、肉だんご、いわしのつみれ、くずもち、ごまどうふなど
●温度の低下を遅らせる
汁物、あんかけ物全般
●なめらかな舌ざわりと料理につやを与える
汁物全般、吉野煮など

いもを使った料理いろいろ

すりおろして細胞を壊し、でん粉を出して使う。

ヴィシソワーズ フランス料理
バターで炒めたじゃがいもやたまねぎ、香味野菜をブイヨンで煮込み、裏ごしして生クリームを加えたもの。冷製と温製がある。

かるかん（軽羹） 鹿児島名物
すりおろしたやまのいも、上新粉、砂糖を混ぜ合わせ蒸し上げた和菓子。ふんわりと軽い風味なのでこの名がついたという。

加熱してつぶし、細胞単位に分離して使う。

ニョッキ イタリア料理
ゆでたじゃがいもをつぶし、小麦粉を加えてねり合わせてつくる。だんご状にまとめてゆで、ソースやチーズで味つけする。かぼちゃを使ったものもある。

タラモサラダ ギリシャ料理
タラモはギリシャ語でたらこのこと。たらこをほぐしてマッシュポテトと合わせて調味する。パンに塗ったりして食べる。

159

いも・でん粉類

こんにゃく／しらたき
蒟蒻・Konjac ／白滝・Konjac noodles

板こんにゃく1枚
＝170～200g
しらたき1玉＝200g

こんにゃくいも

こんにゃくいもを乾燥させ、粉末にして水を加えて糊状にしたのち、凝固剤の水酸化カルシウムを加えて固めたもの。ひも状に絞り出したのがしらたき（糸こんにゃく）である。低カロリーで食物繊維（マンナンなど）が豊富。凝固剤を加えるのでカルシウム含有量も多い。整腸作用があり、昔から「こんにゃくは体の砂払い」といわれてきた。

板こんにゃく（精粉）50gあたり

エネルギー	3kcal
炭水化物	1.2g
カリウム	17mg
カルシウム	22mg
ビタミンC	(0)mg
食物繊維	1.1g

さといも
里芋・Satoimo, Taros

中1個＝50～60g

主成分は糖質で、大部分はでん粉。微量のシュウ酸塩が含まれ、直接皮膚にふれると刺激されてかゆくなる。特有のぬめりはガラクタンの性質によるが、1％程度の食塩に溶けるので、塩もみやゆでたあとの水洗いによりとれる。さといもは、株の中心に大きな親芋があり、その親芋から出る腋芽に相当するものが子芋、孫芋である。子芋種には石川早生、土垂、親芋・子芋の両方を食べるセレベス、親芋種には八つ頭などがある。

石川早生

セレベス

土垂

八つ頭

可食部100gあたり

エネルギー	53kcal
炭水化物	13.1g
カリウム	640mg
カルシウム	10mg
ビタミンC	6mg
食物繊維	2.3g

さつまいも
薩摩芋・Sweet potatoes

中1本＝200～250g

根が肥大してさつまいもになる。

紫いもの焼きいも

いもようかん

主成分はでん粉。いも類のなかでただひとつ甘味をもつが、これはアミラーゼを多く含んでいるためで、ゆっくり加熱すると糖化がすすんで甘味が増す。鹿児島や沖縄でつくられる紫いもは、ペースト状にして菓子に加工されたりする。

可食部100gあたり

エネルギー	126kcal
炭水化物	31.9g
カリウム	480mg
カルシウム	36mg
ビタミンC	29mg
食物繊維	2.2g

じゃがいも
馬鈴薯・Potatoes

中1個＝150～200g

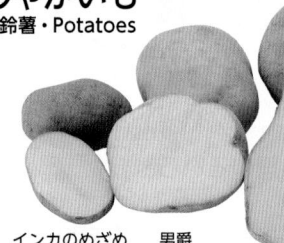

インカのめざめ　男爵　メークイーン

ビタミンB1、Cが多く、熱による調理でも損失が少ない特長がある。糖質の大部分はでん粉で、さつまいもに比べてたんぱく質は多いが繊維は少ない。でん粉材料にも使われる。代表的な品種としては、男爵とメークイーンがある。男爵は粉質で粉ふきいもやマッシュポテト、サラダなどに向き、メークイーンは緻密な粘質で煮くずれしないため、煮物、炒め物、揚げ物などに向く。ソラニンという毒成分が多く含まれる発芽部や緑色の皮層は取り除く。空気にふれると褐変するので、切ったらすぐに水に放すとよい。

可食部100gあたり

エネルギー	59kcal
炭水化物	17.3g
カリウム	410mg
カルシウム	4mg
ビタミンC	28mg
食物繊維	1.2g

One Point さつまいもを食べるとおならが出るのはなぜ？▶さつまいもは食物繊維が多く、でん粉の粒子が大きいため小腸で消化しきれずに大腸まで送

砂糖・甘味類

豆類

種実類

野菜類

きのこ類

藻類

魚介類

やまのいも類
薯蕷・山芋・Yams

ながいも1本＝90g
とろろ1人分＝50g

主成分のでん粉を分解する消化酵素ジアスターゼやアミラーゼを多量に含んでおり、消化がよい。また、皮をむいたときのぬめりはムチンといわれる糖たんぱくで、たんぱく質の吸収を促進してむだなく活用する。いもは粘りが強く、煮物、酢の物にするほか、すりおろしてとろろ汁にする。

ながいも
水分が多く、粘りが少ない。さくさくとした歯ごたえが特徴。

いちょういも
いちょうの葉のようなかたち。ながいもより粘りがある。

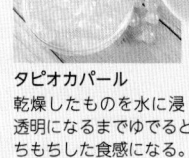
とろろ汁と麦めし

自然薯
生のものをすりおろしたときの粘りはもっとも強い。山に自生しているもの以外の栽培量はわずかなため、高値で取り引きされる。

■ 可食部100gあたり

	いちょういも	ながいも
エネルギー	108kcal	64kcal
炭水化物	22.6g	13.9g
カリウム	590mg	430mg
カルシウム	12mg	17mg
ビタミンC	7mg	6mg
食物繊維	1.4g	1.0g

でん粉
澱粉・Starches

片栗粉小さじ1＝3g
くず粉1カップ＝120g
とうもろこしでん粉
1カップ＝100g

植物に貯えられたでん粉を取り出し、乾燥させた無味・無臭の白色粉末。原料植物により粒子の形や大きさが異なる。料理に粘性を与える、水分を吸収する、揚げ物の衣にするなどの用途がある。

とうもろこしでん粉（コーンスターチ）
とうもろこしからつくったでん粉。ブラマンジェなどのデザート材料として利用される。

片栗粉
本来はユリ科の植物かたくりからとるでん粉だが、市販のものはじゃがいもでん粉で代用する。

くず粉（くずでん粉）
マメ科のくずの根からとれるでん粉。くずもちなどの和菓子の材料とされる。

■ 6gあたり

	片栗粉（じゃがいもでん粉）	コーンスターチ（とうもろこしでん粉）
エネルギー	20kcal	22kcal
炭水化物	4.9g	5.2g
カルシウム	1mg	0.2mg

はるさめ
春雨・Harusame, Starch noodles

1袋＝150g
1人分＝15g

日本産はじゃがいもでん粉とさつまいもでん粉が原料で、中国産は緑豆（りょくとう）が原料。沸騰した湯につけ、やわらかくもどして、サラダや炒め物に利用するほか、鍋の具にも使う。もどすと重量は5〜6倍に増える。

普通はるさめ

緑豆はるさめ

■ 乾15gあたり

	普通はるさめ	緑豆はるさめ
エネルギー	52kcal	52kcal
炭水化物	13.0g	13.1g
カルシウム	6mg	3mg

キャッサバってなに？

中南米、東南アジア、ミクロネシアなどで生産されるいものこと。キャッサバには青酸が含まれているので、食用にするときは、よく水洗いし、熱で毒を取り除いてから煮たり焼いたり揚げたりして食べる。さつまいもから甘味を取り除いたような淡白な味である。

このキャッサバからつくったキャッサバでん粉は、タピオカ、マニオクでん粉などの別名がある。形状によって、フレーク、パール、シードの3種類に分けられる。

タピオカパール
乾燥したものを水に浸し、透明になるまでゆでるともちもちした食感になる。ココナッツミルクと合わせた中華デザートなどに。

掘り出されたキャッサバ

砂糖・甘味類

SUGARS & SWEETENERS

1 砂糖・甘味類とは

砂糖は、植物界に広く分布する炭水化物（糖質）で、エネルギー源・甘味料として使われている。原料・製法・糖度・色合いなどにより分類される。甘味料は、砂糖以外に食用、食品加工用に用いられる甘味食品で、その種類も多く、さまざまなものがある。

2 栄養上の特徴

砂糖の成分のほとんどはしょ糖で、体内に吸収されやすく、吸収された砂糖は主としてエネルギー源として利用される。一般に色が濃いものほど、糖以外のミネラルを含んでいる。

3 選び方・保存方法

糖類は湿気を嫌う。湿度の高いところへ置くと、べとついたり異臭を生じることもあるので、密閉容器に保存し、湿度の低いところに置く。

さとうきび（甘蔗）
日本では鹿児島県と沖縄県が産地。世界的には、キューバ、ブラジル、台湾、ジャワなどが産地である。茎を裁断したあと、圧縮機で搾った糖汁を煮詰め、茶褐色の原料糖をつくり、精製する。しょ糖を11〜17%含む。

さとうだいこん（甜菜・ビート）
日本では北海道が産地。世界的にはヨーロッパ・北米が主産地。さとうだいこんの根は12〜18%のしょ糖を含む。根を薄切りにして熱湯に浸して糖分を溶出させ、この液を精製・濃縮・結晶化する。多くはざらめ糖となる。

可食部100gあたりの栄養素 (g)

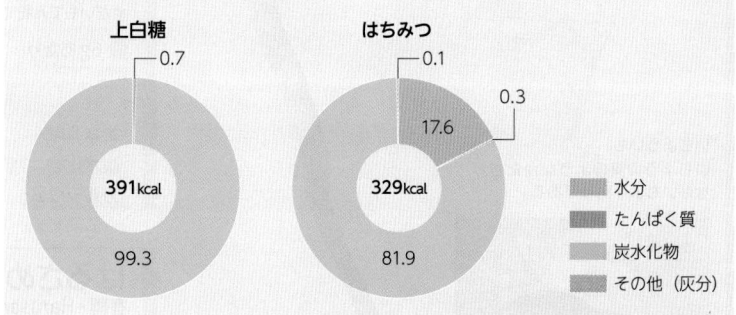

上白糖
391kcal
0.7
99.3

はちみつ
329kcal
0.1
0.3
17.6
81.9

凡例：
- 水分
- たんぱく質
- 炭水化物
- その他（灰分）

新しい甘味料

※砂糖1に対する割合

	名称	甘味度 ※	エネルギー (kcal/g)	特徴
糖質甘味料	ソルビトール	0.5〜0.7	難消化性	バラ科の植物に含まれる。清涼感ある甘味。虫歯になりにくい。食品添加物。
	マルチトール	0.8	2	まろやかな甘味。虫歯にならない。
	パラチノース	0.4	2	砂糖に似たまろやかな甘味。虫歯になりにくい。
	カップリングシュガー	0.5〜0.6	4	あっさりした味。虫歯になりにくい。
	フラクトオリゴ糖	0.5〜0.6	難消化性	砂糖に似た淡い甘味。虫歯になりにくい。ビフィズス菌増殖因子。
	イソマルトオリゴ糖	0.5	4	まろやかな甘味。ビフィズス菌増殖因子。
	キシリトール	1	3	白樺や樫の樹皮に含まれるキシロースを還元してつくられる。食品添加物。虫歯になりにくいとして注目されている。
非糖質甘味料	ステビア	100〜400	0	キク科のステビアの茎から抽出。さわやかな甘味。虫歯にならない。
	グリチルリチン	170〜250	0	マメ科の甘草の根より抽出。高甘味度。虫歯にならない。
	アスパルテーム	180〜200	0	高甘味度。さわやかな甘味。食品添加物。

砂糖の加熱による変化と用途

温度℃	用途例
185	
180	カラメル（165〜190℃）
175	
170	
165	
160	べっこうあめ（160℃）
155	
150	ドロップ（150〜155℃）
145	
140	抜絲（銀絲）（140〜145℃） キャンディー（135〜138℃）
135	
130	ヌガー（130〜135℃）
125	
120	キャラメル（120〜125℃）
115	砂糖衣（115〜120℃）
110	フォンダン（105〜115℃）
105	
100	シロップ（100〜105℃）

（山崎清子他『NEW料理と理論』同文書院より）

砂糖の性質

●でん粉の老化防止
砂糖の親水性により、砂糖とでん粉が共存すると、砂糖が水分を取るので、αでん粉はβでん粉になりにくい。例：糖分の多いようかんは老化しにくい。

●ゼリー形成
ペクチン分子から水をうばい、ゼリーの網目構造を支える。

●防腐性
砂糖濃度が高くなるほど、水分含量は少なくなるので、細菌などの繁殖が抑

制され、防腐力が高まる。例：ジャム。

●酸化防止
濃厚な砂糖液には酸素が溶けにくいので、脂肪が共存してもこれを酸化することはない。例：生クリーム。

●着色作用　**●脱水性**

くるまとう（じょうはくとう）
車糖（上白糖）・Soft sugars white

大さじ1 = 9g

白砂糖のこと。日本で使用されている砂糖の約半分を占める。ビスコという転化糖液（ぶどう糖と果糖の混合液）がかけられ、しっとりして水に溶けやすい。車糖の名は、白砂糖が初めて輸入されたときにつけられていたマークに由来する。

20gあたり　　78kcal

くろざとう
黒砂糖・Brown sugar lump

大さじ1 = 15g

黒糖ともいう。さとうきびの搾り汁をそのまま煮詰めたもの。カリウムやカルシウム、鉄分を多く含む。糖度は85%と低いが、甘さは強く風味がある。鹿児島・沖縄県産。かりんとうやようかんなどの和菓子や、つくだ煮などの調味用にも利用される。

20gあたり　　70kcal

くるまとう（さんおんとう）
車糖（三温糖）・Soft sugars yellow

大さじ1 = 13g

上白糖よりやや純度は低く、カルシウムや鉄を多く含む。甘さは上白糖より強く、特有の風味とこくがある。煮物やつくだ煮に使うと味わいが出る。

20gあたり　　78kcal

グラニュー糖
Granulated sugar

スティックシュガー小1本= 4g

ざらめ糖のなかでもっとも結晶の小さいもの。さらさらとしているので溶けやすく、飲料、菓子類などに使われる。

20gあたり　　79kcal

はちみつ
蜂蜜・Honey

大さじ1 = 21g

主成分はぶどう糖と果糖。みつを採取する花（れんげ・クローバー・アカシア・とちのきなど）により、成分や色・香りが異なる。幼児ボツリヌス症予防のため、1歳未満の乳児に食べさせてはいけない。

20gあたり　　66kcal

メープルシロップ
Maple syrup

大さじ1 = 21g

さとうかえでの幹に管をつけて容器に集めた樹液を煮詰めてシロップ状にしたもの。カルシウムやカリウムを多く含む。ホットケーキやパンケーキにかけて食べる。

20gあたり　　53kcal

100gあたりの成分比較

	上白糖	三温糖	黒砂糖	はちみつ	メープルシロップ
炭水化物	99.3g	99.0g	90.3g	81.9g	66.3g
カリウム	2mg	13mg	1100mg	65mg	230mg
カルシウム	1mg	6mg	240mg	4mg	75mg
鉄	Tr	0.1mg	4.7mg	0.2mg	0.4mg

加工糖のいろいろ

角砂糖
グラニュー糖に砂糖液をふりかけて固めたもの。コーヒー・紅茶等の飲料に利用する。

氷砂糖
純度の高い砂糖を水に溶かし、ゆっくりと時間をかけて大きな結晶にしたもの。

粉糖
別名粉砂糖。グラニュー糖を細かくすりつぶしたもの。吸湿性が高い。

顆粒状糖
多孔質の顆粒状にし、粉砂糖より固まりにくく溶けやすくした高純度の砂糖。

豆類

PULSES

あずき　だいず

ささげ　いんげんまめ

豆の花

1 豆類とは

　豆類は、古くから世界各国で栽培されているマメ科の植物で、その種子やさやを食用としている。現在、世界各国で約80種が食用とされ、さまざまな加工品も作られている。

　利用する部位により、次のように分類されるが、食品成分表では未熟な種子やさやを食する品種（えだまめやさやいんげんなど）は、「野菜類」（→p.174）としている。

豆の分類

熟して乾燥した種子を利用	だいず、あずきなど
未熟な種子を利用	グリンピース、えだまめなど
未熟なさやを利用	さやえんどう、さやいんげんなど

2 栄養上の特徴

　豆類は、いずれもたんぱく質を20～30％前後と多く含む。このほかに、炭水化物（糖質）を多く含むもの、脂質を多く含むものがある。

　とくにだいずは良質なたんぱく質に富んでいる。そのままでは消化吸収率が低いので、さまざまな食品に加工され、「畑の肉」ともいわれる。

　糖質を含む豆は、あんに加工されることも多い。また、豆には食物繊維も豊富に含まれており、腸内をきれいにする働きがある。またビタミンB群やカリウム・リン・カルシウムに富む。

　豆類は、米に不足している必須アミノ酸のリシンや、とうもろこしに不足しているトリプトファンを十分に含んでいる（→p.315～）ため、穀物と豆類を組み合わせて食べると必須アミノ酸が効率よく摂取できる（たんぱく質の補足効果→p.135）。

栄養上の分類

脂質を多く含むもの	だいず
炭水化物（糖質）を多く含むもの	あずき、いんげんまめ、えんどう

だいずとその加工品の消化吸収率

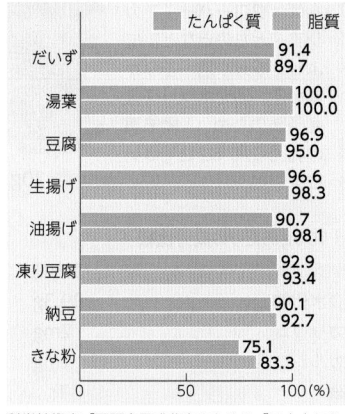

たんぱく質　脂質

だいず	91.4 / 89.7
湯葉	100.0 / 100.0
豆腐	96.9 / 95.0
生揚げ	96.6 / 98.3
油揚げ	90.7 / 98.1
凍り豆腐	92.9 / 93.4
納豆	90.1 / 92.7
きな粉	75.1 / 83.3

科学技術庁「四訂食品成分表のための『日本人におけるエネルギー測定調査』」より

可食部100gあたりの栄養素 (g)

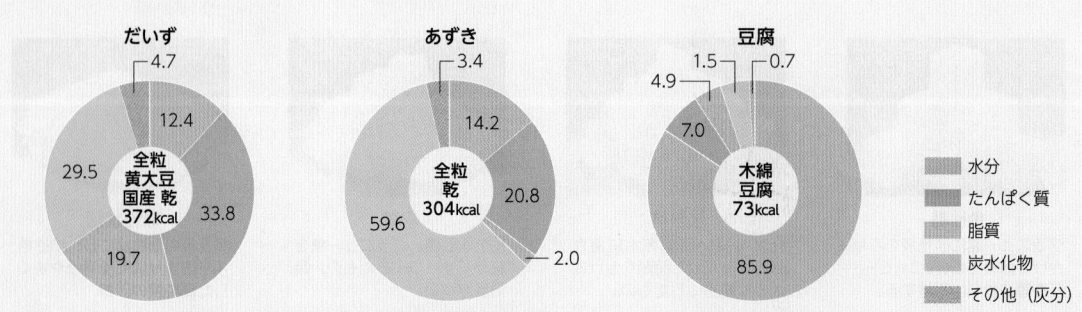

だいず：全粒 黄大豆 国産 乾 372kcal — 4.7 / 12.4 / 29.5 / 33.8 / 19.7

あずき：全粒 乾 304kcal — 3.4 / 14.2 / 59.6 / 20.8 / 2.0

豆腐：木綿豆腐 73kcal — 1.5 / 0.7 / 4.9 / 7.0 / 85.9

水分
たんぱく質
脂質
炭水化物
その他（灰分）

穀類

いも・でん粉類

砂糖・甘味類

豆類

種実類

野菜類

果実類

きのこ類

藻類

魚介類

3 選び方・保存方法

		選び方	保存方法
豆類	だいず あずき	粒がそろっていて、虫食いがないもの、皮が破れていないものを選ぶ。	光を遮断し、虫などが入らないよう缶などに入れる。虫がついたときには、紙に広げて日光にあてるとよい。
大豆加工品	豆腐	傷みやすいので、製造年月日の新しいものを選ぶ。色が白く、崩れていないものがよい。	水につけ、冷蔵庫で保存する。1～2日で使い切る。
	油揚げ類 （生揚げ・油揚げ）	張りとつやのあるものがよい。	時間がたつと油が酸化し、味・香りとも悪くなるので早く使い切る。残った場合は乾燥しないようにポリ袋などに入れて冷蔵する。
	みそ	それぞれの製法により、かたさが保たれているものを選ぶ。光沢があり、香りがよく、湯に溶けやすく、塩味と酸味がほどよく調和しているものがよい。	塩分含量によって異なるが、塩分含量が10％以上で防腐剤の入っているものは常温で保存できる。それ以外のものは、密閉容器に入れて冷蔵庫で保存する。

だいず発酵食品の効用

納豆やみそ、しょうゆなどは、味や香りがよい、保存性がある、消化しやすいといった多くの利点をもつ発酵食品。だいずを使った発酵食品では、その発酵によってがんや老化、動脈硬化などの一因となる活性酸素を除去する性質が強まるという研究結果も出ている。

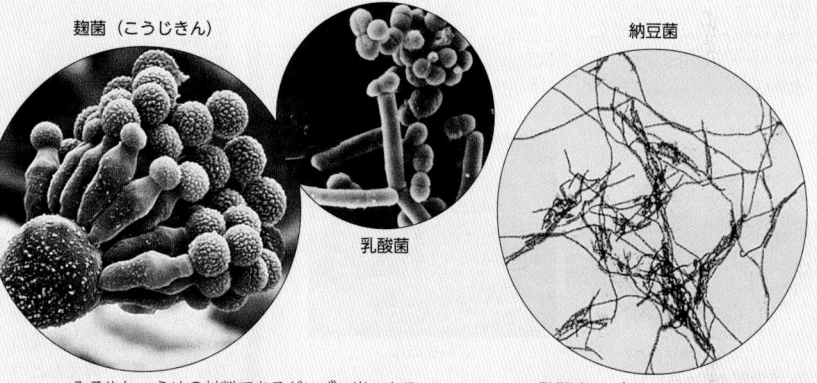

麹菌（こうじきん）

乳酸菌

納豆菌

みそやしょうゆの材料であるだいず、米、あるいは麦に、麹菌のほか、酵母菌や乳酸菌などの微生物が働いて、独特の風味をつくり出す。

発酵中にビタミンB$_2$やB$_{12}$を増やす。

■ 伝統行事と豆

保存がきき、土地を肥やす性質をもつ豆は、古くから五穀（→p.150）に入れられるほど重要とされ、呪力をもつ作物として崇拝される一面をもっていた。魔や穢（けが）れをはらう役目をする節分のだいず、ハレの日の縁起物としてよく使われるあずき（赤飯やあずきがゆなど）はその例である。

正月
まめに暮らせるようにという願いをこめて、黒豆を食べる。

小正月（こしょうがつ）
1月15日にあずきがゆを食べる習慣がある。

節分
2月3日ごろに炒っただいずをまき、家の中の鬼を追い払い、福を呼び入れる行事。まいた豆は、ひろい集めて、各自が年の数だけ食べる習わしがある。

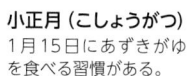

ひな祭り
3月3日にひな人形などを飾って祭る。ひなあられには、だいずか黒豆が用いられる。

豆名月（まめめいげつ）
陰暦9月13夜の月。枝豆を供えて祭る。

豆類

あずき
小豆・Adzuki beans

乾1カップ=150g
ゆで1カップ=200g
こしあん1カップ=170g

主成分は炭水化物とたんぱく質で、脂質は少ない。また、鉄分や食物繊維を豊富に含んでいる。粒の長さが4.8mm以上の大納言などが有名。赤飯や和菓子のあんなどに用いられる。あずきを煮るときに出る泡立ちは、あくや渋味の成分（サポニン）なので、煮汁はゆでこぼす。

大納言
（だいなごん）

乾100gあたり

エネルギー	304kcal
たんぱく質	20.8g
脂質	2.0g
カルシウム	70mg
鉄	5.5mg
食物繊維	15.3g

つぶし練りあん

こし生あん

可食部100gあたり

	つぶし練りあん	こし生あん
エネルギー	239kcal	147kcal
たんぱく質	5.6g	9.8g
脂質	0.6g	0.6g
カルシウム	19mg	73mg
鉄	1.5mg	2.8mg
食物繊維	5.7g	6.8g

ささげ
豇豆・大角豆・Cowpeas

乾1カップ=150g

あずきによく似ているが、やや角ばっている。種皮が赤いもののほかに、白色や茶色などのものもある。あずきと違って煮くずれ（＝胴切れ）しないので、切腹を嫌う武士は赤飯にささげを利用した。

赤ささげ

乾100gあたり

エネルギー	280kcal
たんぱく質	23.9g
脂質	2.0g
カルシウム	75mg
鉄	5.6mg
食物繊維	18.4g

いんげんまめ
隠元豆・Kidney beans

乾1カップ=150g

成分はあずきに似ているが、豆類のなかでは比較的カルシウムが多い。金時、白金時、うずらなどがある。

中長鶉（うずら）

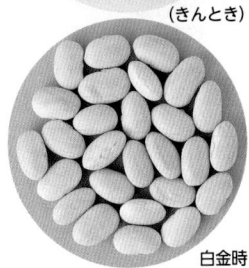
金時
（きんとき）

白金時

乾100gあたり

エネルギー	280kcal
たんぱく質	22.1g
脂質	2.5g
カルシウム	140mg
鉄	5.9mg
食物繊維	19.6g

えんどう
豌豆・Peas

乾1カップ=160g

炭水化物とたんぱく質のほか、ビタミンB$_1$などを多く含む。赤えんどうは塩ゆでしてみつ豆、青えんどうは甘く煮てうぐいす豆などにする。未熟な種子を食べるグリンピースは、野菜用品種である（→p.174）。

赤えんどう

乾100gあたり

エネルギー	310kcal
たんぱく質	21.7g
脂質	2.3g
カルシウム	65mg
鉄	5.0mg
食物繊維	17.4g

豆のいろいろ

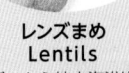
レンズまめ
Lentils
西アジアから地中海沿岸が原産地。肉の煮込みやスープ、サラダに。

ひよこまめ
Chickpeas
別名ガルバンゾー。原産は西アジア。カレー、スープ、煮込み料理に。

 摂りすぎには注意▶だいずに含まれるイソフラボン。通常の食事からは18mg／日を摂取しており、効能も期待される。しかし、サプリメント

だいず
大豆・Soybeans

主成分はたんぱく質と脂質。動物性たんぱく質に近いアミノ酸組成をもつため、畑の肉といわれる。脂質は、血中コレステロール値を低下させる作用のあるリノール酸などの不飽和脂肪酸に富んでいる。また、リン脂質のレシチンや、サポニン、ビタミンEなどもコレステロールを洗い流す働きがある。また薬理効果をもつイソフラボン（ポリフェノールの一種）が含まれている。組織がかたく、消化率が低いので、さまざまな食品に加工される。

乾1カップ＝130g

国産黄大豆「トヨムスメ」

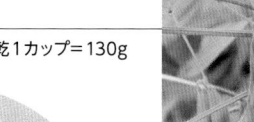

枝豆（→p.174）が成長して大豆となる。

■ だいずの国内生産と輸入割合
(2021年概算値)

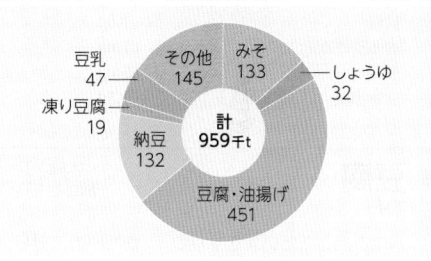

国内生産量	輸入量
247千t (7.1%)	3,224千t (92.9%)

（農林水産省「食料需給表」による）

■ 食品用だいずの用途別使用量
(2015年)

計 959千t
- みそ 133
- しょうゆ 32
- 豆腐・油揚げ 451
- 納豆 132
- 凍り豆腐 19
- 豆乳 47
- その他 145

（農林水産省食品製造卸売課推計による）

■ だいず100gあたりの成分比較

	国産・ゆで	国産・乾	米国産・乾	中国産・乾
エネルギー	163kcal	372kcal	402kcal	391kcal
たんぱく質	14.8g	33.8g	33.0g	32.8g
脂質	9.8g	19.7g	21.7g	19.5g
カルシウム	79mg	180mg	230mg	170mg
鉄	2.2mg	6.8mg	8.6mg	8.9mg
食物繊維	6.6g	17.9g	15.9g	15.6g

だいずのいろいろ

IOMだいず
アメリカのインディアナ、オハイオ、ミシガン州産。比較的低油分・高たんぱく質。豆腐や油揚げ用。

中国産だいず
油分が少なく、炭水化物が多い。みそや納豆などの加工用として使用されることが多い。

黒だいず
種皮の色が黒い。大半が大粒品種で煮豆（正月の黒豆→p.165）に使われる。解毒作用がある。

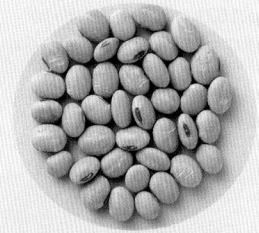

青だいず
成熟しても種皮と豆の色が緑色。えだまめ、きなこ、菓子、浸し豆などに利用する。

■ だいず加工品のいろいろ

えだまめ → 育つ → だいず
だいず → 芽がでる → だいずもやし → 蒸す
納豆菌を加えて発酵 → 納豆
つぶして塩と麹を加えて発酵 → みそ
小麦・塩・麹を加えて発酵、濾過 → しょうゆ
揚げる → 油揚げ、がんもどき、生揚げ（厚揚げ）
だいず → 煮る → くだく → 搾る → 豆乳
だいず → 搾る → 油
だいず → 煎る → 節分の豆 → ひく → きな粉
搾りかす → おから
豆乳 → 固める → 豆腐 → 焼く → 焼き豆腐
豆腐 → 乾燥 → 凍り豆腐（高野豆腐）
豆乳 → 煮つめて表面の膜を取り出す → 湯葉

豆類

きな粉
黄粉・Kinako

大さじ1＝6g

煎っただいずをつぶしたもの。黄大豆からつくるきなこが一般的だが、青大豆からつくるうぐいす色のものもある。砂糖と少量の食塩を加えて、もちやだんごにからめる。

■ 全粒大豆6gあたり

エネルギー	27kcal
たんぱく質	2.2g
脂質	1.5g
カルシウム	11mg
鉄	0.5mg
食物繊維	1.1g

豆乳
Soy milk

1カップ＝210g

豆腐の製造工程でおからとともにできるもの。だいずのたんぱく質、脂質を主成分とし、糖類、ビタミンB1も多く含む。大豆固形分8％以上。調整豆乳は6％以上、豆乳飲料は4％以上とJASで定められている。

調整豆乳

■ 豆乳210gあたり

エネルギー	132kcal
たんぱく質	6.7g
脂質	7.6g
カルシウム	65mg
鉄	2.5mg
食物繊維	0.6g

豆腐
Tofu

木綿1丁＝300〜400g
絹ごし1丁＝300〜400g

水にひたしただいずをすりつぶし、さらに水を加えて加熱する。これを濾過（ろか）すると、おからと豆乳ができる。豆乳に凝固剤（にがり）を加えてかためたものが豆腐（→p.167）。木綿豆腐は水分が少なく、表面がざらざらして

かたいのに対し、絹ごし豆腐は水分が多くすべすべして崩れやすいため、冷奴や汁の実、揚げ出し豆腐や麻婆豆腐などに利用される。このほか、日持ちをよくした充てん豆腐や、崩れにくく鍋物などに適した焼き豆腐などがある。

凍り豆腐
別名しみ豆腐または高野豆腐。かためにつくった豆腐を薄く切って長期間凍結・乾燥させたもの。カルシウムや鉄分が豊富。

おから
別名卯の花。豆腐をつくるさい、豆乳のしぼりかすとしてできるもの。消化はよくないが、100gあたり11.5gの食物繊維を含む。

■ 300gあたり

	木綿豆腐	絹ごし豆腐
エネルギー	219kcal	168kcal
たんぱく質	21.0g	15.9g
脂質	14.7g	10.5g
カルシウム	279mg	225mg
鉄	4.5mg	3.6mg
食物繊維	1.2g	0.9g

絹ごし豆腐

木綿豆腐

湯葉
湯波・Yuba

生1枚＝30g
干し1枚＝10g

豆乳を加熱して表面に浮いたたんぱく質の膜を竹の串で引き上げて乾燥させたもの。乾燥前のものが生ゆば、乾燥したものが干しゆば。干しゆばは、もどして汁物、煮物、揚げ物などに使う。

生ゆば

■ 生30gあたり

エネルギー	65kcal
たんぱく質	6.5g
脂質	4.1g
カルシウム	27mg
鉄	1.1mg
食物繊維	0.2g

■ だいずを使わない「豆腐」

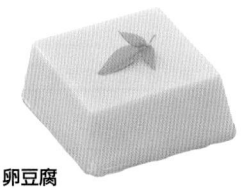

卵豆腐
溶き卵に調味料を加え蒸したもの。

ごま豆腐
ごま（胡麻）をすり、くず粉（または片栗粉）でかためたもの。

ピーナッツ豆腐
ピーナッツを原料とする。沖縄ではジーマミ（地豆）豆腐ともいう。

生揚げ
Nama-age

1枚＝120〜140g

別名厚揚げ。豆腐を2cmほどの厚さに切り、水切りをして軽く油で揚げたもの。水切りの加減によってやわらかさが変わる。熱湯をかけて油抜きし、おでんの具や煮物にしたり、そのまま焼いてしょうがじょうゆで食べたりする。

■ 100gあたり

エネルギー	143kcal
たんぱく質	10.7g
脂質	11.3g
カルシウム	240mg
鉄	2.6mg
食物繊維	0.7g

油揚げ
Abura-age

1枚＝20〜30g

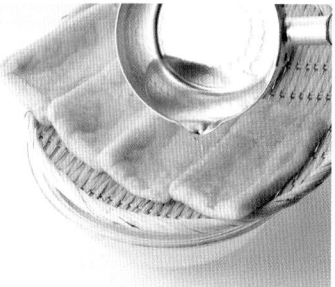

豆腐を薄切りにし、水切りして油で揚げたもの。熱湯をかけて油抜きし、青菜との含め煮、汁の実、いなりずしなどに用いる。

熱湯で油抜きする。

■ 生50gあたり

エネルギー	189kcal
たんぱく質	11.7g
脂質	17.2g
カルシウム	155mg
鉄	1.6mg
食物繊維	0.7g

がんもどき
雁擬・Ganmodoki

1個＝95〜125g

別名飛竜頭（ひりょうず）。豆腐を崩して水切りし、すったやまいも、きざんだ野菜、こんぶ、ごまなどを加えてねり、油で揚げたもの。油抜きしておでんや煮物などに用いる。

■ 100gあたり

エネルギー	223kcal
たんぱく質	15.3g
脂質	17.8g
カルシウム	270mg
鉄	3.6mg
食物繊維	1.4g

納豆類
Natto

1パック＝50g

糸引き納豆

糸引き納豆は、蒸し煮しただいずを納豆菌で発酵させたもので、糸を引くのでこの名がある。消化率は90％以上と高くなる。
ねばねばに含まれるナットウキナーゼという酵素には、血栓溶解作用があり、心筋梗塞や脳梗塞の予防に役立つ。

■ 糸引き納豆50gあたり

エネルギー	95kcal
たんぱく質	8.3g
脂質	5.0g
カルシウム	45mg
鉄	1.7mg
食物繊維	3.4g

納豆のいろいろ

塩辛納豆
普通の納豆が納豆菌（→p.167）を使うのに対し、塩辛納豆は麹菌でつくる。みそのような風味がありかなり塩辛い。お茶うけやつまみ、あえ物などに使う。静岡の浜納豆、中国の豆鼓（トウチー）などがある。

挽きわり納豆
材料のだいずを挽いた納豆

黒豆納豆
黒だいずを使った納豆

浜納豆

豆鼓

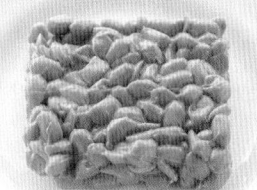
テンペ
インドネシア産のだいず発酵食品

ではなく、「ぷよぷよしたもの」という意味。つまり、豆腐とは「豆がぷよぷよしたもの」という意味。

穀類
いも・でん粉類
砂糖・甘味類
豆類
種実類
野菜類
果実類
きのこ類
藻類
魚介類

169

種実類
NUTS & SEEDS

1 種実類とは

種実類とは、植物の種子や堅果類の果実で、食用にするものをいう。果実類では果肉を食用とするが、種実類では種子の仁（胚や胚乳）を食用とする。炒ってそのまま食べたり、油をしぼったり、料理や菓子にも使われる。

種実類の分類

堅果類 （ほぼ乾燥した果実）	アーモンド、くり、カシューナッツ、くるみ、ぎんなん
種子類 （一部豆類を含む）	ひまわりの種、ごまなど

カシューナッツ
Cashew nuts
仁の部分を塩煎りにしてそのまま食用にするほか、中華風の炒め物やシチューにも用いる。

ひまわりの種
Sunflower seeds
ひまわりの種の種皮を取り除いた子葉部分を炒る。

くるみ（胡桃）
Walnuts
仁の部分をそのまま食用にするほか、あえ物や菓子材料などにも用いる。

2 栄養上の特徴

種実類は、脂質含量の多いものと、糖質含量の多いものとに分けられる。また、実は小さくてもミネラル・ビタミン・食物繊維なども豊富に含んでいる。

なお、らっかせいは本来豆類だが、脂質を多く含むため、種実類に分類されている。

栄養上の分類

脂質含量の多いもの	アーモンド、カシューナッツ、くるみ、ココナッツ、ごま、ピスタチオ、ひまわりの種、松の実など
糖質含量の多いもの	はすの実、しいの実、ぎんなん、くりなど

3 保存方法

アーモンド	粒状、薄切り、みじん切り、粉末などがあるが、形が小さいほど酸化しやすいので、密閉容器に入れ、冷凍保存するとよい。
ぎんなん	殻つきのままよく乾燥させ、缶などに入れて保存する。
くり	生のくりは虫がつきやすく、保存がむずかしいので、密封して冷凍保存するとよい。また、甘露煮などにしても保存力が高まる。
ごま	密封容器に入れ、乾燥したところに置く。煎りごまやすりごまは、なるべく早く使い切るようにする。

可食部100gあたりの栄養素（g）

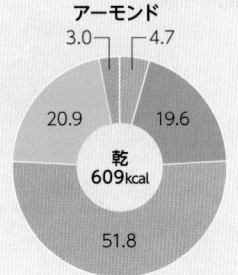

アーモンド
3.0　4.7
20.9　19.6
乾 609kcal
51.8

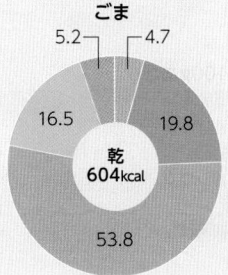

ごま
5.2　4.7
16.5　19.8
乾 604kcal
53.8

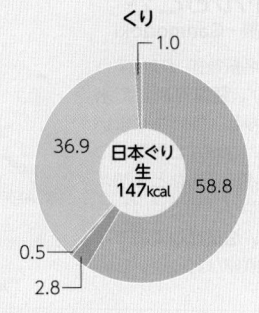

くり
1.0
36.9　58.8
日本ぐり 生 147kcal
0.5
2.8

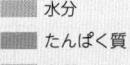

- 水分
- たんぱく質
- 脂質
- 炭水化物
- その他（灰分）

アーモンドは仁が食用となる

アーモンドはバラ科の落葉高木。桃の近縁種だが、果肉は薄く食用にならない。核の中の仁を食用とする。仁の風味によりビター（苦味）種とスイート（甘味）種に大別される。ビター種は食用とはせず、エッセンスとしてアーモンドオイルをつくる。スイート種はナッツとして食用とするほか、その香気と風味を利用して菓子の原料に用いられる。

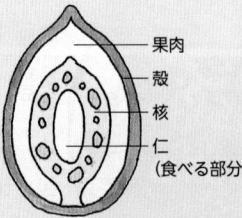

果肉
殻
核
仁
（食べる部分）

アーモンドの実の断面図

収穫風景

果実

核から取り出した仁

アーモンド
Almonds

10粒=14g

桃と近縁の植物。緑色の果実の薄い果肉部分が裂ける。ここから取り出した種子の核のうち仁の部分を食べる。スイート種（食用）とビター種（オイル、リキュール用）がある。おもな産地はアメリカカリフォルニアや地中海沿岸諸国。

■ 乾20gあたり

エネルギー	122kcal
たんぱく質	3.9g
脂質	10.4g
炭水化物	4.2g
ビタミンE	6.0mg
食物繊維	2.0g

ぎんなん
銀杏・Ginkgo nuts

1粒=2〜3g

いちょうの木の実。殻の中の黄緑色をした胚乳部を食べる。主成分は糖質で、カロテンやビタミンCなども多い。殻ごと煎ったり茶碗蒸しの具などに使われる。食べすぎると中毒をおこすことがある。

■ 生20gあたり

エネルギー	34kcal
たんぱく質	0.9g
脂質	0.3g
炭水化物	7.0g
ビタミンE	0.5mg
食物繊維	0.3g

くり
栗・Chestnuts

1粒=15〜20g

産地や品種により、粒の大きさなどは異なるが、ひとつのいがに3粒ほどの実が入っている。殻のまま焼いたりゆでたりするほか、殻と渋皮部分をとって料理に使う。糖質の甘味があり、ほくほくとした歯ざわりも楽しめる。

日本ぐり

■ 日本ぐり生20gあたり

エネルギー	29kcal
たんぱく質	0.6g
脂質	0.1g
炭水化物	7.4g
ビタミンE	0mg
食物繊維	0.8g

らっかせい
落花生・Peanuts

1カップ=120g

地中になる落花生

花が落ちたあと、地中で実がなるので、落花生という名がある。殻つき、塩味、バター風味の煎り豆やゆでたもの、ショートニングと合わせてペースト状にしたピーナッツバターなどに使われる。

ピーナッツバター

■ 乾20gあたり

エネルギー	114kcal
たんぱく質	5.0g
脂質	9.4g
炭水化物	3.9g
ビタミンE	2.2mg
食物繊維	1.5g

ごま
胡麻・Sesame seeds

大さじ1=9g
小さじ1=3g

白ごま

黒ごま

金ごま

ミネラルやビタミンE、不飽和脂肪酸のリノール酸を多く含んでいる。また、体内の活性酸素を除去する働きをもつ抗酸化物質ゴマリグナンの一種であるセサミンは、その抗酸化力で肝臓にもよいといわれている。

■ 乾20gあたり

エネルギー	121kcal
たんぱく質	4.0g
脂質	10.8g
炭水化物	3.3g
ビタミンE	0.0mg
食物繊維	2.2g

■ 100gあたりの成分比較

	カルシウム	鉄	ビタミンB1	ビタミンB2
アーモンド	250mg	3.6mg	0.20mg	1.06mg
ごま	1200mg	9.6mg	0.95mg	0.25mg
くり	23mg	0.8mg	0.21mg	0.07mg

穀類
いも・でん粉類
砂糖・甘味類
豆類
種実類
野菜類
果実類
きのこ類
藻類
魚介類

野菜類
VEGETABLES

露地栽培　　　　　水耕栽培　　　　　工場栽培

おもな野菜類の旬

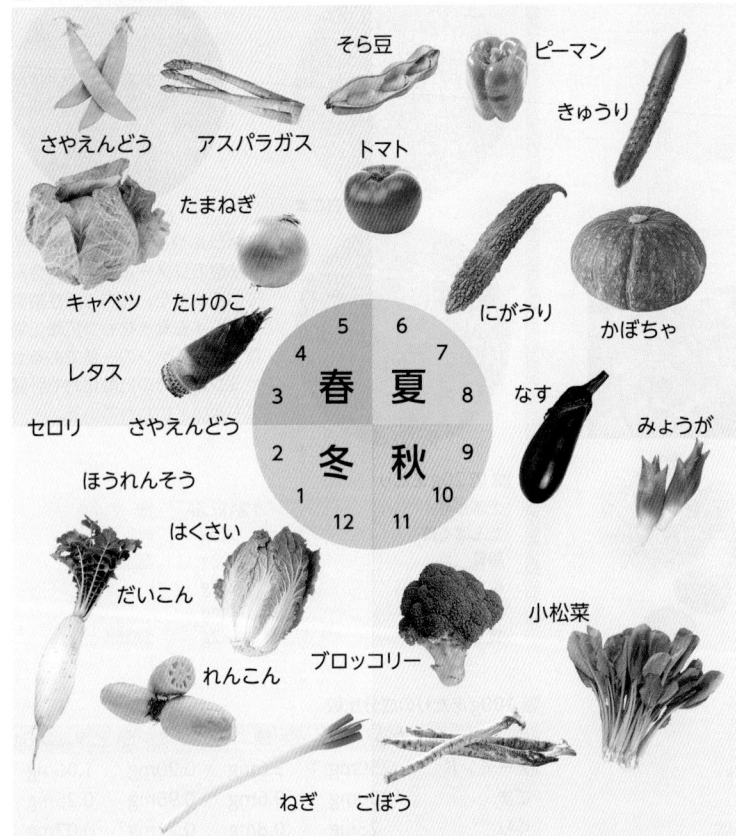

さやえんどう　アスパラガス　そら豆　ピーマン　きゅうり　トマト　たまねぎ　キャベツ　たけのこ　レタス　セロリ　さやえんどう　ほうれんそう　はくさい　だいこん　れんこん　ブロッコリー　小松菜　ねぎ　ごぼう　にがうり　かぼちゃ　なす　みょうが

春 夏 秋 冬
3 4 5 6 7 8 9 10 11 12 1 2

　野菜類は、豊かな色彩と特有の香りと食味をもち、栄養価に富んだ食品で、食卓を飾る食材としても、健康を維持していくためにも欠かせない。栽培法や品種の改良や流通の発達や輸入などにより、その種類は年々増加している。現在日本では約500種が流通し、約130種が栽培されている。最近では洋野菜だけではなく中国野菜の栽培も全国に広まり、新顔野菜が次々と食卓に上ってきている。また、同時に伝統野菜の見直しも行われるようになった。

　野菜は、利用の部位によって下記の通り分類される。なお下記の分類は、農林水産省の分類を参考にした。

野菜の利用部位と種類

果菜類

果実または種実を食用とする

オクラ
なす
ピーマン
きゅうり
トマト

根菜類

発育肥大した根を
食用とする

ごぼう
だいこん
にんじん
かぶ

葉茎菜類

花蕾（花のつぼみ）を食用とする（花菜類）

ブロッコリー
カリフラワー
みょうが
アーティチョーク
きく

葉を食用とする
（アブラナ科・キク科・セリ科に多い）

ほうれんそう
レタス
はくさい
キャベツ
こまつな
しゅんぎく

茎を食用とする（嫩茎〈若くてやわらかい
茎〉・地下茎を食用とするものを含む）

アスパラガス
ねぎ
セロリ
れんこん
たけのこ

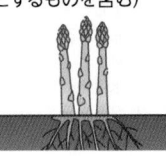

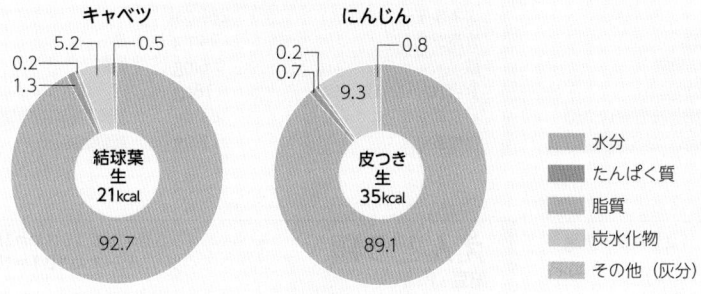

2 栄養上の特徴

一般に水分が多く、固形分が少ないため、低エネルギーであるが、ビタミンA、C、カリウム、鉄、カルシウムなどの供給源であると同時に、食物繊維を多く含み、整腸作用があるなど、体調維持には欠かせない食品である。

野菜に含まれるビタミンAは、カロテンといい、体内でビタミンAに変わるプロビタミンAである。この栄養素は、すでに体内でのビタミンAが十分ならばAに変化することはないので、過剰摂取の心配がないという特長がある。カロテンのなかでも代表的なβ-カロテンは色素の一種で、とくにあざやかな色の野菜や海藻などに多く含まれている。β-カロテン当量が100gあたり600μg以上含む野菜を緑黄色野菜（例外もある。p.174〜では 緑 を付けた）、それ以外を淡色野菜という。野菜の色とは必ずしも関係ない。

可食部100gあたりの栄養素 (g)

キャベツ
- 5.2
- 0.2
- 1.3
- 0.5
- 結球葉 生 21kcal
- 92.7

にんじん
- 0.2
- 0.7
- 9.3
- 0.8
- 皮つき 生 35kcal
- 89.1

凡例：
- 水分
- たんぱく質
- 脂質
- 炭水化物
- その他（灰分）

β-カロテン当量別おもな緑黄色野菜

2000μg以上	にんじん パセリ しゅんぎく ほうれんそう 西洋かぼちゃ にら こまつな チンゲンサイ
600〜1999μg	赤ピーマン ブロッコリー あさつき オクラ
600μg未満	ししとう 青ピーマン 赤色トマト

(→p.280)

淡色野菜（□）と緑黄色野菜（■）のβ-カロテン当量、ビタミンCの比較

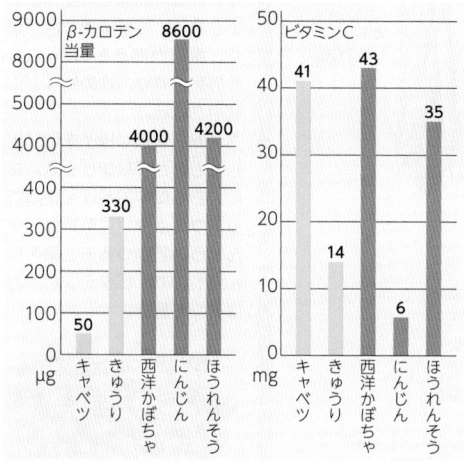

β-カロテン当量
- キャベツ 50
- きゅうり 330
- 西洋かぼちゃ 4000
- にんじん 8600
- ほうれんそう 4200

ビタミンC
- キャベツ 41
- きゅうり 14
- 西洋かぼちゃ 43
- にんじん 6
- ほうれんそう 35

野菜の色素とおもな働き

色	名称	野菜	おもな効用	効果的な摂取方法
赤	リコピン	赤色トマト	がん予防 動脈硬化予防 老化抑制	熱に強いので炒めてもよい。脂肪分との同時摂取によって吸収が向上する。
赤	カプサンチン	赤ピーマン 赤とうがらし		
橙	β-カロテン	にんじん かぼちゃ		
緑	クロロフィル	ほうれんそう パセリ	血液を増やす 抗菌・消臭	熱と酸の組み合わせに弱いので注意。
茶	フラボノイド	たまねぎ にんにく	高血圧予防 動脈硬化予防	
紫	アントシアニン	なす・しそ	視力低下予防・血管の保護	熱に強く水溶性なのでスープなどによい。

3 選び方・保存方法

選び方

だいこん	肌が白く、締まって重量感のあるものがよい。葉の切り口にすの入っていないものを選ぶ。
かぼちゃ	かたちが整っていて、色むらのないものがよい。大きさのわりに重量感があり、へたの茎が枯れているものが完熟品で、甘味が強い。果肉の色は、赤みが濃いほど甘く、ホクホクしている。
キャベツ	一般に球形で美しく、巻きのかたいものがよい。緑の濃い、新鮮な外葉のついているものほど、鮮度が高い。切ってあるものは、切り口が新しいものがよい。
きゅうり	張りがあってつやのよいものが新鮮。いぼがチクチクするものほど鮮度が高い。
にんじん	色が濃いものほどカロテンが豊富である。肌がなめらかでかたちがよいものがおいしい。首が黒ずんでいたり、緑がかったものは避ける。
なす	紫色が濃く、つやのよいものを選ぶ。へたについたとげがチクチクするくらいのものが新鮮。
トマト	全体に丸く、皮に張りがあり光沢のよいものを選ぶ。ひび割れや筋の入ったものは避ける。へたの部分がしっかりしたものがよい。
たまねぎ	締まりのよい球形のものを選ぶ。皮がよく乾いて、透き通るような茶色のものが良品。皮が浮いた感じのものは避ける。
ほうれんそう	みずみずしい緑色の葉が厚めでピンとしたものがよい。根元があざやかに赤く、茎が10〜15cm程度のものがやわらかく美味。小さめの株の方がおいしい。

保存方法

野菜は収穫後、日がたつにつれて鮮度が低下し水分も蒸発するので、ラップや新聞紙にきっちり包み、冷蔵庫の野菜ケースに入れ、なるべく早く使うようにする。長期間保存するときは、ゆでるなどの下ごしらえをして冷凍する。また、根や葉をつけておくと身の品質が落ちるので、切り離して保存する。たまねぎやにんにくは皮つきのまま乾燥させ、日陰につるすなどして乾燥状態を保つ。

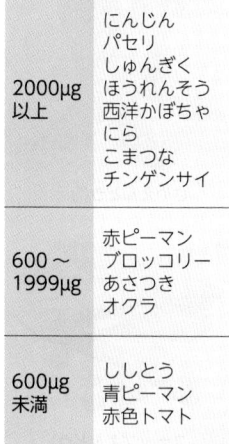

野菜類

VEGETABLES

■は緑黄色野菜
ビタミンAの値としてβ-カロテン当量を示したが、
充足率はレチノール活性当量から算出した。

[花菜類]

ブロッコリー 緑
Broccoli

1株=200g

つぼみと茎の部分を食べるキャベツの仲間。ビタミンやミネラルを豊富に含む。ゆでてサラダやあえ物、炒め物にする。地中海沿岸が原産で、日本へは明治初期に渡来し、1980年代に急速に普及した。

■ 可食部100gあたり

エネルギー	37kcal
カルシウム	50mg
鉄	1.3mg
β-カロテン当量	900μg
ビタミンC	140mg
食物繊維	5.1g

カリフラワー
Cauliflower

1株=500g

キャベツの仲間。クリーム色の花蕾（からい：つぼみの部分）を食べる。ミネラルのほか、ビタミン類も豊富。あくが強いのでゆでて用いるが、白くゆでるためには酢や小麦粉を入れる。

■ 可食部100gあたり

エネルギー	28kcal
カルシウム	24mg
鉄	0.6mg
β-カロテン当量	18μg
ビタミンC	81mg
食物繊維	2.9g

[野菜として食べる豆類]

さやいんげん 緑
英隠元・Kidney beans
[Immature pods]

1さや=5～10g

どじょう
いんげん

いんげんまめの若さやのこと。濃緑色で歯切れがよい。形が長く、大きさのわりにやわらかいどじょういんげんや、さやの幅が広いモロッコいんげんなどの品種がある。筋のあるものはとって色よく塩ゆでし、炒め物や煮物に利用する。

■ 可食部50gあたり

エネルギー	12kcal
カルシウム	24mg
鉄	0.4mg
β-カロテン当量	295μg
ビタミンC	4mg
食物繊維	1.2g

えだまめ
枝豆・Edamame

1さや=2～3g

だいずの若い豆。夏に出回るが、最近は冷凍ものも多く、1年中手に入る。塩ゆでが一般的。たんぱく質に富み、ビタミンのほかカルシウムや鉄分といったミネラルも多く含む。

■ 可食部50gあたり

エネルギー	60kcal
カルシウム	29mg
鉄	1.4mg
β-カロテン当量	130μg
ビタミンC	14mg
食物繊維	2.5g

えんどう類
豌豆・Pea
[Immature pods]

さやえんどう5さや=15g
グリンピース大さじ1=10g

さやえんどう 緑

小型のさやえんどうや大型のスナップえんどうなどがあり、おもに筋なしの品種が用いられる。豆が未熟で色が濃く、張りがあるものがよい。汁の実、煮物、炒め物などに利用される。
さやから未熟な種子を取り出したものがグリンピース。また、おもに中国料理に使われるトウミョウ（豆苗）は、えんどうの若いつる先と葉を摘んだもので、ビタミンCやカロテンが豊富。

スナップえんどう

グリンピース

トウミョウ 緑

トウミョウ（芽ばえ）

■ さやえんどう 可食部50gあたり

エネルギー	19kcal
カルシウム	18mg
鉄	0.5mg
β-カロテン当量	280μg
ビタミンC	30mg
食物繊維	1.5g

[根菜類]

だいこん類
大根・Daikon, Japanese radishes

根中1本＝800g
葉1本分＝150g

根はほとんどが水分だが、ビタミンCやでんぷんの分解酵素アミラーゼを含んでおり、消化活動を助ける。葉には鉄、カルシウム、ビタミンB₁、B₂、Cが多く、リシンを含むたんぱく質も含まれている。

生のままおろして食べたり、ふろふき大根などの煮物にする。**たくあんやべったら漬**などの漬物にもなる。ゆでるときは米のとぎ汁を使うと苦味がとれ白くゆであがる。

だいこん

たくあん漬

はつかだいこん（ラディッシュ）
かたちはかぶに似ているが、種をまいたあと25日ほどで収穫するヨーロッパだいこん。生でサラダなどに使われる。

かいわれ大根 緑
水耕栽培され、双葉が開いたころにつむ。マグネシウム、亜鉛などの微量ミネラルを含んでいる。

切干しだいこん
大根を天日乾燥させたもの。生のものに比べ甘味が強く、独特の香りがある。成分としては、糖質、カルシウム、鉄分、食物繊維が多く含まれている。

■ 可食部100gあたり

	根	葉 緑
エネルギー	15kcal	23kcal
カルシウム	24mg	260mg
鉄	0.2mg	3.1mg
β-カロテン当量	0µg	3900µg
ビタミンC	12mg	53mg
食物繊維	1.4g	4.0g

かぶ
蕪・Turnip

根1個＝80g
葉1株分＝40g

根の部分にはビタミンCが多く、でんぷん分解酵素であるアミラーゼも含まれている。葉は、ビタミンCのほかにカロテン、カルシウム、鉄も多く含む。煮物や漬物などに利用される。

■ 可食部100gあたり

	根	葉 緑
エネルギー	18kcal	20kcal
カルシウム	24mg	250mg
鉄	0.3mg	2.1mg
β-カロテン当量	0µg	2800µg
ビタミンC	19mg	82mg
食物繊維	1.5g	2.9g

ごぼう
牛蒡・Edible burdock

1本＝180g

日本以外ではほとんど食用にされない根菜。食物繊維を多く含み、整腸作用がある。強い歯ごたえと特有の風味をもち、あくも強い。

■ 可食部100gあたり

エネルギー	58kcal	
カルシウム	46mg	
ビタミンC	3mg	
食物繊維	5.7g	

にんじん 緑
人参・Carrots

中1本＝200～250g

15～20cmくらいの西洋種と細長い東洋種があり、とりわけ赤色があざやかなのは「京にんじん」。年間を通じて出回っているのは、西洋種。ビタミンAとなるカロテンの語源は、キャロットであることからもわかるようにカロテンがきわめて多い。これは脂溶性のため、生食より油で調理した方が効率よく摂取できる。

西洋種

ミニキャロット 緑
長さが10cm足らずのサラダ用。

きんとき 緑
京にんじんともいう。この種の鮮紅色はカロテンではなくトマトと同じリコピン。

■ 可食部100gあたり

エネルギー	35kcal	
β-カロテン当量	8600µg	
ビタミンC	6mg	
食物繊維	2.8g	

野菜類

菜が不足する冬の時期に、かぼちゃでビタミンを補給して体調を整えようとした先人の知恵を伝える言葉なんだ。

野菜類
VEGETABLES

［果菜類］

赤色トマト 緑
Tomatoes

中1個＝100〜150g

南米ペルー、エクアドルが原産地。酸味の主成分はクエン酸で、ヨーロッパではこのうま味を利用してトマトソースなどの調味料に使う。果実の橙黄色はβ-カロテン、赤色はリコピンという色素。

桃太郎

赤色ミニトマト 緑
Cherry tomatoes

1個＝15g

プチトマト、チェリートマトともいわれる。出荷量が最近増えている。一般的に小型種の方が大玉や中玉より糖度が高く、果皮はかため。

可食部100gあたり

	赤色トマト	赤色ミニトマト
エネルギー	20kcal	30kcal
カルシウム	7mg	12mg
鉄	0.2mg	0.4mg
β-カロテン当量	540μg	960μg
ビタミンC	15mg	32mg
食物繊維	1.0g	1.4g

京都の伝統野菜

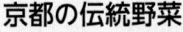

聖護院だいこん
甘くて苦味が少なく、煮くずれしにくい。

水菜 緑
京菜ともいう。食物繊維とビタミンC、Eを多く含む。

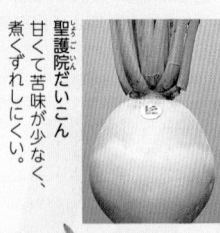

くわい
ほっくりして甘味と苦味がある。おせち料理に使う。

鹿ケ谷かぼちゃ
鹿ケ谷村産。肉質は緻密で煮物に向く。

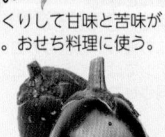

賀茂なす
直径12〜15cmで日本のなすではもっとも大きい。

なす類
茄子・Eggplant

1個＝100g

インド原産。ハウス栽培で1年を通して出回る。皮の青紫色はアントシアニン系色素。あくが強く、色が変わりやすいので、切ったらすぐに水に放す。油との相性がよく、炒め物や揚げ物などに向く。

長なす　　べいなす

可食部100gあたり

エネルギー	18kcal
カルシウム	18mg
鉄	0.3mg
β-カロテン当量	100μg
ビタミンC	4mg
食物繊維	2.2g

ピーマン類
Sweet peppers

青ピーマン1個＝30〜40g

とうがらしの一変種。完熟しないうちに食べる緑色の青ピーマンが主流だが、完熟の赤ピーマン、黄ピーマンはパプリカとも呼ばれ、肉厚で甘味があり、特有の匂いがないので、サラダなどの生食にも向く。カロテンが豊富で油との相性もよいので、炒め物にも使われる。

可食部100gあたり

	青ピーマン 緑	赤ピーマン 緑	黄ピーマン
エネルギー	20kcal	28kcal	28kcal
カルシウム	11mg	7mg	8mg
鉄	0.4mg	0.4mg	0.3mg
β-カロテン当量	400μg	1100μg	200μg
ビタミンC	76mg	170mg	150mg
食物繊維	2.3g	1.6g	1.3g

ししとう 緑
獅子唐・Sweet peppers

1個＝5〜10g

青果用とうがらしのうち、小型のものをいう。辛味が少なく、野菜として種ごと利用される。カロテンの吸収がよくなるので、油で揚げたり炒めたりする。揚げるときは破裂しないように切れ目を入れるとよい。

可食部50gあたり

エネルギー	12kcal
カルシウム	6mg
鉄	0.3mg
β-カロテン当量	265μg
ビタミンC	29mg
食物繊維	1.8g

オクラ 緑
Okra

1個＝5〜10g

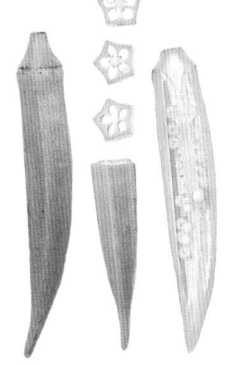

果実の断面が五角形で濃緑色のものが多い。糖質のほか、カルシウム、鉄、カロテン、ビタミンCなどを多く含む。きざむとぬめりが出て糸をひくが、このぬめりはペクチンやガラクタンなどの粘質性の多糖類で、整腸作用やコレステロールを減らす作用がある。

■ 可食部50gあたり

エネルギー	13kcal	
カルシウム	46mg	
鉄	0.3mg	
β-カロテン当量	335μg	
ビタミンC	6mg	
食物繊維	2.5g	

かぼちゃ類 緑
南瓜・Pumpkin

1個＝1〜1.5kg

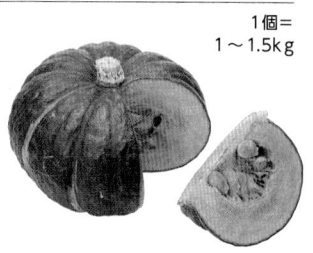

西洋かぼちゃ

日本かぼちゃ

ウリ科に属す。日本かぼちゃと明治以降に導入され現在主流となっている西洋かぼちゃがある。栄養価は西洋かぼちゃの方が高い。主成分は糖質だが、ビタミン類も豊富な緑黄色野菜である。

■ 西洋かぼちゃ　可食部100gあたり

エネルギー	78kcal	
カルシウム	15mg	
鉄	0.5mg	
β-カロテン当量	4000μg	
ビタミンC	43mg	
食物繊維	3.5g	

きゅうり
胡瓜・Cucumber

1本＝80〜100g

ピクルス

95％が水分。低カロリーで栄養成分にみるべきものは少ないが、歯ざわりや香味、色など、食欲を増進させる要素は多い。ピクルス用には、ピックル型という小型で歯切れのよいものが好まれる。

■ 可食部100gあたり

エネルギー	13kcal	
カルシウム	26mg	
鉄	0.3mg	
β-カロテン当量	330μg	
ビタミンC	14mg	
食物繊維	1.1g	

ズッキーニ
Zucchini

1本＝200g

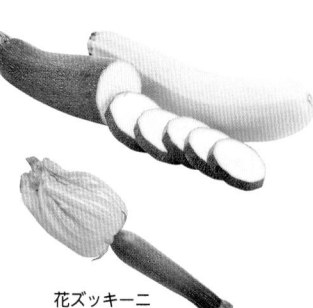

花ズッキーニ

見かけと味はきゅうりに似ているが、開花後5〜7日のかぼちゃの若い果実部。サラダ、ピクルスなどの生食のほか、グラタン、炒め物、煮込みなどに用いる。花びらの部分にひき肉などを詰めた揚げ物も、ヨーロッパではポピュラーな料理。

■ 可食部100gあたり

エネルギー	16kcal	
カルシウム	24mg	
鉄	0.5mg	
β-カロテン当量	320μg	
ビタミンC	20mg	
食物繊維	1.3g	

ウリの仲間

ウリ科の代表はきゅうりやかぼちゃだが、このほかにも多くの野菜がある。メロンやすいかも同じウリ科の果実。

とうがん（冬瓜）
果肉が厚くて多汁。重さが2kgから20kgにもなる。果肉をくりぬき、スープと具を入れて蒸す中国料理は有名。

にがうり（苦瓜・ゴーヤ）
ビタミンCの含有量がきわめて多い。未熟な果実の種子部を取り除き、薄切りにして炒め物にする。沖縄のゴーヤチャンプルが有名。

白うり
歯切れがよく、奈良漬など漬物の材料。

かんぴょう

ゆうがお（夕顔）
未熟な果実をそのまま食すこともあるが、細長くむいて乾燥させ、かんぴょうに加工する。食物繊維やカルシウムなどを多く含むかんぴょうは、塩もみして洗い、水か湯で戻したのち、すしの具や昆布巻きに使う。

野菜類

野菜類
VEGETABLES

[葉茎菜類]

たまねぎ
玉葱・Onions

中1個＝200g

糖質を多く含み、ビタミンC
に富む。独特の刺激臭の元で
ある硫化アリルや硫化プロピ
ルがビタミンB1の吸収を助
ける働きをもつ。直径4cm
ほどのペコロス、甘味が強く
やわらかいサラダ向きのアリ
ーレッド（赤たまねぎ）など
の品種もある。

ペコロス

赤たまねぎ
（アリーレッド）

可食部100gあたり

	たまねぎ	赤たまねぎ
エネルギー	33kcal	34kcal
カルシウム	17mg	19mg
鉄	0.3mg	0.3mg
β-カロテン当量	1μg	0μg
ビタミンC	7mg	7mg
食物繊維	1.5g	1.7g

ねぎ
葱・Welsh onions

根深ねぎ1本＝100～150g
葉ねぎ1本＝50～60g

関東に多い根深ねぎ（白ねぎ）
と関西に多い葉ねぎ（青ねぎ）
がある。葉ねぎには、京都の
九条ねぎなどがある。刺激臭
と辛味をもつ硫化アリルが消
化液を分泌して食欲を増し、
体を温める。また、肉や魚の
くさみを消すため、薬味とし
ても利用される。

根深ねぎ

下仁田ねぎ
肉質がやわらかく風味のよい
ことで知られる根深ねぎ。

葉ねぎ緑

可食部100gあたり

	根深ねぎ	葉ねぎ
エネルギー	35kcal	29kcal
カルシウム	36mg	80mg
鉄	0.3mg	1.0mg
β-カロテン当量	83μg	1500μg
ビタミンC	14mg	32mg
食物繊維	2.5g	3.2g

にら
韮・Chinese chives

1わ＝100g

ねぎ類で、独特の匂いが
ある。β-カロテンが豊
富なグリーンのもののほ
か、日光を当てずに栽培
した黄にらがあり、中華
料理などで用いられる。

黄にら

可食部100gあたり

	にら緑	黄にら
エネルギー	18kcal	18kcal
カルシウム	48mg	15mg
鉄	0.7mg	0.7mg
β-カロテン当量	3500μg	59μg
ビタミンC	19mg	15mg
食物繊維	2.7g	2.0g

にんにく
大蒜，葫・Garlics

りん茎部分 1個＝50～60g
1かけ＝10g　茎部分 1わ＝50g

球状に肥大した地中のりん茎部
分を、香辛料として使う。独特
の香りと辛味をもつ。茎部分は
茎にんにく（にんにくの芽）と
呼ばれ、炒め物に利用する。

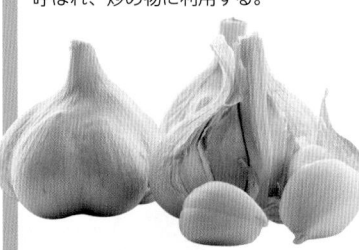

茎にんにく緑

可食部50gあたり

	りん茎	茎にんにく
エネルギー	65kcal	22kcal
カルシウム	7mg	23mg
鉄	0.4mg	0.3mg
β-カロテン当量	1μg	355μg
ビタミンC	6mg	23mg
食物繊維	3.1g	1.9g

セロリ
Celery

1本＝100〜150g

セリ科の仲間で、特有の芳香があり、人気がある。また、たまねぎやにんじんとともに、洋風スープのだしをとるときの香味野菜として使う。

■ 可食部100gあたり

エネルギー	12kcal	
カルシウム	39mg	
鉄	0.2mg	
β-カロテン当量	44μg	
ビタミンC	7mg	
食物繊維	1.5g	

みつば類
三葉・Mitsuba

5本＝10g

セリ科の香味野菜。1本の葉柄に3枚の葉がつくので、この名がある。関東では切りみつば、関西では根付きの根みつばが一般的である。糸みつば（青みつば）は、水耕栽培により年間を通じて出回っている。

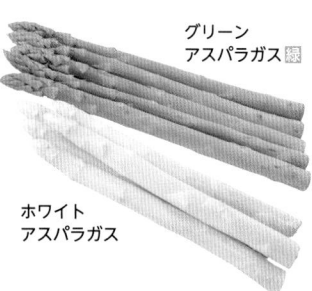

切りみつば

根みつば

■ 可食部50gあたり

	切りみつば	根みつば
エネルギー	8kcal	10kcal
カルシウム	13mg	26mg
鉄	0.2mg	0.9mg
β-カロテン当量	365μg	850μg
ビタミンC	4mg	11mg
食物繊維	1.3g	1.5g

アスパラガス
Asparagus

1本＝20〜25g

かつては光を当てずに土中で栽培するホワイトアスパラガスが多かったが、現在はグリーンアスパラガスが主流。サラダや炒め物に使われる。グリーンの方が、カリウムなどのミネラルやビタミン類を多く含む。

グリーンアスパラガス

ホワイトアスパラガス

■ グリーンアスパラガス　可食部100gあたり

エネルギー	21kcal	
カルシウム	19mg	
鉄	0.7mg	
β-カロテン当量	380μg	
ビタミンC	15mg	
食物繊維	1.8g	

たけのこ
筍・Bamboo shoots

生大1本＝1〜2kg
ゆで中1本＝300g

竹の幼茎。たんぱく質や食物繊維を多く含む。根曲がり竹はめんま（しなちく）の材料になる。生の場合は皮をむき、米ぬかを加えてゆで、あく抜きする。

ゆでたけのこ

■ 生100gあたり

エネルギー	27kcal	
カルシウム	16mg	
鉄	0.4mg	
β-カロテン当量	11μg	
ビタミンC	10mg	
食物繊維	2.8g	

れんこん
蓮根・East Indian lotus root

1節＝200g

はすの地下茎がれんこん。糖質、食物繊維、ビタミンCを多く含む。煮物や揚げ物、すしの具などに使われるほか、福神漬の材料にもなっている。

■ 可食部100gあたり

エネルギー	66kcal	
カルシウム	20mg	
鉄	0.5mg	
β-カロテン当量	3μg	
ビタミンC	48mg	
食物繊維	2.0g	

もやし類
萌やし・Bean sprouts

1袋＝200〜300g

だいずもやしは、だいずを暗所に10日ほど置いて発芽させたもの。豆の種類により外見も味も異なる。炒め物、ナムル（韓国風漬物）などに使われる。

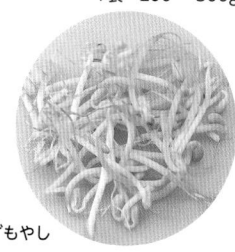

だいずもやし

■ だいずもやし　可食部50gあたり

エネルギー	15kcal	
カルシウム	12mg	
鉄	0.3mg	
β-カロテン当量	(Tr)	
ビタミンC	3mg	
食物繊維	1.2g	

まねぎで泣きたくないときは、水につけながら切るとアリシンが水に溶けて気化しなくなる。また、あらかじめ冷蔵庫で数時間冷やしておくのも良い。

野菜類

VEGETABLES

キャベツ
Cabbages

中1個=700g〜1kg
1枚=60g

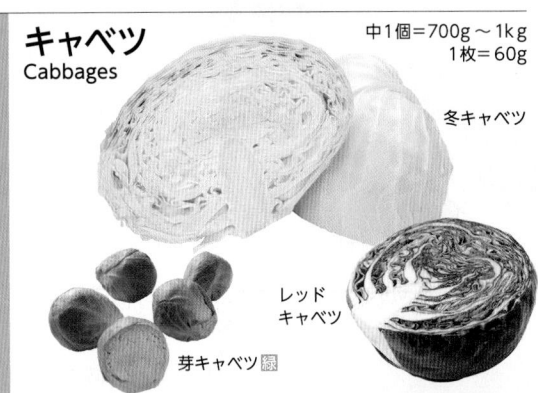

冬キャベツ

レッドキャベツ

芽キャベツ緑

別名甘藍（かんらん）。しょ糖、ぶどう糖による甘味がある。成分としてはビタミンCが多く、胃腸障害に有効といわれているビタミンU（キャベジン）も含んでいる。ピクルスやサラダに使われるレッドキャベツの色はアントシアニン系色素による。芽キャベツは、長く伸びた主茎に結球したもので、味が濃厚。丸のままシチューなどに煮込んだり、炒め物にしたりする。

長さ60〜90cmの茎に50〜60個の芽キャベツがつく。

可食部100gあたり

エネルギー	21kcal	
カルシウム	43mg	
鉄	0.3mg	
β-カロテン当量	50μg	
ビタミンC	41mg	
食物繊維	1.8g	

はくさい
白菜・Chinese cabbage

中1株=1〜1.5kg
1枚=100g

栄養価はキャベツに似ており、ビタミンCが比較的多い。やわらかで繊維が少なく、塩漬け、ぬか漬け、キムチなどの漬物のほか、鍋物、煮物にも利用される。

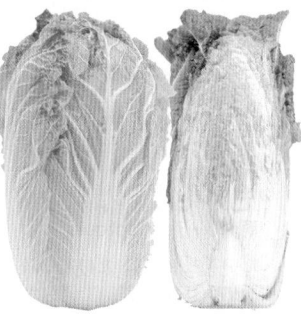

タアサイ緑
中国原産で小白菜の変種。ひしゃげた菜っぱという意味。濃緑色で表面にちぢみのある葉がつく。カロテン、ビタミンCが豊富。炒め物、あえ物、漬物などの用途がある。

可食部100gあたり

エネルギー	13kcal	
カルシウム	43mg	
鉄	0.3mg	
β-カロテン当量	99μg	
ビタミンC	19mg	
食物繊維	1.3g	

レタス
Lettuces

中1個=200g

通常レタスと呼ばれているのはシャキシャキした歯ごたえのクリスプ型。生食することが多いが、湯びきしてスープの具などに使うこともある。リンゴ酸やクエン酸も含んでいるので、さわやかな味わいがある。緑が濃くやわらかい葉のレタスはバター型で、通常サラダなと呼ばれる。クリスプ型よりビタミン類が豊富。

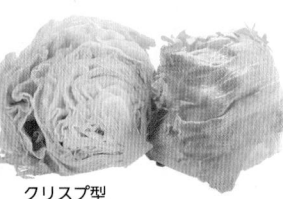

クリスプ型

バター型（サラダな）

可食部100gあたり

	レタス（土耕栽培）	サラダな緑
エネルギー	11kcal	10kcal
カルシウム	19mg	56mg
鉄	0.3mg	2.4mg
β-カロテン当量	240μg	2200μg
ビタミンC	5mg	14mg
食物繊維	1.1g	1.8g

エンダイブ緑
Endive

1個=200g

フランスではシコレと呼ばれる。カルシウム、カロテンなどが豊富。しゅんぎくと同じキク科で、葉に少し苦味があるが、サラダにして生食すると歯ごたえがよい。

可食部100gあたり

エネルギー	14kcal	
カルシウム	51mg	
鉄	0.6mg	
β-カロテン当量	1700μg	
ビタミンC	7mg	
食物繊維	2.2g	

レタスの仲間

葉が緩く波打ち球形に育つレタスのほか、葉の状態のリーフレタスや茎から葉を掻き取ったレタスもある。リーフレタスは、葉の色や形などは品種によりさまざま。そのなかで、葉先が赤紫色のものをサニーレタスという。茎から葉を掻き取るレタスでは、焼肉を巻いて食べるサンチュがある。

サニーレタス緑

サンチュ緑

しゅんぎく 緑

春菊・Garland chrysanthemum

1わ=200g

葉肉が厚くてやわらかく、独特の香りがある。カロテン、ビタミンCのほかカルシウム、リン、鉄やカリウムも多く含まれている。おひたしやあえ物、鍋物など用途は広い。

可食部100gあたり

エネルギー	20kcal
カルシウム	120mg
鉄	1.7mg
β-カロテン当量	4500μg
ビタミンC	19mg
食物繊維	3.2g

こまつな 緑

小松菜・Komatsuna

1わ=300g

ビタミン類、とくにカロテンの含有量が多い。カルシウムや鉄も多く含む。ほうれんそうと比べてあくは少ない。みそ汁の具や漬物、あえ物や炒め物に使われる。

可食部100gあたり

エネルギー	13kcal
カルシウム	170mg
鉄	2.8mg
β-カロテン当量	3100μg
ビタミンC	39mg
食物繊維	1.9g

ほうれんそう 緑

菠薐草・Spinach

1わ=200g

カロテン、ビタミンCなどが豊富。無機質も多く含まれるが、カルシウムは、あくの主成分であるシュウ酸と結びついており吸収がよくない。シュウ酸は、下ゆでして除く。おひたしやあえ物、炒め物などに利用される。

東洋種

西洋種

可食部100gあたり

	夏採り	冬採り
エネルギー	18kcal	18kcal
カルシウム	49mg	49mg
鉄	2.0mg	2.0mg
β-カロテン当量	4200μg	4200μg
ビタミンC	20mg	60mg
食物繊維	2.8g	2.8g

モロヘイヤ 緑

Tossa jute

1本=5g

エジプトを中心とする地域で広く利用されてきた。カロテン、ビタミンB₂が豊富でカルシウムや鉄も多く含んでいる。葉をきざむとオクラのようなぬめりが出る。若い枝や葉を炒め物やあえ物、汁の実などに利用する。

可食部100gあたり

エネルギー	36kcal
カルシウム	260mg
鉄	1.0mg
β-カロテン当量	10000μg
ビタミンC	65mg
食物繊維	5.9g

チンゲンサイ 緑

青梗菜・Qing gin cai

1株=100〜200g

代表的な中国野菜。煮くずれしにくく歯切れがよい上、味にもくせがない。カロテン、ビタミンC、カルシウムを多く含む。油で炒めるとあざやかな緑色になる。炒め物やクリーム煮など用途は広い。

可食部100gあたり

エネルギー	9kcal
カルシウム	100mg
鉄	1.1mg
β-カロテン当量	2000μg
ビタミンC	24mg
食物繊維	1.2g

ザーサイってなに?

中国料理でよく利用されるザーサイ（搾菜）は、四川省特産のからし菜（芥菜）の一種で、その肥大した茎を漬物にする。塩漬けしたあと、加圧して水抜きし、塩、焼酎、とうがらしなどの香辛料を加えてかめに漬け込み、熟成させる。

漬け込み風景

生のザーサイ

ザーサイの漬物

野菜類

野菜類

VEGETABLES

[薬味野菜]

あさつき 緑
浅葱・Asatsuki

別名えぞねぎ、糸ねぎ。ねぎ類でもっとも細い。カロテン、ビタミンC、カルシウムが多い。薬味、酢みそあえなどにする。

■ 可食部50gあたり

エネルギー	17kcal	
カルシウム	10mg	
β-カロテン当量	375μg	
ビタミンC	13mg	

わけぎ 緑
分葱・Turfed stone leeks

花が咲かず株分かれして繁殖する。関東では別種の博多万能ねぎがわけぎとして売られることもある。葉が細く、やわらかい。カロテン、ビタミンCを多く含む。ゆでてあえ物にしたり、汁の実にする。

■ 可食部50gあたり

エネルギー	15kcal	
カルシウム	30mg	
β-カロテン当量	1350μg	
ビタミンC	19mg	

しそ 緑
紫蘇・Perilla

葉が緑でもっとも香りが強い青じそ（大葉）と、紅紫色で梅干しや紅しょうがなどの着色に利用される赤じそがある。カロテンのほか、ビタミンCも多く含んでいる。ふりかけのゆかりは、赤じその乾燥粉末。若芽、つぼみ、実は、それぞれ刺身のつまなどに利用される。

青じそ　　赤じそ

花じそ　　　　　穂じそ

■ 可食部5gあたり

エネルギー	2kcal	
カルシウム	12mg	
β-カロテン当量	550μg	
ビタミンC	1mg	

パセリ 緑
Parsley

1本=8〜10g

セリ科に属する。別名オランダぜり。カロテン、ビタミンCのほか、カルシウムや鉄分などのミネラルも多く含む。特有の香りとあざやかな青みの香味野菜。

■ 可食部5gあたり

エネルギー	2kcal	
カルシウム	15mg	
β-カロテン当量	370μg	
ビタミンC	6mg	

しょうが
生姜・Gingers

根しょうが親指大=10〜15g

食べるのは地下にある茎の部分で、葉がついた段階で収穫するのが葉しょうが。すりおろしたり、きざんで魚や肉のくさみ消しに使うほか、甘酢漬けにもする。また、飲料や菓子にも利用される。

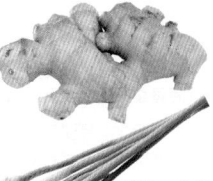

葉しょうが

わさび
山葵・Wasabi

1本=60g

おもに根の部分を香辛料として利用する。辛味の成分はアリルイソチオシアネート（アリルカラシ油）。すりおろすと酵素の働きで辛味が生じる。花や葉の部分もおひたしやあえ物にする。

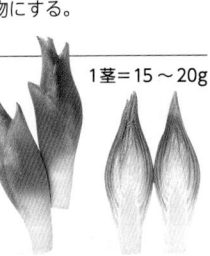

みょうが
茗荷・Myoga

1茎=15〜20g

若茎をみょうがたけ、花蕾をみょうが（みょうがの子）という。さわやかな香りと独特の風味をもち、薬味などに利用される。

山菜のいろいろ

ふき・ふきのとう
（蕗・蕗の薹）
太い葉の柄、葉とふきのとうと呼ばれるつぼみを食べる。葉柄は炊き合わせ、きゃらぶき、つくだ煮に利用する。カリウムや食物繊維が含まれる。ふきのとうは、独特の香りと苦味があり、あえ物やおひたし、てんぷらなどに利用する。カロテンを豊富に含んでいる。

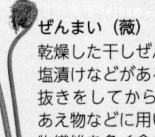

たらの芽 緑
4〜5月にとれる。特有の香りとこくのある甘味をもち、てんぷら、おひたし、あえ物、汁の実などに利用する。

わらび（蕨）
山菜の代表格。独特のほろ苦さと歯触りがある。十分にあく抜きしてから使う。

ぜんまい（薇）
乾燥した干しぜんまいや塩漬けなどがある。あく抜きをしてから、煮物、あえ物などに用いる。食物繊維を多く含む。

[西洋野菜]

ビーツ
Table beet

ロシア料理のボルシチには欠かせない。紅色色素ベタシアニンが溶け出し、独特の赤みがつく。

ルッコラ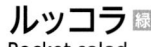
Rocket salad

ロケットサラダともいう。葉をもむとごまの風味がある。ピリッとした辛味もあり、サラダに使われる。ビタミンC、Eを多く含む。

アーティチョーク
Artichoke

朝鮮あざみのつぼみ。サラダにして食べるときは、がくを一枚ずつはがし、重なり合った付け根は歯でしごくように食べる。煮物、炒め物、スープなどにも利用される。塩とレモン汁(酢)を入れた湯で30分ほどゆでてあく抜きをする。

クレソン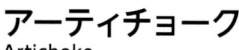
Watercress

別名みずがらし。葉や茎に辛味がある。生のまま、肉料理のつけあわせやサラダ、ゆでておひたし、ごまあえなどにする。

チコリ
Chicory

根株を掘り出し、日光をさえぎって栽培した白い若芽を食べる。カルシウムが多く含まれている。サラダにすると独特のほろ苦さがある。炒め物や煮物などに利用してもよい。

ルバーブ
Rhubarb

タデ科。強い酸味と香りをもつ赤みを帯びた葉柄部分を食べる。砂糖漬けやジャムにして利用することも多い。

トレビス
Red chicory

チコリの一種。サラダなどに利用される。肉質はやわらかく、特有の苦味をもつ。球形のものがトレビス、チコリ型のものがヴェローナと呼ばれるが、いずれもイタリアの産地名による。

アロエ
Aloe

葉が大きくて厚みがあるアロエベラが広く利用される。表皮を取り除き、ゼリー状の葉肉を食べる。

リーキ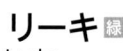
Leeks

ポロねぎ。白い部分は煮こむとやわらかく甘味が出る。フランス料理のポトフなどに欠かせない。

ロマネスコ
Celeriac

味はブロッコリー、食感はカリフラワーに近い。花蕾群の配列がフラクタル構造で、先が尖った螺旋状の模様を描く。

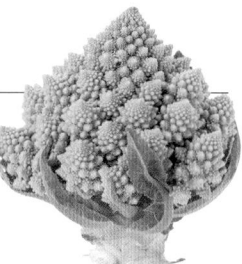

果実類

FRUITS

茎の先端に実をつけるパインアップル

1 果実類とは

果実類は、特有の芳香、色、みずみずしさ、さわやかな甘味と酸味をもつ季節感あふれる食品である。生食することが多いが、ドライフルーツ、ジャム、ゼリー、果実酒などにも加工される。果実類は、その特徴によって以下のように分類される。

■ 果実の分類

仁果類	子房壁が発達して果実になったもの	りんご、なし、びわなど
準仁果類	子房の外果皮中に、中果皮が発達したもの	かんきつ類、かきなど
核果類	子房の内果皮がかたい核になり、その中に種子があるもの	もも、うめ、あんず、さくらんぼなど
漿果類 (液果類)	1果が1子房からできている	ぶどう、バナナ、パインアップルなど
果菜類	草本の果実	メロン、いちご、すいかなど

■ おもな果実類の旬

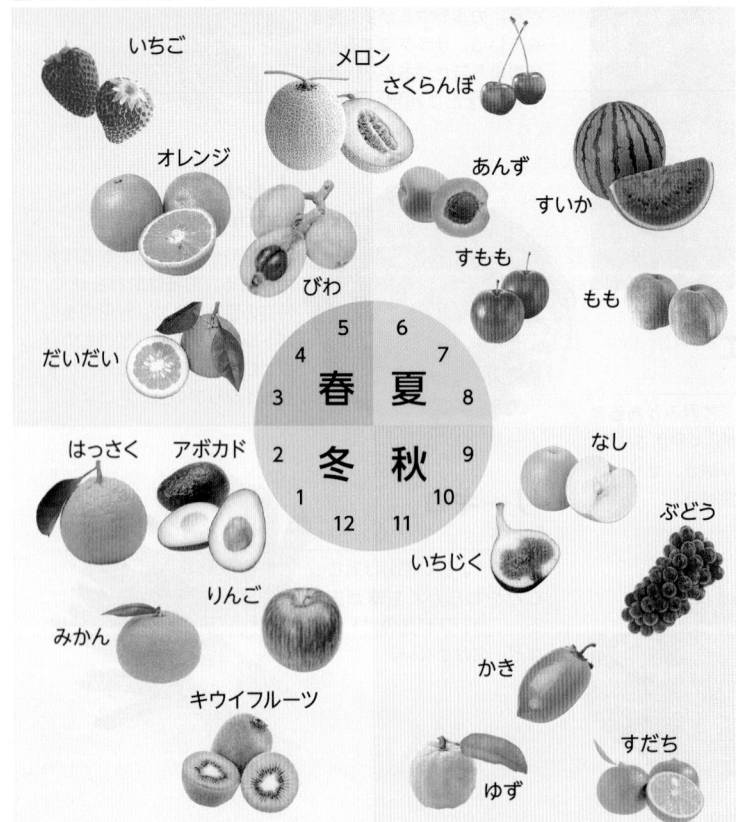

いちご　メロン　さくらんぼ
オレンジ　あんず　すいか
すもも　もも
だいだい　びわ

5　6
4　　7
3　春 夏　8
2　冬 秋　9
1　　10
12　11

はっさく　アボカド　なし
ぶどう
りんご　いちじく
みかん　かき
キウイフルーツ　すだち
ゆず

■ 果実の部位の名称

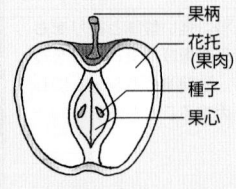

[仁果類] りんご

果柄
花托(果肉)
種子
果心

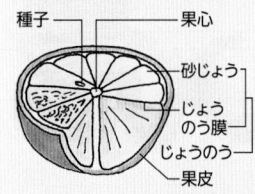

[準仁果類] みかん

種子　果心
砂じょう
じょうのう膜
じょうのう
果皮

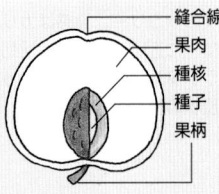

[核果類] もも

縫合線
果肉
種核
種子
果柄

184

2 栄養上の特徴

生食することが多いので、ビタミンCの供給源となっている。主成分は水分で80〜90％を占め、次いで糖質が多い。あんず、かき、びわなどのようにカロテンを多く含むものもある。ビタミン以外では、ミネラルのカリウムに富んでいる。また、果実に含まれるペクチン、セルロースは食物繊維として重要な働きをし、すいかに含まれる果糖は、腎臓病に特効があるといわれている。パインアップル、パパイアのようにたんぱく質を分解する酵素をもつ果実もある。

■ 可食部100gあたりの栄養素 (g)

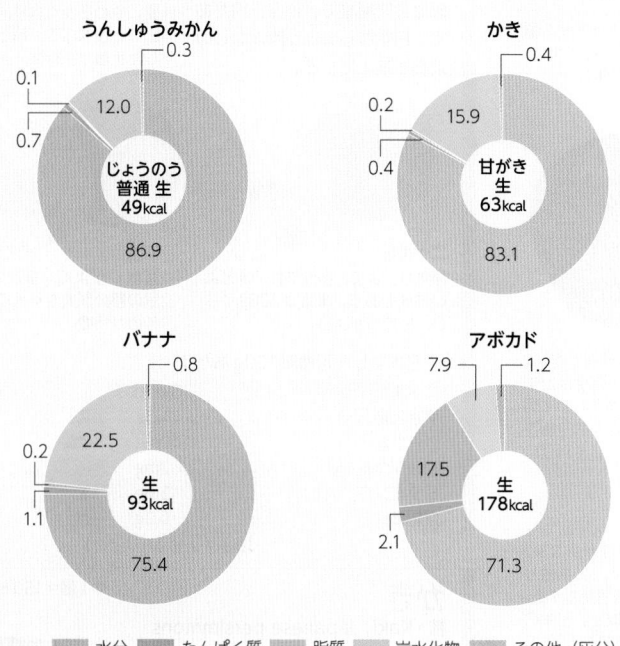

うんしゅうみかん
0.3
0.1
12.0
0.7
じょうのう
普通 生
49kcal
86.9

かき
0.4
0.2
15.9
0.4
甘がき
生
63kcal
83.1

バナナ
0.8
22.5
0.2
生
93kcal
1.1
75.4

アボカド
7.9 ― 1.2
17.5
生
178kcal
2.1
71.3

■ 水分　たんぱく質　脂質　炭水化物　その他（灰分）

ペクチンとは

ペクチンは、植物や果物の細胞膜内の中間層に含まれる多糖類の一種。未熟な果物や酸味の多い果物に多く含まれる。果物に含まれるペクチンに酸と砂糖を加えると、ゼリー状に凝固（＝ゲル化）する。

ジャムづくりのポイント
❶ペクチンの量は0.5〜1.5％が適量。不足する場合は市販のペクチンで補う。
❷酸は、pH2.8〜3.1程度が最も固く凝固する。不足する場合はクエン酸で調整する。酸が強いと凝固も早いので、手早く調理する。
❸糖分は50〜70％がよい。果汁だけでは足りない場合は、砂糖で補う。

■ おもな果実の酸度・ペクチン含有量・糖分

果実	ペクチン (%)	酸度 (pH)	糖分 (%)
ぶどう	0.2〜1.0	3.2〜3.8	12〜20
りんご	0.5〜1.6	3.5〜4.7	10〜13
いちご	0.6〜0.7	3.4	7〜8
もも	0.6〜0.9	4.5〜4.6	8〜9
あんず	0.7〜1.3	3.2〜3.3	7〜8
レモン	3.0〜4.0	2.3	1〜3
グレープフルーツ	3.3〜4.5	3.1〜3.4	6〜8

（山崎清子他『NEW調理と理論』同文書院）

3 選び方・保存方法

■ 選び方

いちご	濃い赤い色が全体に回っていて、つやのよいものを選ぶ。しっかりとした形の、大きめの粒のものがよい。
うんしゅうみかん	へたが小さく、扁平で、表皮につやがあってきめの細かいものが新鮮で甘い。
りんご	かたくて、全体に色の回っているものがよい。花落ち（お尻の部分）がふくらみ、青い部分が黄色くなってきたら食べ頃。
かき	色が濃く、むらがなく、つやがあり、重量感があるものが良品。富有柿は丸みのある背の高いものがよく、次郎柿は四角ばったものがよい。
なし	赤なし系のものは、赤みがあって色の濃いものほど甘味がある。皮はややざらつき、張りと重量感のあるものを選ぶ。青なし系のものは、果皮がなめらかで、透きとおったものがよく、やや黄色がかってくれば完熟している。
ぶどう	全体に色が濃く、粒がそろっていて、果皮全体に白い粉がふき、果軸が緑で太いものがよい。
パインアップル	果皮に青黒い光沢があり、下ぶくれの形をしていて、葉は緑の濃いものがよい。果皮の半分くらいまで色づいているものが適当な熟し加減。
もも	全体に色が回っていて、白い品種は白く、赤い品種は赤いものが良品。なめらかで丸いものがよく、果皮にうぶ毛が残っているものが新鮮。
レモン	果皮がなめらかで薄く、色むらもなく、張りがあって重たいものがよい。国産のものは皮が厚くて傷みやすい。

■ 保存方法

ほとんどの果実は5℃前後の低温で、乾燥させないように保存する。バナナなどの亜熱帯産の果実は低温に弱く、皮が黒ずむなどの低温障害をおこすので、冷蔵庫には入れない。また、果物は一般的にエチレンガスを出すが、りんごはとくに多いので、ほかの果物や野菜と一緒にすると過熱させたり、腐敗をすすめることもあるので、注意が必要である。

果実類

果実類 [仁果・準仁果類]

りんご
林檎・Apples

1個=250g

水分が85%と多い。主成分はぶどう糖などの糖質で、カリウムを多く含んでいるのが特徴。酸味の元はリンゴ酸とクエン酸。消化・吸収しにくいペクチンなどの食物繊維による整腸作用、血糖値の正常化、動脈硬化の抑制、カリウムによる血圧降下、酸による消炎(炎症を取り除く)作用などがある。多品種で、味や食感もさまざまである。

津軽
中程度の甘味とかすかな酸味。あまり日持ちしない。果重は300g前後。

王林
皮が緑色から黄緑色。肉質はややかたいが、果汁が多く甘味が強く、特有の芳香がある。果重は250〜300g。

陸奥
適度な酸味と芳香がある。果実は大きく500g以上になる。貯蔵性がきわめて高い。高級感があるので贈答品のほかジュースや料理にも利用される。

ふじ
糖度が高く酸味が少ない。シャキシャキとした歯触りで果汁が多い。日持ちする。果重は300g以上。日本のりんご生産量の約50%を占める。

■ 皮なし 可食部100gあたり

エネルギー	53kcal	
炭水化物	15.5g	
カリウム	120mg	
カルシウム	3mg	
ビタミンC	4mg	
食物繊維	1.4g	

キウイフルーツ
Kiwifruit

1個=100g

主産地ニュージーランドの国鳥キウイに似ているところから、この名がある。淡白な甘味と酸味をもち、ビタミンCを豊富に含んでいる。生食のほか、ジャム、ジュース、ワインなどに利用される。

■ 緑肉種 可食部100gあたり

エネルギー	51kcal	
炭水化物	13.4g	
カリウム	300mg	
カルシウム	26mg	
ビタミンC	71mg	
食物繊維	2.6g	

なし類
梨・Pears

日本なし1個=300g
西洋なし1個=250g

水分が85%以上。熱を冷まし、のどや気管をうるおして炎症を静めるなどの働きがある。10%台の糖類のほかにはカリウムを含み、血圧を下げる効果もある。果肉のザラザラした食感は食物繊維で、整腸作用がある。日本なしのほか西洋なしの消費も増えている。

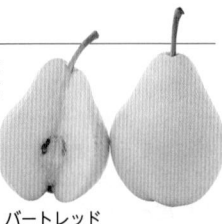

バートレッド
西洋なしの代表的品種で、かたちもいわゆる洋なし型。収穫後7〜20日間の追熟が必要。やわらかくなり、香りが出ると食べごろ。ねっとりとした舌触りが特徴。

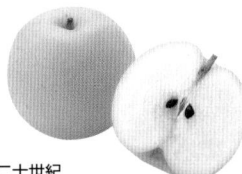

二十世紀
歯触りがよく、多汁で甘くほどよい酸味もある。果重は300gくらい。日持ちがよい。

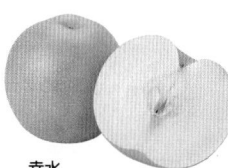

幸水
歯触りがよく、多汁で甘い。尻の部分が大きくへこんでいるのが特徴。

■ 日本なし 可食部100gあたり

エネルギー	38kcal	
炭水化物	11.3g	
カリウム	140mg	
カルシウム	2mg	
ビタミンC	3mg	
食物繊維	0.9g	

かき
柿・Kaki, Japanese persimmons

中1個=150〜200g

甘がき(富有柿や次郎柿)と渋がきがある。甘がきはそのまま食べられるが、渋がきは天日乾燥して干しがきなどに加工する。かきにはとくにビタミンCが豊富に含まれている。

■ 甘がき 可食部100gあたり

エネルギー	63kcal	
炭水化物	15.9g	
カリウム	170mg	
カルシウム	9mg	
ビタミンC	70mg	
食物繊維	1.6g	

びわ
枇杷・Loquats

1個=50g

果肉が厚くみずみずしい。酸味が少なく甘味が強い。カロテンを多く含んでいる。

■ 可食部100gあたり

エネルギー	41kcal	
炭水化物	10.6g	
カリウム	160mg	
カルシウム	13mg	
ビタミンC	5mg	
食物繊維	1.6g	

One Point | 要注意です▶グレープフルーツには、薬の血中濃度を上げる物質(フラノクマリン)が含まれることがわかっている。このため、薬によって

うんしゅうみかん
温州蜜柑・Satsuma mandarins

1個＝100g

一般にみかんといわれる。しょ糖、果糖、ぶどう糖などによる甘味と、クエン酸などの酸味がほどよく調和している。ビタミンCの含有量が多く、カロテンやビタミンEも多い。小さな粒状の果肉（砂じょう）と、それらを包む膜を含めた部位がじょうのう。ここには、食物繊維のペクチンや、毛細血管の強化や血圧降下の働きをもつヘスペリジン（ビタミンP）が含まれている。

じょうのう　可食部100gあたり

エネルギー	49kcal	
炭水化物	12.0g	
カリウム	150mg	
カルシウム	21mg	
ビタミンC	32mg	
食物繊維	1.0g	

グレープフルーツ
Grapefruit

1個＝350〜400g

果肉が黄色い白肉種と、ルビーと呼ばれる赤い果肉の赤肉種がある（赤い色素はリコピン）。苦味物質のナリンギンを含むが、さわやかな酸味があるため生食される。半分に切ってスプーンですくって食べたりするが、房ごと食べると食物繊維がとれる。

赤肉種　　白肉種

白肉種砂じょう　可食部100gあたり

エネルギー	40kcal	
炭水化物	9.6g	
カリウム	140mg	
カルシウム	15mg	
ビタミンC	36mg	
食物繊維	0.6g	

いよかん
伊予柑・Iyokan

1個＝200〜250g

うんしゅうみかんより大きい。果皮は厚いが色あざやかでつやがあり、むきやすい。果肉はやわらかく多汁である。愛媛県産が約4分の3を占める。

砂じょう　可食部100gあたり

エネルギー	50kcal	
炭水化物	11.8g	
カリウム	190mg	
カルシウム	17mg	
ビタミンC	35mg	
食物繊維	1.1g	

オレンジ
Oranges

ネーブル　1個＝150g
バレンシア　1個＝250g

国内でも栽培されているが、ほとんどがアメリカのカリフォルニアやフロリダからの輸入品。果肉はやわらかく香りに富み、多汁で甘い。

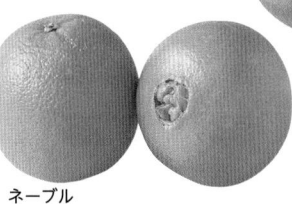

ネーブル
果頂部の「へそ」が特徴。果汁にすると苦味が出るので生食が多い。

バレンシア
バレンシアはスペインの地方名だが、原産地ではなく、命名の由来は不明。生食のほか、果汁加工に多く利用される。

砂じょう　可食部100gあたり

	ネーブル	バレンシア
エネルギー	48kcal	42kcal
炭水化物	11.8g	9.8g
カリウム	180mg	140mg
カルシウム	24mg	21mg
ビタミンC	60mg	40mg
食物繊維	1.0g	0.8g

香酸かんきつ

かんきつ類のなかで、酸の含有量が高く、生食には適さないが、さわやかな酸味と香りで、料理の調味料や薬味としてその風味を利用するものをいう。

代表的なレモンの果汁中の有機酸は4〜7％あり、クエン酸がもっとも多い。ビタミンCは100gあたり100mg含まれており、とくに皮に多く含まれている。

レモン
瀬戸内海産のほかアメリカからの輸入が多い。果重100g。

すだち
徳島県特産。果重30〜40g。

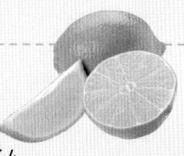

ライム
メキシコ産の輸入が多い。果重50g。

ゆず
果汁をゆずポン酢などに。果皮はマーマレードや薬味に。果重100g内外。

シークヮーサー
沖縄の方言、シー（酸）クヮーサー（与えるもの）からの呼称。果汁や食酢に。果重25g。

かぼす
大分県特産。果重100〜150g。

果実類

FRUITS

[核果類]

さくらんぼ
桜桃・Cherries

国産1個=6～8g
米国産1個=10g

米国産

国産

別名桜桃（おうとう）。主成分は糖質。カロテンやカリウムも多く含まれている。国産では山形県産が有名。赤紫色で大粒のアメリカンチェリーも入荷が増えている。生食するスイートチェリーのほか、ジャムや果実酒に加工される酸味の強い品種もある。

🟦 可食部50gあたり

	国産	米国産
エネルギー	32kcal	32kcal
炭水化物	7.6g	8.6g
カリウム	105mg	130mg
カルシウム	7mg	8mg
ビタミンC	5mg	5mg
食物繊維	0.6g	0.7g

うめ
梅・Mume, Japanese apricots

1個=40g 梅干し1個=10g

クエン酸などの酸味が強く、未熟な青梅には食中毒の原因となる物質も含まれているため、生食には向かない。梅干しや梅酒などに加工して食す。酸は食欲増進作用、防腐作用にすぐれている。和歌山県産が生産量の約半分を占める。

梅干し

🟦 梅干し塩漬1個（15g）あたり

エネルギー	4kcal
炭水化物	1.3g
カリウム	33mg
カルシウム	5mg
ビタミンC	0mg
食物繊維	0.5g

あんず
杏・Apricots

1個=70g

果実は黄色で、カロテンやリコピンが豊富。酸味が強いので、生食よりも、缶詰、ジャム、ドライフルーツなどに加工されることが多い。種子の核部分である杏仁は、咳止めなどに使われる医薬用の苦仁（くじん）と食用の甘仁（かんじん）とがあり、杏仁豆腐には後者を使うのが本格的。

🟦 可食部50gあたり

エネルギー	19kcal
炭水化物	4.3g
カリウム	100mg
カルシウム	5mg
ビタミンC	2mg
食物繊維	0.8g

すもも類
李・Plums

1個=60g

にほんすもも

ビタミンやミネラル（とくにカリウム）が豊富。また、食物繊維のペクチンを多く含むので、ジャムやゼリーに加工される。あんずに似ているが皮に毛がなく、甘味と酸味の調和がよい。西洋産はドライフルーツにも加工される。

🟦 可食部50gあたり

エネルギー	23kcal
炭水化物	4.7g
カリウム	75mg
カルシウム	3mg
ビタミンC	2mg
食物繊維	0.8g

もも類
桃・Peaches

中1個=250g ネクタリン1個=150g

ネクタリン

白桃　黄桃

糖分が多く、その多くはしょ糖、果糖である。食物繊維のペクチンやカリウムも多く含む。ほのかな酸味は、クエン酸やリンゴ酸によるもの。果肉が白色でやわらかく、酸味の少ないものと、カロテン含有量が多いため果肉が黄色く、かたいものとがある。改良種のネクタリンは、皮に毛がなく、ももとは違った独特の風味がある。

🟦 もも白肉種 可食部100gあたり

エネルギー	38kcal
炭水化物	10.2g
カリウム	180mg
カルシウム	4mg
ビタミンC	8mg
食物繊維	1.3g

ドライフルーツは栄養豊富

ビタミンや食物繊維が豊富で、とくにカルシウム、鉄分、カリウムといったミネラルは生果より凝縮された優秀な食品。ただし糖質も増えるので、食べ過ぎには注意する。

ドライプルーン
プルーン（西洋すもも）を乾燥させたもの。カリウムや食物繊維が豊富。

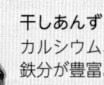

干しあんず
カルシウム、鉄分が豊富。

干しぶどう（レーズン）
カルシウムや鉄分が豊富。

干しがき
カリウムや食物繊維が豊富。

ブルーベリー
Blueberries

1粒＝1〜4g

コケモモ類の一種。房状につく小さな果実は、アントシアニン系色素を含み、紺色から濃い青紫色で白い粉におおわれている。酸味が強く、ヨーグルトなどに添えて生で食べたり、パイやジャムなどに利用する。

■ 可食部50gあたり

エネルギー	24kcal	
炭水化物	6.5g	
カリウム	35mg	
カルシウム	4mg	
ビタミンC	5mg	
食物繊維	1.7g	

ラズベリー
Raspberries

1粒＝2〜3g

ブラックラズベリー　レッドラズベリー

キイチゴ類の一種。果実の色は赤、黒、黄、白など多種。カリウムやカルシウムを多く含む。生食のほか、ジャム、果実酒などに利用される。

■ 可食部50gあたり

エネルギー	18kcal	
炭水化物	5.1g	
カリウム	75mg	
カルシウム	11mg	
ビタミンC	11mg	
食物繊維	2.4g	

ぶどう
葡萄・Grapes

デラウェア1房＝100g
ピオーネ1粒＝10〜15g

主成分はぶどう糖、果糖などの糖質。また、酒石酸やクエン酸などによる酸味もある。実や皮に含まれているフラボノイド、タンニン、アントシアニン系色素には、活性酸素を除去する働きがあり、生活習慣病やガン予防に効果がある。

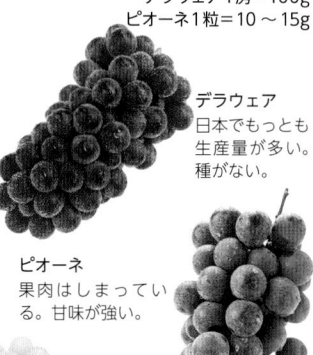

デラウェア
日本でもっとも生産量が多い。種がない。

ピオーネ
果肉はしまっている。甘味が強い。

ネオマスカット
1粒約8g。甘味が強く酸味は少ない。マスカット独特の香りをもつ。

■ 可食部100gあたり

エネルギー	58kcal	
炭水化物	15.7g	
カリウム	130mg	
カルシウム	6mg	
ビタミンC	2mg	
食物繊維	0.5g	

いちご
苺・Strawberries

1粒＝15〜20g

8〜10粒で1日分の摂取基準を満たせるほどのビタミンCを含み、ペクチンなどの食物繊維も豊富。女峰（栃木県産）やとよのか（福岡県産）などの品種が多く出回っている。生食のほか、ジャムやアイスクリームなどに加工される。

■ 可食部100gあたり

エネルギー	31kcal	
炭水化物	8.5g	
カリウム	170mg	
カルシウム	17mg	
ビタミンC	62mg	
食物繊維	1.4g	

メロン
Melon

1個＝500g〜1kg

88％が水分で、主成分は糖質。また、カロテンやビタミンC、食物繊維のペクチンなどを含んでいる。ペクチンの割合は果肉がやわらかくなるほど多くなる。かたちや果皮の形状、果肉の色などは品種によりさまざまである。

クインシー
果肉が赤い夕張メロンなどもこの仲間。

アールス
温室ものの高級メロン。マスクメロンという呼び名は品種名ではなく、その香りがmusk（麝香〈じゃこう〉＝シカの角からとる香料）に似ていることからついたもの。

■ 可食部100gあたり

	温室メロン	露地メロン
エネルギー	40kcal	45kcal
炭水化物	10.3g	10.4g
カリウム	340mg	350mg
カルシウム	8mg	6mg
ビタミンC	18mg	25mg
食物繊維	0.5g	0.5g

すいか
西瓜・Watermelon

中1個＝4kg
1切れ＝200g

90％は水分で、果汁には利尿効果がある。糖質と少量のリンゴ酸なども含む。大玉種と小玉種があり、果肉は、リコピンとカロテンを色素にもつ赤色のものと、黄色のものとがある。

■ 可食部100gあたり

エネルギー	41kcal	
炭水化物	9.5g	
カリウム	120mg	
カルシウム	4mg	
ビタミンC	10mg	
食物繊維	0.3g	

物から分泌されるブルーム（果粉）というもの。水をはじいたり、病気から果物を守ったりしている。

果実類

パパイア
Papayas

1個＝500〜1kg

たんぱく質分解酵素のパパインを含む。果実を縦半分に切って種をのぞき、スプーンですくって食べる。多汁でメロンに似た風味がある。レモンやライムをしぼってかけると味が引きたつ。

■ 可食部100gあたり

エネルギー	33kcal
炭水化物	9.5g
カリウム	210mg
カルシウム	20mg
ビタミンC	50mg
食物繊維	2.2g

パインアップル
Pineapple

1個＝2kg
1切れ＝40g

主成分の糖質のほか、ビタミンB1、B2、C、食物繊維などを多く含んでいる。酸味成分はクエン酸で、胃液の分泌をさかんにする。また、ブロメラインというたんぱく質分解酵素をもち、肉をやわらかくして消化を助ける働きがあるが、これは缶詰には含まれていない。

■ 可食部100gあたり

エネルギー	54kcal
炭水化物	13.7g
カリウム	150mg
カルシウム	11mg
ビタミンC	35mg
食物繊維	1.2g

バナナ
Bananas

1本＝100〜150g

成分のほとんどが糖質で、バナナ2本でご飯約1杯分のエネルギーがある。未熟なものはでんぷんが多いが、熟すにつれて果糖やぶどう糖となって消化がよくなるので、病気の人や子ども、スポーツ選手などのエネルギー補給源として注目されている。また、カリウムを豊富に含んでいる。

■ 可食部100gあたり

エネルギー	93kcal
炭水化物	22.5g
カリウム	360mg
カルシウム	6mg
ビタミンC	16mg
食物繊維	1.1g

アボカド
Avocados

1個＝200g

脂肪分が全体の約19％を占め、「森のバター」とも呼ばれるが、その8割は植物性の不飽和脂肪酸で、コレステロールの心配はない。また、たんぱく質、ビタミン、カリウムなどをバランスよく含んでいる。縦半分に切って種を除き、スプーンですくって食べたり、スライスしてサラダやすしの具に使ったり、ペースト状にして冷製スープやタコスの具にする。

■ 可食部100gあたり

エネルギー	176kcal
炭水化物	7.9g
カリウム	590mg
カルシウム	8mg
ビタミンC	12mg
食物繊維	5.6g

マンゴー
Mangoes

1個＝250g〜500g

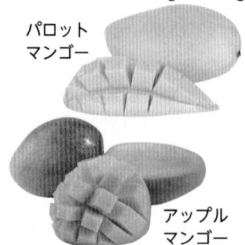

パロットマンゴー

アップルマンゴー

メキシコ産のアップルマンゴー、フィリピン産のパロットマンゴー（頂部がオウムのくちばしに似ている）などがある。熟したものほど甘味が出て、香りも強い。生食のほか、ジュースやプリンなどに加工される。

■ 可食部100gあたり

エネルギー	68kcal
炭水化物	16.9g
カリウム	170mg
カルシウム	15mg
ビタミンC	20mg
食物繊維	1.3g

スターフルーツ
Carambola

1個＝50g

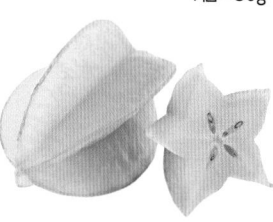

別名ごれんし。甘味種と酸味種がある。果皮は熟すと黄色になる。ビタミンCや食物繊維のペクチンを多く含む。薄く輪切りにして生食したり、ジャムやゼリーなどに加工する。

■ 可食部100gあたり

エネルギー	30kcal
炭水化物	7.5g
カリウム	140mg
カルシウム	5mg
ビタミンC	12mg
食物繊維	1.8g

One Point｜果物を食べると太る？▶果物に含まれる果糖は砂糖よりも甘く感じるため、甘い＝高カロリーと誤解されているのかも。果物のカロリーは約

パッションフルーツ
Passion fruit

ブラジル原産。多くの種を含むゼリー状で甘酸っぱい果肉を、種ごと生食する。ジュースなどにもする。

ドラゴンフルーツ
Pitaya

別名ピタヤ。南米産サボテン類の果実。果肉はゼリー状で、ごま粒大の黒い種が散在し、さわやかな甘味がある。

マンゴスチン
Mangosteen

マレー原産。「熱帯産果実の女王」といわれる上品な甘味をもつ。傷みやすいので、出回っているのはほとんどが冷凍品である。

ライチー
荔枝・Lychees

別名れいし。白色透明で甘味をもつ果肉は、中国料理のデザートに欠かせない。

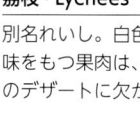

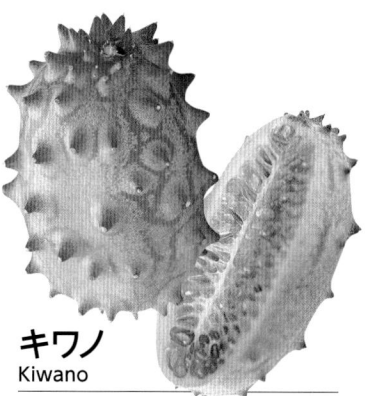

キワノ
Kiwano

アフリカ熱帯地方原産。ゼリー状の緑色の果肉は甘酸っぱく、さわやかな香り。バナナ、ライム、パッションフルーツをあわせたような味わい。

ランブータン
Rambutan

名前の由来はマレー語の「毛がある果実」（ランブタン）から。半透明乳白色の果肉はライチーに似た味で、甘味と酸味が調和している。

グァバ
Guava

熱帯アメリカ原産。白肉種と赤肉種がある。果肉は甘味があり、特有の香りをもつ。カロテンやビタミンCを多く含んでいる。

ドリアン
Durian

マレー半島・カリマンタン地方原産。重さは2〜3kg。「熱帯産果実の王様」といわれるが、甘いクリーム状の果肉は、たまねぎの腐敗臭に似た独特の強い香りがある。

50kcal（100gあたりの平均）しかないので、特別心配する必要はない。多くのビタミンを含むので、毎日摂るように心がけよう。

きのこ類

MUSHROOMS

1 きのこ類とは

きのこは、大形の胞子組織を形成する菌類である。日本は気候が温暖・多雨で、きのこの生息には適しており、その種類は4000種といわれる。毒性をもつものも多く、見分け方もむずかしい。食用とされるのは約100種で、市場に出回っているのは15種ほどである。人工栽培され、季節に関係なく、1年中出回っている。

生育の違いによる分類

倒木や落ち葉を栄養素とする木材腐朽菌	しいたけ、えのきたけなど
生きた樹木の根から栄養をとる菌根菌	まつたけ、ほんしめじなど
動植物の遺体を分解する腐生菌	ひとよたけ、ぶなしめじなど

2 栄養上の特徴

水分が多く、成分は野菜に似ているが、ビタミンCをほとんど含まない点が大きな違いである。低カロリー食品であるが、食物繊維、カリウム、亜鉛、銅、ビタミンB_1・B_2などを多く含む。また、日光に当てるとビタミンDにかわるプロビタミンD_2（エルゴステロール）も含む。しいたけの香気成分はレンチナンといい、ガンを抑制する効果があると注目されている。また、免疫機能を高めるβグルカン（高分子たんぱく多糖体）も多く含まれ、栄養的価値の高い食品といえる。

可食部100gあたりのエルゴステロール量 (mg)

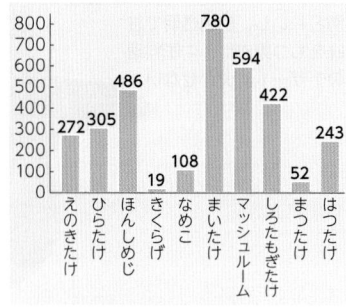

えのきたけ	ひらたけ	ほんしめじ	きくらげ	なめこ	まいたけ	マッシュルーム	しろたもぎたけ	まつたけ	はつたけ
272	305	486	19	108	780	594	422	52	243

小山尚子他「食用キノコ類の脂肪酸組成およびエルゴステロール含量」日本食品工業学会誌より

可食部100gあたりの栄養素 (g)

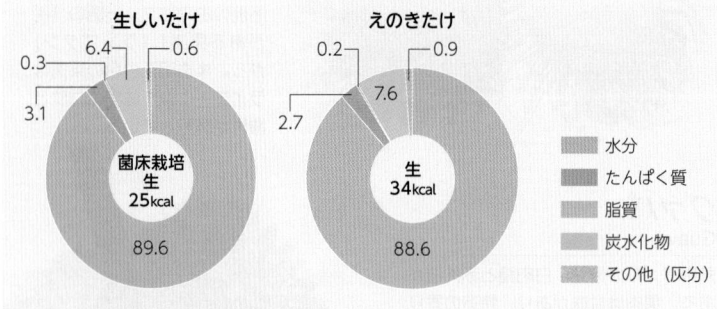

生しいたけ
菌床栽培
生
25kcal
89.6
6.4
0.3
0.6
3.1

えのきたけ
生
34kcal
88.6
7.6
0.2
0.9
2.7

- 水分
- たんぱく質
- 脂質
- 炭水化物
- その他（灰分）

3 選び方・保存方法

しいたけ	かさが肉厚で色つやがよく、軸は太くて短めのものを選ぶ。かさの裏が淡黄色だと新鮮で香りも高い。かさが開きすぎると水っぽくなる。
えのきたけ	かさが小さくそろっていて、白いものを選ぶ。火を通すとほどよいぬめりがあって、歯切れのよいものが良品である。
しめじ	軸が太くて短く、根元が白くふくらんでいるものを選ぶ。かさは茶褐色で小さく、丸みがあり、たくさん固まっているものがよい。
なめこ	粘着物を十分にもっていて香味があり、かさが開ききっていない小粒のものがよいとされる。粘質部分は変質しやすいので、なるべく早めに使い切るようにする。
マッシュルーム	軸は太くて短く、弾力があり、かさはすべすべとして丸みと厚みがあるものを選ぶ。ホワイトマッシュルームはすべてがまっ白のものが鮮度も味もよい。

きのこの構造と各部位の呼称

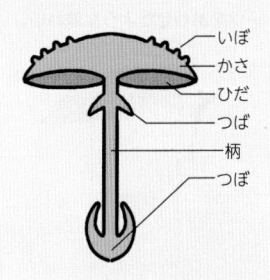

- いぼ
- かさ
- ひだ
- つば
- 柄
- つぼ

種駒を埋め込むしいたけ栽培

しいたけ栽培の始まりは1600年代といわれているが、その当時は、なた目を入れたクヌギやナラの原木に自然の胞子がつくのを待つという原始的な方法だった。その後約300年の時を経て、原木にしいたけの種駒（種菌）を埋め込んで育てる方法が考案され（1943年、群馬県出身の森喜作によって完成された）、以来生産量が飛躍的に増大した。現在では、クヌギなどの原木による栽培を中心に、おがくずを固めた菌床によるものも増えている。しいたけのほかにも、人工栽培をしているきのこ類は多い。

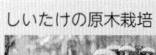
しいたけの原木栽培

1970年ごろから人工栽培に成功。袋を用いたまいたけの菌床栽培

しいたけ
椎茸・Shiitake

生1個＝10〜30g
乾1個＝5g

日本での生産量がもっとも多いきのこ。特有の栄養成分として、ビタミンD、B12などを含む。また、多糖質の一種で独特の香りの元になるレンチナンが血中コレステロール濃度を下げる働きをもつ。うま味成分はグアニル酸。うま味や香りは、乾燥させることで増すため、だしをとるには乾しいたけを利用する。

乾しいたけ

■ 菌床栽培　可食部50gあたり

エネルギー	13kcal	
炭水化物	3.2g	
カリウム	145mg	
食物繊維	2.3g	

えのきたけ
榎茸・Winter mushrooms

1袋＝100g

流通しているのは栽培もので、暗い室内で生育させるため軸が長く、白い。鍋物や汁物などに利用される。なめたけはしょうゆで煮込んだものをいうことが多い。

なめたけ
（味付け瓶詰）

■ 可食部50gあたり

エネルギー	17kcal	
炭水化物	3.8g	
カリウム	170mg	
食物繊維	2.0g	

しめじ
占地・Shimeji

ぶなしめじ　1パック＝100g

ぶなしめじ

"香りまつたけ、味しめじ"といわれるほど味がよい。一般にほんしめじの名で売られているのは、ぶなしめじの場合が多い。ほんしめじは根元がふくらんでいるので、大黒様に見立てて大黒しめじともいう。肉質がかたく、歯ごたえや味がよいことから、炒め物、鍋物、汁物などに広く利用される。

ほんしめじ（大黒しめじ）

■ ほんしめじ　可食部50gあたり

エネルギー	11kcal	
炭水化物	1.4g	
カリウム	155mg	
食物繊維	1.0g	

マッシュルーム
Common mushrooms

1個＝10g

ブラウン
マッシュルーム

海外での生産量がもっとも多いきのこ。低温で発育するホワイト種、肉質のしまったブラウン種がある。独特の風味と食感があり、炒め物やサラダ、スープなどに使われる。

ホワイト
マッシュルーム

■ 可食部50gあたり

エネルギー	8kcal	
炭水化物	1.1g	
カリウム	175mg	
食物繊維	1.0g	

きのこのいろいろ

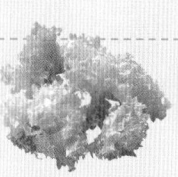

エリンギ
ヨーロッパで多く利用される。かさは小さいが柄の部分が太く肉厚で歯ごたえがある。

トリュフ（Truffle）
世界三大珍味のひとつ。地中に発生するが強い香りをもつため、訓練された犬や豚が探し当てる。

きくらげ（木耳・Tree ears）
ゼラチン質の独特な歯ごたえがくらげに似ているため、この名がある。乾物として中国や台湾などから輸入されるものが多い。

まつたけ（松茸）
日本を代表する高級きのこ。独特の香りをもち、炭火焼、どびん蒸し、炊き込みご飯などに。近年では、中国、モロッコ、カナダなどからの輸入品も多い。

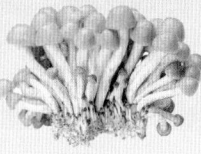

なめこ（滑子）
人工栽培が多い。独特のぬめりと歯切れ、口当たりの良さが好まれる。水煮パックのほか生のものもある。

ふくろたけ（袋茸）
中国や台湾から水煮の缶詰が輸入される。なめらかな舌ざわりと歯切れのよさ、かさのユニークな形が特徴。

殻類
いも・でん粉類
砂糖・甘味類
豆類
種実類
野菜類
果実類
きのこ類
藻類
魚介類

藻類

ALGAE

1 藻類とは

　藻類とは、海中に生えている植物のことで、生のまま、または乾燥させてほしのりやつくだ煮などに加工される。現在、世界中に約8000種の海藻が知られているが、日本近海から産するものは約1200種ほどである。右の分類は、上から順に太陽光が届く浅い海から、次第に深い海となる。

色による分類

緑藻類	あおのり、かわのり、ひとえぐさなど
褐藻類	こんぶ、わかめ、ひじき、もずくなど
紅藻類	おごのり、てんぐさ、とさかのりなど

2 栄養上の特徴

　藻類は低カロリー食品であるが、カリウム、カルシウム、ヨウ素などのミネラル、各種ビタミンを多く含んでいる。また、海藻のぬるぬるした粘質多糖類は、食物繊維で整腸作用があるので、健康食品として注目されている。

　粘質多糖類の成分として、アルギン酸とフコイダンが注目されている。アルギン酸は、体内でナトリウムと結合し、血圧を下げる働きがある。また、フコイダンは、胃かいようの原因といわれているピロリ菌が胃壁につくのを防ぐ働きや、ガン細胞を消滅させるのではという研究が注目されている。

ヨウ素

　「日本食品標準成分表2010」から追加掲載された栄養素で、藻類に極めて多く含まれ（→p.139）、甲状腺の機能維持に不可欠。

　放射性物質のヨウ素131とは別物だが、甲状腺に蓄積する点は同じ。放射線被曝の恐れがある場合は、安定ヨウ素剤を摂取してあらかじめ甲状腺を満たすことで、ヨウ素131の蓄積を防ぐ効果がある。安定剤1錠で100mgのヨウ素を含むが、これに相当する量をこんぶやわかめから摂取することはかなり困難である。

可食部100gあたりの栄養素 (g)

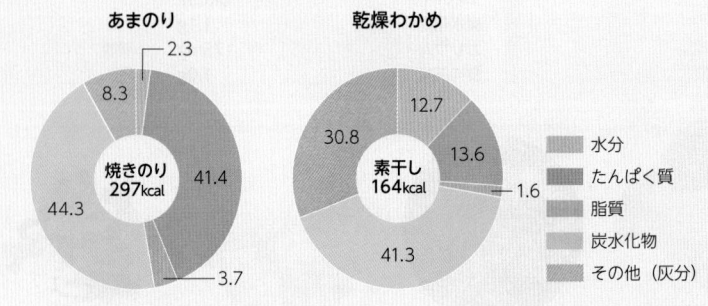

あまのり　焼きのり 297kcal　2.3 / 8.3 / 44.3 / 3.7 / 41.4

乾燥わかめ　素干し 164kcal　12.7 / 13.6 / 1.6 / 41.3 / 30.8

水分 / たんぱく質 / 脂質 / 炭水化物 / その他（灰分）

3 選び方・保存方法

選び方

あまのり	ほしのりは、表面がなめらかで、光沢があり、黒紫色のものがうま味・香りともにすぐれている。形にゆがみがなく、穴あきや雑物の入っていないもの、厚さが平均しているものを選ぶ。焼きのりで購入する場合も、濃い緑色のもので、密度が高く、均一な厚さのものがよい。
こんぶ	こんぶは、肉厚で黒っぽい色、幅が広く、砂の少ないものがよい。香りのよいものは、よく乾燥して熟成している。
わかめ	塩蔵わかめは、濃緑色のものを選ぶ。加塩の有無と量を表示で確認し、なるべく加塩していないものを選ぶ。干しわかめはよく乾燥しているものを、生わかめはあざやかな緑色をした香りの強いものがよい。
ひじき	大きさがそろっていて、黒くて光沢のあるものを選ぶ。芽ひじきは、丸いものがよく、細かいもの、塩がふき出しているものは避ける。長ひじきは太いものがよい。

ほしのりの保存方法

　のりは一度湿気を吸ってしまうと、風味が逃げて元に戻らないので注意が必要。室温に置く場合には、密閉容器に乾燥剤を入れ、乾燥した場所に置く。冷蔵庫に入れる場合には、アルミホイルなどで包んでから密閉容器に入れて保存する。

江戸時代から続くのりの養殖

　のりが出す果胞子という種子が海中の貝殻などにもぐって成長し、胞子となって外に飛び出して網などにつく。この環境を人工的につくり出して胞子を育て、網につけてのりを育てるのがのりの養殖である。江戸時代初期に海中に竹や樹枝を立てて行う養殖がそもそもの始まりという。採集した生のりを水で洗い、細かくきざみ、規定の大きさにすいて乾燥させてつくる。

のりの養殖

ビタミンAの値としてβ-カロテン当量を示したが、充足率はレチノール活性当量から算出した。

あまのり
甘海苔・Purple laver

ほしのり1枚=2g
味付けのり1人分=3g

養殖されているのり。藻類のなかではたんぱく質の含有量が多い。**ほしのり**は、生のりをきざんで紙状に乾燥させたもの。火であぶると葉緑素の緑があざやかになる。**味付けのり**は、これにみりんやしょうゆを塗って乾燥させたもの。

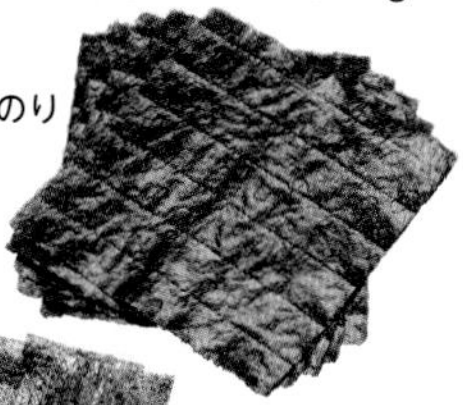
ほしのり

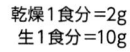

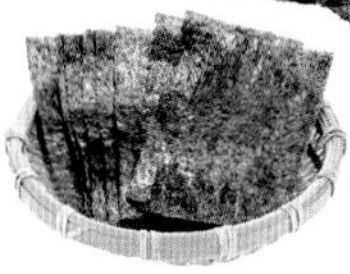
味付けのり

ほしのり10gあたり

エネルギー	28kcal
カリウム	310mg
鉄	1.1mg
β-カロテン当量	4300μg
ビタミンB2	0.27mg
食物繊維	3.1g

こんぶ
昆布・Kombu

素干し10cm角=5g

水溶性繊維のアルギン酸を含み、加熱によって粘度が出る。うま味成分としてグルタミン酸をもち、だしとしても利用される。表面の白い粉は、炭水化物の一種マンニットで、これがうま味成分である。

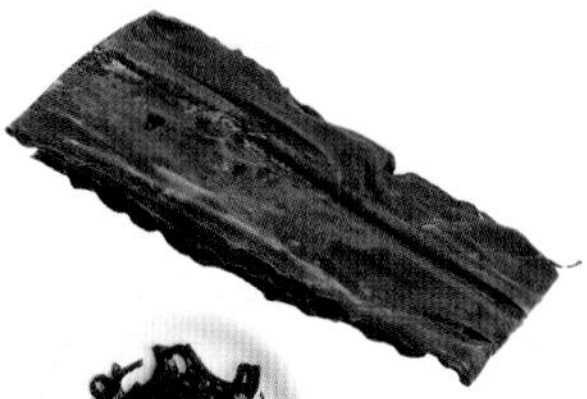

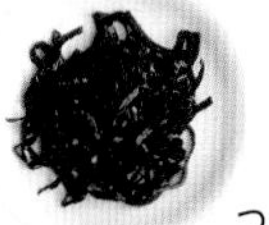
つくだ煮

まこんぶ素干し10gあたり

エネルギー	17kcal
カリウム	610mg
鉄	0.3mg
β-カロテン当量	160μg
ビタミンB2	0.03mg
食物繊維	2.7g

わかめ
若布・Wakame

乾燥1食分=2g
生1食分=10g

ヨウ素、カルシウム、鉄分といったミネラルとカロテン、ビタミンB2などを豊富に含む。過剰な塩分を体外に排泄する働きのあるカリウムやアルギン酸も多い。塩抜きして使う生わかめのほか、日持ちする乾燥の**カットわかめ**は水で戻す。

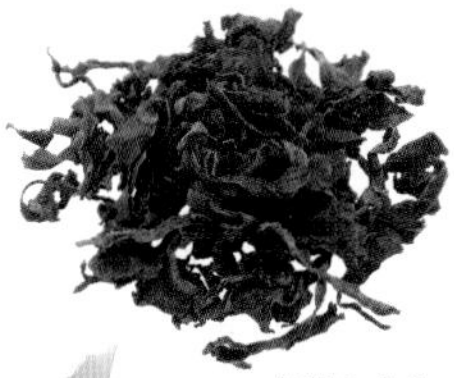
乾燥わかめ

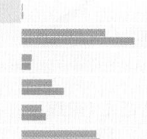

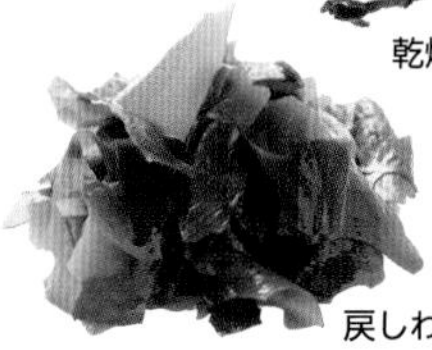
戻しわかめ

乾燥わかめ素干し10gあたり

エネルギー	16kcal
カリウム	520mg
鉄	0.3mg
β-カロテン当量	780μg
ビタミンB2	0.08mg
食物繊維	3.3g

ひじき
鹿尾菜・Hijiki

大さじ1=2g

藻類のなかでもカルシウムと鉄分を多く含む。また、カルシウムの吸収を助けるマンガンが多く含まれており、吸収がよい。食物繊維も豊富である。干したものを戻すと体積は10倍になる。なお、ひじきの原藻は長時間煮るので、鉄釜で煮たものの鉄分がステンレス釜のものの約10倍となっている。

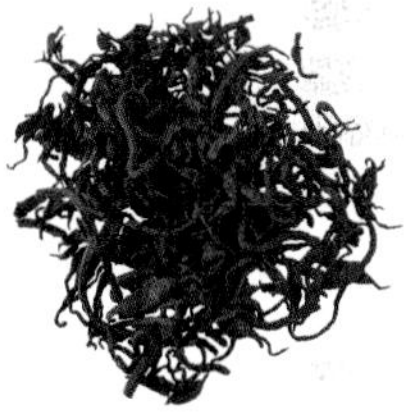
芽ひじき

乾10gあたり

	ステンレス釜	鉄釜
エネルギー	18kcal	19kcal
カリウム	640mg	640mg
鉄	0.6mg	5.8mg
β-カロテン当量	440μg	440μg
ビタミンB2	0.04mg	0.04mg
食物繊維	5.2g	5.2g

海藻の利用あれこれ

ところてん・寒天
海藻のてんぐさ類を煮つめ、溶かして固めたものがところてん。これをさらに凍結・乾燥させると、ようかんやゼリーの材料となる寒天ができる。

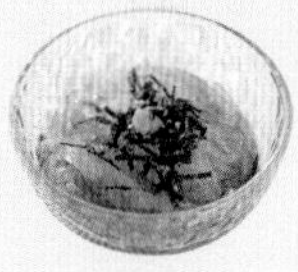
ところてん

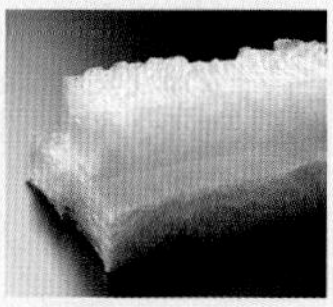
角寒天

刺身のつま
熱湯を通すとあざやかな緑色になり、歯切れのよさで知られる**おごのり**を利用する。

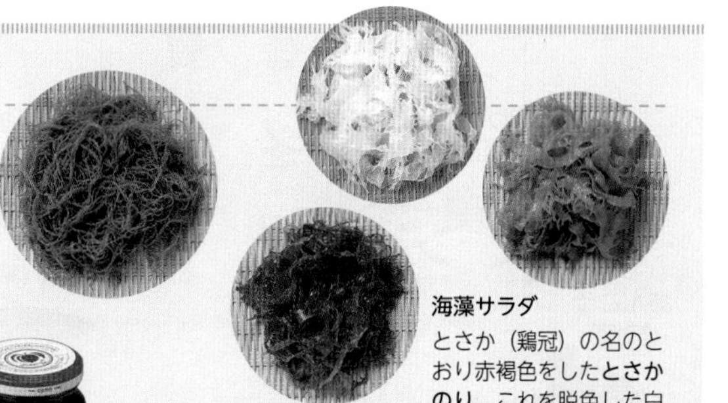

海藻サラダ
とさか（鶏冠）の名のとおり赤褐色をした**とさかのり**、これを脱色した白いものと緑に染めたもので3色のサラダに。

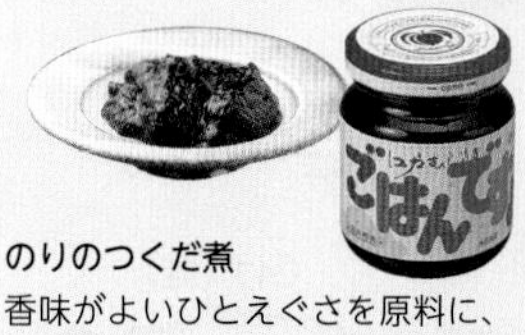

のりのつくだ煮
香味がよいひとえぐさを原料に、やわらかく仕上げる。原料はあざやかな緑色だが、しょうゆや砂糖などの調味料で色が変わる。

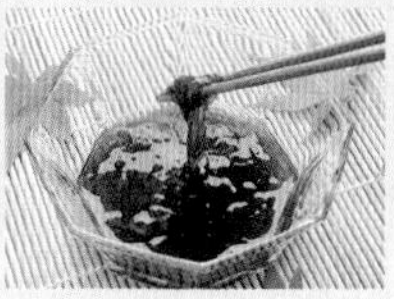

もずく
粘質に富んでやわらかい細線状。生のまま、または塩蔵にして保存し、酢の物にして食べる。

魚介類

FISHES & SHELLFISHES

いかの一夜干し。回転させることで早く完成する。

■ おもな魚介類の旬

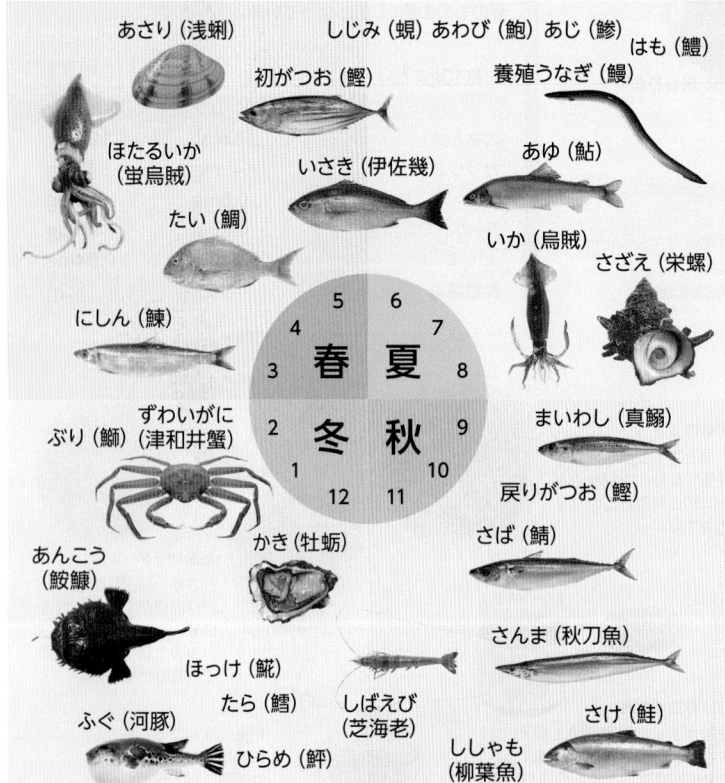

※近年は冷凍貯蔵などの発達によって、ほとんどの魚が1年中取り引きされている。
　ここでは、東京市場でもっとも出回る季節を中心に表記した。

1　魚介類とは

　魚介類とは、魚類と貝類を中心とした食用水産動物の総称である。日本人にとって、古くから重要なたんぱく質の供給源であり、その種類は約1200種（海産物が約1100種、淡水魚が約100種）にのぼる。

　魚介類にはさまざまな分類法があるが、魚についてはその肉の性質によって、赤身魚、白身魚、淡水魚と分けられ、他に貝類、甲殻類、軟体類のように分類される。

血合肉とは

　魚の側線の直下にある赤褐色の筋肉。白身の魚では表層部に存在する表面血合肉だけで少ないが、赤身の魚では、深部にも血合肉が発達している。とくに、かつお、まぐろのように遠距離を活発に泳ぎまわる魚には多く含まれている。一般に、赤身魚は味が濃く、白身魚は味が淡白であるといわれている。なお、青魚は赤身魚の中で、背の皮が青いものをさす。

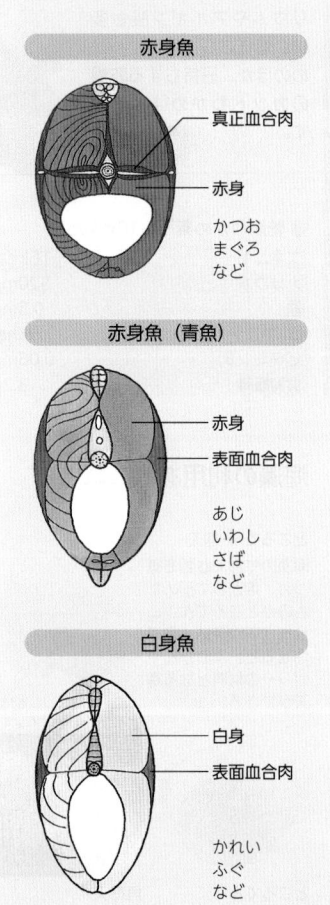

2 栄養上の特徴

平均してたんぱく質を約20％含み、必須アミノ酸のリシンが多い。脂質の含有量は魚介の種類によって異なるが、不飽和脂肪酸が多いのが特徴である。とくに、イコサペンタエン酸＝IPA（エイコサペンタエン酸＝EPAともいう）やドコサヘキサエン酸＝DHAは、血栓を予防するのに効果があるといわれている。ミネラルは1％前後含まれるが、カルシウム以外にも微量元素の亜鉛、銅、ヨウ素を多く含む。とくにヨウ素を含む点は肉類とは異なる特徴である。ビタミン類では脂溶性ビタミンのA・Dが血合肉などに

多く含まれ、水溶性ビタミンのB₂はうなぎなどに多く含まれている。また、血合肉と普通肉を比較すると、血合肉

の方が脂質含量が多く、脂肪酸組成や、含まれるミネラルも異なる。

■ 可食部100gあたりの栄養素（g）

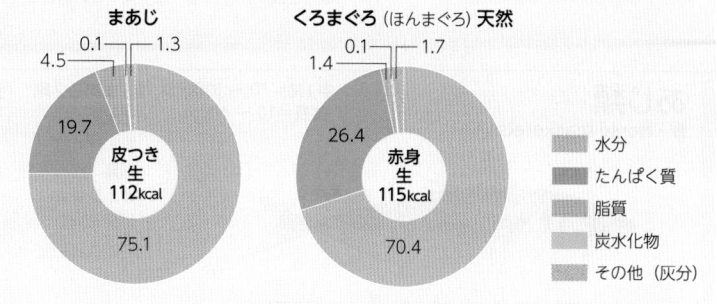

まあじ
皮つき 生 112kcal
- 0.1
- 1.3
- 4.5
- 19.7
- 75.1

くろまぐろ（ほんまぐろ）天然
赤身 生 115kcal
- 0.1
- 1.7
- 1.4
- 26.4
- 70.4

凡例：
- 水分
- たんぱく質
- 脂質
- 炭水化物
- その他（灰分）

3 選び方・保存方法

■ 選び方

1尾	●眼球がしっかり張り出していて、にごりがない。 ●えらがまっかで血液の色がきれいである。 ●はりがあり、色つやがよい。 ●内臓がしっかりしている。鮮度が落ちると、腹部が軟化する。 ●海水臭や淡水臭があり、生臭くない。
切り身	●白身は、身に弾力があり、透明感のあるもの。 ●赤身は色のあざやかなもの。とくに血合いの色のあざやかなものならば新鮮である。 ●パックに水のたまっているものは、解凍してから時間がたっていて身がだれているので避ける。
貝類 その他	●貝のむき身は、透明感がありしまったもの。 ●むきえびは、形がそろい、身が透き通って太ったもの。 ●いかは体色が濃い赤褐色のもの、目が黒くすんで身に弾力のあるもの。 ●たこは灰白色で弾力があり、吸盤が吸いついてくるもの。

■ 保存方法

魚の内臓・えらをとり出し、水けを切ってバットなどに入れ、ぬれた紙をかぶせて冷蔵する。刺身の場合、冷蔵保存は1日が限度である。

小分けにして冷凍すると長期保存できるが、2週間程度が目安。

■ 甲殻類の加熱による色の変化

えびやかにのような甲殻類には、アスタキサンチンというカロテノイド色素が含まれている。生体ではたんぱく質とゆるく結合して、青緑色をしている。加熱によってたんぱく質と分離し、本来の赤系の色となる。さらに空気酸化を受けて、鮮明な赤色となる。

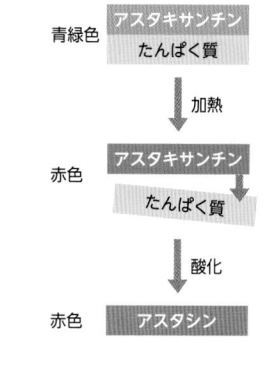

青緑色　アスタキサンチン／たんぱく質
↓加熱
赤色　アスタキサンチン／たんぱく質
↓酸化
赤色　アスタシン

■ 潮流とおもな漁港

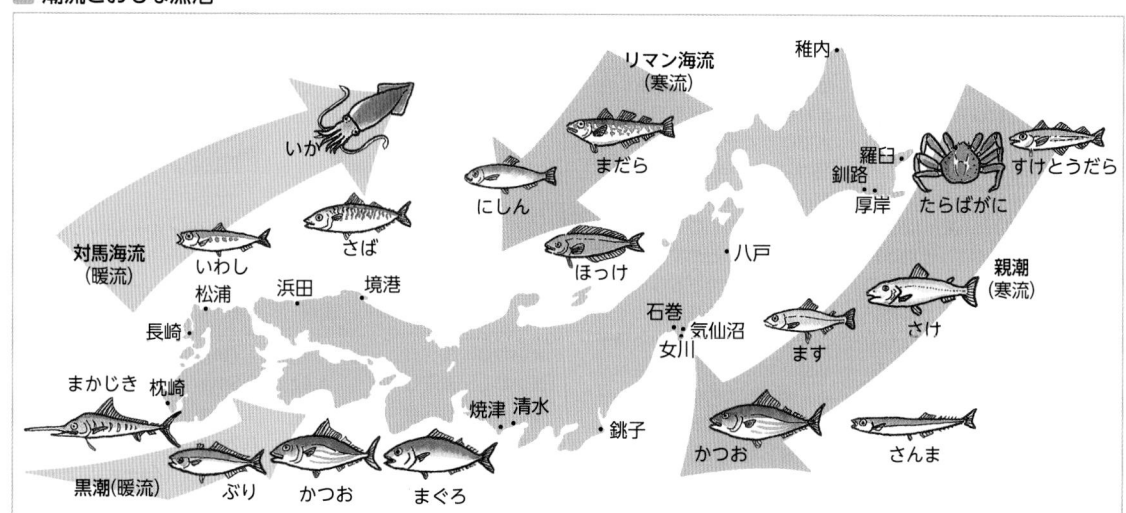

リマン海流（寒流）
稚内
いか
まだら
にしん
さば
いわし
ほっけ
松浦　浜田　境港
八戸
羅臼
釧路　厚岸
たらばがに
すけとうだら
石巻　気仙沼
女川
ます
さけ
親潮（寒流）
対馬海流（暖流）
長崎
まかじき　枕崎
焼津　清水
銚子
黒潮（暖流）　ぶり　かつお　まぐろ
かつお
さんま

魚介類

ビタミンEの値としてα-トコフェロールを示した。

あじ類
鰺・Horse mackerels

中1尾＝70〜100g
体長＝10〜40cm

まあじ

まあじ2尾　可食部80gあたり	
エネルギー	90kcal
たんぱく質	15.8g
脂質	3.6g
カルシウム	53mg
ビタミンD	7.1µg
ビタミンE	0.5mg

日本近海だけでも50種以上の種類があるが、もっとも一般的なのはまあじ。あじの特徴は体の中央にぜいごというかたいうろこがあることである。アラニン、グリシン、グルタミン酸などのアミノ酸が含まれ、こうしたエキス分と脂肪が混ざり合い、独特のうま味がある。味は淡白で、刺身やたたきなどの生食のほか、塩焼き、フライなど用途は広い。加工品として開き干しなどがある。また、むろあじを加工した伊豆七島の特産をくさやという。長期間熟成・発酵させたくさや汁に漬け、乾燥させたもので、強い臭気がある。

あじの開き干し

くさや

アジフライ

いわし類
鰯・Sardines

まいわし1尾＝80g

まいわし2尾　可食部80gあたり	
エネルギー	125kcal
たんぱく質	15.4g
脂質	7.4g
カルシウム	59mg
ビタミンD	25.6µg
ビタミンE	2.0mg

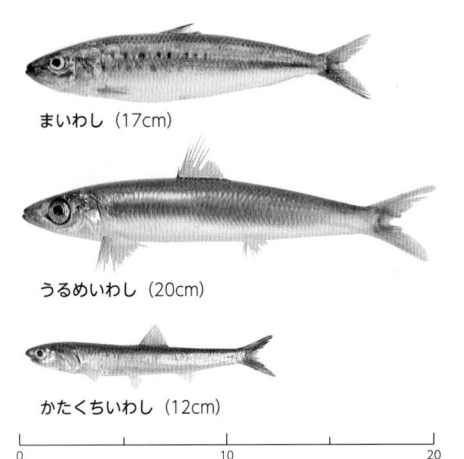

まいわし（17cm）

うるめいわし（20cm）

かたくちいわし（12cm）

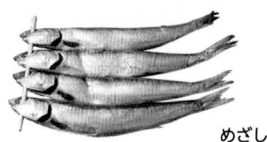

丸干し

めざし

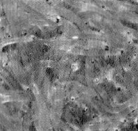

煮干し

生しらす

しらす干し
（半乾燥品）

いわしの缶詰

アンチョビ（オイルサーディン）

世界に200種以上あるが、ふつうまいわしをさす。側面上部に黒点が並んでいるのが特徴である。体長が3〜4cm以下をしらす、10cm以下を小羽（こば）、13cm以下を中羽（ちゅうば）、それ以上を大羽（おおば）という。このほかに干物に向くうるめいわし、煮干しや田作りに向くかたくちいわしなどがある。不飽和脂肪酸を多く含んでおり、血管系の病気予防や脳の活性化によいが、脂が多く傷みやすいので注意する。加工品としては、カルシウム、鉄、ビタミンB1などが豊富に含まれる丸干しや稚魚を薄い塩水でゆでて干したしらす干し（微乾燥品。半乾燥品をちりめんじゃこという）、中羽ほどの大きさのものを丸干しにして、数尾まとめてワラなどで目を貫いためざしなどがある。また、うま味成分のイノシン酸を多く含んでいる煮干しは、だしをとるのに使われる。油漬けの缶詰はオイルサーディンと呼ばれるが、とくに塩蔵したいわしをオリーブ油漬けにしたものはアンチョビという。

可食部80gあたりの成分比較				
	脂質	鉄	カルシウム	食塩相当量
まいわし　生	7.4g	1.7mg	59mg	0.2g
まいわし　丸干し	4.4g	3.5mg	352mg	3.0g
うるめいわし　生	3.8g	1.8mg	68mg	0.2g
かたくちいわし　生	9.7g	0.7mg	48mg	0.2g
めざし　生	15.1g	2.1mg	144mg	2.2g
しらす干し（半乾燥品）	2.8g	0.6mg	416mg	5.3g

さば類
鯖・Mackerels

まさば　中1尾＝800g
体長＝50cm
ごまさば　体長＝40cm

まさば

ごまさば

	まさば	ごまさば
エネルギー	169kcal	105kcal
たんぱく質	16.5g	18.4g
脂質	13.4g	4.1g
カルシウム	5mg	10mg
飽和脂肪酸	3.66g	0.96g
不飽和脂肪酸	6.15g	1.88g

■ 1切れ　可食部80gあたり

しめさば

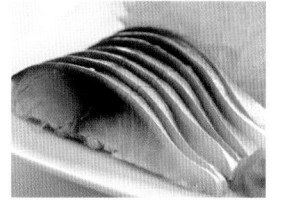

さばの塩焼き

さばのみそ煮

さばの押し寿司（バッテラ）

おもに食用にされるのはまさば、ごまさば。アミノ酸やグルタミン酸、イノシン酸といったうま味成分と脂ののりで美味である。ただし、「さばの生き腐れ」といわれるように、鮮度が落ちやすい。とりわけ、ヒスチジン（アミノ酸の一種）が酵素の作用でヒスタミンという物質に変化し、アレルギー源となるので注意が必要である。塩焼き、みそ煮、フライなど、用途は広い。刺身にするときは、通常、酢でしめる。酢を使った調理法には、さばずしもある。

さんま
秋刀魚・Pacific saury

1尾＝120〜150g
体長＝30〜35cm

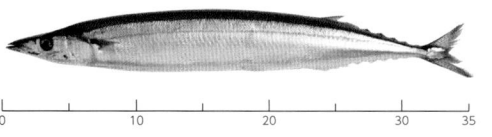

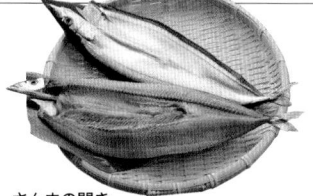

さんまの開き

さんまのかば焼（缶詰）

■ 1尾　可食部80gあたり

エネルギー	230kcal
たんぱく質	14.5g
脂質	20.5g
カルシウム	22mg
ビタミンD	12.8μg
ビタミンE	1.4mg

魚体は扁平で細長く、背中の部分が黒紫色、腹部が銀白色である。脂肪含量が季節によって5〜20％まで変動し、秋にもっとも脂がのって美味になることから「秋の味覚」といわれる。刺身、塩焼き、かば焼き、フライ、酢の物などに用いる。干物、くん製、缶詰などの加工品も多い。

にしん
鰊・Pacific herring

1尾＝300g
体長＝30cm
身欠きにしん1本＝15〜20g

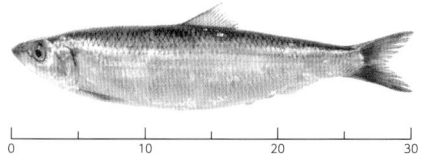

■ 身欠きにしん　20gあたり

エネルギー	45kcal
たんぱく質	4.2g
脂質	3.3g
カルシウム	13mg
ビタミンD	10.0μg
ビタミンE	0.5mg

別名かどいわしといわれ、まいわしに似た体型だが、体が大きく、黒点はない。3〜5月にかけて産卵のために北海道沿岸に集まる春にしんは脂がのって美味だが、国内の漁獲高は減り、輸入物が増えている。鮮度が落ちやすいので、生食はせず、塩焼き、かば焼きなどにすることが多い。にしんを2枚におろして乾燥させた身欠きにしんは昆布巻き、煮物などに用いられる。かずのこは、卵巣を海水につけたのち、日干ししたもの。塩抜きして、独特の歯ごたえを楽しむ。

身欠きにしん

かずのこ

[赤身魚]

かつお類
鰹・Skipjack

中1尾＝1.2kg　体長＝50cm～1m
刺身1切れ＝20g

雄節

かつお節

雌節

うま味成分であるイノシン酸を含むため、だしをとるためのかつお節にする。
雄節：鰹の半身にした背の方。背節ともいい、脂肪分が少なく上品なダシがとれる。
雌節：腹節ともいい、脂肪分が多く、コクのあるダシがとれる。

かつおの削り節

遠洋を泳ぎ、筋肉が発達しているかつおは、良質なたんぱく質を多く含む。鉄やビタミン類、DHA、血中コレステロール値を下げるタウリンなどを豊富に含んでいる。春に北上する初がつお（春獲り）は、脂が少なくさっぱりした味。秋に産卵のために南下する戻りがつお（秋獲り）は、初がつおに比べて脂がのっている。刺身や、表皮をあぶって食べるたたき、煮物、照り焼きなどにする。

かつおのたたき

■ 刺身4切れ　80gあたり

	春獲り	秋獲り
エネルギー	86kcal	120kcal
たんぱく質	20.6g	20.0g
脂質	0.4g	5.0g
カルシウム	9mg	6mg
ビタミンD	3.2μg	7.2μg
ビタミンE	0.2mg	0.1mg

まぐろ類
鮪・Tunas

くろまぐろ1尾＝200～300kg　体長＝3m
刺身1切れ＝20g
1人分＝80g

くろまぐろ

きはだ

びんなが

めばち、きはだ、びんながなどの種類があるが、味、値段ともくろまぐろ（ほんまぐろ）が最高級。めじまぐろはほんまぐろの幼魚。刺身、照り焼き、すしだねなどに使われる。脂身はトロと呼ばれ、魚肉の10％程度しかとれない。かつおと同じ遠洋回遊魚で、栄養成分も似ている。加工品としては、油漬け缶詰やフレーク水煮缶詰がツナ缶として好まれている。

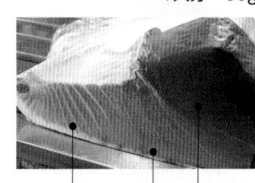

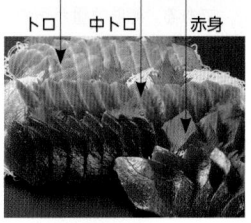

トロ　中トロ　赤身

ツナ
フレーク

まぐろの競り市
尾の部分を切り落として肉質を確認する。

■ くろまぐろ（天然）赤身と脂身80gあたりの成分比較

	赤身	脂身
エネルギー	92kcal	246kcal
たんぱく質	21.1g	16.1g
脂質	1.1g	22.0g
カルシウム	4mg	6mg
鉄	0.9mg	1.3mg
ビタミンD	4.0μg	14.4μg
ビタミンE	0.6mg	1.2mg

[白身魚]

あなご
穴子・Common Japanese conger

1尾＝50〜150g
体長＝40〜90cm

うなぎに似ているが、体の側面に白い斑点が列になっているのが特徴である。うなぎと同様に開いて調理する。天ぷら、あなごどんぶり、すしだねなどに使われる。栄養価もうなぎに似ており、ビタミンA（レチノール当量）が100gあたり500μgと豊富である。

■ 1尾　可食部80gあたり

エネルギー	117kcal
たんぱく質	13.8g
脂質	7.4g
カルシウム	60mg
ビタミンD	0.3μg
ビタミンE	1.8mg

あんこう
鮟鱇・Anglerfish

中1尾＝3kg
体長＝50cm〜1.5m

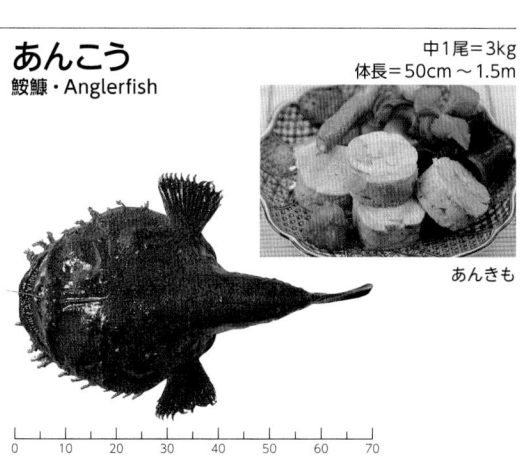

あんきも

あんこうのつるし切り

からだがやわらかく、粘性のある独特の魚。まな板の上でさばくのがむずかしいので、つるし切りにされる。淡白な味の身のほか、皮や、あんきもといわれる肝臓は珍味で、ビタミンA、Eや亜鉛、銅などの微量ミネラルも豊富に含まれている。冬季が美味であんこう鍋などが一般的。あんきもはポン酢などで食べる。

■ 白身ときも可食部80gあたりの成分比較

	白身	きも
エネルギー	43kcal	321kcal
たんぱく質	10.4g	8.0g
脂質	0.2g	33.5g
レチノール活性当量	10μg	6640μg
ビタミンD	0.8μg	88.0μg
ビタミンE	0.6mg	11.2mg
コレステロール	62mg	448mg

かじき類
梶木・Marlins and swordfishes

体長＝4.5m
1切れ＝140g

めかじき

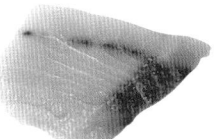

めかじきの切り身

かじきまぐろと俗称されるが、まぐろとは別種。上あごが長く剣のような形をしている。身の色は淡い桃色で脂肪を多く含む。照り焼き、ステーキ、刺身などとして食される。

■ めかじき1切れ　可食部80gあたり

エネルギー	111kcal
たんぱく質	15.4g
脂質	6.1g
カルシウム	2mg
ビタミンD	7.0μg
ビタミンE	3.5mg

かます
魳・Barracuda

1尾＝100g
体長＝40cm

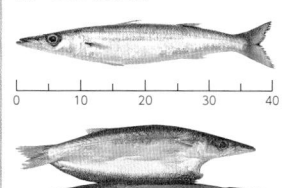

肉質は脂が少なく淡白で、やや水っぽい。塩焼き、すしだね、フライなどに料理される。干物にされることも多い。

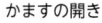

かますの開き

■ 1尾　可食部80gあたり

エネルギー	110kcal
たんぱく質	15.1g
脂質	5.8g
カルシウム	33mg
ビタミンD	8.8μg
ビタミンE	0.7mg

かれい類
鰈・Righteye flounders

中1尾＝200g
体長雌＝40cm

まがれい

平らな体の片側が褐色で両目があり、片側は白い。俗に「左ひらめに右かれい」といわれ、目の位置は体の右側とされる。淡白な味なので、煮付けやフライ料理に向いている。

■ まがれい1/2尾　可食部80gあたり

エネルギー	71kcal
たんぱく質	15.7g
脂質	1.0g
カルシウム	34mg
ビタミンD	10.4μg
ビタミンE	1.2mg

類され、ともに「ツナ」である。成分表では、かつお系の缶詰とまぐろ系の缶詰はそれぞれ別に掲載されている。

きす
中1尾＝40g
体長＝20cm

鱚・Japanese whiting

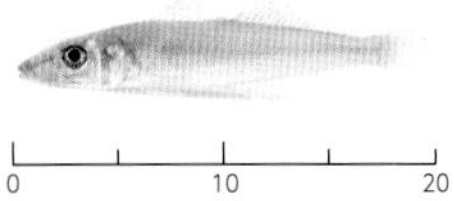

頭と内臓を取り、尾を残して中骨を取る。

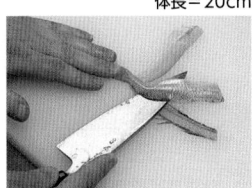

身は淡白であっさりした味。天ぷら、マリネにしたり、身をおろして結びきすにし、わんだねなどに利用する。

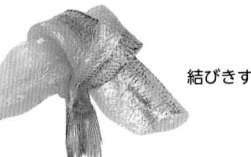

結びきす

■ 4尾　可食部80gあたり

エネルギー	58kcal
たんぱく質	14.8g
脂質	0.2g
カルシウム	22mg
ビタミンD	0.6μg
ビタミンE	0.3mg

さわら
体長＝1m
1切れ＝120g

鰆・Spanish mackerel

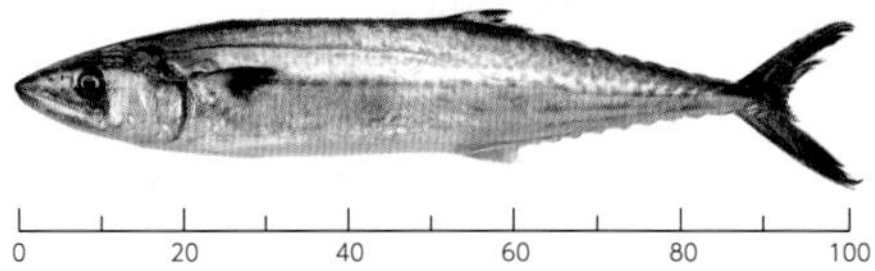

春に多く出回ることから「鰆」の字があてられる。白身魚のなかではやや脂肪が多いが、くせのない味の高級魚。身がやわらかいので、粕漬けやみそ漬けなどにされる。

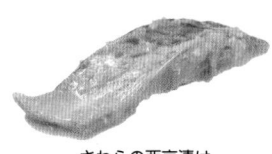

さわらの西京漬け

■ 1切れ　可食部80gあたり

エネルギー	129kcal
たんぱく質	16.1g
脂質	7.8g
カルシウム	10mg
ビタミンD	5.6μg
ビタミンE	0.2mg

さけ・ます類
中1尾＝3kg　体長＝1m
1切れ＝80～100g

鮭・Salmons　鱒・Trouts

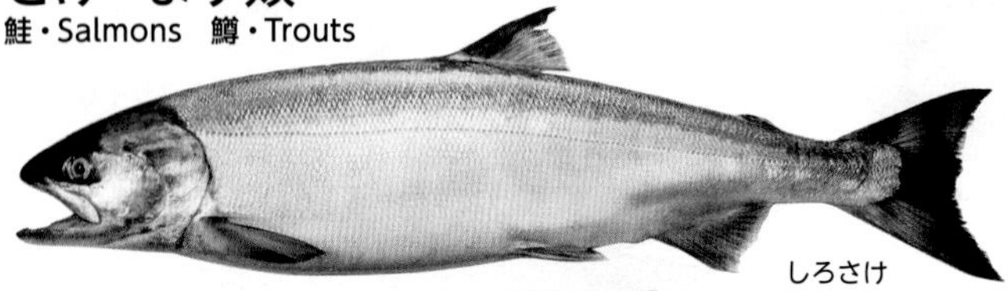

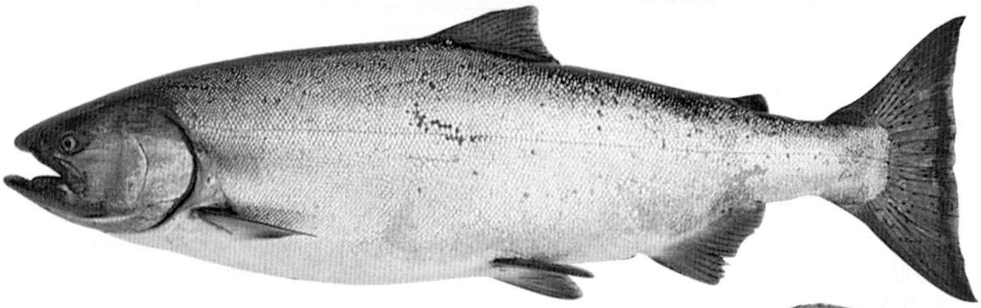

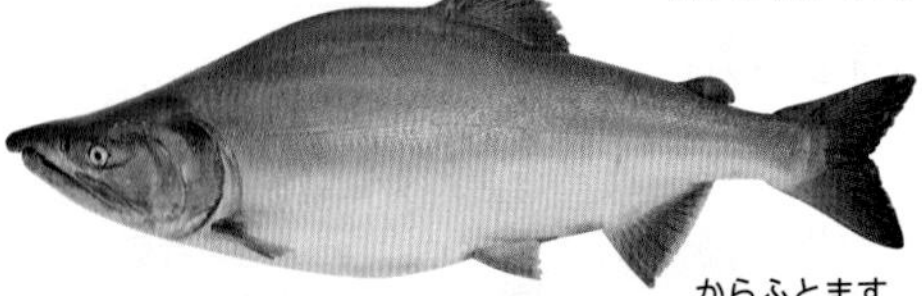

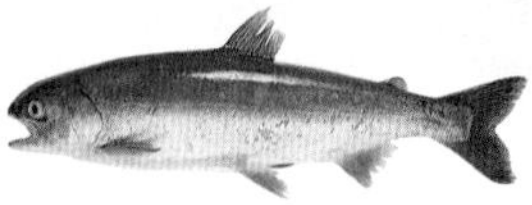

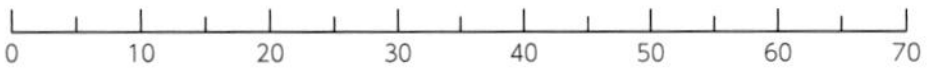

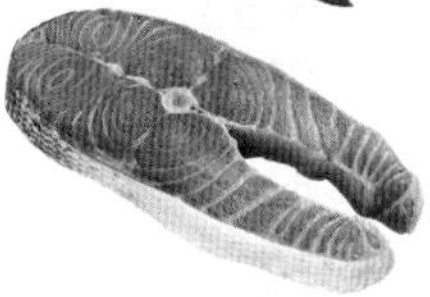

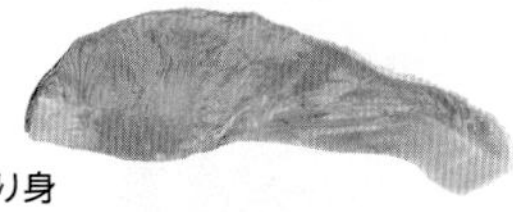

一般に**しろさけ**をさすことが多いが、肉の赤色が濃い**べにざけ**もある。3～5年かけて成熟し、9～1月に生まれた川に戻って産卵する。塩焼き、フライ、鍋物などにする。**すじこ**は卵巣を取り出して水洗いし、塩で漬け込んだもの。すじこが未熟卵なのに対し、**イクラ**は産卵直前の分離した熟卵である。このほか、桜やナラの木を使って塩漬けしたさけをくん製にした**スモークサーモン**や、骨ごと食べられてカルシウム含量の多い水煮缶詰などがある。

しろさけ

ますのすけ（キングサーモン）

からふとます

べにざけ

切り身

すじこ

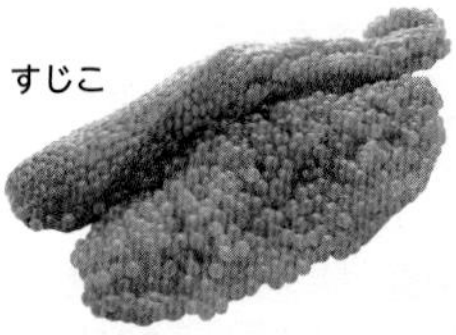

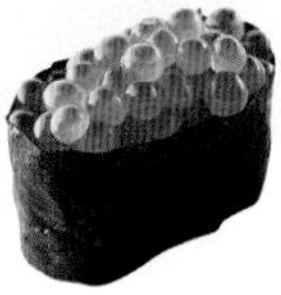

イクラのにぎり寿司

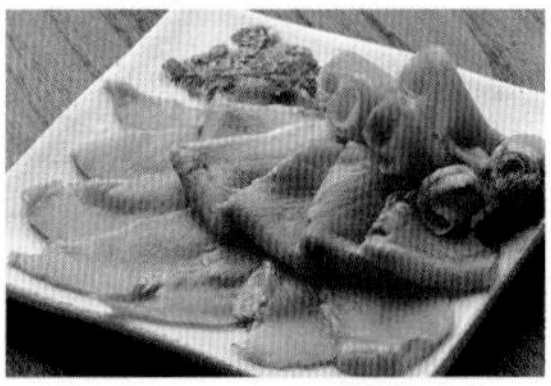

スモークサーモン

■ しろさけ1切れ　可食部80gあたり

エネルギー	99kcal
たんぱく質	17.8g
脂質	3.3g
カルシウム	11mg
ビタミンD	25.6μg
ビタミンE	1.0mg

One Point | 築地市場とは？▶東京都中央区に、1935年に開設された公設の卸売市場で、世界でも有数の規模を誇った。近年はマグロの競りの様子な

ししゃも類
柳葉魚・Shishamo smelt

1尾=22g

生干しは、抱卵している子持ちししゃもが美味。頭ごと食べるのでカルシウムが豊富にとれる。もともとは日本の固有種だが、からふとししゃも（カペリン）の名で安価に流通するものもある。

■ 4尾　可食部80gあたり

エネルギー	122kcal	
たんぱく質	16.8g	
脂質	6.5g	
カルシウム	264mg	
ビタミンD	0.5μg	
ビタミンE	0.6mg	

すずき
鱸・Japanese seaperch

中1尾=1kg　体長=1m
1切れ=100g

成長とともにせいご→ふっこ→すずきと名前が変わる出世魚。淡白な味わいの高級魚で、刺身や寄せ鍋、照り焼きなどにする。和紙で包んで焼く「奉書焼き」も有名。

■ 1切れ　可食部80gあたり

エネルギー	90kcal	
たんぱく質	15.8g	
脂質	3.4g	
カルシウム	10mg	
ビタミンD	8.0μg	
ビタミンE	1.0mg	

たい類
鯛・Sea breams

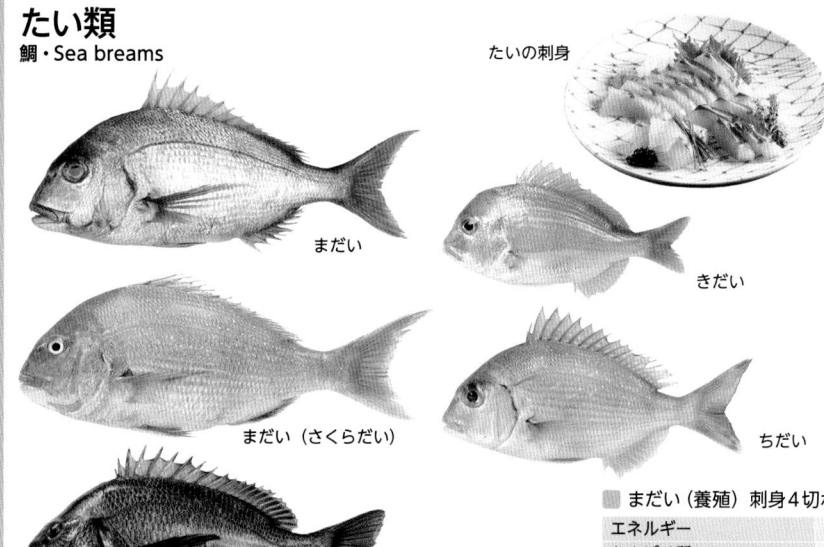

たいの刺身

まだい

きだい

まだい（さくらだい）

ちだい

くろだい

まだい中1尾=500g　体長=60cm
刺身1切れ=20g

まだい、くろだい、ちだい、きだいなどがある。まだいの表皮の赤色はアスタキサンチンという色素。春先に体色がとくに美しくなるため、この時期のものをさくらだいと呼ぶ。脂肪が少なく、味は淡白だが、イノシン酸を含むのでうま味が濃厚である。市場に出回るまだいの約75％が養殖ものである。皮の赤色とその姿の立派さから「めでタイ」と縁起をかつがれ、結婚式や出産など祝いの席で調理されることが多い。

■ まだい（養殖）刺身4切れ　80gあたり

エネルギー	128kcal	
たんぱく質	16.7g	
脂質	7.5g	
カルシウム	10mg	
ビタミンD	5.6μg	
ビタミンE	1.9mg	

たちうお
太刀魚・Hairtail

中1尾=700g　体長=1.5m
1切れ=80g

体を垂直にして立ち泳ぎをしている。肉はやわらかく淡白な味。胴切りにして焼き物やフライなどに用いる。高級かまぼこの材料になる。

■ 1切れ　可食部80gあたり

エネルギー	190kcal	
たんぱく質	13.2g	
脂質	16.7g	
カルシウム	10mg	
ビタミンD	11.2μg	
ビタミンE	1.0mg	

「たい」と名前はついていても……

色や形が似ていたりして「～だい」と名前が付けられていても、タイ科ではない魚がある。

きんめだい（金目鯛）
輝く大きな目が特徴。煮付けや鍋物、あら煮など。

あまだい（甘鯛）
赤、黄、白などの種類がある。鮮度が落ちやすいため一般にみそ漬けや干物にして賞味されることが多いが、新鮮なものを刺身にすると美味である。関西で人気の高級魚。

いぼだい（疣鯛）
別名えぼだい、うぼぜなど。皮が薄く鱗がはがれやすい。英名Butterfishの通り脂は多いが、味は淡白。

魚介類

魚介類 [白身魚]

FISHES & SHELLFISHES

たら類
鱈・Cod fishes

まだらの開き干し

まだら

すけとうだら

まだらの切り身

たらこ

からしめんたいこ

桜でんぶ

しらこ

体長＝1m（まだら）、60cm（すけとうだら）
1切れ＝80g　たらこ1腹＝50g

一般には**まだら**をさすが、すけとうだらもある。胃が大きくどん欲な魚であるといわれ、「たら腹食う」という言葉も生まれた。冬が旬で鍋の具に用いられるほか、身がやわらかいので煮付けや粕漬け、ムニエルなどに料理される。加工品としては、干物や、焼いたたらの身をほぐして調味、着色した**桜でんぶ**などがある。また、**たらこ**、とうがらしで味付けした**からしめんたいこ**など卵も美味である。**しらこ**は雄の精巣で、白くひだ状。ポン酢などで食べる。

まだらとたらこ80gあたりの成分比較

	まだら	たらこ
エネルギー	58kcal	105kcal
たんぱく質	14.1g	19.2g
脂質	0.2g	3.8g
カルシウム	26mg	19mg
レチノール活性当量	8μg	19μg
ビタミンE	0.6mg	5.7mg
コレステロール	46mg	280mg

ぶり・はまち
鰤，鰍・Yellowtail

体長＝1m（ぶり）、40cm（はまち）
1切れ＝100g

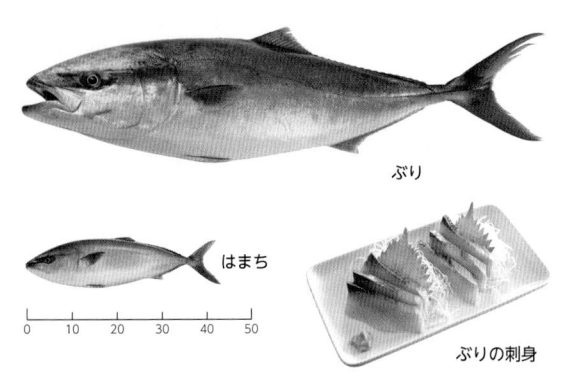

ぶり

はまち

ぶりの刺身

ぶりは、代表的な出世魚（コラム参照）。カムチャツカ半島沖から台湾近海にかけて回遊する回遊魚で、体重は約18kgにもおよぶ。しかし、現在は市場の80％以上が養殖ものである。12月から2月にかけての寒ぶりはもっとも脂がのっている。照り焼き、刺身、煮付けなどにする。ひらまさ、かんぱちなどはぶりの仲間である。

ぶりとはまち1切れ　可食部80gあたり

	ぶり	はまち（養殖皮つき）
エネルギー	178kcal	174kcal
たんぱく質	17.1g	16.6g
脂質	14.1g	13.8g
カルシウム	4mg	15mg
ビタミンD	6.4μg	3.2μg
ビタミンE	1.6mg	3.7mg

出世魚

　成長するにつれて呼び名が変わる魚を「出世魚」という。戦国武将が何度も名前を変えながら出世を遂げたことによる。すずき・まだい・くろまぐろ等が知られるが、なかでもぶりは代表的な出世魚で、多くの地方名を持つ。
　出世魚は、縁起のよい魚として、正月や端午の節句などの祝膳に供される。

	関東	大阪	富山
10cm以下			つばえそ
20cm前後	わかし	つばす	ふくらぎ
40cm前後	いなだ	はまち	ぶり、にまいづる
60cm前後	わらさ	めじろ	ぶり、さんか
100cm以上	ぶり	ぶり	おおぶり

とびうお
飛魚　Flying fish

1尾＝300g

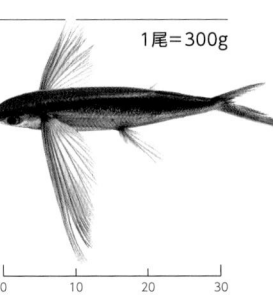

別名あご。胸びれを広げて海面上を滑空するためこの名がついた。300m以上飛ぶこともある。小骨の多い魚だが、脂が少なく淡白。西日本の各地では、料理のだしをとるのに“焼きあご”などを使う。

1切れ　可食部80gあたり

エネルギー	71kcal
たんぱく質	16.8g
脂質	0.6g
カルシウム	10mg
ビタミンD	1.6μg
ビタミンE	1.8mg

One Point| ふぐの毒▶猛毒のテトロドトキシンは、もともとは餌に含まれる細菌がによる毒で、これがふぐの体内で蓄積されたもの。このため餌の種類を

ひらめ
鮃・Bastard halibut

中1尾＝800g
体長＝85cm

一般にかれいよりも大型。味は淡白で刺身などにされる。えんがわと呼ばれる外側の部分は、かたくしまった筋肉に脂がのっている。生食以外では、煮付け、フライ、ムニエルなどに料理する。

0 10 20 30 40 50 60 70 80

■ 1切れ　可食部80gあたり

エネルギー	77kcal	
たんぱく質	16.0g	
脂質	1.6g	
カルシウム	18mg	
ビタミンD	2.4μg	
ビタミンE	0.5mg	

ふぐ類
河豚・Puffer

とらふぐ体長＝70cm

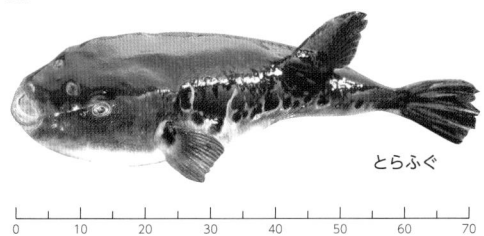

とらふぐ

0 10 20 30 40 50 60 70

山口県下関では縁起をかついでふく（福）と呼ぶ。関西では「当たれば命が危ない」という意味でふぐを"てっぽう"（鉄砲）と呼ぶ。刺身は"てっぽうの刺身"を省略して"てっさ"とも呼ぶ。興奮させると、腹部（胃）をふくらませる。多くの種が内臓（特に卵巣と肝臓）、血液、皮膚にテトロドトキシンという毒をもつため、都道府県ごとにふぐ調理師免許制度とふぐ調理施設の届出制度がある。皮はコラーゲンを多量に含み、独特の歯ごたえがある。ひれは干してひれ酒等にし、皮は酢の物や煮こごり等にする。

ふぐのひれ酒　　ふぐちりとふぐ刺（てっさ）

■ とらふぐ1切れ　可食部80gあたり

エネルギー	64kcal	
たんぱく質	15.4g	
脂質	0.2g	
カルシウム	5mg	
ビタミンD	3.2μg	
ビタミンE	0.6mg	

したびらめ
舌鮃・Sole

1尾＝150g
体長＝25cm

0 10 20 25

うしのしたともいい、「あか」と「くろ」がある。西洋料理では「魚の女王」といわれ、ムニエルやバター焼きにする。下処理をしていない場合は、えんがわをとり、皮をはがすなどの処理をしてから調理する。

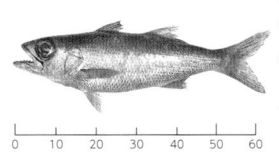

したびらめのムニエル

■ 1尾　可食部80gあたり

エネルギー	71kcal	
たんぱく質	15.4g	
脂質	1.3g	
カルシウム	29mg	
ビタミンD	1.6μg	
ビタミンE	0.5mg	

むつ
鯥・Gnomefish

体長＝60cm
1切れ＝80g

体は赤みを帯びた黒紫色。冬が旬の魚で、脂肪が多く、刺身、鍋の具、煮付け、照り焼きなどに適している。また、かまぼこの原料としても利用される。

0 10 20 30 40 50 60

むつの切り身

■ 1切れ　可食部80gあたり

エネルギー	140kcal	
たんぱく質	13.4g	
脂質	10.1g	
カルシウム	20mg	
ビタミンD	3.2μg	
ビタミンE	0.7mg	

めばる
眼張・Japanese stingfish

1尾＝300g
体長＝30cm

目を見張っているような大きな目からこの名がついた。生育環境（水深）によって体色が赤色、黒色、白色等に変化するため、体色によって赤めばる、黒めばる等と区別して呼ぶこともある。小骨が多いが上品な味の白身魚。

0 10 20 30

■ めばる1切れ　可食部80gあたり

エネルギー	80kcal	
たんぱく質	14.5g	
脂質	2.8g	
カルシウム	64mg	
ビタミンD	0.8μg	
ビタミンE	1.2mg	

変えて養殖すると、テトロドトキシンが少なかったり、全くなくなる場合がある。

魚介類

魚介類 [淡水魚・貝類]

[淡水魚]

あゆ
鮎・Ayu sweetfish

1尾＝60g
体長＝20cm

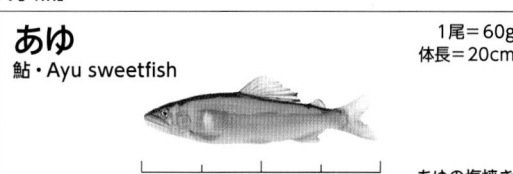

0　　　10　　　20

あゆの塩焼き

あゆには香魚という呼び名もあるとおり、独特の香りがある。夏が旬の魚で、塩焼き、フライ、あゆずしなどのほか、甘露煮、佃煮、塩辛（うるか）などに加工される。

■ 1尾　可食部30gあたり

	天然	養殖
エネルギー	28kcal	41kcal
たんぱく質	5.5g	5.3g
脂質	0.7g	2.4g
カルシウム	81mg	75mg
ビタミンD	0.3μg	2.4μg
ビタミンE	0.4mg	1.5mg

ます類
鱒・Trouts

にじます1尾＝110g
体長＝30cm

にじます

べにます、さくらますなど海産のますは大型で、さけに似ているが、淡水のひめます、にじますは、小ぶりのものが一般的である。養殖ものも多い。塩焼きやムニエルなどにする。

0　　　10　　　20　　　30

■ にじます1尾　可食部80gあたり

	淡水養殖	海面養殖
エネルギー	93kcal	161kcal
たんぱく質	15.8g	17.1g
脂質	3.7g	11.4g
カルシウム	19mg	10mg
飽和脂肪酸	0.75g	2.47g
不飽和脂肪酸	2.10g	6.49g

さけ・ますの仲間

いわなとやまめはともに、さけ、ますの仲間。体長は30cmくらいから60cmくらいのものまである。川釣りの対象として人気があり、養殖も行われている。塩焼きやバター焼きなどに向く。よく似ているが、斑点が小さいのがいわな、斑点が大きいのがやまめである。

いわな
（岩魚・Char）

やまめ
（山女・Seema）

うなぎ
鰻・Eel

中1尾＝150～200g　体長＝1m
かば焼1串＝約80g

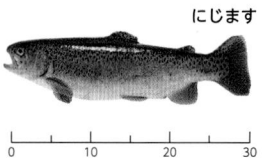

0　　20　　40　　60

肉、肝臓（きも）などにビタミンAを豊富に含んでいる。旬の7月末、土用の丑の日にうなぎを食べる習慣は、夏バテ防止のための知恵である。しょうゆと砂糖の調味液をからめて焼くかば焼が一般的。関東では背開きにして一度蒸してから焼き、関西では腹開きにしてそのまま焼く（白焼き）。また、肝臓は吸い物（肝吸い）にする。

うなぎのかば焼

■ 可食部80gあたり

エネルギー	182kcal	
たんぱく質	13.7g	
脂質	15.4g	
カルシウム	104mg	
ビタミンD	14.4μg	
ビタミンE	5.9mg	

しらうお
白魚・Japanese icefish

10尾＝25g
体長＝5cm

体にうろこや色素がほとんどなく、未発達な状態のまま成熟することが特徴である。無色透明だが加熱すると白くなる。卵とじ、汁の実などに利用する。なお、生きたまま酢じょうゆで食べるおどり食いで有名な魚はしろうお（素魚）で別種。

■ 可食部30gあたり

エネルギー	21kcal	
たんぱく質	4.1g	
脂質	0.6g	
カルシウム	45mg	
ビタミンD	0.3μg	
ビタミンE	0.5mg	

わかさぎ
鰙，公魚・Pond smelt

中1尾＝10g
体長＝15cm

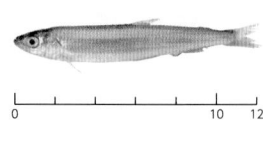

旬は11月から冬にかけての魚。湖での氷上釣り、曳き網などでとる。淡白な味だが、骨ごと食べられるので、カルシウムが豊富にとれる。天ぷら、唐揚げ、マリネなどにして食べる。

0　　　　　　　10　12

■ 2尾　可食部20gあたり

エネルギー	14kcal	
たんぱく質	2.9g	
脂質	0.3g	
カルシウム	90mg	
ビタミンD	0.4μg	
ビタミンE	0.1mg	

あさり
浅蜊・Short-necked clams

むき身1個=2～3g
4cm

豊富な鉄分やビタミン類のほか、コハク酸などのうま味成分も多く含み、よいだしが出るため、汁物に独特の風味を与える。栄養摂取の面からも、水溶性ビタミンも有効にとれる汁ごと食べる調理が適している。コレステロール値を下げる作用をもつアミノ酸の一種タウリンも含んでいる。つくだ煮はむき身をしょうゆ、みりんなどの調味料で煮詰め

たもの。殻つきで砂出しをしていないものは3％くらいの食塩水に数時間つけて砂をはかせてから使う。

■ むき身　30gあたり

エネルギー	たんぱく質	脂質	鉄
8kcal	1.8g	0.1g	1.1mg

はまぐり
蛤・Hard clams

殻つき1個=100g、むき身7～25g
8cm

秋から春が旬。身はややかたく、粘液が少ない。グリシン、アラニン、グルタミン酸などのうま味成分が多い。汁物、焼き物、鍋物、酒蒸しなどに。

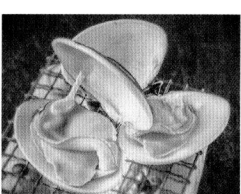

はまぐりの
塩焼き

■ むき身　30gあたり

エネルギー	たんぱく質	脂質	鉄
11kcal	1.8g	0.2g	0.6mg

あわび
鮑・Abalone

殻つき1個=250～300g
15cm

二枚貝にみえるが、巻き貝の一種。貝類のなかでは高価である。コラーゲンなどの硬たんぱく質が多いため肉はかたく、その食感や風味を楽しむ面が強い。刺身のほか、蒸してすしだねにしたりする。干しあわびは中華料理の食材として有名。

あわびの
ステーキ

■ くろあわび1/2個　60gあたり

エネルギー	たんぱく質	脂質	鉄
46kcal	8.6g	0.5g	1.3mg

しじみ
蜆・Freshwater clams

むき身10個=30g
3cm

あさりとほぼ同じ栄養やうま味成分をもつ。あさりよりも小ぶりの二枚貝だが、鉄分やビタミン類はあさりよりも含有量が多い。肝臓の機能を高めるビタミンB12も豊富である。おもに汁物に使う。

しじみ汁

■ むき身　30gあたり

エネルギー	たんぱく質	脂質	鉄
16kcal	2.3g	0.4g	2.5mg

ほたてがい
帆立貝・Scallops

むき身1個=50g
うち貝柱=25g

他の貝類と同様、多くのうま味成分をもち、大きくてやわらかい身は、刺身、フライ、煮付けなどに利用される。干し貝柱は中華料理のだしなどとして利用される。なお、市販されているものの多くは養殖ものである。殻つきのものは、腸などに毒をもつ場合があるので、貝柱とひもの部分以外は食べないようにする。

■ むき身　30gあたり

エネルギー	たんぱく質	脂質	鉄
20kcal	4.1g	0.3g	0.7mg

かき
牡蠣・Oysters

むき身1個=8～15g
8cm

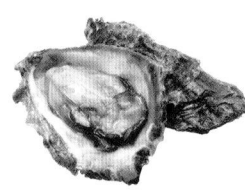

糖質を多く含み、そのほとんどをうま味成分であるグリコーゲンが占めている。「海のミルク」といわれるほど栄養に富んでいる。とくに亜鉛や銅を豊富に含む。栄養成分を生かすには生食が適しており、レモン汁や酢などをあわせて食べるとよい。

■ むき身　30gあたり

エネルギー	たんぱく質	脂質	鉄
17kcal	2.1g	0.7g	0.6mg

二枚貝のすしだねのいろいろ

赤貝
貝殻にはたてに筋があり黒い毛でおおわれている。

あおやぎ
はまぐりに似た二枚貝で「ばか貝」が正式名。おもにむき身で出回る。

とり貝
食用とされるのは貝の足の部分。

ぐりをひっくり返して"ぐりはま"というようになり、これが、ぐれはま→ぐれとなって動詞化したものが"ぐれる"である。　　207

魚介類

[甲殻類]

えび類
海老・Prawns and shrimps

いずれの種類も高たんぱく、低脂肪で糖質は微量という低カロリー食品。独特のうま味はグリシン、アラニンなどのアミノ酸による。殻には、食物繊維のキチン、キトサン質が含まれており、免疫力を高める働きがあるなど、さまざまな効用がある。また、殻ごと食べるとカルシウムも豊富にとれる。加熱すると、殻に含まれている色素が変化して赤くなる（➔p.197）。

あまえび1尾＝10g
くるまえび1尾＝40g

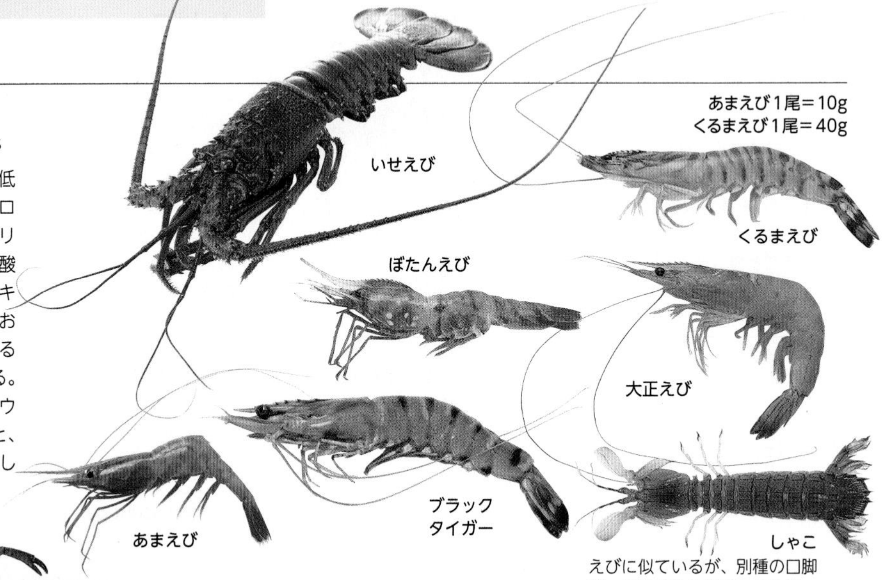
いせえび
くるまえび
ぼたんえび
大正えび
ブラック
タイガー
あまえび
しゃこ

えびに似ているが、別種の口脚類。加熱すると紫褐色になる。

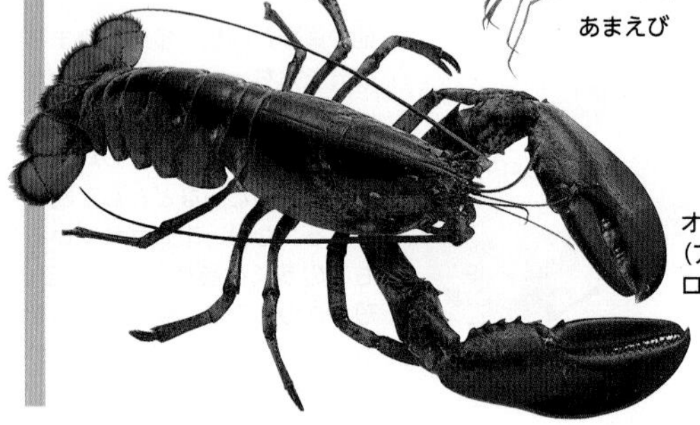

オマールエビ（アメリカンロブスター）

■ くるまえび5尾　可食部100gあたり

エネルギー	90kcal
たんぱく質	21.6g
脂質	0.6g
カルシウム	41mg
ビタミンD	(0)µg
ビタミンE	1.6mg

かに類
蟹・Crabs

えびと似た栄養成分をもつ。塩ゆでして筋肉の発達した脚の肉や身の肉を食べるほか、内臓にあたるかにみそ、卵巣などを食べる。かに特有のうま味はベタインやホマーリンというエキス分。みそ汁や鍋料理、揚げて煮込む料理などにも向いている。加工品としては水煮缶詰があり、サラダや中華料理のかに玉（芙蓉蟹）などに利用される。

毛がに1杯＝400g
ずわいがに生・脚1本＝80g

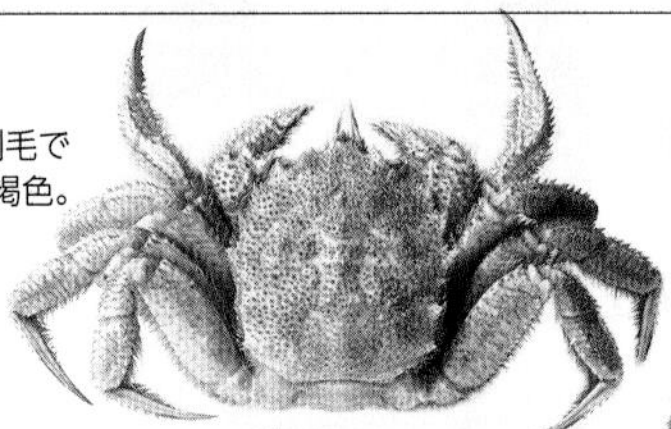

毛がに
体の表面が剛毛でおおわれ、淡褐色。

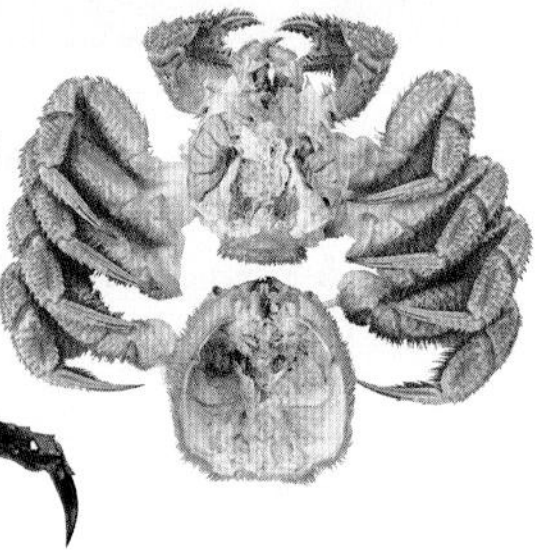

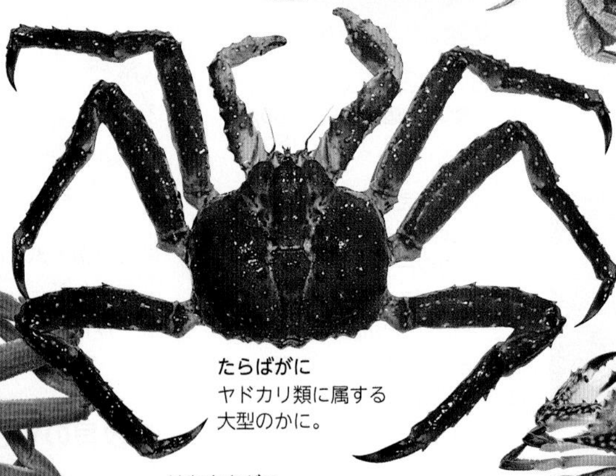

たらばがに
ヤドカリ類に属する大型のかに。

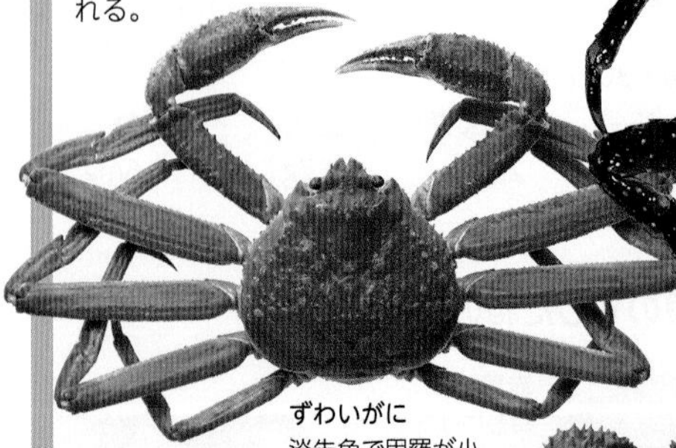

ずわいがに
淡朱色で甲羅が小さく脚が長い。

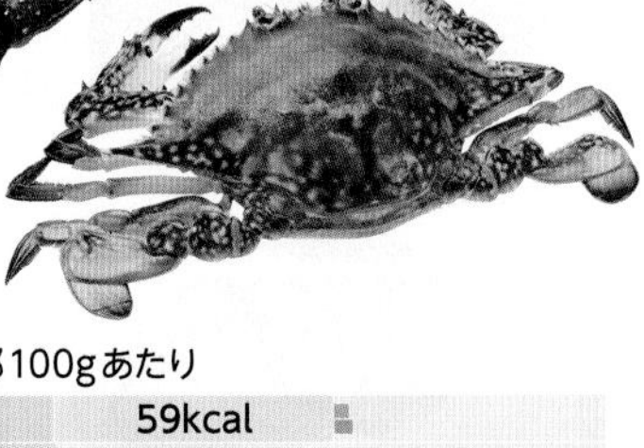

がざみ（わたりがに）
青灰色で、ゆであがると朱色になる。甲羅がひし形。

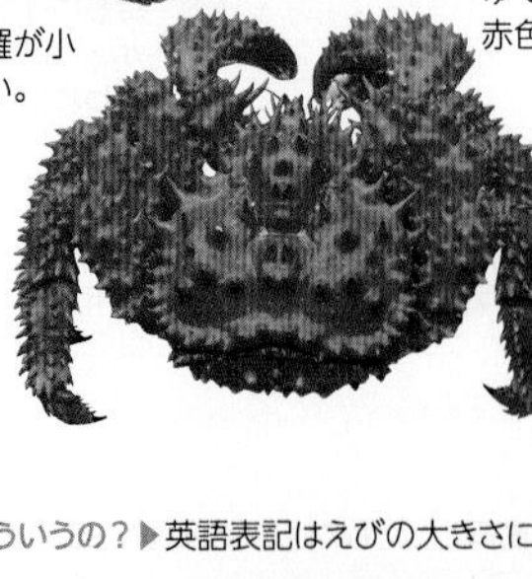

はなさきがに
ゆでるとあざやかな赤色になる。

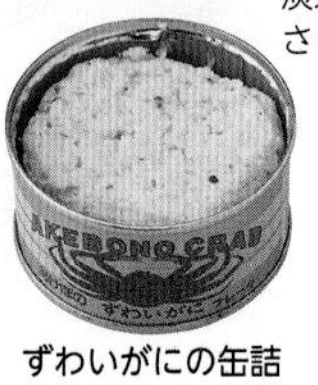
AKEBONO CRAB

ずわいがにの缶詰

■ ずわいがに　可食部100gあたり

エネルギー	59kcal
たんぱく質	13.9g
脂質	0.4g
カルシウム	90mg
ビタミンD	(0)µg
ビタミンE	2.1mg

One Point | 英語でえびってどういうの？▶英語表記はえびの大きさにより使い分ける。いせえびサイズでLobster、くるまえびサイズをPrawn、小さな

いか類
鳥賊・Squids and cuttlefishes

するめいか生1杯＝250〜300g

こういか　　もんごういか　　するめいか

ほたるいか　　　　　　干物

たんぱく質が豊富で脂質や糖質が少ない低カロリー食品。コレステロールを下げる働きのタウリンも豊富に含まれている。また、いかすみに含まれる成分は防腐作用をもつ。独特の歯ごたえとうま味があるので、新鮮なものは刺身、すしだねなどの生食のほか天ぷらなどに向く。加工品としては、干物や肝臓と食塩を使ってつくる塩辛などがある。煮物にする場合、加熱時間が長いと身がしまって固くなり味もしみこみにくいので、味の浸透をよくするために包丁を入れておくとよい。

塩辛

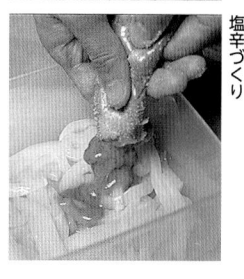

塩辛づくり

するめいか生　可食部100gあたり

エネルギー	76kcal	
たんぱく質	17.9g	
脂質	0.8g	
カルシウム	11mg	
ビタミンD	0.3μg	
ビタミンE	2.1mg	

■ えびの部位

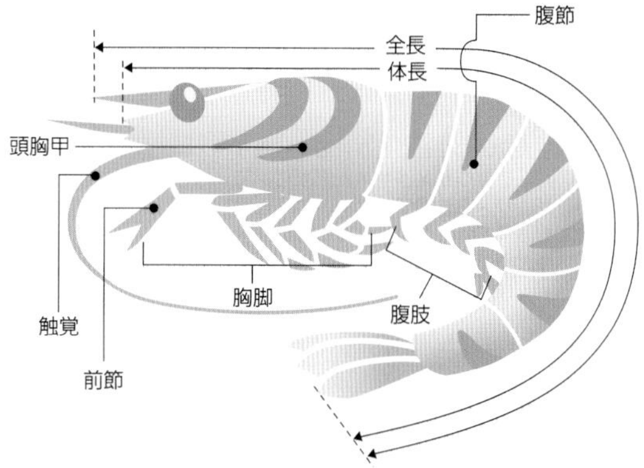

全長
体長
腹節
頭胸甲
胸脚
腹肢
触覚
前節

■ かにの部位

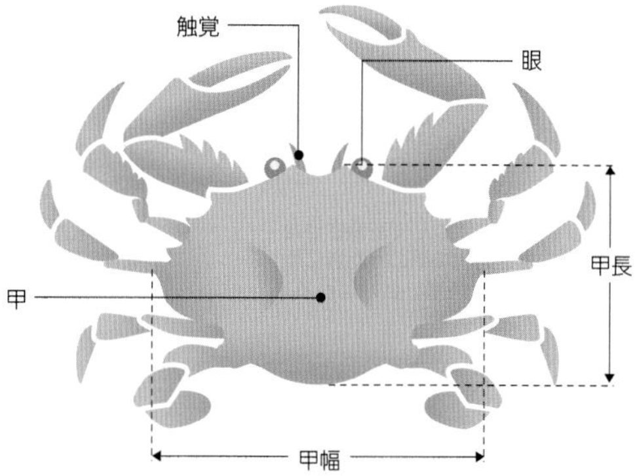

触覚
眼
甲
甲長
甲幅

■ いかの部位

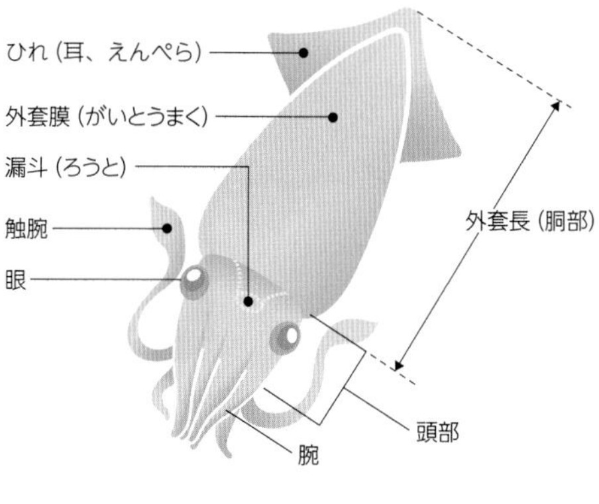

ひれ（耳、えんぺら）
外套膜（がいとうまく）
漏斗（ろうと）
触腕
眼
外套長（胴部）
頭部
腕

■ たこの部位

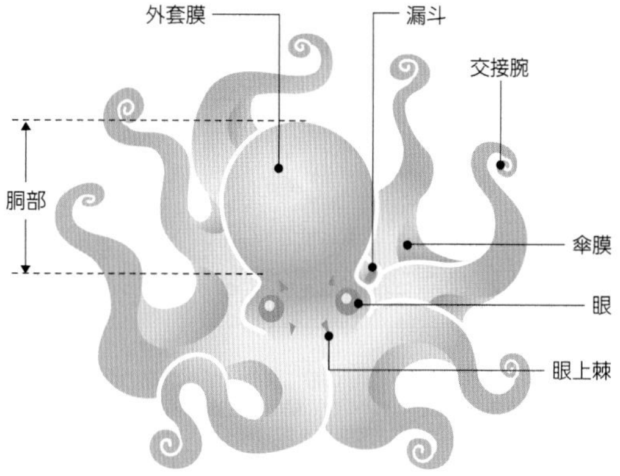

外套膜
漏斗
交接腕
胴部
傘膜
眼
眼上棘

魚介類

魚介類 [軟体類・水産練り製品]

FISHES & SHELLFISHES

[軟体類]

たこ類
蛸・Octopuses

まだこ、いいだこ、みずだこなどがある。成分はいかと似ており、高たんぱくの低カロリー食品である。いかと同じくタウリンを多く含み、コレステロールを下げる働きがある。ゆでて、すしだねや酢だことして利用されるほか、新鮮なものは生の刺身で食べるが、腐敗しても判別がむずかしいので注意する。

いいだこ1杯＝40g
まだこ足1本＝150g

まだこ
体長＝60cm〜1m

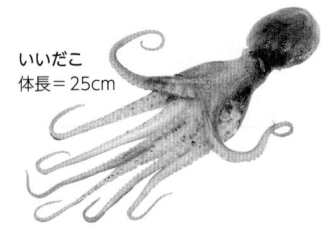

いいだこ
体長＝25cm

たこの刺身

ゆでだこ

■ まだこ足1本　可食部100gあたり

エネルギー	70kcal	
たんぱく質	16.4g	
脂質	0.7g	
カルシウム	16mg	
ビタミンD	(0)µg	
ビタミンE	1.9mg	

■ 珍味いろいろ

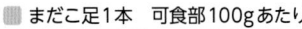

チョウザメ
（ベルーガ）

からすみ
ぼらの若い卵巣を塩漬けして乾燥させたもの。中国・唐の時代の墨のかたちに似ているところから「唐墨」と呼ばれる。長崎県の野母崎産が有名。

キャビア
世界三大珍味のひとつとされるチョウザメの卵。チョウザメはサメと名が付いているが、サメの仲間ではない。カスピ海にすむ体長2mにもなるベルーガのキャビアは大粒で黒褐色の高級品。

ぼら
体長30cm

くらげ（水母、海月）
備前くらげや越前くらげ、あかくらげを食用とする。ほとんどが塩蔵品かそれを干した乾燥品。

うに
海岸にすむ、球形または円盤状の殻に栗のいがのような棘をもつ棘皮（きょくひ）動物。生食用のうには生殖腺（おもに卵巣）を取り出し、塩水で洗ったもの。

ほや
海底の岩に付着して生活する原索動物。最近は養殖ものも多い。皮をむき、刺身や酢の物、焼き物、汁物などにし、独特の歯ごたえと風味を楽しむ。

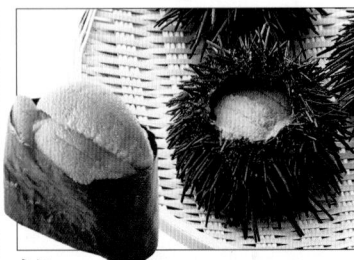

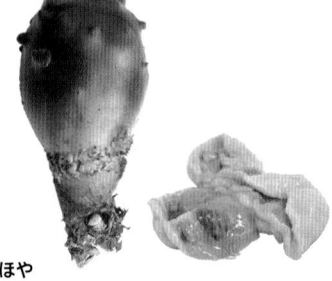

なまこ
コリコリとした食感を味わう。うにと同じ棘皮動物。酢の物などにして食べるが、干物は中国料理の高級素材である。このわたは内臓（腸管）でつくる塩辛。

むつ、すけとうだらなどの魚やいかなどの肉をすりつぶし、調味料、でん粉、香辛料を加えて練り上げ、加熱したもの。

蒸しかまぼこ
蒸し蒲鉾

1本＝250g

魚のすり身に、片栗粉、砂糖、塩、みりんなどを加えて練り上げ、蒸したもの。一般的なかまぼこのほかに、昆布巻きかまぼこなどがある。

■ 50gあたり

エネルギー	たんぱく質	脂質	食塩相当量
47kcal	6.0g	0.5g	1.3g

なると
鳴門

1本＝150g
1切れ＝5g

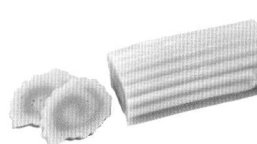

かまぼこの一種。食紅で着色した魚のすり身を無着色のすり身で巻き込み、すだれで巻いて蒸し煮したもの。切り口に赤色の渦巻きがあり、鳴門の渦潮（なるとのうずしお）を連想させることからこの名がある。

■ 50gあたり

エネルギー	たんぱく質	脂質	食塩相当量
40kcal	3.8g	0.2g	1.0g

焼き竹輪

1本＝50g

かまぼこと同じ具材を円筒形の串に巻き付けて成形し、焼いたもの。

■ 50gあたり

エネルギー	たんぱく質	脂質	食塩相当量
60kcal	6.1g	1.0g	1.1g

だて巻き
伊達巻き

1本＝200g
1切れ＝25g

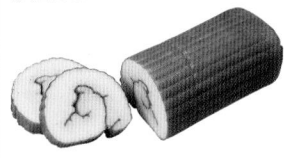

魚のすり身に卵、調味料を混ぜ、すだれで巻いて焼いたもの。正月のおせち料理などに使われる。

■ 50gあたり

エネルギー	たんぱく質	脂質	食塩相当量
95kcal	7.3g	3.8g	0.5g

つみれ
摘入

1個＝20〜30g

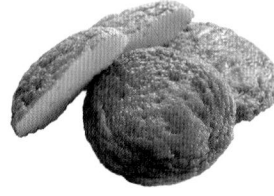

しんじょとも呼ばれる。魚のすり身に塩、卵、小麦粉を加えて練り上げ、成形してゆで上げたもの。わんだねにしたり、鍋、おでんに利用する。

■ 50gあたり

エネルギー	たんぱく質	脂質	食塩相当量
52kcal	6.0g	2.2g	0.7g

はんぺん
半片

1枚＝100g
1切れ＝25g

魚のすり身にやまのいもなどの起泡剤となる材料を加えてゆでたもの。

■ 50gあたり

エネルギー	たんぱく質	脂質	食塩相当量
47kcal	5.0g	0.5g	0.8g

さつま揚げ
薩摩揚げ

小1個＝30〜50g

魚のすり身に調味料を混ぜ、油で揚げる。野菜を入れたり、芯にごぼうやいかの足を入れたりした筒状のものなど多種類ある。おでんの具などに使われる。

■ 50gあたり

エネルギー	たんぱく質	脂質	食塩相当量
68kcal	6.3g	1.9g	1.0g

魚肉ソーセージ

1本＝100g

魚のすり身にラードや香辛料、でん粉や植物性たんぱく質などの副材料を加えて成形したもの。くん製の香りをつけるための液を加えることもある。これを人工のケーシング（袋）につめて加工する。

■ 50gあたり

エネルギー	たんぱく質	脂質	食塩相当量
79kcal	5.8g	3.6g	1.1g

せずに、身代わりとなる分身の術にたとえられる。この粘りがアミノ酸＝うま味であり、料理に向くのもいか墨である。

肉類
MEATS

フィレンツェの朝市　　　　　　　　　牛の加工処理場

1 肉類とは

食生活の近代化にともない、1960年代後半から食肉の需要は急激に増加した。なかでも、牛、豚、鶏はもっともよく利用され、ハム、ソーセージ、ベーコンなど、それらの加工品も多い。また、副生物である内臓各種も栄養価が高く安価であるため、よく利用される。

■ 獣鳥肉の品種

肉牛の品種

●銘柄牛
おもに黒毛和種などから質のよい素牛〈松阪（三重）・近江（滋賀）・常陸（茨城）・米沢（山形）・前沢（岩手）・神戸（兵庫）・仙台（宮城）など〉を選択し、通常より肥育期間を長くかけ濃厚配合飼料を与え育てた牛のこと。つけられた地域名はそこで生まれたのでなく、そこで育てられたということ。

●乳用肥育牛
一般消費肉として、もっとも利用されている国産牛。ホルスタインなどの乳用牛のうち、雄を大きく育てたもの。

黒毛和種
和牛の一種。とくに九州・東北・中国地方で飼われており、銘柄牛の多くが黒毛和種。肉質はやわらかく、脂肪が筋繊維の間に細かく沈着した極上の「霜降り肉」ができる。

ヘレフォード
外国種の一種。イングランド・ヘレフォード州原産。その後世界に普及し、とくにアメリカ、アルゼンチンでの飼育が多い。日本では昭和40年代を中心に、4千頭以上輸入された。

豚の品種

豚の品種は約400種類。肉用豚の90%以上は、次に例示した「純粋種」を交配してつくった「交雑種」。

大ヨークシャー種
イングランド原産。赤肉と脂肪の割合が適度で良質のベーコンができる。国内2位の生産量。

ランドレース種
デンマーク原産。ロースハムやベーコンなど加工用に適している。最も生産量が多い。

デュロック種
アメリカ原産。発育が早く、肉質もすぐれている。比較的少ない飼料で育つ経済的な品種。

バークシャー種
イングランド原産。すぐれた肉質をもつ。「黒豚」と表示されるのはこれ。鹿児島でおもに生産される。

鶏の品種

ブロイラー
アメリカで改良された若鶏専用鶏。短期間に成長し、飼料の効率がよい大量生産のにわとり。おもに3か月未満で出荷される。地鶏に比べ安価。ブロイラーとは英語の「broil」（ブロイル：あぶる、焼く）から、そうした調理に向く肉という意味でつけられた名前。

名古屋コーチン（名古屋種）
歯ごたえや風味のすぐれた高級鶏肉の代表格。卵も多く産み、肉も美味。とくに第二次世界大戦前は多く飼育されていた。地鶏（→p.218）の一種。

薩摩地鶏
鹿児島県で主に生産される地鶏。薩摩シャモと白色プリマスロックとの交配種。比内地鶏と名古屋コーチンと並ぶ日本三大地鶏のひとつ。

2 栄養上の特徴

肉の種類、部位、飼育条件により、それぞれ違いはみられるが、たんぱく質、脂質、鉄分、ビタミンB₁の供給源である。ただし、脂肪は飽和脂肪酸が多いので摂りすぎに注意する。内臓にはビタミン、ミネラルが多く含まれている。

食肉は屠殺直後では肉質もかたく、うま味も乏しいが、一定期間冷却しながら保存すると肉は再びやわらかくなり、保水性も増して美味になる。この過程を「エージング（熟成）」という。

一般的に、食肉は加熱調理するが、加熱によってたんぱく質が熱変化し、消化吸収が容易となる。

■ 可食部100gあたりの栄養素 (g)

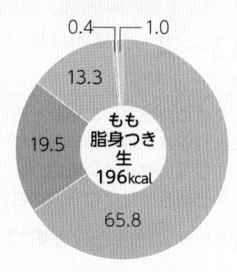

うし（乳用肥育牛肉）
ビタミンB群、鉄分が多い。

もも
脂身つき
生
196kcal

0.4 — 1.0
13.3
19.5
65.8

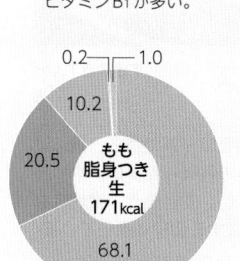

ぶた（大型種肉）
ビタミンB₁が多い。

もも
脂身つき
生
171kcal

0.2 — 1.0
10.2
20.5
68.1

にわとり（若どり）
皮を除くと脂肪が減り、低エネルギーである。ビタミンAを多く含む。

もも
皮つき
生
190kcal

0 — 0.9
14.2
16.6
68.5

凡例：
- 水分
- たんぱく質
- 脂質
- 炭水化物
- その他(灰分)

■ 脂身（または皮）つきとなしの場合の栄養比 (可食部100gあたり)

凡例：脂身つき（鶏の場合は皮つき）／なし

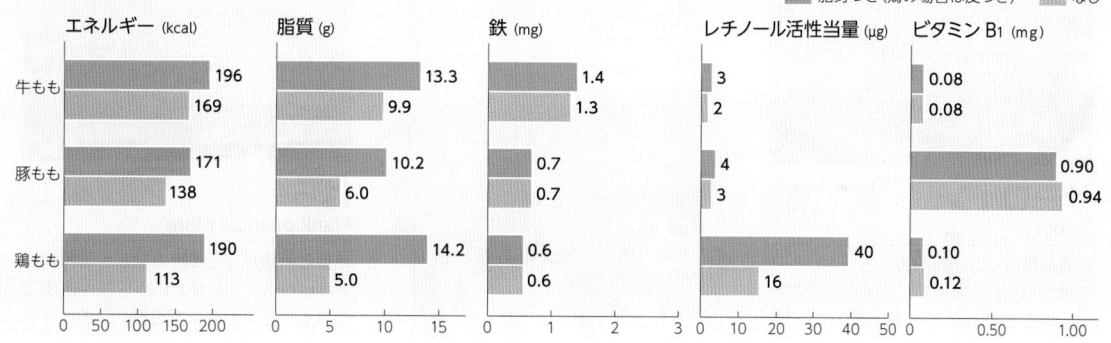

	エネルギー (kcal)	脂質 (g)	鉄 (mg)	レチノール活性当量 (μg)	ビタミンB₁ (mg)
牛もも	196 / 169	13.3 / 9.9	1.4 / 1.3	3 / 2	0.08 / 0.08
豚もも	171 / 138	10.2 / 6.0	0.7 / 0.7	4 / 3	0.90 / 0.94
鶏もも	190 / 113	14.2 / 5.0	0.6 / 0.6	40 / 16	0.10 / 0.12

3 選び方・保存方法

	選び方	保存方法
牛肉	きめが細かく、しまっていて、つやのある鮮紅色のものがよい。脂肪は粘りのある白色または乳白色のものが良質。	肉汁の蒸発を防ぐため、空気に触れないよう密封し、チルド室で保存する。5日がめやす。それ以上保存する場合は冷凍する。ただし、ひき肉は買った当日に使い切り、残った場合には加熱調理してから冷凍する。
豚肉	淡いつやのあるピンク色で、表面脂肪以外の脂肪が少ないほどよい。表面脂肪は白く、つやと粘りがあるものがよい。脂肪が白いものがよい。黄色がかっているものは、鮮度が落ちている。	牛肉と同様の方法で保存する。ただし、保存は3日がめやす。
鶏肉	肉に厚みのあるもの、処理後4〜8時間がもっともおいしい。毛穴が盛り上がり、肉の色が鮮やかで、皮と脂肪に透明感があるものが新鮮。	非常に傷みやすいので、なるべく早く使い切る。冷凍保存する場合は下ごしらえする。

肉の表示

国産豚肉につけられるマーク

新鮮・安心・おいしい
Jポーク
国産豚肉

豚肉のほか、牛肉（Jビーフ）、鶏肉（Jチキン）にもマークがある。

● SPF豚
Specific Pathogen Free（特定病原菌不在）豚の略称で、特定の病気にかかっていないことが証明された豚のこと。肉質はやわらかく、風味もよく、豚肉特有の臭みが少ない。

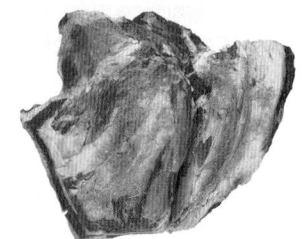

かた
Chuck

肉質はややかたい。筋や膜などが多くゼラチン質に富むので、エキスを生かすスープをとったり、カレーやシチューなどの煮込み料理に適している。

厚切り1枚＝100g

■ 100gあたり　231kcal　脂質19.8g

かたロース
Chuck loin

背中の筋肉であるロースのうち、肩に近い部分。脂肪分の霜降りが多い。やわらかく、風味がよい。すき焼き、網焼きなど、薄くスライスする調理に適している。

すき焼き1人分＝150g

■ 100gあたり　295kcal　脂質26.4g

リブロース
Rib loin

筋が少なくきめが細かい、霜降りの最上肉。かたまりのまま焼くローストビーフやステーキなどに適している。たんに「ロース」という場合はリブロースのこと。

厚切り1枚＝150g

■ 100gあたり　380kcal　脂質37.1g

サーロイン
Sirloin

適度な霜降りと、風味のよさで、ヒレに次ぐやわらかさをもつ。肉そのもののおいしさを味わうステーキに適している。肩からももに至る「ロイン」の中で最高級部位。

ステーキ1人分＝150g

■ 100gあたり　313kcal　脂質27.9g

■ 牛の部位

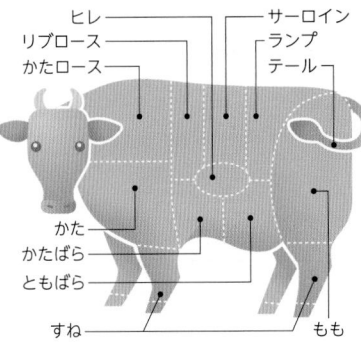

ヒレ
リブロース
かたロース
サーロイン
ランプ
テール
かた
かたばら
ともばら
すね
もも

ばら
Flank or short plate

赤身と脂肪が交互に層をなし、三枚肉とも呼ばれる。少しかたいが、味は濃厚でじっくり煮ると風味が出る。シチューや角煮、炒め物などに適する。焼肉のカルビはこの部分。

■ 100gあたり　381kcal　脂質39.4g

もも
Inside round

ややきめの粗い赤身肉で、肉質がやわらかい。焼き肉や煮込み料理など、利用範囲は広い。ももの外側のそとももはややかたく、ゼラチン質が豊富なので、煮込みや薄切りでの調理に向く。また、コンビーフの材料になる。

■ 100gあたり　196kcal　脂質13.3g

ヒレ
Fillet

別名テンダーロイン。サーロインの内側の部分で、全重量の2〜3%しかない。脂肪は少ない。きめが細かくもっともやわらかい最高級部位。おもにステーキに用いるが、加熱しすぎないレアの状態がおいしい。

■ 100gあたり　177kcal　脂質11.2g

ひき肉
挽肉・Ground meat

かた、そともも、すねなどのかたい部分や各部位をさばいて余ったものがひき肉にされる。うま味を増すために牛脂を加えたものや、脂肪の少ない赤身肉をひいたものなどがある。ハンバーグや肉だんごなどに使用する。

■ 100gあたり　251kcal　脂質21.1g

肉類
卵類
乳類
油脂類
菓子類
し好飲料類
調味料・香辛料類
調理済み流通食品
外食・中食
市販食品

[副生物]

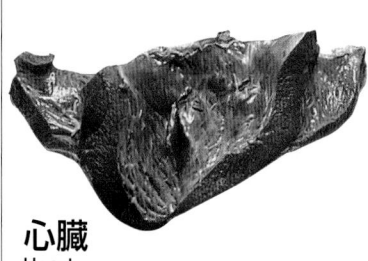

心臓
Heart
英語の"Hearts"から**はつ**と呼ばれる。肉厚でかたく、味は淡白。脂質は少なく、ビタミンB1・B2、鉄の含有量が多い。筋繊維が細かいのでコリコリした歯ごたえがある。血抜きしてから焼き物、煮物、揚げ物などにする。

■ 100gあたり | 128kcal | 脂質7.6g

じん臓
Kidney
形が豆に似ていることから**まめ**と呼ばれる（いんげんまめは英語で"Kidney beans"）。脂肪が少なく、ビタミンB2や鉄分が豊富。シコシコした歯触り。薄切りにして塩焼きやバター焼きにする。表面がなめらかで、弾力のあるのがよい。

■ 100gあたり | 118kcal | 脂質6.4g

舌
Tongue
英語の"Tongue"から**たん**と呼ばれる。脂肪が多く、濃厚な味。かたい表皮がついたままの場合、水で煮てはぎ取ったのち調理する。繊維が多くかたいので、かたまりのままシチューなどの煮込み料理にしたり、薄切りにしてタン塩にする。

■ 100gあたり | 318kcal | 脂質31.8g

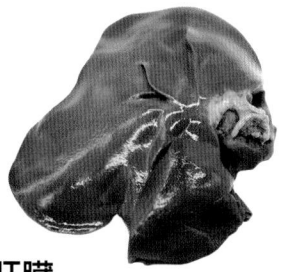

肝臓
Liver
レバーのこと。血液のくさみがあるので、3％の食塩水につけてももみ洗いして血抜きし、牛乳にひたしてくさみをとるなどの下ごしらえをする。鉄分、ビタミンA、B群の宝庫。炒め物や煮物などに利用する。

■ 牛の部位（副生物）

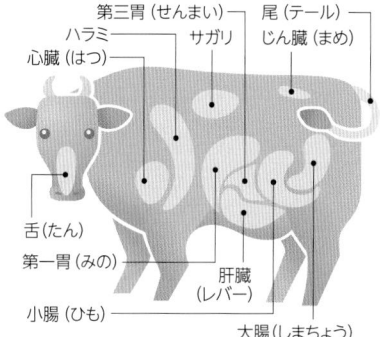

第三胃（せんまい）
尾（テール）
ハラミ
サガリ
じん臓（まめ）
心臓（はつ）
舌（たん）
第一胃（みの）
肝臓（レバー）
小腸（ひも）
大腸（しまちょう）

■ 肝臓　可食部100gあたり

エネルギー	119kcal
たんぱく質	19.6g
脂質	3.7g
鉄	4.0mg
レチノール活性当量	1100μg
ビタミンB1	0.22mg

尾
Tail
テールと呼ばれる。骨を中心に脂肪が多く、高たんぱくのコラーゲンを多く含んでおり、煮込むとゼラチン化してとろりとしたおいしさになるので、ポトフやシチューなどの長時間煮込む料理に向いている。骨の関節で切り離して調理する。肉づきのよい付け根の部分をステーキにすることもある。

■ 100gあたり | 440kcal | 脂質47.1g

■ 牛の胃腸

牛には形状の違う4つの胃と横隔膜、腸などがあり、そのほとんどすべてが食べられる。新鮮さが求められ、店頭ではあまり販売されていないが、焼き肉店などでは、その独特の歯ごたえを楽しむ焼き肉や煮込み料理として利用される。

胃

第一胃（みの）
切り開くと簑笠のような三角形になる。ガツともいう。

第二胃（はちのす）
蜂の巣に似た形状。

第三胃（せんまい）
胃壁が1000枚のひだのように見えることから。

第四胃（ギアラ）
あかせんまいともいう。

腸

小腸（ひも）
かたいので煮込みはじっくりと味をしみ込ませる。たれにつけて焼いたり、ザーサイと炒めたりする。

大腸（しまちょう）
小腸より厚くて太い。煮込みや炒め煮に。

横隔膜

ハラミとサガリ
横隔膜の背中側の部分がハラミ、横隔膜の筋肉部がサガリ。赤身肉に似ており、焼き肉や煮込み料理にする。

肉類 [ぶた・豚肉] Pork (大型種肉)
MEATS

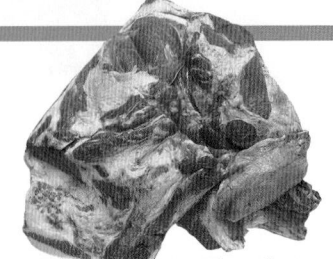

かた
肩・Picnic shoulder

前足のつけ根を中心とした部分。もっとも運動する部分のため、肉質はややかたい。脂肪が少なく、筋が多いが、うま味も多い。煮込み料理やひき肉の材料などに適している。

厚切り1枚＝100g

■ 100gあたり **201kcal** 脂質14.6g

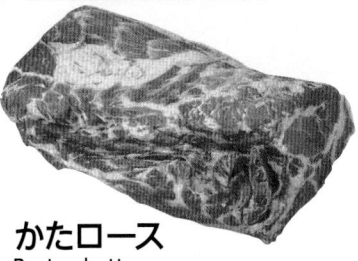

かたロース
Boston butt

肉質はやわらかく、風味がある。赤身と脂肪が適度に混じり合い、かた肉とロースを合わせたようなうま味がある。かたまりで焼き豚、ローストポークにしたり、焼き肉などに調理される。

■ 100gあたり **237kcal** 脂質19.2g

ロース
Loin

背中の中央にあるピンク色の肉で、背面に白色の厚い脂肪層があり、ここにうま味と風味がある。肉質は細かく、やわらかでこくがある。とんかつやソテーに適している。

厚切り1枚＝150g

■ 100gあたり **248kcal** 脂質19.2g

ばら
Belly

三枚肉とも呼ばれる。赤身と脂肪の層があり、きめは粗いがかたくはない。風味とこくがすぐれている。煮込み料理、スープなどに向く。骨付きのばら肉はスペアリブといい、香辛料を加えてオーブンで焼いたり、煮込み料理にする。

■ 100gあたり **366kcal** 脂質35.4g

■ 豚の部位

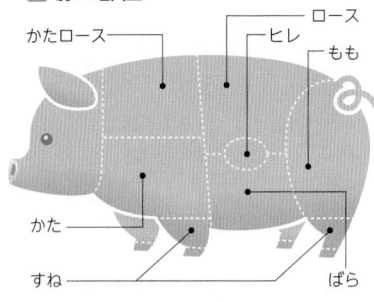

かたロース　ロース　ヒレ　もも　かた　すね　ばら

もも
Inside ham

肉質がやわらかく赤身で脂肪が少ない。厚切りにしてソテーしたり煮込み料理に利用するほか、薄切りで焼き肉、煮物などにも適している。**そともも**はややきめが粗く、かたい肉質で安価。味はよいので、薄切りにし焼いたり炒めたりする。

■ 100gあたり **171kcal** 脂質10.2g

ひき肉
挽肉・Ground meat

かたやすねなどのかたい部分をひいたものが多く、脂肪分が多めである。上ひき肉は赤身のもも肉をひいたもので低エネルギー。しゅうまいやぎょうざ、ロールキャベツ、肉だんごなどのほか、炒め物などにも利用される。

■ 100gあたり **209kcal** 脂質17.2g

ヒレ
Fillet

ロースの内側の部分で、1頭から2本とれ、1本1kg前後の貴重部位。きめが細かくもっともやわらかい最上肉。脂肪がほとんどなく、淡白な味なので、厚切りにしてとんかつやソテー、薄切りにして網焼きなどに調理する。

■ 100gあたり **118kcal** 脂質3.7g

合いびき肉
豚肉と牛肉を混ぜてひいたもので、牛肉のうま味と豚肉の脂分がほどよい。牛6：豚4程度の割合が美味。

■ 100gあたりの成分比較

	たんぱく質	コレステロール	鉄	ビタミンB₁	ビタミンB₂
かた（脂身つき）	18.5g	65mg	0.5mg	0.66mg	0.23mg
ロース（脂身つき）	19.3g	61mg	0.3mg	0.69mg	0.15mg
ヒレ（赤肉）	22.2g	59mg	0.9mg	1.32mg	0.25mg
ばら（脂身つき）	14.4g	70mg	0.6mg	0.51mg	0.13mg

肉類
卵類
乳類
油脂類
菓子類
し好飲料類
調味料・香辛料類
調理済み流通食品類
外食・中食
市販食品

[副生物]

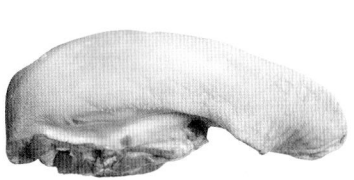

舌
Tongue

牛たんよりもやわらかな肉質。表皮も牛よりは薄いが、取り除いて使う。ビタミンやミネラルが豊富に含まれている。根元から舌先になるほど肉質がかたくなるので、煮込んだり、薄切りにして焼いたり揚げたりするとよい。

■ 100gあたり　205kcal　脂質16.3g

じん臓
Kidney

形からまめと呼ばれる。赤褐色でつやがある。こくがあり比較的くせがない。しこしことした食感。脂肪が少なく低カロリー。ビタミン類や鉄が豊富。くさみのある内部の尿腺を取り除き、モツ焼き、炒め物、煮込みなどにする。

■ 100gあたり　96kcal　脂質5.8g

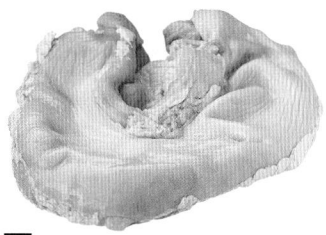

胃
Stomach

英語のguts（腹、はらわた）から、通称がつ。肌色の扁平な形をしており、一般的にはゆでて売られている。歯ごたえがあり、くさみがなく食べやすい。下ゆでしてから調理し、モツ焼き、煮込みなどにする。

■ 100gあたり　111kcal　脂質5.1g

小腸
Small intestine

通称ひも。歯ごたえのある食感。長時間ゆでてあくや脂肪を抜き、串焼きや濃い味付けの煮込み料理などにする。フランクフルトソーセージは、これに原料肉を詰める。

■ 100gあたり　159kcal　脂質11.9g

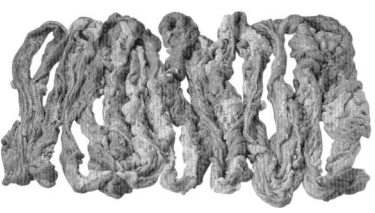

大腸
Large intestine

縞模様が表面にあることから、通称しまちょう。脂肪が多く、牛よりも食べやすい。太くてコリコリとした歯ごたえがあり、モツ焼きやマリネに適している。沖縄では吸い物の具として利用される。

■ 100gあたり　166kcal　脂質13.8g

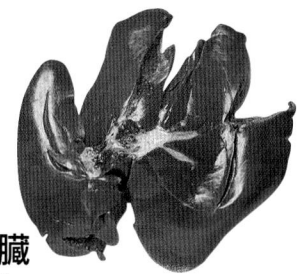

肝臓
Liver

牛のレバーよりやや色が薄く、くせが少ないが、下ごしらえは同様に必要である。鉄分、ビタミンA、B群の宝庫。炒め物や揚げ物、ソテーや煮込みなどのほか、裏ごししたレバーペーストとして食べてもよい。

■ 100gあたり　114kcal　脂質3.4g

足ティビチ

■ 肝臓　可食部100gあたり

エネルギー	114kcal
たんぱく質	20.4g
脂質	3.4g
鉄	13.0mg
レチノール活性当量	13000μg
ビタミンB$_1$	0.34mg

豚足
Feet

足の骨と爪以外を食べる。ゼラチン質が多く、よく煮込むととろりとしてやわらかくおいしい。沖縄では、昆布と一緒に煮込む足ティビチという料理がある。タレで煮込んでスライスしたチョッパルという韓国料理もある。

■ 100gあたり　227kcal　脂質16.8g

ゼラチンとは

　ゼリーや洋菓子などをつくる際に使われるゼラチン。これはおもに豚の皮や結合組織のなかにあるたんぱく質（コラーゲン）と骨のなかにあるたんぱく質（オセイン）からつくられている。粉末状のもののほか、板状のものもある。粉末は少量の水でふやかして戻したあと、果汁などに加えて溶かす。室温ではかたまらないので冷蔵庫でかためる。

肉類 [にわとり・鶏肉] Chicken

MEATS

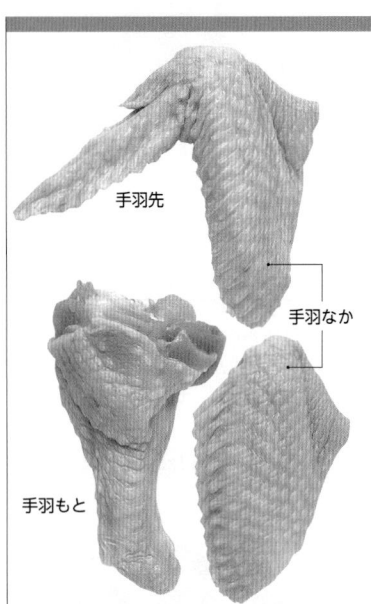

むね
Breast
1枚＝300g

肉の色はもも肉よりも白っぽく、脂肪が少ない。味は淡白でやわらかく、揚げ物、焼き物、煮物、蒸し物など利用範囲が広い。もも肉に比べて安価。

■ 100gあたり　**133kcal**　脂質5.9g

もも
Thigh
1枚＝200g

肉質はややかたくて筋が多いが、脂肪が多めで、とくに骨付きのものは独特のうま味がある。ソテーやフライドチキン、煮込み料理などに利用する。筋を断つように切り、皮と赤身のあいだにある脂肪は、余分な皮と一緒に取ってもよい。

■ 100gあたり　**190kcal**　脂質14.2g

手羽
Wing
1本＝100g

翼の部分で、付け根を**手羽もと**（ウイングスティック）、中ほどから先の部分を**手羽先**といい、あわせて全体を手羽という。肉は少ないが、脂肪やゼラチン質が多くうま味がある。唐揚げや煮込み料理などに適している。

■ 100gあたり　**189kcal**　脂質14.3g

■ 鶏の部位

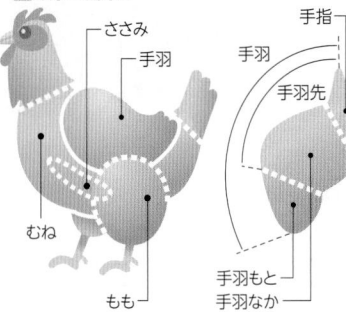

手羽先

手羽なか

手羽もと

ささみ

手羽

手羽先

手指

手羽

手羽もと
手羽なか

むね

もも

ささみ
Sasami
1枚＝40g

胸肉の内側の骨にそって左右1本ずつある部位で、笹の葉の形に似ていることからこの名がある。牛・豚肉のヒレにあたる部分で、脂肪が少なくやわらかい。味も淡白。新鮮なものは筋を取り除いて刺身にしたり、湯通ししてあえ物、わんだねなどに利用する。

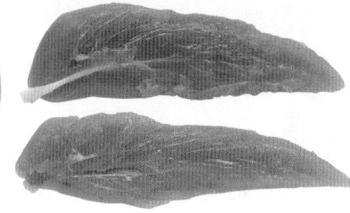

ささみの筋切り

■ 100gあたり　**98kcal**　脂質0.8g

皮（むね）
Skin
1枚＝100g

脂肪が多く、やわらかい。味は濃厚。他の部位に比べて価格は安い。炒め物や煮物などに利用するとこくが出る（副生物）。

■ 100gあたり　**466kcal**　脂質48.1g

ひき肉
挽肉・Ground meat

若鶏からひな鶏までの各部位を混ぜてひいたもの。しょうがなどを加えてくさみをとり、つくねやそぼろにして利用する。

■ 100gあたり　**171kcal**　脂質12.0g

■ 100gあたりの成分比較

	たんぱく質	コレステロール	鉄	レチノール活性当量	ビタミンB$_1$	ビタミンB$_2$
手羽（皮つき）	17.8g	110mg	0.5mg	47µg	0.07mg	0.10mg
むね（皮つき）	21.3g	73mg	0.3mg	18µg	0.09mg	0.10mg
もも（皮つき）	16.6g	89mg	0.6mg	40µg	0.10mg	0.15mg
ささみ	23.9g	66mg	0.3mg	5µg	0.09mg	0.11mg

　One Point 地鶏の定義 ▶ 国産銘柄鶏の総称だが、地鶏と銘打つには特定JAS規格を満たす必要がある。❶日本在来種由来の血統が50％以上、❷孵

肉類
卵類
乳類
油脂類
菓子類
し好飲料類
調味料・香辛料類
調理済み流通食品類
外食・中食
市販食品

[副生物]

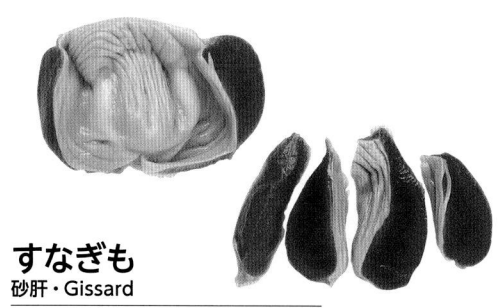

すなぎも
砂肝・Gissard

第二胃。別名筋胃。鶏独特の内臓で胃袋の筋肉部分。脂肪がほとんどなく、たんぱく質が多い。コリコリとした歯ごたえがある。焼いたり、から揚げ、炒め物にする。

　■ 100gあたり　86kcal　脂質1.8g

肝臓
Liver

焼き鳥1本＝30g

鶏のレバーはきめが細かく、くせがないので食べやすい。鉄分、ビタミンA、B群の宝庫。周囲の脂肪を取り下ごしらえをしてから使う。焼き鳥のほか、煮物や揚げ物、炒め物にする。

■ 可食部100gあたり

エネルギー	100kcal
たんぱく質	18.9g
脂質	3.1g
鉄	9.0mg
レチノール活性当量	14000μg
ビタミンB1	0.38mg

■ 調理による肉の栄養成分変化

『日本食品標準成分表』では生の食肉のほか、「焼き」「ゆで」さらに「揚げ」といった調理後の成分値も合わせて分析している。焼いたりゆでたりすることによって成分にどのような変化があるかを知り、さまざまな調理方法を工夫しよう（分析値はすべて100gあたりの数値である。食肉は加熱することによって重量が減るため、生100g＝調理後の肉100gにはならない。同じ100gでも、調理後の肉の方がもとの分量は多めである）。

■ 乳用肥育牛肉（100gあたり）

		エネルギー	たんぱく質	脂質	コレステロール	鉄	レチノール活性当量	ビタミンB1	ビタミンB2
リブロース (脂身つき)	生	380kcal	14.1g	37.1g	81mg	1.0mg	13μg	0.05mg	0.12mg
	焼き	457kcal	20.4g	45.0g	110mg	1.4mg	14μg	0.07mg	0.17mg
	ゆで	428kcal	17.2g	43.0g	100mg	1.2mg	14μg	0.04mg	0.11mg
もも (皮下脂肪なし)	生	169kcal	20.5g	9.9g	67mg	1.3mg	2μg	0.08mg	0.21mg
	焼き	227kcal	28.0g	13.2g	87mg	1.7mg	0μg	0.10mg	0.27mg
	ゆで	235kcal	28.4g	13.8g	94mg	1.7mg	0μg	0.07mg	0.23mg

■ 豚大型種肉（100gあたり）

		エネルギー	たんぱく質	脂質	コレステロール	鉄	レチノール活性当量	ビタミンB1	ビタミンB2
ロース (脂身つき)	生	248kcal	19.3g	19.2g	61mg	0.3mg	6μg	0.69mg	0.15mg
	焼き	310kcal	26.7g	22.7g	76mg	0.4mg	2μg	0.90mg	0.21mg
	ゆで	299kcal	23.9g	24.1g	77mg	0.4mg	3μg	0.54mg	0.16mg
もも (皮下脂肪なし)	生	138kcal	21.5g	6.0g	66mg	0.7mg	3μg	0.94mg	0.22mg
	焼き	186kcal	30.2g	7.6g	88mg	1.0mg	1μg	1.19mg	0.28mg
	ゆで	185kcal	28.9g	8.1g	91mg	0.9mg	1μg	0.82mg	0.23mg

■ 若どり（100gあたり）

		エネルギー	たんぱく質	脂質	コレステロール	鉄	レチノール活性当量	ビタミンB1	ビタミンB2
もも (皮つき)	生	190kcal	16.6g	14.2g	89mg	0.6mg	40μg	0.10mg	0.15mg
	焼き	220kcal	26.3g	13.9g	130mg	0.9mg	25μg	0.14mg	0.24mg
	ゆで	216kcal	22.0g	15.2g	130mg	1.0mg	47μg	0.07mg	0.21mg
	から揚げ	307kcal	24.2g	18.1g	110mg	1.0mg	28μg	0.12mg	0.23mg
もも (皮なし)	生	113kcal	19.0g	5.0g	87mg	0.6mg	16μg	0.12mg	0.19mg
	焼き	145kcal	25.5g	5.7g	120mg	0.9mg	13μg	0.14mg	0.23mg
	ゆで	141kcal	25.1g	5.2g	120mg	0.8mg	14μg	0.12mg	0.18mg
	から揚げ	249kcal	25.4g	11.4g	100mg	1.0mg	17μg	0.15mg	0.25mg

肉類 [その他の肉類・食肉加工品]

MEATS

[その他の肉類]

めんよう
綿羊肉・羊肉・Sheep, Muttons and Lambs

生後1年未満の子羊を**ラム**、成羊を**マトン**という。成分と味は牛肉に似ているが、独特の臭いがある。ラムはマトンよりくさみが少なくやわらかい。背中の中央部分にあるロース肉の前半分をラックといい、リブ（肋骨）のついたものをフレンチラックという。骨にそって1本ずつ切り離し、ラムチョップとしてステーキなどにする。マトンには加工品が多い。

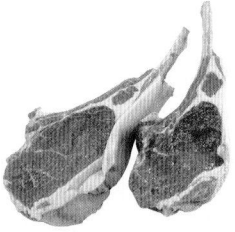

■ ラム・ロース100gあたり
287kcal　脂質25.9g

しちめんちょう
七面鳥・Turkey

肉付きがよく、胸肉が多い。低カロリーで高たんぱく。欧米では、クリスマスや感謝祭のテーブルに詰め物をしてローストしたものが欠かせない。食用としては生後7～8か月の若鳥が適している。

■ 100gあたり
99kcal　脂質0.7g

うま
Horse

俗に蹴とばしと呼ばれる。肉の色から桜肉（さくらにく）などともいう。あざやかな色はミオグロビンという色素によるが、空気にふれると青っぽく光る。脂肪は少ないが甘みがあり、鉄分が豊富。馬刺、しゃぶしゃぶ、すき焼き（桜なべ）などにする。馬刺にするときは、くさみを消すためににんにくやしょうがを薬味とする。熊本や長野で多く食用とされる。

■ 100gあたり
102kcal　脂質2.5g

いのしし
猪肉・Wild boar

俗に山くじらと呼ばれ、ぼたん肉などともいう。成分は豚肉に似ているが、ややかたく独特の臭いがあるため、みそで調味することが多い。すき焼きや鍋料理（ぼたん鍋、しし鍋）などにする。

■ 100gあたり
249kcal　脂質19.8g

やぎ
山羊肉・Goat

羊肉に比べてたんぱく質が多く、脂肪が少ない。沖縄料理では刺身、鍋物にするほか、焼き肉にも使われる。くせがあるので、沖縄の郷土料理「山羊汁」では、よもぎの葉をくさみ消しに使う。

■ 100gあたり
99kcal　脂質1.5g

かも・がちょう
鴨・Duck, 鵞鳥・Goose

鳥類の肉のなかでは高級素材。低カロリーでたんぱく質、鉄分、ビタミンB1を多く含む。フランス料理ではロースト、煮込み、揚げ物などに使われる。日本では、ねぎと合わせたかも鍋、そばやうどんの具としてかも南蛮、または鉄板焼きなどにする。郷土料理として有名なのは金沢の治部煮。あいがもは、まがもとあひるの交配種。

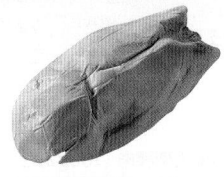

フォアグラ (foie gras)
foieは肝臓、grasは脂肪質の、肥満したという意味で、がちょうに人工的に大量のえさを与え肝臓を肥大させたもの。本来はがちょうのフォアグラがよく知られていたが、最近はかものフォアグラもある。キャビア、トリュフとともに世界三大珍味のひとつ。

■ あいがも100gあたり
304kcal　脂質29.0g

くじら
鯨肉・Whale

赤肉

くじらは海にすむほ乳類で、体長30mのシロナガスクジラから1mほどのコビトイルカまで約80種が知られている。日本では古くから鯨食文化があり、皮から肉、内臓などあらゆる部位を食用としてきたが、現在は捕獲数制限などが国際的に取り決められている。

■ 100gあたり
100kcal　脂質0.4g

100gあたりの成分比較

	たんぱく質	鉄	レチノール活性当量	ビタミンB1
マトン（ロース）	19.3g	2.7mg	12μg	0.16mg
ラム（ロース）	15.6g	1.2mg	30μg	0.12mg
七面鳥	23.5g	1.1mg	Tr	0.07mg
馬肉	20.1g	4.3mg	9μg	0.10mg
あいがも	14.2g	1.9mg	46μg	0.24mg
くじら肉	24.1g	2.5mg	7μg	0.06mg

[食肉加工品]

ロースハム
Loin hams

豚のロース肉を丸ごと塩漬けにしたのち、くんせいにしたもの。ハムのなかでは比較的塩分が少なく、味、色とも淡白。

■ 2枚　40gあたり

エネルギー	たんぱく質	脂質	食塩相当量
84kcal	7.4g	5.8g	0.9g

ドライソーセージ
Dry sausages

粗挽き肉に豚の脂肪、調味料を加え、加熱せずに乾燥させる。サラミなどといわれる。薄切りにしてそのまま食べる。塩分がやや多い。

■ 4枚　20gあたり

エネルギー	たんぱく質	脂質	食塩相当量
93kcal	5.3g	8.4g	0.9g

ベーコン
Bacon

元来は豚のばら肉の意味。ばら肉を成形、塩漬けしてから乾燥させ、くんせいにしたものが多い。ロース肉を使ったロースベーコンは、脂肪分が少なく味はやや淡泊。

■ 2枚　40gあたり

エネルギー	たんぱく質	脂質	食塩相当量
160kcal	5.2g	15.6g	0.8g

レバーペースト
Liver paste

牛や豚、鶏の肝臓をすりつぶして調味料や香辛料を加え、ペースト状にしたもの。なめらかな舌触り。クラッカーやパンに塗って食べる。

■ 30g（大さじ2）あたり

エネルギー	たんぱく質	脂質	食塩相当量
111kcal	3.9g	10.4g	0.7g

コンビーフ
Corned beef

塩漬けした牛肉を高温で蒸し煮し、ほぐして牛脂を加え、調味したもの。馬肉などを混合したニューコーンミートもある。

■ 50gあたり（馬肉なし）

エネルギー	たんぱく質	脂質	食塩相当量
96kcal	9.9g	6.5g	0.9g

[ソーセージ類]

ウインナーソーセージ
Vienna sausages

ウィーン地方生まれのソーセージ。詰める肉やケーシング（肉を詰める袋）の種類、加えるスパイス、色などによってさまざまな種類があるが、細めでソフトな食感が特徴。

生ソーセージ

■ 3本　50gあたり

エネルギー	たんぱく質	脂質	食塩相当量
160kcal	5.8g	15.3g	1.0g

フランクフルトソーセージ
Frankfurter sausages

ドイツ産の直径2cm以上のソーセージ。豚の小腸に詰めてくんせいにする。パリッとした歯ごたえと、中に詰めた肉のジューシーさが特徴。

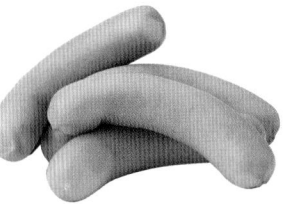

■ 1本　50gあたり

エネルギー	たんぱく質	脂質	食塩相当量
148kcal	6.4g	12.4g	1.0g

食肉のタブー

　食肉のタブーはおもに宗教によるが、菜食主義といった個人的信条、地域性および歴史的背景によるものもある。日本で「鯨食文化」が生まれたのは、明治以前までの獣肉食タブーの時代に、くじらを魚とみなしてたんぱく源としたからだといわれている。厳格なユダヤ教徒は、豚やらくだなど多くの肉を制限しており、乳製品と肉を同じ鍋で調理することすら禁じているが、生活の都市化・近代化によって、タブーがゆるやかになっていく傾向もある。

■ 食肉タブーの例

動物	地域	理由
ぶた	イスラム社会	イスラム教
うし	ヒンドゥ社会	ヒンドゥ教
うま	ヨーロッパ・アメリカなど	食習慣による
くじら	ヨーロッパ・アメリカなど	食習慣による

イスラム教徒のために「この料理には豚肉がいっさい使われていない」ということを証明した機内食についてくる表示カード（Turkish Airlines）。豚肉を食べないイスラム圏では、スパイスをきかせた羊肉料理などがポピュラーである。

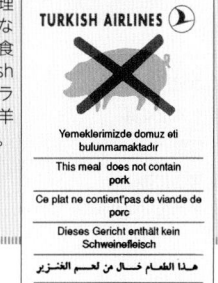

好都合が重なることをたとえたことわざ。転じて、「鴨（=好都合な人）にする」という言い方も出てきた。

肉類
卵類
乳類
油脂類
菓子類
し好飲料類
調味料・香辛料類
調理済み流通食品類
外食・中食
市販食品

卵類

EGGS

1 卵類とは

　一般に食用とされている卵類は、にわとり、うずら、あひる、七面鳥などの卵だが、日本でもっとも広く利用されているのは鶏卵である。卵黄卵白ともに調理特性が高く、食品加工にも広く用いられている。

2 栄養上の特徴

　鶏卵のたんぱく質はすべての必須アミノ酸を豊富に含んでいる。また、脂質中の必須脂肪酸も豊富に含み、その消化率も高い。卵白にはビタミンB2が多く、卵黄には脂溶性ビタミンのA・D・E・Kが多い。ミネラルも多種含まれるが、とくに卵黄には鉄分が多い。卵黄の色が濃いと栄養価が高いといわれるが、これはにわとりの種類や飼料によるもので、成分とは関係ない。

可食部100gあたりの栄養素 (g)

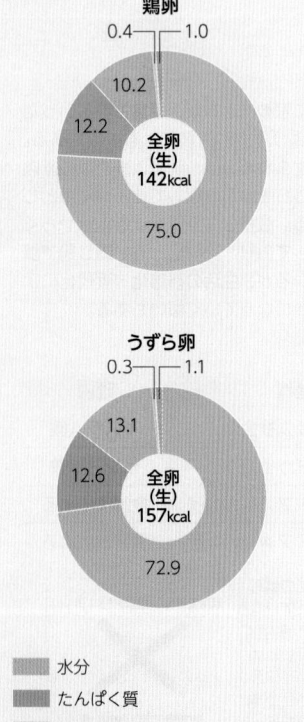

鶏卵

0.4 ── 1.0
10.2
12.2
全卵（生）142kcal
75.0

うずら卵

0.3 ── 1.1
13.1
12.6
全卵（生）157kcal
72.9

- 水分
- たんぱく質
- 脂質
- 炭水化物
- その他（灰分）

卵の調理性

● 熱凝固性

　温泉卵は、卵白が半熟で、卵黄が固まった状態の半熟卵のことで、温泉の湯でよくゆでられることからこの名がついた。卵白は80℃以上にならないと完全に凝固せず、卵黄は70℃くらいでほぼ凝固する性質をもっている。このため、65～70℃の湯に20～25分間入れておくと温泉卵ができる。

● 卵白の起泡性

卵白のたんぱく質（グロブリン）の性質。温めるとよく泡立つ。砂糖を加えて安定させたものがメレンゲである。

①角が立った状態。かさが3倍に増え、なめらか。

②泡立ちすぎて分離した状態。かさが減り水分が出る。

● 卵黄の乳化性

卵黄中のレシチンは、油を細かい油滴状にすることで、水と油を乳化させる働きがある（例：マヨネーズ）。

①分離した状態

②乳化した状態＝安定した混合状態

卵の加熱による不思議な変化

暗緑色の黄身

ゆで過ぎたゆで卵の卵黄のまわりが暗緑色になるのは、卵白中の硫黄化合物が加熱されて硫化水素となり、卵黄中の鉄と結合して硫化鉄となるため。

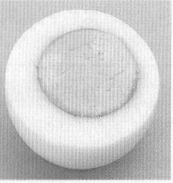 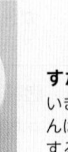

成功例　　すだち現象

すだち現象

いきなり高温で加熱すると、卵液中のたんぱく質が固まり、まわりの水分が気化するため穴があいてしまう（すが立つ）ので、90℃前後で加熱するとよい。

3 選び方・保存方法

選び方

　賞味期限やひび割れの有無を確認して購入する。輸送、保管の状況などで鮮度は大きく変わるので、涼しい売り場に置いてある、商品の回転のよい店で買うようにする。家庭では比重を利用したり、濃厚卵白の盛り上がりの程度で見分ける方法がある。卵液に血液が混じっていることがあるが無害で、鮮度とも関係ない。

保存方法

　とくに温度に注意して保管する。5～10℃の冷蔵庫で気室のある丸い方を上にして保管するとよい。無洗卵ほど日持ちする。においが移りやすいので、魚・たまねぎなど香りの強い食品のそばは避ける。卵白は冷凍保存もできるので、ポリ袋などに入れて冷凍し、必要に応じて、室温で解凍して使うことができる。

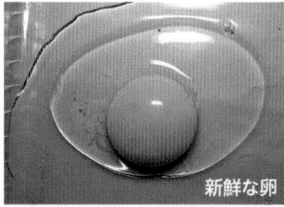

新鮮な卵

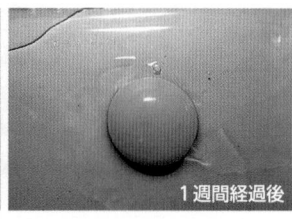

1週間経過後

濃厚卵白の盛り上がりが、時間の経過とともに失われる。

鶏卵
Hen's eggs

中1個=60g

鶏卵の構造

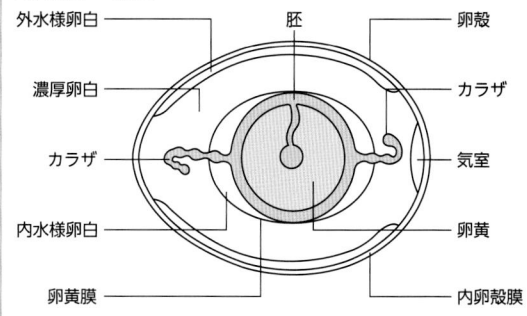

外水様卵白 / 濃厚卵白 / カラザ / 内水様卵白 / 卵黄膜 / 胚 / 卵殻 / カラザ / 気室 / 卵黄 / 内卵殻膜

すぐれたアミノ酸組成をもつきわめて栄養価の高い食品。脂肪は消化、吸収がよい。コレステロール含有量はかなり高いが、血中コレステロールを除去する作用をもつリン脂質のひとつ、「レシチン」も多く含まれている。また、ほとんどすべてのミネラルを含み、とくに卵黄に豊富に含まれている。ビタミン類もC以外のすべての種類を豊富に含んでいる。鶏卵は、卵の重量によってサイズ別にパック詰めされている。また、特別な飼料を利用して栄養価を高めている特殊卵もある。

サイズ規格表

種類	基準［鶏卵1個の重量］	ラベルの色
LL	70g以上～76g未満	赤
L	64g以上～70g未満	橙
M	58g以上～64g未満	緑
MS	52g以上～58g未満	青
S	46g以上～52g未満	紫
SS	40g以上～46g未満	茶

全卵 可食部50gあたり

エネルギー	71kcal	
たんぱく質	6.1g	
脂質	5.1g	
カルシウム	23mg	
レチノール活性当量	105µg	
ビタミンB2	0.19mg	

100gあたりの成分比較

	卵黄	卵白
コレステロール	1200mg	1mg
カルシウム	140mg	5mg
リン	540mg	11mg
鉄	4.8mg	Tr
ヨウ素	110µg	2µg
ビタミンB2	0.45mg	0.35mg

卵と温度の関係

半熟卵～完熟卵（95～100℃）					全半熟卵（70～75℃）			温泉卵（65～70℃）
3分	5分	8分	11分	14分	5分	10分	15分	30分
少しやわらかいがほぼ固まる	凝固	凝固	凝固	凝固	少し固まりはじめる	半熟、わずかに生	半熟	半熟
生	中心半熟	ほとんど凝固中心少し半熟	ほとんど凝固	完熟（卵白・卵黄の境目が暗緑色）	半熟になりかける	半熟	半熟	ほぼ固まる

（『NEW調理と理論』同文書院）

卵類

うずら卵
鶉卵・Japanese quail's eggs

中1個=10g

栄養価は鶏卵と大差ないが、アミノ酸組成は良質でビタミン類が豊富。また、うずらの卵は鶏卵より保存性がよい。形も重量も小さいので、わんだね、前菜などに使われる。

1個 可食部10gあたり

エネルギー	16kcal	
たんぱく質	1.3g	
脂質	1.3g	
カルシウム	6mg	
レチノール活性当量	35µg	
ビタミンB2	0.07mg	

ピータン
皮蛋・Pidan

1個=70～80g

中華料理の前菜として用いられるピータンは、アヒルの卵を炭酸ナトリウムや生石灰などを含む草木灰で卵殻表面をおおい、数か月かけて徐々にアルカリ分を卵の内部に浸透させてつくる。

ピータン 可食部60gあたり

エネルギー	113kcal	
たんぱく質	8.2g	
脂質	9.9g	
カルシウム	54mg	
レチノール活性当量	132µg	
ビタミンB2	0.16mg	

乳類

MILKS

ハード系チーズ（グリュイエール）の熟成庫

乳用牛種

ホルスタイン種
乳用牛の代表格。オランダ、ドイツ北部原産で日本の乳牛の98％を占める。乳量は多いが、乳固形分、とくにたんぱく質と脂質の含有量は少ない。

ジャージー種
イングランド・チャネル諸島原産。1頭あたりの乳量はホルスタインの2/3とやや少ないが、脂肪分が多く、ビタミンA含量が高い。小規模な牧場で高品質な製品づくりに利用される。

牛乳およびその加工品

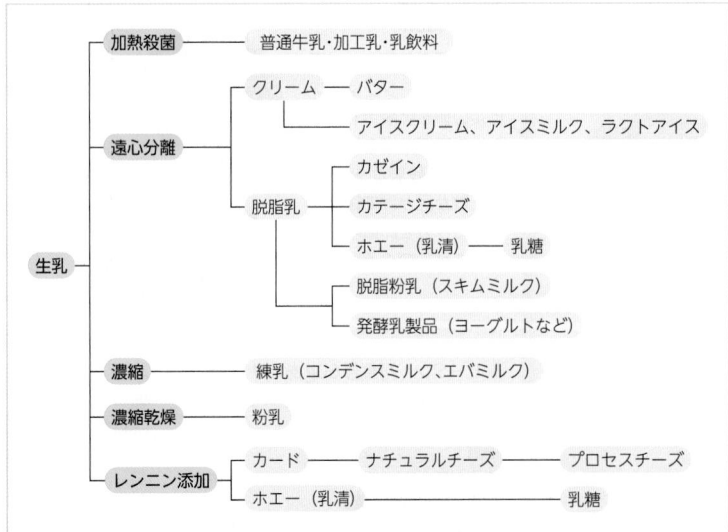

1 乳類とは

生乳は、ほ乳動物の乳腺からの分泌物で、その動物の発育に必要な栄養素をすべて含んでいる。食用とされるのは、牛乳、やぎ乳、羊乳などであるが、日本では、そのほとんどが牛乳である。牛乳からは加工品も作られ、広く利用されている。

牛乳の殺菌方法

温度	時間	殺菌法	構成比
62〜65℃	30分	低温保持殺菌法（LTLT）	2.5%
72℃以上	15秒以上	高温短時間殺菌法（HTST）	4.1%
75℃以上	15分以上	高温保持殺菌法（HTLT）	
120〜130℃	2〜3秒	超高温瞬間殺菌法（UHT）	91%
135〜150℃	1〜4秒	超高温滅菌殺菌法（UHL）	2.4%

（社団法人全国牛乳流通改善協会などより）

牛乳の成分あれこれ

カゼイン（casein）

生乳に含まれる主要たんぱく質で、乳たんぱく質の80％を占める。乳酸菌の働きにより凝固する性質があり、チーズやヨーグルトはこの性質を利用してつくる。

ホエー（whey）

「乳清」ともいう。チーズをつくるときに得られる水分約94％、固形分約6％の液体で、身近には、ヨーグルトの上ずみ液の形でみられる。乳糖を主成分とし、たんぱく質、ミネラル、水溶性ビタミン類を含む。

カード（curd）

「凝乳」ともいう。生乳に、乳酸菌がつくる酸および酵素（レンニン）を作用させてできる凝固物。乳からカゼインと乳脂肪を除いたものである乳清とは逆に、カゼインと乳脂肪が主成分。栄養価が高く、チーズの原料となる。

レンニン（rennin）

仔牛の第四胃や特定のかびから抽出される、カゼインを凝固させる酵素（凝乳酵素）。これが作用すると、カゼインは消化しやすいパラカゼインとなり、カルシウムの存在により凝固・沈殿する。チーズ製造に用いられるレンネット（rennet）は、これを主とする酵素剤である。

2 栄養上の特徴

　すぐれたたんぱく質源であり、日本人に不足しがちなカルシウムの供給源としても重要な食品である。

- アミノ酸価100の良質たんぱく質を含み、消化もよい。
- ビタミンB₂を多く含み、牛乳200mL1本で1日必要量の約1/4がとれる。
- 吸収率の高いカルシウムを多く含み、200mL1本で1日必要量の約1/4がとれる。
- 糖質の大部分が乳糖のため、これを分解する酵素の力が弱い人は冷たい牛乳を飲むと腹痛や下痢をおこす。日本人に多いため、あらかじめ乳糖を分解した牛乳も出回っている。

可食部100gあたりの栄養素 (g)

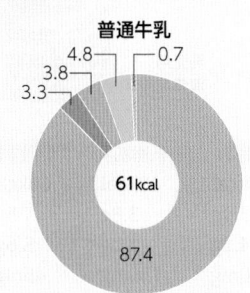

普通牛乳
61kcal
4.8　0.7
3.8
3.3
87.4

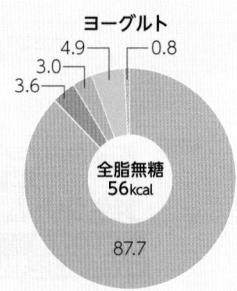

ヨーグルト
全脂無糖
56kcal
4.9　0.8
3.0
3.6
87.7

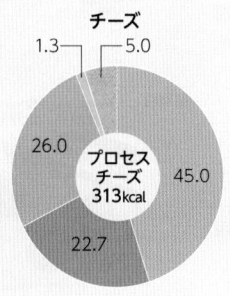

チーズ
プロセスチーズ
313kcal
1.3　5.0
26.0
45.0
22.7

- ■ 水分
- ■ たんぱく質
- ■ 脂質
- ■ 炭水化物
- ■ その他（灰分）

3 選び方・保存方法

選び方

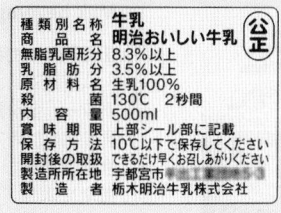

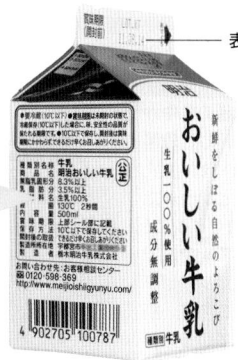

表示をみて賞味期限を確認

種類別名称	牛乳
商　品　名	明治おいしい牛乳
無脂乳固形分	8.3%以上
乳　脂　肪	3.5%以上
原　材　料　名	生乳100%
殺　菌　温　度	130℃　2秒間
内　容　量	500mL
賞　味　期　限	上部シール部に記載
保　存　方　法	10℃以下で保存してください
開封後の取扱	できるだけ早くお召しあがりください
製造所所在地	宇都宮市
製　造　者	栃木明治牛乳株式会社

紙パックは側面（びんはふた）に表示がある。公正マークは公正競争規約に合格したものにつけられる。

保存方法

　牛乳の保存期間は、保存条件によって変わる。一般に、牛乳（UHT／超高温瞬間殺菌法）・加工乳・乳飲料の保存期間は、開封前であれば、10℃以下で冷蔵した場合、製造日より1週間程度である。しかし、一度封を切ると、外部の細菌が急速に増殖することが多いので、10℃以下で冷蔵した場合でも2日以内に使い切るようにする。ただし、適正に保存すれば、この期間を過ぎても、品質が悪くなり、飲めなくなるということはない。

変質した牛乳の見分け方

　牛乳の腐敗は、おもに好気性の胞子形成菌や、大腸菌などがたんぱく質を分解することによる。次の簡単な見分け方を覚えておこう。

- 目で見る
  分離したり、ブツブツができている。
- においをかぐ
  すっぱいにおい、変なにおいがする。
- 口に含んでみる
  酸味や苦味がある。
- 加熱する
  たんぱく質が豆腐のように固まる。

牛乳の性質と調理

　牛乳はそのまま飲むだけでなく、その性質を利用してさまざまな調理に活用される。以下は、おもな調理例である。

- なめらかに仕上げる
  ホットケーキやクレープのタネを牛乳で溶くと、水で溶くよりなめらかに仕上がる。オムレツを焼くときも、牛乳を加えると、なめらかにできる。

- においを消す
  牛乳のたんぱく質の80%を占めるカゼインににおいを吸収しやすい性質があるので、肉や魚を牛乳の中に浸すと、生臭さが薄れる。

- 酸を加えると凝固する
  カゼインには、酸を加えると凝固する性質があるので、牛乳に酸やレモン汁などを加えるとカテージチーズ風のものがつくれる。

- コクを出す
  脂肪球の膜をつくっているたんぱく質や、ホエーたんぱく質が加熱されると分解され、風味を生じるので、カレーやシチューの仕上げに使うことがある。

ホワイトソースを使ったグラタン

- 濃度をつける
  ホワイトソースやポタージュでは、牛乳の約12～13%を占める固形分の中のカルシウム塩とたんぱく質の一部が凝固し、でん粉とともに濃度や粘り気を出す。

- こげ色をつける
  グラタンやフレンチトーストなどを焼いたとき、こげ色がつき、香ばしいにおいがする。これは、牛乳の乳たんぱくと乳糖が加熱されて反応を起こすためである。

- 色を白くする
  カゼイン粒子や脂肪球が光を乱反射するので、牛乳は白くみえる。料理を白く仕上げ、ほかの材料の色を引き立せ、またほかの色と混じって新しい色になる。

乳類 [牛乳・乳製品・チーズ]

普通牛乳（牛乳）
Liquid milks

おもにホルスタイン種の乳牛から搾乳（さくにゅう）し、殺菌処理したもの。原材料が生乳100％のものを牛乳という。たんぱく質はおもにカゼインで、必須アミノ酸のすべてを含んでいる。カルシウムやリン、ビタミンAやB2も豊富に含む。脂肪は乳化して分散しているので比較的消化がよいが、含有量を一定にするための成分調整をおこなうのが一般的である。

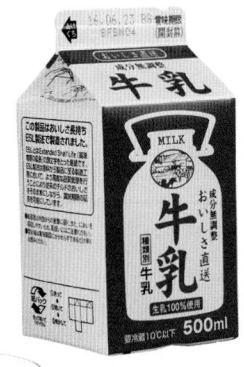

牛乳1杯　200gあたり

エネルギー	122kcal
たんぱく質	6.6g
脂質	7.6g
カルシウム	220mg
レチノール活性当量	76μg
ビタミンB2	0.30mg

加工乳・乳飲料
Milk containing recombined milk
Milk beverages

加工乳は、生乳にクリームや濃縮乳、脱脂乳、バター、全粉乳などの乳製品を加えて脂肪の含量を調整したもの。濃度により、濃厚型、低脂肪型（いわゆるローファットミルク）に大別される。
乳飲料は、生乳や乳製品を主原料として、コーヒー液、果汁、合成着色料、香料などを添加した飲料。

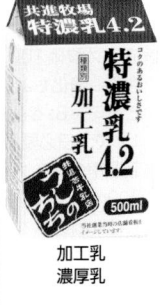

加工乳
濃厚乳

加工乳
低脂肪乳

乳児用
液体ミルク

100gあたりの成分比較

	濃厚乳	低脂肪乳	乳児用液体ミルク
エネルギー	70kcal	42kcal	66kcal
たんぱく質	3.4g	3.8g	1.5g
脂質	4.2g	1.0g	3.6g
カルシウム	110mg	130mg	45mg
レチノール活性当量	35μg	13μg	66μg

ヨーグルト
Yogurt

生乳を乳酸菌で発酵させたもの。原料のもつ栄養成分が乳酸菌によって分解され、さらに消化吸収されやすくなっている。生きた乳酸菌がビフィズス菌など腸内の「善玉菌」を増やして腸の働きを活発にするため、整腸作用にもすぐれている。糖分を加えていないソフトなプレーンヨーグルト（全脂無糖）のほか、ゼラチンなどを加えたハードタイプのもの、ドリンクタイプのもの、フルーツや甘味を加えたものなどがある。

無糖

加糖

全脂無糖　100gあたり

エネルギー	56kcal
たんぱく質	3.6g
脂質	3.0g
カルシウム	120mg
レチノール活性当量	33μg
ビタミンB2	0.14mg

クリーム
Creams

大さじ1＝15g

生乳から遠心分離してできる乳脂肪分18％以上のもの。脂肪が30～50％のものはデザートなどのホイップ用、20％前後のものがコーヒー用になる。植物性脂肪のクリームは、乳脂肪の一部またはほとんどを植物油などで置き換えたもので安価だが、乳脂肪のみのクリームより風味や泡立ちは劣る。

動物性

植物性

コーヒー用

50gあたりの成分比較

	乳脂肪	植物性脂肪	コーヒー用
エネルギー	202kcal	177kcal	114kcal
たんぱく質	1.0g	0.7g	2.4g
脂質	21.5g	19.8g	10.8g
カルシウム	25mg	25mg	13mg
レチノール活性当量	80μg	4.5μg	39μg

One Point 醍醐味（だいごみ）は最上の乳製品▶仏教では、乳を精製する過程の五段階を「五味」といい、最後の段階の「醍醐」を純粋で最高の味

ナチュラルチーズ
Natural cheeses

牛乳、やぎ乳、羊乳などを乳酸菌で発酵させ凝固させたもの。熟成の度合いやかたさによって、フレッシュ、軟質、半硬質、硬質、超硬質などのタイプに分けられる。

ナチュラルチーズの種類

タイプ・種類		特徴
フレッシュ	カテージ クリーム モッツァレラ	原乳に乳酸菌を加え、かたまったものから乳清を除去した第1工程のチーズ。
軟質	カマンベール ブリー マンステール・アッシュ ピラミッド・アッシュ	短期間、細菌や白かびにより熟成させるタイプで、やわらかく中身はペースト状。
半硬質	ゴーダ サムソー ダンボー ブルー	原乳をかためる過程で水分をとばし、乳清を排出させた水分の少ないチーズ。青かびによる熟成タイプもある。
硬質	グリュイエール エメンタール ミモレット チェダー	原乳をかためたものを、再加熱・圧搾して、より水分を少なくしたチーズ。
超硬質	パルメザン エダム ペコリーノ・ロマーノ スプリンツ	硬質よりさらに熟成期間を長くしてつくる。保存性も高い。

フレッシュ

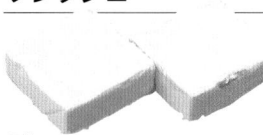

クリーム
脂肪分が多く、クリーミーな味わい。パンやクラッカーに塗ったり、菓子の材料に。

カテージ
淡白な味のフレッシュチーズ。脱脂乳か脱脂粉乳でつくるので低カロリー。サラダやケーキに。

軟質

カマンベール
フランスのカマンベール村原産。白かびチーズ。クリーミーで同種のブリーよりもマイルドな味わい。そのまま食べて美味。

マンステール
フランスアルザス地方産のウォッシュ系チーズ。表皮を塩水や酒で洗いながら、表皮の菌で熟成させる。

半硬質

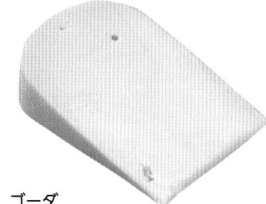

ゴーダ
オランダ産。黄金色で気孔がある半硬質チーズ。プロセスチーズの材料となる。ピザやサンドイッチなどに。

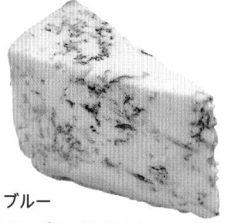

ブルー
青かびの舌を刺すような風味と塩気が特徴のチーズ。南フランスのロックフォールやイタリアのゴルゴンゾーラが代表的。ソースやドレッシングにも使う。

硬質

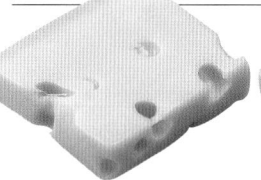

エメンタール
フォンデュに欠かせないスイスの代表的チーズ。熟成中にできる気孔が特徴。グラタンやソースなどにも。

チェダー
イギリスのチェダー村原産。やや酸味があって香りがよい。そのまま食べたり、サンドイッチにして食べる。

超硬質

パルメザン
イタリア産。2〜3年も熟成させるため非常にかたく、重さが30kg以上もあるので、分割したり粉チーズにして使われる。

エダム
オランダ産。赤いワックス（ろう）で包まれた赤玉が有名。くせのない味でグラタンやソースなどに。

100gあたりの成分比較

	カテージ	カマンベール	ゴーダ	パルメザン
エネルギー	99kcal	291kcal	356kcal	445kcal
たんぱく質	13.3g	19.1g	25.8g	44.0g
脂質	4.5g	24.7g	29.0g	30.8g
カルシウム	55mg	460mg	680mg	1300mg
レチノール活性当量	37μg	240μg	270μg	240μg

プロセスチーズ
Process cheese

熟成させていない1種類または数種類のチーズを加熱して混ぜ、成形したもの。加熱処理しているため長期保存がきく。くんせいなど、さまざまな種類がある。

50gあたり

エネルギー	157kcal	
たんぱく質	11.4g	
脂質	13.0g	
カルシウム	315mg	
レチノール活性当量	130μg	
ビタミンB2	0.19mg	
食塩相当量	1.4g	

であるとした。そこから転じて、醍醐味は深い味わい、本当のおもしろさ、物事の神髄（しんずい）などをいう言葉となった。

油脂類

FATS & OILS

1 油脂類とは

食用の油脂は、植物性油脂と動物性油脂に大別される。植物性油脂は原料となる植物の果実や種実を圧縮・精製してつくる。動物性油脂は牛、豚、鶏などの脂を原料とし、それらを溶かし精製してつくる。常温（15℃〜20℃）で液体のものを油（oil）、固体のものを脂（fat）といい、以下のように分類される。

2 栄養上の特徴

油脂はそれぞれ特有の脂肪酸組成をもつ。一般に飽和脂肪酸を多く含む動物性油脂は常温で固体（fat）であり、不飽和脂肪酸を多く含む植物性油脂は常温で液体（oil）であるが、下の分類の通り例外も多い。

油脂は1gあたりのエネルギーが9kcalと多く、脂溶性ビタミン（ビタミンA・D・Eなど）の溶解・吸収に効果がある。ほうれんそうのソテー、にんじんのグラッセなどは、この効果を利用した調理例である。

また、あじ、さば、いわしなどの青魚に多く含まれるイコサペンタエン酸（IPA）、ドコサヘキサエン酸（DHA）は、動脈硬化、血栓症の予防によいといわれている（→p.197）。

油脂類の分類

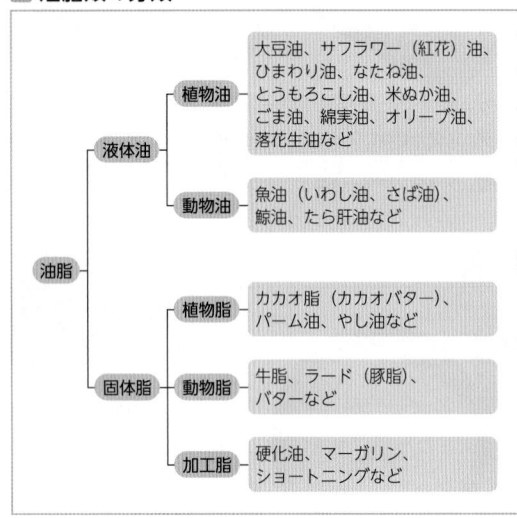

脂肪酸の構成割合

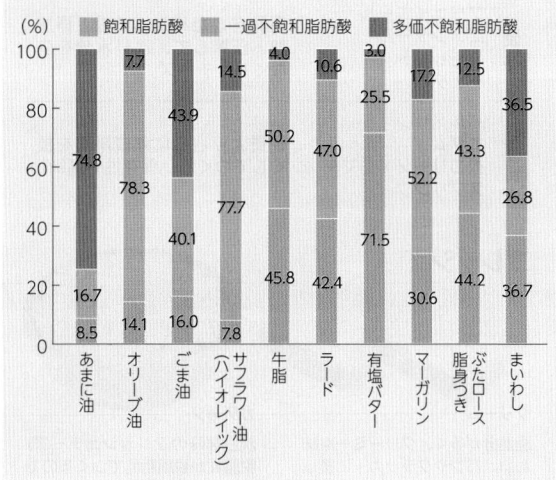

（文部科学省「日本食品標準成分表2020年版（八訂）脂肪酸成分表編」より）

3 選び方・保存方法

植物油は、JAS規格により、香味・味・色・にごり・水分・酸価・けん化価・ヨウ素価・不けん化物の含量などが規定されている。特有の香りがあり、にごりがないものがよい。

動物脂は固有の色つやがあり、組織がなめらかで異臭のないものがよい。製造年月日の新しいものを選ぶ。

植物油・動物油ともに空気にふれると酸化するので、密封し、冷暗所での保存が基本である。

揚げ物などで使用した油は、熱いうちにオイルポットなどに濾して、保存する。廃油をできるだけ減らすよう工夫しよう。

見えるあぶらと見えないあぶら

過剰摂取が肥満につながり、生活習慣病を引き起こす原因として取り上げられることも多い油脂類。しかし、ただ油抜きの調理などにすると、脂溶性ビタミンの吸収は妨げられてしまう。注意すべきことは、その種類や特性を知った上でバランスのよい摂取を心がけること。また、調味料としての「見えるあぶら」だけでなく、食品に含まれている「見えないあぶら」の量にも配慮して、摂取する食品を選ぶなどの姿勢が大切だ。実際には、調味料としての摂取量より食品に含まれている油の方が多いのである。

油脂類摂取の内訳1人1日あたり (g)

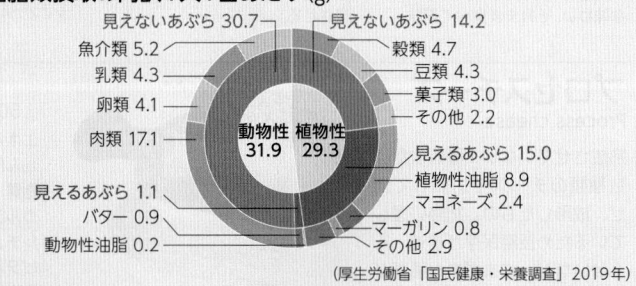

（厚生労働省「国民健康・栄養調査」2019年）

オリーブ油
Olive oil

大さじ1＝12g

オリーブの果実をしぼった薄黄色の油。独特の風味と香りでイタリア・スペイン料理には欠かせない。精製していない原油をバージンオイルといい、エクストラバージンオイルが高品質。オレイン酸を多く含む。

■ 大さじ1　　107kcal

ごま油
Sesame oil

大さじ1＝12g

原料のごま種子を焙煎してからしぼる。その香ばしい風味や芳香が特徴。酸化しにくく、熱にも強くビタミンEを多く含む。中華料理などに利用される。

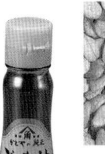

■ 大さじ1　　107kcal

サフラワー（紅花）油
Safflower oil

大さじ1＝12g

紅花の種子を原料とする。淡色で淡白な風味をもち、ドレッシングなど生食に多く利用される。リノール酸が多いが、オレイン酸の含有量の多い種類もある。

■ 大さじ1　　107kcal

調合（サラダ）油
Vegetable oil,blend

大さじ1＝12g

2種類以上の原料を混ぜ合わせてつくった油。大豆油となたね（アブラナの種子）油の調合が多い。サラダ油は精製度が高く、べとつかず低温になっても分離したり固まったりしない。ドレッシングやマヨネーズなどに利用するほか、加熱しても比較的酸化しにくいので、揚げ油としても適している。

■ 大さじ1　　106kcal

とうもろこし油
Corn oil

大さじ1＝12g

とうもろこしの胚芽からとる。加熱に強く幅広い調理に利用できる。酸化しにくく風味も安定しているので、ドレッシングやマヨネーズにも使える。

■ 大さじ1　　106kcal

牛脂
Beef tallow

大さじ1＝12g

別名ヘット。牛の脂を溶かし、精製する。すき焼きをつくるときに使われることが多い。

■ 大さじ1　　104kcal

ラード（豚脂）
Lard

大さじ1＝12g

豚の脂を溶かし、精製する。豚脂100％の純正ラードと、牛脂などを混ぜた調整ラードがある。炒め物、菓子の材料、即席ラーメンの調理用などのほか、揚げ油として使うとしっとりした揚げ上がりになる。

■ 大さじ1　　106kcal

バター
Butters

大さじ1＝12g
1切れ＝10g

牛乳を遠心分離してできたクリームを殺菌、かくはんし、乳脂肪を集めてねり上げたもの。2〜3％食塩をくわえるが、無塩タイプもある。

■ 無発酵有塩バター大さじ1　　84kcal

マーガリン
Margarines

大さじ1＝12g

精製した動植物性油脂に硬化油（油に水素を結合させて固体化したもの）、食用色素、乳化剤、香料、食塩を加えて成形したもの。フランスでバターが不足した時代に、代替品として考案された。JAS規格により、油脂含有量が80％以上のものを**ソフトタイプマーガリン**、80％未満のものを**ファットスプレッド**と分類している。トランス脂肪酸については、→p.133参照。

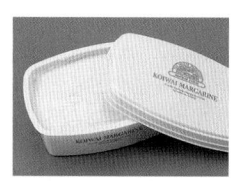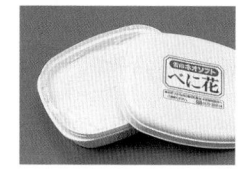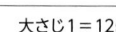

■ 家庭用有塩大さじ1　　86kcal

ショートニング
Shortening

大さじ1＝12g

硬化油を精製し、ねり合わせた無色・無臭のクリーム状の油脂。菓子の生地に練りこみ、さっくりした食感にする。

■ 大さじ1　　107kcal

菓子類

CONFECTIONERIES

菓子類とは

菓子とは、穀粉、砂糖、油脂、鶏卵、乳製品などを材料とし、これに他の食品材料を加えて加工した、し好食品である。その種類はきわめて多く、和・洋・中華菓子に大別され、さらに水分含量によって生菓子（30%以上）、半生菓子（20〜30%）、干菓子（20%以下）に分類される。西洋でははちみつの甘さの発見が、日本では果実が菓子の始まりといわれており、それぞれの国や地方の文化や風土などが色濃く反映されている。

菓子の役割には、成長期の子どものおやつ、食事だけでは不足する栄養を補う、甘い菓子で激しい運動や労働のあとの疲労を回復させる、気分転換、休息、対話などの際に心に潤いを与える、などがある。

菓子の分類

菓子							
和菓子			洋菓子			中華菓子	
生菓子	半生菓子	干菓子	生菓子	半生菓子	干菓子		
ねりきり	もなか	せんべい	ゼリー	ドーナッツ	ビスケット	中華まんじゅう	
きんつば	カステラ	らくがん	シュークリーム	バターケーキ	ガム	げっぺい	
どら焼		かりん糖	パイ		スナック		

全国の銘菓

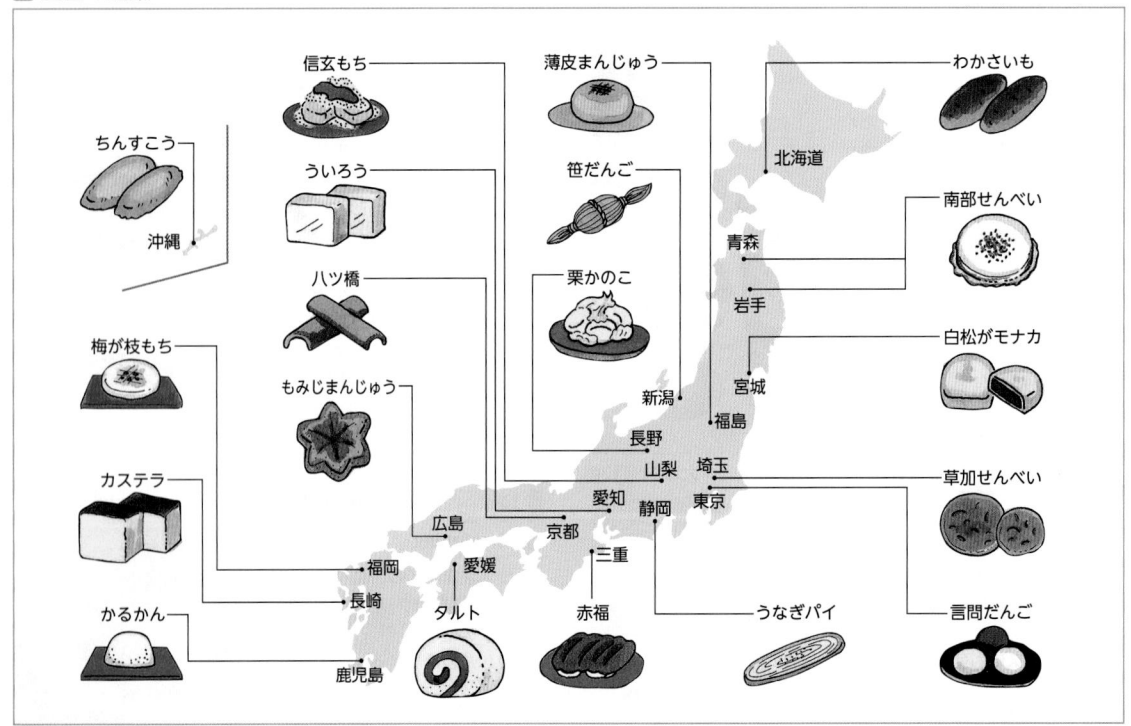

ちんすこう — 沖縄
信玄もち
ういろう
八ツ橋
梅が枝もち
もみじまんじゅう
カステラ
かるかん
福岡
長崎
広島
愛媛
鹿児島
タルト
薄皮まんじゅう
笹だんご
栗かのこ
新潟
長野
山梨
愛知
京都
三重
赤福
うなぎパイ
わかさいも
北海道
青森
岩手
宮城
福島
埼玉
静岡
東京
南部せんべい
白松がモナカ
草加せんべい
言問だんご

和生菓子・和半生菓子
Traditional fresh and semi-dry confectioneries

甘納豆
あずき、いんげん豆、えんどうなどの原料豆を糖蜜で煮詰め、砂糖をまぶしたもの。

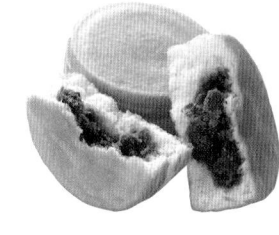

今川焼
小麦粉に卵、砂糖、膨張剤を加え、円盤形に流して焼いた2枚の生地にあんをはさんだもの。地域により、大判焼き、回転焼きなどとも呼ぶ。

かしわもち（柏餅）
端午の節句に食べるもち菓子。上新粉でつくった平たいもちに、あずきあんかみそあんをのせて二つ折りにし、柏の葉で包んだもの。

カステラ
16世紀の長崎に南蛮菓子として伝わり、広まった。ポルトガル語の「カステーラ地方の菓子」が語源。小麦粉、卵、砂糖を主原料とする。

くし団子
米の粉（上新粉）を水でこね、小さく丸めて蒸しただんごを串に刺して軽く焼いたもの。あんやみたらし（しょうゆと砂糖のたれ）をつける。

くずもち（葛餅）
葛粉に砂糖と水からつくる透明感のある冷たい和菓子。関東では、小麦でん粉を乳酸菌で発酵させてから蒸したもので、白濁している。ともにきな粉や黒蜜をかけるが、発祥は全く別。

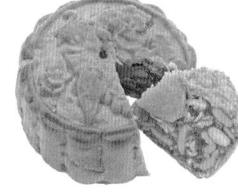

げっぺい（月餅）
中国の菓子。あずきあん、くるみ、ごまなどが入ったあんを包み、型に入れて焼いたもの。

関東風

関西風

桜もち（桜餅）
薄紅色に着色した生菓子で、塩漬けにした桜の葉で包んだもの。
関東風：小麦粉に白玉粉を混ぜた生地を薄く焼き、あんを包んだもの。
関西風：道明寺粉を蒸してあんを芯にして俵型に丸めたもの。

タルト（和菓子）
あんをカステラ生地でロールケーキのように巻いたもの。菓子のタルトとは異なる。

ねりきり（練切）
抽象的な形やデザインで仕上げられる上生菓子と呼ばれる生菓子。

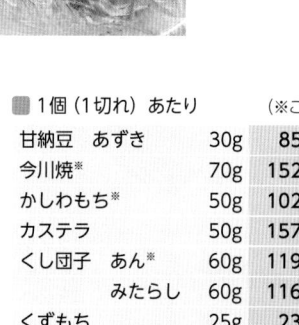

くずまんじゅう（葛饅頭）
葛粉と砂糖に水を加えて加熱し、半透明になった生地で練りあんを包み、さらに透明になるまで蒸したもの。

肉まん

あんまん

もなか（最中）
もち米をこねて薄くのばした生地を焼き、中にあんを入れたもの。

中華まんじゅう
小麦粉と塩でつくった生地にあんや調味した肉を入れて蒸したもの。具をさまざまに工夫し生地に他の材料を混ぜて色をつけたり、種類は豊富になっている。

ようかん（羊羹）
あん（餡）に砂糖を加え、寒天を使ってかためたもの。砂糖の使用量や製法の違いで、練り、蒸し、水ようかんに分けられる。また、あんの原材料としては、あずきのほか、さつまいもや栗なども利用される。

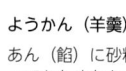

練りようかん

蒸しようかん

水ようかん

■ 1個（1切れ）あたり		（※こしあん）
甘納豆　あずき	30g	85kcal
今川焼※	70g	152kcal
かしわもち※	50g	102kcal
カステラ	50g	157kcal
くし団子　あん※	60g	119kcal
みたらし	60g	116kcal
くずもち	25g	23kcal
げっぺい	70g	244kcal
桜もち　関東風※	50g	118kcal
関西風※	50g	98kcal
タルト	50g	144kcal
ねりきり	30g	78kcal
くずまんじゅう※	30g	65kcal
中華まんじゅう　あんまん※	80g	218kcal
肉まん	80g	194kcal
もなか※	40g	111kcal
ようかん　練りようかん	50g	145kcal
蒸しようかん	50g	119kcal
水ようかん	50g	84kcal

肉類
卵類
乳類
油脂類
菓子類
し好飲料類
調味料・香辛料類
普通ぬ物質類
外食・中食
市販食品

菓子類
CONFECTIONERIES

和干菓子類
Traditional dry confectioneries

あめ玉（飴玉）
砂糖と水飴を煮詰めて丸めたもの。香料等の副原材料により味も色もさまざま。

おこし（粔籹）
「おこし種」に蜜を混ぜて枠に入れて固め、切り分けたもの。

かりんとう（花林糖）
小麦粉に膨張剤などを加えた生地を棒状にして揚げ、蜜がけし、乾燥させたもの。

ひなあられ（雛霰）
あられ、蜜がけした煎り大豆、甘納豆等を彩りよく混合してある。あられ自体の原料は、関東風はでんぷんを用いたものが多く、関西風は米を用いたものが主流。

米菓
もち米を原料とするあられ（＝おかき）と、うるち米を原料とするせんべいに大別される。焼いたあとに揚げたものは高カロリー。

ボーロ
小麦粉に卵、砂糖を混ぜた生地を鉄板で焼いた、粒状の小さな焼き菓子。

らくがん（落雁）
穀類粉に砂糖、水飴等を加えて、木型で成形して乾燥させた打ち菓子。茶の湯や冠婚葬祭に用いられる。

■ 1個（枚）あたり

あめ玉		3g	12kcal
おこし		5g	19kcal
かりんとう	黒	5g	21kcal
ひなあられ	関東風	20g	76kcal
米菓	揚げせんべい	10g	46kcal
	甘辛せんべい	10g	37kcal
	あられ	10g	38kcal
	しょうゆせんべい	10g	37kcal
ボーロ（10粒）		5g	20kcal
らくがん		10g	38kcal

ケーキ・ペストリー類
Cake, Buns and Pastries

シュークリーム
小麦粉と卵でつくった軽い皮にカスタードクリームを詰めたもの。キャベツ（＝シュー）に似ているため名づけられた。

ショートケーキ
スポンジケーキの間に好みの果物とクリームをはさみ、デコレーションして小さく切ったケーキ。明治時代にアメリカから紹介された。

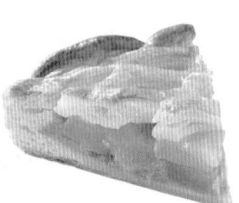

アップルパイ
パイ生地に、砂糖で煮たリンゴを詰め、焼いた伝統的なパイ菓子。シナモンで香りをつける。パイ生地は、小麦粉と塩を合わせた生地層とバターの層を交互に折りたたんだフランス式と、層にしないアメリカ式がある。

ドーナッツ
小麦粉、卵、砂糖、バター等の生地に膨張剤を混ぜ、リング型に抜いて揚げた菓子。

ホットケーキ
小麦粉、砂糖、卵、牛乳、ベーキングパウダーでつくるゆるめの生地を、手軽に焼くパンケーキ。

ワッフル
パンケーキの生地を、格子状の凸凹の型等に流し入れて焼いたもの。楕円形に片面だけ焼くのが一般的。

■ 1個（1枚）あたり

シュークリーム	60g	127kcal
ショートケーキ（いちご）	100g	314kcal
イーストドーナッツ	60g	227kcal
アップルパイ	100g	294kcal
ホットケーキ	80g	202kcal
ワッフル（カスタードクリーム）	50g	121kcal

菓子パン類
Japanese buns

パン類でなく菓子類に分類される、間食用のパン。

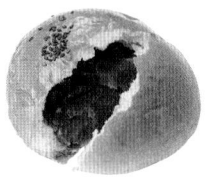

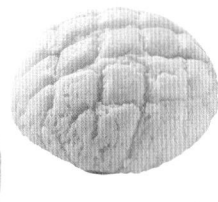

メロンパン
パン生地に甘いクッキー生地をかぶせて焼いたもの。果実のメロンは使わないのが一般的。

あんパン
明治時代に東京・銀座の木村屋が考案した菓子パン。パン生地であんを包んで焼いたもの。

カレーパン
汁気の少ないカレーをパン生地で包み、揚げたもの。そう菜パン。

チョココロネ
ホーン型に焼いた甘めのパンの中にチョコレートペーストを絞り入れたもの。

■ 1個あたり

あんパン	80g	214kcal
カレーパン	80g	242kcal
チョココロネ	80g	256kcal
メロンパン	80g	279kcal

デザート菓子類
Desserts

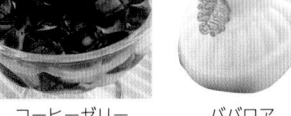

カスタードプリン
牛乳寒天
コーヒーゼリー
ババロア

カスタードプリン：牛乳、砂糖、卵を合わせてこし、蒸し焼きにするシンプルな菓子。
牛乳寒天：別名ミルク寒天、牛乳ようかん。水に寒天を入れて煮溶かし、牛乳と砂糖を加えて冷やし固めたもの。
ゼリー：寒天、ゼラチン、ペクチンなどで固めた冷菓子。
ババロア：生クリーム、牛乳、卵黄、砂糖とともにゼラチンで冷やし固めた菓子。

■ 1個あたり

カスタードプリン	80g	93kcal
牛乳寒天	80g	49kcal
コーヒーゼリー	80g	34kcal
ババロア	80g	163kcal

キャンデー類
Candies

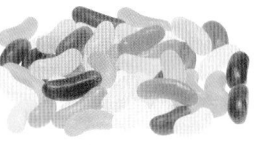

キャラメル
砂糖、水飴、練乳などを、比較的低温（120 ～ 125℃）で煮詰め、四角く切ったもの。

ゼリービーンズ
砂糖、水飴に香料、色素などを添加し、ペクチン、ゼラチン、寒天などで固めたゼリーキャンデーに糖をかけたもの。

マシュマロ
糖液にゼラチンや泡立てた卵白等で空気を含ませて乾燥させたソフトキャンデー。

ドロップ
砂糖、水飴に香料等を加え、高温（約145℃）で煮詰め、型で打ち抜きしたハードキャンデー。

■ 10gあたり

キャラメル	43kcal
ゼリービーンズ	36kcal
ドロップ	39kcal
マシュマロ	32kcal

ビスケット類・スナック類
Biscuits, Snacks

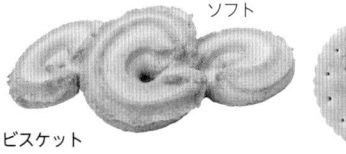

ソフト　　　　　　ハード

ビスケット
強力粉を用いるハードタイプと、薄力粉を用いるソフトタイプに大別される。ベーキングパウダーによって膨化させる。ソフトの方が砂糖や脂肪の配分が多く、軽い風味で甘味が強い。クッキーはソフトタイプの一種で、砂糖と脂肪の合計量が40％以上のもの。

ポテトチップス
薄切りにしたじゃが芋を油で揚げて調味したもの。乾燥マッシュポテトを成形したタイプもある。

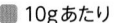

■ 10gあたり

ソフトビスケット	51kcal
ハードビスケット	42kcal
ポテトチップス	54kcal

チョコレート類
Chocolates

ミルクチョコレート：カカオマス、カカオバターと砂糖と乳製品からつくられる。
ホワイトチョコレート：カカオマスを用いず、カカオバターと砂糖でつくる。

■ 10gあたり

ミルクチョコレート	55kcal
ホワイトチョコレート	59kcal

その他
Others

しるこ（汁粉）
小豆に砂糖を加えて煮た汁に餅や白玉団子、栗などを入れる。関西ではこしあんでつくるものをしること いい、粒あんでつくるものは善哉（ぜんざい）という。

■ 1杯（150g）あたり

しるこ　つぶしあん	269kcal

肉類
卵類
乳類
油脂類
菓子類
し好飲料類
調味料・香辛料類
調理済・流通食品類
外食・中食
市販食品

し好飲料類

BEVERAGES

段々に続く茶畑（京都府相楽群）

し好飲料類とは、栄養摂取をおもな目的とはせず、香味や刺激を楽しむための飲料である。アルコールを含む飲料（酒精飲料）とアルコールを含まない飲料（ソフトドリンク）に大別され、後者には、清涼飲料類（果実飲料、乳性飲料など）のほかに、コーヒー、ココア、茶などがある。現代のし好の多様化に応じて、さまざまな飲料がつくられている。

茶の葉
ツバキ科に属する常緑の植物。おもに緑茶やウーロン茶に使われる中国種は葉が小さく、紅茶になるアッサム種は葉が大きめである。

■ 茶の分類

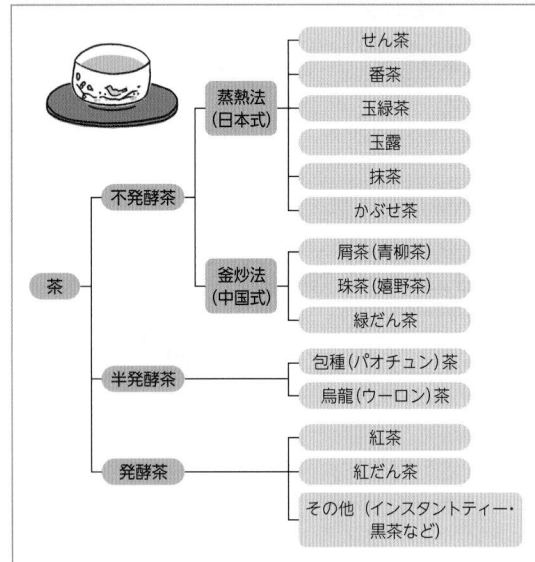

- 茶
  - 不発酵茶
    - 蒸熱法（日本式）
      - せん茶
      - 番茶
      - 玉緑茶
      - 玉露
      - 抹茶
      - かぶせ茶
    - 釜炒法（中国式）
      - 屑茶（青柳茶）
      - 珠茶（嬉野茶）
      - 緑だん茶
  - 半発酵茶
    - 包種（パオチュン）茶
    - 烏龍（ウーロン）茶
  - 発酵茶
    - 紅茶
    - 紅だん茶
  - その他（インスタントティー・黒茶など）

■ 製法によるアルコール飲料の分類

種類	製法
醸造酒	原料を酵母で発酵させたもの。清酒、ビール、ぶどう酒など。
蒸留酒	醸造酒をさらに蒸留したもの。焼酎、ウイスキーなど。
混成酒	発酵酒、蒸留酒に香味をつけたもの。梅酒、リキュール類など。

■ 清涼飲料の分類

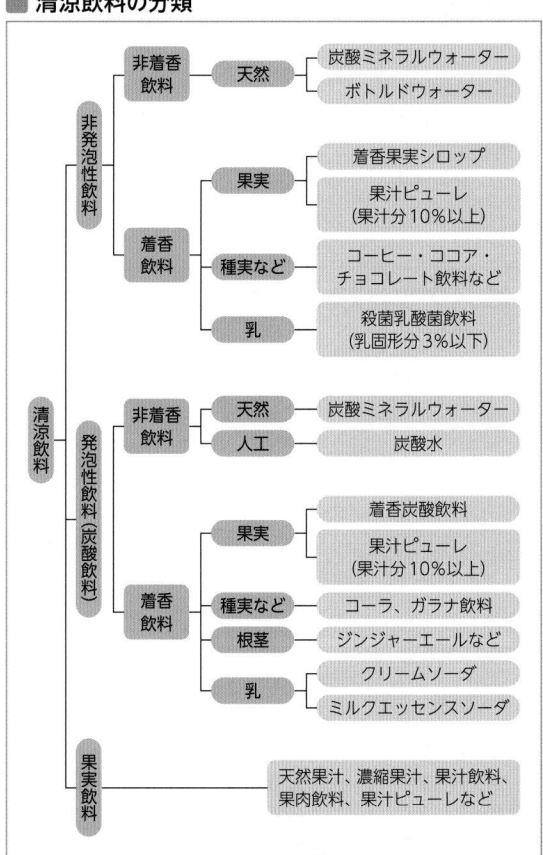

- 清涼飲料
  - 非発泡性飲料
    - 非着香飲料
      - 天然
        - 炭酸ミネラルウォーター
        - ボトルドウォーター
    - 着香飲料
      - 果実
        - 着香果実シロップ
        - 果汁ピューレ（果汁分10％以上）
      - 種実など
        - コーヒー・ココア・チョコレート飲料など
      - 乳
        - 殺菌乳酸菌飲料（乳固形分3％以下）
  - 発泡性飲料（炭酸飲料）
    - 非着香飲料
      - 天然
        - 炭酸ミネラルウォーター
      - 人工
        - 炭酸水
    - 着香飲料
      - 果実
        - 着香炭酸飲料
        - 果汁ピューレ（果汁分10％以上）
      - 種実など
        - コーラ、ガラナ飲料
      - 根茎
        - ジンジャーエールなど
      - 乳
        - クリームソーダ
        - ミルクエッセンスソーダ
  - 果実飲料
    - 天然果汁、濃縮果汁、果汁飲料、果肉飲料、果汁ピューレなど

2 栄養上の特徴

　アルコールは胃の消化活動を活発にする働きがあり、適量であればメリットがあるが、飲み過ぎるとカロリーの過剰摂取、肝臓への負担など、健康に害を及ぼすので注意する。

　茶やコーヒーには、カフェインやタンニンなどの成分が含まれている。ビタミンCは緑茶類にのみ含まれ、紅茶やウーロン茶、コーヒーには含まれていない。

3 選び方・保存方法

●アルコール類

　清酒は香り、味、色が変化しやすいので、直射日光を避け、冷暗所に置く。洋酒は室温で長期間保存できるが、空気に触れると酸化し、香りがとぶ。ワインはコルクが乾燥すると品質が低下するので、ねかせて保存する。

●茶・コーヒー

　湿気に注意し、とくに緑茶ははやく使い切ることが大切。缶などに密封し、冷暗所に置く。

■ カフェインとタンニンの量

（浸出液100gあたり、※は茶）

成分	抹茶 ※	玉露	せん茶	ウーロン茶	紅茶	コーヒー
カフェイン（g）	3.2	0.16	0.02	0.02	0.03	0.06
タンニン（g）	10.0	0.23	0.07	0.03	0.10	0.25

■ カフェインとタンニンの成分と効用

成分	作用	効用
カフェイン	中枢神経刺激作用	覚醒作用、疲労回復、ストレス解消
	強心作用、利尿作用	血液循環の促進、新陳代謝の活性化
	頭痛の鎮静	とくに偏頭痛に効く
タンニン（カテキン類）	抗酸化作用	老化防止
	コレステロール・脂質上昇抑制作用	動脈硬化の予防
	抗菌・抗ウイルス・解毒作用	食中毒、下痢、インフルエンザ、虫歯の予防
	抗突然変異作用	発ガン抑制

■ 緑茶類の成分と効用

成分	作用	効用
フッ素	カルシウム溶出防止作用	虫歯の予防
ビタミンC	血管壁の維持	脳出血・壊血病の予防
ビタミンE	抗酸化、動脈硬化抑制	老化防止
γ-アミノ酪酸	血圧降下作用	高血圧予防

（小学館『食材図典』による）

注目の抗酸化力、ポリフェノールとは？

　ポリフェノールは、植物の葉や花、花粉、樹皮、茎などに多く含まれている物質で、光合成によってできた植物の色素や苦み成分。茶に含まれるカテキンやタンニンもポリフェノールの仲間である。人体に悪影響を及ぼす活性酸素を除去する抗酸化力を持ち、動脈硬化や胃かいよう、アルコール性肝障害の防止にも効果があるといわれている。し好飲料のほか、色が濃いもの、渋みや苦みが強い植物性食品に多く含まれている。ポリフェノールの効き目は2～3時間。さまざまな食品を上手に利用してこつこつ補給することが大切である。

カテキン　茶
タンニン　茶・赤ワイン
クロロゲン酸　コーヒー
ケルセチン　たまねぎ
ルチン　そば
イソフラボン　大豆製品
ウーロン茶ポリフェノール　ウーロン茶
カカオマスポリフェノール　ココア・チョコレート
アントシアニン　むらさきいも・ブルーベリー

■ おもな市販飲料のポリフェノール含有量 (mg/100g)

ココアC	2000
ココアB	1550
ココアA	1050
赤ワインE	450
赤ワインD	400
赤ワインC	300
赤ワインB	300
赤ワインA	250
煎茶B	205
煎茶A	205
果汁入り飲料F	320
果汁入り飲料E	190
果汁入り飲料D	110
果汁入り飲料C	80
果汁入り飲料B	70
果汁入り飲料A	50
缶入り緑茶飲料C	85
缶入り緑茶飲料B	70
缶入り緑茶飲料A	55

（国民生活センター「ポリフェノール含有食品の商品テスト結果」より作成）

肉類
卵類
乳類
油脂類
菓子類
し好飲料類
調味料・香辛料類
調理済み流通食品
外食・中食
市販食品

し好飲料類 [アルコール飲料]

BEVERAGES

[醸造酒類]

清酒
Sake

1合＝180mL

別名日本酒。蒸した白米と、これに種麹（たねこうじ）を植え付けた米麹が原料。水と酵母を加えてでん粉を糖化・発酵させ、できたもろみをしぼり、濾過（ろか）する。下記の通り、材料や製法により吟醸酒、純米酒、本醸造酒などに分けられる。

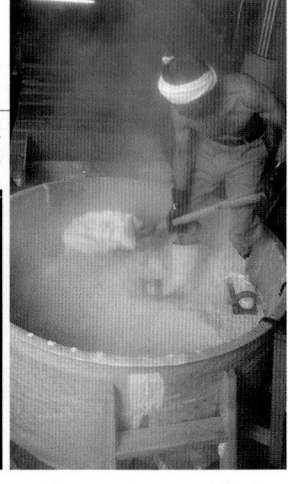

蒸し上げた酒米を加える杜氏（とうじ）。

■ 清酒の製法品質表示基準

特定名称	作用	精米歩合	香味等の要件
吟醸酒	米、米こうじ、醸造アルコール	60%以下	吟醸造り固有の香味、色沢が良好
純米酒	米、米こうじ	70%以下	香味、色沢が良好
本醸造酒	米、米こうじ、醸造アルコール	70%以下	香味、色沢が良好

■ アルコール度比較

種類	純米酒1合	ビール（大）淡色	ウイスキーシングル	ワイン（赤）1杯
量（mL）	180	633	30	120
量（g換算）	179.6	638.1	28.6	119.5
アルコール量（g）	22.1	23.6	9.6	11.1
アルコール分（%）	15.4	4.6	40.0	11.6
炭水化物（g）	6.5	19.8	0	1.8
総カロリー（kcal）	183	249	67	81

ビール
Beer

大びん1本＝633mL
中1缶＝350mL

大麦の麦芽を温水によって発酵させ、濾過（ろか）する。これに芳香と苦みをもつホップ（クワ科植物の実）を加えて麦芽汁をつくり、ビール用酵母を加え、炭酸ガスを保持するため低温でアルコール発酵させる。不純物を除いたのち熱処理しないものが「生ビール」。

ホップ

ラガービール

■ 350mL あたり

淡色	137kcal
黒	158kcal
スタウト	217kcal

淡色ビール　黒ビール　スタウトビール

ぶどう酒（ワイン）
Wine

グラス1杯＝120mL

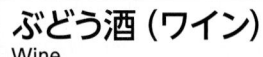

赤ワイン　　白ワイン　　ロゼワイン

ぶどうの果汁にワイン用の酵母を加え、アルコール発酵させたもの。赤ワインは黒色の皮ごと仕込むため、色素が溶けて赤くなる。また酸味や渋みが強い。白やロゼには適度な酸味と甘みがある。炭酸ガスを含む発泡性ワインの代表が「シャンパン」。

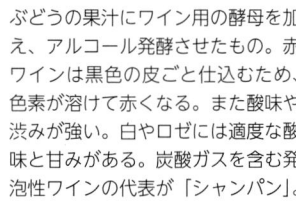

シャンパン

■ 350mL あたり

赤ワイン	238kcal
白ワイン	263kcal

[蒸留酒類]

しょうちゅう
焼酎・Shochu

1カップ＝200mL

麦、いも、そば、米などを麹を使って発酵させ、蒸留したもの。製造方法により、**連続式蒸留しょうちゅう**と、一度の蒸留で原料の風味を残した**単式蒸留しょうちゅう**に分けられる。お湯や水、ソーダ水などで割って飲まれることも多い。沖縄の泡盛は、米と黒麹菌からつくられる。

連続式蒸留しょうちゅう（甲類）

麦　いも　米　泡盛

単式蒸留しょうちゅう（乙類）

■ 甲類50mLあたり　**102kcal**

ウイスキー
Whisky

シングル＝30mL
ダブル＝60mL

大麦の麦芽のみから糖化液をつくり蒸留したものがモルトウイスキー。このほか、大麦以外の穀類も使ったグレーンウイスキー（とうもろこしが原料のバーボンなど）、これとモルトウイスキーを混合したブレンディッドウイスキーがある。

バーボン　ブレンディッド

■ 50mLあたり　**117kcal**

スコッチウイスキー
1種類のモルトウイスキーのみを使ったシングルモルトのほか、複数をブレンドしたものもある。

■ モルトウイスキーのできるまで

① 麦芽作り
大麦を水に浸して発芽させ、モルト（大麦）を乾燥炉に入れ、ピート（泥炭）でいぶす。

② もろみ作り
粉砕した麦芽に熱湯を加え、麦芽汁（ウォート）をつくる。

③ 発酵
ウォートを冷却後、酵母を加えて発酵させると、弱いアルコール（ウォッシュ）になる。

④ 蒸留
ウォッシュを大きな銅製の蒸留器（スティル）で2回蒸留すると、スピリット（原酒）ができる。

⑤ 熟成
スピリットを樫の樽に入れ、数年間の熟成期間を送る。ここでまろやかな香りができる。

⑥ びん詰め
熟成後のウイスキーに軟水を加えて薄め、濾過してびんに詰める。

ピート（泥炭）
スコットランド地方のピートがスコッチウイスキー独特の香りづけに重要な役割を果たす。

蒸留器（スティル）蒸留所の伝統的な香りや質はスティルマン（蒸留係）の腕にかかっている。

蒸留酒のいろいろ

ラム
さとうきびや糖蜜が原料。洋菓子の風味づけにも使われる。中南米が主産地。

ジン
とうもろこし、大麦などの穀類にねずの実、そのほかのハーブ類を混ぜて蒸留した酒。オランダが発祥。

ブランデー
果実を原料とした蒸留酒で、一般的にはぶどう酒を蒸留したもの。このほか、りんごやさくらんぼからもつくられる。

ウォッカ
大麦・ライ麦を原料とした蒸留酒。高濃度で蒸留するため、アルコール度数が高い。ロシアの代表的な酒。

[混成酒類]

梅酒
Umeshu

青梅の実を氷砂糖とともに、しょうちゅうに漬け込んでつくる。特有の香りとクエン酸の酸味がある。氷を加えたり、水や湯で割ったりして飲む。

■ 50mLあたり　**78kcal**

し好飲料類 [茶類・その他]

BEVERAGES

[茶類]

緑茶類
Green teas

苦味と渋味の成分はタンニン（カテキン類）で、うま味と甘味の成分はアミノ酸（おもにテアニン）。カテキンには血中コレステロールを抑える作用や抗菌作用、カフェインには気分をさわやかにする効果がある。発酵させないためビタミンCも豊富に含まれている。

せん茶大さじ1＝6g　抹茶大さじ1＝6g

せん茶

若い葉を蒸し、もみながら加熱・乾燥させたもの。日本茶の8割を占める。葉をつみとる時期により、一番茶（新茶：5月初旬）から四番茶（8月）まである。

玉露（ぎょくろ）

茶つみの20日ほど前から、直射日光を避けるため茶樹におおいをかけ、若芽と若葉をつみとった高級茶。うま味が増し、渋味は抑えられている。

抹茶

玉露のように育て、つみとった葉を使う。蒸してからもまずに乾燥させ、茎や軸を取り除いてから臼で細かくひき、粉末にする。

■ せん茶浸出液 200mL あたり

エネルギー	4kcal
カルシウム	6mg
鉄	0.4mg
ビタミンC	12mg

■ 抹茶 2g あたり

エネルギー	5kcal
カルシウム	8mg
鉄	0.3mg
β-カロテン当量	580μg
ビタミンC	1mg
食物繊維	0.8g

番茶

かたくなった葉や茎などを原料に、せん茶と同じ製法でつくる。

焙茶（ほうじちゃ）

中級のせん茶と番茶をあわせ、強火で煎ってつくる。

玄米茶

中級のせん茶や番茶に煎った玄米を混ぜたもの。

ウーロン茶
烏龍茶　Oolong tea

大さじ1＝6g

発酵茶の一種。緑茶のように茶葉を蒸して酵素の働きを抑制するのでなく、日光にさらしたのち室内でしおれさせた茶葉を、高温多湿の状態でかきまぜながら発酵させる。葉が紅褐色になり、香りも強くなるタイミングで釜煎りして発酵を止め、よくもんで乾燥させる。発酵度は15～80％とさまざまである。発酵度の低いものは緑茶に近い味となり、高いものは紅茶に近い味になる。

■ 浸出液 200mL あたり

エネルギー	0kcal
カルシウム	4mg
ビタミンC	0mg

紅茶
Black tea

大さじ1＝6g

発酵茶の一種。自然乾燥させた茶葉に圧力をかけて細胞を破壊し、よくもんでから、高温多湿の状態で発酵させる。葉の形を残したリーフタイプと、細かく砕いたブロークンタイプなどがある。色・香りは、産地や品種、製法によりさまざまで、飲み方も多種多彩。

CTC 製法

ティーバッグは、短時間でも浸出するように、CTC製法によってつくられている。C（Crush＝つぶす）、T（Tear＝引き裂く）、C（Curl＝巻く）の頭文字をとったもので、茶葉をもみ、よりをかけること。

ティーバッグ

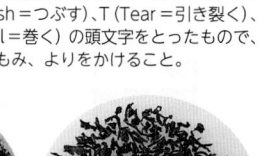

ブロークンタイプ　　リーフタイプ

■ 浸出液 200mL あたり

エネルギー	2kcal
カルシウム	2mg
ビタミンC	0mg

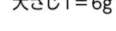

コーヒー
Coffee

コーヒーの実の種子を焙煎（ロースト）し、特有の味と香りをつくる。焙煎が浅いほど酸味が強く、深く煎るほど苦味が増す。カフェインとクロロゲン酸が含まれ、気分をさわやかにするほか、疲労回復、覚醒作用がある。煎った豆をブレンドしてひき、浸出液を飲むが、いれる方法と飲み方は多種多彩。インスタントコーヒーは、浸出液を乾燥粉末にしたもの。

大さじ1＝6g

■ 浸出液200mLあたり

エネルギー	8kcal
カルシウム	4mg
ビタミンC	0mg

コーヒー豆

浅煎り　　深煎り

コーヒーの実
真紅色に熟すと収穫期。コーヒーチェリーと呼ばれる。

ココア
Cocoa

焙煎したカカオ豆から皮を除いてすりつぶし、脂肪分（ココアバター）の一部を除いて粉末にしたココアパウダーを用いる。湯に溶かしてすべて飲むので、たんぱく質、脂肪、ミネラル、食物繊維などがとれる。また、テオブロミンというカフェインに似た成分が含まれる。ココアパウダーのみのピュアココアと、砂糖や粉乳、香料を入れて加工したミルクココア（インスタントココア）がある。

大さじ1＝6g

ピュアココア

ミルクココア

カカオの木

大さじ1（6g）あたり

	ピュアココア	ミルクココア
エネルギー	23kcal	24kcal
カルシウム	8mg	11mg
鉄	0.8mg	0.2mg
食物繊維	1.4g	0.3g

■ コーヒーとお茶のおもな生産地

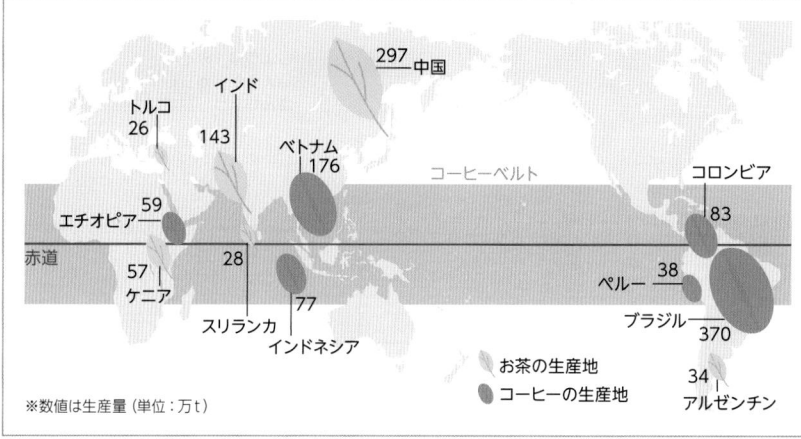

```
297 中国
トルコ 26    インド 143
ベトナム 176
コーヒーベルト
エチオピア 59    コロンビア 83
赤道
57 ケニア    28    ペルー 38
スリランカ 77
インドネシア    ブラジル 370
    34 アルゼンチン
お茶の生産地
コーヒーの生産地
```

※数値は生産量（単位：万t）

コーヒーは、コーヒーベルトという赤道を中心に南北緯約25度の間の地域でほとんどが生産されている。最大産出国はブラジルで、2位のベトナムの2倍にもなる。生産量は多くはないが、ハワイのコナやジャマイカのブルーマウンテンなど有名な銘柄もある。お茶は中国が最大産出国で、インド、ケニア、アルゼンチン、スリランカと続く。インドのダージリン、スリランカのウバ、中国のキーモンは世界の三大紅茶と呼ばれている。

（矢野恒太記念会「日本国勢図会2022/23」）

その他の飲料

1カップ＝200mL

炭酸飲料類
炭酸ガスが水に溶け込んだ発泡性の飲料で、清涼感を楽しむ。
コーラ：複数の香料を独自にブレンドした黒褐色の炭酸飲料。日本でも昭和30年代より製造、販売されている。
ビール風味炭酸飲料：別名ノンアルコールビール。ビールに似せた味の発泡性炭酸飲料。アルコール分を1％未満含むものもある。
麦茶
大麦を焙煎し、その浸出液を飲むもので、お茶ではない。カフェインを全く含まない。

コーラ

ビール風味
炭酸飲料

麦茶

■ 200mLあたり

コーラ	92kcal
ビール風味炭酸飲料	10kcal
麦茶	2kcal

入れるとうま味が十分に出る。玉露は50度、せん茶は70度、番茶は100度の温度で入れるとよい。

肉類
卵類
乳類
油脂類
菓子類
し好飲料類
調味料・香辛料類
調理済み流通食品類
外食・中食
市販食品

調味料・香辛料類
SEASONINGS & SPICES

モロッコのスパイス市場

調味料類は、調味の基本である塩味、甘味、酸味、苦味、うま味（＝基本味）を食品や料理に与える材料で、人のし好を満たし、食欲を増進させるものである。日本では、昔から塩・しょうゆ・みそ・砂糖・酢などが用いられているが、食文化の多様化の中で、ケチャップ・マヨネーズ・豆板醤・コチジャンといった世界中から伝わった調味料の使用も増えている。なお、砂糖類については→p.162参照のこと。

香辛料類には、スパイス（香辛料）やハーブ（香草）があり、料理の風味付けや臭み消し、着色、消化吸収を高めるなどの目的で利用される。スパイスは熱帯・亜熱帯産の植物の根・樹皮・種子などを乾燥させたもの。ハーブは、温暖な地方に産する香草の葉や茎などを生または乾燥させて利用する。和食の薬味なども香辛料類に入る。エスニック料理ブームなどにより、さまざまな種類が利用されている。

※日本では古来、甘味・辛味・苦味・酸味・塩味を五味としてきた。栄養学では、辛味は痛覚と温覚が一緒になった物理的な味として区別している。

■ 世界の調味料・香辛料の分布

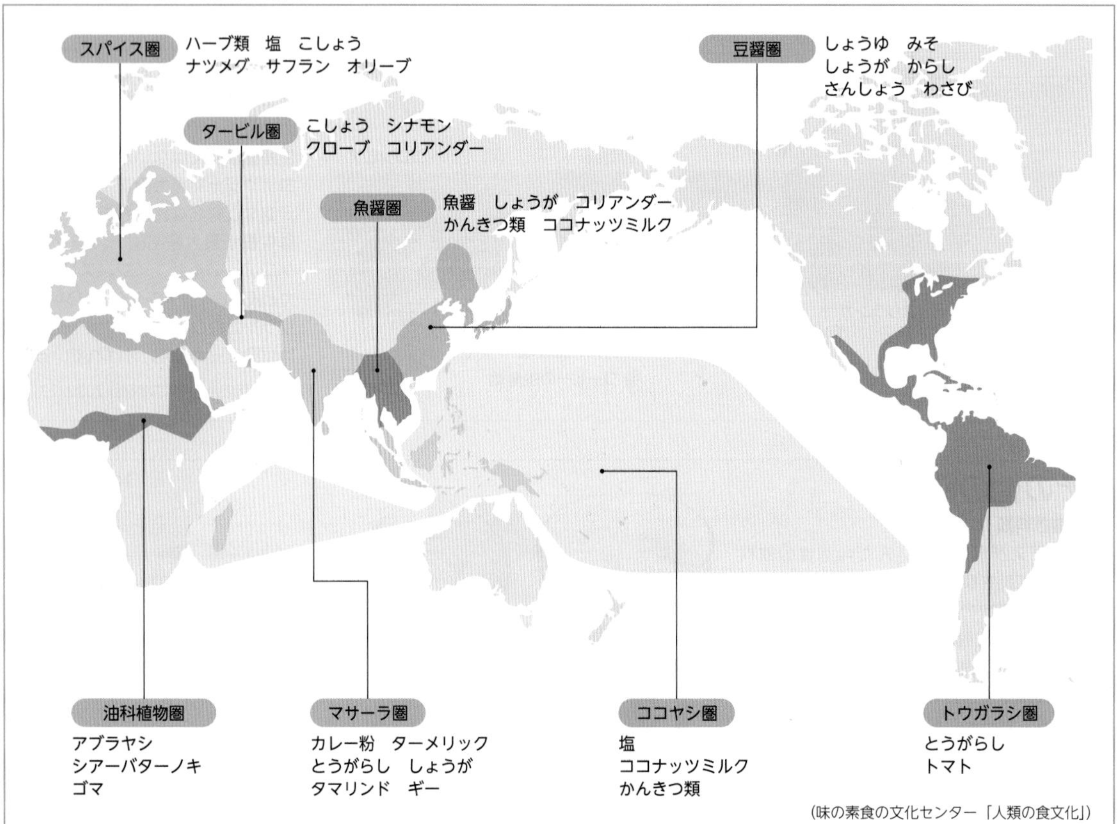

スパイス圏 ハーブ類 塩 こしょう
ナツメグ サフラン オリーブ

タービル圏 こしょう シナモン
クローブ コリアンダー

魚醤圏 魚醤 しょうが コリアンダー
かんきつ類 ココナッツミルク

豆醤圏 しょうゆ みそ
しょうが からし
さんしょう わさび

油科植物圏
アブラヤシ
シアーバターノキ
ゴマ

マサーラ圏
カレー粉 ターメリック
とうがらし しょうが
タマリンド ギー

ココヤシ圏
塩
ココナッツミルク
かんきつ類

トウガラシ圏
とうがらし
トマト

（味の素食の文化センター「人類の食文化」）

240

2 栄養上の特徴

調味料には塩分が多く含まれている。「日本人の食事摂取基準」によれば、1日の塩分摂取量は6.5〜7.5g以内が望ましく（→p.322）、とくに高血圧、腎臓障害のある人は注意する。減塩のためには、酢や香辛料を活用して調味するとよい。

減塩に効果を発揮するとうがらしなどの辛味成分は「カプサイシン」という。脂肪を分解する酵素＝リパーゼを活性化する働きがあるため脂肪の燃焼を促進し、さらに免疫力をアップさせる効果もある。しかし、とりすぎると味覚障害を招くこともあるので注意する。

3 選び方・保存方法

	選び方	保存方法
しょうゆ	用途に応じた種類を選び、使い分けをするのがよい。また、塩分調整されたものもあり、健康状態に応じて利用する。いずれも透明感があり、異味異臭のないものを選ぶ。	開栓前は1年半くらいもつが、開栓後は室温に置くと味、香りも日ごとに落ち、色が濃くなっていく。食卓用に小分けしたしょうゆも1週間くらいで使い切るようにし、残りは冷蔵庫に入れる。
スパイス、ハーブ	粒状・粉状のものが出回っている。粉の方が香りは飛びやすいが、使うたびにひく手間がない。使う頻度を考えて買い分けるとよい。どちらもびん詰め、缶入りがあるが、ほとんど密封されているので、製造年月日の新しいものを選ぶ。開封後は早く使い切った方がよいので、なるべく少量ずつ買い求める。	使うたびにきちんとふたをし、冷暗所に置く。できれば褐色びんなどに保存するのがよい。香りが抜けたり、色のあせてきたものは使用しない。

■ 塩の特性

浸透圧作用	野菜や魚に食塩をふって、余分な水分を浸み出させる。
酵素停止作用	りんごを褐変させるポリフェノール酵素の作用を防止したり、青菜をゆでる際のクロロフィルの退色を防ぐ。
たんぱく質溶解作用	食塩を加えることにより、たんぱく質が溶け出し、小麦粉をこねて粘りを出したり、魚肉ねり製品などに弾力性を与える。
たんぱく質凝固作用	さといものぬめり成分を凝固させる。
細胞軟化作用	食塩水の沸点の高さを利用して、野菜をやわらかくゆで上げる。
防腐効果	10％以上の塩水で食品中の水分を脱水して雑菌の繁殖を抑える。
酸化防止作用	0.5％程度の塩水によって、大気中の酸素による食品の酸化と変色、ビタミンCの酸化を防ぐ。

■ チリ（中南米産とうがらし）の辛さのスケール

辛さ	種類	特徴・使い方
強	ハバネロ	中南米カリブ海原産の世界一辛いとうがらし。サラダなどに少量使うとよい。
	カイエンヌ	南米大陸フランス領ギアナのカイエンヌ原産。どんな使用法でもよい。
	セラノ	中米山岳地帯原産。心地いい酸味とシャープな辛さが特徴。
	ハラペーニョ	メキシコ原産。フレッシュな香りのとうがらし。ししとうと同じ辛さ。ソースやピクルスに。
弱	ラージチェリー	肉厚ピーマンのような味。サラダやピクルスなどに。

■ うま味の発見

食べ物を「おいしい」と感じるもっとも基本的な要素は味覚である。味覚は、人間の五感のひとつで、口にした食べ物ごとに認識される感覚をいう。甘味、酸味、塩味、苦味、うま味の5つを基本味（→p.240 ① ※の五味とは異なる）という。

実はこのうま味のもとを発見したのは日本人であった。東京帝国大学（現在の東京大学）教授だった池田菊苗博士は、1908年にこんぶのだしの中からうま味物質であるグルタミン酸を発見し、第5の味覚として「うま味」と命名した。また1913年には、弟子の小玉新太郎氏がかつお節から抽出したイノシン酸もうま味成分であることを確認したのである。その後、「UMAMI」は、世界中で通用する用語となっている。

■ うま味成分を多く含む食品の番付表

グルタミン酸	番付	イノシン酸	グアニル酸
利尻こんぶ	横綱	煮干し	乾しいたけ
チーズ	大関	かつお節	まつたけ
しょうゆ	関脇	しらす干し	生しいたけ
一番茶	小結	あじ	えのきたけ
みそ いわし ブロッコリー トマト はくさい	前頭	さんま たい 豚肉 牛肉 くるまえび	しょうろきのこ 鯨肉 豚肉 牛肉 鶏肉

食塩類
Edible salts

小さじ1＝6g

自然塩は、海水や岩塩からつくられ、成分の99％以上が塩化ナトリウムのものを**食塩**、95％以上のものを**並塩**（粗塩）という。自然塩にはマグネシウムやカルシウム、カリウムなど、微量のミネラルが含まれている。**精製塩**は自然塩から不純物を取り除き、塩化ナトリウム99.5％以上としたもの。人体の生命維持に不可欠であり、調味料としても多く利用される。

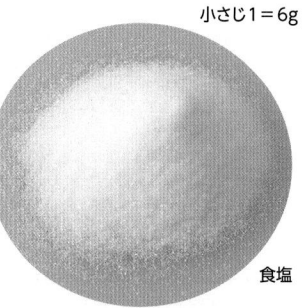

食塩

岩塩

■ 食塩小さじ1杯　6gあたり

エネルギー	0kcal
カルシウム	1mg
マグネシウム	1mg
食塩相当量	6.0g

しょうゆ類
醤油・Shoyu, Soy sauces

大さじ1＝18g

だいずや小麦にカビの一種である種麹（たねこうじ）を植え付け、この麹に食塩水を加えて発酵させる。できた「もろみ」をしぼり、さらに濾過（ろか）・殺菌してつくる。香りの元はメチオニンが発酵してできる物質、うま味成分はグルタミン酸など。塩分濃度は、**こいくちしょうゆ**が14.5％、液の色が薄い**うすくちしょうゆ**の方が16％と高い。濃度を8％前後に抑えた**減塩しょうゆ**もある。

こいくち

うすくち

■ 大さじ1杯　18gあたり

	こいくち	うすくち
エネルギー	14kcal	11kcal
カルシウム	5mg	4mg
マグネシウム	12mg	9mg
食塩相当量	2.6g	2.9g

ブイヨン
Bouillon

大さじ1＝18g
1個＝5g

別名コンソメ。洋風だしの素。チキン味、ビーフ味などがあり、手軽にスープがとれる。固形タイプ、顆粒タイプがある。食塩濃度が高い。

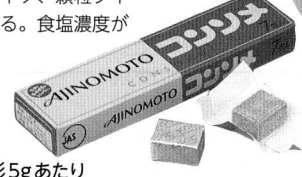

顆粒タイプ

固形タイプ

■ 固形5gあたり

エネルギー	12kcal
カルシウム	1mg
マグネシウム	1mg
食塩相当量	2.2g

めんつゆ
Mentsuyu

1本＝500mL

だし、しょうゆとみりんを合わせてつくっためん用のたれ。ストレートで使うものと、2～3倍に薄めて使う濃縮タイプのものがある。

■ ストレートタイプ20gあたり

エネルギー	9kcal
カルシウム	2mg
マグネシウム	3mg
食塩相当量	0.7g

魚醤油（ぎょしょうゆ）とは？

私たちが通常使用するしょうゆは大豆が原料だが、魚介類を原料としたしょうゆを魚醤油という。腐敗を抑えるために塩分濃度が高い。濃厚なうま味とともに、独特のくせのある香りがある。日本では、はたはたからつくる秋田のしょっつる、いわしなどから作る能登のいしりが知られている。東南アジアでは、タイのナンプラー、ベトナムのニョクマム等が有名。

大さじ1杯（18g）あたりの食塩相当量はナンプラー4.1g、しょっつる4.4gと高い。

みそ類
味噌・Miso

蒸しただいずに、麹、塩などをまぜ、発酵させたもの。加える麹の種類によって、**米みそ**、**麦みそ**、**豆みそ**があるが、米みそが全国生産の8割を占める。また、色の濃淡、塩分などによってもさまざまな種類がある。みそ汁のほか、煮物、焼き物、鍋物、あえ物など、日本料理では調味料としてよく利用される。

大さじ1＝18g

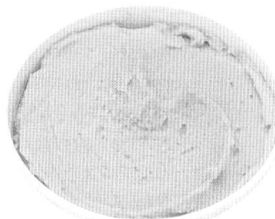
米みそ・白色・甘みそ

■ 100gあたりの成分比較

			たんぱく質	炭水化物	食塩相当量
米みそ	淡色	辛	12.5g	21.9g	12.4g
米みそ	赤色	辛	13.1g	21.1g	13.0g
麦みそ			9.7g	30.0g	10.7g
豆みそ			17.2g	14.5g	10.9g

■ みその種類

種類	味	塩分(%)	色	通称	産地
米みそ（米麹）	甘みそ	5〜7	白	白みそ・西京みそ・讃岐みそ	近畿以西
			赤	江戸みそ	東京
	甘口みそ	7〜13	淡色	相白みそ	静岡・九州
			赤	御膳みそ	四国
	辛口みそ	11〜13	淡色	白辛みそ信州みそ	長野・関東
			赤	赤みそ・越後みそ・佐渡みそ・仙台みそ・津軽みそ	東北以北
麦みそ（麦麹）	甘口辛口	9〜11 11〜13	淡色	麦みそ・田舎みそ	中国以西
豆みそ（大豆麹）		10〜12	褐色	豆みそ・八丁みそ・三州みそ	中部地方

米みそ・赤色・辛みそ

米みそ・淡色・辛みそ

麦みそ・淡色・甘口

豆みそ・褐色・中甘口

■ 米みそ・甘みそ18gあたり

エネルギー	37kcal
たんぱく質	1.7g
脂質	0.5g
カルシウム	14mg
鉄	0.6mg
食塩相当量	1.1g

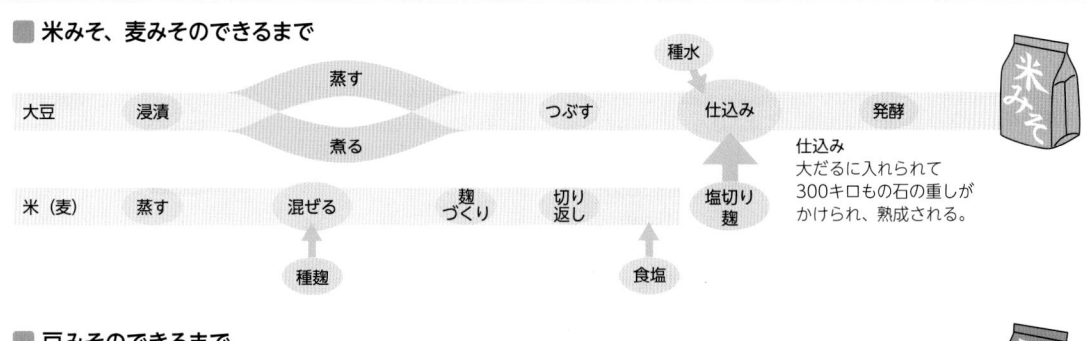

■ 米みそ、麦みそのできるまで

大豆 → 浸漬 →（蒸す／煮る）→ つぶす → 仕込み ← 種水 → 発酵 → 米みそ

米（麦）→ 蒸す → 混ぜる ← 種麹 → 麹づくり → 切り返し ← 食塩 → 塩切り麹

仕込み
大だるに入れられて300キロもの石の重しがかけられ、熟成される。

■ 豆みそのできるまで

大豆 → 浸漬 → 蒸す → みそ玉づくり → 混ぜる ← 種麹 → 麹づくり ← 食塩 → つぶす → 仕込み ← 種水 → 発酵 → 豆みそ

■ 製法による色の違い

大豆 →（蒸す → 混ぜる ← 塩、米麹（麦麹）→ 長期発酵 → 切り返し → 切り返し → 切り返し）→ 赤みそ
切り返しを行い、空気にさらす。

→（煮る → 混ぜる → 短期熟成 → 切り返し）→ 白みそ
なるべくかくはんしない。

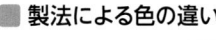

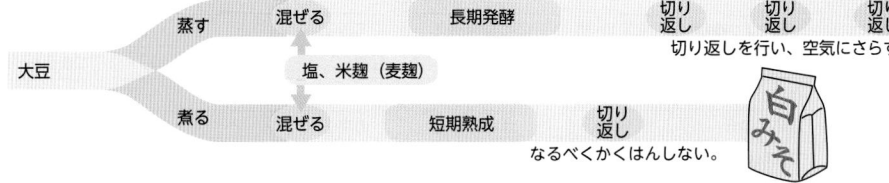

肉類 卵類 乳類 油脂類 菓子類 し好飲料類 調味料・香辛料類 調理済み流通食品 外食・中食 市販食品

食酢類
Vinegars

穀物酢

黒酢

果実酢（ワインビネガー（赤））

果実酢（りんご酢）

小さじ1＝5g

米などの穀類や果実を原料に、麹菌などを使って発酵させたもの。酢の酸味成分は、酢酸、クエン酸、リンゴ酸などの有機酸。さらにアミノ酸がうま味と風味を加える。酢は、唾液や胃液の分泌をうながし、食欲を増進させたり、殺菌効果によって保存性を高めたりする働きがある。

ぶどうを使った酢である。バルサミコ酢はイタリアのモデナ地方の伝統的な味のワインビネガー。白もある。

■ 15gあたり

	穀物酢	黒酢	りんご酢
エネルギー	4kcal	8kcal	4kcal
カルシウム	0.3mg	0.8mg	0.6mg
カリウム	1mg	7mg	9mg
食塩相当量	0g	0g	0g

みりん
味醂・Mirin

本みりん

みりん風調味料

大さじ1＝18g

蒸したもち米と米麹をしょうちゅうに加え、発酵させてつくった「もろみ」をしぼったもの。上品な甘味は食品に照りを与えるので、煮物や照り焼きなどの料理に使われる。しょうちゅうを使った本みりんは酒類に分類される。糖類液にアミノ酸などを加えてつくったアルコールを含まないものはみりん風調味料という。

■ 18gあたり

	本みりん	みりん風調味料
エネルギー	43kcal	41kcal
カルシウム	0.4mg	Tr
カリウム	1mg	1mg
食塩相当量	0g	0g

ウスターソース類
Worcester sauces

大さじ1＝18g
小さじ1＝6g

ウスターソースは、イギリスのウースターシャー地方発祥のソース。粘度がなくサラサラ。粘度を加えた中濃ソース、濃厚ソース（とんかつソース）などのタイプがある。トマト、たまねぎ、にんじんなどのエキスに香辛料、食塩を加えて熟成させて濾過し、砂糖や酢を加えて味をととのえている。

ウスター　中濃　濃厚

■ 18gあたり

	ウスター	中濃	濃厚
エネルギー	21kcal	23kcal	23kcal
炭水化物	4.9g	5.6g	5.6g
鉄	0.3mg	0.3mg	0.3mg
食塩相当量	1.5g	1.0g	1.0g

オイスターソース（かき油）
牡蠣油・Oyster sauce extract

大さじ1＝16g

生がきを発酵・熟成させた独特の風味をもつ調味料。肉、野菜の炒め物や魚介類のつけだれとして用いられる。

■ 16gあたり

エネルギー	17kcal
炭水化物	2.9g
鉄	0.2mg
食塩相当量	1.8g

■ 合わせ酢 (材料に対する割合%)

調味料 種類	酢	塩分 塩	塩分 しょうゆ	糖分 砂糖	糖分 みりん	その他
二杯酢	10		8			
三杯酢	10		8	(3)	10	（ ）は、みりんの代わり
甘酢	10	1.5		10		
ごま酢	10	(2)	8	5	5	（ ）はしょうゆの代わり、ごま5〜10
くるみ酢	10	1	4			くるみ5〜10
土佐酢						かつおぶし
ポン酢	三杯酢に混ぜ合わせる					だいだい6
吉野酢						でん粉0.5
黄身酢	10	1.5		5		卵黄10、でん粉1

■ あえ物の混合調味料 (材料に対する割合%)

種類	おもな材料	塩	しょうゆ	砂糖	その他
ごまあえ	白ごま10	1.5		5〜8	
	黒ごま10		8	5〜8	
ピーナッツあえ	ピーナッツ15	1.5		10	だし汁5
くるみあえ	くるみ15	1.5		10	だし汁5
白あえ	豆腐50	1.5		10	白ごま5〜10
酢みそあえ	みそ20			5〜10	酢10
木の芽あえ	木の芽2			0〜5	白みそ20
うの花あえ	うの花20	1.5		5〜10	酢10、卵黄10
からしあえ	からし1		8	2	

マヨネーズ
Mayonnaise

全卵型 / 低カロリータイプ

卵に食塩、食酢、香辛料に油を少しずつ加え、乳化させてつくったソース。まろやかな全卵型と濃厚な卵黄型、低カロリータイプがある。これをベースに、ゆで卵やピクルス、タルタルソースなどをつくることもできる。

■ 12gあたり

	全卵型	低カロリータイプ
エネルギー	80kcal	31kcal
脂質	9.1g	3.4g
ビタミンE	1.6mg	0.6mg
食塩相当量	0.2g	0.5g

トマトピューレー
Tomato puree

1びん=200g
大さじ1=15g

加工用のトマトをつぶしてから裏ごしして汁をしぼり、皮や種などを除いた後に濃縮し、少量の食塩、香辛料を加えたもの。ケチャップほど味付けされていない。食塩以外の固形分が24%未満。

■ 15gあたり

エネルギー	7kcal
β-カロテン当量	95μg
ビタミンE	0.4mg
食塩相当量	0g

トマトペースト
Tomato paste

1缶=300g
大さじ1=15g

トマトピューレーをさらに煮詰めてペースト状にしたもの。固形分が24%以上。変質しやすいので、あけたら使い切ることが望ましい。

■ 15gあたり

エネルギー	14kcal
β-カロテン当量	150μg
ビタミンE	0.9mg
食塩相当量	0g

トマトケチャップ
Tomato ketchup

大さじ1=15g

トマトの代表的加工品。完熟トマトを裏ごししたトマトピューレーに砂糖、食塩、食酢、香辛料などを加えた調味料。原料のトマトに含まれるカロテンやビタミン類を含んでいる。

■ 15gあたり

エネルギー	16kcal
β-カロテン当量	77μg
ビタミンE	0.3mg
食塩相当量	0.5g

チリペッパーソース
Hot pepper sauce

小さじ1=4g
ハラペーニョのソース

チリやカイエンヌなどの洋とうがらしに酢などを加えてつくる。「タバスコ」はメキシコの州にちなんだ商標名。緑色の方が辛さがマイルド。

■ 4gあたり

エネルギー	2kcal
カルシウム	1mg
β-カロテン当量	64μg
食塩相当量	0.1g

ラー油
辣油・Cayenne pepper oil

小さじ1=4g

とうがらしとごま油を合わせてつくった辛味調味料。ぎょうざのたれ、めん類のスープなど、用途はきわめて広い。

■ 4gあたり

エネルギー	35kcal
脂質	4.0g
β-カロテン当量	28μg
食塩相当量	0g

ドレッシング類
Dressings

大さじ1=15g

酢、サラダ油、食塩、香辛料を加えてかき混ぜたもの。油と酢が分離している分離型のフレンチドレッシングと乳化剤によって混ざり合ったサウザンアイランドドレッシングなどのほか、ノンオイルの和風タイプがある。

■ 15gあたり

	サウザンアイランド	和風ノンオイル
エネルギー	59kcal	12kcal
脂質	(5.9)g	0.0g
カルシウム	(1)mg	2mg
コレステロール	1.4mg	―

中国・韓国料理に使う調味料

豆板醤（トウバンジャン）
そらまめに唐辛子、麹、塩などを加えて発酵させた辛子みそ。麻婆豆腐などに。

芝麻醤（チーマージャン）
白ごまをすりつぶして、ごま油や塩などを加えたもの。ごまだれや、ごまあえに。

蕃椒醤（コチュジャン）
もち米を麹で糖化させ，唐辛子・塩・醤油などを混ぜて発酵・熟成させたもの。

肉類 / 卵類 / 乳類 / 油脂類 / 菓子類 / し好飲料類 / 調味料・香辛料類 / 調理済み流通食品類 / 外食・中食 / 市販食品

■ 香りづけ

バニラ (Vanilla)
ワニラ豆（ラン科）のさやを乾燥させたもの。甘くデリケートな芳香をもつ。

キャラウェイ (Caraway)
乾燥させた種子を使う。ザワークラウト、パンや菓子の香りづけに使う。

セージ (Sage)
葉を乾燥させる前の状態でも使う。強い芳香と苦味をもつ。ソーセージづくりに用いる。

タイム (Thyme)
草全体を乾燥させた状態で使うが、生の状態でも使う。さわやかな香りと辛味をもつ。

オレガノ (Oregano)
ヨーロッパ原産のシソ科の多年草。生または乾燥させた葉を使う。ピザやパスタ、煮込み料理に香りを加える。

さんしょう
（山椒・Japanese pepper）
完熟した実の粉末。若芽は「木の芽」と呼ばれ、あえ物などにあしらう。

ベイリーフ (Bay leaf)
月桂樹の葉のことで、別名ローレル（ロリエ）。用途は広く、煮込み料理の香りづけや肉の臭み消しなどに使う。

スターアニス
（八角・Star anise）
実をさやごと乾燥させて使う。アニス（セリ科の植物）に似た香りで、豚の角煮などに使う。

■ 色づけ

パプリカ (Paprika)
肉厚の甘味唐辛子の一種を乾燥させて粉末にしたもの。唐辛子の仲間だが、辛味はなく、着色用として使用する。

サフランの花

サフラン (Saffron)
花のめしべを乾燥させて使う。ブイヤベースやパエリア、リゾットなどを鮮やかな黄色に仕上げる。

■ 辛味づけ

練りわさび (Paste wasabi)
チューブ入りの製品は、ホースラディシュの根を乾燥粉末状にした「粉わさび」が原料。

からし (Mustard)
からし菜の種子からつくる。和洋の2種があり、練り辛子として使われるのは、洋辛子のなかの白辛子。

とうがらし (Red pepper)
果実の乾燥粉末。「七味とうがらし」は、さんしょうなど他の香辛料とブレンドしたもの。

こしょう (胡椒・Pepper)
完熟前に実を収穫して干したものが「黒こしょう」で、熟したのち皮をむいて干したものが「白こしょう」。ひいて粉末にもする。

[カレーのスパイス]

■ ガラムマサラ（インドの混合スパイス）

シナモン（Cinnamon）
木の皮を乾燥させたままの状態でも使う。粉末ではカシア（肉桂）と見分けがつかず、ニッキと通称されている。

チリパウダー（Chili powder）
洋風の七味唐辛子。チリソースにも使われる。

カルダモン（Cardamon）
乾燥させた種子をひいて使う。少量でも芳醇な香りを与える。肉の臭み消しにもなる。

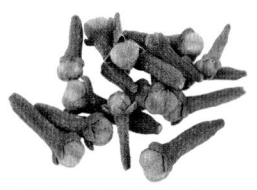

ブラックペッパー（Black pepper）
完熟前に実を収穫して干した「黒こしょう」。「白こしょう」は皮をむいたもの。

コリアンダー（Coriander）
実を乾燥させたものをひいて使う。葉は、中国料理では「香菜（シャンツァイ）」、タイ料理では「パクチー」として知られる。

クミン（Cumin）
乾燥させた種子を、シード状または粉末にして使う。カレーをつくる際に、まず油に風味づけするために使う。

クローブ（丁字・Clove）
つぼみを干したものを使う。香りはバニラに似ている。インドや中国では、痛み止めや胃腸薬としても用いられた。

■ 色と香りをプラス

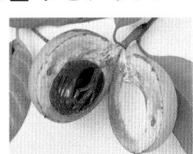

にくずくの実

ナツメグ（Nutmeg）
原料はにくずくの木の実。種の中の仁を粉末にして使う。甘い香りをもつ。

ガーリック（大蒜・Garlic）
にんにく（→p.178）の粉末。食塩を添加したものもある。

ターメリック（烏根・鬱金Turmeric）
別名うこん。地下茎を乾燥させ、粉末にして使う。カレーの黄色はこれによるもの。

ジンジャー（生姜・Ginger）
薬用植物でもあるしょうが（→p.182）の粉末。日本では生のまますりおろして使うことが多い。

オールスパイス（Allspice）
原料はピメントの実。名前の由来は、こしょう、ナツメグ、シナモン、クローブをあわせた味と香りを持つため。

■ 市販のカレー粉

スパイスの配合は多様。市販の粉は日本人のし好に合わせたブレンド。

■ 市販のルウ

小麦粉やラードなどの食用油脂、カレー粉と調味料などを配合する。

フレッシュハーブ

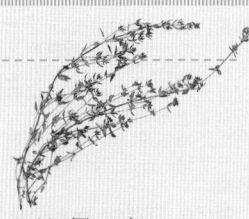

ミント（Mint・薄荷）
もんだり、すりつぶしたりして、ソースやリキュールなどに使う。ペパーミント、スペアミントなどがある。

ローズマリー（Rosemary）
強い香味で肉の臭みを消す。カリフラワーやじゃがいもなどの野菜に香りづけをするときには量は控えめに。

バジル（Basil）
生または乾燥させた葉を使う。トマトによく合い、イタリア料理には不可欠な香草。

タイム（Thyme）
さわやかな香りを生かし、生の状態でも使うが、乾燥させたものもある（→p.246）。肉や魚の煮込み料理に利用する。

食欲を高める作用のうちの1つは必ずもっている。これらの作用を起こす成分は、おもに香辛料の揮発油（きはつゆ）に含まれている。

調理済み流通食品類
PREPARED FOODS

テイクアウトされた中国料理

1 調理済み流通食品類とは

近年、食生活をめぐってそう菜の利用や施設給食のセントラルキッチン化が拡大している。これにより冷凍、チルド、レトルトの状態で流通する食品の需要が増大している。

これまで家庭ごとに異なっていたそう菜も，広い範囲で同一のレシピが適用されることも増えている。

パッケージされた流通食品には、栄養素・消費（賞味）期限が記されているので、購入する際には必ず表示を確認する（→p.106〜）。

2 主な流通形態

レトルトパウチ食品	冷凍食品	粉末状食品	チルド食品

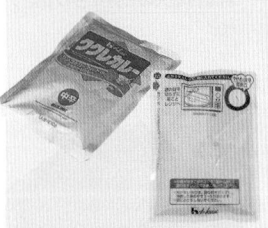

レトルトパウチ食品

アルミ箔とプラスチックフィルムを3層に貼り合わせた袋（レトルトパウチ）に調理・加工済みの食品を入れ、空気を抜いて密封し、高圧釜（レトルト）で120℃・4分以上の高温・高圧で殺菌したもの。

●特徴
無菌状態で気密性・遮光性が高いため、保存料や殺菌料を使わずに常温で1～2年の長期保存が可能。風味・色・栄養分などがそこなわれにくい。軽くて持ち運びに便利。開封しやすい。容器の廃棄処理が容易。

●選び方・保存のしかた
包装容器に傷などのないものを選ぶ。常温で保存。

冷凍食品

前処理（下ごしらえ）して、−18℃以下になるよう急速冷凍して適切に包装し、−18℃以下で保管・流通しているもの。電子レンジで温めるだけで食べられるものが主流。自然解凍で食べられるものは弁当用などに利用される。

●特徴
冷凍下で微生物が増殖しないため、保存料・殺菌料が必要ない。1年間の長期保存ができる。簡単な調理や解凍加熱だけで食べられる。

●選び方・保存のしかた
冷凍ケースの温度計が−18℃以下であることを確認し、きちんと凍っていてパッケージに霜がついていないものを選ぶ（→p.251）。一度解凍されるとうま味が逃げるので、使い切るようにする。

粉末状食品

加工によって粉末状にし、食用時に水または湯で復元する食品。

●特徴
栄養価の損失が少ない。保存期間が長い。軽いため輸送や運搬に便利。

●選び方・保存のしかた
直射日光・高温多湿を避けて常温で保存する。

チルド食品

凍結しない程度の低温冷蔵で保存・輸送・販売される食品。一般的に0～10℃の温度で管理される。チルドとは冷却されたという意味。

●特徴
低温冷蔵することで酵素の活性や有害微生物の成育を抑制できるので食品の品質を保てるが、成育が止まるわけではないため、時間の経過とともに低温でも活動できる細菌が増殖する。

●選び方・保存のしかた
冷蔵庫で保存。冷凍はしない。

[和風料理]

青菜の白和え

豆腐・白ごま・白みそをすり混ぜた
白い和え衣で、ほうれんそうなどの
青菜類を和えた料理。

■ 100g食べたら

エネルギー	81kcal
たんぱく質	(4.2)g
脂質	(3.4)g
炭水化物	(10.5)g
カルシウム	(95)mg
食塩相当量	(1.3)g

とん汁

汁物は汁を主にした料理。とん汁は
豚肉・多種の野菜・こんにゃくなど
を煮込んでねぎと七味とうがらしを
振った具だくさんのみそ汁。

■ 100g食べたら

エネルギー	26kcal
たんぱく質	(1.5)g
脂質	(1.5)g
炭水化物	(2.0)g
カルシウム	(10)mg
食塩相当量	(0.6)g

親子丼の具

とり肉とたまねぎを甘辛く煮
て、溶き卵でとじたもの。とり
肉と卵を使うため、親子の名が
ついた。

■ 150g食べたら

エネルギー	152kcal
たんぱく質	(12.6)g
脂質	(7.8)g
炭水化物	(8.4)g
カルシウム	(32)mg
食塩相当量	(1.5)g

牛飯の具

牛肉とたまねぎを甘辛く煮たも
の。丼に盛った飯にのせて紅し
ょうがやみつばなどを添える。
牛飯の別名は牛丼。

■ 150g食べたら

エネルギー	183kcal
たんぱく質	(6.2)g
脂質	(14.1)g
炭水化物	(9.6)g
カルシウム	(27)mg
食塩相当量	(1.5)g

切り干し大根の煮物

切り干し大根を水戻しして炒め、油
揚げやにんじんなどを加えて、しょ
うゆ・砂糖などで煮汁がほとんどな
くなるまで煮た料理。

■ 100g食べたら

エネルギー	48kcal
たんぱく質	(2.3)g
脂質	(2.5)g
炭水化物	(5.7)g
カルシウム	(46)mg
食塩相当量	(0.9)g

きんぴらごぼう

ごぼうをささがきやせん切りにして
にんじんなどを加えて炒め、しょう
ゆ・砂糖などで調味し、とうがらし
で辛味をつけた料理。

■ 100g食べたら

エネルギー	84kcal
たんぱく質	(1.4)g
脂質	(4.5)g
炭水化物	(11.3)g
カルシウム	(36)mg
食塩相当量	(0.9)g

肉じゃが

肉・たまねぎ・じゃがいもなどを炒
め、だし汁としょうゆ・砂糖などで
煮た料理。関西では牛肉、関東では
豚肉を利用することが多い。

■ 150g食べたら

エネルギー	117kcal
たんぱく質	(6.5)g
脂質	(2.0)g
炭水化物	(19.5)g
カルシウム	(20)mg
食塩相当量	(1.8)g

ひじきのいため煮

水戻しした乾燥ひじきとにんじんや
油揚などを炒め、しょうゆ・砂糖
などで煮汁がほとんどなくなるまで
煮た料理。

■ 100g食べたら

エネルギー	75kcal
たんぱく質	(3.1)g
脂質	(4.0)g
炭水化物	(9.9)g
カルシウム	(100)mg
食塩相当量	(1.4)g

肉類
卵類
乳類
油脂類
菓子類
し好飲料類
調味料・香辛料類
調理済み流通食品類
外食・中食
市販食品

調理済み流通食品類

PREPARED FOODS

[洋風料理]

チキンカレー

とり肉と野菜をカレーソースで煮込んだ料理。インドでは、宗教上の理由で牛肉・豚肉を食べない人が多いため、とり肉の利用が多い。

■ 1人分　200g食べたら

エネルギー	262kcal
たんぱく質	(11.2)g
脂質	(17.6)g
炭水化物	(16.8)g
カルシウム	(40)mg
食塩相当量	(2.8)g

コロッケ類

揚げ物料理の一つ。成形した具材を、小麦粉・溶き卵・パン粉をつけて揚げた料理。

ポテトコロッケ：ゆでてつぶしたじゃがいもを主原料とし、ひき肉やたまねぎのみじん切りなどを炒めて混ぜ、小判型に整えて衣をつけて揚げた料理。

クリームコロッケ：具材を固めのホワイトソースに混ぜて、たわら型などに形を整えて、揚げる料理。かにやコーンを混ぜることもある。

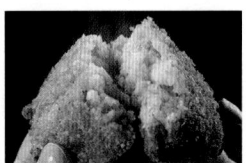

ポテトコロッケ

クリームコロッケ

■ ポテトコロッケ2個 (120g) 食べたら

エネルギー	271kcal
たんぱく質	(6.4)g
脂質	(15.1)g
炭水化物	(30.2)g
カルシウム	(18)mg
食塩相当量	(0.8)g

■ かにクリームコロッケ3個 (90g) 食べたら

エネルギー	230kcal
たんぱく質	(4.6)g
脂質	(15.4)g
炭水化物	(19.8)g
カルシウム	(27)mg
食塩相当量	(0.7)g

ビーフシチュー

牛肉と野菜をブラウンソースで煮込んだ料理。ブラウンソースは、小麦粉をバターで炒めて茶褐色にし、ブイヨンを加えて煮詰めたもの。

■ 1人分　200g食べたら

エネルギー	306kcal
たんぱく質	(8.2)g
脂質	(25.2)g
炭水化物	(14.2)g
カルシウム	(22)mg
食塩相当量	(2.0)g

ミートボール

別名肉団子。ひき肉に炒めたたまねぎなどを混ぜて球形に形を整え、粉や衣をつけずに素揚げした料理。

■ 5個 (60g) 食べたら

エネルギー	121kcal
たんぱく質	(6.1)g
脂質	(7.5)g
炭水化物	(8.0)g
カルシウム	(13)mg
食塩相当量	(0.7)g

コーンクリームスープ　粉末タイプ

スイートコーンが主原料のクリームスープ。粉末タイプは熱湯を注ぐとスープ状になるものが主流だが、冷たい牛乳を混ぜるだけのものもある。

■ 1人分　18g食べたら

エネルギー	77kcal
たんぱく質	1.5g
脂質	2.5g
炭水化物	12.1g
カルシウム	22mg
食塩相当量	1.3g

かぼちゃのクリームスープ

かぼちゃ・たまねぎ・ベーコンなどをコンソメスープで煮て牛乳や生クリームを加えた料理。

■ 1人分　150g食べたら

エネルギー	110kcal
たんぱく質	(2.3)g
脂質	(5.9)g
炭水化物	(15.2)g
カルシウム	(48)mg
食塩相当量	(1.2)g

One Point｜レトルトパウチ、常温長期保存の秘密▶外袋は3層構造からなり、ポリエステルは食品を外からの圧力や衝撃から守り、アルミ箔は空気や光

えびグラタン

えび・野菜・マカロニなどとホワイトソースを混ぜてグラタン皿に入れ、チーズやパン粉を振って焼き色がつくまでオーブンで焼いた料理。

■ 1人分　200g食べたら

エネルギー	256kcal
たんぱく質	(11.0)g
脂質	(13.8)g
炭水化物	(24.2)g
カルシウム	(194)mg
食塩相当量	(2.0)g

えびピラフ

生米・肉・野菜・香辛料などをバターで炒め、スープで炊きあげた炊き込みご飯。インド料理のプラーカがフランスに伝わって生まれた。

■ 1人分　250g食べたら

エネルギー	365kcal
たんぱく質	(8.3)g
脂質	(5.8)g
炭水化物	(74.5)g
カルシウム	(28)mg
食塩相当量	(3.5)g

合いびきハンバーグ

牛肉と豚肉をあわせた合いびき肉を主原料にして楕円形にまとめ、両面を焼いた料理。起源は騎馬民族タタル人が食べていた生肉料理が広がった（13世紀ごろ）ためといわれる。

■ 1個（150g）食べたら

エネルギー	296kcal
たんぱく質	(20.1)g
脂質	(18.3)g
炭水化物	(15.0)g
カルシウム	(44)mg
食塩相当量	(1.4)g

豆腐ハンバーグ

ひき肉の一部か全部を豆腐に置き換えたもの。カロリーなどを抑えることができる。

■ 2個（120g）食べたら

エネルギー	170kcal
たんぱく質	(11.9)g
脂質	(11.0)g
炭水化物	(10.1)g
カルシウム	(82)mg
食塩相当量	(0.7)g

■ 冷凍食品の購入のポイント

冷凍食品を購入するときには、以下の点に注意しよう。

●品温が−18℃以下のもの

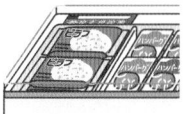

売り場の冷凍ショーケースについている温度計を確かめ、−18℃以下に保たれているケースの商品を選んで購入しよう。カチンカチンに凍っているものがよい冷凍食品。

●包装がしっかりしているもの

包装が破れているものは不衛生であり、乾燥や色の変化など、品質が低下しているおそれがある。

● 「冷凍食品認定証マーク」のついているもの

認定証マーク付のものは、（社）日本冷凍食品協会の「冷凍食品認定制度」により認定された工場で、製造された製品。

＊なお購入後は、冷凍食品の品質を守るために、凍ったまま持ち帰ることが大事。帰宅後はすぐに冷凍庫に入れよう。溶かしてしまったら、なるべく早く調理して食べるようにしよう。

（日本冷凍食品協会Webサイトより抜粋）

冷蔵庫の使い分け

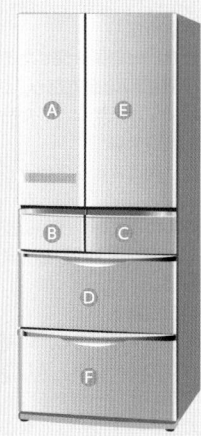

Ⓐ冷蔵室（3〜5℃）

常温で保存できない食品に向く。いちばん大きなスペースを占めており、奥のほうがよく冷える。調理済み食品・加工食品・生もの・発酵食品・飲料・卵・調味料などさまざまなものを保存できる。

Ⓑチルド室（0℃）

食材が凍る寸前の状態まで冷やして保存するため、冷蔵より長く保存したいが、凍らせたくはない食品の保存に向く。肉や魚介類などの生鮮食品・みそや納豆や漬け物などの発酵食品・かまぼこなどの練り製品・ハムなどの加工食品・乳製品などの保存に適する。

Ⓒパーシャル室（−3℃）

水は−1℃から凍り始め−5℃でほぼ凍結するので、パーシャル室では食材を微妙に凍結させた状態で保存し、冷蔵室やチルド室よりも鮮度を高く保つことができる。肉や魚介類などの生鮮食品の保存に適する。

Ⓓ野菜室（3〜8℃）

密閉構造にして湿度を保ち乾燥を防いでいる。野菜・果物・米などの保存に適する。

Ⓔドアポケット（6〜9℃）

ドアの開閉によって温度が変化しやすく衝撃を受けやすい場所なので、それに影響されない調味料やジャムなどの保存に適する。

Ⓕ冷凍室（−18℃）

ほとんどの冷蔵庫では冷蔵室などから独立している。食材を完全に凍らせることができる。冷凍食品などの保存に適する。

調理済み流通食品類
PREPARED FOODS

［フライ類・フライ用冷凍食品］

いかフライ

皮をむいたいかを輪切りなどにしてフライにしたもの。下処理をていねいにすることで油はねが少なくなっている。

■ 100g食べたら

	いかフライ	いかフライ　冷凍
エネルギー	227kcal	146kcal
たんぱく質	(13.3)g	10.6g
脂質	(11.3)g	2.0g
炭水化物	(19.7)g	21.4g
カルシウム	(16)mg	16mg
食塩相当量	(0.5)g	0.8g

えびフライ

えびのからと背わたを取ってフライにしたもの。腹側に浅く切り込みを入れて伸ばすと、まっすぐな形になる。

■ 100g食べたら

	えびフライ	えびフライ　冷凍
エネルギー	236kcal	139kcal
たんぱく質	(15.9)g	10.2g
脂質	(11.6)g	1.9g
炭水化物	(20.5)g	20.3g
カルシウム	(69)mg	42mg
食塩相当量	(0.9)g	0.9g

白身フライ

たらやひらめ、メルルーサなどの白身魚をフライにしたもの。

■ 100g食べたら

	白身フライ	白身フライ　冷凍
エネルギー	299kcal	148kcal
たんぱく質	9.7g	11.6g
脂質	21.8g	2.7g
炭水化物	16.2g	19.3g
カルシウム	47mg	47mg
食塩相当量	0.9g	0.9g

メンチカツ

ひき肉（ミンチ）にたまねぎのみじん切りなどを混ぜて小判型や球型に成形し、フライにしたもの。

■ 100g食べたら

	メンチカツ	メンチカツ　冷凍
エネルギー	273kcal	196kcal
たんぱく質	(10.7)g	9.9g
脂質	(18.7)g	7.2g
炭水化物	(18.7)g	23.0g
カルシウム	(24)mg	31g
食塩相当量	(0.9)g	1.1g

［中国料理］

点心類

点心とは、中国料理の軽食のこと。以下は甘くない鹹点心（シェンティエンシン）。

ぎょうざ
ひき肉と野菜を混ぜたあんを小麦粉製の皮で包み、焼く、ゆでる、蒸すなどした料理。

しゅうまい
ひき肉とたまねぎのみじん切りなどを混ぜたあんを、小麦粉製のごく薄い四角い皮で包み、円筒形に成形して蒸した料理。

中華ちまき
もち米を蘆（あし）の葉または竹の葉に包み、蒸したりゆでた料理。日本では肉やしいたけ、しょうがなどを加えた塩味のものが一般的。

ぎょうざ

しゅうまい

中華ちまき

■ ぎょうざ6個（150g）食べたら

エネルギー	314kcal
たんぱく質	(10.4)g
脂質	(17.0)g
炭水化物	(33.5)g
カルシウム	(33)mg
食塩相当量	(1.8)g

■ しゅうまい4個（120g）食べたら

エネルギー	229kcal
たんぱく質	(10.9)g
脂質	(11.0)g
炭水化物	(23.4)g
カルシウム	(31)mg
食塩相当量	(1.6)g

■ 中華ちまき1個（70g）食べたら

エネルギー	122kcal
たんぱく質	(4.1)g
脂質	(3.9)g
炭水化物	(19.4)g
カルシウム	(4)mg
食塩相当量	(0.8)g

One Point 甘い点心って？▶点心は1000種類以上あるといわれるが、甘くない点心の他に甘い甜点心（ティエンティエンシン）もある。これには、ごま

肉類

卵類

乳類

油脂類

菓子類

し好飲料類

調味料・香辛料類

調理済み流通食品類

外食・中食

市販食品

[中国料理・菜類]

酢豚

角切りの豚肉に下味をつけてかたくり粉をまぶして揚げ、炒めた野菜とともに煮て甘酢あんをからめた広東料理。

■ 1人分　200g食べたら

エネルギー	154kcal
たんぱく質	(9.2)g
脂質	(6.6)g
炭水化物	(15.2)g
カルシウム	(18)mg
食塩相当量	(1.0)g

八宝菜

別名五目うま煮。八宝は多くのよい食材という意味。材料を炒めてスープを加え、調味してかたくり粉でとろみをつけた広東料理。

■ 1人分　200g食べたら

エネルギー	128kcal
たんぱく質	(11.6)g
脂質	(6.4)g
炭水化物	(7.6)g
カルシウム	(52)g
食塩相当量	(1.6)g

麻婆豆腐

豆腐・ひき肉・ねぎなどを、四川省特有の豆板醤（トウバンジャン）や豆鼓（トウチ）などの調味料で炒め煮した辛味のある四川料理。

■ 1人分　200g食べたら

エネルギー	208kcal
たんぱく質	(15.6)g
脂質	(13.6)g
炭水化物	(7.6)g
カルシウム	(128)mg
食塩相当量	(2.0)g

[韓国料理]

もやしのナムル

野菜や山菜をごま油、しょうゆ、おろしにんにく、おろししょうが、とうがらしなどで和えた料理。ビビンバの具などに用いる。

■ 1人分　100g食べたら

エネルギー	70kcal
たんぱく質	(3.1)g
脂質	(4.5)g
炭水化物	(5.7)g
カルシウム	(91)mg
食塩相当量	(1.3)g

調理缶詰

食品を缶に入れ、空気を抜いて真空状態にして密閉し、加圧加熱殺菌したもの。

●特徴

無菌状態で気密性・遮光性も高いため、保存料や殺菌料を使わずに常温で長期保存できる。

●選び方・保存のしかた

さび・傷・膨張などがなく、名称（品名）・原材料名・内容量・賞味期限・製造業者や販売業者の名称と所在地などがはっきり表示されているものを選ぶ。直射日光を避け、涼しく風通しのよい湿気の少ない場所で常温で保存する。

●マーク

缶詰記号は、基本的に3列で構成される。

以前は、缶に巻かれた紙ラベルがはがれた場合、どんな缶詰かを缶詰記号によって判断したが、現在は缶に直接印刷できるため、記号の表示が賞味期限のみのものが多い。また、表示は各国で異なる。

品名　→　CSOM
賞味期限※2　→　221010
工場名※3　→　ABO3

❶原材料（さけ）※1
❷調理方法（オリーブ油漬）
❸形状・大きさ（中）
2022年10月10日

❶第1・2字：原材料

原料名	マーク
牛肉	BF
豚肉	PK
鶏肉	CK
馬肉混合	HB
さけ	CS
たらばがに	JC
マッシュルーム	MS
トマト	TM
ホワイトアスパラガス	AW
スイートコーン	CM

❷第3字：調理方法

原料名	マーク
みそ煮	B
味付け	C
照り焼き・蒲焼き	K
魚類水煮・食肉類水煮	N
オリーブ油漬け	O
トマト漬け	T
野菜水煮	W
果実糖液漬け	Y
合成甘味料添加	Z

❸第4字：形状・大きさ

サイズ	マーク
大	L
中	M
小	S
極小	T
2つ割り	H
混合	X

※1　原材料は食品表示法により表示義務があるので、この記号は慣習的に示されているにすぎない。
※2　日は表示しなくてもよい。最近は2025.09.10のようにわかりやすく表示している製品が多い。
※3　消費者庁へ届け出て取得した記号が記載される。

●缶詰の食べごろ

缶詰は製造日からだんだんと味がしみこんでいくため食べごろがある。煮物や蒲焼きは製造日から1年、油漬けは1年半から2年、水煮は3か月、果物は6か月から1年がもっとも味がよいといわれる。

外食・中食

[凡例] 身体活動レベルⅡの15～17歳男女における栄養摂取基準の約1/3を示す。

	男子	女子	
エネルギー	933kcal	767kcal	
たんぱく質	21.7g	18.3g	
脂質	25.9g	21.3g	
炭水化物	134.2g	110.2g	
カルシウム	267mg	217mg	
鉄	3.3mg	3.5mg	
ビタミンA	300μg	217μg	
ビタミンB₁	0.50mg	0.40mg	
ビタミンB₂	0.57mg	0.47mg	※成分の－は
ビタミンC	33mg	33mg	未測定、
食塩相当量	2.5g	2.2g	未公表。

[ファストフード]

エッグマックマフィン®　　内容量139g

イングリッシュマフィン・タマゴ・カナディアンベーコン（ロースハム）・チェダースライスチーズ

1個食べたら

エネルギー	311 kcal
たんぱく質	19.2 g
脂質	13.5 g
炭水化物	27.1 g
カルシウム	171 mg
鉄	1.3 mg
ビタミンA	118 μg
ビタミンB₁	0.13 mg
ビタミンB₂	0.31 mg
ビタミンC	0 mg
食塩相当量	1.6 g

マクドナルド
（2022年7月現在）

ハンバーガー®　　内容量108g

バンズ・ビーフパティ・オニオン・ピクルス

1個食べたら

エネルギー	256 kcal
たんぱく質	12.8 g
脂質	9.4 g
炭水化物	30.3 g
カルシウム	30 mg
鉄	1.2 mg
ビタミンA	14 μg
ビタミンB₁	0.10 mg
ビタミンB₂	0.09 mg
ビタミンC	1 mg
食塩相当量	1.4 g

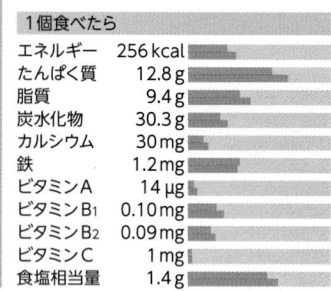

マクドナルド
（2022年7月現在）

ビッグマック®　　内容量217g

バンズ・ビーフパティ・オニオン・ピクルス・レタス・チェダースライスチーズ

1個食べたら

エネルギー	525 kcal
たんぱく質	26.0 g
脂質	28.3 g
炭水化物	41.8 g
カルシウム	143 mg
鉄	2.2 mg
ビタミンA	74 μg
ビタミンB₁	0.17 mg
ビタミンB₂	0.24 mg
ビタミンC	2 mg
食塩相当量	2.6 g

マクドナルド
（2022年7月現在）

フィレオフィッシュ®　　内容量137g

バンズ・フィッシュポーション（スケソウダラ）・チェダースライスチーズ

1個食べたら

エネルギー	326 kcal
たんぱく質	14.3 g
脂質	14.0 g
炭水化物	36.1 g
カルシウム	75 mg
鉄	0.5 mg
ビタミンA	28 μg
ビタミンB₁	0.11 mg
ビタミンB₂	0.09 mg
ビタミンC	0 mg
食塩相当量	1.6 g

マクドナルド
（2022年7月現在）

ミニッツメイドオレンジ (M)　　内容量425g

1杯飲んだら

エネルギー	143 kcal
たんぱく質	3.3 g
脂質	0.0 g
炭水化物	33.8 g
カルシウム	29 mg
鉄	0.3 mg
ビタミンA	13 μg
ビタミンB₁	0.33 mg
ビタミンB₂	0 mg
ビタミンC	133 mg
食塩相当量	0.0 g

マクドナルド
（2022年7月現在）

ファストフードの栄養価1 [マクドナルド]

ハンバーガー + フライドポテト(S) + ミルク

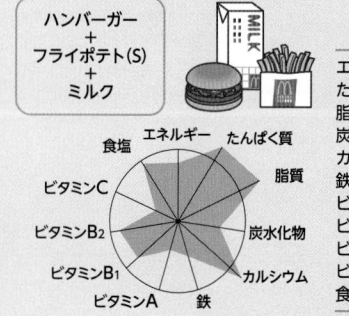

エネルギー	618 kcal
たんぱく質	22.4 g
脂質	28.5 g
炭水化物	68.0 g
カルシウム	267 mg
鉄	1.8 mg
ビタミンA	92 μg
ビタミンB₁	0.31 mg
ビタミンB₂	0.41 mg
ビタミンC	12 mg
食塩相当量	2.1 g

ホットケーキ + ハッシュポテト + ミニッツメイドオレンジ(S)

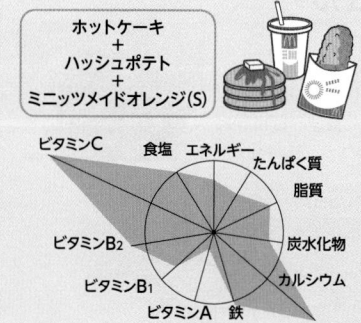

エネルギー	559 kcal
たんぱく質	11.6 g
脂質	18.9 g
炭水化物	88.4 g
カルシウム	416 mg
鉄	3.7 mg
ビタミンA	51 μg
ビタミンB₁	0.29 mg
ビタミンB₂	0.57 mg
ビタミンC	87 mg
食塩相当量	2.2 g

※身体活動レベルⅡ（ふつう）15～17歳女子における1日の食事摂取基準の約1/3に対する比をグラフで示した。

モスバーガー

内容量 209g

バンズ・ハンバーガーパティ・トマト・オニオン・ミートソース・アメリカンマスタード・カロリーハーフマヨネーズタイプ

1個食べたら

エネルギー	367 kcal
たんぱく質	15.7 g
脂質	15.5 g
炭水化物	41.3 g
カルシウム	32 mg
鉄	1.2 mg
ビタミンA	30 µg
ビタミンB₁	0.10 mg
ビタミンB₂	0.10 mg
ビタミンC	10 mg
食塩相当量	2.1 g

モスバーガー

テリヤキバーガー

内容量 168g

バンズ・ハンバーガーパティ＋テリヤキソース・レタス・カロリーハーフマヨネーズタイプ

1個食べたら

エネルギー	378 kcal
たんぱく質	14.7 g
脂質	16.9 g
炭水化物	41.6 g
カルシウム	29 mg
鉄	1.1 mg
ビタミンA	19 µg
ビタミンB₁	0.09 mg
ビタミンB₂	0.11 mg
ビタミンC	3 mg
食塩相当量	2.6 g

モスバーガー

モスライスバーガー
（海鮮かきあげ 塩だれ）

内容量 183g

ライスプレート・海鮮かきあげ・海鮮かきあげソース

1個食べたら

エネルギー	373 kcal
たんぱく質	8.5 g
脂質	10.5 g
炭水化物	61.5 g
カルシウム	44 mg
鉄	0.6 mg
ビタミンA	56 µg
ビタミンB₁	0.09 mg
ビタミンB₂	0.04 mg
ビタミンC	0 mg
食塩相当量	1.9 g

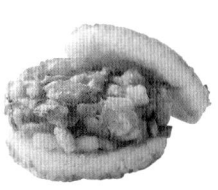

モスバーガー

アイスカフェラテ (M)

内容量 210g

1杯飲んだら

エネルギー	109 kcal
たんぱく質	5.4 g
脂質	6.1 g
炭水化物	8.1 g
カルシウム	177 mg
鉄	0.0 mg
ビタミンA	61 µg
ビタミンB₁	0.06 mg
ビタミンB₂	0.25 mg
ビタミンC	2 mg
食塩相当量	0.2 g

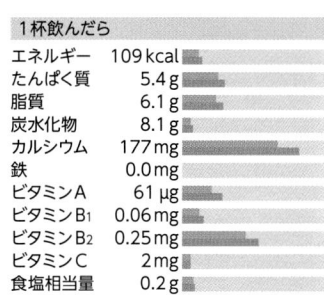

モスバーガー

ロースカツバーガー

内容量 175g

バンズ・ロースカツ＋カツソース・キャベツの千切り・アメリカンマスタード

1個食べたら

エネルギー	414 kcal
たんぱく質	16.6 g
脂質	16.6 g
炭水化物	50.0 g
カルシウム	34 mg
鉄	0.9 mg
ビタミンA	9 µg
ビタミンB₁	0.59 mg
ビタミンB₂	0.10 mg
ビタミンC	12 mg
食塩相当量	2.4 g

モスバーガー

オニオンフライ

内容量 80g

オニオン

1袋食べたら

エネルギー	250 kcal
たんぱく質	4.0 g
脂質	14.5 g
炭水化物	26.0 g
カルシウム	112 mg
鉄	0.4 mg
ビタミンA	0 µg
ビタミンB₁	0.03 mg
ビタミンB₂	0.40 mg
ビタミンC	2 mg
食塩相当量	1.2 g

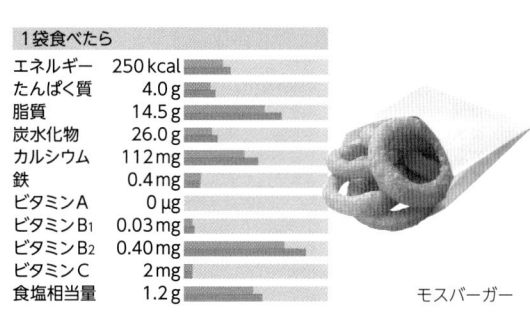

モスバーガー

ファストフードの栄養価2 ［モスバーガー］

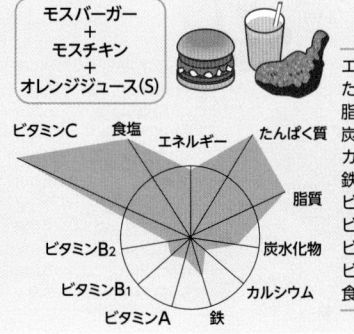

モスバーガー
＋
モスチキン
＋
オレンジジュース(S)

エネルギー	719 kcal
たんぱく質	32.3 g
脂質	32.1 g
炭水化物	75.6 g
カルシウム	59 mg
鉄	2.0 mg
ビタミンA	65 µg
ビタミンB₁	0.15 mg
ビタミンB₂	0.16 mg
ビタミンC	90 mg
食塩相当量	3.6 g

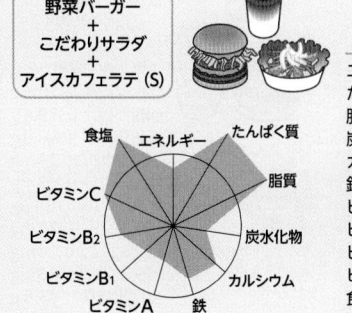

ダブルモス
野菜バーガー
＋
こだわりサラダ
＋
アイスカフェラテ(S)

エネルギー	615 kcal
たんぱく質	27.8 g
脂質	32.4 g
炭水化物	53.9 g
カルシウム	180 mg
鉄	2.7 mg
ビタミンA	109 µg
ビタミンB₁	0.21 mg
ビタミンB₂	0.36 mg
ビタミンC	36 mg
食塩相当量	3.2 g

チキンフィレバーガー

内容量161g

全粒粉バンズ・チキンフィレ・レタス・オリーブオイル入りマヨソース

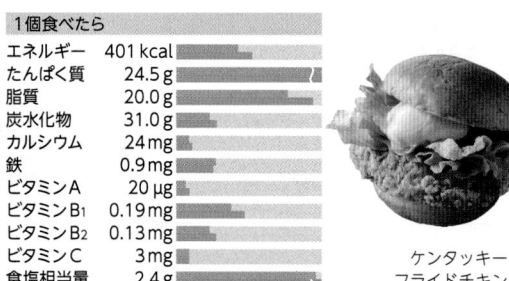

1個食べたら

エネルギー	401 kcal
たんぱく質	24.5 g
脂質	20.0 g
炭水化物	31.0 g
カルシウム	24 mg
鉄	0.9 mg
ビタミンA	20 μg
ビタミンB1	0.19 mg
ビタミンB2	0.13 mg
ビタミンC	3 mg
食塩相当量	2.4 g

ケンタッキー
フライドチキン

和風チキンカツバーガー

内容量165g

全粒粉バンズ・チキンカツ・千切りキャベツ・特製マヨソース・醤油風味テリヤキソース

1個食べたら

エネルギー	454 kcal
たんぱく質	16.2 g
脂質	25.4 g
炭水化物	40.3 g
カルシウム	27 mg
鉄	0.9 mg
ビタミンA	8 μg
ビタミンB1	0.13 mg
ビタミンB2	0.09 mg
ビタミンC	10 mg
食塩相当量	2.0 g

ケンタッキー
フライドチキン

オリジナルチキン

内容量87g
（可食部平均）

鶏肉・小麦粉・卵・牛乳・食塩・スパイス類

1個食べたら

エネルギー	218 kcal
たんぱく質	16.5 g
脂質	12.8 g
炭水化物	9.1 g
カルシウム	15 mg
鉄	0.6 mg
ビタミンA	48 μg
ビタミンB1	0.09 mg
ビタミンB2	0.48 mg
ビタミンC	4 mg
食塩相当量	1.5 g

ケンタッキー
フライドチキン

ビスケット （ハニーメイプル付）

内容量51g
10g
（ハニーメイプル）

小麦粉・卵・ビスケットオイル・ハニーメイプル

ハニーメイプルをつけて1個食べたら

エネルギー	229 kcal
たんぱく質	3.2 g
脂質	11.1 g
炭水化物	28.7 g
カルシウム	23 mg
鉄	0.2 mg
ビタミンA	3 μg
ビタミンB1	0.04 mg
ビタミンB2	0.03 mg
ビタミンC	0 mg
食塩相当量	0.9 g

ケンタッキー
フライドチキン

ペッパーマヨツイスター

内容量143g

トルティーヤ・カーネルクリスピー・レタス・ペッパー風味マヨネーズ・ピカンテサルサ

1個食べたら

エネルギー	328 kcal
たんぱく質	11.3 g
脂質	17.4 g
炭水化物	31.4 g
カルシウム	106 mg
鉄	0.7 mg
ビタミンA	19 μg
ビタミンB1	0.15 mg
ビタミンB2	0.14 mg
ビタミンC	7 mg
食塩相当量	1.7 g

ケンタッキー
フライドチキン

コールスロー M

内容量130g

キャベツ・にんじん・たまねぎ風味が加わったコールスロードレッシング

1カップ食べたら

エネルギー	137 kcal
たんぱく質	1.6 g
脂質	10.2 g
炭水化物	10.3 g
カルシウム	44 mg
鉄	0.4 mg
ビタミンA	43 μg
ビタミンB1	0.04 mg
ビタミンB2	0.04 mg
ビタミンC	39 mg
食塩相当量	0.9 g

ケンタッキー
フライドチキン

ファストフードの栄養価3 ［KFC］

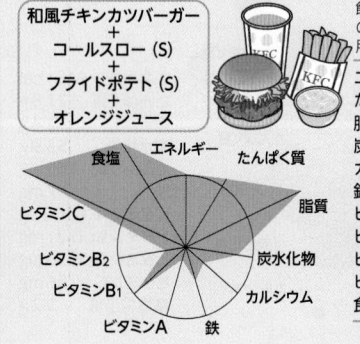

和風チキンカツバーガー
＋
コールスロー（S）
＋
フライドポテト（S）
＋
オレンジジュース

飲料の数値は非公開なので、一般的な値で代用した。

エネルギー	780 kcal
たんぱく質	20.5 g
脂質	39.6 g
炭水化物	86.0 g
カルシウム	73 mg
鉄	1.7 mg
ビタミンA	38 μg
ビタミンB1	0.38 mg
ビタミンB2	0.14 mg
ビタミンC	86 mg
食塩相当量	3.8 g

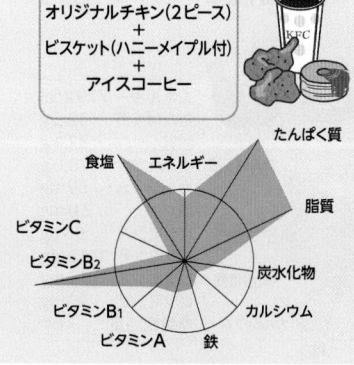

オリジナルチキン（2ピース）
＋
ビスケット（ハニーメイプル付）
＋
アイスコーヒー

エネルギー	677 kcal
たんぱく質	36.8 g
脂質	36.7 g
炭水化物	49.3 g
カルシウム	54 mg
鉄	1.4 mg
ビタミンA	99 μg
ビタミンB1	0.22 mg
ビタミンB2	1.02 mg
ビタミンC	8 mg
食塩相当量	3.9 g

※身体活動レベルⅡ（ふつう）15〜17歳女子における1日の食事摂取基準の約1/3に対する比をグラフで示した。

エビバーガー

1個食べたら

エネルギー	437 kcal
たんぱく質	12.6 g
脂質	25.3 g
炭水化物	39.2 g
カルシウム	—
鉄	—
ビタミンA	—
ビタミンB1	—
ビタミンB2	—
ビタミンC	—
食塩相当量	2.5 g

ロッテリア

牛丼　並盛

1杯食べたら

エネルギー	733 kcal
たんぱく質	22.9 g
脂質	25.0 g
炭水化物	104.1 g
カルシウム	14 mg
鉄	1.4 mg
ビタミンA	6 µg
ビタミンB1	0.1 mg
ビタミンB2	0.2 mg
ビタミンC	2.2 mg
食塩相当量	2.5 g

すき家

フレンチフライポテト (S)

1袋食べたら

エネルギー	210 kcal
たんぱく質	2.4 g
脂質	10.9 g
炭水化物	26.3 g
カルシウム	—
鉄	—
ビタミンA	—
ビタミンB1	—
ビタミンB2	—
ビタミンC	—
食塩相当量	0.5 g

ロッテリア

牛カレー (並)

1杯食べたら

エネルギー	912 kcal
たんぱく質	23.1 g
脂質	32.4 g
炭水化物	134.6 g
カルシウム	22 mg
鉄	1.1 mg
ビタミンA	19 µg
ビタミンB1	0.2 mg
ビタミンB2	0.1 mg
ビタミンC	7 mg
食塩相当量	6.5 g

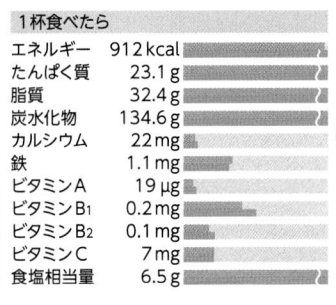

すき家

シェーキ (バニラ風味)

1杯飲んだら

エネルギー	172 kcal
たんぱく質	3.7 g
脂質	5.8 g
炭水化物	26.3 g
カルシウム	—
鉄	—
ビタミンA	—
ビタミンB1	—
ビタミンB2	—
ビタミンC	—
食塩相当量	0.3 g

ロッテリア

鮭朝食 (並)

1食食べたら

エネルギー	641 kcal
たんぱく質	25.7 g
脂質	14.7 g
炭水化物	103.6 g
カルシウム	59 mg
鉄	0.9 mg
ビタミンA	85 µg
ビタミンB1	0.2 mg
ビタミンB2	0.2 mg
ビタミンC	6 mg
食塩相当量	2.1 g

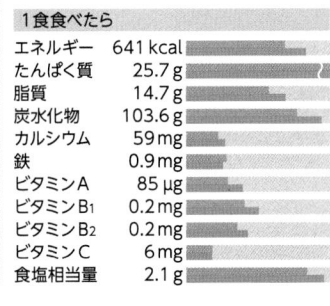

すき家

ファストフードの栄養価4 [ロッテリア]

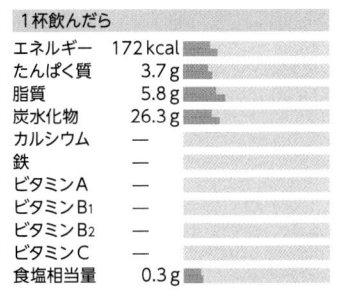
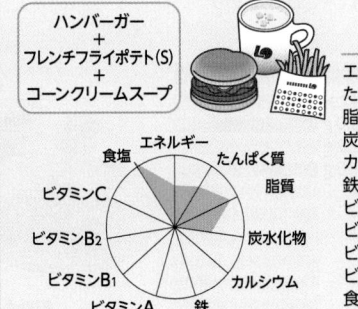

ハンバーガー ＋ フレンチフライポテト(S) ＋ コーンクリームスープ

エネルギー	543 kcal
たんぱく質	14.3 g
脂質	23.1 g
炭水化物	70.6 g
カルシウム	— mg
鉄	— mg
ビタミンA	— µg
ビタミンB1	— mg
ビタミンB2	— mg
ビタミンC	— mg
食塩相当量	2.7 g

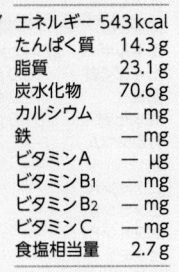

半熟タマてりバーガー ＋ フレンチフライポテト(M) ＋ 若鶏のフライドチキン ＋ アイスカフェラテ

エネルギー	977 kcal
たんぱく質	36.3 g
脂質	50.7 g
炭水化物	93.9 g
カルシウム	— mg
鉄	— mg
ビタミンA	— µg
ビタミンB1	— mg
ビタミンB2	— mg
ビタミンC	— mg
食塩相当量	5.0 g

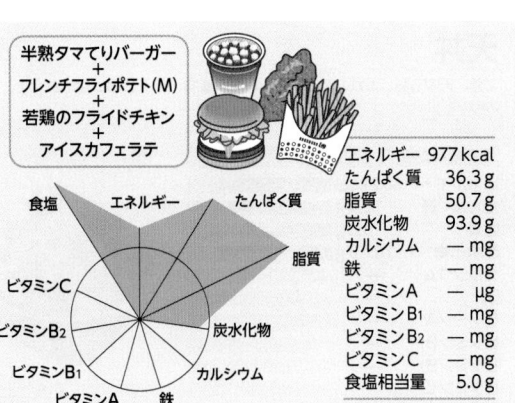

肉類
卵類
豆類
油脂類
菓子類
し好飲料類
調味料・香辛料類
健康・栄養食品類
外食・中食
市販食品

デミたまハンバーグ

ハンバーグ、たまご、デミグラスソース、ポテト、枝豆、コーン

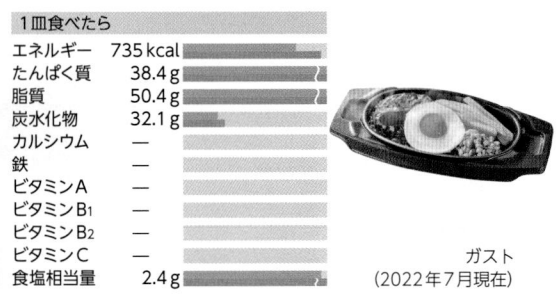

1皿食べたら	
エネルギー	735 kcal
たんぱく質	38.4 g
脂質	50.4 g
炭水化物	32.1 g
カルシウム	—
鉄	—
ビタミンA	—
ビタミンB₁	—
ビタミンB₂	—
ビタミンC	—
食塩相当量	2.4 g

ガスト
（2022年7月現在）

ミックスグリル

ハンバーグ、チキン、ソーセージ、ドミソース、ガーリックソース、ハッシュポテト、枝豆、コーン

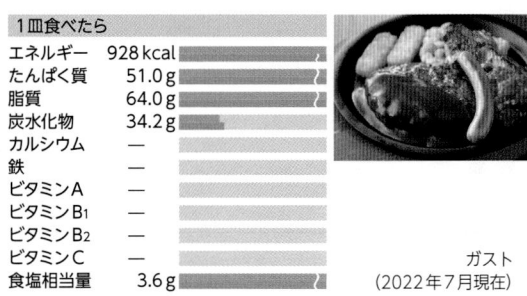

1皿食べたら	
エネルギー	928 kcal
たんぱく質	51.0 g
脂質	64.0 g
炭水化物	34.2 g
カルシウム	—
鉄	—
ビタミンA	—
ビタミンB₁	—
ビタミンB₂	—
ビタミンC	—
食塩相当量	3.6 g

ガスト
（2022年7月現在）

ベイクドチーズケーキ

チーズ、牛乳、小麦粉、砂糖、卵、植物性油脂、バター、レモン果汁

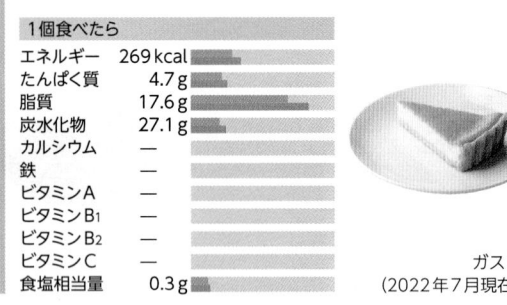

1個食べたら	
エネルギー	269 kcal
たんぱく質	4.7 g
脂質	17.6 g
炭水化物	27.1 g
カルシウム	—
鉄	—
ビタミンA	—
ビタミンB₁	—
ビタミンB₂	—
ビタミンC	—
食塩相当量	0.3 g

ガスト
（2022年7月現在）

ハンバーグステーキ

牛肉、じゃがいも、コーン、グリンピース、牛乳、ホワイトソース、卵他

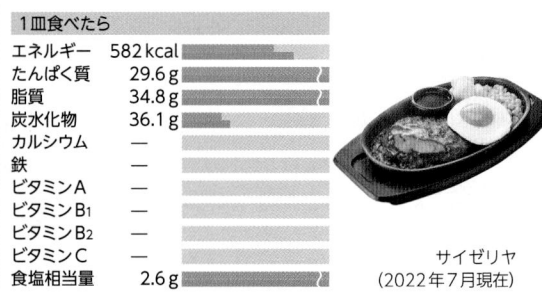

1皿食べたら	
エネルギー	582 kcal
たんぱく質	29.6 g
脂質	34.8 g
炭水化物	36.1 g
カルシウム	—
鉄	—
ビタミンA	—
ビタミンB₁	—
ビタミンB₂	—
ビタミンC	—
食塩相当量	2.6 g

サイゼリヤ
（2022年7月現在）

ミラノ風ドリア

米、ホワイトソース、ミートソース、牛乳、粉チーズ　他

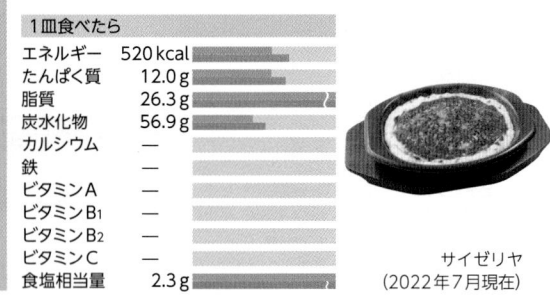

1皿食べたら	
エネルギー	520 kcal
たんぱく質	12.0 g
脂質	26.3 g
炭水化物	56.9 g
カルシウム	—
鉄	—
ビタミンA	—
ビタミンB₁	—
ビタミンB₂	—
ビタミンC	—
食塩相当量	2.3 g

サイゼリヤ
（2022年7月現在）

小エビのサラダ

甘エビ、レタス、トマト、にんじん　他

1皿食べたら	
エネルギー	134 kcal
たんぱく質	8.1 g
脂質	8.3 g
炭水化物	7.1 g
カルシウム	—
鉄	—
ビタミンA	—
ビタミンB₁	—
ビタミンB₂	—
ビタミンC	—
食塩相当量	1.3 g

サイゼリヤ
（2022年7月現在）

天丼

ご飯、天ぷら粉、たれ、えび、れんこん、漬物、アジ、揚げ油、おくら、のり

1杯食べたら	
エネルギー	602 kcal
たんぱく質	16.4 g
脂質	9.8 g
炭水化物	107.0 g
カルシウム	—
鉄	—
ビタミンA	—
ビタミンB₁	—
ビタミンB₂	—
ビタミンC	—
食塩相当量	2.7 g

和食さと
（2022年7月現在）

ざるそば

そば、めんつゆ、青ネギ、わさび、のり

1枚食べたら	
エネルギー	277 kcal
たんぱく質	13.0 g
脂質	2.2 g
炭水化物	51.6 g
カルシウム	—
鉄	—
ビタミンA	—
ビタミンB₁	—
ビタミンB₂	—
ビタミンC	—
食塩相当量	2.0 g

和食さと
（2022年7月現在）

生姜焼き

豚肉、玉ねぎ、キャベツ、タレ、調味料　他

1個食べたら	
エネルギー	544 kcal
たんぱく質	16.1 g
脂質	47.0 g
炭水化物	9.9 g
カルシウム	—
鉄	—
ビタミンA	—
ビタミンB1	—
ビタミンB2	—
ビタミンC	—
食塩相当量	2.1 g

オリジン弁当
（2022年7月現在）

海老とブロッコリーのサラダ

ブロッコリー、マヨネーズ、鶏卵、ボイルエビ、調味料　他

100g食べたら	
エネルギー	228 kcal
たんぱく質	11.1 g
脂質	21.6 g
炭水化物	2.3 g
カルシウム	—
鉄	—
ビタミンA	—
ビタミンB1	—
ビタミンB2	—
ビタミンC	—
食塩相当量	0.8 g

オリジン弁当
（2022年7月現在）

肉野菜炒め弁当

米、豚肉、枝豆、きゃべつ、もやし、たまねぎ、にんじん、調味料　他

1個食べたら	
エネルギー	646 kcal
たんぱく質	22.7 g
脂質	16.9 g
炭水化物	106.3 g
カルシウム	—
鉄	—
ビタミンA	—
ビタミンB1	—
ビタミンB2	—
ビタミンC	—
食塩相当量	4.3 g

ほっともっと
（2022年7月現在）

デラックスMサイズ （ハンドトス）

小麦粉、チーズ、ペパロニサラミ、ベーコン、ピーマン、オニオン、トマトソース

1ピース (1/8枚) 食べたら	
エネルギー	149 kcal
たんぱく質	6.4 g
脂質	6.1 g
炭水化物	16.3 g
カルシウム	—
鉄	—
ビタミンA	—
ビタミンB1	—
ビタミンB2	—
ビタミンC	—
食塩相当量	0.9 g

ピザハット
（2022年7月現在）

タルタルのり弁当

ご飯、白身魚フライ、ちくわ天、きんぴらごぼう、しょうゆ、かつお節、のり、加工でん粉、調味料他（別添タルタルソース、しょうゆ）

1個食べたら	
エネルギー	618 kcal
たんぱく質	18.4 g
脂質	13.8 g
炭水化物	100.6 g
カルシウム	—
鉄	—
ビタミンA	—
ビタミンB1	—
ビタミンB2	—
ビタミンC	—
食塩相当量	3.0 g

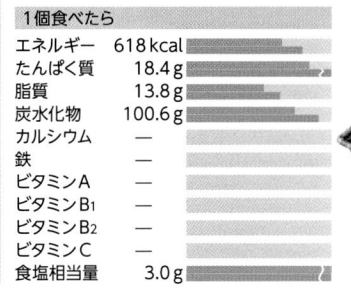

オリジン弁当
（2021年7月現在）

のり弁当

米、のり、かつお節、こんぶ、だいこん、にんじん、ごぼう、魚のすり身、白身魚、小麦粉、パン粉、調味料　他

1個食べたら	
エネルギー	731 kcal
たんぱく質	19.4 g
脂質	20.7 g
炭水化物	120.6 g
カルシウム	—
鉄	—
ビタミンA	—
ビタミンB1	—
ビタミンB2	—
ビタミンC	—
食塩相当量	3.3 g

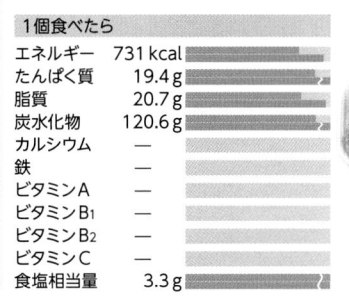

ほっともっと
（2022年7月現在）

ロースかつ丼

米、豚肉、卵、玉ねぎ、かつお節、だいこん、小麦粉、パン粉、調味料　他

1個食べたら	
エネルギー	944 kcal
たんぱく質	31.7 g
脂質	36.6 g
炭水化物	126.5 g
カルシウム	—
鉄	—
ビタミンA	—
ビタミンB1	—
ビタミンB2	—
ビタミンC	—
食塩相当量	4.3 g

ほっともっと
（2022年7月現在）

ツナマイルドMサイズ （ハンドトス）

小麦粉、チーズ、ツナマヨ、ベーコン、オニオン、コーン、トマトソース

1ピース (1/8枚) 食べたら	
エネルギー	158 kcal
たんぱく質	7.0 g
脂質	6.6 g
炭水化物	16.8 g
カルシウム	—
鉄	—
ビタミンA	—
ビタミンB1	—
ビタミンB2	—
ビタミンC	—
食塩相当量	1.0 g

ピザハット
（2022年7月現在）

肉類　卵類　魚類　油脂類　菓子類　し好飲料類　調味料・香辛料類　調理済み流通食品　外食・中食　市販食品

市販食品

※パッケージは現在と異なる場合がある。

[凡例] 身体活動レベルⅡの15～17歳男女における
食事摂取基準の約1/3を示す。

	男子	女子
エネルギー	933kcal	767kcal
たんぱく質	21.7g	18.3g
脂質	25.9g	21.3g
炭水化物	134.2g	110.2g
カルシウム	267mg	217mg
鉄	3.3mg	3.5mg
ビタミンA	300μg	217μg
ビタミンB1	0.50mg	0.40mg
ビタミンB2	0.57mg	0.47mg ※成分の─は
ビタミンC	33mg	33mg 未測定、
食塩相当量	2.5g	2.2g 未公表。

[冷凍食品]

具だくさんエビピラフ

内容量450g

米・野菜（にんじん・スイートコーン・さやいんげん・たまねぎ・赤ピーマン）・ボイルえび・マッシュルーム・食塩・野菜加工品・乳等を主要原料とする食品・砂糖・ブイヨン風調味料・ワイン・焦がしバター風味油・卵白・香辛料・なたね油・チキンエキス・でん粉・アサリエキス調味料・魚介エキス調味料・発酵調味料　他

1/2袋（225g）食べたら	
エネルギー	308kcal
たんぱく質	6.8g
脂質	3.2g
炭水化物	63.0g
カルシウム	―
鉄	―
ビタミンA	
ビタミンB1	
ビタミンB2	
ビタミンC	
食塩相当量	2.2g

味の素冷凍食品（株）
（2022年8月現在）

お弁当にGood!® からあげチキン

内容量126g（6個）

鶏肉（タイ産又は国産（5%未満））・しょうゆ・粒状植物性たん白・植物油脂・砂糖・鶏油・粉末状植物性たん白・香辛料・粉末卵白・チキンエキス・発酵調味料・酵母エキスパウダー・食塩・酵母エキス・衣（コーンフラワー・でん粉・食塩・小麦たん白加工品・香辛料・粉末しょうゆ・コーングリッツ・粉末卵白・モルトエキスパウダー）・揚げ油（大豆油）　他

3個食べたら	
エネルギー	132kcal
たんぱく質	6.6g
脂質	7.5g
炭水化物	9.3g
カルシウム	―
鉄	―
ビタミンA	
ビタミンB1	
ビタミンB2	
ビタミンC	
食塩相当量	1.2g

（株）ニチレイフーズ
（2022年8月現在）

ミックスベジタブル

内容量270g

スイートコーン・グリンピース・にんじん

1/3袋（90g）食べたら	
エネルギー	75kcal
たんぱく質	2.8g
脂質	1.1g
炭水化物	13.5g
カルシウム	―
鉄	―
ビタミンA	
ビタミンB1	
ビタミンB2	
ビタミンC	
食塩相当量	0.1g

味の素冷凍食品（株）
（2022年8月現在）

日清スパ王プレミアム 海老のトマトクリーム

内容量304g

めん〔スパゲティ（デュラム小麦のセモリナ）（イタリア製造）〕・トマトペースト・えび・植物油脂・乳等を主要原料とする食品・野菜（ブロッコリー・たまねぎ）・豚脂・全粉乳・食塩・砂糖・野菜調味油・クリーム・野菜エキス・えび調味油・ガーリックペースト　他

1袋食べたら	
エネルギー	459kcal
たんぱく質	14.3g
脂質	17.6g
炭水化物	60.8g
カルシウム	―
鉄	―
ビタミンA	
ビタミンB1	
ビタミンB2	
ビタミンC	
食塩相当量	2.5g

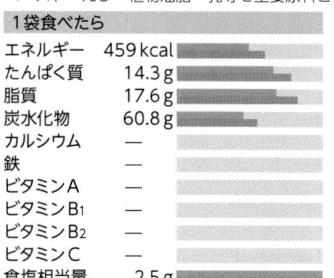

日清食品冷凍（株）
（2022年9月現在）

えび＆タルタルソース

内容量126g（6個）

タルタルソース〔植物油脂・砂糖・食酢・卵黄加工品・ピクルス（きゅうり）・食塩・卵白粉・ゼラチン・香辛料〕・たまねぎ・魚肉すりみ・衣（パン粉）

2個食べたら	
エネルギー	136kcal
たんぱく質	2.8g
脂質	9.6g
炭水化物	9.6g
カルシウム	―
鉄	―
ビタミンA	
ビタミンB1	
ビタミンB2	
ビタミンC	
食塩相当量	0.8g

マルハニチロ（株）
（2022年8月現在）

ほしいぶんだけ パリッと具だくさん 五目春巻

内容量150g（6個）

野菜（たけのこ・にんじん・キャベツ）・ラード・粒状植物性たん白・豚肉・はるさめ・しょうゆ・はっ酵調味料・チャーシューペースト・砂糖・でん粉・おろししょうが・植物油脂・ポークエキス・がらスープ・XO醤・乾燥しいたけ・おろしにんにく・酵母エキス・香辛料・オイスターソース・酵母エキスパウダー・香味油・紹興酒・メンマパウダー　他

1個食べたら	
エネルギー	79kcal
たんぱく質	1.3g
脂質	4.9g
炭水化物	7.4g
カルシウム	―
鉄	―
ビタミンA	
ビタミンB1	
ビタミンB2	
ビタミンC	
食塩相当量	0.3g

日本水産（株）
（2022年8月現在）

洋風野菜

内容量300g

ブロッコリー・カリフラワー・にんじん・ヤングコーン・いんげん

1/3袋（100g）食べたら	
エネルギー	32kcal
たんぱく質	1.9g
脂質	0.4g
炭水化物	5.3g
カルシウム	―
鉄	―
ビタミンA	
ビタミンB1	
ビタミンB2	
ビタミンC	―
食塩相当量	0.1g

（株）ニチレイフーズ
（2022年8月現在）

シーフードピラフ

米・えび・いか・マッシュルーム・コーン・にんじん・グリンピース・パセリ・にんにく・pH調整剤・グリシン・調味料・酢酸Na・メタリン酸Na・増粘剤・カロチノイド色素・香料・乳酸Ca・保存料・ビタミンB1

1食分食べると	
エネルギー	504 kcal
たんぱく質	14.6 g
脂質	10.1 g
炭水化物	89 g
カルシウム	70 mg
鉄	1.5 mg
ビタミンA	156 µg
ビタミンB1	0.18 mg
ビタミンB2	0.12 mg
ビタミンC	8 mg
食塩相当量	2.0 g

すし（いなり・のり巻き）

米・のり・油あげ・かんぴょう・卵・きゅうり・しいたけ・でんぶ・調味料・甘味料・pH調整剤・ソルビット・リン酸塩・着色料

1食分食べると	
エネルギー	568 kcal
たんぱく質	16.7 g
脂質	9.0 g
炭水化物	105 g
カルシウム	93 mg
鉄	1.8 mg
ビタミンA	163 µg
ビタミンB1	0.09 mg
ビタミンB2	0.18 mg
ビタミンC	5 mg
食塩相当量	2.0 g

牛丼

米・牛肉・たまねぎ・紅しょうが・しょうゆ・砂糖・調味料・pH調整剤・グリシン・着色料・酸味料・保存料・水酸化Ca

1食分食べると	
エネルギー	863 kcal
たんぱく質	25.7 g
脂質	30.8 g
炭水化物	121 g
カルシウム	27 mg
鉄	2.0 mg
ビタミンA	13 µg
ビタミンB1	0.11 mg
ビタミンB2	0.17 mg
ビタミンC	3 mg
食塩相当量	1.9 g

ざるそば

そば（ゆで）・ねぎ・白ごま・わさび・めんつゆ

1食分食べると	
エネルギー	369 kcal
たんぱく質	16.6 g
脂質	4.0 g
炭水化物	66.7 g
カルシウム	83 mg
鉄	3.0 mg
ビタミンA	108 µg
ビタミンB1	0.16 mg
ビタミンB2	0.17 mg
ビタミンC	3 mg
食塩相当量	1.5 g

コンビニのすしを食べるときは…

すし	ひじきの煮物	アセロラジュース
568kcal	123kcal	76kcal

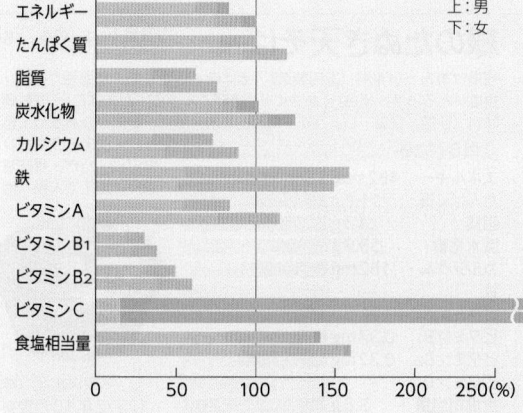

（200mL）

すしは、のりやだいず加工食品の油揚げを使っていて比較的栄養バランスがよいが、ビタミンB1やビタミンCが不足する。アセロラジュースを組み合わせて、ビタミンCを補う。また、ひじきの煮物を加えてカルシウムや鉄、ビタミンAを補えば、よりバランスのよい食事になる。

上：男
下：女

エネルギー
たんぱく質
脂質
炭水化物
カルシウム
鉄
ビタミンA
ビタミンB1
ビタミンB2
ビタミンC
食塩相当量

0　50　100　150　200　250(%)

コンビニの牛丼を食べるときは…

牛丼	ほうれんそうのごまあえ	インスタントワカメスープ
863kcal	54kcal	21kcal

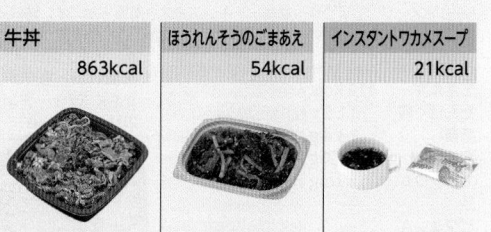

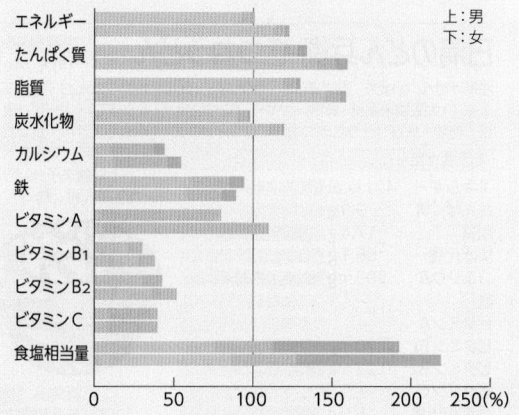

牛丼は、エネルギー・たんぱく質・脂質は単品でも100％前後。これにミネラルやビタミン類を補強するには、ほうれんそうのごまあえを加えるとよい。ご飯物にスープはつきものだが、塩分が多いところに気をつけよう。

上：男
下：女

エネルギー
たんぱく質
脂質
炭水化物
カルシウム
鉄
ビタミンA
ビタミンB1
ビタミンB2
ビタミンC
食塩相当量

0　50　100　150　200　250(%)

※グラフの100％はp.260凡例と同じく、身体活動レベルⅡ（ふつう）15〜17歳男女における1日の食事摂取基準の約1/3を示す。（以下同様）

カップヌードル

内容量78g（めん65g）

油揚げめん（小麦粉（国内製造）・植物油脂・食塩・チキンエキス・ポークエキス・しょうゆ・ポーク調味料・たん白加水分解物・香辛料）・かやく（味付豚ミンチ・味付卵・味付えび・味付豚肉・ねぎ）・スープ（糖類・粉末しょうゆ・食塩・香辛料・たん白加水分解物・香味調味料・メンマパウダー）他

1個食べたら

エネルギー	351 kcal
たんぱく質	10.5 g
脂質	14.6 g
炭水化物	44.5 g
カルシウム	105 mg
鉄	—
ビタミンA	—
ビタミンB1	0.19 mg
ビタミンB2	0.32 mg
ビタミンC	—
食塩相当量	4.9 g

日清食品（株）
（2022年8月現在）

明星 中華三昧 榮林 酸辣湯麺

内容量103g（めん70g）

めん（小麦粉（国内製造）・植物性たん白・植物油脂・食塩・卵粉・乳たん白・大豆食物繊維）・スープ（しょうゆ・植物油脂・鶏肉エキス・糖類・食塩・香味油・香味調味料・香辛料・醸造酢・たん白加水分解物・でん粉・デキストリン・黒酢・貝エキス・ねぎ）／調味料（アミノ酸等）他

1袋食べたら

エネルギー	377 kcal
たんぱく質	11.3 g
脂質	9.4 g
炭水化物	61.8 g
カルシウム	—
鉄	—
ビタミンA	—
ビタミンB1	—
ビタミンB2	—
ビタミンC	—
食塩相当量	6.0 g

明星食品（株）
（2022年9月現在）

チキンラーメン

内容量85g

油揚げめん（小麦粉（国内製造）・植物油脂・しょうゆ・食塩・チキンエキス・糖類・たん白加水分解物・卵粉・オニオンパウダー）／加工でん粉・調味料（アミノ酸等）・炭酸Ca・かんすい・酸化防止剤（ビタミンE）他

1袋食べたら

エネルギー	377 kcal
たんぱく質	8.2 g
脂質	14.5 g
炭水化物	53.6 g
カルシウム	278 mg
鉄	—
ビタミンA	—
ビタミンB1	0.61 mg
ビタミンB2	0.74 mg
ビタミンC	—
食塩相当量	5.6 g

日清食品（株）
（2022年8月現在）

日清焼そばU.F.O.

内容量128g（めん100g）

油揚げめん（小麦粉（国内製造）・植物油脂・食塩・しょうゆ・香辛料）・ソース（ソース・糖類・植物油脂・還元水あめ・食塩・香辛料・ポークエキス・ポーク調味油・たん白加水分解物・香味油）・かやく（キャベツ・味付豚肉・青のり・紅生姜）／加工でん粉・カラメル色素・調味料（アミノ酸等）他

1個食べたら

エネルギー	556 kcal
たんぱく質	9.4 g
脂質	20.9 g
炭水化物	82.6 g
カルシウム	167 mg
鉄	—
ビタミンA	—
ビタミンB1	0.47 mg
ビタミンB2	0.69 mg
ビタミンC	—
食塩相当量	5.9 g

日清食品（株）
（2022年8月現在）

日清ラ王 背脂醤油

内容量112g（めん75g）

めん（小麦粉（国内製造）・食塩・植物油脂・チキン調味料・大豆食物繊維・卵粉）・スープ（しょうゆ・豚脂・チキンエキス・鶏脂・オニオン調味油・食塩・たん白加水分解物・にぼし調味料・さば調味油・香味油・糖類・魚粉・チキン調味料・香味調味料・香辛料）・かやく（チャーシュー・のり・ねぎ）他

1個食べたら

エネルギー	412 kcal
たんぱく質	11.5 g
脂質	13.4 g
炭水化物	61.4 g
カルシウム	139 mg
鉄	—
ビタミンA	—
ビタミンB1	0.22 mg
ビタミンB2	0.32 mg
ビタミンC	—
食塩相当量	6.3 g

日清食品（株）
（2022年8月現在）

スープはるさめ（ワンタン）

内容量22g

春雨（中国製造（でん粉・醸造酢））・かやく（ワンタン・卵・ねぎ）・スープ（食塩・ごま・粉末しょうゆ・チキン調味料・オニオンパウダー・たん白加水分解物・砂糖・香辛料・チキンパウダー・香味調味料・全卵粉）／調味料（アミノ酸等）・カラメル色素・香料・香味料 他

1個食べたら

エネルギー	78 kcal
たんぱく質	1.3 g
脂質	1.1 g
炭水化物	16.0 g
カルシウム	—
鉄	—
ビタミンA	—
ビタミンB1	—
ビタミンB2	—
ビタミンC	—
食塩相当量	2.1 g

エースコック（株）
（2022年8月現在）

日清のどん兵衛 きつねうどん（東）

内容量96g（めん74g）

油揚げめん（小麦粉（国内製造）・植物油脂・食塩・植物性たん白・こんぶエキス・大豆食物繊維・糖類）・かやく（味付油揚げ・かまぼこ）・スープ（食塩・糖類・魚粉（そうだがつお・にぼし・かつお）・粉末しょうゆ・かつおぶし調味料・デキストリン・七味唐辛子・ねぎ）／加工でん粉 他

1個食べたら

エネルギー	421 kcal
たんぱく質	9.9 g
脂質	17.4 g
炭水化物	56.1 g
カルシウム	203 mg
鉄	—
ビタミンA	—
ビタミンB1	0.20 mg
ビタミンB2	0.22 mg
ビタミンC	—
食塩相当量	5.0 g

日清食品（株）
（2022年8月現在）

緑のたぬき天そば（東）

内容量101g（めん72g）

油揚げめん（小麦粉（国内製造）・そば粉・植物油脂・植物性たん白・食塩・とろろ芋・卵白）・かやく（小えびてんぷら・かまぼこ）・添付調味料（砂糖・食塩・しょうゆ・たん白加水分解物・粉末かつおぶし・香辛料・粉末そうだがつおぶし・ねぎ・香味油脂）／加工でん粉 他

1個食べたら

エネルギー	482 kcal
たんぱく質	11.8 g
脂質	24.3 g
炭水化物	53.9 g
カルシウム	152 mg
鉄	—
ビタミンA	—
ビタミンB1	0.37 mg
ビタミンB2	0.32 mg
ビタミンC	—
食塩相当量	5.8 g

東洋水産（株）
（2022年10月現在）

ジャンボむしケーキ (プレーン)　　内容量122g

砂糖（国内製造）・卵・小麦粉・食用加工油脂・乳等を主要原料とする食品・しょうゆ／ベーキングパウダー・乳化剤・調味料（アミノ酸等）・香料・（一部に小麦・卵・乳成分・大豆を含む）

1個食べたら

エネルギー	438 kcal
たんぱく質	6.6 g
脂質	20.2 g
炭水化物	57.4 g
カルシウム	—
鉄	—
ビタミンA	—
ビタミンB1	—
ビタミンB2	—
ビタミンC	—
食塩相当量	0.7 g

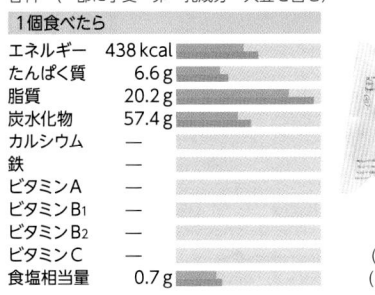
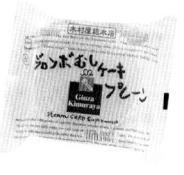

（株）木村屋總本店
（2022年8月現在）

コッペパン (ジャム＆マーガリン)

小麦粉（国内製造）・苺ジャム・マーガリン・糖類・ショートニング・脱脂粉乳・パン酵母・食塩・発酵風味料・発酵種・植物油脂／乳化剤・ゲル化剤（増粘多糖類）・酢酸（Na）・酸味料・香料・イーストフード・カロテノイド色素・V.C・（一部に乳成分・小麦・大豆を含む）

1個食べたら

エネルギー	471 kcal
たんぱく質	9.4 g
脂質	19.7 g
炭水化物	64.0 g
カルシウム	—
鉄	—
ビタミンA	—
ビタミンB1	—
ビタミンB2	—
ビタミンC	—
食塩相当量	0.9 g

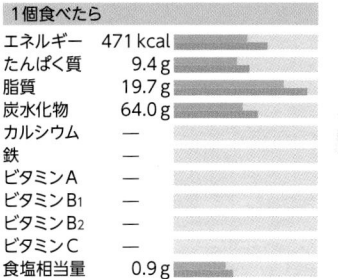

山崎製パン（株）
（2022年8月現在）

あんぱん　　内容量95g

小豆こしあん（国内製造）・小麦粉・砂糖・食用加工油脂・卵・酒種・パン酵母・脱脂粉乳・桜花塩漬け・バター・醗酵種・小麦たんぱく・食塩・ぶどう糖／乳化剤・pH調整剤・（一部に小麦・卵・乳成分・大豆を含む）

1個食べたら

エネルギー	280 kcal
たんぱく質	6.3 g
脂質	4.0 g
炭水化物	54.6 g
カルシウム	—
鉄	—
ビタミンA	—
ビタミンB1	—
ビタミンB2	—
ビタミンC	—
食塩相当量	0.3 g

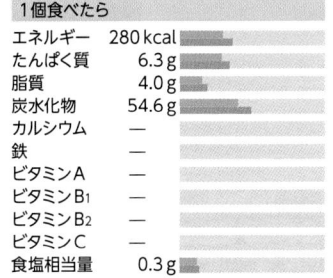

（株）木村屋總本店
（2022年8月現在）

ランチパック (たまご)　　内容量2個

卵フィリング（卵・ドレッシング・その他）（国内製造）・小麦粉・砂糖混合異性化液糖・マーガリン・パン酵母・食塩・脱脂粉乳・増粘剤（加エデンプン・増粘多糖類）・酢酸Na・グリシン／乳化剤・調味料（アミノ酸）・pH調整剤・イーストフード・カロテノイド色素・V.C　他

1個食べたら

エネルギー	146 kcal
たんぱく質	4.3 g
脂質	7.8 g
炭水化物	14.7 g
カルシウム	—
鉄	—
ビタミンA	—
ビタミンB1	—
ビタミンB2	—
ビタミンC	—
食塩相当量	0.8 g

山崎製パン（株）
（2022年8月現在）

カップめんだけでは栄養不足

カップヌードル	切り干し大根	ポテトサラダ
351kcal	112kcal	253kcal

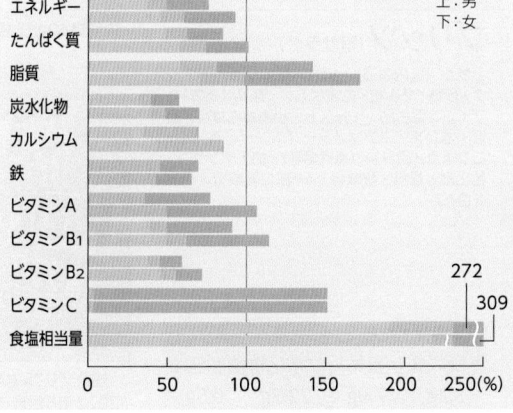

カップめんは脂質や塩分が多く、ミネラルは添加物としてある程度含まれているものの、これだけでは明らかに栄養不足。鉄やビタミンA（カロテン）を多く含む切り干し大根や、ビタミンCを多く含むポテトサラダを組み合わせるとよい。

	上：男	下：女
エネルギー		
たんぱく質		
脂質		
炭水化物		
カルシウム		
鉄		
ビタミンA		
ビタミンB1		
ビタミンB2		272
ビタミンC		309
食塩相当量		

0　50　100　150　200　250(%)

ビタミンA不足は野菜ジュースで解消

焼きそば	ヨーグルト	野菜ジュース
556kcal	101kcal	68kcal

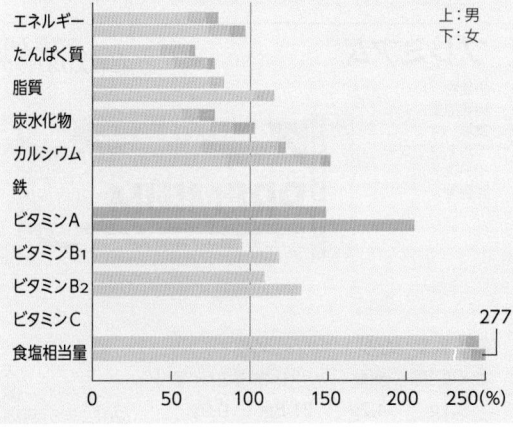

野菜ジュースのビタミンAは、1日の食事摂取基準の約1.5倍も含み、ビタミンA不足の解消には有効。焼きそばは塩分が多いので、ナトリウム代謝に役立つカリウムを多く含むひじきや、ビタミンCを多く含む野菜や果物を加えるとなおよい。

	上：男	下：女
エネルギー		
たんぱく質		
脂質		
炭水化物		
カルシウム		
鉄		
ビタミンA		
ビタミンB1		
ビタミンB2		
ビタミンC		277
食塩相当量		

0　50　100　150　200　250(%)

※各商品の栄養価は企業分析値のため、未発表の栄養素もある。野菜ジュースのビタミンA、食塩相当量は表記の中央値で計算した。

サッポロポテト
（つぶつぶベジタブル）

内容量72g

小麦粉（国内製造）・植物油・じゃがいも・じゃがいもでん粉・乾燥じゃがいも・コーンスターチ・砂糖・ほうれんそう・食塩・上新粉・にんじん・ピーマン・かぼちゃパウダー・トマトペースト・オニオンパウダー・赤ピーマンペースト・レッドビートパウダー・たん白加水分解物 他

■ 1/2袋食べたら		175kcal	
たんぱく質	脂質	炭水化物	食塩相当量
2.2g	7.6g	24.5g	0.5g

カルビー（株）
（2022年8月現在）

チップスター S （うすしお味）

内容量50g

ポテトフレーク（アメリカ製造又はドイツ製造又はその他）・植物油脂・食塩／乳化剤・調味料（アミノ酸）

■ 1箱食べたら		263kcal	
たんぱく質	脂質	炭水化物	食塩相当量
3.2g	14.7g	29.6g	0.5g

ヤマザキビスケット（株）
（2022年8月現在）

じゃがりこ （サラダ）

内容量57g

じゃがいも（国産）・植物油・乾燥じゃがいも・脱脂粉乳・粉末植物油脂・乳等を主要原料とする食品・食塩・乾燥にんじん・パセリ・こしょう／乳化剤（大豆を含む）・調味料（アミノ酸等）・酸化防止剤（V.C）・香料

■ 1カップ食べたら		285kcal	
たんぱく質	脂質	炭水化物	食塩相当量
4.1g	13.7g	36.2g	0.8g

カルビー（株）
（2022年8月現在）

堅あげポテト （うすしお味）

内容量65g

じゃがいも（遺伝子組換えでない）・植物油・食塩・コーンスターチ・こんぶエキスパウダー／調味料（アミノ酸等）・酸化防止剤（ビタミンC）

■ 1/2袋食べたら		167kcal	
たんぱく質	脂質	炭水化物	食塩相当量
2.0g	8.7g	20.1g	0.3g

カルビー（株）
（2022年8月現在）

クリームコロン （あっさりミルク）

内容量81g（6袋）

ショートニング（国内製造）・小麦粉・砂糖・乳製品・麦芽糖・ぶどう糖・鶏卵・デキストリン・全粉乳・乾燥卵白・還元水あめ・洋酒・食塩／乳化剤・香料・パプリカ色素・（一部に卵・乳成分・小麦・大豆を含む）

■ 1袋食べたら		76kcal	
たんぱく質	脂質	炭水化物	食塩相当量
0.6g	4.6g	8.0g	0g

江崎グリコ（株）
（2022年8月現在）

リッツ クラッカー S

内容量128g
（13枚入り3パック）

小麦粉・植物油脂・砂糖・ぶどう糖果糖液糖・食塩・モルトエキス／膨張剤・乳化剤・酸化防止剤（V.E・V.C）・（一部に小麦・大豆を含む）

■ 6枚食べたら		102kcal	
たんぱく質	脂質	炭水化物	食塩相当量
1.5g	4.8g	13.3g	0.3g

モンデリーズ・
ジャパン（株）
（2022年8月現在）

プレミアム

内容量241g
（5枚入り8パック）

小麦粉
植物油脂
食塩
モルトフラワー
イースト／
膨張剤

■ 5枚食べたら		136kcal	
たんぱく質	脂質	炭水化物	食塩相当量
3.1g	4.2g	21.8g	0.9g

モンデリーズ・
ジャパン（株）
（2022年8月現在）

プリッツ （旨サラダ）

内容量69g（2袋）

小麦粉（国内製造）・植物油脂・ショートニング・砂糖・でん粉・乾燥ポテト・野菜ペースト・ブイヨン混合品・イースト・小麦たんぱく・食塩・酒かす・コンソメシーズニング・香味油・こしょう／調味料（無機塩等）・加工デンプン・乳化剤・香料・酸味料・（一部に乳成分・小麦を含む）

■ 1袋食べたら		177kcal	
たんぱく質	脂質	炭水化物	食塩相当量
3.3g	7.9g	22.3g	0.5g

江崎グリコ（株）
（2022年8月現在）

ポッキー (チョコレート)

内容量72g (2袋)

小麦粉（国内製造）・砂糖・カカオマス・植物油脂・全粉乳・ショートニング・モルトエキス・でん粉・イースト・食塩・ココアバター／乳化剤・香料・膨張剤・アナトー色素・調味料（無機塩）・（一部に乳成分・小麦・大豆を含む）

■ 1袋食べたら　182kcal

たんぱく質	脂質	炭水化物	食塩相当量
3.0g	8.2g	24.0g	0.2g

江崎グリコ（株）
（2022年8月現在）

トッポ (チョコレート)

内容量72g (2袋)

小麦粉（国内製造）・砂糖・植物油脂・全粉乳・でん粉・カカオマス・ショートニング・加糖れん乳・ココアパウダー・クリームパウダー・モルトエキス・食塩・ココアバター・大豆胚芽エキス／膨脹剤・乳化剤・香料

■ 1袋食べたら　192kcal

たんぱく質	脂質	炭水化物	食塩相当量
2.7g	10.4g	21.9g	0.3g

（株）ロッテ
（2022年8月現在）

オレオ (バニラクリーム)

内容量116g
(6枚入り2パック)

小麦粉・砂糖・植物油脂・ココアパウダー・コーンスターチ・食塩／膨張剤・乳化剤・香料・酸味料・酸化防止剤（V.C・V.E）・（一部に小麦・大豆を含む）

■ 3枚食べたら　147kcal

たんぱく質	脂質	炭水化物	食塩相当量
1.6g	6.4g	20.8g	0.3g

モンデリーズ・ジャパン（株）
（2022年8月現在）

カントリーマアム (贅沢バニラ)

内容量170g
(16枚)

小麦粉・砂糖・植物油脂・チョコレートチップ（乳成分を含む）・還元水あめ・卵・白ねりあん（乳成分を含む）・全脂大豆粉・水あめ・脱脂粉乳・食塩・卵黄（卵を含む）・全粉乳・乳等を主原料とする食品・バニラビーンズ／加工デンプン・乳化剤　ほか

■ 8枚食べたら　408kcal

たんぱく質	脂質	炭水化物	食塩相当量
4.0g	19.2g	54.4g	0.4g

（株）不二家
（2022年8月現在）

コアラのマーチ (チョコレート)

内容量48g

砂糖（国内製造又は外国製造）・小麦粉・植物油脂・カカオマス・でん粉・ショートニング・乳糖・全粉乳・液卵・ホエイパウダー・クリームパウダー・脱脂粉乳・食塩・ココアパウダー・ココアバター／炭酸Ca・膨脹剤・カラメル色素・乳化剤（大豆由来）・香料

■ 1箱食べたら　252kcal

たんぱく質	脂質	炭水化物	食塩相当量
2.5g	13.8g	29.7g	0.3g

（株）ロッテ
（2022年8月現在）

チョコパイ

内容量186g
(6個)

小麦粉（国内製造）・ショートニング・砂糖・水あめ・植物油脂・カカオマス・液卵・乳糖・全粉乳・脱脂粉乳・ホエイパウダー・ココアバター・乳等を主要原料とする食品・洋酒・食塩・でん粉・脱脂濃縮乳・還元水あめ・乾燥卵白・卵黄・乳たんぱく／ソルビトール・酒精・乳化剤（大豆由来）・膨脹剤・加工でん粉・香料・増粘剤（セルロース・カラギーナン）

■ 1個食べたら　156kcal

たんぱく質	脂質	炭水化物	食塩相当量
1.7g	9.4g	16.2g	0.1g

（株）ロッテ
（2022年11月現在）

18枚ばかうけ (青のり)

内容量105g
(2枚×9袋)

米（うるち米（国産・米国産）・うるち米粉（米国産・国産））・植物油脂・でん粉・しょう油（小麦・大豆を含む）・砂糖・醸造調味料・青のり・あおさ・焼のり・みりん・ペパーソース（食酢・唐辛子・食塩）／加工でん粉・調味料（アミノ酸等）

■ 4袋食べたら　211kcal

たんぱく質	脂質	炭水化物	食塩相当量
2.8g	8.4g	31.2g	0.8g

（株）栗山米菓
（2022年8月現在）

ぱりんこ

内容量102g (30枚程度)

米（米国産・国産・その他）・植物油脂・食塩・砂糖・粉末しょうゆ（小麦・大豆を含む）・香辛料／加工でん粉・調味料（アミノ酸等）・植物レシチン（大豆由来）

■ 6枚食べたら　105kcal

たんぱく質	脂質	炭水化物	食塩相当量
1.0g	5.4g	12.9g	0.4g

三幸製菓（株）
（2022年8月現在）

明治ミルクチョコレート

内容量50g

砂糖（外国製造）
カカオマス
全粉乳
ココアバター／
レシチン
香料
（一部に乳成分・
大豆を含む）

1枚食べたら		283kcal	
たんぱく質	脂質	糖質	食塩相当量
3.8g	18.4g	24.5g	0.1g

（株）明治
（2022年8月現在）

小枝 （ミルク）

内容量
（4本入り11袋）

砂糖（タイ製造）・植物油脂・
乳糖・カカオマス・全粉乳・
米パフ・小麦パフ・ホエイパ
ウダー・アーモンド・脱脂粉
乳・果糖／乳化剤（大豆由来）・
香料

1小袋食べたら		31kcal	
たんぱく質	脂質	炭水化物	食塩相当量
0.34g	1.8g	3.4g	0.008g

森永製菓（株）
（2022年8月現在）

ミルキー

内容量108g
（30粒程度）

水あめ（国内製造）
加糖練乳
上白糖
生クリーム
（乳成分を含む）
植物油脂
牛乳
食塩／
乳化剤

5粒食べたら				75kcal
たんぱく質	糖質	炭水化物	カルシウム	食塩相当量
0.5g	1.5g	15.0g	20.0mg	0.1g

（株）不二家
（2022年
8月現在）

キシリクリスタル （ミルクミント）

内容量71g
（17粒程度）

還元麦芽糖水あめ（国内製
造）・食用油脂・ハーブエキ
ス・マルチトール／甘味料（キ
シリトール・ソルビトール）・
香料・乳化剤・（一部に乳成分・
大豆を含む）

5粒食べたら		50kcal	
たんぱく質	脂質	炭水化物	食塩相当量
0g	0.2g	20.0g	0g

春日井製菓販売（株）
（2022年8月現在）

ハイチュウ （ストロベリー）

内容量
（12粒）

水あめ（国内製造）・砂糖・植物油脂・ゼラチン・
濃縮ストロベリー果汁・乳酸菌飲料（乳成分を含
む）／酸味料・グリセリン・香料・乳化剤・アカ
キャベツ色素

1粒食べたら		19kcal	
たんぱく質	脂質	炭水化物	食塩相当量
0.07g	0.36g	3.8g	0g

森永製菓（株）
（2022年8月現在）

果汁グミ （もも）

内容量51g

水あめ（国内製造）・砂糖・
濃縮もも果汁・ゼラチン・植
物油脂・でん粉／酸味料・ゲ
ル化剤（ペクチン）・香料・
光沢剤・（一部にもも・りんご・
ゼラチンを含む）

1袋食べたら		169kcal	
たんぱく質	脂質	炭水化物	食塩相当量
3.4g	0g	39.0g	0g

（株）明治
（2022年8月現在）

メントス （グレープ）

内容量37.5g（14粒）

砂糖・水飴・植物油脂・濃縮グレープ果汁・で
ん粉・デキストリン・ココアバター／酸味料・
香料・増粘剤（増粘多糖類・CMC）・乳化剤・
光沢剤・ブドウ果皮色素

1製品当たり		144kcal	
たんぱく質	脂質	炭水化物	食塩相当量
0g	0.7g	34.4g	0.04g

クラシエフーズ（株）
（2022年8月現在）

クロレッツ XP （オリジナルミント）

内容量
（14粒）

マルチトール（中国製造又はタイ製造）・還元
水飴・緑茶エキス／甘味料（ソルビトール・キ
シリトール・アスパルテーム・L‐フェニルア
ラニン化合物・アセスルファムK）・ガムベース・
香料・アラビアガム 他

1粒食べたら		12kcal	
たんぱく質	脂質	炭水化物	キシリトール
0.01g	0.01g	1.0g	0.0003g

モンデリーズ・
ジャパン（株）
（2022年8月現在）

[冷菓子]

※パッケージは現在と異なる場合がある。

Bigプッチンプリン

内容量160g

加糖練乳（国内製造）・砂糖・ローストシュガー・植物油脂・脱脂粉乳・生乳・バター・加糖卵黄・クリーム・濃縮にんじん汁・食塩・うるち米でん粉・こんにゃく粉・寒天／糊料（増粘多糖類）・香料・酸味料・（一部に卵・乳成分を含む）

■ 1個食べたら　212kcal

たんぱく質	脂質	炭水化物	食塩相当量
2.8g	9.8g	28.1g	0.3g

江崎グリコ（株）
（2022年8月現在）

CREAM SWEETS コーヒーゼリー

内容量110g

糖類（砂糖・異性化液糖・水飴・ぶどう糖）・植物油脂・コーヒー・乳製品・ゼラチン・食塩／ゲル化剤（増粘多糖類）・香料・pH調整剤・乳化剤（一部に乳成分・ゼラチンを含む）

■ 1個食べたら　129kcal

たんぱく質	脂質	炭水化物	食塩相当量
0.4g	4.3g	22.4g	0〜0.1g

雪印メグミルク（株）
（2022年8月現在）

フルティシエ ちょっと贅沢 ぶどう

内容量 210g

砂糖・異性化液糖（国内製造）・ぶどうシロップ漬・果糖・ぶどう濃縮果汁・ぶどう種子エキス／酸味料・ゲル化剤（増粘多糖類）・乳酸Ca・香料・乳化剤

■ 1個食べたら　152kcal

たんぱく質	脂質	炭水化物	食塩相当量
0.1g	0g	37.8g	0.2g

マルハニチロ（株）
（2022年8月現在）

森永アロエヨーグルト

内容量118g

アロエベラ（葉内部位使用）（タイ産）
生乳
乳製品
砂糖
乳たんぱく質／
香料
増粘多糖類
酸味料

■ 1個食べたら　101kcal

たんぱく質	脂質	炭水化物	カルシウム	食塩相当量
3.9g	2.6g	15.6g	130mg	0.1g

森永乳業（株）
（2022年8月現在）

ハーゲンダッツ ミニカップ『バニラ』

（アイスクリーム）

内容量110mL

クリーム（生乳（北海道））
脱脂濃縮乳
砂糖
卵黄／
バニラ香料
（一部に乳成分・卵を含む）

■ 1個食べたら　244kcal

たんぱく質	脂質	炭水化物	食塩相当量
4.6g	16.3g	19.9g	0.1g

ハーゲンダッツ
ジャパン（株）
（2022年8月現在）

アイスボックス

（グレープフルーツ）（氷菓）

内容量 135mL

グレープフルーツ果汁（イスラエル製造）・異性化液糖・食塩／香料・酸味料・甘味料（スクラロース・アセスルファムK）・ビタミンC・ポリリン酸Na・カロテン色素

■ 1個食べたら　15kcal

たんぱく質	脂質	炭水化物	食塩相当量
0g	0g	3.7g	0.2g

森永製菓（株）
（2022年8月現在）

明治エッセル スーパーカップ超バニラ

（ラクトアイス）

内容量 200mL

乳製品（国内製造又は外国製造）・植物油脂・砂糖・水あめ・卵黄・ぶどう糖果糖液糖・食塩／香料・アナトー色素・（一部に卵・乳成分を含む）

■ 1個食べたら　374kcal

たんぱく質	脂質	炭水化物	食塩相当量
5.6g	23.4g	35.3g	0.2g

（株）明治
（2022年8月現在）

■ アイスクリームの種類

	アイスクリーム	アイスミルク	ラクトアイス
乳固形分	15.0%以上	10.0%以上	3.0%以上
うち乳脂肪分	8.0%以上	3.0%以上	—
大腸菌群	陰性	陰性	陰性
細菌数	1gあたり10万以下	1gあたり5万以下	1gあたり5万以下

※パッケージは現在と異なる場合がある。

ペプシコーラ／ペプシBIG〈生〉ゼロ

内容量 490mL（ペプシコーラ）／600mL（ペプシBIG〈生〉ゼロ）

ペプシコーラ
糖類（果糖ぶどう糖液糖（国内製造）・砂糖）／炭酸・香料・酸味料・カラメル色素・カフェイン

ペプシBIG〈生〉ゼロ
食塩（国内製造）／炭酸・カラメル色素・酸味料・香料・クエン酸K・甘味料（アスパルテーム・L-フェニルアラニン化合物・アセスルファムK・スクラロース）・カフェイン

サントリー食品インターナショナル（株）（2022年10月現在）

1本飲んだら

ペプシコーラ	ペプシBIG〈生〉ゼロ
235kcal	0kcal

ポカリスエット

内容量 500mL

砂糖（国内製造）・果糖ぶどう糖液糖・果汁・食塩／酸味料・香料・塩化K・乳酸Ca・調味料（アミノ酸）・塩化Mg・酸化防止剤（ビタミンC）

大塚製薬（株）（2022年8月現在）

1本飲んだら 125kcal

たんぱく質	脂質	炭水化物	カリウム	カルシウム	食塩相当量
0g	0g	31.0g	100mg	10mg	0.6g

ボス

（贅沢微糖／無糖ブラック／カフェオレ）

内容量 185g

贅沢微糖：牛乳（国内製造）・コーヒー・砂糖・乳製品・デキストリン／カゼインNa・乳化剤・香料・甘味料（アセスルファムK）

無糖ブラック：コーヒー（コーヒー豆（ブラジル・エチオピア・その他））

カフェオレ：牛乳（国内製造）・砂糖・コーヒー・脱脂粉乳・クリーム・全粉乳・デキストリン　他

サントリー食品インターナショナル（株）（2022年10月現在）

1缶飲んだら

	贅沢微糖	無糖ブラック	カフェオレ
エネルギー	37kcal	0kcal	81kcal
炭水化物	6.5g	0〜1.9g	15.4g

午後の紅茶

（ストレートティー／レモンティー／ミルクティー）

内容量 500mL

ストレートティー：砂糖類（果糖ぶどう糖液糖・砂糖）・紅茶（ディンブラ20%）／香料・ビタミンC

レモンティー：砂糖類（果糖ぶどう糖液糖（国内製造）・砂糖）・紅茶（ヌワラエリア15%）・レモン果汁　他

ミルクティー：牛乳（生乳（国産））・砂糖・紅茶（キャンディ20%）・全粉乳・脱脂粉乳・デキストリン・食塩　他

キリンビバレッジ（株）（2022年8月現在）

1本飲んだら

	ストレートティー	レモンティー	ミルクティー
エネルギー	80kcal	140kcal	190kcal
炭水化物	20.0g	35.0g	39.0g

生茶

内容量 525mL

緑茶（国産）・生茶葉抽出物（生茶葉（国産））／ビタミンC

キリンビバレッジ（株）（2022年8月現在）

1本飲んだら 0kcal

健康ミネラルむぎ茶

内容量 650mL

大麦（カナダ・オーストラリア・その他）・飲用海洋深層水・麦芽／ビタミンC

（株）伊藤園（2022年11月現在）

1本飲んだら 0kcal

トロピカーナ

（100% アップル）

内容量 250mL

りんご（中国）／香料・酸化防止剤（ビタミンC）

キリンビバレッジ（株）（2022年8月現在）

1パック飲んだら 112kcal

たんぱく質	脂質	炭水化物	食塩相当量
0g	0g	28.0g	0g

野菜生活100 オリジナル

内容量 200mL

野菜（にんじん（輸入又は国産（5%未満））・小松菜・ケール・ブロッコリー・ピーマン・ほうれん草・アスパラガス・赤じそ・だいこん・はくさい・セロリ・メキャベツ（プチヴェール）・紫キャベツ・ビート・たまねぎ・レタス・キャベツ・パセリ・クレソン・かぼちゃ・果実（りんご・オレンジ・レモン）他

カゴメ（株）（2022年8月現在）

1パック飲んだら 68kcal

たんぱく質	炭水化物	カルシウム	カリウム	食塩相当量
0.8g	16.9g	2〜63mg	140〜590mg	0〜0.3g

身体によいはたらきが期待できるものと科学的に実証された食品。整腸効果、コレステロール調節、血圧調節、ミネラル吸収促進などの食品がある。

ファイブミニ
大塚製薬（株）　　　　　内容量100mL

1本にレタス1.8個分の食物繊維とレモン15個分のビタミンCを配合。

糖類（砂糖・ぶどう糖果糖液糖・オリゴ糖）・ポリデキストロース（アメリカ製造）／ビタミンC・炭酸・酸味料・香料・トマト色素・調味料（アミノ酸）

■ 1本飲んだら　　50kcal

（2022年8月現在）

キシリトールガム
〈ライムミント〉ファミリーボトル
（株）ロッテ
内容量143g

むし歯の原因になりにくい甘味料（キシリトール及びマルチトール）を使用。また、歯の再石灰化を増強する成分も配合。

マルチトール（外国製造）／甘味料（キシリトール・アスパルテーム・L-フェニルアラニン化合物）・ガムベース・香料・増粘剤（アラビアガム）・光沢剤・リン酸一水素カルシウム・フクロノリ抽出物　他

■ 7粒食べたら　　19.5kcal

（2022年8月現在）

三ツ矢サイダー W
アサヒ飲料（株）　　　　内容量485mL

食物繊維（難消化性デキストリン）の働きにより、食後の血中中性脂肪と血糖値の上昇をおだやかにする。

食物繊維（難消化性デキストリン）（アメリカ製造又は韓国製造）／炭酸・香料・酸味料・甘味料（アセスルファムK・ステビア）

■ 1本飲んだら　　0kcal

（2022年8月現在）

ナタデココ ヨーグルト味
（株）伊藤園　　　　　内容量280g

食物繊維の働きでおなかの調子を整える。

果糖ぶどう糖液糖（国内製造）・はっ酵乳・ナタデココ・水溶性食物繊維／安定剤（ペクチン）・香料・酸味料・ビタミンC

■ 1本飲んだら　　134kcal

（2022年8月現在）

DHA入り リサーラソーセージ
マルハニチロ（株）　　　内容量50g×3本

血清中性脂肪を低下させる作用のあるドコサヘキサエン酸（DHA）とエイコサペンタエン酸（EPA）を含む。

魚肉（輸入）・結着材料（でん粉（コーンスターチ）・植物性たん白（小麦・大豆）・ゼラチン）・DHA含有精製魚油・たまねぎ・食塩・砂糖・香辛料／調味料（アミノ酸等）・くん液・着色料（クチナシ・カロチノイド）・酸化防止剤（V.E）・（一部に小麦・大豆・ゼラチンを含む）

■ 1本食べたら　　88kcal

（2022年8月現在）

メッツ コーラ
キリンビバレッジ（株）　　内容量480mL

食事の際に脂肪の吸収を抑える難消化性デキストリンを配合。

難消化性デキストリン（食物繊維）（韓国製造又はアメリカ製造）／炭酸・カラメル色素・香料・酸味料・甘味料（アスパルテーム・L-フェニルアラニン化合物・アセスルファムK・スクラロース）・グルコン酸Ca・カフェイン

■ 1本飲んだら　　0kcal

（2022年8月現在）

伊右衛門 特茶
サントリー食品インターナショナル（株）
内容量500mL

脂肪分解酵素を活性化させるケルセチン配糖体の働きにより、体脂肪を減らすのを助ける。

緑茶（国産）／酵素処理イソクエルシトリン・ビタミンC

■ 1本飲んだら　　0kcal

（2022年10月現在）

ビヒダス プレーンヨーグルト
森永乳業（株）　　　　　内容量400g

乳酸菌とビフィズス菌で発酵させたヨーグルト。生きたビフィズス菌を補給できる。

生乳（国産）・乳製品

■ 100g食べたら　　65kcal

（2022年8月現在）

「日本食品標準成分表 2020 年版（八訂）」と成分表の使い方

食品成分表とは？

私たちは、日常生活でさまざまな食品を食べて生きている。それらの食品にはどのようなものがあり、またどのような栄養素がどのくらい含まれているのだろうか？

日本食品標準成分表（文部科学省　科学技術・学術審議会　資源調査分科会）には、食品の栄養成分に関する基礎データが掲載されている。

もとは、戦後の国民栄養改善を目的として作成され（1950年）、幾度かの改訂を経て、最新版は「日本食品標準成分表2020年版（八訂）」（以下「成分表2020」）として現在に至っている。この間、扱う食品数は538→2,478に、栄養素の項目数は14→54へと飛躍的に充実してきた。今日では、学校給食などの集団給食や栄養指導の場、一般家庭、研究や行政でも広く利用されている。

「成分表2020」における たんぱく質、脂質、炭水化物について

●たんぱく質

窒素量に「窒素—たんぱく質換算係数」を乗じて算出した数値。**アミノ酸組成によるたんぱく質**は、「アミノ酸成分表2020」の各アミノ酸量から求められたたんぱく質量。

●脂質

ジエチルエーテルによるソックスレー抽出法などによって求めた数値。脂肪酸のトリアシルグリセロール当量は、各脂肪酸をトリアシルグリセロールに換算した量の総和として算出した数値。食品に含まれる脂質のうち、中性脂肪の量がわかる。

●炭水化物

差引き法（水分、たんぱく質、脂質及び灰分の合計 (g)

を、100gから差し引く方法）により求められた数値。**利用可能炭水化物（質量計）**は、単糖類、二糖類、一部のオリゴ糖類、でん粉の総和として算出した数値。

本書掲載の食品成分表 (抜粋→p.272)

「成分表2020」から、日常利用するために必要にして十分な1,017食品を厳選した。

食品群	「成分表2020」	本書掲載食品数
■01 穀類	205	83
■02 いも及びでん粉類	70	33
■03 砂糖及び甘味類	30	11
■04 豆類	108	39
■05 種実類	46	22
■06 野菜類	401	182
■07 果実類	183	85
■08 きのこ類	55	21
■09 藻類	57	27
■10 魚介類	453	180
■11 肉類	310	112
■12 卵類	23	8
■13 乳類	59	28
■14 油脂類	34	17
■15 菓子類	185	45
■16 し好飲料類	61	32
■17 調味料及び香辛料類	148	68
■18 調理済み流通食品類	50	24
合計	2,478	1,017

成分表の見方 (部分抜粋)

食品番号
はじめの2桁は食品群を示している。01は穀類、02はいも及びでん粉類など。右上表参照。

廃棄率
皮や芯など、食べる際に捨ててしまう部分の重量の割合を示す。

$$可食部重量 = 購入重量 \times \left(1 - \frac{廃棄率}{100}\right)$$

$$購入重量 = 可食部重量 \times \left(\frac{100}{100 - 廃棄率}\right)$$

エネルギー
可食部100gあたりのたんぱく質・脂質・炭水化物の量 (g) に、各成分ごとのエネルギー換算係数を乗じて算出。本書では定着しているkcal（キロカロリー）を掲載したが、国際単位系としてはkJ（キロジュール）もある。
1kcal＝1,000cal＝4.184kJ

食物繊維総量
従来の分析方法であるプロスキー変法と、追補2018年以降の分析方法であるAOAC.2011.25法を併記した。

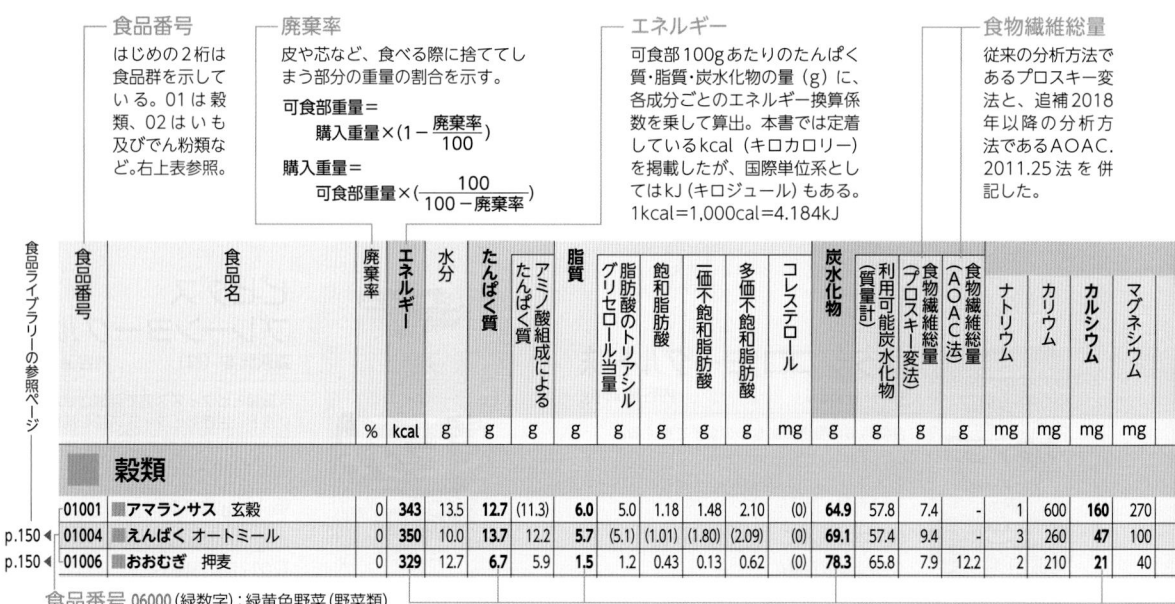

食品番号	食品名	廃棄率	エネルギー	水分	たんぱく質	アミノ酸組成によるたんぱく質	脂質	脂肪酸のトリアシルグリセロール当量	飽和脂肪酸	一価不飽和脂肪酸	多価不飽和脂肪酸	コレステロール	炭水化物	利用可能炭水化物（質量計）	食物繊維総量（プロスキー変法）	食物繊維総量（AOAC法）	ナトリウム	カリウム	カルシウム	マグネシウム
		%	kcal	g	g	g	g	g	g	g	g	mg	g	g	g	g	mg	mg	mg	mg
穀類																				
01001	**アマランサス** 玄穀	0	343	13.5	12.7	(11.3)	6.0	5.0	1.18	1.48	2.10	(0)	64.9	57.8	7.4	-	1	600	160	270
01004	**えんばく** オートミール	0	350	10.0	13.7	12.2	5.7	(5.1)	(1.01)	(1.80)	(2.09)	(0)	69.1	57.4	9.4	-	3	260	47	100
01006	**おおむぎ** 押麦	0	329	12.7	6.7	5.9	1.5	1.2	0.43	0.13	0.62	(0)	78.3	65.8	7.9	12.2	2	210	21	40

（p.150）01004、01006

食品番号 06000（緑数字）：緑黄色野菜（野菜類）
10000（青数字）：切り身（魚介類）

食品ライブラリーの参照ページ

■ 食べ物に含まれるエネルギーや栄養素は、どのように計算するのだろう?

使用した食品の可食部の重量から、下記の式で計算する。

$$\frac{100g\text{あたりの数値}}{\text{(エネルギーや栄養素量)}} \times \frac{\text{食品の重量(g)}}{100}$$

● 栄養計算の例

下記のメニューのエネルギー(カロリー)を計算してみよう。

食パンピザ1枚　　　　　　　　　　　牛乳1杯

みかん1個

・食パンピザ

食パン1枚(6枚切り) 60g	248kcal×60g / 100 = 148.8 ≒ 149kcal
有塩バター　3g	700kcal×3g / 100 = 21kcal
トマトソース　20g	41kcal×20g / 100 = 8.2 ≒ 8kcal
トマト　50g	20kcal×50g / 100 = 10kcal
ピーマン(青)　10g	20kcal×10g / 100 = 2kcal
たまねぎ　15g	33kcal×15g / 100 = 4.95 ≒ 5kcal
ピザ用チーズ(プロセスチーズ) 25g	313kcal×25g / 100 = 78.25 ≒ 78kcal
・牛乳　210g	61kcal×210g／100 = 128.1 ≒ 128kcal
・みかん　100g	49kcal×100g／100 = 49kcal

合計　**450kcal**

■ 1日にどのくらいのエネルギーや栄養素を摂取したらよいのだろう?

「日本人の食事摂取基準」として、必要とされる基準が設けられている(→p.320)。例えば、15 〜 17 歳女子では、1日に必要なエネルギーは2,300kcalとされ、1回の食事ではこの1/3程度(767kcal)の摂取が目安となる。左のメニューの450kcalでは、6割程度のエネルギーしか摂取できていないこととなる。

同様にして他のおもな栄養素についても計算し、グラフ化したのが下図。栄養計算をすることで、バランスの取れた食事であるかが確認できる。

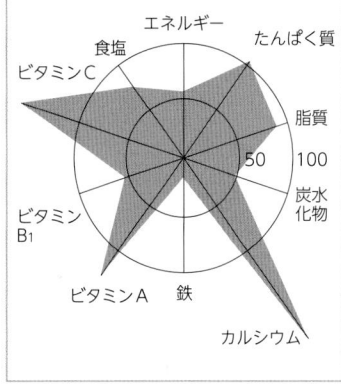

ビタミンA
ビタミンA効力はレチノール活性当量で表され、下記の方式から算出される。

レチノール活性当量＝
$$\text{レチノール} + \frac{1}{12}\beta\text{-カロテン当量}$$

このうちレチノールは主に動物性の食品に含まれ、β-カロテン当量は植物性食品に含まれる。

ビタミンE
α・β・γ・δの各トコフェロールがあるが、食事摂取基準ではα-トコフェロールを指標としている。

可食部100gあたり
食品から廃棄部分を除いた、食べられる部分100gあたりの栄養素を示している。

微量な成分の表示方法
　0 ：最小記載量の1/10に達していない、または検出されない。
(0)：測定していないが、推定される値、または諸外国の食品成分表から推計される値。
Tr：含まれているが、最小記載量に達していない。
　－：未測定のもの。

食塩相当量
ミネラルのナトリウム量(mg)に2.54を乗じて、g単位に換算した数値。

(可食部100gあたり　Tr：微量　( )：推定値または推計値　-：未測定)

ミネラル									ビタミン															食塩相当量
リン	鉄	亜鉛	銅	マンガン	ヨウ素	セレン	クロム	モリブデン	A				ビタミンD	E	ビタミンK	ビタミンB₁	ビタミンB₂	ナイアシン当量	ビタミンB₆	ビタミンB₁₂	葉酸	パントテン酸	ビオチン	ビタミンC	
									レチノール活性当量	レチノール	β-カロテン当量			α-トコフェロール											
mg	mg	mg	mg	mg	μg	μg	μg	μg	μg	μg	μg	μg	μg	mg	μg	mg	mg	mg	mg	μg	μg	mg	μg	mg	g
540	**9.4**	5.8	0.92	6.14	1	13	7	59	Tr	(0)	2	(0)	1.3	(0)	**0.04**	**0.14**	(3.8)	0.58	(0)	130	1.69	16.0	(0)	0
370	**3.9**	2.1	0.28	-	0	18	0	110	(0)	(0)	(0)	(0)	0.6	(0)	**0.20**	**0.08**	4.5	0.11	(0)	30	1.29	22.0	(0)	0
160	**1.1**	1.1	0.22	0.86	0	1	0	11	(0)	(0)	(0)	(0)	0.1	(0)	**0.11**	**0.03**	5.0	0.13	(0)	10	0.40	2.7	(0)	0

参照頻度の高い栄養素を太字とした。

■ 穀類

食品ライブラリーの参照ページ	食品番号	食品名	廃棄率 %	エネルギー kcal	水分 g	たんぱく質 g	アミノ酸組成によるたんぱく質 g	脂質 g	脂肪酸のトリアシルグリセロール当量 g	飽和脂肪酸 g	一価不飽和脂肪酸 g	多価不飽和脂肪酸 g	コレステロール mg	炭水化物 g	利用可能炭水化物（質量計） g	食物繊維総量（プロスキー変法）	食物繊維総量（AOAC法） g	ナトリウム mg	カリウム mg	カルシウム mg	マグネシウム mg
	01001	■アマランサス 玄穀	0	343	13.5	12.7	(11.3)	6.0	5.0	1.18	1.48	2.10	(0)	64.9	57.8	7.4	-	1	600	160	270
p.150 ◀	01004	■えんばく オートミール	0	350	10.0	13.7	12.2	5.7	(5.1)	(1.01)	(1.80)	(2.09)	(0)	69.1	57.4	9.4	-	3	260	47	100
p.150 ◀	01006	■おおむぎ 押麦 乾	0	329	12.7	6.7	5.9	1.5	1.2	0.43	0.13	0.62	(0)	78.3	65.8	7.9	12.2	2	210	21	40
	01167	■キヌア 玄穀	0	344	12.2	13.4	9.7	3.2	2.7	0.33	0.77	1.52	(0)	69.0	55.4	6.2	-	35	580	46	180
p.150 ◀	01011	■きび 精白粒	0	353	13.8	11.3	10.0	3.3	2.9	0.44	0.56	1.78	(0)	70.9	65.0	1.6	-	2	200	9	84
		■こむぎ																			
	01012	[玄穀] 国産 普通	0	329	12.5	10.8	9.5	3.1	2.5	0.55	0.35	1.52	(0)	72.1	58.5	10.5	14.0	2	440	26	82
p.152 ◀		[小麦粉]																			
	01015	薄力粉 1等	0	349	14.0	8.3	7.7	1.5	1.3	0.34	0.13	0.75	(0)	75.8	73.1	2.5	-	Tr	110	20	12
	01018	中力粉 1等	0	337	14.0	9.0	8.3	1.6	1.4	0.36	0.14	0.80	(0)	75.1	69.5	2.8	-	1	100	17	18
	01020	強力粉 1等	0	337	14.5	11.8	11.0	1.5	1.3	0.35	0.14	0.77	(0)	71.7	66.8	2.7	-	Tr	89	17	23
	01146	プレミックス粉 お好み焼き用	0	335	9.8	10.1	9.0	1.9	1.8	0.42	0.32	0.93	1	73.6	67.6	2.8	-	1400	210	64	31
	01024	ホットケーキ用	0	360	11.1	7.8	(7.1)	4.0	(3.6)	(1.54)	(1.07)	(0.86)	31	74.4	(72.4)	1.8	-	390	230	100	12
p.153 ◀		[パン類]																			
	01026	角形食パン 食パン	0	248	39.2	8.9	7.4	4.1	3.7	1.50	1.24	0.82	0	46.4	44.2	2.2	4.2	470	86	22	18
	01028	コッペパン	0	259	37.0	8.5	7.3	3.8	(3.6)	(1.64)	(1.00)	(0.75)	(Tr)	49.1	(45.3)	2.0	-	520	95	37	24
	01031	フランスパン	0	289	30.0	9.4	8.6	1.3	(1.1)	(0.29)	(0.14)	(0.63)	(0)	57.5	58.2	2.7	-	620	110	16	22
	01032	ライ麦パン	0	252	35.0	8.4	6.7	2.2	(2.0)	(0.90)	(0.57)	(0.44)	(0)	52.7		5.6	-	470	190	16	40
	01033	ぶどうパン	0	263	35.7	8.2	(7.4)	3.5	(3.3)	(1.57)	(0.97)	(0.58)	(Tr)	51.1		2.2	-	400	210	32	23
	01034	ロールパン	0	309	30.7	10.1	8.5	9.0	8.5	4.02	2.86	1.26	(0)	48.6	45.7	2.0	-	490	110	44	22
	01035	クロワッサン リッチタイプ	0	438	20.0	7.9	(7.3)	26.8	(25.4)	(12.16)	(8.94)	(3.15)	(35)	43.9		1.8	-	470	90	21	17
	01036	イングリッシュマフィン	0	224	46.0	8.1	(7.4)	3.6	(3.2)	(1.21)	(0.70)	(1.19)	(Tr)	40.8	(36.7)	1.2	-	480	84	53	19
	01037	ナン	0	257	37.2	10.3	(9.3)	3.4	3.1	0.53	1.45	1.00	(0)	47.6	(41.6)	2.0	-	530	97	11	22
	01148	ベーグル	0	270	32.3	9.6	8.2	2.0	1.9	0.71	0.48	0.63	-	54.6	46.0	2.5	-	460	97	24	24
p.154 ◀		[うどん・そうめん類]																			
	01038	うどん 生	0	249	33.5	6.1	5.2	0.6	(0.5)	(0.14)	(0.05)	(0.31)	(0)	56.8	50.1	-	3.6	1000	90	18	13
	01041	干しうどん 乾	0	333	13.5	8.5	8.0	1.1	(1.0)	(0.25)	(0.10)	(0.56)	(0)	71.9	(69.9)	2.4	-	1700	130	17	19
	01043	そうめん・ひやむぎ 乾	0	333	12.5	9.5	8.8	1.1	(1.0)	(0.25)	(0.10)	(0.56)	(0)	72.7	65.1	2.5	-	1500	120	17	22
	01045	手延そうめん・手延ひやむぎ 乾	0	312	14.0	9.3	8.6	1.5	1.4	0.38	0.23	0.75	(0)	68.9	63.5	1.8	-	2300	110	20	23
p.154 ◀		[中華めん類]																			
	01047	中華めん 生	0	249	33.0	8.6	8.5	1.2	(1.0)	(0.28)	(0.11)	(0.61)	(0)	55.7	47.6	-	5.4	410	350	21	13
	01050	干し中華めん 乾	0	337	14.7	11.7	(11.5)	1.6	(1.4)	(0.36)	(0.15)	(0.82)	(0)	70.2	65.0	2.9	6.0	410	300	21	23
	01052	沖縄そば 生	0	266	32.3	9.2	(9.1)	2.0	(1.7)	(0.46)	(0.18)	(1.02)	(0)	54.2	(48.1)	2.1	-	810	340	11	50
		[即席めん類] ※添付調味料等を含むもの																			
		即席中華めん																			
	01198	油揚げ 調理後全体※	0	100	(78.5)	(2.3)	-	(4.4)	4.4	2.03	1.64	0.51	(1)	(13.4)	12.2	(0.5)	-	(430)	(33)	(28)	(6)
	01199	非油揚げ 調理後全体※	0	93	(76.2)	(3.0)	-	(0.8)	0.8	0.20	0.28	0.25	(1)	(18.7)	15.8	(0.6)	-	(430)	(68)	(6)	(6)
		中華スタイル即席カップめん																			
	01200	油揚げ しょうゆ味 調理後全体※	0	90	(80.8)	(2.3)	(2.0)	(4.5)	4.4	1.95	1.70	0.54	-	(12.9)	(6.0)	-	(1.4)	(590)	(43)	(46)	(6)
	01202	焼きそば 調理後全体※	0	222	(53.6)	(5.0)	(4.2)	(11.3)	10.6	4.31	4.24	1.56	(3)	(34.2)	13.5	-	(3.3)	(910)	(100)	(94)	(14)
		和風スタイル即席カップめん																			
	01204	油揚げ 調理後全体※	0	91	(80.5)	(2.2)	(1.9)	(4.7)	4.4	2.04	1.64	0.55	-	(11.2)	(6.7)	-	(1.4)	(550)	(34)	(41)	(6)
p.155 ◀		[マカロニ・スパゲッティ類]																			
	01063	マカロニ・スパゲッティ 乾	0	347	11.3	12.9	12.0	1.8	1.5	0.39	0.20	0.87	(0)	73.1	66.9	3.0	5.4	1	200	18	55
	01149	生パスタ 生	0	232	42.0	7.8	7.5	1.9	1.7	0.40	0.44	0.76	(0)	46.9	42.2	1.5	-	470	76	12	18
	01068	[ふ類] 焼きふ 車ふ	0	361	11.4	30.2	(27.8)	3.4	(2.9)	(0.78)	(0.30)	(1.73)	(0)	54.2	-	2.6	-	110	130	25	53
	01074	[その他] ぎょうざの皮 生	0	275	32.0	9.3	(8.4)	1.4	(1.2)	(0.32)	(0.13)	(0.71)	0	57.0	(54.9)	2.2	-	2	64	16	18
	01075	しゅうまいの皮 生	0	275	31.1	8.3	(7.5)	1.4	(1.2)	(0.32)	(0.13)	(0.71)	(0)	58.9	(55.7)	2.2	-	2	72	16	17

（可食部100gあたり　Tr：微量　（　）：推定値または推計値　-：未測定）

ミネラル									ビタミン															食塩相当量
リン	鉄	亜鉛	銅	マンガン	ヨウ素	セレン	クロム	モリブデン	A レチノール活性当量	A レチノール	A β-カロテン当量	ビタミンD	E α-トコフェロール	ビタミンK	ビタミンB₁	ビタミンB₂	ナイアシン当量	ビタミンB₆	ビタミンB₁₂	葉酸	パントテン酸	ビオチン	ビタミンC	食塩相当量
mg	mg	mg	mg	mg	µg	µg	µg	µg	µg	µg	µg	µg	mg	µg	mg	mg	mg	mg	µg	µg	mg	µg	mg	g
540	9.4	5.8	0.92	6.14	1	13	7	59	Tr	(0)	2	(0)	1.3	(0)	0.04	0.14	(3.8)	0.58	(0)	130	1.69	16.0	(0)	0
370	3.9	2.1	0.28	-	0	18	0	110	(0)	(0)	(0)	(0)	0.6	(0)	0.20	0.08	4.5	0.11	(0)	30	1.29	22.0	(0)	0
160	1.1	1.1	0.22	0.86	0	1	0	11	(0)	(0)	(0)	(0)	0.1	(0)	0.11	0.03	5.0	0.13	(0)	10	0.40	2.7	(0)	0
410	4.3	2.8	0.47	2.45	2	3	3	23	1	0	12	(0)	2.6	Tr	0.45	0.24	4.0	0.39	Tr	190	0.95	23.0	0	0.1
160	2.1	2.7	0.38	-	0	2	1	16	(0)	(0)	(0)	(0)	Tr	(0)	0.34	0.09	6.2	0.20	(0)	13	0.95	7.9	0	0
350	3.2	2.6	0.38	3.90	1	3	1	29	(0)	(0)	(0)	(0)	1.2	(0)	0.41	0.09	8.9	0.35	(0)	38	1.03	7.5	(0)	0
60	0.5	0.3	0.08	0.43	Tr	4	2	12	(0)	(0)	(0)	(0)	0.3	(0)	0.11	0.03	2.4	0.03	(0)	9	0.53	1.2	(0)	0
64	0.5	0.5	0.11	0.43	0	7	Tr	9	(0)	(0)	(0)	(0)	0.3	(0)	0.10	0.03	2.4	0.05	(0)	8	0.47	1.5	(0)	0
64	0.9	0.8	0.15	0.32	0	39	1	26	(0)	(0)	(0)	(0)	0.3	(0)	0.09	0.04	3.1	0.06	(0)	16	0.77	1.7	(0)	0
320	1.0	0.7	0.13	0.92	1400	8	3	15	1	0	8	0.1	0.6	1	0.21	0.03	3.3	0.07	0.1	17	0.41	2.4	Tr	3.7
170	0.5	0.3	0.07	-	0	3	5	11	9	9	3	0.1	0.4	1	0.10	0.08	(2.2)	0.04	0.1	10	0.48	1.5	0	1.0
67	0.5	0.5	0.09	0.25	1	22	1	15	0	0	4	0	0.4	0	0.07	0.05	2.6	0.03	Tr	30	0.42	2.3	0	1.2
75	1.0	0.7	0.12	0.39	-	-	-	-	(0)	(0)	(0)	(0)	0.4	(Tr)	0.08	0.08	2.4	0.04	(Tr)	45	0.63	-	(0)	1.3
72	0.9	0.8	0.14	0.39	Tr	29	1	20	(0)	(0)	(0)	(0)	0.1	(0)	0.08	0.05	2.9	0.04	(Tr)	33	0.45	1.9	(0)	1.6
130	1.4	1.3	0.18	0.87	-	-	-	-	(0)	(0)	0	Tr	0.3	(0)	0.16	0.05	2.7	0.09	(0)	34	0.46	-	(0)	1.2
86	0.9	0.6	0.15	0.32	-	-	-	-	Tr	Tr	1	Tr	0.4	(Tr)	0.11	0.05	(2.8)	0.07	(Tr)	33	0.42	-	(Tr)	1.0
97	0.7	0.8	0.12	0.29	-	-	-	-	1	0	15	0.1	0.4	(Tr)	0.10	0.05	3.1	0.05	(Tr)	38	0.61	-	(0)	1.2
67	0.6	0.6	0.10	0.29	-	-	-	-	6	(0)	69	0.1	1.9	(Tr)	0.08	0.07	(2.6)	0.06	(Tr)	33	0.44	-	(0)	1.2
96	0.9	0.8	0.12	0.28	-	-	-	-	Tr	(0)	1	(0)	0.3	(0)	0.15	0.05	(2.8)	0.05	(0)	23	0.32	-	(0)	1.2
77	0.8	0.7	0.11	0.30	-	-	-	-	(0)	(0)	0	(0)	0.3	(0)	0.13	0.06	(3.4)	0.05	(0)	36	0.55	-	(0)	1.3
81	1.3	0.7	0.11	0.45	-	-	-	-	-	-	-	-	0.2	-	0.19	0.08	3.7	0.06	-	47	0.28	-	-	1.2
49	0.3	0.3	0.08	0.39	2	6	2	7	(0)	0	0	(0)	0.2	-	0.09	0.03	1.7	0.03	(0)	5	0.36	0.8	(0)	2.5
70	0.6	0.4	0.11	0.50	0	10	1	12	(0)	(0)	(0)	(0)	0.3	(0)	0.08	0.02	2.5	0.04	(0)	9	0.45	1.3	(0)	4.3
70	0.6	0.4	0.12	0.44	0	16	1	14	(0)	(0)	(0)	(0)	0.1	(0)	0.08	0.02	2.8	0.03	(0)	8	0.70	1.3	(0)	3.8
70	0.6	0.4	0.14	0.43	1	22	1	16	(0)	(0)	(0)	(0)	0.1	(0)	0.06	0.02	2.7	0.03	(0)	10	0.52	1.1	(0)	5.8
66	0.5	0.4	0.09	0.35	Tr	33	1	20	(0)	0	0	(0)	0.2	-	0.02	0.02	2.3	0.02	(0)	8	0.55	1.0	(0)	1.0
82	1.1	0.5	0.15	0.44	0	24	1	18	(0)	(0)	(0)	(0)	0.2	(0)	0.02	0.03	(3.1)	0.05	(0)	11	0.76	1.0	(0)	1.0
65	0.7	1.1	0.18	0.69	-	-	-	-	(0)	(0)	(0)	(0)	0.3	(0)	0.02	0.04	(2.6)	0.11	(0)	15	0.63	-	(0)	2.1
(20)	(0.2)	(0.1)	(0.03)	(0.12)	(Tr)	(4)	(2)	(4)	0	0	(3)	0	(0.5)	(1)	(0.02)	(0.13)	(0.6)	(0.01)	0	(2)	(0.10)	(0.4)	0	(1.1)
(26)	(0.2)	(0.1)	(0.03)	(0.17)	(4)	(2)	(1)	(4)	0	0	(2)	0	(0.2)	(1)	(0.01)	(0.01)	(0.7)	(0.01)	0	(4)	(0.10)	(0.6)	0	(1.1)
(27)	(0.2)	(0.1)	(0.02)	(0.09)	(3)	(4)	(2)	(4)	(3)	0	(31)	0	(0.6)	(2)	(0.14)	(0.12)	(0.6)	(0.01)	(Tr)	(3)	(0.05)	(0.6)	(1)	(1.5)
(54)	(0.4)	(0.3)	(0.06)	(0.30)	(3)	(9)	(3)	(9)	(2)	0	(19)	0	(1.8)	(11)	(0.28)	(0.30)	(1.4)	(0.04)	(Tr)	(9)	(0.15)	(1.1)	(2)	(2.3)
(38)	(0.2)	(0.1)	(0.02)	(0.10)	(99)	(3)	(1)	(4)	(Tr)	0	(6)	0	(0.6)	(1)	(0.19)	(0.08)	(0.6)	(0.01)	(Tr)	(2)	(0.06)	(0.5)	(2)	(1.4)
130	1.4	1.5	0.28	0.82	0	63	1	53	1	(0)	9	(0)	0.3	(0)	0.19	0.06	4.9	0.11	(0)	13	0.65	4.0	(0)	0
73	0.5	0.5	0.12	0.32	-	-	-	-	(0)	(0)	(0)	-	0.2	(0)	0.05	0.04	2.6	0.05	(0)	9	0.27	-	(0)	1.2
130	4.2	2.7	0.42	1.23	-	-	-	-	(0)	(0)	(0)	(0)	0.3	(0)	0.12	0.07	(8.7)	0.07	(0)	11	0.47	-	(0)	0.3
60	0.8	0.6	0.12	0.28	-	-	-	-	(0)	(0)	(0)	(0)	0.2	(0)	0.08	0.04	(2.5)	0.06	(0)	12	0.61	-	0	0
60	0.6	0.5	0.10	0.28	-	-	-	-	(0)	(0)	(0)	(0)	0.2	(0)	0.09	0.04	(2.2)	0.05	(0)	9	0.50	-	0	0

参照ページ	食品番号	食品名	廃棄率 %	エネルギー kcal	水分 g	たんぱく質 g	アミノ酸組成によるたんぱく質 g	脂質 g	脂肪酸のトリアシルグリセロール当量 g	飽和脂肪酸 g	一価不飽和脂肪酸 g	多価不飽和脂肪酸 g	コレステロール mg	炭水化物 g	利用可能炭水化物（質量計）g	食物繊維総量（プロスキー変法）g	食物繊維総量（AOAC法）g	ナトリウム mg	カリウム mg	カルシウム mg	マグネシウム mg
	01076	ピザ生地	0	265	35.3	9.1	-	3.0	2.7	0.49	0.70	1.37	(0)	51.1	(48.5)	2.3	-	510	91	13	22
	01069	ちくわぶ	0	160	60.4	7.1	(6.5)	1.2	(1.0)	(0.28)	(0.11)	(0.61)	(0)	31.1	-	1.5	-	1	3	8	6
	01077	パン粉 生	0	277	35.0	11.0	(9.1)	5.1	(4.6)	(1.85)	(1.53)	(1.01)	(0)	47.6	(47.2)	3.0	-	350	110	25	29
	01079	パン粉 乾燥	0	369	13.5	14.6	(12.1)	6.8	(6.1)	(2.47)	(2.04)	(1.35)	(0)	63.4	(62.9)	4.0	-	460	150	33	39
	01150	冷めん 生	0	249	36.4	3.9	3.4	0.7	0.6	0.18	0.09	0.25	(0)	57.6	52.4	1.1	-	530	59	11	12
p.156		■こめ																			
		[水稲穀粒]																			
	01080	玄米	0	346	14.9	6.8	6.0	2.7	2.5	0.62	0.83	0.90	(0)	74.3	71.3	3.0	-	1	230	9	110
	01083	精白米 うるち米	0	342	14.9	6.1	5.3	0.9	0.8	0.29	0.21	0.31	(0)	77.6	75.6	0.5	-	1	89	5	23
	01151	もち米	0	343	14.9	6.4	5.8	1.2	1.0	0.29	0.28	0.37	(0)	77.2	70.5	(0.5)	-	Tr	97	5	33
	01152	インディカ米	0	347	13.7	7.4	6.4	0.9	0.7	0.30	0.15	0.26	(0)	77.7	73.0	0.5	-	1	68	5	18
	01084	はいが精米	0	343	14.9	6.5	-	2.0	1.9	0.55	0.52	0.70	(0)	75.8	72.2	1.3	-	1	150	7	51
	01181	赤米	0	344	14.6	8.5	-	3.3					(0)	71.9	65.2	6.5	-	2	290	12	130
	01182	黒米	0	341	15.2	7.8	-	3.3					(0)	72.0	65.7	5.6	-	1	270	15	110
p.157		[水稲めし]																			
	01085	玄米	0	152	60.0	2.8	2.4	1.0	(0.9)	(0.23)	(0.30)	(0.33)	(0)	35.6	32.0	1.4	-	1	95	7	49
	01088	精白米 うるち米	0	156	60.0	2.5	2.0	0.3	0.2	0.10	0.05	0.08	(0)	37.1	34.6	1.5	(1.5)	1	29	3	7
	01089	はいが精米	0	159	60.0	2.7	-	0.6	(0.6)	(0.16)	(0.15)	(0.21)	(0)	36.4	34.5	0.8	-	1	51	5	24
p.157		[水稲全かゆ]																			
	01090	玄米	0	64	(83.0)	(1.2)	(1.0)	(0.4)	(0.4)	(0.09)	(0.12)	(0.13)	(0)	(15.2)	(13.6)	(0.6)	-	(1)	(41)	(3)	(21)
	01093	精白米	0	65	(83.0)	(1.1)	(0.9)	(0.1)	(0.1)	(0.03)	(0.02)	(0.03)	(0)	(15.7)	(14.7)	(0.1)	-	(Tr)	(12)	(1)	(3)
	01094	[水稲五分かゆ] 玄米	0	32	(91.5)	(0.6)	(0.5)	(0.2)	(0.2)	(0.05)	(0.06)	(0.07)	(0)	(7.6)	(6.8)	(0.3)	-	(Tr)	(20)	(1)	(10)
	01097	精白米	0	33	(91.5)	(0.5)	(0.4)	(0.1)	(0.1)	(0.03)	(0.02)	(0.03)	(0)	(7.9)	(7.4)	(0.1)	-	(Tr)	(6)	(1)	(1)
	01098	[水稲おもゆ] 玄米	0	19	(95.0)	(0.4)	(0.3)	(0.1)	(0.1)	(0.02)	(0.04)	(0.04)	(0)	(4.4)	(4.0)	(0.2)	-	(Tr)	(12)	(1)	(6)
	01101	精白米	0	19	(95.0)	(0.3)	(0.2)	0					(0)	(4.7)	(4.3)	(Tr)	-	(Tr)	(4)	(Tr)	(1)
p.157		[うるち米製品]																			
	01110	アルファ化米 一般用	0	358	7.9	6.0	5.0	1.0	0.8	0.31	0.19	0.28	(0)	84.8	79.6	1.2	-	5	37	7	14
	01111	おにぎり	0	170	57.0	2.7	2.4	0.3	(0.3)	(0.10)	(0.07)	(0.10)	(0)	39.4	36.1	0.4	-	200	31	3	7
	01112	焼きおにぎり	0	166	56.0	3.1	(2.7)	0.3	(0.3)	(0.10)	(0.07)	(0.10)	0	39.5	(36.9)	0.4	-	380	56	5	11
	01113	きりたんぽ	0	200	50.0	3.2	(2.8)	0.4	(0.4)	(0.13)	(0.09)	(0.14)	0	46.2	(41.9)	0.4	-	1	36	4	9
	01114	上新粉	0	343	14.0	6.2	5.4	0.9	(0.8)	(0.29)	(0.21)	(0.31)	(0)	78.5	75.9	0.6	-	2	89	5	23
	01158	米粉	0	356	11.1	6.0	5.1	0.7	0.6	0.25	0.12	0.20	(0)	81.9	74.3	0.6	-	1	45	6	11
	01159	米粉パン 小麦グルテン不使用のもの	0	247	41.2	3.4	2.8	3.1	2.8	0.43	1.71	0.57	-	51.3	50.8	0.9	-	340	92	4	11
	01160	米粉めん	0	252	37.0	3.6	3.2	0.7	0.6	0.24	0.16	0.20	(0)	58.4	51.5	0.9	-	48	43	5	11
	01115	ビーフン	0	360	11.1	7.0	5.8	1.6	(1.5)	(0.51)	(0.37)	(0.55)	(0)	79.9	(72.7)	0.9	-	2	33	14	13
	01169	ライスペーパー	0	339	13.2	0.5	0.4	0.3	0.2	0.09	0.05	0.03	(0)	84.3	77.9	0.8	-	670	22	21	21
p.157	01117	[もち米製品] もち	0	223	44.5	4.0	3.6	0.6	(0.5)	(0.17)	(0.11)	(0.18)	(0)	50.8	45.5	0.5	-	0	32	3	6
	01118	赤飯	0	186	53.0	4.3	(3.6)	0.6	(0.5)	(0.14)	(0.12)	(0.18)	0	41.9	(37.3)	1.6	-	0	71	6	11
	01120	白玉粉	0	347	12.5	6.3	5.5	1.0	(0.8)	(0.25)	(0.24)	(0.32)	(0)	80.0	76.5	0.5	-	2	3	5	6
	01121	道明寺粉	0	349	11.6	7.1	(6.1)	0.7	0.5	0.22	0.16	0.15	(0)	80.4	(77.3)	0.7	-	4	45	6	9
p.155	01122	■そば そば粉 全層粉	0	339	13.5	12.0	10.2	3.1	2.9	0.60	1.11	1.02	(0)	69.6	63.9	4.3	-	2	410	17	190
	01127	そば 生	0	271	33.0	9.8	8.2	1.9	(1.7)	(0.40)	(0.42)	(0.80)	(0)	54.5	(51.3)	6.0	-	1	160	18	65
	01129	干しそば 乾	0	344	14.0	14.0	11.7	2.3	(2.1)	(0.49)	(0.50)	(0.97)	(0)	66.7	(65.9)	3.7	-	850	260	24	100
p.155		■とうもろこし																			
	01131	玄穀 黄色種	0	341	14.5	8.6	(7.4)	5.0	(4.5)	(1.01)	(1.07)	(2.24)	(0)	70.6	64.8	9.0	-	3	290	5	75
	01132	コーンミール 黄色種	0	375	14.0	8.3	(7.0)	4.0	(3.6)	(0.80)	(0.85)	(1.79)	(0)	72.4	(72.5)	8.0	-	2	220	5	99
	01135	ジャイアントコーン フライ 味付け	0	409	4.3	5.7	(5.2)	11.8	10.6	3.37	3.74	3.05	(0)	76.6	-	10.5	-	430	110	8	88
	01136	ポップコーン	0	472	4.0	10.2	(8.7)	22.8	(21.7)	(6.30)	(6.76)	(7.73)	(0)	59.6	(54.1)	9.3	-	570	300	7	95
	01137	コーンフレーク	0	380	4.5	7.8	6.8	1.7	(1.2)	(0.42)	(0.20)	(0.55)	(0)	83.6	(82.2)	2.4	-	830	95	1	14
p.150	01139	■ひえ 精白粒	0	361	12.9	9.4	8.4	3.3	3.0	0.56	0.66	1.65	(0)	73.2	70.8	4.3	-	6	240	7	58
	01142	■ライむぎ 全粒粉	0	317	12.5	12.7	10.8	2.7	(2.0)	(0.40)	(0.31)	(1.19)	(0)	70.7	55.7	13.3	-	1	400	31	100

いもおよびでん粉類

参照ページ	食品番号	食品名	廃棄率 %	エネルギー kcal	水分 g	たんぱく質 g	アミノ酸組成によるたんぱく質 g	脂質 g	脂肪酸のトリアシルグリセロール当量 g	飽和脂肪酸 g	一価不飽和脂肪酸 g	多価不飽和脂肪酸 g	コレステロール mg	炭水化物 g	利用可能炭水化物（質量計）g	食物繊維総量（プロスキー変法）g	食物繊維総量（AOAC法）g	ナトリウム mg	カリウム mg	カルシウム mg	マグネシウム mg
	02068	■アメリカほどいも 塊根 生	20	146	56.5	5.9	3.5	0.6	0.2	0.08	0.02	0.12	-	35.6	30.5	-	11.1	5	650	73	39
p.160		■こんにゃく																			
	02003	板こんにゃく 精粉こんにゃく	0	5	97.3	0.1	-	Tr	-	-	-	-	(0)	2.3	-	2.2	-	10	33	43	2
	02004	生いもこんにゃく	0	8	96.2	0.1	-	0.1	-	-	-	-	(0)	3.3	-	3.0	-	2	44	68	5
	02042	赤こんにゃく	0	6	97.1	0.1	-	Tr	-	-	-	-	(0)	2.5	-	2.3	-	11	48	46	3
	02005	しらたき	0	7	96.5	0.2	-	Tr	-	-	-	-	(0)	3.0	-	2.9	-	10	12	75	4

(可食部100gあたり　　Tr：微量　（）：推定値または推計値　　-：未測定)

食品成分表 2020
穀類
いも・でん粉類
砂糖・甘味類
豆類
種実類
野菜類
果実類
きのこ類
藻類
魚介類

ミネラル									ビタミン															食塩相当量
リン	鉄	亜鉛	銅	マンガン	ヨウ素	セレン	クロム	モリブデン	A レチノール活性当量	A レチノール	A β-カロテン当量	ビタミンD	E α-トコフェロール	ビタミンK	ビタミンB1	ビタミンB2	ナイアシン当量	ビタミンB6	ビタミンB12	葉酸	パントテン酸	ビオチン	ビタミンC	
mg	mg	mg	mg	mg	µg	µg	µg	µg	µg	µg	µg	µg	mg	µg	mg	mg	mg	mg	µg	µg	mg	µg	mg	g
77	0.8	0.6	0.09	0.50	-	-	-	-	(0)	(0)	0	(0)	0.3	(0)	0.15	0.11	2.5	0.05	(0)	20	0.54	-	(0)	1.3
31	0.5	0.2	0.07	0.08	-	-	-	-	(0)	(0)	(0)	(0)	Tr	(0)	0.01	0.02	(1.7)	0.01	(0)	4	0.25	-	(0)	0
97	1.1	0.7	0.15	0.47	-	-	-	-	Tr	(0)	3	(0)	0.3	(Tr)	0.11	0.02	(3.1)	0.05	(0)	40	0.41	-	(0)	0.9
130	1.4	0.9	0.20	0.62	-	-	-	-	Tr	(0)	4	(0)	0.4	(0)	0.15	0.03	(4.1)	0.07	(0)	54	0.54	-	(0)	1.2
57	0.3	0.2	0.05	0.21	-	-	-	-	(0)	(0)	(0)	(0)	0	(0)	0.04	Tr	1.2	0.02	(0)	4	0.11	-	(0)	1.3
290	2.1	1.8	0.27	2.06	Tr	3	0	65	Tr	(0)	1	(0)	1.2	(0)	0.41	0.04	8.0	0.45	(0)	27	1.37	6.0	(0)	0
95	0.8	1.4	0.22	0.81	0	2	0	69	(0)	(0)	(0)	(0)	0.1	(0)	0.08	0.02	2.6	0.12	(0)	12	0.66	1.4	(0)	0
100	0.2	1.5	0.22	1.30	0	2	0	79	(0)	(0)	(0)	(0)	(0.2)	(0)	0.12	0.02	3.1	(0.12)	(0)	(12)	(0.67)	(1.4)	(0)	0
90	0.5	1.6	0.20	0.88	0	7	2	62	(0)	(0)	(0)	(0)	Tr	(0)	0.06	0.02	2.9	0.08	(0)	16	0.61	2.4	(0)	0
150	0.9	1.6	0.22	1.54	0	2	Tr	57	(0)	(0)	(0)	(0)	0.9	(0)	0.23	0.03	4.2	0.22	(0)	18	1.00	3.3	(0)	0
350	1.2	2.4	0.27	2.50	Tr	3	1	55	0	-	3	0	1.5	-	0.38	0.05	6.9	0.50	(0)	30	1.17	5.6	-	0
310	0.9	1.9	0.22	4.28	0	3	3	72	3	-	32	0	1.3	-	0.39	0.10	8.2	0.49	(0)	49	0.83	5.8	-	0
130	0.6	0.8	0.12	1.04	0	1	0	34	(0)	(0)	(0)	(0)	0.5	(0)	0.16	0.02	3.6	0.21	(0)	10	0.65	2.5	(0)	0
34	0.1	0.6	0.10	0.35	0	1	0	30	(0)	(0)	(0)	(0)	0	(0)	0.02	0.01	0.8	0.02	(0)	3	0.25	0.5	(0)	0
68	0.7	0.7	0.10	0.68	0	1	1	28	(0)	(0)	(0)	(0)	0.4	(0)	0.08	0.01	1.3	0.09	(0)	6	0.44	1.0	(0)	0
(55)	(0.2)	(0.3)	(0.05)	(0.44)	-	-	-	-	(0)	(0)	(0)	(0)	(0)	(0)	(0.07)	(0.01)	(1.5)	(0.09)	(0)	(4)	(0.28)	-	(0)	0
(14)	(Tr)	(0.3)	(0.04)	(0.15)	0	0	0	13	(0)	(0)	(0)	(0)	(Tr)	(0)	(0.01)	(Tr)	(0.4)	(0.01)	(0)	(1)	(0.11)	-	(0)	0
(28)	(0.1)	(0.2)	(0.03)	(0.22)	0	Tr	0		(0)	(0)	(0)	(0)	0	(0)	(0.03)	(Tr)	(0.7)	(0.05)	(0)	(2)	(0.14)	-	(0)	0
(7)	(Tr)	(0.1)	(0.02)	(0.08)	0	Tr	0		(0)	(0)	(0)	(0)	0	(0)	(Tr)	(Tr)	(0.1)	(Tr)	(0)	(1)	(0.05)	-	(0)	0
(16)	(0.1)	(0.1)	(0.01)	(0.13)					(0)	(0)	(0)	(0)	0	(0)	(0.02)	(Tr)	(0.5)	(0.03)	(0)	(1)	(0.08)	-	(0)	0
(4)	(Tr)	(0.1)	(0.01)	(0.04)	0	1	0		(0)	(0)	(0)	(0)	0	(0)	(Tr)	(Tr)	(0.1)	(Tr)	(0)	(Tr)	(0.03)	-	(0)	0
71	0.1	1.6	0.22	0.60	0	2	1	69	(0)	(0)	(0)	(0)	0.1	0	0.04	Tr	1.9	0.04	(0)	7	0.19	1.0	0	0
37	0.1	0.6	0.10	0.38					(0)	(0)	(0)	(0)	Tr	(0)	0.02	0.01	0.9	0.02	(0)	3	0.27	-	0	0.5
46	0.2	0.7	0.10	0.37	25	4	1	43	(0)	(0)	(0)	(0)	Tr	(0)	0.03	0.02	(1.1)	0.03	0	5	0.29	1.1	0	1.0
43	0.1	0.7	0.12	0.40					(0)	(0)	(0)	(0)	Tr	(0)	0.03	0.01	(1.1)	0.04	(0)	4	0.31	-	0	0
96	0.8	1.0	0.19	0.75	1	4	1	77	(0)	(0)	(0)	(0)	0.2	(0)	0.09	0.02	2.7	0.12	(0)	12	0.67	1.1	0	0
62	0.1	1.5	0.23	0.60					(0)	(0)	(0)	(0)	0	(0)	0.03	0.01	1.7	0.04	(0)	9	0.20	-	0	0
46	0.2	0.9	0.12	0.38			-	-	(0)	(0)	(0)	(0)	0.5	-	0.05	0.03	1.5	0.04	(0)	30	0.23	-	-	0.9
56	0.1	1.1	0.15	0.48					(0)	(0)	(0)	(0)	Tr	(0)	0.03	Tr	1.4	0.05	(0)	4	0.31	-	0	0.1
59	0.7	0.6	0.06	0.33	5	3	4	25	(0)	(0)	(0)	(0)	0	(0)	0.06	0.02	2.4	0	(0)	4	0.09	0.6	0	0
12	1.2	0.1	0.03	0.14	6	Tr	18	3	0	0	0	0	0	0	0.01	0	0.2	0.01	0.3	3	0.02	0.2	0	1.7
22	0.1	0.9	0.13	0.58	0	2	0	56	(0)	(0)	(0)	(0)	0	(0)	0.03	0	1.2	0	(0)	4	0.34	0.6	-	0
34	0.4	0.9	0.13	0.45	0	2	0	61	0	(0)	1	(0)	Tr	1	0.05	0	(1.2)	0.03	(0)	9	0.30	1.4	0	0
45	1.1	1.2	0.17	0.55	3	3	1	56	(0)	(0)	(0)	(0)	Tr	(0)	0.03	Tr	1.8	0.04	(0)	14	0.22	-	0	0
41	0.4	1.5	0.22	0.90	-	-	-	-	(0)	(0)	(0)	(0)	Tr	(0)	0.04	0	(2.0)	0.04	(0)	4	0.22	-	-	0
400	2.8	2.4	0.54	1.09	1	7	4	47	(0)	(0)	(0)	(0)	0	(0)	0.46	0.11	7.7	0.30	(0)	51	1.56	17.0	0	0
170	1.4	1.0	0.21	0.86	4	24	3	25	(0)	(0)	(0)	(0)	0	-	0.19	0.09	5.4	0.15	(0)	19	1.09	5.5	0	0
230	2.6	1.5	0.34	1.11	-	-	-	-	(0)	(0)	(0)	(0)	0.3	(0)	0.37	0.08	6.1	0.24	(0)	25	1.15	-	(0)	2.2
270	1.9	1.7	0.18	-	0	6	Tr	20	13	-	150	(0)	1.0	-	0.30	0.10	(3.0)	0.39	(0)	28	0.57	8.3	(0)	0
130	1.5	1.4	0.16	0.38					13	-	160	(0)	1.1	-	0.15	0.08	(1.6)	0.43	(0)	28	0.57	-	(0)	0
180	1.3	1.6	0.07	0.30					(0)	(0)	(0)	(0)	1.4	(0)	0.08	0.02	(2.4)	0.11	(0)	12	0.12	-	(0)	1.1
290	4.3	2.4	0.20	-					15	-	180	(0)	3.0	-	0.13	0.08	(3.2)	0.27	(0)	22	0.46	-	(0)	1.4
45	0.9	0.2	0.07	-	Tr	5	3	15	10	-	120	(0)	0.3	(0)	0.03	0	1.4	0.04	(0)	6	0.22	1.6	(0)	2.1
280	1.6	2.2	0.15	1.37	0	4	2	10	(0)	(0)	(0)	(0)	1.0	(0)	0.25	0.02	2.3	0.17	(0)	14	1.50	3.6	0	0
290	3.5	3.5	0.44	2.15	0	2	1	65	(0)	(0)	(0)	(0)	1.0	(0)	0.47	0.20	4.2	0.22	(0)	65	0.87	9.5	0	0
120	1.1	0.6	0.13	0.26	0	Tr	0	54	0	-	3	-	0.8	3	0.12	0.03	2.9	0.16	-	47	0.69	3.1	15	0
5	0.4	0.1	0.02	0.02	-	-	-	-	(0)	(0)	(0)	(0)	(0)	(0)	(0)	(0)	(Tr)	0.02	(0)	1	0	-	(0)	0
7	0.6	0.2	0.04	0.05	93	0	1	1	(0)	(0)	(0)	(0)	Tr	(0)	0	0	Tr	0.02	(0)	2	0	0.1	0	0
5	78.0	0.1	0.03	0.02	-	-	-	-	(0)	(0)	(0)	(0)	0	(0)	0	0	(Tr)	0.02	(0)	1	0	-	(0)	0
10	0.5	0.1	0.02	0.03	-	-	-	-	(0)	(0)	(0)	(0)	0	(0)	(0)	(0)	(Tr)	0.01	(0)	0	0	-	(0)	0

参照	食品番号	食品名	廃棄率	エネルギー	水分	たんぱく質	アミノ酸組成によるたんぱく質	脂質	脂肪酸のトリアシルグリセロール当量	飽和脂肪酸	一価不飽和脂肪酸	多価不飽和脂肪酸	コレステロール	炭水化物	利用可能炭水化物（質量計）	食物繊維総量（プロスキー変法）	食物繊維総量（AOAC法）	ナトリウム	カリウム	カルシウム	マグネシウム
			%	kcal	g	g	g	g	g	g	g	g	mg	g	g	g	g	mg	mg	mg	mg
p.160		■さつまいも類																			
	02047	さつまいも 塊根 皮つき 天ぷら	0	205	52.4	1.4	1.2	6.8	6.3	0.48	3.92	1.68	-	38.4	33.5	3.1	-	36	380	51	25
	02006	皮なし 生	9	126	65.6	1.2	1.0	0.2	0.1	0.03	Tr	0.02	(0)	31.9	28.3	2.2	-	11	480	36	24
	02009	蒸し切干	0	277	22.2	3.1	2.7	0.6	0.2	0.06	0.01	0.12	(0)	71.9	62.5	5.9	-	18	980	53	45
	02048	むらさきいも 塊根 皮なし 生	15	123	66.0	1.2	0.9	0.3	0.1	0.05	Tr	0.04	(0)	31.7	27.5	2.5	-	30	370	24	26
p.160		■さといも類																			
	02010	さといも 球茎 生	15	53	84.1	1.5	1.2	0.1	0.1	0.01	Tr	0.03	-	13.1	10.3	2.3	-	Tr	640	10	19
	02050	セレベス 球茎 生	25	80	76.4	2.2	1.7	0.3	0.2	0.07	0.02	0.11	-	19.8	15.6	2.3	-	0	660	18	29
	02052	たけのこいも 球茎 生	10	97	73.4	1.7	1.3	0.4	0.2	0.08	0.02	0.10	-	23.5	18.6	2.8	-	1	520	39	32
	02013	みずいも 球茎 生	15	111	70.5	0.7	0.5	0.4	0.2	0.08	0.05	0.10	-	27.6	23.1	2.2	-	6	290	46	23
	02015	やつがしら 球茎 生	20	94	74.5	3.0	2.5	0.7	0.3	0.11	0.03	0.15	-	20.5	18.4	2.8	-	1	630	39	42
p.160		■じゃがいも 塊茎 皮なし																			
	02017	生	10	59	79.8	1.8	1.3	0.1	Tr	0.02	0	0.03	(0)	17.3	15.5	1.2	8.9	1	410	4	19
	02020	フライドポテト（市販冷凍食品を揚げたもの）	0	229	52.9	2.9	(2.3)	10.6	(10.3)	(0.83)	(6.28)	(2.74)	Tr	32.4	(25.0)	3.1	-	2	660	4	35
	02054	■ヤーコン 塊根 生	15	52	86.3	0.6	-	0.3	-	-	-	-	0	12.4	0.5	1.1	-	0	240	11	8
p.161		■やまのいも類																			
	02022	ながいも いちょういも 塊根 生	15	108	71.1	4.5	3.1	0.3	0.3	0.11	0.03	0.13	(0)	22.6	21.5	1.4	-	5	590	12	19
	02023	ながいも 塊根 生	10	64	82.6	2.2	1.5	0.3	0.1	0.04	0.02	0.08	(0)	13.9	12.9	1.0	-	3	430	17	17
	02025	やまといも 塊根 生	10	119	66.7	4.5	2.9	0.2	0.1	0.03	0.02	0.07	(0)	27.1	24.5	2.5	-	12	590	16	28
	02026	じねんじょ 塊根 生	20	118	68.8	2.8	1.8	0.7	0.4	0.11	0.04	0.11	(0)	26.7	23.4	2.0	-	6	550	10	21
	02027	だいじょ 塊根 生	15	102	71.2	2.6	1.8	0.1	Tr	0.02	Tr	0.02	(0)	25.0	21.6	2.2	-	20	490	14	18
	02070	■でん粉類 おおうばゆりでん粉	0	328	16.2	0.1	-	0.1	-	-	-	-	-	83.6	80.2	-	0.8	1	1	5	1
p.161	02028	キャッサバでん粉	0	354	14.2	0.1	-	0.2	-	-	-	-	(0)	85.3	(85.3)	-	-	1	48	28	5
	02029	くずでん粉	0	356	13.9	0.2	-	0.2	-	-	-	-	(0)	85.6	(85.6)	-	-	2	2	18	3
	02033	さつまいもでん粉	0	340	17.5	0.1	-	0.2	-	-	-	-	(0)	82.0	(82.0)	-	-	1	4	50	4
	02034	じゃがいもでん粉	0	338	18.0	0.1	-	0.1	-	-	-	-	(0)	81.6	(81.6)	-	-	2	34	10	6
	02035	とうもろこしでん粉	0	363	12.8	0.1	-	0.7	(0.7)	(0.13)	(0.22)	(0.35)	(0)	86.3	(86.3)	-	-	1	5	3	4
p.161		■でん粉製品																			
	02036	くずきり 乾	0	341	11.8	0.2	-	0.2	-	-	-	-	(0)	87.7	81.5	0.9	-	4	3	19	4
	02056	ごま豆腐	0	75	84.8	1.5	(1.5)	4.3	(3.5)	(0.50)	(1.28)	(1.58)	-	9.1	(7.2)	1.0	-	Tr	32	6	27
	02038	タピオカパール 乾	0	352	11.9	0	-	0.2	-	-	-	-	(0)	87.8	-	0.5	-	5	12	24	3
	02058	でん粉めん 生	0	129	67.4	0.1	-	0.2	-	-	-	-	(0)	32.2	-	0.8	-	8	3	1	0
	02039	はるさめ 緑豆はるさめ 乾	0	344	11.8	0.2	-	0.4	-	-	-	-	(0)	87.5	80.4	4.1	-	14	13	20	3
	02040	普通はるさめ 乾	0	346	12.9	0	-	0.2	-	-	-	-	(0)	86.6	78.2	1.2	-	7	14	41	5

砂糖および甘味類

参照	食品番号	食品名	廃棄率	エネルギー	水分	たんぱく質	アミノ酸組成によるたんぱく質	脂質	脂肪酸のトリアシルグリセロール当量	飽和脂肪酸	一価不飽和脂肪酸	多価不飽和脂肪酸	コレステロール	炭水化物	利用可能炭水化物（質量計）	食物繊維総量（プロスキー変法）	食物繊維総量（AOAC法）	ナトリウム	カリウム	カルシウム	マグネシウム
p.163		■砂糖類																			
	03001	黒砂糖	0	352	4.4	1.7	0.7	Tr	-	-	-	-	(0)	90.3	88.9	-	-	27	1100	240	31
	03002	和三盆糖	0	393	0.3	0.2	-	Tr	-	-	-	-	(0)	99.0	(99.6)	-	-	1	140	27	17
	03003	車糖 上白糖	0	391	0.7	(0)	-	(0)	-	-	-	-	(0)	99.3	99.3	-	-	1	2	1	Tr
	03004	三温糖	0	390	0.9	Tr	-	(0)	-	-	-	-	(0)	99.0	99.0	-	-	7	13	6	2
	03005	ざらめ糖 グラニュー糖	0	393	Tr	(0)	-	(0)	-	-	-	-	(0)	100	(99.9)	-	-	Tr	Tr	Tr	0
	03010	加工糖 コーヒーシュガー	0	394	0.1	(0)	-	(0)	-	-	-	-	(0)	99.8	99.9	-	-	2	Tr	1	Tr
	03024	■でん粉糖類 水あめ 酵素糖化	0	342	15.0	(0)	-	(0)	-	-	-	-	(0)	85.0	85.0	-	-	Tr	0	Tr	0
	03017	ぶどう糖 全糖	0	342	9.0	(0)	-	(0)	-	-	-	-	(0)	91.0	(91.0)	-	-	Tr	Tr	Tr	0
p.163	03029	■その他 黒蜜	0	199	46.5	1.0	-	0	-	-	-	-	(0)	50.5	(49.7)	-	-	15	620	140	17
	03022	はちみつ	0	329	17.6	0.3	(0.2)	Tr	-	-	-	-	(0)	81.9	75.2	-	-	2	65	4	2
	03023	メープルシロップ	0	266	33.0	0.1	-	0	-	-	-	-	(0)	66.3	-	-	-	1	230	75	18

豆類

参照	食品番号	食品名	廃棄率	エネルギー	水分	たんぱく質	アミノ酸組成によるたんぱく質	脂質	脂肪酸のトリアシルグリセロール当量	飽和脂肪酸	一価不飽和脂肪酸	多価不飽和脂肪酸	コレステロール	炭水化物	利用可能炭水化物（質量計）	食物繊維総量（プロスキー変法）	食物繊維総量（AOAC法）	ナトリウム	カリウム	カルシウム	マグネシウム
p.166	04001	■あずき 全粒 乾	0	304	14.2	20.8	17.8	2.0	0.8	0.24	0.06	0.50	0	59.6	42.3	15.3	24.8	1	1300	70	130
	04003	ゆで小豆缶詰	0	202	45.3	4.4	3.6	0.4	0.2	0.07	0.01	0.14	(0)	49.2	44.9	3.4	-	90	160	13	36
	04004	あん こし生あん	0	147	62.0	9.8	8.5	0.6	(0.3)	(0.07)	(0.02)	(0.15)	(0)	27.1	23.6	6.8	-	3	60	73	30
	04006	つぶし練りあん	0	239	39.3	5.6	4.9	0.6	0.3	0.09	0.02	0.16	0	54.0	51.6	5.7	-	56	160	19	23
p.166	04007	■いんげんまめ 全粒 乾	0	280	15.3	22.1	17.7	2.5	1.5	0.28	0.21	0.91	(0)	56.4	38.1	19.6	-	Tr	1400	140	150
p.166	04012	■えんどう 全粒 青えんどう 乾	0	310	13.4	21.7	17.8	2.3	1.5	0.27	0.44	0.68	(0)	60.4	38.9	17.4	-	1	870	65	120

ミネラル									ビタミン															食塩相当量
リン	鉄	亜鉛	銅	マンガン	ヨウ素	セレン	クロム	モリブデン	A 活性当量	A レチノール	A β-カロテン当量	ビタミンD	E α-トコフェロール	ビタミンK	ビタミンB1	ビタミンB2	ナイアシン当量	ビタミンB6	ビタミンB12	葉酸	パントテン酸	ビオチン	ビタミンC	
mg	mg	mg	mg	mg	µg	µg	µg	µg	µg	µg	µg	µg	mg	µg	mg	mg	mg	mg	µg	µg	mg	µg	mg	g
57	0.5	0.2	0.14	0.63	1	Tr	0	5	5	(0)	58	(0)	2.6	11	0.11	0.04	1.0	0.20	0	57	0.60	5.3	21	0.1
47	0.6	0.2	0.17	0.41	1	0	1	4	2	(0)	28	(0)	1.5	(0)	0.11	0.04	1.1	0.26	(0)	49	0.90	4.1	29	0
93	2.1	0.5	0.30	0.40	-	-	-	-	(0)	(0)	Tr	(0)	1.3	(0)	0.19	0.08	2.4	0.41	(0)	13	1.35	-	9	0
56	0.6	0.2	0.21	0.50	1	0	0	2	Tr	(0)	4	(0)	1.3	(0)	0.12	0.02	1.5	0.18	(0)	22	0.54	6.1	29	0.1
55	0.5	0.3	0.15	0.19	Tr	1	0	8	Tr	(0)	5	(0)	0.6	(0)	0.07	0.02	1.5	0.15	(0)	30	0.48	3.1	6	0
97	0.6	0.7	0.15	0.32	1	0	Tr	24	1	(0)	15	(0)	0.6	(0)	0.10	0.03	2.4	0.21	(0)	28	0.48	3.0	6	0
70	0.5	1.5	0.11	0.55	Tr	Tr	0	10	1	(0)	13	(0)	0.8	(0)	0.05	0.03	1.2	0.21	(0)	41	0.31	3.3	6	0
35	1.0	0.2	0.05	0.56	9	1	0	1	1	(0)	9	(0)	0.6	(0)	0.16	0.02	0.8	0.21	(0)	27	0.20	2.4	7	0
72	0.7	1.4	0.23	1.30	-	0	1	1	1	(0)	7	(0)	0.6	(0)	0.13	0.06	1.6	0.22	(0)	39	0.50	3.1	7	0
47	0.4		0.09	0.37	1	0	4	3	0	(0)	3	(0)	Tr	1	0.09	0.03	1.8	0.20	(0)	20	0.50	0.4	28	0
48	0.8	0.4	0.15	0.19	-	-	-	-	(0)	(0)	Tr	(0)	1.5	18	0.12	0.06	(2.1)	0.35	(0)	35	0.71	-	40	0
31	0.2	0.1	0.07	0.07	1	0	0	1	2	(0)	22	(0)	0.2	(0)	0.04	0.01	1.1	0.08	(0)	25	0.02		3	0
65	0.6	0.4	0.20	0.05	1	0	1	3	Tr	(0)	5	(0)			0.15	0.05	1.5	0.11	(0)	13	0.85	2.6	7	0
27	0.4	0.3	0.10	0.03	1	1	Tr	2	(0)	(0)	Tr	(0)	0.2	(0)	0.10	0.03	0.9	0.09	(0)	8	0.61	2.2	6	0
72	0.5	0.6	0.16	0.27	1	1	0	4	1	(0)	6	(0)	0.1	(0)	0.13	0.02	1.5	0.14	(0)	6	0.54	4.0	5	0
31	0.8	0.7	0.21	0.12	Tr	Tr	0	1	1	(0)	5	(0)	4.1	(0)	0.11	0.04	1.3	0.18	(0)	29	0.67	2.4	15	0
57	0.7	0.3	0.24	0.03	Tr	1	Tr	4	1	(0)	3	(0)	1.0	(0)	0.10	0.02	1.0	0.28	(0)	24	0.45	3.0	17	0.1
6	0.1	Tr	0.01	0.02	0	0	0	0	0	-	0	-	0	-	0	0	0	Tr	0	-	Tr	0.01	0	0
6	0.3	Tr	0.03	0.09	0	0	0	0	(0)	(0)	(0)	(0)	(0)	(0)	0	0	0	0	(0)	(0)	(0)	(0)	(0)	0
12	2.0	Tr	0.02	0.02					(0)	(0)	(0)	(0)	(0)	(0)	(0)	(0)	(Tr)	(0)	(0)	(0)	(0)	(0)	(0)	0
8	2.8	0.1	0.02	-					(0)	(0)	(0)	(0)	(0)	(0)	(0)	(0)							(0)	0
40	0.6	Tr	0.03	-		0	6	0	(0)	(0)	(0)	(0)	(0)	(0)	0	0	0	0	Tr	(0)	(0)	(0)	0.1	(0)	0
13	0.3	0.1	0.04		1	Tr	1	2	(0)	(0)	(0)	(0)	(0)	(0)	0	0	0	0	(0)	(0)	(0)	0.1	0	0
18	1.4	0.1	0.03	0.05					(0)	(0)	(0)	(0)	(0)	(0)	(0)	(0)	(Tr)						(0)	0
69	0.6	0.4	0.12	0.10					0	0	0	0	0	0	0.10	0.01	(0.9)	0.03		6	0.03			(0)	0
8	0.5	0.1	0.01	0.13					(0)	(0)	(0)	(0)	(0)	(0)	(0)	(0)	(Tr)						(0)	0
31	0.1	0	0	0					(0)	(0)	(0)	(0)	(0)	(0)	(0)	(0)	(Tr)						(0)	0
10	0.5	Tr	0.01	0.02	2	1	5	1	(0)	(0)	(0)	(0)	(0)	(0)	(0)	(0)	(0)						0.1	(0)	0
46	0.4	Tr	0.01	0.05	0	0	4		(0)	(0)	(0)	(0)	(0)	(0)	(0)	(0)							(0)	0
31	4.7	0.5	0.24	0.93	15	4	13	9	1	(0)	13	(0)			0.05	0.07	0.9	0.72	(0)	10	1.39	34.0	(0)	0.1
13	0.7	0.2	0.07	0.30	0	0		2	Tr	0	(0)	Tr	(0)			0.01	0.03	Tr	0.08		2	0.37	0.9	(0)	0
Tr	Tr	0	0.01	0	0	0	0	0	(0)	(0)	(0)	(0)	(0)			Tr	0.01					0.1	(0)	0
Tr	0.1	Tr	0.07	0.01	0	0	Tr	0	(0)	(0)	(0)	(0)	(0)			Tr	0.01					0.3	(0)	0
(0)	Tr	Tr	0	0	0	0	0	0	(0)	(0)	(0)	(0)	(0)			(0)	(0)					0.1	(0)	0
Tr	0.2	1.2	0.01	-					(0)	(0)	(0)	(0)	(0)			(Tr)							(0)	0
1	0.1	0	Tr	0.01					(0)	(0)	(0)	(0)	(0)			0	0					0.1	(0)	0
1	0.1	0	Tr	0					(0)	(0)	(0)	(0)	(0)			0	0					0.1	(0)	0
17	2.6	0.3	0.14	-	8	2	7	5	0	(0)	0	0			0.03	0.04	0.6	0.41		6	0.78	19.0	0	0.1
5	0.2	0.1	0.04	0.21	Tr	0	1	0	(0)	(0)	(0)	(0)	Tr			0.01	(0.4)	0.02		7	0.12	0.4	(0)	0
1	0.4	1.5	0.01	2.01	4	0	5	2	(0)	(0)	(0)	(0)	Tr			0.02	Tr	Tr		1	0.13	0.1	(0)	0
350	5.5	2.4	0.68	1.09	0	1	2	210	1	(0)	9	(0)	0.1	8	0.46	0.16	6.2	0.40	(0)	130	1.02	9.6	2	0
80	1.3	0.4	0.12	0.28	-	-	-	-	(0)	(0)	Tr	(0)	0.1	0	4	0.02	0.04	1.1	0.05	(0)	13	0.14	-	Tr	0.2
85	2.8	1.1	0.23	0.74	Tr	1	1	59	(0)	(0)	(0)	(0)	0.1	7	0.02	0.05	1.8	0	(0)	2	0.07	2.5	Tr	0
73	1.5	0.7	0.20	0.40	-	Tr	1	49	(0)	(0)	(0)	(0)	0.1	6	0.02	0.03	1.1	0.03	(0)	8	0.18	1.7	Tr	0.1
370	5.9	2.5	0.77	1.93	-	1	3	110	Tr	(0)	6	(0)	0.1	8	0.64	0.16	6.1	0.37	(0)	87	0.65	9.5	Tr	0
360	5.0	4.1	0.49	-	1	11	2	280	8	(0)	92	(0)	0.1	16	0.72	0.15	5.8	0.29	(0)	24	1.74	16.0	Tr	0

食品ライブラリーの参照ページ	食品番号	食品名	廃棄率	エネルギー	水分	たんぱく質	アミノ酸組成によるたんぱく質	脂質	脂肪酸のトリアシルグリセロール当量	飽和脂肪酸	一価不飽和脂肪酸	多価不飽和脂肪酸	コレステロール	炭水化物	利用可能炭水化物（質量計）	食物繊維総量（プロスキー変法）	食物繊維総量（AOAC法）	ナトリウム	カリウム	カルシウム	マグネシウム
			%	kcal	g	g	g	g	g	g	g	g	mg	g	g	g	g	mg	mg	mg	mg
	04074	赤えんどう 乾	0	310	13.4	21.7	(17.8)	2.3	1.5	-	-	-	(0)	60.4	(38.9)	17.4	-	1	870	65	120
	04014	グリンピース（揚げ豆）	0	375	5.6	20.8	(16.6)	11.6	9.8	0.86	5.28	3.23	(0)	58.8	-	19.6	-	350	850	88	110
p.166	04017	■ささげ 全粒 乾	0	280	15.5	23.9	19.6	2.0	1.3	0.43	0.12	0.73	(0)	55.0	37.1	18.4	-	1	1400	75	170
	04019	■そらまめ 全粒 乾	0	323	13.3	26.0	20.5	2.0	1.3	0.24	0.33	0.65	(0)	55.9	34.3	9.3	-	1	1100	100	120
		■だいず																			
p.167		[全粒・全粒製品]																			
p.168	04023	全粒 黄大豆 国産 乾	0	372	12.4	33.8	32.9	19.7	18.6	2.59	4.80	10.39	Tr	29.5	6.7	17.9	21.5	1	1900	180	220
	04025	米国産 乾	0	402	11.7	33.0	31.0	21.7	(19.9)	(3.13)	(4.19)	(11.71)	Tr	28.8	6.6	15.9	-	1	1800	230	230
	04026	中国産 乾	0	391	12.5	32.8	31.2	19.5	(17.9)	(2.63)	(3.38)	(11.09)	Tr	30.8	7.3	15.6	-	1	1800	170	220
	04078	いり大豆 黄大豆	0	429	2.5	37.5	35.0	21.6	20.2	2.81	5.16	11.37	(Tr)	33.3	7.2	19.4	-	5	2000	160	240
	04028	水煮缶詰 黄大豆	0	124	71.7	12.9	12.5	6.7	(6.3)	(0.88)	(1.63)	(3.53)	(Tr)	7.7	0.8	6.8	-	210	250	100	55
	04029	きな粉 黄大豆 全粒大豆	0	451	4.0	36.7	34.3	25.7	24.7	3.59	5.92	14.08	(Tr)	28.5	6.8	18.1	-	1	2000	190	260
p.168 p.169	04032	[豆腐・油揚げ類] 木綿豆腐	0	73	85.9	7.0	6.7	4.9	4.5	0.79	0.92	2.60	0	1.5	0.8	0.4	1.1	9	110	93	57
	04033	絹ごし豆腐	0	56	88.5	5.3	5.3	3.5	(3.2)	(0.57)	(0.66)	(1.86)	(0)	2.0	0.9	0.3	0.9	11	150	75	50
	04035	充てん豆腐	0	56	88.6	5.0	5.1	3.1	(2.8)	(0.50)	(0.58)	(1.63)	(0)	2.5	0.8	0.3	-	10	200	31	68
	04036	沖縄豆腐	0	99	81.8	9.1	(8.8)	7.2	(6.6)	(1.16)	(1.34)	(3.80)	(0)	0.7	(1.0)	-	-	170	180	120	66
	04038	焼き豆腐	0	82	84.8	7.8	7.8	5.7	(5.2)	(0.92)	(1.06)	(3.00)	(0)	1.0	0.6	0.5	-	4	90	150	37
	04039	生揚げ	0	143	75.9	10.7	10.3	11.3	(10.7)	(1.61)	(3.07)	(5.51)	Tr	0.9	1.1	0.7	-	3	120	240	55
	04040	油揚げ 生	0	377	39.9	23.4	23.0	34.4	31.2	3.89	12.44	13.56	(Tr)	0.4	0.5	1.3	-	4	86	310	150
	04041	がんもどき	0	223	63.5	15.3	15.2	17.8	(16.8)	(2.49)	(5.02)	(8.52)	Tr	1.6	2.0	1.4	-	190	80	270	98
	04042	凍り豆腐 乾	0	496	7.2	50.5	49.7	34.1	32.3	5.22	7.38	18.32	(Tr)	4.2	0.2	2.5	-	440	34	630	140
p.169	04046	[納豆類] 糸引き納豆	0	190	59.5	16.5	14.5	10.0	(9.7)	(1.45)	(2.21)	(5.65)	Tr	12.1	0.3	6.7	-	2	660	90	100
	04047	挽きわり納豆	0	185	60.9	16.6	15.1	10.0	(9.7)	(1.45)	(2.21)	(5.65)	-	10.5	0.2	5.9	-	2	700	59	88
p.168 p.169	04051	[その他] おから 生	0	88	75.5	6.1	5.4	3.6	(3.4)	(0.51)	(0.67)	(2.03)	-	13.8	0.5	11.5	-	5	350	81	40
	04089	乾燥	0	333	7.1	23.1	(20.2)	13.6	(12.7)	(1.94)	(2.55)	(7.68)	-	52.3	(2.1)	43.6	-	19	1300	310	150
	04052	豆乳 豆乳	0	44	90.8	3.6	3.4	2.0	(1.8)	(0.32)	(0.37)	(1.05)	(0)	3.1	0.9	0.2	-	2	190	15	25
	04053	調製豆乳	0	63	87.9	3.2	3.1	3.6	3.4	0.50	0.75	1.99	(0)	4.8	1.8	0.3	-	50	170	31	19
	04059	湯葉 生	0	218	59.1	21.8	21.4	13.7	12.3	1.90	2.80	7.06	(0)	4.1	1.0	0.8	-	4	290	90	80
	04060	干し 乾	0	485	6.9	50.4	49.7	32.1	30.0	4.98	7.50	16.26	(0)	7.2	2.6	3.0	-	12	840	210	220
	04061	金山寺みそ	0	247	34.3	6.9	(5.8)	3.2	2.6	0.54	0.47	1.51	(0)	50.0	-	3.2	-	2000	190	33	54
	04063	テンペ	0	180	57.8	15.8	(11.9)	9.0	7.8	1.20	1.61	4.69	(0)	15.4	-	10.2	-	2	730	70	95
p.166	04065	■ひよこまめ 全粒 乾	0	336	10.4	20.0	(16.7)	5.2	4.3	0.56	1.48	2.04	(0)	61.5	37.7	16.3	-	17	1200	100	140
	04068	■べにばないんげん 全粒 乾	0	273	15.4	17.2	(13.8)	1.7	1.2	0.21	0.11	0.85	(0)	61.2	33.1	26.7	-	1	1700	78	190
	04071	■りょくとう 全粒 乾	0	319	10.8	25.1	20.7	1.5	1.0	0.34	0.04	0.61	(0)	59.1	41.4	14.6	-	0	1300	100	150
p.166	04073	■レンズまめ 全粒 乾	0	313	12.0	23.2	(19.7)	1.5	1.0	0.17	0.30	0.48	(0)	60.7	41.1	16.7	-	Tr	1000	57	100

種実類

食品ライブラリーの参照ページ	食品番号	食品名	廃棄率	エネルギー	水分	たんぱく質	アミノ酸組成によるたんぱく質	脂質	脂肪酸のトリアシルグリセロール当量	飽和脂肪酸	一価不飽和脂肪酸	多価不飽和脂肪酸	コレステロール	炭水化物	利用可能炭水化物（質量計）	食物繊維総量（プロスキー変法）	食物繊維総量（AOAC法）	ナトリウム	カリウム	カルシウム	マグネシウム
p.171	05001	■アーモンド 乾	0	609	4.7	19.6	18.7	51.8	51.9	3.95	33.61	12.12	-	20.9	5.2	10.1	-	1	760	250	290
	05002	フライ 味付け	0	626	1.8	21.3	21.1	55.7	53.2	4.34	34.80	11.72	0	17.9	4.6	10.1	-	100	760	240	270
p.170	05005	■カシューナッツ フライ 味付け	0	591	3.2	19.8	19.3	47.6	47.9	9.97	27.74	8.08	0	26.7	(17.2)	6.7	-	220	590	38	240
	05006	■かぼちゃ いり 味付け	35	590	4.5	26.5	(25.3)	51.8	(48.7)	(9.03)	(16.62)	(20.98)	-	12.0	(2.0)	7.3	-	47	840	44	530
p.171	05008	■ぎんなん 生	25	168	57.4	4.7	4.2	1.6	1.3	0.16	0.48	0.60	-	34.8	30.4	1.6	-	Tr	710	5	48
p.171	05010	■くり類 日本ぐり 生	30	147	58.8	2.8	2.4	0.5	(0.4)	(0.09)	(0.05)	(0.25)	-	36.9	30.6	4.2	-	1	420	23	40
	05012	甘露煮	0	232	40.8	1.8	(1.5)	0.4	(0.3)	(0.07)	(0.04)	(0.20)	-	56.8	-	2.8	-	7	75	8	8
	05013	中国ぐり 甘ぐり	20	207	44.4	4.9	(4.3)	0.9	(0.9)	(0.13)	(0.47)	(0.23)	-	48.5	(40.2)	8.5	-	2	560	30	71
p.170	05014	■くるみ いり	0	713	3.1	14.6	13.4	68.8	70.5	6.87	10.26	50.28	-	11.7	2.6	7.5	-	4	540	85	150
	05015	■けし 乾	0	555	3.0	19.3	(20.2)	49.1	47.6	5.44	7.32	32.78	-	21.8	3.2	16.5	-	4	700	**1700**	350
	05016	■ココナッツ ココナッツパウダー	0	676	2.5	6.1	(5.6)	65.8	(64.3)	(55.25)	(4.34)	(1.01)	-	23.7	(2.7)	14.1	-	10	820	15	110
p.171	05017	■ごま 乾	0	604	4.7	19.8	19.3	53.8	53.0	7.80	19.63	23.26	-	16.5	0.9	10.8	-	2	400	1200	370
	05018	いり	0	605	1.6	20.3	19.6	54.2	51.6	7.58	19.12	22.64	-	18.5	0.7	12.6	-	2	410	1200	360
	05019	むき	0	570	4.1	19.3	19.0	54.9	44.8	6.42	16.33	20.11	-	18.8	0.5	13.0	-	2	400	62	340
	05020	■しい 生	35	244	37.3	3.2	(2.6)	0.8	(0.8)	(0.10)	(0.51)	(0.15)	-	57.6	-	3.3	-	1	390	62	82
	05046	■チアシード 乾	0	446	6.5	19.4	18.0	33.9	32.7	3.51	2.26	25.52	1	34.5	0.9	-	36.9	0	760	570	360
	05026	■ピスタチオ いり 味付け	45	617	2.2	17.4	16.2	56.1	55.9	6.15	30.92	16.42	-	20.9	(7.7)	9.2	-	270	970	120	120
p.170	05027	■ひまわり フライ 味付け	0	587	2.6	20.1	(18.7)	56.3	49.0	5.68	12.87	28.31	-	17.2	(14.0)	6.9	-	250	750	81	390
	05029	■ヘーゼルナッツ フライ 味付け	0	701	1.0	13.6	(11.0)	69.3	69.3	6.21	54.74	5.31	(0)	13.9	(4.6)	7.4	-	35	610	130	160

（可食部100gあたり）　Tr：微量　（ ）：推定値または推計値　- ：未測定

ミネラル									ビタミン															食塩相当量
リン	鉄	亜鉛	銅	マンガン	ヨウ素	セレン	クロム	モリブデン	A レチノール活性当量	A レチノール	A β-カロテン当量	ビタミンD	E α-トコフェロール	ビタミンK	ビタミンB1	ビタミンB2	ナイアシン当量	ビタミンB6	ビタミンB12	葉酸	パントテン酸	ビオチン	ビタミンC	
mg	mg	mg	mg	mg	µg	µg	µg	µg	µg	µg	µg	µg	mg	µg	mg	mg	mg	mg	µg	µg	mg	µg	mg	g
360	5.0	4.1	0.49	-	1	11	2	280	1	(0)	18	(0)	0.1	16	0.72	0.15	(5.8)	0.29	(0)	24	1.74	16.0	Tr	0
450	5.4	3.5	0.62	0.90	-	-	-	-	2	(0)	26	(0)	1.1	24	0.52	0.16	(5.1)	0.17	0	8	0.44	-	Tr	0.9
400	5.6	4.9	0.71	-	0	6	6	380	2	(0)	19	(0)	Tr	14	0.50	0.10	7.2	0.24	(0)	300	1.30	11.0	Tr	0
440	5.7	4.6	1.20	-	0	3	1	260	Tr	(0)	5	(0)	0.7	13	0.50	0.20	6.2	0.41	(0)	260	0.48	13.0	Tr	0
490	6.8	3.1	1.07	2.27	0	5	3	350	0	(0)	7	(0)	2.3	18	0.71	0.26	10.0	0.51	(0)	260	1.36	28.0	3	0
480	8.6	4.5	0.97	-	2	28	1	300	1	(0)	7	(0)	1.7	34	0.88	0.30	10.0	0.46	(0)	220	1.49	34.0	Tr	0
460	8.9	3.9	1.01	-	0	2	1	41	1	(0)	9	(0)	2.1	34	0.84	0.30		0.59	(0)	260	1.64	33.0	1	0
710	7.6	4.2	1.31	3.24	1	5	5	290	1	(0)	7	(0)	2.2	38	0.14	0.26	12.0	0.39	(0)	260	0.71	27.0	1	0
170	1.8	1.1	0.28	0.84	-	-	-	-	(0)	(0)	0	(0)	0.5	5	0.01	0.02	3.3	0.01	(0)	11	0	-	Tr	0.5
660	8.0	4.1	1.12	2.75	Tr	5	12	380	Tr	(0)	4	(0)	1.7	27	0.07	0.24	11.0	0.52	(0)	220	1.01	31.0	1	0
88	1.5	0.6	0.16	0.41	6	4	4	44	0	(0)	4	(0)	0.2	6	0.09	0.04	1.9	0.05	(0)	12	0.02	4.1	0	0
68	1.2	0.5	0.16	0.34	1	1	1	69	0	(0)	1	(0)	0.3	9	0.11	0.04	1.6	0.06	(0)	12	0.09	3.5	0	0
83	0.8	0.6	0.18	0.43	-	-	-	-	(0)	(0)	0	(0)	0.3	11	0.15	0.05	1.6	0.09	(0)	23	0.12	-	0	0
130	1.7	1.0	0.19	0.93	-	-	-	-	(0)	(0)	0	(0)	0.4	14	0.10	0.04	(2.5)	0.06	(0)	14	Tr	-	Tr	0.4
110	1.6	0.8	0.16	0.60	-	-	-	-	(0)	(0)	0	(0)	0.2	12	0.07	0.03	1.0	0.05	(0)	12	0.06	-	0	0
150	2.6	1.1	0.22	0.85	-	-	-	-	(0)	(0)	0	(0)	0.8	25	0.07	0.03	2.8	0.08	(0)	21	0.17	-	0	0
350	3.2	2.5	0.22	1.55	1	8	5	97	(0)	(0)	0	(0)	1.3	67	0.06	0.02	6.2	0.06	(0)	18	0.07	7.1	0	0
200	3.6	1.6	0.22	1.30	32	4	8	60	(0)	(0)	0	(0)	0.5	43	0.03	0.04	4.0	0.08	(0)	21	0.20	7.6	1	0.5
820	7.5	5.2	0.57	4.32	1	19	5	67	1	(0)	9	(0)	1.9	60	0.02	0.02	13.0	0.02	0.1	6	0.10	21.0	0	1.1
190	3.3	1.9	0.61	-	Tr	16	1	290	(0)	(0)	0	(0)	0.5	600	0.07	0.56	5.2	0.24	Tr	120	3.60	18.0	0	0
250	2.6	1.3	0.43	1.00	-	-	-	-	(0)	(0)	0	(0)	0.8	930	0.14	0.36	5.0	0.29	0	110	4.28	-	0	0
99	1.3	0.6	0.14	0.40	1	1	1	45	(0)	(0)	0	(0)	0.4	8	0.11	0.03	1.6	0.06	(0)	14	0.31	4.1	1	0
380	4.9	2.3	0.53	1.52	4	4	4	170	(0)	(0)	0	(0)	1.5	30	0.42	0.11	(5.9)	0.23	(0)	53	1.18	16.0	Tr	0
49	1.2	0.3	0.12	0.23	Tr	1	0	54	(0)	(0)	0	(0)	0.1	4	0.03	0.02	1.4	0.04	(0)	28	0.28	3.9	1	0
44	1.2	0.4	0.12	-	-	-	-	-	(0)	(0)	0	(0)	2.2	6	0.07	0.02	1.0	0.05	(0)	31	0.24	-	0	0.1
250	3.6	2.2	0.70	-	1	3	1	100	0	(0)	10	(0)	0.9	22	0.17	0.09	5.4	0.13	(0)	25	0.34	14.0	0	0
600	8.3	4.9	3.27	3.43	3	7	4	270	1	(0)	8	(0)	2.4	55	0.35	0.12	13.0	0.32	(0)	38	0.55	37.0	0	0
130	1.7	0.7	0.16	0.96	1	1	1	34	(0)	(0)	0	(0)	0	16	0.12	0.18	(3.2)	0.10	(0)	34	0.74	8.1	Tr	5.1
250	2.4	1.7	0.52	0.80	1	3	1	76	Tr	(0)	1	(0)	0.8	11	0.07	0.09	(4.9)	0.23	(0)	49	1.08	20.0	1	0
270	2.6	3.2	0.84	-	1	11	1	150	2	(0)	19	(0)	2.5	9	0.37	0.15	(4.8)	0.64	(0)	350	1.77	21.0	0	0
430	5.4	3.4	0.74	1.50	0	1	2	41	Tr	(0)	1	(0)	0.1	11	0.67	0.15	(5.7)	0.51	(0)	140	0.81	8.4	1	0
320	5.9	4.0	0.91	-	0	2	3	410	13	(0)	150	(0)	0.3	36	0.70	0.22	6.2	0.52	(0)	460	1.66	11.0	0	0
430	9.0	4.8	0.95	1.57	0	54	2	180	3	(0)	30	(0)	0.8	17	0.52	0.17	(5.3)	0.55	(0)	77	1.58	23.0	1	0
460	3.6	3.6	1.17	2.45	-	-	-	-	1	(0)	11	(0)	30.0	0	0.20	1.06	7.2	0.09	(0)	65	0.49	-	0	0
490	3.5	3.1	0.87	2.24	0	1	6	32	1	0	7	0	22.0	0	0.05	1.07	8.0	0.10	(0)	49	0.50	60.0	0	0.3
490	4.8	5.4	1.89	-	0	27	1	30	1	(0)	10	(0)	0.6	28	0.54	0.18	7.0	0.36	(0)	63	1.32	19.0	0	0.6
1100	6.5	7.7	1.26	4.39	Tr	5	13	42	3	(0)	31	(0)	0.6	2	0.21	0.19	(13.0)	0.16	(0)	79	0.65	13.0	Tr	0.1
120	1.0	0.4	0.25	0.26	2	0	0	3	24	(0)	290	(0)	2.5	3	0.28	0.08	2.5	0.07	(0)	45	1.27	6.2	23	0
70	0.8	0.5	0.32	3.27	-	0	3	0	3	(0)	37	(0)	0	1	0.21	0.07	1.6	0.27	(0)	74	1.04	3.9	33	0
25	0.6	0.1	0.15	0.75	-	-	-	-	3	(0)	32	(0)	0	Tr	0.07	0.03	(0.7)	0.03	(0)	8	0.18	-	0	0
110	2.0	0.9	0.51	1.59	-	0	1	0	6	(0)	68	(0)	0.1	0	0.20	0.18	(2.2)	0.37	(0)	100	0.57	6.0	2	0
280	2.6	2.6	1.21	3.44	-	-	-	-	2	(0)	23	(0)	1.2	7	0.26	0.15	4.4	0.49	(0)	91	0.67	-	0	0
820	23.0	5.1	1.48	6.88	0	8	7	120	Tr	(0)	6	(0)	1.5	7	1.61	0.20	(4.3)	0.45	(0)	180	0.81	47.0	0	0
140	2.8	1.4	0.80	1.41	-	-	-	-	(0)	(0)	0	(0)	0	0	0.03	0.03	(1.9)	0.09	(0)	10	0.25	-	0	0
540	9.6	5.5	1.66	2.24	Tr	10	4	92	1	(0)	9	(0)	0.1	7	0.95	0.25	11.0	0.60	(0)	93	0.56	12.0	Tr	0
560	9.9	5.9	1.68	2.52	Tr	27	4	110	1	(0)	7	(0)	0.1	12	0.49	0.23	11.0	0.64	(0)	150	0.51	15.0	Tr	0
870	6.0	5.5	1.53	1.23	1	43	1	120	0	(0)	1	(0)	0.1	11	1.25	0.14	11.0	0.44	(0)	83	0.39	11.0	(0)	0
76	0.9	0.1	0.36	2.72	-	-	-	-	1	(0)	7	(0)	0.1	16	0.28	0.09	(1.9)	0.19	(0)	8	0.59	-	110	0
820	7.6	5.9	1.79	4.80	0	11	8	44	0	(0)	6	(0)	0.3		0.97	0.25	15.0	0.42	(0)	84	0.53	24.0	1	0
440	3.0	2.5	1.15	-	-	-	-	-	10	(0)	120	(0)	1.4	29	0.43	0.24	5.5	1.22	(0)	59	1.06	-	(0)	0.7
830	3.6	5.0	1.81	2.33	0	95	1	28	1	(0)	9	(0)	12.0		1.72	0.25	(12.0)	1.18	(0)	280	1.66	80.0	0	0.6
320	3.0	2.0	1.64	5.24	0	1	1	6	(0)	(0)	Tr	(0)	18.0	4	0.26	0.28	(4.2)	0.39	(0)	54	1.07	82.0	0	0.1

参照ページ	食品番号	食品名	廃棄率 %	エネルギー kcal	水分 g	たんぱく質 g	アミノ酸組成によるたんぱく質 g	脂質 g	脂肪酸のトリアシルグリセロール当量 g	飽和脂肪酸 g	一価不飽和脂肪酸 g	多価不飽和脂肪酸 g	コレステロール mg	炭水化物 g	利用可能炭水化物（質量計） g	食物繊維総量（プロスキー変法） g	食物繊維総量（AOAC法） g	ナトリウム mg	カリウム mg	カルシウム mg	マグネシウム mg
	05031	■マカダミアナッツ　いり　味付け	0	751	1.3	8.3	7.7	76.7	76.6	12.46	59.23	1.56	(0)	12.2	(4.5)	6.2	-	190	300	47	94
	05032	■まつ　生	0	681	2.5	15.8	(14.5)	68.2	66.7	5.09	17.70	41.01	(0)	10.6	(3.8)	4.1	-	2	730	14	290
p.171	05034	■らっかせい　大粒種　乾	30	572	6.0	25.2	24.0	47.0	46.4	8.25	22.57	13.59	(0)	19.4	10.0	7.4	8.5	2	740	49	170

野菜類

参照ページ	食品番号	食品名	廃棄率 %	エネルギー kcal	水分 g	たんぱく質 g	アミノ酸組成によるたんぱく質 g	脂質 g	脂肪酸のトリアシルグリセロール当量 g	飽和脂肪酸 g	一価不飽和脂肪酸 g	多価不飽和脂肪酸 g	コレステロール mg	炭水化物 g	利用可能炭水化物（質量計） g	食物繊維総量（プロスキー変法） g	食物繊維総量（AOAC法） g	ナトリウム mg	カリウム mg	カルシウム mg	マグネシウム mg
p.183	06001	■アーティチョーク　花らい　生	75	39	85.1	2.3	(1.9)	0.2	(0.1)	(0.05)	(0.01)	(0.09)	(0)	11.3	(0.9)	8.7	-	21	430	52	50
p.182	06003	■あさつき　葉　生	0	34	89.0	4.2	(2.9)	0.3	(0.1)	(0.04)	(0.01)	(0.08)	(0)	5.6	-	3.3	-	4	330	20	16
	06005	■あしたば　茎葉　生	2	30	88.6	3.3	(2.4)	0.1	-	-	-	-	(0)	6.7	-	5.6	-	60	540	65	26
p.179	06007	■アスパラガス　若茎　生	20	21	92.6	2.6	1.8	0.2	(0.2)	(0.07)	(0)	(0.08)	Tr	3.9	2.1	1.8	-	2	270	19	9
	06009	水煮缶詰	0	24	91.9	2.4	(1.6)	0.1	(0.1)	(0.04)	(Tr)	(0.04)	(0)	4.3	(2.3)	1.7	-	350	170	21	7
	06328	■アロエ　葉　生	30	3	99.0	0	-	0.1	-	-	-	-	(0)	0.7	-	0.4	-	8	43	56	4
p.174		■いんげんまめ																			
	06010	さやいんげん　若ざや　生	3	23	92.2	1.8	1.3	0.1	(0.1)	(0.02)	(0.01)	(0.05)	Tr	5.1	2.2	2.4	-	1	260	48	23
	06012	■うど類　うど　茎　生	35	19	94.4	0.8	(0.8)	0.1	(0.1)	(0.01)	(0.01)	(0.05)	(0)	4.3	-	1.4	-	Tr	220	7	9
	06014	やまうど　茎　生	35	19	93.9	1.1	(1.0)	0.1	-	-	-	-	(0)	4.3	-	1.8	-	1	270	11	13
p.174	06015	■えだまめ　生	45	125	71.7	11.7	10.3	6.2	5.7	0.84	1.88	2.77	(0)	8.8	4.3	5.0	-	1	590	58	62
	06017	冷凍	50	143	67.1	13.0	(11.1)	7.6	7.2	0.95	2.58	3.34	(0)	10.6	4.9	7.3	-	5	650	76	76
p.180	06018	■エンダイブ　葉　生	15	14	94.6	1.2	(0.9)	0.2	(0.1)	(0.05)	(Tr)	(0.09)	(0)	2.9	-	2.2	-	35	270	51	19
p.174		■えんどう類																			
	06019	トウミョウ　茎葉　生	0	28	90.9	3.8	(2.2)	0.4	-	-	-	-	(0)	4.0	-	3.3	-	7	350	34	22
	06020	さやえんどう　若ざや　生	9	38	88.6	3.1	1.8	0.2	(0.2)	(0.04)	(0.02)	(0.09)	(0)	7.5	4.1	3.0	-	1	200	35	24
	06022	スナップえんどう　若ざや　生	5	47	86.6	2.9	(1.6)	0.1	(0.1)	(0.02)	(0.01)	(0.04)	(0)	9.9	(5.7)	2.5	-	1	160	32	21
	06023	グリンピース　生	0	76	76.5	6.9	5.0	0.4	0.2	0.05	0.03	0.20	(0)	15.3	11.8	7.7	-	1	340	23	37
	06025	冷凍	0	80	75.7	5.8	4.5	0.7	0.5	0.11	0.09	0.25	(0)	17.1	10.5	5.8	9.3	9	240	27	31
	06027	■おおさかしろな　葉　生	6	12	94.9	1.4	(1.1)	0.2	(0.1)	(0.01)	(Tr)	(0.05)	(0)	2.2	-	1.8	-	22	400	150	21
	06030	■おかひじき　茎葉　生	6	16	92.5	1.4	-	0.2	-	-	-	-	(0)	3.4	-	2.5	-	56	680	150	51
p.177	06032	■オクラ　果実　生	15	26	90.2	2.1	1.5	0.2	(0.1)	(0.02)	(0.02)	(0.03)	Tr	6.6	1.9	5.0	-	4	260	92	51
p.175		■かぶ																			
	06034	葉　生	30	20	92.3	2.3	(2.0)	0.1	(0.1)	(0.01)	(Tr)	(0.04)	(0)	3.9	-	2.9	-	24	330	250	25
	06036	根　皮つき　生	9	18	93.9	0.7	0.6	0.1	(0.1)	(0.01)	(0.01)	(0.05)	(0)	4.6	3.0	1.5	-	5	280	24	8
	06044	漬物　ぬかみそ漬　根　皮つき	0	27	89.5	1.5	-	0.1	-	-	-	-	(0)	5.9	-	2.0	-	860	500	57	29
p.177		■かぼちゃ類																			
	06046	日本かぼちゃ　果実　生	9	41	86.7	1.6	1.1	0.1	Tr	0.01	Tr	0.03	0	10.9	7.8	2.8	-	1	400	20	15
	06048	西洋かぼちゃ　果実　生	10	78	76.2	1.9	1.2	0.3	0.2	0.04	0.06	0.06	0	20.6	15.9	3.5	-	1	450	15	25
	06050	冷凍	0	75	78.1	2.2	(1.3)	0.3	(0.2)	(0.04)	(0.06)	(0.06)	(0)	18.5	(14.6)	4.2	-	3	430	25	26
	06051	そうめんかぼちゃ　果実　生	30	25	92.4	0.7	(0.5)	0.1	(0.1)	(0.02)	(Tr)	(0.05)	(0)	6.1	-	1.5	-	1	260	27	16
	06052	■からしな　葉　生	0	26	90.3	3.3	2.8	0.1	-	-	-	-	(0)	4.7	-	3.7	-	60	620	140	21
p.174	06054	■カリフラワー　花序　生	50	28	90.8	3.0	2.1	0.1	(0.1)	(0.05)	(Tr)	(0.01)	(0)	5.2	3.2	2.9	-	8	410	24	18
p.177	06056	■かんぴょう　乾	0	239	19.8	6.3	4.4	0.2	-	-	-	-	(0)	68.1	33.2	30.1	-	3	1800	250	110
	06060	■きく　菊のり	0	283	9.5	11.6	(9.5)	0.2	-	-	-	-	(0)	73.5	-	29.6	-	14	2500	160	140
p.180		■キャベツ類																			
	06061	キャベツ　結球葉　生	15	21	92.7	1.3	0.9	0.1	0.1	0.02	0.01	0.02	(0)	5.2	3.5	1.8	-	5	200	43	14
	06063	グリーンボール　結球葉　生	15	20	93.4	1.4	(1.0)	0.1	(Tr)	(0.01)	(Tr)	(0.01)	(0)	4.3	(3.2)	1.6	-	4	270	58	17
	06064	レッドキャベツ　結球葉　生	10	30	90.4	2.0	(1.3)	0.1	Tr	0.01	Tr	0.01	(0)	6.7	(3.5)	2.8	-	4	310	40	13
p.177		■きゅうり																			
	06065	果実　生	2	13	95.4	1.0	0.7	0.1	Tr	0.01	Tr	0.01	(0)	3.0	1.9	1.1	-	1	200	26	15
	06069	漬物　ピクルス　スイート型	0	70	80.0	0.3	(0.2)	0.1	(Tr)	(0.02)	(0)	(0.03)	(0)	18.3	(17.0)	1.7	-	440	18	25	6
	06071	■ぎょうじゃにんにく　葉　生	10	35	88.8	3.5	(2.4)	0.2	(0.1)	(0.02)	(0.01)	(0.05)	(0)	6.6	-	3.3	-	2	340	29	22
	06075	■キンサイ　茎葉　生	8	16	93.5	1.1	(0.9)	0.2	(0.2)	(0.06)	(0.01)	(0.13)	(0)	3.5	-	2.5	-	27	360	140	26
p.183	06077	■クレソン　茎葉　生	15	13	94.1	2.1	(1.5)	0.1	(0.1)	(0.03)	(0.01)	(0.04)	(0)	2.5	(0.5)	2.5	-	23	330	110	13
p.176	06078	■くわい　塊茎　生	20	128	65.5	6.3	-	0.1	(0.1)	(0.02)	(0.02)	(0.04)	(0)	26.6	-	2.4	-	3	600	5	34
	06080	■ケール　葉　生	3	26	90.2	2.1	(1.6)	0.4	0.1	0.03	0.04	0.07	(0)	5.6	(1.2)	3.7	-	9	420	220	44
	06081	■コールラビ　球茎　生	7	21	93.2	1.0	(0.6)	0	(0.1)	(0.01)	(Tr)	(0.01)	(0)	5.1	(2.2)	1.9	-	7	240	29	15
	06083	■こごみ　若芽　生	0	25	90.7	3.0	(2.2)	0.2	-	-	-	-	(0)	5.3	-	5.2	-	1	350	26	31
p.175	06084	■ごぼう　根　生	10	58	81.7	1.8	1.1	0.1	(0.1)	(0.02)	(0.02)	(0.04)	(0)	15.4	1.0	5.7	-	18	320	46	54
p.181	06086	■こまつな　葉　生	15	13	94.1	1.5	1.3	0.2	-	0.02	Tr	0.08	(0)	2.4	0.3	1.9	-	15	500	170	12

食品番号-06000（緑数字）：緑黄色野菜　（可食部100gあたり　Tr：微量　（ ）：推定値または推計値　-：未測定）

| | ミネラル | | | | | | | | | ビタミン | | | | | | | | | | | | | | | 食塩相当量 |
| リン | 鉄 | 亜鉛 | 銅 | マンガン | ヨウ素 | セレン | クロム | モリブデン | A 活性当量 | A レチノール | A β-カロテン当量 | ビタミンD | E α-トコフェロール | ビタミンK | ビタミンB1 | ビタミンB2 | ナイアシン当量 | ビタミンB6 | ビタミンB12 | 葉酸 | パントテン酸 | ビオチン | ビタミンC | |
mg	mg	mg	mg	mg	μg	μg	μg	μg	μg	μg	μg	μg	mg	μg	mg	mg	mg	mg	μg	μg	mg	μg	mg	g
140	1.3	0.7	0.33	-	0	13	2	5	(0)	(0)	Tr	(0)	Tr	5	0.21	0.09	3.7	0.21	(0)	16	0.50	6.5	(0)	0.5
680	5.6	6.9	1.44	9.78	-	-	-	-	(0)	(0)	0	(0)	11.0	1	0.63	0.13	(6.3)	0.17	(0)	79	0.59	-	Tr	0
380	1.6	2.3	0.59	1.56	1	20	4	88	1	0	8	0	11.0	1	0.41	0.10	24.0	0.49	(0)	76	2.56	92.0	0	0
61	0.8	0.2	0.05	0.19	-	-	-	-	1	(0)	6	(0)	0.4	2	0.08	0.10	(1.9)	0.08	(0)	81	0.51	-	15	0.1
86	0.7	0.8	0.09	0.40	-	-	-	-	62	(0)	750	(0)	0.9	50	0.15	0.16	(1.8)	0.36	(0)	210	0.62	-	26	0
65	1.0	0.6	0.16	1.05	-	-	-	-	440	(0)	5300	(0)	2.6	500	0.10	0.24	(2.2)	0.16	(0)	100	0.92	-	41	0.2
60	0.7	0.5	0.10	0.19	1	0	0	2	31	(0)	380	(0)	1.5	43	0.14	0.15	1.4	0.12	(0)	190	0.59	1.8	15	0
41	0.9	0.3	0.07	0.05	-	-	-	-	1	(0)	7	(0)	0.4	4	0.07	0.06	(1.6)	0.02	(0)	15	0.12	-	11	0.9
2	0	0	Tr	0.02	-	-	-	-	0	(0)	1	(0)	0	0	0	0	0	0.01	(0)	4	0.06	-	1	0
41	0.7	0.3	0.06	0.33	0	Tr	1	34	49	(0)	590	(0)	0.2	60	0.06	0.11	0.9	0.07	(0)	50	0.17	3.9	8	0
25	0.2	0.1	0.05	0.04	Tr	0	0	0	(0)	(0)	2	(0)	0.2	2	0.02	0.01	(0.7)	0.04	(0)	19	0.13	0.5	4	0
31	0.3	0.2	0.06	0.09	-	-	-	-	Tr	(0)	2	(0)	0.2	3	0.03	0.02	(0.8)	0.05	(0)	20	0.13	-	5	0
170	2.7	1.4	0.41	0.71	0	1	1	240	22	(0)	260	(0)	0.8	30	0.31	0.15	4.2	0.15	(0)	320	0.53	11.0	27	0
190	2.5	1.4	0.42	1.12	2	2	0	190	15	(0)	180	(0)	1.2	28	0.28	0.13	(4.5)	0.14	(0)	310	0.51	9.2	27	0
30	0.6	0.4	0.05	1.10	-	-	-	-	140	(0)	1700	(0)	0.8	120	0.06	0.08	(0.4)	0.08	(0)	90	0.16	-	7	0.1
61	1.0	0.4	0.08	1.11	-	-	-	-	340	(0)	4100	(0)	3.3	280	0.24	0.27	(1.6)	0.19	(0)	91	0.80	-	79	0
63	0.9	0.6	0.10	0.40	Tr	0	0	24	47	(0)	560	(0)	0.7	47	0.15	0.11	1.2	0.08	(0)	73	0.56	5.1	60	0
62	0.6	0.4	0.08	0.22	-	-	-	-	34	(0)	400	(0)	0.4	33	0.13	0.09	(1.1)	0.09	(0)	53	0.22	-	43	0
120	1.7	1.2	0.19	0.48	0	1	0	65	35	(0)	420	(0)	0.1	27	0.39	0.16	3.7	0.15	(0)	76	0.63	6.3	19	0
110	1.6	1.0	0.17	0.38	0	1	1	77	36	(0)	440	(0)	Tr	27	0.29	0.11	3.0	0.09	0	77	0.39	5.3	20	0
52	1.2	0.5	0.06	0.29	-	-	-	-	110	(0)	1300	(0)	1.2	190	0.06	0.18	(0.9)	0.13	(0)	150	0.24	-	28	0.1
40	1.3	0.6	0.10	0.66	-	-	-	-	280	(0)	3300	(0)	1.0	310	0.06	0.13	0.7	0.04	(0)	93	0.22	-	21	0.1
58	0.5	0.6	0.13	0.48	Tr	Tr	1	4	56	(0)	670	(0)	1.2	71	0.09	0.09	(0.4)	0.08	(0)	110	0.42	6.0	11	0
42	2.1	0.3	0.10	0.64	6	3	2	16	230	(0)	2800	(0)	3.1	340	0.08	0.16	(1.7)	0.16	(0)	110	0.36	2.7	82	0.1
28	0.3	0.1	0.03	0.06	-	-	-	-	(0)	(0)	0	(0)	0	0	0.03	0.03	0.8	0.08	(0)	48	0.25	-	19	0
44	0.3	0.2	0.04	0.09	-	-	-	-	(0)	(0)	0	(0)	Tr	0	0.25	0.04	3.1	0.19	(0)	74	0.46	-	28	2.2
42	0.5	0.3	0.08	0.10	Tr	Tr	0	2	60	0	730	(0)	1.8	26	0.07	0.06	0.9	0.12	(0)	80	0.50	1.7	16	0
43	0.5	0.3	0.07	0.13	Tr	1	0	5	330	(0)	4000	(0)	4.9	25	0.07	0.09	1.9	0.22	(0)	42	0.62	1.7	43	0
46	0.5	0.6	0.05	0.14	-	-	-	-	310	(0)	3800	(0)	4.2	17	0.06	0.09	(1.7)	0.19	(0)	48	0.44	-	34	0
35	0.3	0.2	0.05	0.09	-	-	-	-	4	(0)	49	(0)	0.2	Tr	0.05	0.01	(0.7)	0.10	(0)	25	0.36	-	11	0
72	2.2	0.9	0.08	1.02	-	-	-	-	230	(0)	2800	(0)	3.0	260	0.12	0.27	2.2	0.25	(0)	310	0.32	-	64	0.2
68	0.6	0.6	0.05	0.22	0	0	0	4	2	(0)	18	(0)	1.7	17	0.06	0.11	1.3	0.23	(0)	94	1.30	8.5	81	0
140	2.9	1.8	0.62	1.60	2	2	5	13	(0)	(0)	0	(0)	0.4	Tr	0	0.04	3.2	0.04	(0)	99	1.75	8.0	2	0
250	11.0	2.2	0.62	1.34	-	-	-	-	15	(0)	180	(0)	25.0	62	0.73	0.89	(7.2)	0.69	(0)	370	1.50	-	10	0
27	0.3	0.2	0.02	0.16	0	Tr	1	4	4	(0)	50	(0)	0.1	78	0.04	0.03	0.4	0.11	(0)	78	0.22	1.6	41	0
41	0.4	0.3	0.03	0.18	-	-	-	-	9	(0)	110	(0)	0.2	79	0.05	0.04	(0.6)	0.13	(0)	53	0.31	-	47	0
43	0.5	0.3	0.04	0.20	-	-	-	-	3	(0)	36	(0)	0.1	29	0.07	0.03	(0.6)	0.19	(0)	58	0.35	-	68	0
36	0.3	0.2	0.11	0.07	1	1	1	4	28	(0)	330	(0)	0.3	34	0.03	0.03	0.4	0.05	(0)	25	0.33	1.4	14	0
16	0.3	0.1	0.04	0	-	-	-	-	4	(0)	53	(0)	0.1	32	Tr	0.01	(0.2)	0.04	(0)	2	0	-	0	1.1
30	1.4	0.4	0.16	-	-	-	-	-	170	(0)	2000	(0)	0.4	320	0.10	0.16	(1.7)	0.15	(0)	85	0.39	-	59	0
56	0.5	0.5	0.02	0.52	-	-	-	-	150	(0)	1800	(0)	1.2	180	0.05	0.11	(0.8)	0.08	(0)	47	0.35	-	15	0.1
57	1.1	0.2	0.05	-	2	2	1	20	230	(0)	2700	(0)	1.6	190	0.10	0.20	(1.0)	0.13	(0)	150	0.30	4.0	26	0.1
150	0.8	2.2	0.71	0.13	1	1	Tr	4	(0)	(0)	0	(0)	3.0	1	0.12	0.07	3.0	0.34	(0)	140	0.78	7.2	2	0
45	0.8	0.3	0.05	0.55	1	4	1	38	240	(0)	2900	(0)	2.4	210	0.06	0.15	(1.3)	0.16	(0)	120	0.31	4.0	81	0
29	0.2	0.1	0.02	0.07	-	-	-	-	1	(0)	12	(0)	0	7	0.04	0.05	(0.3)	0.09	(0)	73	0.20	-	45	0
69	0.6	0.7	0.26	0.33	-	-	-	-	100	(0)	1200	(0)	1.7	120	0	0.12	(3.5)	0.03	(0)	150	0.60	-	27	0
62	0.7	0.8	0.21	0.18	2	1	1	2	Tr	(0)	Tr	(0)	0.6	Tr	0.05	0.04	0.6	0.10	(0)	68	0.23	1.3	3	0
45	2.8	0.2	0.06	0.13	2	1	2	10	260	(0)	3100	(0)	0.9	210	0.09	0.13	1.6	0.12	(0)	110	0.32	2.9	39	0

食品ライブラリーの参照ページ	食品番号	食品名	廃棄率	エネルギー	水分	たんぱく質	アミノ酸組成によるたんぱく質	脂質	脂肪酸のトリアシルグリセロール当量	飽和脂肪酸	一価不飽和脂肪酸	多価不飽和脂肪酸	コレステロール	炭水化物	利用可能炭水化物（質量計）	食物繊維総量（プロスキー変法）	食物繊維総量（AOAC法）	ナトリウム	カリウム	カルシウム	マグネシウム
			%	kcal	g	g	g	g	g	g	g	g	mg	g	g	g	g	mg	mg	mg	mg
	06385	■コリアンダー 葉 生	10	18	92.4	1.4	-	0.4	-	-	-	-	-	4.6			4.2	4	590	84	16
p.181◀	06088	■ザーサイ 漬物	0	20	77.6	2.5	(2.0)	0.1	-	-	-	-	(0)	4.6	-	4.6	-	5400	680	140	19
	06089	■さんとうさい 葉 生	6	12	94.7	1.0	(0.8)	0.2	(0.1)	(0.02)	(0.01)	(0.05)	(0)	2.7	-	2.2	-	9	360	140	14
	06092	■しかくまめ 若ざや 生	5	19	92.8	2.4	-	0.1	-	-	-	-	(0)	3.8	-	3.2	-	1	270	80	38
p.176◀	06093	■ししとう 果実 生	10	24	91.4	1.9	1.3	0.3	(0.1)	(0.03)	(Tr)	(0.07)	(0)	5.7	1.2	3.6	-	1	340	11	21
p.182◀	06095	■しそ 葉 生	0	32	86.7	3.9	3.1	0.1	Tr	0.01	Tr	0.01	(0)	7.5	-	7.3	-	1	500	230	70
	06096	実 生	0	32	85.7	3.4	(2.7)	0.1	0.1	0.01	0.01	0.05	(0)	8.9	-	8.9	-	1	300	100	71
	06097	■じゅうろくささげ 若ざや 生	3	22	91.9	2.5	(1.8)	0.1	-	-	-	-	(0)	4.8	-	4.2	-	1	250	28	36
p.181◀	06099	■しゅんぎく 葉 生	1	20	91.8	2.3	1.9	0.3	0.2	0.02	0.01	0.10	(0)	3.9	0.4	3.2	-	73	460	120	26
	06101	■じゅんさい 若葉 水煮びん詰	0	4	98.6	0.4	-	0	-	-	-	-	(0)	1.0	-	1.0	-	2	2	4	2
p.182◀		■しょうが類																			
	06102	葉しょうが 根茎 生	40	9	96.3	0.5	(0.4)	0.2	(0.1)	(0.05)	(0.04)	(0.04)	(0)	2.1	-	1.6	-	5	310	15	21
	06103	しょうが 根茎 皮なし 生	20	28	91.4	0.9	0.7	0.3	(0.2)	(0.08)	(0.06)	(0.06)	(0)	6.6	4.0	2.1	-	6	270	12	27
	06104	漬物 酢漬	0	15	89.2	0.3	(0.3)	0.2	(0.1)	(0.06)	(0.04)	(0.04)	(0)	3.9	-	2.2	-	2200	25	22	6
	06105	甘酢漬	0	44	86.0	0.2	(0.2)	0.4	(0.2)	(0.10)	(0.08)	(0.08)	(0)	10.7	-	1.8	-	800	13	39	4
p.177◀	06106	■しろうり 果実 生	25	15	95.3	0.9	(0.6)	0.1	(Tr)	(Tr)	(Tr)	(Tr)	(0)	3.3	-	1.2	-	1	220	35	12
	06108	漬物 奈良漬	0	216	44.0	4.6	-	0.2	-	-	-	-	(0)	40.0	-	2.6	-	1900	97	25	12
	06109	■ずいき 生ずいき 生	30	15	94.5	0.5	(0.2)	0	-	-	-	-	(0)	4.1	-	1.6	-	1	390	80	6
	06113	■すぐきな 葉 生	25	23	90.5	1.9	(1.7)	0.2	(0.1)	(0.05)	(0.01)	(0.08)	(0)	5.4	-	4.0	-	32	680	150	18
p.177◀	06116	■ズッキーニ 果実 生	4	16	94.9	1.3	(0.9)	0.1	(0.1)	(0.02)	(Tr)	(0.03)	(0)	2.8	(2.3)	1.3	-	1	320	24	25
	06117	■せり 茎葉 生	30	17	93.4	2.0	(1.9)	0.1	(0.1)	(0.02)	(Tr)	(0.03)	(0)	3.3	-	2.5	-	19	410	34	24
p.179◀	06119	■セロリ 葉柄 生	35	12	94.7	0.4	(0.4)	0.1	(0.1)	(0.02)	(Tr)	(0.03)	(0)	3.6	1.3	1.5	-	28	410	39	9
p.182◀		■ぜんまい																			
	06120	生ぜんまい 若芽 生	15	27	90.9	1.7	(1.3)	0.1	-	-	-	-	(0)	6.6	-	3.8	-	2	340	10	17
	06122	干しぜんまい 干し若芽 乾	0	277	8.5	14.6	(10.8)	0.6	-	-	-	-	(0)	70.8	-	34.8	-	25	2200	150	140
	06124	■そらまめ 未熟豆 生	25	102	72.3	10.9	8.3	0.1	0.1	0.03	0.01	0.05	(0)	15.5	12.1	2.6	-	1	440	22	36
p.180◀	06126	■タアサイ 葉 生	6	12	94.3	1.3	(1.1)	0.2	(0.1)	(0.02)	(Tr)	(0.08)	(0)	2.2	-	1.9	-	29	430	120	23
p.175◀		■だいこん類																			
	06128	かいわれだいこん 芽ばえ 生	0	21	93.4	2.1	(1.8)	0.5	(0.2)	(0.05)	(0.02)	(0.15)	(0)	3.3	-	1.9	-	5	99	54	33
	06130	だいこん 葉 生	10	23	90.6	2.2	1.9	0.1	Tr	0.01	Tr	0.03	(0)	5.3	1.4	4.0	-	48	400	260	22
	06132	根 皮つき 生	10	15	94.6	0.5	0.4	0.1	Tr	0.01	Tr	0.02	0	4.1	2.6	1.4	-	19	230	24	10
	06136	切干しだいこん 乾	0	280	8.4	9.7	(7.3)	0.8	(0.3)	(0.10)	(0.03)	(0.19)	(0)	69.7	-	21.3	-	210	3500	500	160
	06137	漬物 ぬかみそ漬	0	29	87.1	1.3	(1.0)	0.1	-	-	-	-	(0)	6.7	-	1.8	-	1500	480	44	40
	06139	たくあん漬 干しだいこん漬	0	23	88.8	1.9	(1.4)	0.1	-	-	-	-	(0)	5.5	-	3.7	-	970	500	76	80
	06141	べったら漬	0	53	83.1	0.4	(0.3)	0.1	-	-	-	-	(0)	13.1	-	1.6	-	1100	190	15	6
	06143	福神漬	0	137	58.6	2.7	-	0.1	-	-	-	-	(0)	33.3	-	3.9	-	2000	100	36	13
	06144	■たいさい類 つまみな 葉 生	0	19	92.3	1.9	(1.7)	0.3	0.1	0.03	0.01	0.08	(0)	3.6	-	2.3	-	22	450	210	30
	06145	たいさい 葉 生	0	15	93.7	0.9	(0.8)	0.1	(Tr)	(0.01)	(Tr)	(0.03)	(0)	3.5	-	1.6	-	38	340	79	22
	06148	■たかな たかな漬	0	30	87.2	1.9	(1.5)	0.6	-	-	-	-	(0)	6.2	-	4.0	-	1600	110	51	13
p.179◀	06149	■たけのこ 若茎 生	50	27	90.8	3.6	2.5	0.2	(0.1)	(0.05)	(Tr)	(0.09)	(0)	4.3	1.4	2.8	-	Tr	520	16	13
	06151	水煮缶詰	0	22	92.8	2.7	(1.9)	0.2	(0.1)	(0.05)	(Tr)	(0.09)	(0)	4.0	(2.2)	2.3	-	3	77	19	4
	06152	めんま 塩蔵 塩抜き	0	15	93.9	1.0	(0.7)	0.5	(0.4)	(0.12)	(0.01)	(0.22)	(0)	3.6	-	3.5	-	360	6	18	3
p.178◀		■たまねぎ類																			
	06153	たまねぎ りん茎 生	6	33	90.1	1.0	0.7	0.1	Tr	0.01	Tr	0.02	1	8.4	6.9	1.5	-	2	150	17	9
	06156	赤たまねぎ りん茎 生	8	34	89.6	0.9	(0.6)	0.1	(Tr)	(0.01)	(Tr)	(0.03)	(0)	9.0	(7.2)	1.7	-	2	150	19	9
	06337	葉たまねぎ りん茎及び葉 生	1	33	89.5	1.8	(1.2)	0.4	-	-	-	-	(0)	7.6	(5.1)	3.0	-	2	290	67	14
p.182◀	06157	■たらのめ 若芽 生	30	27	90.2	4.2	-	0.2	-	-	-	-	(0)	4.3	-	4.2	-	1	460	16	33
p.183◀	06159	■チコリ 若芽 生	15	17	94.7	1.0	(0.8)	Tr	-	-	-	-	(0)	3.9	(0.8)	1.1	-	3	170	24	9
p.181◀	06160	■チンゲンサイ 葉 生	15	9	96.0	0.6	0.7	0.1	(0.1)	(0.01)	(0.01)	(0.05)	(0)	2.0	0.4	1.2	-	32	260	100	16
	06162	■つくし 胞子茎 生	15	31	86.9	3.5	-	0.1	-	-	-	-	(0)	8.1	-	8.1	-	6	640	50	33
	06164	■つるな 茎葉 生	0	15	93.8	1.8	-	0.1	-	-	-	-	(0)	2.8	-	2.3	-	5	300	48	35
	06165	■つるむらさき 茎葉 生	0	11	95.1	0.7	-	0.2	-	-	-	-	(0)	2.6	-	2.2	-	9	210	150	67
	06171	■とうがらし 果実 生	9	72	75.0	3.9	(2.9)	3.4	(1.3)	(0.39)	(0.04)	(0.77)	(0)	16.3	(7.7)	10.3	-	6	760	20	42
	06172	乾	0	270	8.8	14.7	(10.8)	12.0	(4.4)	(1.37)	(0.14)	(2.72)	(0)	58.4	-	46.4	-	17	2800	74	190
p.177◀	06173	■とうがん 果実 生	30	15	95.2	0.5	(0.3)	0.1	(0.1)	(0.01)	(0.02)	(0.04)	(0)	3.8	-	1.3	-	1	200	19	7
		■とうもろこし類 スイートコーン																			

食品番号-06000（緑数字）：緑黄色野菜　（可食部100gあたり　Tr：微量　（　）：推定値または推計値　-：未測定）

ミネラル									ビタミン															食塩相当量
リン	鉄	亜鉛	銅	マンガン	ヨウ素	セレン	クロム	モリブデン	A レチノール活性当量	A レチノール	A β-カロテン当量	ビタミンD	E α-トコフェロール	ビタミンK	ビタミンB1	ビタミンB2	ナイアシン当量	ビタミンB6	ビタミンB12	葉酸	パントテン酸	ビオチン	ビタミンC	
mg	mg	mg	mg	mg	µg	µg	µg	µg	µg	µg	µg	µg	mg	µg	mg	mg	mg	mg	µg	µg	mg	µg	mg	g
59	1.4	0.4	0.09	0.39	2	Tr	2	23	150	-	1700	0	1.9	190	0.09	0.11	1.5	0.11	-	69	0.52	6.2	40	0
67	2.9	0.4	0.10	0.34	-	-	-	-	1	(0)	11	(0)	0.2	24	0.04	0.07	(1.1)	0.09	(0)	14	0.35	-	0	13.7
27	0.7	0.3	0.04	0.16	-	-	-	-	96	(0)	1200	(0)	0.8	100	0.03	0.07	(0.7)	0.08	(0)	130	0.17	-	35	0
48	0.7	0.3	0.09	0.54	-	-	-	-	36	(0)	440	(0)	0.4	63	0.09	0.09	(1.8)	0.10	(0)	29	0.36	-	16	0
34	0.5	0.3	0.10	0.18	0	4	1	4	44	(0)	530	(0)	1.3	51	0.07	0.07	1.8	0.39	(0)	33	0.35	4.2	57	0
70	1.7	1.3	0.20	2.01	6	1	2	30	880	(0)	11000	(0)	3.9	690	0.13	0.34	2.4	0.19	(0)	110	1.00	5.1	26	0
85	1.2	1.0	0.52	1.35	-	-	-	-	220	(0)	2600	(0)	3.8	160	0.09	0.16	(3.0)	0.12	(0)	72	0.80	-	5	0
48	0.5	0.7	0.12	0.66	-	-	-	-	96	(0)	1200	(0)	0.5	160	0.08	0.07	(1.1)	0.11	(0)	150	0.43	-	25	0
44	1.7	0.2	0.10	0.40	5	2	2	12	380	(0)	4500	(0)	1.7	250	0.10	0.16	1.5	0.13	(0)	190	0.23	3.5	19	0.2
5	0	0.2	0.02	0.02	-	-	-	-	2	(0)	29	(0)	0.1	16	0	0.02	0.1			3				
21	0.4	0.4	0.05	4.73	-	-	-	-	Tr	(0)	4	(0)	Tr	Tr	0.02	0.03	(0.4)	0.08	(0)	14	0.07	-	3	0
25	0.5	0.1	0.06	5.01	0	1	1	6	Tr	(0)	5	(0)	0.1	Tr	0.03	0.02	0.8	0.13	(0)	8	0.21	0.7	2	0
5	0.2	Tr	0.02	0.14	0	0	2	0	0	(0)	5	(0)	0.1	0	0	0.01	(0.1)	0	(0)	1	0	0.2	0	5.6
3	0.3	Tr	0.01	0.37	1	3	2	0	0	(0)	4	(0)	0.1	0	0.63	0	(0.1)	0	0	1	0	0	0	2.0
20	0.2	0.2	0.03	0.05	5	0	0	2	6	(0)	70	(0)	0.2	29	0.03	0.03	(0.4)	0.04	(0)	39	0.30	1.3	8	0
79	0.4	0.8	0.07	0.51	1	1	1	81	2	(0)	27	(0)	0	6	0.03	0.11	1.4	0.39	0.1	52	0.57	1.0	0	4.8
13	0.1	1.0	0.03	2.24	-	-	-	-	9	(0)	110	(0)	0.4	9	0.01	0.02	(0.3)	0.03	(0)	14	0.28	-	5	0
58	2.6	0.3	0.06	0.30	-	-	-	-	170	(0)	2000	(0)	3.8	280	0.08	0.13	(1.6)	0.05	(0)	200	0.35	-	73	0.1
37	0.5	0.4	0.07	0.15	Tr	Tr	1	6	27	(0)	320	(0)	0.4	35	0.05	0.05	(0.6)	0.09	(0)	36	0.22	2.7	20	0
51	1.6	0.3	0.15	1.24	-	-	-	-	160	(0)	1900	(0)	0.7	160	0.04	0.13	(1.7)	0.11	(0)	110	0.42	-	20	0
39	0.2	0.2	0.03	0.11	1	0	0	2	4	(0)	44	(0)	0.2	10	0.03	0.03	0.1	0.08	(0)	29	0.07	1.2	7	0.1
37	0.6	0.5	0.15	0.40	-	-	-	-	44	(0)	530	(0)	0.6	34	0.02	0.09	(1.8)	0.05	(0)	210	0.64	-	24	0.1
200	7.7	4.6	1.20	3.34	-	-	-	-	59	(0)	710	(0)	1.4	120	0.10	0.41	(11.0)	0.02	(0)	99	3.10	-	0	0.1
220	2.3	1.4	0.39	0.21	0	Tr	0	150	20	(0)	240	(0)	Tr	18	0.30	0.20	2.9	0.17	(0)	120	0.46	6.9	23	0.1
46	0.7	0.5	0.05	0.38	-	-	-	-	180	(0)	2200	(0)	1.5	220	0.05	0.09	(1.4)	0.12	(0)	65	0.19	-	31	0.1
61	0.5	0.3	0.03	0.35	12	0	0	6	160	(0)	1900	(0)	2.1	200	0.08	0.13	(2.0)	0.23	(0)	96	0.29	5.6	47	0
52	3.1	0.3	0.04	0.27	-	-	-	-	330	(0)	3900	(0)	3.8	270	0.09	0.16	1.3	0.18	(0)	140	0.26	-	53	0.1
18	0.2	0.2	0.02	0.04	3	1	0	3	(0)	(0)	0	(0)	0	Tr	0.02	0.01	0.4	0.04	(0)	34	0.12	0.3	12	0
220	3.1	2.1	0.13	0.74	20	2	3	29	0	(0)	0	(0)	0	Tr	0.35	0.20	(6.1)	0.29	(0)	210	1.24	5.9	28	0.5
44	0.3	0.1	0.02	0.13	-	-	-	-	(0)	(0)	0	(0)	0	1	0.33	0.04	(2.9)	0.22	0	98	0.43	-	15	3.8
150	1.0	0.8	0.05	0.89	-	-	-	-	(0)	(0)	0	(0)	0	Tr	0.21	0.03	(1.9)	0.22	(0)	47	0.66	-	12	2.5
24	0.2	0.1	0.02	0.03	1	0	Tr	3	(0)	(0)	0	(0)	0	Tr	Tr	0.11	(0.1)	0	12.0	7	0.07	-	49	2.8
29	1.3	0.4	0.06	0.15	5	3	2	12	8	(0)	100	(0)	0.1	7	0.02	0.10	0.5	0.10	(0)	65	0.33	1.1	0	5.1
55	3.3	0.4	0.07	0.22	-	-	-	-	160	(0)	1900	(0)	1.4	270	0.06	0.14	(1.7)	0.10	(0)	65	0.33	-	47	0.1
49	1.1	0.7	0.03	0.76	-	-	-	-	130	(0)	1500	(0)	0.7	110	0.07	0.07	(1.1)	0.08	(0)	120	0.14	-	45	0.1
24	1.5	0.2	0.06	0.09	1	Tr	2	16	200	(0)	2400	(0)	1.6	300	0.01	0.03	(0.8)	0.03	(0)	23	0.08	0.6	Tr	4.0
62	0.4	1.3	0.13	0.68	4	1	0	2	1	(0)	11	(0)	0.7	2	0.05	0.11	1.2	0.13	(0)	63	0.63	0.8	10	0
38	0.3	0.4	0.04	0.68	0	0	1	0	(0)	(0)	0	(0)	1.0	1	0.01	0.04	(0.5)	0.02	0.8	36	0.10	0.8	0	0
11	0.2	Tr	0.02	0.03	-	-	-	-	(0)	(0)	0	(0)	Tr	Tr	0	0	(0.1)	0	(0)	1			0	0.9
31	0.3	0.2	0.05	0.15	1	1	0	0	0	0	0	0	Tr	Tr	0.04	0.01	0.3	0.14	0	15	0.17	0.6	7	0
34	0.3	0.2	0.04	0.14	-	-	-	-	(0)	(0)	0	(0)	0.1	Tr	0.03	0.02	(0.3)	0.13	(0)	23	0.15	-	7	0
45	0.6	0.3	0.03	0.35	-	-	-	-	120	(0)	1500	(0)	1.1	92	0.06	0.11	(0.9)	0.16	(0)	120	0.13	-	32	0
120	0.9	0.8	0.35	0.47	0	1	0		48	(0)	570	(0)	2.4	99	0.15	0.20	3.2	0.22	(0)	160	0.53	6.7	7	0
25	0.2	0.2	0.05	0.07	1	0	1	1	1	(0)	11	(0)	0.2	8	0.06	0.04	(0.4)	0.03	(0)	41	0.14	1.1	2	0
27	1.1	0.3	0.07	0.12	Tr	1	1	7	170	(0)	2000	(0)	0.7	84	0.03	0.07	0.6	0.08	(0)	66	0.17	1.3	24	0.1
94	2.1	1.1	0.22	0.22	-	-	-	-	88	(0)	1100	(0)	4.9	19	0.07	0.14	2.8	0.35	(0)	110	0.90	-	33	0
75	3.0	0.5	0.06	0.81	-	-	-	-	230	(0)	2700	(0)	1.3	310	0.08	0.30	1.3	0.13	(0)	90	0.46	-	22	0
28	0.5	0.4	0.05	0.29	-	-	-	-	250	(0)	3000	(0)	1.1	350	0.03	0.13	(0.5)	0.09	(0)	78	0.21	-	41	0
71	2.0	0.5	0.23	0.27	-	-	-	-	640	(0)	7700	(0)	8.9	27	0.14	0.36	(4.5)	1.00	(0)	41	0.95	-	120	0
260	6.8	1.5	0.85	1.08	-	-	-	-	1500	(0)	17000	(0)	30.0	58	0.50	1.40	(17.0)	3.81	(0)	30	3.61	-	1	0
18	0.2	0.1	0.02	0.02	7	0	0	4	(0)	(0)	(0)	(0)	1	1	0.01	0.01	(0.5)	0.03	(0)	26	0.21	-	39	0

食品番号	食品名	廃棄率	エネルギー	水分	たんぱく質	アミノ酸組成によるたんぱく質	脂質	脂肪酸のトリアシルグリセロール当量	飽和脂肪酸	一価不飽和脂肪酸	多価不飽和脂肪酸	コレステロール	炭水化物	利用可能炭水化物（質量計）	食物繊維総量（プロスキー変法）	食物繊維総量（AOAC法）	ナトリウム	カリウム	カルシウム	マグネシウム
		%	kcal	g	g	g	g	g	g	g	g	mg	g	g	g	g	mg	mg	mg	mg
06175	未熟種子 生	50	89	77.1	3.6	2.7	1.7	1.3	0.26	0.49	0.54	0	16.8	12.0	3.0	-	Tr	290	3	37
06179	缶詰 クリームスタイル	0	82	78.2	1.7	(1.5)	0.5	(0.5)	(0.46)	(0.15)	(0.24)	(0)	18.6	-	1.8	-	260	150	2	18
06180	ホールカーネルスタイル	0	78	78.4	2.3	(2.2)	0.5	(0.5)	(0.10)	(0.15)	(0.21)	(0)	17.8	(13.0)	3.3	-	210	130	2	13
06181	ヤングコーン 幼雌穂 生	0	29	90.9	2.3	(1.7)	0.2	(0.2)	(0.03)	(0.06)	(0.06)	(0)	6.0	(4.1)	2.7	-	0	230	19	25
	■トマト類																			
06182	赤色トマト 果実 生	3	20	94.0	0.7	0.5	0.1	0.1	0.02	0.01	0.03	0	4.7	3.1	1.0	-	3	210	7	9
06183	赤色ミニトマト 果実 生	2	30	91.0	1.1	(0.8)	0.1	(0.1)	(0.02)	(0.01)	(0.03)	0	7.2	4.5	1.4	-	4	290	12	13
06184	加工品 ホール 食塩無添加	0	21	93.3	0.9	(0.9)	0.2	(0.1)	(0.03)	(0.02)	(0.06)	(0)	4.4	(3.6)	1.3	-	4	240	9	13
06185	トマトジュース 食塩添加	0	15	94.1	0.7	(0.7)	0.1	(0.1)	(0.02)	(0.01)	(0.04)	(0)	4.0	(2.9)	0.7	-	120	260	6	9
06186	ミックスジュース 食塩添加	0	18	94.2	0.6	(0.5)	0					(0)	4.3	-	0.7	-	82	200	11	13
06187	■トレビス 葉 生	20	17	94.1	1.1	-	0.2	-	-	-	-	(0)	3.9	-	2.0	-	11	290	21	11
06188	とんぶり ゆで	0	89	76.7	6.1	-	3.5	2.6	0.36	0.50	1.65	(0)	12.9	-	7.1	-	5	190	15	74
06191	■なす類 なす 果実 生	10	18	93.2	1.1	0.7	0.1	Tr	0.03	Tr	Tr	1	5.1	2.6	2.2	-	Tr	220	18	17
06193	べいなす 果実 生	30	20	93.0	1.1	(0.9)	0.1	(Tr)	(0.03)	(Tr)	(Tr)	(0)	5.3	(2.6)	2.4	-	1	220	10	14
06195	漬物 塩漬	0	22	90.4	1.4	(0.9)	0.1	(Tr)	(Tr)	(Tr)	(Tr)	(0)	5.2	-	2.7	-	880	260	18	18
06199	しば漬	0	27	86.4	1.4	-	0.2					(0)	7.0	-	4.4	-	1600	50	30	16
06200	■なずな 葉 生	5	35	86.8	4.3	-	0.1					(0)	7.0	-	5.4	-	3	440	290	34
	■なばな類																			
06201	和種なばな 花らい・茎 生	0	34	88.4	4.4	(3.6)	0.2	(0.1)	(0.02)	(Tr)	(0.08)	(0)	5.8	-	4.2	-	16	390	160	29
06203	洋種なばな 茎葉 生	0	36	88.3	4.1	(3.3)	0.4	(0.2)	(0.04)	(0.01)	(0.15)	(0)	6.0	-	3.7	-	12	410	97	28
06205	■にがうり 果実 生	15	15	94.4	1.0	(0.7)	0.1	(0.1)	(0.01)	(Tr)	(0.04)	(0)	3.9	0.3	2.6	-	1	260	14	14
06207	■にら類 にら 葉 生	5	18	92.6	1.7	1.3	0.3	0.1	0.04	0.01	0.08	Tr	4.0	1.7	2.7	-	1	510	48	18
06210	黄にら 葉 生	0	18	94.0	2.1	(1.5)	0.1	(Tr)	(Tr)	(Tr)	(0.03)	(0)	3.3	-	2.0	-	Tr	180	15	11
	■にんじん類																			
06212	にんじん 根 皮つき 生	3	35	89.1	0.7	0.5	0.2	0.1	0.02	Tr	0.06	(0)	9.3	5.8	2.8	-	28	300	28	10
06217	ジュース 缶詰	0	29	92.0	0.6	(0.4)	0.1	(Tr)	(Tr)	(Tr)	(0.03)	(0)	6.7	(5.7)	0.2	-	19	280	10	7
06218	きんとき 根 皮つき 生	15	39	87.3	1.8	(1.3)	0.1	(0.1)	(0.01)	(Tr)	(0.04)	(0)	9.6	-	3.9	-	11	540	37	11
06222	ミニキャロット 根 生	1	26	90.9	0.7	(0.5)	0.2	(0.1)	(0.01)	(Tr)	(0.07)	(0)	7.5	(4.6)	2.7	-	15	340	30	8
	■にんにく類																			
06223	にんにく りん茎 生	9	129	63.9	6.4	4.0	0.9	0.5	0.13	0.03	0.29	(0)	27.5	1.0	6.2	-	8	510	14	24
06224	茎にんにく 花茎 生	0	44	86.7	1.9	(1.4)	0.3	(0.1)	(0.04)	(0.01)	(0.08)	(0)	10.6	-	3.8	-	9	160	45	15
	■ねぎ類																			
06226	根深ねぎ 葉 軟白 生	40	35	89.6	1.4	1.0	0.1	Tr	0.02	Tr	0.02	2	8.3	3.6	2.5	-	Tr	200	36	13
06227	葉ねぎ 葉 生	7	29	90.5	1.9	1.3	0.3	0.1	0.03	0.01	0.07	(0)	6.5	0	3.2	-	1	260	80	19
06228	こねぎ 葉 生	10	26	91.3	2.0	(1.4)	0.3	(0.1)	(0.04)	(Tr)	(0.08)	(0)	5.4	-	2.5	-	1	320	100	17
06229	■のざわな 葉 生	3	14	94.0	0.9	(0.8)	0.1	(0.1)	(0.01)	(Tr)	(0.04)	(0)	3.5	-	2.0	-	24	390	130	19
06230	漬物 塩漬	5	17	91.8	1.2	(1.0)	0.1	(0.1)	(0.01)	(Tr)	(0.04)	(0)	4.1	-	2.5	-	610	300	130	21
06233	■はくさい 結球葉 生	6	13	95.2	0.8	0.6	0.1	Tr	0.01	Tr	0.03	(0)	3.2	2.0	1.3	-	6	220	43	10
06235	漬物 塩漬	4	17	92.1	1.5	(1.1)	0.1	(Tr)	(0.01)	(Tr)	(0.03)	(0)	3.3	-	1.8	-	820	240	39	12
06236	キムチ	0	27	88.4	2.3	-	0.1					(0)	5.4	-	2.2	-	1100	290	50	11
06238	■バジル 葉 生	20	21	91.5	2.0	(1.2)	0.6	(0.5)	(0.04)	(0.08)	(0.36)	(0)	4.0	(0.3)	4.0	-	1	420	240	69
06239	■パセリ 葉 生	10	34	84.7	4.0	3.2	0.7	(0.5)	(0.12)	(0.26)	(0.11)	(0)	7.8	0.9	6.8	-	9	1000	290	42
06240	■はつかだいこん 根 生	25	13	95.3	0.8	0.7	0.1	(0.1)	(0.03)	(0.02)	(0.05)	(0)	3.1	(1.9)	1.2	-	8	220	21	11
06392	■はなっこりー 生	0	34	89.5	3.6	-	0.5					-	5.4	-	-	3.1	5	380	51	22
06241	■はやとうり 果実 白色種 生	2	20	94.0	0.6	(0.4)	0.1	(0.1)	(0.02)	(0.01)	(0.04)	(0)	4.9	-	1.2	-	Tr	170	12	10
06243	■ビーツ 根 生	10	38	87.6	1.6	(1.0)	0.1	(0.1)	(0.02)	(0.02)	(0.04)	(0)	9.3	(6.9)	2.7	-	30	460	12	18
	■ピーマン類																			
06245	青ピーマン 果実 生	15	20	93.4	0.9	0.7	0.2	0.1	0.02	Tr	0.05	0	5.1	2.3	2.3	-	1	190	11	11
06247	赤ピーマン 果実 生	10	28	91.1	1.0	(0.8)	0.2	(0.2)	(0.04)	(Tr)	(0.10)	(0)	7.2	(5.3)	1.6	-	Tr	210	7	10
06249	黄ピーマン 果実 生	10	28	92.0	0.8	(0.6)	0.2	(0.1)	(0.03)	(Tr)	(0.05)	(0)	6.6	(4.9)	1.3	-	Tr	200	8	10
06253	■ひのな 根・茎葉 甘酢漬	0	70	76.4	1.4	(1.1)	0.5					(0)	17.3	-	4.7	-	1100	550	130	22
06256	■ふき類 ふき 葉柄 生	40	11	95.8	0.3	-	0					(0)	3.0	-	1.3	-	35	330	40	6
06258	ふきのとう 花序 生	2	38	85.5	2.5	-	0.1					(0)	10.0	-	6.4	-	4	740	61	49
06263	■ブロッコリー 花序 生	35	37	86.2	5.4	3.8	0.6	0.3	0.07	0.06	0.11	0	6.6	2.3	5.1	-	7	460	50	29
06354	芽ばえ 生	0	18	94.3	1.9	(1.3)	0.6	(0.3)	(0.08)	(0.07)	(0.12)	(0)	2.6	(1.0)	1.8	-	4	100	57	32
06265	■へちま 果実 生	20	17	94.9	0.8	(0.5)	0.1	(0.1)	(0.01)	(0.02)	(0.04)	(0)	3.8	-	1.0	-	1	150	12	12

p.176◀
p.183◀
p.176◀
p.177◀
p.178◀
p.175◀
p.178◀
p.178◀
p.180◀
p.182◀
p.175◀
p.183◀
p.176◀
p.182◀
p.174◀

食品番号-06000（緑数字）：緑黄色野菜　（可食部100gあたり）　Tr：微量　（ ）：推定値または推計値　-：未測定

リン	鉄	亜鉛	銅	マンガン	ヨウ素	セレン	クロム	モリブデン	A レチノール活性当量	A レチノール	A βカロテン当量	ビタミンD	E α-トコフェロール	ビタミンK	ビタミンB1	ビタミンB2	ナイアシン当量	ビタミンB6	ビタミンB12	葉酸	パントテン酸	ビオチン	ビタミンC	食塩相当量
mg	mg	mg	mg	mg	µg	µg	µg	µg	µg	µg	µg	µg	mg	µg	mg	mg	mg	mg	µg	µg	mg	µg	mg	g
100	0.8	1.0	0.10	0.32	0	Tr	1	6	4	0	53	(0)	0.3	1	0.15	0.10	2.8	0.14	(0)	95	0.58	5.4	8	0
46	0.4	0.4	0.04	0.07	-	-	-	-	4	(0)	50	(0)	0.1	0	0.02	0.05	(1.0)	0.03	-	19	0.34	-	3	0.7
40	0.4	0.6	0.04	0.06	-	-	-	-	5	(0)	62	(0)	0.1	Tr	0.03	0.05	(1.2)	0.05	-	18	0.19	-	2	0.5
63	0.4	0.8	0.09	0.60	-	-	-	-	3	(0)	35	(0)	0.4	0	0.09	0.11	(1.2)	0.16	-	110	0.40	-	9	0
26	0.2	0.1	0.04	0.08	Tr	1	Tr	2	45	0	540	(0)	0.4	9	0.05	0.02	0.8	0.08	(0)	22	0.17	2.3	15	
29	0.4	0.2	0.06	0.10	4	Tr	0	4	80	(0)	960	(0)	0.7	7	0.07	0.05	(0.9)	0.11	(0)	35	0.17	3.6	32	
26	0.4	0.1	0.08	0.09	-	-	-	-	47	(0)	570	(0)	1.2	5	0.06	0.03	(0.8)	0.10	(0)	21	0.22	-	10	
18	0.3	0.1	0.06	0.05	4	Tr	1	4	26	(0)	310	(0)	0.7	6	0.04	0.04	(0.8)	0.09	(0)	17	0.18	4.2	6	0.3
11	0.3	0.1	0.08	0.07	-	-	-	-	32	(0)	390	(0)	0.5	8	0.03	0.03	(0.5)	0.06	-	10	0.20	-	3	0.2
34	0.3	0.2	0.06	0.15	-	-	-	-	1	(0)	14	(0)	0.3	13	0.04	0.04	(0.4)	0.03	-	41	0.24	-	6	0
170	2.8	1.4	0.25	0.78	-	-	-	-	67	(0)	800	(0)	4.6	120	0.11	0.17	1.3	0.16	(0)	100	0.48	-	1	0
30	0.3	0.2	0.06	0.16	0	0	0	10	8	(0)	100	(0)	0.9	10	0.05	0.05	(0.4)	0.05	(0)	32	0.33	2.3	6	0
26	0.4	0.2	0.08	0.13	-	-	-	-	4	(0)	45	(0)	0.3	9	0.04	0.04	(0.8)	0.06	-	19	0.30	-	6	0
33	0.6	0.2	0.09	0.18	-	-	-	-	4	(0)	44	(0)	0.3	10	0.03	0.04	(0.6)	0.07	-	32	0.41	-	7	2.2
27	1.7	0.2	0.12	0.29	-	-	-	-	48	(0)	580	(0)	0.7	72	0	0.02	0.3	0.03	-	9	0.13	-	0	4.1
92	2.4	0.7	0.16	1.00	-	-	-	-	430	(0)	5200	(0)	2.5	330	0.15	0.27	1.2	0.32	(0)	180	1.10	-	110	0
86	2.9	0.7	0.09	0.32	1	1	1	6	180	(0)	2200	(0)	2.9	250	0.16	0.28	(2.6)	0.26	(0)	340	0.73	12.0	130	0
78	0.9	0.6	0.09	0.67	-	-	-	-	220	(0)	2600	(0)	1.7	260	0.11	0.24	(2.5)	0.22	(0)	240	0.80	-	110	0
31	0.4	0.2	0.05	0.10	1	0	1	7	17	(0)	210	(0)	0.8	41	0.05	0.07	(0.5)	0.06	(0)	72	0.27	0.5	76	0
31	0.7	0.3	0.07	0.39	1	1	1	15	290	(0)	3500	(0)	2.5	180	0.06	0.13	1.1	0.16	(0)	100	0.50	2.1	19	0
35	0.7	0.2	0.07	0.18	-	-	-	-	5	(0)	59	(0)	0.3	29	0.05	0.08	(1.3)	0.12	-	76	0.38	-	15	0
26	0.2	0.2	0.05	0.12	-	-	-	-	720	(0)	8600	(0)	0.4	17	0.07	0.06	1.0	0.10	(0)	21	0.37	-	6	0.1
20	0.2	0.1	0.04	0.07	-	-	-	-	370	(0)	4500	(0)	0.2	2	0.03	0.04	(0.7)	0.08	-	13	0.27	-	1	0
64	0.4	0.9	0.09	0.15	-	-	-	-	410	(0)	5000	(0)	0.5	17	0.05	0.05	(1.4)	0.12	-	110	0.32	-	8	0
22	0.3	0.2	0.05	0.12	-	-	-	-	500	(0)	6000	(0)	0.6	15	0.04	0.04	(0.7)	0.10	-	32	0.41	-	4	0
160	0.8	0.8	0.16	0.28	0	1	0	16	0	(0)	2	(0)	0.5	0	0.19	0.07	1.8	1.53	(0)	93	0.55	2.0	12	0
33	0.5	0.3	0.06	0.35	-	-	-	-	60	(0)	710	(0)	0.8	54	0.11	0.10		0.31	(0)	120	0.29	-	45	0
27	0.3	0.3	0.04	0.12	0	Tr	0	2	7	(0)	83	(0)	0.2		0.05	0.04	0.6	0.12		72	0.17	1.0	14	0
40	1.0	0.3	0.05	0.18	1	1	2	1	120	(0)	1500	(0)	0.9	110	0.06	0.11	0.9	0.13	(0)	100	0.23	1.7	32	0
36	1.0	0.3	0.05	0.18	-	-	-	-	190	(0)	2200	(0)	1.3	120	0.08	0.14	(1.1)	0.13	(0)	120	0.20	-	44	0
40	0.6	0.3	0.04	0.23	1	1	2	10	100	(0)	1200	(0)	0.5	100	0.06	0.10	(1.0)	0.11	(0)	110	0.17	1.4	41	0.1
39	0.4	0.3	0.05	0.13	-	-	-	-	130	(0)	1600	(0)	0.5	110	0.05	0.11	(0.9)	0.06	(0)	64	0.13	-	27	1.5
33	0.3	0.2	0.03	0.11	1	Tr	0	2	8	(0)	99	(0)	0.2	59	0.03	0.03	0.7	0.09	(0)	61	0.25	1.4	19	0
41	0.4	0.2	0.04	0.06	4	0	Tr	8	1	(0)	14	(0)	0.7	61	0.04	0.03	(0.6)	0.08	Tr	59	0.11	0.5	29	2.1
48	0.5	0.2	0.04	0.10	14	1	1	6	15	(0)	170	(0)	0.5	42	0.04	0.06	1.0	0.13	Tr	22	0.24	0.8	15	2.9
41	1.5	0.6	0.20	1.91	-	-	-	-	520	(0)	6300	(0)	3.5	440	0.08	0.19	(1.0)	0.11	(0)	69	0.29	-	16	0
61	7.5	1.0	0.16	1.05	7	3	4	39	620	(0)	7400	(0)	3.3	850	0.12	0.24	2.7	0.27	(0)	220	0.48	4.1	120	0
46	0.3	0.1	0.02	0.05	-	-	-	-	(0)		0	(0)	0	1	0.02	0.02	0.3	0.07	(0)	53	0.18	-	19	0
79	0.5	0.5	0.06	0.28	Tr	1	0	1	97	-	1200	-	1.3	140	0.09	0.15	1.6	0.23	-	220	0.50	8.5	90	0
21	0.3	0.1	0.03	0.15	-	-	-	-	(0)		0	(0)	0.2	9	0.02	0.03	(0.4)	0.04	(0)	44	0.46	-	11	0
23	0.4	0.3	0.09	0.15	-	-	-	-	(0)		0	(0)	0.1	0	0.05	0.05	(0.6)	0.07	(0)	110	0.31	-	5	0.1
22	0.4	0.2	0.06	0.10	Tr	0	1	3	33	(0)	400	(0)	0.8	20	0.03	0.03	0.8	0.19	(0)	26	0.30	1.6	76	0
22	0.4	0.2	0.03	0.13	-	-	-	-	88	(0)	1100	(0)	4.3	7	0.06	0.14	(1.4)	0.37	(0)	68	0.28	-	170	0
21	0.3	0.2	0.04	0.15	-	-	-	-	17	(0)	200	(0)	2.4	3	0.04	0.05	(1.2)	0.26	(0)	54	0.25	-	150	0
40	0.9	0.3	0.08	0.12	-	-	-	-	170	(0)	2000	(0)	1.4	120	0.04	0.08	(1.0)	0.12	(0)	69	0.20	-	39	2.8
18	0.1	0.2	0.05	0.36	Tr	0	0	2	4	(0)	49	(0)	0.2	6	Tr	0.02	0.2	0.01	(0)	12	0.07	0.2	2	0.1
89	1.3	0.8	0.36	0.23	-	-	-	-	33	(0)	390	(0)	3.2	92	0.10	0.17	1.3	0.18	(0)	160	0.45	-	14	0
110	1.3	0.8	0.10	0.28	0	2	0	11	75	0	900	0	3.0	210	0.17	0.23	2.0	0.30	(0)	220	1.42	13.0	140	0
60	0.7	0.4	0.03	0.37	-	-	-	-	120	(0)	1400	(0)	1.9	150	0.08	0.11	(1.6)	0.20	(0)	74	0.52	-	64	0
25	0.3	0.2	0.06	0.07	-	-	-	-	4	(0)	44	(0)	0.3	12	0.03	0.04	(0.3)	0.07	(0)	92	0.30	-	5	0

ミネラル　ビタミン　食塩相当量

食品ライブラリーの参照ページ	食品番号	食品名	廃棄率	エネルギー	水分	たんぱく質	アミノ酸組成による たんぱく質	脂質	脂肪酸のトリアシルグリセロール当量	飽和脂肪酸	一価不飽和脂肪酸	多価不飽和脂肪酸	コレステロール	炭水化物	利用可能炭水化物（質量計）	食物繊維総量（プロスキー変法）	食物繊維総量（AOAC法）	ナトリウム	カリウム	カルシウム	マグネシウム
			%	kcal	g	g	g	g	g	g	g	g	mg	g	g	g	g	mg	mg	mg	mg
p.181	06267	ほうれんそう 葉 通年平均 生	10	18	92.4	2.2	1.7	0.4	0.2	0.04	0.02	0.17	0	3.1	0.3	2.8	-	16	690	49	69
	06355	夏採り 生	10	18	92.4	2.2	(1.7)	0.4	0.2	-	-	-	0	3.1	(0.3)	2.8	-	16	690	49	69
	06356	冬採り 生	10	18	92.4	2.2	(1.7)	0.4	0.2	-	-	-	0	3.1	(0.3)	2.8	-	16	690	49	69
	06271	まこも 茎 生	15	19	93.5	1.3	(0.9)	0.2	0.1	0.05	0.01	0.04	(0)	4.4	-	2.3	-	3	240	2	8
p.176	06072	みずな 葉 生	15	23	91.4	2.2	(1.9)	0.1	-	-	-	-	(0)	4.8	-	3.0	-	36	480	210	31
p.179		みつば類																			
	06274	切りみつば 葉 生	0	16	93.8	1.0	(0.9)	0.1	-	-	-	-	(0)	4.0	-	2.5	-	8	640	25	17
	06276	根みつば 葉 生	35	19	92.7	1.9	(1.8)	0.1	-	-	-	-	(0)	4.1	-	2.9	-	5	500	52	21
	06278	糸みつば 葉 生	8	12	94.6	0.9	(0.8)	0.1	-	-	-	-	(0)	2.9	-	2.3	-	3	500	47	21
p.182	06280	みょうが類 みょうが 花穂 生	3	11	95.6	0.9	(0.7)	0.1	-	-	-	-	(0)	2.6	-	2.1	-	1	210	25	30
	06283	めキャベツ 結球葉 生	0	52	83.2	5.7	(3.9)	0.1	(0.1)	(0.02)	(0.01)	(0.05)	(0)	9.9	(4.1)	5.5	-	5	610	37	25
p.179		もやし類																			
	06286	アルファルファもやし 生	0	11	96.0	1.6	-	0.1	(0.1)	(0.01)	(0.01)	(0.06)	(0)	2.0	(0.3)	1.4	-	7	43	14	13
	06287	だいずもやし 生	4	29	92.0	3.7	2.9	1.5	1.2	0.20	0.20	0.78	Tr	2.3	0.6	2.3	-	3	160	23	23
	06289	ブラックマッペもやし 生	0	17	94.7	2.2	1.4	Tr	-	-	-	-	(0)	2.8	1.4	1.5	-	8	65	16	12
	06291	りょくとうもやし 生	3	15	95.4	1.7	1.2	0.1	(0.1)	(0.03)	(0.01)	(0.04)	(0)	2.6	1.3	1.3	-	2	69	10	8
p.181	06293	モロヘイヤ 茎葉 生	0	36	86.1	4.8	(3.6)	0.5	(0.4)	(0.08)	(0.03)	(0.24)	(0)	6.3	0.1	5.9	-	1	530	260	46
	06296	ゆりね りん茎 生	10	119	66.5	3.8	(2.4)	0.1	-	-	-	-	(0)	28.3	-	5.4	-	1	740	10	25
	06298	ようさい 茎葉 生	0	17	93.0	2.2	(1.7)	0.1	-	-	-	-	(0)	3.1	(0.9)	3.1	-	26	380	74	28
	06301	よもぎ 葉 生	0	43	83.6	5.2	(4.2)	0.3	-	-	-	-	(0)	8.7	-	7.8	-	10	890	180	29
	06303	らっかせい 未熟豆 生	35	306	50.1	12.0	(11.2)	24.2	(23.9)	(4.24)	(11.60)	(7.00)	(0)	12.4	-	4.0	-	1	450	15	100
		らっきょう類																			
	06305	らっきょう りん茎 生	15	83	68.3	1.4	0.9	(0.1)		(0.03)	(0.03)	(0.08)	(0)	29.3	-	20.7	-	2	230	14	14
	06306	甘酢漬	0	117	67.5	0.4	(0.3)	0.3	(0.2)	(0.05)	(0.04)	(0.12)	(0)	29.4	-	2.9	-	750	9	11	1
	06307	エシャレット りん茎 生	40	59	79.1	2.3	(1.4)	0.2	(0.1)	(0.03)	(0.03)	(0.08)	(0)	17.8	-	11.4	-	2	290	20	14
p.183	06308	リーキ りん茎葉 生	35	30	90.8	1.6	(1.2)	0.1	(0.1)	(0.01)	(Tr)	(0.06)	(0)	6.9	(4.0)	2.5	-	2	230	31	11
p.183	06319	ルッコラ 葉 生	2	17	92.7	1.9	-	0.4	0.1	0.05	0.01	0.07	(0)	3.1	(0)	2.6	-	14	480	170	46
p.183	06310	ルバーブ 葉柄 生	10	23	92.1	0.7	-	0.1	(0.1)	(0.03)	(0.02)	(0.01)	(0)	6.0	(1.9)	2.5	-	1	400	74	19
p.180		レタス類																			
	06312	レタス 土耕栽培 結球葉 生	2	11	95.9	0.6	0.5	0.1	Tr	0.01	Tr	0.03	(0)	2.8	1.7	1.1	-	2	200	19	8
	06361	水耕栽培 結球葉 生	2	13	95.3	0.8	(0.6)	0.2	(0.1)	(0.02)	(Tr)	(0.05)	(0)	2.9	(2.0)	1.1	-	2	260	34	10
	06313	サラダな 葉 生	10	10	94.9	1.0	0.8	0.2	0.1	0.01	Tr	0.06	(0)	2.7	0.7	1.8	-	6	410	56	14
	06315	サニーレタス 葉 生	6	15	94.1	1.2	(0.7)	0.2	(0.1)	(0.01)	(0.01)	(0.10)	(0)	3.2	(0.6)	2.0	-	4	410	66	15
	06362	サンチュ 葉 生	0	14	94.5	1.2	(1.0)	0.4	(0.2)	(0.03)	(0.01)	(0.13)	(0)	2.5	-	2.0	-	3	470	62	19
p.179	06317	れんこん 根茎 生	20	66	81.5	1.9	1.3	0.1	Tr	0.01	0.01	0.04	(0)	15.5	13.0	2.0	-	24	440	20	16
p.182	06320	わけぎ 葉 生	4	30	90.3	1.6	(1.1)	0	-	-	-	-	(0)	7.4	-	2.8	-	1	230	59	23
p.182	06322	わさび 根茎 生	30	89	74.2	5.6	-	0.2	-	-	-	-	(0)	18.4	-	4.4	-	24	500	100	46
p.182	06324	わらび 生わらび 生	6	19	92.7	2.4	1.8	0.1	-	-	-	-	(0)	4.0	-	3.6	-	Tr	370	12	25
	06326	干しわらび 乾	0	216	10.4	20.0	(14.5)	0.7	-	-	-	-	(0)	61.4	-	58.0	-	6	3200	200	330
	06382	ミックスベジタブル 冷凍	0	67	80.5	3.0	-	0.7	-	-	-	-	-	15.1	-	-	5.9	22	220	19	21
	06399	野菜ミックスジュース 通常タイプ	0	21	93.9	0.8	-	0.1	-	-	-	-	-	4.7	3.1	-	0.9	17	230	10	9

果実類

食品ライブラリーの参照ページ	食品番号	食品名	廃棄率	エネルギー	水分	たんぱく質	アミノ酸組成による たんぱく質	脂質	脂肪酸のトリアシルグリセロール当量	飽和脂肪酸	一価不飽和脂肪酸	多価不飽和脂肪酸	コレステロール	炭水化物	利用可能炭水化物（質量計）	食物繊維総量（プロスキー変法）	食物繊維総量（AOAC法）	ナトリウム	カリウム	カルシウム	マグネシウム
	07001	あけび 果肉 生	0	89	77.1	0.5	-	0.1	-	-	-	-	0	22.0	-	1.1	-	Tr	95	11	14
	07181	アサイー 冷凍 無糖	0	62	87.7	0.9	-	5.3	-	-	-	-	-	5.0	0.2	-	4.7	11	150	45	20
	07003	アセロラ 酸味種 生	25	36	89.9	0.7	-	0.1	Tr	0.01	Tr	0.01	0	9.0	-	1.9	-	7	130	11	10
p.190	07006	アボカド 生	30	176	71.3	2.1	1.6	15.5	15.5	3.03	9.96	1.85	Tr	7.9	(0.8)	5.6	-	7	590	8	34
p.188	07007	あんず 生	5	37	89.8	1.0	(0.8)	0.3	(0.2)	(0.02)	(0.13)	(0.06)	(0)	8.5	(4.7)	1.6	-	2	200	9	8
p.189	07012	いちご 生	2	31	90.0	0.9	0.7	0.1	0.1	0.01	0.01	0.05	0	8.5	(5.9)	1.4	-	Tr	170	17	13
	07015	いちじく 生	15	57	84.6	0.6	0.4	0.1	(0.1)	(0.02)	(0.02)	(0.05)	(0)	14.3	(11.0)	1.9	-	2	170	26	14
p.188	07019	うめ 生	15	33	90.4	0.7	0.4	0.5	(0.4)	(0.03)	(0.24)	(0.08)	0	7.9	-	2.5	-	2	240	12	8
	07023	梅干し 調味漬	25	90	68.7	1.5	-	0.6	(0.4)	(0.04)	(0.29)	(0.09)	0	21.1	-	2.5	-	3000	130	25	15
	07037	オリーブ 塩漬 グリーンオリーブ	25	148	75.6	1.0	(0.7)	15.0	(14.6)	(2.53)	(10.63)	(0.82)	(0)	4.5	-	3.3	-	1400	47	79	13
	07038	ブラックオリーブ	25	121	81.6	0.8	(0.6)	12.3	12.0	2.07	8.72	0.67	Tr	3.4	-	2.5	-	640	10	68	11
p.186	07049	かき 甘がき 生	9	63	83.1	0.4	0.3	0.2	0.1	0.02	0.04	0.03	0	15.9	13.1	1.6	-	1	170	9	6
	07051	干しがき	8	274	24.0	1.5	(1.0)	1.7	(0.8)	(0.15)	(0.36)	(0.22)	(0)	71.3	-	14.0	-	4	670	27	26

食品番号-06000（緑数字）：緑黄色野菜　（可食部100gあたり　Tr：微量　（ ）：推定値または推計値　-：未測定）

リン	鉄	亜鉛	銅	マンガン	ヨウ素	セレン	クロム	モリブデン	A レチノール活性当量	A レチノール	A β-カロテン当量	ビタミンD	E α-トコフェロール	ビタミンK	ビタミンB1	ビタミンB2	ナイアシン当量	ビタミンB6	ビタミンB12	葉酸	パントテン酸	ビオチン	ビタミンC	食塩相当量
mg	mg	mg	mg	mg	μg	μg	μg	μg	μg	μg	μg	μg	mg	μg	mg	mg	mg	mg	μg	μg	mg	μg	mg	g
47	2.0	0.7	0.11	0.32	3	3	2	5	350	(0)	4200	(0)	2.1	270	0.11	0.20	1.3	0.14	(0)	210	0.20	2.9	35	0
47	2.0	0.7	0.11	0.32	3	3	2	5	350	(0)	4200	(0)	2.1	270	0.11	0.20	(1.3)	0.14	(0)	210	0.20	2.9	20	0
47	2.0	0.7	0.11	0.32	3	3	2	5	350	(0)	4200	(0)	2.1	270	0.11	0.20	(1.3)	0.14	(0)	210	0.20	2.9	60	0
42	0.2	0.2	0.02	0.25	-	-	-	-	1	(0)	15	(0)	Tr	2	0.04	0.03	(0.7)	0.08	(0)	43	0.25	-	6	0
64	2.1	0.5	0.07	0.41	7	2	3	20	110	(0)	1300	(0)	1.8	120	0.08	0.15	(1.5)	0.18	(0)	140	0.50	3.1	55	0.1
50	0.3	0.1	0.07	0.14	3	1	Tr	3	61	(0)	730	(0)	0.7	63	0.03	0.09	(0.6)	0.04	(0)	44	0.29	1.9	8	0
64	1.8	0.2	0.07	0.42	-	-	-	-	140	(0)	1700	(0)	1.1	120	0.05	0.13	(1.4)	0.06	(0)	66	0.33	-	22	0
47	0.9	0.1	0.02	0.42	-	-	-	-	270	(0)	3200	(0)	0.9	220	0.04	0.14	(0.9)	0.06	(0)	64	0.30	-	13	0
12	0.5	0.4	0.05	1.17	1	1	0	8	3	(0)	31	(0)	0.5	20	0.05	0.04	(0.6)	0.07	(0)	25	0.24	1.1	2	0
73	1.0	0.6	0.07	0.29	-	-	-	-	59	(0)	710	(0)	0.6	150	0.19	0.23	(1.8)	0.27	(0)	240	0.76	-	160	0
37	0.5	0.4	0.09	0.10	1	1	0	16	5	(0)	56	(0)	1.9	47	0.07	0.09	0.5	0.10	(0)	56	0.46	4.4	5	0
51	0.5	0.4	0.12	0.30	-	-	-	-	(0)	(0)	(Tr)	(0)	0.5	57	0.09	0.07	1.2	0.08	(0)	85	0.36	-	5	0
32	0.4	0.3	0.07	0.09	1	1	Tr	37	0	0	Tr	0	Tr	7	0.04	0.06	0.8	0.06	(0)	42	0.43	2.7	10	0
25	0.2	0.3	0.08	0.06	2	0	0	55	Tr	(0)	6	(0)	0.1	3	0.04	0.05	0.6	0.05	(0)	41	0.23	1.7	8	0
110	1.0	0.6	0.33	1.32	4	1	2	15	840	(0)	10000	(0)	6.5	640	0.18	0.42	(1.6)	0.35	(0)	250	1.83	14.0	65	0
71	1.0	0.7	0.16	0.96	-	-	-	-	(0)	(0)	(0)	(0)	0.5	0	0.08	0.07	(1.4)	0.12	(0)	77	0	1.6	9	0
44	1.5	0.5	0.20	1.07	-	-	-	-	360	(0)	4300	(0)	2.2	250	0.10	0.11	(1.4)	0.11	(0)	120	0.40	-	19	0.1
100	4.3	0.6	0.29	0.84	-	-	-	-	440	(0)	5300	(0)	3.2	340	0.19	0.34	(3.9)	0.08	(0)	190	0.55	-	35	0
200	0.9	1.2	0.50	0.75	-	-	-	58	Tr	(0)	5	(0)	7.2	0	0.54	0.09	(12.0)	0.21	(0)	150	1.40	44.0	20	0
35	0.5	0.5	0.06	0.45	1	1	0	14	5	(0)	56	(0)	0.8	1	0.07	0.05	2.4	0.12	(0)	29	0.56	0.9	23	0
7	1.8	0.1	0.06	0.08	4	Tr	3	3	(0)	(0)		-	0.2	1	Tr	Tr	(0.2)	0.02	0	Tr	0.03	0.4	0	1.9
47	0.8	0.5	0.06	0.37	-	-	-	-	2	(0)	18	(0)	0.4	6	0.03	0.05	(1.2)	0.11	(0)	55	0.33	-	21	0
27	0.7	0.3	0.03	0.25	-	-	-	-	4	(0)	45	(0)	0.3	9	0.06	0.08	(0.6)	0.24	(0)	76	0.17	-	11	0
40	1.6	0.8	0.07	0.69	-	-	-	-	300	(0)	3600	(0)	1.4	210	0.06	0.17	(0.6)	0.11	(0)	170	0.55	-	66	0
37	0.2	0.1	0.02	0.05	-	-	-	-	3	(0)	40	(0)	0.7	2	0.04	0.05		0.02	(0)	31	0.10	-	5	0
22	0.3	0.2	0.04	0.13	1	0	0	Tr	20	(0)	240	(0)	0.3	29	0.05	0.03	0.3	0.05	(0)	73		1.2	5	0
30	0.3	0.1	0.01	0.38	-	-	-	-	59	(0)	710	(0)	0.3	58	0.03	0.03	(0.4)	0.05	(0)	44	0.06	-	5	0
49	2.4	0.2	0.04	-	-	-	-	-	180	(0)	2200	(0)	1.4	110	0.06	0.13	0.6		(0)	71	0.25	-	14	0
31	1.8	0.4	0.05	0.43	-	-	-	-	170	(0)	2000	(0)	1.2	160	0.10	0.10	(0.6)		(0)	120	0.14	-	17	0
39	0.5	0.2	0.01	0.69	-	-	-	-	320	(0)	3800	(0)	1.0	220	0.06	0.10	(0.6)		(0)	91	0.08	-	13	0
74	0.5	0.3	0.09	0.78	9	1	1	1	Tr	(0)	3	(0)	0.6	0	0.10	0.01	0.7	0.09	(0)	14	0.89	2.9	48	0.1
25	0.4	0.2	0.04	0.23	-	-	-	-	220	(0)	2700	(0)	1.4	170	0.06	0.10	(0.7)	0.18	(0)	120	0.21	-	37	0
79	0.8	0.7	0.03	0.14	1	9	1	2	1	(0)	7	(0)	1.4	49	0.06	0.15	1.5	0.32	(0)	50	0.20	3.5	75	0.1
47	0.7	0.6	0.13	0.14	-	-	-	-	18	(0)	220	(0)	1.6	17	0.02	1.09	1.3	0.05	(0)	130	0.45	-	11	0
480	11.0	6.2	1.20	1.63	-	-	-	-	110	(0)	1300	(0)	4.6	180	0.12	0.46	(9.3)	0.06	(0)	140	2.70	-	0	0
71	0.7	0.5	0.08	0.20	-	0	1	24	320	0	3900	0	0.3	10	0.14	0.07	2.0	0.09	Tr	50	0.35	3.4	9	0.1
19	0.2	0.1	0.05	0.07	0	0	1	3	77	-	920	-	1.0	3	0.03	0.02	0.9	0.07	-	11	0.14	3.1	2	0
22	0.3	0.1	0.09	0.15	-	-	-	-	(0)	(0)		(0)	0.2	-	0.07	0.03	0.4	0.08	0	30	0.29	-	65	0
19	0.5	0.3	0.19	5.91	1	6	60	3	34	-	410	-	3.7	91	0.03	0.06	0.7	0.11	Tr	13	0.10	14.0	1	0
18	0.5	0.5	0.31	-	-	-	-	-	31	0	370	0	0.7	-	0.03	0.04	0.4	0	(0)	45	0.25	-	1700	0
52	0.6	0.7	0.24	0.19	0	1	0	1	7	(0)	87	(0)	3.3	21	0.09	0.20	2.3	0.29	(0)	83	1.55	5.3	12	0
15	0.3	0.1	0.04	0.21	0	0	0	1	120	(0)	1500	(0)	1.7	-	0.02	0.02	(0.2)	0.05	(0)	2	0.30	0.5	3	0
31	0.3	0.2	0.05	0.20	-	Tr	0	Tr	1	(0)	18	(0)	0.5	(2)	0.03	0.03	0.5	0.04	(0)	90	0.33	0.8	62	0
16	0.3	0.2	0.06	0.08	0	0	Tr	4	1	(0)	18	(0)	0.5	(3)	0.03	0.03	0.5	0.07	(0)	22	0.23	-	2	0
14	0.6	0.1	0.05	0.07	0	0	Tr	-	20	(0)	240	(0)	3.3	(3)	0.03	0.03	0.5	0.06	(0)	8	0.35	0.5	6	0
15	2.4	0.1	0.05	0.10	-	-	-	-	Tr	(0)	4	(0)		(10)	0.01	0.01	0.4	0.03	(0)	9	0.04	-	0	7.6
8	0.3	0.2	0.17	0.04	-	-	-	-	38	(0)	450	(0)	5.5	(2)	0.01	0.02	(0)	0.03	(0)	3	0	-	12	3.6
5	0.8	0.2	0.17	0.08	-	-	-	-	0	(0)	Tr	(0)	4.6	(1)	0.05	0.06	(0.3)	0.02	(0)	2	0	-	Tr	1.6
14	0.2	0.1	0.03	0.50	-	0	1	1	35	(0)	420	(0)	0.4	(2)	0.03	0.04	0.6	0.06	(2)	18	0.28	2.0	70	0
62	0.6	0.2	0.08	1.48	-	-	-	-	120	(0)	1400	(0)	0.4	(10)	0.02	0	(1.0)	0.13	(0)	35	0.85	-	2	0

食品ライブラリーの参照ページ	食品番号	食品名	廃棄率	エネルギー	水分	たんぱく質	アミノ酸組成によるたんぱく質	脂質	脂肪酸のトリアシルグリセロール当量	飽和脂肪酸	一価不飽和脂肪酸	多価不飽和脂肪酸	コレステロール	炭水化物	利用可能炭水化物（質量計）	食物繊維総量（プロスキー変法）	食物繊維総量（AOAC法）	ナトリウム	カリウム	カルシウム	マグネシウム
			%	kcal	g	g	g	g	g	g	g	g	mg	g	g	g	g	mg	mg	mg	mg
		■かんきつ類																			
p.187	07018	■いよかん 砂じょう 生	40	50	86.7	0.9	(0.5)	0.1	-	-	-	-	(0)	11.8	-	1.1	-	2	190	17	14
p.187		■うんしゅうみかん																			
	07027	じょうのう 普通 生	20	49	86.9	0.7	0.4	0.1	Tr	0.01	0.02	0.01	0	12.0	8.9	1.0	-	1	150	21	11
	07029	砂じょう 普通 生	25	49	87.4	0.7	(0.4)	0.1	(Tr)	(0.01)	(0.02)	(0.01)	0	11.5	9.5	0.4	-	1	150	15	10
p.187		■オレンジ																			
	07040	ネーブル 砂じょう 生	35	48	86.8	0.9	0.5	0.1	(0.1)	(0.01)	(0.02)	(0.02)	0	11.8	8.1	1.0	-	1	180	24	9
		バレンシア																			
	07041	米国産 砂じょう 生	40	42	88.7	1.0	(0.7)	0.1	(0.1)	(0.01)	(0.02)	(0.02)	0	9.8	(7.0)	0.8	-	1	140	21	11
	07046	マーマレード 高糖度	0	233	36.4	0.2	(0.1)	0.1	(0.1)	-	-	-	(0)	63.2	(60.2)	0.7	-	11	27	16	3
	07048	■オロブランコ 砂じょう 生	45	43	88.7	0.8	(0.5)	0.1	-	-	-	-	0	10.1	-	0.9	-	1	150	12	9
p.187	07052	■かぼす 果汁 生	0	36	90.7	0.4	-	0.1	-	-	-	-	(0)	8.5	-	0.1	-	1	140	7	8
	07163	■きよみ 砂じょう 生	40	45	88.4	0.8	(0.4)	0.2	-	-	-	-	0	10.3	-	0.6	-	1	170	11	11
	07056	■きんかん 全果 生	6	67	80.8	0.5	-	0.7	0.3	0.09	0.06	0.18	0	17.5	-	4.6	-	2	180	80	19
p.187		■グレープフルーツ																			
	07062	白肉種 砂じょう 生	30	40	89.0	0.9	0.5	0.1	(0.1)	(0.01)	(0.01)	(0.02)	0	9.6	7.3	0.6	-	1	140	15	9
	07164	紅肉種 砂じょう 生	30	40	89.0	0.9	(0.7)	0.1	(0.1)	-	-	-	0	9.6	(6.3)	0.6	-	1	140	15	9
p.187	07075	■シークヮーサー 果汁 生	0	35	90.9	0.8	-	0.1	-	-	-	-	(0)	7.9	-	0.3	-	2	180	17	15
	07165	■しらぬひ 砂じょう 生	30	56	85.8	0.8	(0.5)	0.2	-	-	-	-	0	12.9	-	0.6	-	Tr	170	9	9
p.187	07079	■すだち 果汁 生	0	29	92.5	0.5	-	0.1	-	-	-	-	(0)	6.6	-	0.1	-	1	140	16	15
	07166	■せとか 砂じょう 生	20	50	86.9	0.8	(0.5)	0.2	-	-	-	-	0	11.7	-	0.7	-	1	170	11	10
	07085	■セミノール 砂じょう 生	40	53	86.0	1.1	-	0.1	-	-	-	-	0	12.4	-	0.8	-	2	200	24	16
	07083	■だいだい 果汁 生	0	35	91.2	0.3	-	0.2	-	-	-	-	(0)	8.0	-	0	-	1	190	10	10
	07093	■なつみかん 砂じょう 生	45	42	88.6	0.9	(0.5)	0.1	-	-	-	-	0	10.0	-	1.2	-	1	190	16	10
	07105	■はっさく 砂じょう 生	35	47	87.2	0.8	(0.5)	0.1	-	-	-	-	0	11.5	-	1.5	-	1	180	13	10
		■ひゅうがなつ																			
	07112	じょうのう及びアルベド 生	30	46	87.2	0.6	(0.3)	0.1	-	-	-	-	0	11.7	-	2.1	-	1	130	23	8
	07126	■ぶんたん 砂じょう 生	50	41	89.0	0.7	(0.4)	0.1	-	-	-	-	0	9.8	-	0.9	-	1	180	13	7
	07129	■ぽんかん 砂じょう 生	35	42	88.8	0.9	(0.5)	0.1	-	-	-	-	0	10.9	-	1.0	-	1	160	16	9
p.187	07142	■ゆず 果皮 生	0	50	83.7	1.2	0.9	0.5	0.1	0.03	0.01	0.04	0	14.2	-	6.9	-	5	140	41	15
	07143	果汁 生	0	30	92.0	0.5	(0.4)	0.1	-	-	-	-	(0)	7.0	-	0.4	-	1	210	20	11
p.187	07145	■ライム 果汁 生	0	39	89.8	0.4	(0.3)	0.1	-	-	-	-	(0)	9.3	(1.9)	0.2	-	1	160	16	9
p.187	07155	■レモン 全果 生	3	43	85.3	0.9	-	0.7	0.2	0.05	0.02	0.11	0	12.5	2.6	4.9	-	4	130	67	11
	07156	果汁 生	0	24	90.5	0.4	0.3	0.2	(0.1)	(0.02)	(0.01)	(0.03)	0	8.6	1.5	Tr	-	2	100	7	8
p.186	07054	■キウイフルーツ 緑肉種 生	15	51	84.7	1.0	0.8	0.2	(0.2)	0.02	0.03	0.1	0	13.4	9.5	2.6	-	1	300	26	14
	07168	黄肉種 生	20	63	83.2	1.1	-	0.2	(0.2)	(0.05)	(0.02)	(0.09)	0	14.9	(11.9)	1.4	-	2	300	17	12
p.191	07055	■キワノ 生	40	41	89.2	1.5	-	0.9	-	-	-	-	0	8.0	-	2.6	-	2	170	10	34
p.191	07169	■グァバ 白肉種 生	30	33	88.9	0.6	(0.3)	0.1	-	-	-	-	0	9.9	-	5.1	-	3	240	8	8
	07185	■くこ 実 乾	0	387	4.8	12.3	(6.6)	4.1	-	-	-	-	-	75.3	-	-	-	510	1400	47	77
	07157	■ココナッツ ココナッツウォーター	0	22	94.3	0.2	(0.2)	0.1	-	-	-	-	(0)	5.0	(7.8)	0	-	11	230	11	6
	07158	ココナッツミルク	0	157	78.8	1.9	(1.8)	16.0	14.9	13.20	0.76	0.13	0	2.8	(8.9)	0.2	-	12	230	5	28
	07170	ナタデココ	0	80	79.7	0	-	Tr	-	-	-	-	0	20.2	-	0.5	-	2	0	1	1
p.188	07070	■さくらんぼ 国産 生	10	64	83.1	1.0	(0.8)	0.2	(0.1)	(0.04)	(0.05)	(0.05)	0	15.2	-	1.2	-	1	210	13	6
	07071	米国産 生	9	64	81.1	1.2	(1.0)	0.1	(0.1)	(0.02)	(0.02)	(0.03)	0	17.1	(13.7)	1.4	-	1	260	15	12
	07073	■ざくろ 生	55	63	83.9	0.2	-	Tr	-	-	-	-	0	15.5	-	0	-	1	250	8	6
p.189	07077	■すいか 赤肉種 生	40	41	89.6	0.6	0.3	0.1	(0.1)	(0.01)	(0.02)	(0.03)	0	9.5	-	0.3	-	1	120	4	11
	07182	■すぐり類 カシス 冷凍	0	62	79.4	1.6	1.1	1.6	1.1	0.17	0.13	0.77	-	13.4	-	-	6.4	Tr	270	40	19
	07060	グーズベリー 生	1	51	85.2	1.0	-	0.1	-	-	-	-	0	13.2	(10.9)	2.5	-	1	200	14	10
p.190	07069	■スターフルーツ 生	4	30	91.4	0.7	(0.5)	0.1	(0.1)	(0.01)	(0.01)	(0.06)	0	7.5	-	1.8	-	1	140	5	9
p.188	07080	■すもも類 にほんすもも 生	7	46	88.6	0.6	0.4	1.0	-	-	-	-	0	9.4	-	1.6	-	1	150	5	5
	07082	プルーン 乾	0	211	33.3	2.4	(1.6)	0.2	(0.1)	(0.04)	(0.02)	(0.03)	0	62.3	(41.7)	7.1	-	1	730	57	40
	07086	■チェリモヤ 生	20	82	78.1	1.3	(0.8)	0.3	(0.2)	(0.10)	(0.02)	(0.08)	0	19.8	(13.7)	2.2	-	8	230	9	12
p.191	07111	■ドラゴンフルーツ 生	35	52	85.7	1.4	-	0.3	-	-	-	-	0	11.8	-	1.9	-	Tr	350	6	41
p.191	07087	■ドリアン 生	15	140	66.4	2.3	-	3.3	2.8	1.18	1.18	0.28	0	27.1	-	2.1	-	Tr	510	5	27
p.186	07088	■なし類 日本なし 生	15	38	88.0	0.3	0.2	0.1	(0.1)	(0.01)	(0.02)	(0.02)	0	11.3	8.1	0.9	-	Tr	140	5	5
	07091	西洋なし 生	15	48	84.9	0.3	(0.2)	0.1	(0.1)	(0.02)	(0.06)	(0.07)	0	14.4	(9.2)	1.9	-	Tr	140	5	4

(可食部100gあたり　Tr：微量　（　）：推定値または推計値　-：未測定)

ミネラル									ビタミン															食塩相当量
リン	鉄	亜鉛	銅	マンガン	ヨウ素	セレン	クロム	モリブデン	A レチノール活性当量	A レチノール	A β-カロテン当量	ビタミンD	E α-トコフェロール	ビタミンK	ビタミンB1	ビタミンB2	ナイアシン当量	ビタミンB6	ビタミンB12	葉酸	パントテン酸	ビオチン	ビタミンC	
mg	mg	mg	mg	mg	µg	µg	µg	µg	µg	µg	µg	µg	mg	µg	mg	mg	mg	mg	µg	µg	mg	µg	mg	g
18	0.2	0.1	0.04	0.07	-	-	-	-	13	(0)	160	(0)	0.1	(0)	0.06	0.03	(0.4)	0.07	(0)	19	0.36	-	35	0
15	0.2	0.1	0.03	0.07	0	0	0	Tr	84	(0)	1000	(0)	0.4	(0)	0.10	0.03	0.4	0.06	(0)	22	0.23	0.5	32	0
15	0.1	0.1	0.03	0.05	Tr	0	0	Tr	92	(0)	1100	(0)	0.4	(0)	0.09	0.03	(0.4)	0.05	(0)	22	0.23	0.4	33	0
22	0.2	0.2	0.06	0.06	-	-	-	-	11	(0)	130	(0)	0.3	(0)	0.07	0.04	0.4	0.06	(0)	34	0.28	0.6	60	0
24	0.3	0.2	0.06	0.05	0	0	0	1	10	(0)	120	(0)	0.3	(0)	0.10	0.04	(0.6)	0.07	(0)	32	0.36	0.9	40	0
4	0.1	Tr	0.01	0.02	-	-	-	-	2	(0)	24	(0)	0.3	(0)	0.01	0	(0.1)	0.02	(0)	13	0.15	-	5	0
19	0.2	0.1	0.05	0.02	-	-	-	-	Tr	(0)	5	(0)	0.1	(0)	0.09	0.02	(0.4)	0.04	0	34	0.47	-	38	0
8	0.1	Tr	0.03	0.04	-	-	-	-	1	(0)	10	(0)	0.1	(0)	0.02	0.02	0.2	0.03	-	13	0.15	-	42	0
21	0.1	0.1	0.04	0.05	(0)	(0)	(1)	(0)	45	(0)	540	(0)	0.3	(0)	0.10	0.08	(0.4)	0.08	(0)	24	0.27	(0.3)	42	0
12	0.3	0.1	0.03	0.11	-	-	-	-	11	(0)	130	(0)	2.6	(0)	0.10	0.06	0.7	0.06	(0)	20	0.29	-	49	0
17	Tr	0.1	0.04	0.01	0	0	0	1	(0)	(0)	(0)	(0)	0.3	(0)	0.07	0.03	0.4	0.04	-	15	0.39	0.5	36	0
17	Tr	0.1	0.04	0.01	0	0	0	1	34	(0)	410	(0)	0.3	(0)	0.07	0.03	0.4	0.04	-	15	0.39	0.5	36	0
8	0.1	0.1	0.06	0.06	-	-	-	-	7	(0)	89	(0)	0.5	(0)	0.08	0.03	0.4	0.03	-	7	0.10	-	11	0
18	0.1	0.1	0.03	0.07	(0)	(0)	(1)	(0)	30	(0)	360	(0)	0.3	(0)	0.09	0.03	(0.4)	0.04	(0)	17	0.25	(0.4)	48	0
11	0.2	0.2	0.03	0.05	-	-	-	-	0	0	Tr	(0)	0.3	(0)	0.03	0.02	0.3	0.08	(0)	13	0.13	-	40	0
17	0.1	0.1	0.03	0.04	(0)	(0)	(1)	(0)	77	(0)	930	(0)	0.5	(0)	0.08	0.04	(0.4)	0.05	(0)	29	0.13	(0.4)	57	0
18	0.2	0.1	0.04	0.10	-	-	-	-	89	(0)	1100	(0)	0.3	(0)	0.01	0.04	0.5	0.09	(0)	27	0.45	-	41	0
8	0.1	Tr	0.02	0.02	-	-	-	-	2	(0)	18	(0)	0.1	(0)	0.03	0.02	0.2	0.02	-	13	0.12	-	35	0
21	0.2	0.1	0.05	0.04	-	-	-	-	7	(0)	85	(0)	0.3	(0)	0.08	0.03	0.5	0.05	(0)	25	0.29	-	38	0
17	0.1	0.1	0.04	0.03	-	-	-	-	9	(0)	110	(0)	0.3	(0)	0.06	0.03	(0.3)	0.07	(0)	16	0.30	-	40	0
11	0.2	0.1	0.03	0.08	-	-	-	-	1	(0)	11	(0)	0.3	(0)	0.05	0.03	0.4	0.06	-	16	0.23	-	26	0
19	0.1	0.1	0.04	0.02	-	-	-	-	1	(0)	15	(0)	0.5	(0)	0.03	0.04	(0.4)	0.05	-	16	0.32	-	45	0
16	0.1	Tr	0.02	0.09	-	-	-	-	52	(0)	620	(0)	0.2	(0)	0.08	0.04	(0.4)	0.05	-	13	0.24	-	40	0
9	0.3	0.1	0.02	0.12	0	0	0	1	20	(0)	240	(0)	3.4	-	0.07	0.10	0.4	0.09	-	21	0.89	3.6	160	0
11	0.1	0.1	0.02	0.10	-	-	-	-	1	(0)	7	(0)	0.5	-	0.05	0.02	(0.4)	0.04	-	11	0.29	-	40	0
16	0.2	0.1	0.03	0.01	-	-	-	-	(0)	(0)	0	(0)	0.2	(1)	0.03	0.02	(0.1)	0.05	-	17	0.16	-	33	0
15	0.2	0.1	0.08	0.05	0	1	0	1	2	(0)	26	(0)	1.6	(0)	0.07	0.07	(0.4)	0.05	-	31	0.39	1.2	100	0
9	0.1	0.1	0.02	0.03	0	0	0	0	1	(0)	6	(0)	0.1	(0)	0.04	0.02	1	0.05	-	19	0.18	1.5	50	0
30	0.3	0.1	0.10	0.09	0	0	1	0	4	-	53	(0)	1.3	6	0.01	0.03	0.5	0.11	-	37	0.31	1.4	71	0
25	0.2		0.07	0.04	-	-	-	-	3	(0)	41	(0)	2.5	(6)	0.02	0.02	(0.5)	0.14	-	32	0.26	-	140	0
42	0.4	0.4	0.09	0.13	-	-	-	-	3	(0)	36	(0)	0.7	-	0.03	0.01	0.5	0.04	-	2	0.14	-	2	0
16	0.1	0.1	0.06	0.09	-	-	-	-	(0)	(0)	0	(0)	0.2	(2)	0.03	0.04	(0.9)	0.06	-	41	0.32	-	220	0
180	4.0	1.2	0.69	0.71	2	3	6	13	250	-	3000	0	5.7	10	0.28	0.40	(4.6)	0.32	Tr	99	0.71	24.0	9	1.3
11	0.1	Tr	0.16		-	-	-	-	0	0	Tr	(0)	-	-	0.01	0.01	(0.1)	-	-	1	-	-	2	0
49	0.8	0.3	0.22	0.59	-	-	-	-	0	0	0	(0)	Tr	-	0.01	0	(0.8)	0.02	-	4	0	-	0	0
Tr	0	0	0	0	-	-	-	-	0	0	0	0	0	-	0	0	0	0	-	0	0	-	0	0
17	0.3	0.1	0.05	-	0	0	Tr	1	8	(0)	98	(0)	0.5	(2)	0.03	0.03	(0.3)	0.08	-	38	0.24	0.7	10	0
23	0.3	0.1	0.08	0.11	-	-	-	-	2	(0)	23	(0)	0.5	-	0.03	0.03	(0.4)	0.02	-	42	0.29	-	9	0
15	0.1	0.2	0.06	0.05	-	-	-	-	(0)	(0)	(0)	(0)	0.1	(12)	0.01	0.01	0.2	0.04	-	6	0.32	-	10	0
8	0.2	0.1	0.03	0.03	-	-	-	-	69	(0)	830	(0)	0.1	(0)	0.03	0.02	0.3	0.07	-	3	0.22	0.9	10	0
54	0.5	0.2	0.08	0.26	0	0	1	4	9	-	110	-	2.1	30	0.03	0.03	0.6	-	-	-	-	5.7	-	0
24	1.3	0.1	0.05	0.15	-	-	-	-	10	(0)	130	(0)	1.0	-	0.02	0.02	0.4	0.02	-	47	0.40	-	22	0
10	0.2	0.2	0.02	0.10	-	-	-	-	6	(0)	74	(0)	0.2	-	0.03	0.02	(0.4)	0.06	-	11	0.38	-	12	0
14	0.2	0.1	0.03	0.07	-	0	0	1	7	(0)	79	(0)	0.6	-	0.02	0.02	0.3	0.04	-	37	0.14	-	4	0
69	1.1	0.4	0.27	0.36	-	-	-	-	100	(0)	1200	(0)	1.3	92	0.07	0.07	(2.6)	0.34	-	3	0.32	-	0	0
20	0.2	0.1	0.08	0.07	-	-	-	-	Tr	(0)	4	(0)	0.2	-	0.09	0.09	(1.1)	0.23	-	90	0.36	-	34	0
29	0.3	0.3	0.03	0.09	-	-	-	-	(0)	(0)	0	(0)	0.4	-	0.08	0.06	0.6	0.05	-	44	0.53	-	7	0
36	0.3	0.3	0.19	0.31	0	1	0	10	3	-	36	(0)	2.3	-	0.33	0.20	1.8	0.25	-	150	0.22	5.9	31	0
11	0	0.1	0.06	0.04	0	0	0	Tr	(0)	(0)	0	(0)	0.2	(5)	0.02	Tr	0.2	0.02	-	6	0.14	0.5	3	0
13	0.1	0.1	0.12	0.04	0	0	0	1	(0)	(0)	0	(0)	0.3	(4)	0.02	0.01	(0.2)	0.02	-	4	0.09	0.3	3	0

参照ページ	食品番号	食品名	廃棄率 %	エネルギー kcal	水分 g	たんぱく質 g	アミノ酸組成によるたんぱく質 g	脂質 g	脂肪酸のトリアシルグリセロール当量 g	飽和脂肪酸 g	一価不飽和脂肪酸 g	多価不飽和脂肪酸 g	コレステロール mg	炭水化物 g	利用可能炭水化物（質量計）g	食物繊維総量（プロスキー変法）g	食物繊維総量（AOAC法）g	ナトリウム mg	カリウム mg	カルシウム mg	マグネシウム mg
	07095	■なつめ 乾	15	294	21.0	3.9	-	2.0	-	-	-	-	0	71.4	-	12.5	-	3	810	65	39
	07096	■なつめやし 乾	5	281	24.8	2.2	(1.2)	0.2	(Tr)	(0.02)	(0.02)	(0.01)	(0)	71.3	(59.0)	7.0	-	Tr	550	71	60
p.190	07097	■パインアップル 生	45	54	85.2	0.6	0.4	0.1	(0.1)	(0.01)	(0.02)	(0.05)	(0)	13.7	12.2	1.2	-	Tr	150	11	14
p.191	07106	■パッションフルーツ 果汁 生	0	67	82.0	0.8	-	0.4	-	-	-	-	(0)	16.2	(4.0)	0	-	5	280	4	15
p.190	07107	■バナナ 生	40	93	75.4	1.1	0.7	0.2	(0.1)	(0.07)	(0.02)	(0.04)	(0)	22.5	18.5	1.1	-	Tr	360	6	32
p.190	07109	■パパイア 完熟 生	35	33	89.2	0.5	(0.2)	0.2	(0.2)	(0.06)	(0.06)	(0.04)	(0)	9.5	(7.1)	2.2	-	6	210	20	26
p.186	07114	■びわ 生	30	41	88.6	0.3	(0.2)	0.1	(0.1)	(0.02)	(Tr)	(0.05)	(0)	10.6	(5.9)	1.6	-	1	160	13	14
p.189	07116	■ぶどう 皮なし 生	15	58	83.5	0.4	0.2	0.1	Tr	0.01	Tr	0.01	(0)	15.7	(14.4)	0.5	-	1	130	6	6
	07117	干しぶどう	0	324	14.5	2.7	(2.0)	0.2	(0.1)	(0.03)	(0.01)	(0.03)	(0)	80.3	(60.3)	4.1	-	12	740	65	31
p.189	07124	■ブルーベリー 生	0	48	86.4	0.5	(0.3)	0.1	(0.1)	(0.01)	(0.01)	(0.04)	(0)	12.9	(8.6)	3.3	-	1	70	8	5
p.190	07132	■マンゴー 生	35	68	82.0	0.6	(0.5)	0.1	(0.1)	(0.02)	(0.04)	(0.01)	(0)	16.9	(13.4)	1.3	-	1	170	15	12
	07133	■マンゴスチン 生	70	71	81.5	0.6	-						(0)	17.5	-	1.4	-	1	100	6	18
p.189	07134	■メロン 温室メロン 生	50	40	87.8	1.1	(0.7)	0.1	(0.1)	(0.03)	(Tr)	(0.04)	(0)	10.3	(9.3)	0.5	-	7	340	8	13
	07135	露地メロン 緑肉種 生	45	45	87.9	1.0	0.6	0.1	(0.1)	(0.03)	(Tr)	(0.04)	(0)	10.4	9.2	0.5	-	6	350	6	12
	07174	赤肉種 生	45	45	87.9	1.0	(0.6)	0.1	0.1	-	-	-	(0)	10.4	(9.2)	0.5	-	6	350	6	12
p.188	07136	■もも類 もも 白肉種 生	15	38	88.7	0.6	0.4	0.1	(0.1)	(0.01)	(0.03)	(0.03)	0	10.2	8.0	1.3	-	1	180	4	7
	07138	缶詰 白肉種 果肉	0	82	78.5	0.5	(0.3)	0.1	(0.1)	(0.01)	(0.03)	(0.03)	(0)	20.6	(16.3)	1.4	-	4	80	3	4
	07140	ネクタリン 生	15	39	87.8	0.7	(0.4)	0.3	(0.2)	(0.02)	(0.08)	(0.11)	(0)	10.7	(7.7)	1.7	-	1	210	5	10
p.191	07144	■ライチー 生	30	61	82.1	1.0	(0.6)	0.1	(0.1)	(0.02)	(0.03)	(0.04)	0	16.4	(14.9)	0.9	-	Tr	170	2	13
p.189	07146	■ラズベリー 生	0	36	88.2	1.1	-	0.1	(0.1)	-	-	-	0	10.2	(5.6)	4.7	-	1	150	22	21
p.186		■りんご																			
	07148	皮なし 生	15	53	84.1	0.1	0.1	0.2	Tr	0.01	Tr	0.03	(0)	15.5	12.2	1.4	-	Tr	120	3	3
	07176	皮つき 生	8	56	83.1	0.2	(0.1)	0.3	(0.1)	(0.04)	(0.01)	(0.08)	(0)	16.2	12.7	1.9	-	Tr	120	4	5

■ きのこ類

参照ページ	食品番号	食品名	廃棄率 %	エネルギー kcal	水分 g	たんぱく質 g	アミノ酸組成によるたんぱく質 g	脂質 g	脂肪酸のトリアシルグリセロール当量 g	飽和脂肪酸 g	一価不飽和脂肪酸 g	多価不飽和脂肪酸 g	コレステロール mg	炭水化物 g	利用可能炭水化物（質量計）g	食物繊維総量（プロスキー変法）g	食物繊維総量（AOAC法）g	ナトリウム mg	カリウム mg	カルシウム mg	マグネシウム mg
p.193	08001	■えのきたけ 生	15	34	88.6	2.7	1.6	0.2	0.1	0.02	0.01	0.08	0	7.6	0.9	3.9	-	2	340	Tr	15
	08003	味付け瓶詰	0	76	74.1	3.6	2.4	0.3	(0.2)	(0.04)	(0.01)	(0.11)	(0)	16.9	9.9	4.1	-	1700	320	10	26
p.193	08006	■きくらげ類 きくらげ 乾	0	216	14.9	7.9	5.3	2.1	1.3	0.29	0.33	0.62	0	71.1	2.6	57.4	-	59	1000	310	210
	08008	しろきくらげ 乾	0	170	14.6	4.9	3.4	0.7	0.5	0.10	0.23	0.15	0	74.5	3.4	68.7	-	28	1400	240	67
	08010	■くろあわびたけ 生	10	28	90.2	3.7	(2.3)	0.2	(0.2)	(0.04)	(0.01)	(0.11)	(0)	4.9	1.3	4.1	-	3	300	2	18
p.193		■しいたけ																			
	08039	生しいたけ 菌床栽培 生	20	25	89.6	3.1	2.0	0.3	0.2	0.04	0.01	0.15	0	6.4	0.7	4.6	4.9	1	290	1	14
	08042	原木栽培 生	20	34	88.3	3.1	1.9	0.4	0.2	0.04	0.04	0.16	(0)	7.6	0.7	5.5	-	1	270	2	16
	08013	乾しいたけ 乾	20	258	9.1	21.2	14.1	2.8	(1.7)	(0.33)	(0.05)	(1.22)	0	62.5	11.2	46.7	-	14	2200	12	100
p.193	08015	■しめじ類 はたけしめじ 生	15	25	92.0	2.6	-	0.3	-	-	-	-	(0)	4.5	-	2.7	-	4	260	1	8
	08016	ぶなしめじ 生	10	26	91.1	2.7	1.6	0.5	0.2	0.05	0.02	0.15	0	4.8	1.3	3.5	3.0	2	370	1	11
	08018	ほんしめじ 生	20	21	93.6	2.5	-	0.4	-	-	-	-	(0)	4.8	-	1.9	-	1	310	2	8
	08019	■たもぎたけ 生	15	23	91.7	3.6	(2.2)	0.3	(0.1)	(0.02)	(0.01)	(0.08)	(0)	3.7	0.4	3.3	-	1	190	2	11
p.193	08020	■なめこ 株採り 生	20	21	92.1	1.8	1.0	0.2	0.1	0.02	0.02	0.07	1	5.4	2.4	3.4	-	3	240	4	10
p.193	08024	■ひらたけ類 うすひらたけ 生	8	37	88.0	6.1	(3.7)	0.2	(0.1)	(0.04)	(0.01)	(0.05)	(0)	4.8	1.5	3.8	-	1	220	2	15
	08025	エリンギ 生	6	31	90.2	2.8	1.7	0.4	0.2	0.04	0.04	0.12	(0)	6.0	2.9	3.4	-	2	340	Tr	12
	08026	ひらたけ 生	8	34	89.4	3.3	2.1	0.3	0.1	0.02	0.01	0.08	(0)	6.2	1.3	2.6	-	2	340	1	15
	08028	■まいたけ 生	10	22	92.7	2.0	1.2	0.5	0.3	0.06	0.07	0.14	(0)	4.4	0.3	3.5	-	0	230	Tr	10
p.193	08031	■マッシュルーム 生	5	15	93.9	2.9	1.7	0.3	0.1	0.03	Tr	0.10	0	2.1	0.1	2.0	-	6	350	3	10
	08033	水煮缶詰	0	18	92.0	3.4	(1.9)	0.2	(0.1)	(0.01)	(Tr)	(0.07)	(0)	3.3	(0.2)	3.2	-	350	85	8	5
p.193	08034	■まつたけ 生	3	32	88.3	2.0	1.2	0.6	0.2	0.06	0.10	0.06	(0)	8.2	1.5	4.7	-	2	410	6	8
	08036	■やなぎまつたけ 生	10	20	92.8	2.4	-	0.1	(Tr)	(0.01)	(0.02)	(0.01)	(0)	4.0	0.7	3.0	-	1	360	Tr	13

■ 藻類

参照ページ	食品番号	食品名	廃棄率 %	エネルギー kcal	水分 g	たんぱく質 g	アミノ酸組成によるたんぱく質 g	脂質 g	脂肪酸のトリアシルグリセロール当量 g	飽和脂肪酸 g	一価不飽和脂肪酸 g	多価不飽和脂肪酸 g	コレステロール mg	炭水化物 g	利用可能炭水化物（質量計）g	食物繊維総量（プロスキー変法）g	食物繊維総量（AOAC法）g	ナトリウム mg	カリウム mg	カルシウム mg	マグネシウム mg
	09001	■あおさ 素干し	0	201	16.9	22.1	16.9	0.6	0.4	0.12	0.05	0.17	1	41.7	-	29.1	-	3900	3200	490	3200
	09002	■あおのり 素干し	0	249	6.5	29.4	21.4	5.2	3.3	0.97	0.50	1.65	Tr	41.0	0.2	35.2	-	3200	2500	750	1400
p.195	09003	■あまのり ほしのり	0	276	8.4	39.4	30.7	3.7	2.2	0.55	0.20	1.39	21	38.7	0.4	31.2	-	610	3100	140	340
	09004	焼きのり	0	297	2.3	41.4	32.0	3.7	2.2	0.55	0.20	1.39	22	44.3	1.7	36.0	-	530	2400	280	300
	09005	味付けのり	0	301	3.4	40.0	31.5	3.5	(2.1)	(0.52)	(0.19)	(1.31)	21	41.8	13.5	25.2	-	1700	2700	170	290
	09007	■いわのり 素干し	0	228	8.4	34.8	(27.1)	0.7	(0.4)	(0.10)	(0.04)	(0.26)	30	39.1	(0.4)	36.4	-	2100	4500	86	340
	09012	■うみぶどう 生	0	6	97.0	0.5	-	0.1	Tr	0.02	Tr	0.02	-	1.2	-	0.8	-	330	39	34	51

（可食部100gあたり　Tr：微量　（ ）：推定値または推計値　- ：未測定）

ミネラル									ビタミン															食塩相当量
リン	鉄	亜鉛	銅	マンガン	ヨウ素	セレン	クロム	モリブデン	A レチノール活性当量	A レチノール	A β-カロテン当量	ビタミンD	E α-トコフェロール	ビタミンK	ビタミンB1	ビタミンB2	ナイアシン当量	ビタミンB6	ビタミンB12	葉酸	パントテン酸	ビオチン	ビタミンC	食塩相当量
mg	mg	mg	mg	mg	µg	µg	µg	µg	µg	µg	µg	µg	mg	µg	mg	mg	mg	mg	µg	µg	mg	µg	mg	g
80	1.5	0.8	0.24	0.46	-	-	-	-	1	(0)	7	(0)	0.1	-	0.10	0.21	2.3	0.14	0	140	0.86	-	1	0
58	0.8	0.4	0.40	0.38	-	-	-	-	13	(0)	160	(0)	1.4	(3)	0.07	0.04	(2.0)	0.16	(0)	19	0.94	-	0	0
9	0.2	0.1	0.11	1.33	0	0	0	Tr	3	(0)	38	(0)	Tr	1	0.09	0.02	0.3	0.10	0	12	0.23	0.2	35	0
21	0.6	0.4	0.08	0.10	-	-	-	-	89	(0)	1100	(0)	0.2	(1)	0.01	0.09	2.0	0.18	(0)	86	0.63	-	16	0
27	0.3	0.2	0.09	0.26	-	0	1	0	5	(0)	56	(0)	0.5	(Tr)	0.05	0.04	0.9	0.38	(0)	26	0.44	1.4	16	0
11	0.2	0.1	0.05	0.04	0	Tr	0	0	40	(0)	480	(0)	0.3	(2)	0.02	0.04	(0.4)	0.01	(0)	44	0.42	0.2	50	0
9	0.1	0.2	0.04	0.27	0	0	0	0	68	(0)	810	(0)	0.3	(2)	0.02	0.03	(0.3)	0.06	(0)	9	0.22	0.1	5	0
15	0.1	0.1	0.05	0.12	0	0	0	Tr	2	(0)	21	(0)	0.1	(2)	0.04	0.01	0.1	0.04	(0)	9	0.10	0.7	2	0
90	2.3	0.3	0.39	0.20	3	Tr	9	12	1	(0)	11	(0)	0.5		0.12	0.08	(1.0)	0.23	(0)	9	0.17	4.3	Tr	0
9	0.1	0.1	0.04	0.26	0	0	Tr	1	5	(0)	55	(0)	1.7	(15)	0.03	0.03	(0.2)	0.05	(0)	12	0.12	1.1	9	0
12	0.2	0.1	0.08	0.10	0	1	0	3	51	(0)	610	(0)	0.8	(3)	0.04	0.06	(0.9)	0.13	(0)	84	0.22	0.6	20	0
12	0.1	0.2	0.07	0.35	0	1	0	0	(0)	0	(0)	0	0.1		0.11	0.03	0.6	0.04	(0)	20	0.33	0.6	3	0
21	0.3	0.2	0.05	0.04	0	2	1	2	3	(0)	33	(0)	0.3	(3)	0.06	0.06	(0.6)	0.10	(0)	32	0.19	0.9	18	0
13	0.2	0.2	0.04	0.02	0	0	0	2	12	(0)	140	(0)	0.2	(3)	0.05	0.02	0.9	0.11	(0)	24	0.16	0.9	25	0
13	0.2	0.2	0.04	0.02	0	0	0	2	300	(0)	3600	(0)	0.2	(3)	0.05	0.02	(0.9)	0.11	(0)	24	0.16	0.9	25	0
18	0.1	0.1	0.05	0.04	0	0	0	(1)	Tr	(0)	5	(0)	0.7	(1)	0.01	0.01	0.6	0.02	(0)	5	0.13	0.9	8	0
9	0.2	0.2	0.04	0.03					(0)	0	(0)	0	0.1		0.01	0.02	0.3	0.01	(0)	4	0.07		2	0
16	0.1	0.1	0.08	0.06	0	0	0	(2)	20	(0)	240	(0)	1.4	(2)	0.02	0.03	0.8	0.01	(0)	12	0.20		10	0
22	0.2	0.2	0.14	0.17					(0)	0	(0)	0	0.1	(Tr)	0.02	0.06	(1.0)	0.09	0	100	0		36	0
29	0.7	0.4	0.12	0.50					2	(0)	19	(0)	0.8	(6)	0.02	0.04	0.8			38	0.43		22	0
12	0.1	Tr	0.05	0.02	0	0	1	0	(0)	0	(0)	0	0.1	Tr	0.02	Tr	0.1	0.04	(0)	2	0.03	0.5	4	0
12	0.1	0.1	0.05	0.04	0	0	0	1	(0)	0	(0)	0	0.1	2	0.02	0.01	(0.1)	0.04	(0)	6	0		6	0
110	1.1	0.6	0.10	0.07	0	1	0	Tr	(0)	0	(0)	0.9	0	0	0.24	0.17	7.4	0.12	(0)	75	1.40	11.0	0	0
150	0.8	0.6	0.08	0.24	-	3	-	6	(0)	0	(0)	0.1	(0)	0	0.26	0.17	4.9	0.09	(0)	39	1.04	6.9	0	4.3
230	35.0	2.1	0.31	6.18	7	9	27	6	(0)	0	(0)	85.0	0	0	0.19	0.87	5.5	0.10	(0)	87	1.14	27.0	0	0.1
260	4.4	3.6	0.10	0.18	0	1	7	1	(0)	0	(0)	15.0	0	0	0.12	0.70	3.7	0.10	(0)	76	1.37	87.0	0	0.1
100	0.5	0.7	0.15	0.07	0	3	Tr	1	(0)	0	(0)	0.3	0	0	0.21	0.22	(3.6)	0.09	(0)	65	1.32	10	0	0
87	0.4	0.9	0.10	0.21	0	5	1	4	0	0	0	0.3	0	0	0.13	0.21	4.0	0.21	0	49	1.21	7.6	0	0
61	0.4	0.7	0.06	0.27	0	1	Tr	1	(0)	0	(0)	0.4	(0)	0	0.13	0.22	4.0	0.19	0	75	0.95	7.7	0	0
290	3.2	2.7	0.60	0.96	4	5	5	3	(0)	0	(0)	17.0	0	0	0.48	1.74	23.0	0.49	-	270	8.77	41.0	20	0
64	0.6	0.4	0.13	0.14	-	-	-	-	(0)	0	(0)	0.9	0	0	0.12	0.44	5.7	0.11	(0)	20	2.08			0
96	0.5	0.5	0.06	0.16	1	2	0	6	(0)	0	(0)	0.5	0	0	0.15	0.17	6.4	0.09	0.1	29	0.81	8.7	0	0
76	0.6	0.6	0.32	0.18	-	-	-	-	(0)	0	(0)	0.6	0	0	0.07	0.28	5.5	0.19	(0)	24	1.59		0	0
85	0.8	0.6	0.32	0.06	1	4	0	Tr	(0)	0	(0)	0.8	0	0	0.17	0.33	(13.0)	0.12	(0)	80	1.32	23.0	0	0
68	0.7	0.5	0.11	0.06	Tr	2	Tr	1	(0)	0	(0)	0	0	0	0.07	0.12	5.5	0.05	Tr	60	1.29	7.4	0	0
110	0.6	0.9	0.15	0.11	1	7	1	2	(0)	0	(0)	2.4	0	0	0.30	0.41	(8.1)	0.23	(0)	100	2.44	26.0	0	0
89	0.3	0.6	0.10	0.06	1	2	0	2	(0)	0	(0)	1.2	0	0	0.11	0.22	6.7	0.14	(0)	65	1.16	6.9	0	0
100	0.7	1.0	0.15	0.16	0	6	1	1	(0)	0	(0)	0.3	0	0	0.40	0.40	11.0	0.10	(0)	92	2.40	12.0	0	0
54	0.2	0.7	0.22	0.04	0	2	1	1	(0)	0	(0)	4.9	0	0	0.09	0.19	5.4	0.06	(0)	53	0.56	24.0	0	0
100	0.3	0.4	0.32	0.04	1	14	0	2	(0)	0	(0)	0.3	0	0	0.06	0.29	3.6	0.11	(0)	28	1.54	11.0	0	0
55	0.8	1.0	0.19	0.04	1	5	(0)	2	(0)	0	(0)	0.4	0	0	0.03	0.24	(1.7)	0.01	(0)	2	0.11	10.0	0	0.9
40	1.3	0.8	0.24	0.12	3	82	14	0	(0)	0	(0)	0.6	0	0	0.10	0.10	8.3	0.15	(0)	63	1.91	18.0	0	0
110	0.5	0.6	0.20	0.08	1	2	0	0	(0)	0	(0)	0.4	0	0	0.27	0.34	6.5	0.11	(0)	33	2.61	11.0	0	0
160	5.3	1.2	0.80	17.00	2200	8	160	23	220	(0)	2700	(0)	1.1	5	0.07	0.48	16.0	0.09	1.3	180	0.44	31.0	25	9.9
390	77.0	1.6	0.58	13.00	2700	7	39	18	1700	(0)	21000	(0)	2.5	3	0.92	1.66	14.0	0.50	32.0	270	0.57	71.0	62	8.1
690	11.0	3.7	0.62	2.51	1400	7	5	93	3600	(0)	43000	(0)	4.3	2600	1.21	2.68	20.0	0.61	78.0	1200	0.93	41.0	160	1.5
700	11.0	3.6	0.55	3.72	2100	9	6	220	2300	(0)	27000	(0)	4.6	390	0.69	2.33	20.0	0.59	58.0	1900	1.18	47.0	210	1.3
710	8.2	3.7	0.59	2.35	-	-	-	-	2700	(0)	32000	(0)	3.7	650	0.61	2.31	20.0	0.51	58.0	1600	1.28		200	4.3
530	48.0	2.3	0.39	1.58	-	-	-	-	2300	(0)	28000	(0)	4.2	1700	0.57	2.07	(13.0)	0.38	40.0	1500	0.71		3	5.3
10	0.8	Tr	0.01	0.08	80	0	Tr	Tr	10	(0)	120	(0)	0.2	35	Tr	0.01	(0.1)	0	0	4	0	0.1	Tr	0.8

食品成分表2020
穀類
いもとでん粉類
砂糖・甘味類
豆類
種実類
野菜類
果実類
きのこ類
藻類
魚介類

参照	食品番号	食品名	廃棄率	エネルギー	水分	たんぱく質	アミノ酸組成によるたんぱく質	脂質	脂肪酸のトリアシルグリセロール当量	飽和脂肪酸	一価不飽和脂肪酸	多価不飽和脂肪酸	コレステロール	炭水化物	利用可能炭水化物（質量計）	食物繊維総量（プロスキー変法）	食物繊維総量（AOAC法）	ナトリウム	カリウム	カルシウム	マグネシウム
			%	kcal	g	g	g	g	g	g	g	g	mg	g	g	g	g	mg	mg	mg	mg
	09008	■えごのり 素干し	0	179	15.2	9.0	-	0.1	-	-	-	-	14	62.2	-	53.3	-	2400	2300	210	570
	09009	おきうと	0	7	96.9	0.3	-	0.1	-	-	-	-	1	2.5	-	2.5	-	20	22	19	16
p.195	09010	■おごのり 塩蔵 塩抜き	0	26	89.0	1.3	-	0.1	-	-	-	-	11	8.8	-	7.5	-	130	1	54	110
p.195	09017	■こんぶ類 まこんぶ 素干し 乾	0	170	9.5	5.8	5.1	1.3	1.0	0.35	0.29	0.32	0	64.3	0.1	27.1	32.1	2600	6100	780	530
	09021	削り昆布	0	177	24.4	6.5	(5.2)	0.9	0.6	0.27	0.24	0.08	0	50.2	-	28.2	-	2100	4800	650	520
	09023	つくだ煮	0	150	49.6	6.0	4.7	1.0	0.9	0.16	0.32	0.33	0	33.3	19.8	6.8	-	2900	770	150	98
p.195	09026	■てんぐさ ところてん	0	2	99.1	0.2	(0.1)	0	-	-	-	-	Tr	0.6	-	0.6	-	3	2	4	4
	09027	角寒天	0	159	20.5	2.4	(1.0)	0.2	(0.1)	(0.04)	(0.02)	(0.07)	Tr	74.1	-	74.1	-	130	52	660	100
	09049	粉寒天	0	160	16.7	0.2	0.1	0.3	(0.2)	(0.05)	(0.02)	(0.09)	Tr	81.7	0.1	79.0	-	170	30	120	39
p.195		■とさかのり																			
	09029	赤とさか 塩蔵 塩抜き	0	19	92.1	1.5	-	0.1	-	-	-	-	9	5.1	-	4.0	-	270	37	70	31
p.195		■ひじき																			
	09050	ほしひじき ステンレス釜 乾	0	180	6.5	9.2	7.4	3.2		0.59	0.37	0.63	Tr	58.4	-	51.8	-	1800	6400	1000	640
	09053	鉄釜 乾	0	186	6.5	9.2	-	3.2	-	-	-	-	Tr	56.0	-	51.8	-	1800	6400	1000	640
	09034	■ふのり 素干し	0	207	14.7	13.8	(10.7)	1.0	(0.6)	(0.15)	(0.05)	(0.38)	24	57.8	-	43.1	-	2700	600	330	730
p.195		■もずく類																			
	09037	おきなわもずく 塩蔵 塩抜き	0	7	96.7	0.3	-	0.2	-	0.05	0.02	0.04	Tr	2.0	0	2.0	-	240	7	22	21
	09038	もずく 塩蔵 塩抜き	0	4	97.7	0.2	0.2	0.1	(0.1)	(0.03)	(0.01)	(0.02)	Tr	1.4	-	1.4	-	90	2	22	12
p.195	09039	■わかめ 原藻 生	35	24	89.0	1.9	(1.4)	0.2	(0.1)	(0.01)	(Tr)	(0.06)	0	5.6	-	3.6	-	610	730	100	110
	09040	乾燥わかめ 素干し	0	164	12.7	13.6	(10.4)	1.6	(0.7)	(0.10)	(0.03)	(0.52)	0	41.3	-	32.7	-	6600	5200	780	1100
	09044	カットわかめ 乾	0	186	9.2	17.9	14.0	4.0	1.0	0.25	0.09	1.29	0	42.1	-	35.4	39.2	9300	430	870	460
	09045	湯通し塩蔵わかめ 塩抜き 生	0	16	93.3	1.5	1.3	0.3	0.1	0.04	0.04	0.15	0	3.4	-	3.2	2.9	530	10	50	16
	09047	めかぶわかめ 生	0	14	94.2	0.9	0.7	0.6	0.2	0.12	0.05	0.11	0	3.4	-	3.4	-	170	88	77	61

■ 魚介類

参照	食品番号	食品名	廃棄率	エネルギー	水分	たんぱく質	アミノ酸組成によるたんぱく質	脂質	脂肪酸のトリアシルグリセロール当量	飽和脂肪酸	一価不飽和脂肪酸	多価不飽和脂肪酸	コレステロール	炭水化物	利用可能炭水化物（質量計）	食物繊維総量（プロスキー変法）	食物繊維総量（AOAC法）	ナトリウム	カリウム	カルシウム	マグネシウム
		■＜魚類＞																			
p.198		■あじ類																			
	10003	まあじ 皮つき 生	55	112	75.1	19.7	16.8	4.5	3.5	1.10	1.05	1.22	68	0.1	(0.1)	-	-	130	360	66	34
	10006	開き干し 生	35	150	68.4	20.2	(17.2)	8.8	6.7	2.35	2.23	1.78	73	0.1	(0.1)	-	-	670	310	36	27
	10393	まるあじ 生	50	133	71.2	22.1	18.1	5.6	4.6	1.76	1.09	1.56	66	0.1	(0.1)	-	-	59	410	53	33
	10008	にしまあじ 生	0	156	69.9	19.6	17.5	9.1	8.1	2.48	3.04	2.20	78	0.1	(0.1)	-	-	160	360	26	37
	10014	むろあじ くさや	30	223	38.6	49.9	(41.6)	3.0	2.0	0.80	0.37	0.77	110	0.3	(0.3)	-	-	1600	850	300	65
p.201	10015	■あなご 生	35	146	72.2	17.3	14.4	9.3	8.0	2.26	3.70	1.65	140	Tr	(Tr)	-	-	150	370	75	23
	10017	■あまご 養殖 生	50	102	76.8	18.3	(15.0)	3.6	2.8	0.68	1.03	0.94	66	0.1	(0.1)	-	-	49	380	27	27
p.203	10018	■あまだい 生	50	102	76.5	18.8	16.0	3.6	2.5	0.80	0.81	0.83	52	Tr	(Tr)	-	-	73	360	58	29
p.206	10021	■あゆ 天然 生	45	93	77.7	18.3	15.0	2.4	1.9	0.65	0.61	0.54	83	0.1	(0.1)	-	-	70	370	270	24
	10025	養殖 生	50	138	72.0	17.8	14.6	7.9	6.6	2.44	2.48	1.40	110	0.6	(0.5)	-	-	55	360	250	24
p.201	10031	■あんこう 生	0	54	85.4	13.0	(10.8)	0.2	0.1	0.02	0.02	0.10	78	0.3	(0.1)	-	-	130	210	8	19
	10032	きも 生	0	401	45.1	10.0	7.9	41.9	36.9	9.29	14.15	11.88	560	2.2	(2.0)	-	-	110	220	6	9
	10033	■いかなご 生	0	111	74.2	17.2	14.1	5.5	3.9	1.13	1.03	1.61	200	0.1	(0.1)	-	-	190	390	500	39
	10037	■いさき 生	45	116	75.8	17.2	(14.3)	5.7	4.8	1.63	1.29	1.65	71	0.1	(0.1)	-	-	160	300	22	32
	10038	■いしだい 生	55	138	71.6	19.5	(16.2)	7.8	5.7	1.89	2.14	1.41	56	Tr	(Tr)	-	-	54	390	20	26
p.203	10041	■いぼだい 生	45	132	74.0	16.4	(13.6)	8.5	6.4	2.24	2.68	1.22	57	Tr	(Tr)	-	-	190	280	41	30
p.198		■いわし類																			
	10042	うるめいわし 生	35	124	71.7	21.3	18.4	4.8	3.6	1.39	0.94	1.14	60	0.3	(0.3)	-	-	95	440	85	37
	10043	丸干し	15	219	40.1	45.0	(38.8)	5.1	3.6	1.40	0.74	1.27	220	0.3	(0.3)	-	-	2300	820	570	110
	10045	かたくちいわし 煮干し	0	298	15.7	64.5	(54.1)	6.2	2.8	1.27	0.61	0.83	550	0.3	(0.3)	-	-	1700	1200	2200	230
	10047	まいわし 生	60	156	68.9	19.2	16.4	9.2	7.3	2.55	1.86	2.53	67	0.2	(0.2)	-	-	81	270	74	30
	10053	めざし 生	15	206	59.0	18.2	(15.2)	18.9	11.0	4.33	3.05	3.17	100	0.5	(0.5)	-	-	1100	170	180	31
	10396	しらす 生	0	67	81.8	15.0	11.6	1.3	0.8	0.28	0.09	0.43	140	0.1	(0.1)	-	-	380	340	210	67
	10055	しらす干し 微乾燥品	0	113	67.5	24.5	19.8	2.1	1.1	0.34	0.14	0.60	250	0.1	(0.1)	-	-	1700	170	280	80
	10063	缶詰 油漬	0	351	46.2	20.3	(16.9)	30.7	29.1	7.05	6.83	13.96	86	0.3	(0.3)	-	-	320	280	350	36
	10397	アンチョビ	0	157	54.3	24.2	21.3	6.8	6.0	1.09	2.84	1.85	89	0.1	(0.1)	-	-	5200	140	150	39
p.206	10065	■いわな 養殖 生	50	101	76.1	19.0	-	3.6	2.8	0.69	1.04	0.91	80	0.1	(0.1)	-	-	49	380	39	29
p.206	10067	■うなぎ 養殖 生	25	228	62.1	17.1	14.4	19.3	16.1	4.12	8.44	2.89	230	0.3	(0.3)	-	-	74	230	130	20
	10069	白焼き	0	300	52.1	20.7	(17.4)	25.8	22.6	6.59	11.95	3.10	220	0.1	(0.1)	-	-	100	300	140	18

食品番号-10000（青数字）：切り身　（可食部100gあたり　Tr：微量　（　）：推定値または推計値　-：未測定）

| ミネラル | | | | | | | | | ビタミン | | | | | | | | | | | | | | | 食塩相当量 |
リン	鉄	亜鉛	銅	マンガン	ヨウ素	セレン	クロム	モリブデン	A レチノール活性当量	A レチノール	A β-カロテン当量	ビタミンD	E α-トコフェロール	ビタミンK	ビタミンB1	ビタミンB2	ナイアシン当量	ビタミンB6	ビタミンB12	葉酸	パントテン酸	ビオチン	ビタミンC	食塩相当量
mg	mg	mg	mg	mg	µg	µg	µg	µg	µg	µg	µg	µg	mg	µg	mg	mg	mg	mg	µg	µg	mg	µg	mg	g
110	6.8	2.0	0.31	5.73	-	-	-	-	1	(0)	8	(0)	0.4	230	0.04	0.29	2.2	0.03	5.1	44	0.38	-	0	6.1
3	0.6	0.1	0.01	0.34	-	-	-	-	(0)	(0)	0	(0)	Tr	1	0	0.01	Tr	0	0.2	7	0	-	0	0.1
14	4.2	0.2	0.03	1.63	-	-	-	-	65	(0)	780	(0)	0.1	160	0.02	0.18	0.3	0	0	3	0	-	0	0.3
180	3.2	0.9	0.11	0.21	200000	2	14	11	130	(0)	1600	(0)	2.6	110	0.26	0.31	2.3	0.03	(0)	240	0.35	9.7	29	6.6
190	3.6	1.1	0.08	0.19	-	-	-	-	64	(0)	760	(0)	0.8	150	0.33	0.28	(2.2)	0.02	0	32	0.14	-	19	5.3
120	1.3	0.5	0.06	0.46	11000	3	6	19	5	(0)	56	(0)	0.9	310	0.05	0.05	1.1	0.05	0	15	0.12	4.7	Tr	7.4
1	0.1	Tr	0.01	0.01	240	Tr	Tr	1	(0)	(0)	(0)	(0)	0	0	0	0	0	0	0	0	0	Tr	Tr	0
34	4.5	1.5	0.02	3.19	-	-	-	-	(0)	(0)	(0)	(0)	0	0	0.01	0	(0.2)	Tr	0	0	0.46	-	0	0.3
39	7.3	0.3	0.04	1.01	81	0	39	5	0	(0)	(0)	(0)	0	Tr	0	Tr	0	0	0.2	1	0	0.1	0	0.4
11	1.2	0.2	0.02	0.10	630	0	Tr	1	1	(0)	15	(0)	0.3	17	0	0.04	0.3	Tr	0	8	0.08	0.6	0	0.7
93	6.2	1.0	0.14	0.82	45000	7	26	17	360	(0)	4400	(0)	5.0	580	0.09	0.42	4.4			93	0.30	17.0	0	4.7
93	58.0	1.0	0.14	0.82	45000	7	26	17	360	(0)	4400	(0)	5.0	580	0.09	0.42	3.4	0		93	0.30	17.0	0	4.7
130	4.8	1.8	0.38	0.65	-	-	-	-	59	(0)	700	(0)	0.7	430	0.16	0.61	(4.6)	0.13	0	68	0.94	-	1	6.9
2	0.2	Tr	0.01	0.01	140	1	0	1	18	(0)	220	(0)	0.1	18	Tr	0.09	0.3	Tr	0	4	0.4	0	-	0.6
2	0.7	0.3	0.01	0.03	-	-	-	-	15	(0)	180	(0)	0.1	14	Tr	0.01	0.1	Tr	0.1	2	0	-	0	0.2
36	0.7	0.3	0.02	0.05	1600	1	1	3	79	(0)	940	(0)	0.1	140	0.07	0.18	(1.5)	0.03	0.3	29	0.19	4.2	15	1.5
350	2.6	0.9	0.08	0.32	-	-	-	-	650	(0)	7800	(0)	1.0	660	0.39	0.83	(14.0)	0.09	0	440	0.46	-	27	16.8
300	6.5	2.8	0.13	0.46	10000	9	19	10	190	(0)	2200	(0)	1.0	1600	0.07	0.08	5.6	0.01	0	18	0.06	25.0	0	23.5
30	0.5	0.2	0.04	0.03	810	Tr	1	Tr	17	(0)	210	(0)	0.1	110	0.01	0.01	0.5	Tr	0	6	0.07	1.9	0	1.4
26	0.3	0.2	0.02	0.03	390	Tr	1	2	20	(0)	240	(0)	0.1	40	0.02	0.03	0.4	0.01	0	36	0.05	2.2	0	0.4
230	0.6	1.1	0.07	0.01	20	46	1	0	7	7	0	8.9	0.6	Tr	0.13	0.13	9.2	0.30	7.1	5	0.41	3.3	Tr	0.3
220	0.8	0.7	0.09	0.01	24	50	0	0	(Tr)	Tr	(Tr)	3	0.7	(0)	0.10	0.15	(7.6)	0.31	6.3	6	0.81	4.5	(0)	1.7
260	1.2	1.3	0.09	0.01	-	-	-	-	11	11	0	19.0	1.2	1	0.10	0.19	12.0	0.47	9.9	8	0.59	-	Tr	0.4
230	1.0	0.9	0.08	0.01	41	47	0	0	16	16	(Tr)	8	0.3	0	0.10	0.21	9.8	0.29	8.1	11	0.59	4.0	Tr	0.4
810	3.2	3.2	0.26	-	-	-	-	-	(Tr)	Tr	(0)	2	1.2	0	0.24	0.40	(26.0)	0.64	12.0	26	1.09	-	(0)	4.1
210	0.8	0.7	0.04	0.20	15	39	0	0	500	500	0	0.4	2.3	0	0.05	0.14	6.2	0.10	2.3	9	0.86	3.3	2	0.4
250	0.4	0.8	0.04	0.01	-	-	-	-	7	7	0	9	1.5	0	0.15	0.16	(7.0)	0.24	5.5	6	0.51	-	1	0.1
190	0.3	0.3	0.02	Tr	41	75	1	0	27	27	0	1	1.3	0	0.04	0.06	4.9	0.08	2.1	6	0.43	1.7	1	0.1
310	0.9	0.8	0.06	0.16	13	14	1	0	35	35	0	1	1.2	0	0.13	0.15	(6.5)	0.17	10.0	27	0.67	5.6	2	0.1
320	0.8	0.9	0.05	Tr	-	-	-	-	55	55	0	8	5.0	0	0.15	0.14	6.8	0.28	2.6	28	1.22	-	2	0.1
140	0.2	0.6	0.04	Tr	-	-	-	-	13	13	0	1	1.2	0	0.04	0.16	(4.1)	0.11	1.2	5	0.21	-	1	0.3
140	1.2	2.2	1.00	-	96	200	Tr	5	8300	8300	(0)	110.0	14.0	(0)	0.14	0.35	3.8	0.11	39.0	88	0.89	13.0	1	0.3
530	2.5	3.9	0.08	0.49	-	-	-	-	200	200	1	21.0	14.0	0	0.19	0.81	7.9	0.15	11.0	29	0.77	-	1	0.5
220	0.4	0.6	0.04	0.01	-	-	-	-	41	41	0	15.0	0.9	0	0.06	0.12	(7.1)	0.31	5.8	12	0.77	-	Tr	0.4
240	0.3	0.6	0.03	0.01	-	-	-	-	39	39	0	3	2.1	0	0.15	0.15	(8.4)	0.34	1.3	2	0.31	-	Tr	0.1
160	0.5	0.8	0.03	0.01	-	-	-	-	95	95	0	2	0.7	0	0.04	0.19	(7.7)	0.29	2.7	7	0.57	-	1	0.5
290	2.3	1.3	0.16	-	-	-	-	-	130	130	0	9	1.6	0	0.08	0.36	12.0	0.55	14.0	16	1.25	-	1	0.2
910	4.5	2.7	0.23	0.12	-	-	-	-	(0)	0	(0)	8	0.1	Tr	0.25	0.43	(25.0)	0.69	25.0	44	0.92	-	Tr	5.8
1500	18.0	7.2	0.39	-	-	-	-	-	(Tr)	Tr	(0)	18.0	0.9	0	0.10	0.10	(28.0)	0.28	41.0	74	1.81	-	(0)	4.3
230	2.1	1.6	0.20	0.04	24	48	Tr	Tr	8	8	0	32.0	2.5	1	0.03	0.39	11.0	0.49	16.0	10	1.14	15.0	0	0.2
190	2.6	1.2	0.10	1.04	-	-	-	-	77	77	0	11.0	0.3	0	0.01	0.21	(14.0)	0.37	15.0	34	1.27	-	Tr	2.8
340	0.4	1.1	0.02	0.07	-	-	-	-	110	110	Tr	6.7	0.9	0	0.02	0.07	6.4	0.17	4.2	56	0.51	-	5	1.0
480	0.6	1.7	0.06	0.10	27	61	3	0	190	190	0	12.0	1.1	0	0.11	0.03	7.5	0.05	3.2	27	0.50	12.0	0	4.2
370	1.4	2.1	0.20	0.22	-	-	-	-	25	25	0	7	8.2	0	0.08	0.32	(12.0)	0.34	18.0	10	0.81	-	0	0.8
180	2.6	3.7	0.24	0.09	62	52	1	-	4	4	0	1.7	1.9	-	0	0.31	11.0	0.21	14.0	23	0.48	22.0	0	13.1
260	0.3	0.8	0.04	0.02	-	-	-	-	5	5	2	5	1.6	(0)	0.09	0.12	6.6	0.21	4.2	5	0.68	-	1	0.1
260	0.5	1.4	0.04	0.04	17	50	0	5	2400	2400	1	18.0	7.4	(0)	0.37	0.48	5.3	0.13	3.5	14	2.17	6.1	2	0.2
280	1.0	1.9	0.04	0.04	-	-	-	-	1500	1500	(0)	17.0	5.3	(0)	0.55	0.45	(6.2)	0.09	2.7	16	1.16	-	Tr	0.3

参照ページ	食品番号	食品名	廃棄率 %	エネルギー kcal	水分 g	たんぱく質 g	アミノ酸組成によるたんぱく質 g	脂質 g	脂肪酸のトリアシルグリセロール当量 g	飽和脂肪酸 g	一価不飽和脂肪酸 g	多価不飽和脂肪酸 g	コレステロール mg	炭水化物 g	利用可能炭水化物(質量計) g	食物繊維総量(プロスキー変法) g	食物繊維総量(AOAC法) g	ナトリウム mg	カリウム mg	カルシウム mg	マグネシウム mg
	10070	かば焼	0	285	50.5	23.0	(19.3)	21.0	19.4	5.32	9.85	3.39	230	3.1	-	-	-	510	300	150	15
	10071	うまづらはぎ 生	65	75	80.2	18.2	15.1	0.3	0.2	0.05	0.03	0.11	47	Tr	(Tr)	-	-	210	320	50	87
	10077	おこぜ 生	60	81	78.8	19.6	(16.2)	0.2	0.1	0.03	0.02	0.05	75	0.2	(0.2)	-	-	85	360	31	26
	10078	おひょう 生	0	93	77.0	19.9	(16.5)	1.7	1.2	0.27	0.53	0.39	49	0.1	(0.1)	-	-	72	400	7	28
	10079	かさご 生	0	83	79.1	19.3	16.7	1.1	0.9	0.27	0.27	0.35	45	0.1	(0.1)	-	-	120	310	57	27
	10080	かじか 生	0	98	76.4	15.0	(12.4)	5.0	3.4	0.86	1.25	1.17	220	0.2	(0.2)	-	-	110	260	520	31
p.201	10084	かじき類 まかじき 生	0	107	73.8	23.1	(18.7)	1.8	1.4	0.47	0.35	0.52	46	0.1	(0.1)	-	-	65	380	5	35
	10085	めかじき 生	0	139	72.2	19.2	15.2	7.6	6.6	1.63	3.55	1.11	72	0.1	(0.1)	-	-	71	440	3	29
p.200	10086	かつお類 かつお 春獲り 生	0	108	72.2	25.8	20.6	0.5	0.4	0.12	0.06	0.19	60	0.1	(0.1)	-	-	43	430	11	42
	10087	秋獲り 生	35	150	67.3	25.0	20.5	6.2	4.9	1.50	1.33	1.84	58	0.2	(0.2)	-	-	38	380	8	38
	10089	加工品 なまり	0	126	66.9	29.8	(24.3)	0.7	0.6	0.16	0.09	0.17	80	0.4	(0.4)	-	-	110	300	11	32
	10091	かつお節	0	332	15.2	77.1	64.2	2.9	1.8	0.62	0.33	0.81	180	0.8	(0.7)	-	-	130	940	28	70
	10092	削り節	0	327	17.2	75.7	64.0	3.2	1.9	0.71	0.35	0.79	190	0.4	(0.4)	-	-	480	810	46	91
	10096	缶詰 味付け フレーク	0	139	65.8	18.4	(14.9)	2.7	2.4	0.78	0.58	0.94	53	10.7	-	-	-	650	280	29	30
p.201	10098	かます 生	40	137	72.7	18.9	15.5	7.2	6.4	2.09	2.23	1.80	58	0.1	(0.1)	-	-	120	320	41	34
p.201	10100	かれい類 まがれい 生	0	89	77.8	19.6	17.8	1.3	1.0	0.23	0.29	0.43	71	0.1	(0.1)	-	-	110	330	43	28
	10103	まこがれい 生	55	86	79.0	18.0	15.6	1.8	1.3	0.31	0.35	0.56	66	0.1	(0.1)	-	-	120	320	46	24
	10104	子持ちがれい 生	40	123	72.7	19.9		6.2	4.8	1.13	1.72	1.70	120	0.1	(0.1)	-	-	77	290	20	27
	10107	かわはぎ 生	0	77	79.9	18.8	16.3	0.4	0.2	0.08	0.05	0.14	47	Tr	(Tr)	-	-	110	380	13	28
	10108	かんぱち 三枚おろし 生	0	119	73.3	21.0	(17.4)	4.2	3.5	1.12	1.03	1.24	62	0.1	(0.1)	-	-	65	490	15	34
p.202	10109	きす 生	55	73	80.8	18.5	16.1	0.2	0.1	0.04	0.06	0.08	88	0	0	-	-	100	340	27	29
	10110	きちじ 生	0	238	63.9	13.6	12.2	21.7	19.4	3.95	10.68	3.97	74	Tr	(Tr)	-	-	75	250	32	32
	10111	きびなご 生	35	85	78.2	18.8	(15.6)	1.4	0.8	0.33	0.18	0.24	75	0.1	(0.1)	-	-	150	330	100	34
p.210	10113	キャビア 塩蔵品	0	242	51.0	26.2	(22.6)	17.1	13.0	3.15	6.36	2.91	500	1.1	(1.0)	-	-	1600	200	8	30
	10115	ぎんだら 生	0	210	67.4	13.6	12.1	18.6	16.7	4.50	9.87	1.59	50	Tr	(Tr)	-	-	74	340	15	26
p.203	10116	きんめだい 生	60	147	72.1	17.8	14.6	9.0	7.9	2.15	3.80	1.60	60	0.1	(0.1)	-	-	59	330	31	73
	10119	こい 養殖 生	50	157	71.0	17.7	14.8	10.2	8.9	2.03	4.67	1.85	86	0.2	(0.2)	-	-	49	340	9	22
	10124	このしろ 生	50	146	70.6	19.0	15.6	8.3	7.1	2.29	2.51	1.95	68	0.4	(0.4)	-	-	160	370	190	27
	10125	甘酢漬	0	184	61.5	19.1	(15.7)	10.1	8.2	3.00	2.75	2.11	74	6.4		-	-	890	120	160	16
p.202		さけ・ます類																			
	10126	からふとます 生	0	139	70.1	21.7	(18.0)	6.6	5.1	1.23	2.12	1.58	58	0.1	(0.1)	-	-	64	400	13	29
	10130	ぎんざけ 養殖 生	0	188	66.0	19.6	16.8	12.8	11.4	2.30	4.87	3.74	60	0.3	(0.3)	-	-	48	350	12	25
	10132	さくらます 生	0	146	69.8	20.9	(17.3)	7.7	6.2	1.60	2.42	1.89	54	0.1	(0.1)	-	-	53	390	15	28
	10134	しろさけ 生	0	124	72.3	22.3	18.9	4.1	3.7	0.80	1.69	1.01	59	0.1	(0.1)	-	-	66	350	14	28
	10139	塩ざけ	0	183	63.6	22.4	19.4	11.1	9.7	2.19	4.34	2.81	64	0.1	(0.1)	-	-	720	320	16	30
	10140	イクラ	0	252	48.4	32.6	(28.8)	15.6	11.7	2.42	3.82	4.97	480	0.2	(0.2)	-	-	910	210	94	95
	10144	たいせいようさけ 養殖 皮つき 生	0	218	62.1	20.1	17.3	16.5	14.4	2.18	7.15	4.43	72	0.1	(0.1)	-	-	43	370	9	27
	10146	にじます 海面養殖 皮つき 生	0	201	63.0	21.4	18.7	14.2	11.7	3.09	5.04	3.07	69	0.1	(0.1)	-	-	64	390	13	28
	10148	淡水養殖 皮つき 生	45	116	74.5	19.7	16.2	4.6	3.7	0.94	1.36	1.26	72	0.1	(0.1)	-	-	50	370	24	28
	10149	べにざけ 生	0	127	71.4	22.5	(18.6)	4.5	3.7	0.81	1.75	1.03	51	0.1	(0.1)	-	-	57	380	10	31
	10152	ますのすけ 生	0	176	66.5	19.5	(16.2)	12.5	9.7	2.50	4.78	1.97	54	Tr	(Tr)	-	-	38	380	18	28
p.199		さば類																			
	10154	まさば 生	50	211	62.1	20.6	17.8	16.8	12.8	4.57	5.03	2.66	61	0.3	(0.3)	-	-	110	330	6	30
	10404	ごまさば 生	50	131	70.7	23.0	19.9	5.1	3.7	1.20	0.87	1.48	59	0.3	(0.2)	-	-	66	420	12	33
	10158	たいせいようさば 生	0	295	54.5	17.2	15.3	26.8	23.4	5.19	9.79	7.46	68	0.4	(0.4)	-	-	99	320	7	28
	10161	加工品 塩さば	0	263	52.1	26.2	22.8	19.1	16.3	3.79	6.63	5.24	59	0.1	(0.1)	-	-	720	300	27	35
	10163	しめさば	0	292	50.6	18.6	17.5	26.9	20.6	5.79	8.26	5.69	65	1.7		-	-	640	200	9	24
	10169	さめ類 ふかひれ	0	344	13.0	83.9	(41.7)	1.6	0.5	0.17	0.12	0.16	250	Tr	(Tr)	-	-	180	3	65	94
	10170	さより 生	40	88	77.9	19.6	(16.2)	1.3	0.9	0.26	0.21	0.42	100	Tr	(Tr)	-	-	190	290	41	37
p.202	10171	さわら 生	0	161	68.6	20.1	18.0	9.7	8.4	2.51	3.45	2.05	60	0.1	(0.1)	-	-	65	490	13	32
p.199	10173	さんま 皮つき 生	0	287	55.6	18.1	16.3	25.6	22.7	4.84	10.58	6.35	68	0.1	(0.1)	-	-	140	200	28	28
	10175	開き干し	30	232	59.7	19.3	(17.5)	19.0	15.8	3.49	7.66	3.94	80	0.1	(0.1)	-	-	500	260	60	28
	10178	缶詰 かば焼	0	219	57.0	17.4	(15.7)	13.0	11.7	2.55	5.65	3.04	80	9.7		-	-	600	250	250	37
	10179	しいら 生	0	100	75.5	21.3	(17.7)	1.9	1.4	0.50	0.33	0.55	55	Tr	(Tr)	-	-	50	480	13	31
p.203		ししゃも類																			
	10180	ししゃも 生干し 生	10	152	67.6	21.0	(17.4)	8.1	7.1	1.62	3.40	1.73	230	0.2	(0.2)	-	-	490	380	330	48

食品番号-10000（青数字）：切り身　（可食部100gあたり　Tr：微量　（ ）：推定値または推計値　-：未測定）

ミネラル ／ ビタミン ／ 食塩相当量

リン	鉄	亜鉛	銅	マンガン	ヨウ素	セレン	クロム	モリブデン	A レチノール活性当量	A レチノール	A β-カロテン当量	ビタミンD	E α-トコフェロール	ビタミンK	ビタミンB1	ビタミンB2	ナイアシン当量	ビタミンB6	ビタミンB12	葉酸	パントテン酸	ビオチン	ビタミンC	食塩相当量
mg	mg	mg	mg	mg	µg	µg	µg	µg	µg	µg	µg	µg	mg	µg	mg	mg	mg	mg	µg	µg	mg	µg	mg	g
300	0.8	2.7	0.07	-	77	42	2	2	1500	1500	(0)	19.0	4.9	(0)	0.75	0.74	(7.1)	0.09	2.2	13	1.29	10.0	Tr	1.3
160	0.4	0.5	0.05	0.02	-	-	-	-	(0)	0	(0)	8	1.1	(0)	0.01	0.13	7.3	0.40	1.4	4	0.50	-	Tr	0.5
200	0.4	0.7	0.03	0.21	-	-	-	-	2	2	(0)	1	0.4	(0)	0.01	0.12	(6.0)	0.08	0.6	3	0.51	-	0	0.2
260	0.1	0.5	0.02	0.01	-	-	-	-	13	13	(0)	3	0.8	(0)	0.09	0.07	(11.0)	0.41	2.1	12	0.47	-	Tr	0.2
180	0.3	0.5	0.01	0.01	48	50	1	1	3	3	(0)	2	0.3	(0)	0.03	0.06	5.1	0.06	1.2	3	0.47	0.8	1	0.3
400	2.8	1.7	0.15	0.31	-	-	-	-	180	180	(0)	3	1.3	1	0.07	0.38	(4.2)	0.08	28.0	15	0.54	-	Tr	0.3
270	0.6	0.6	0.04	0.01	11	55	0	0	8	8	(0)	12.0	1.2	(0)	0.09	0.07	(15.0)	0.44	4.3	5	1.25	13.0	2	0.2
260	0.5	0.7	0.04	0	16	59	Tr	0	61	61	(0)	8.8	4.4	(0)	0.06	0.09	11.0	0.37	1.9	8	0.39	2.7	1	0.1
280	1.9	0.8	0.11	0.01	11	43	0	0	5	5	(0)	4	0.3	(0)	0.13	0.17	24.0	0.76	8.4	6	0.70	2.6	Tr	0.1
260	1.9	0.9	0.10	0.01	25	100	Tr	Tr	20	20	(0)	9	0.4	(0)	0.10	0.16	23.0	0.76	8.6	4	0.61	5.7	Tr	0.1
300	3.7	0.9	0.17	0.02	-	-	-	-	(Tr)	Tr	(0)	4	1.2	(0)	0.19	0.18	(22.0)	0.46	21.0	16	0.58	-	(0)	0.3
790	5.5	2.8	0.27	-	45	320	1	1	(Tr)	Tr	(0)	6	1.2	(0)	0.55	0.35	61.0	0.53	15.0	11	0.82	15.0	(0)	0.3
680	9.0	2.5	0.43	0.05	-	-	-	-	24	24	(0)	4	0.3	(0)	0.38	0.57	54.0	0.53	22.0	15	0.97	-	Tr	1.2
190	2.6	0.7	0.15	0.11	-	-	-	-	(Tr)	Tr	(0)	9	0.7	(0)	0.14	0.13	(19.0)	0.29	8.3	9	0.37	-	(0)	1.7
140	0.3	0.5	0.04	0.01					12	12	(0)	11.0	0.9	(0)	0.03	0.14	8.0	0.31	3.2	8	0.47	-	Tr	0.3
200	0.2	0.8	0.03	0.01	21	110	0	0	5	5	(0)	13.0	1.5	(0)	0.03	0.35	6.3	0.15	3.1	4	0.66	22.0	1	0.3
190	0.4	0.6	0.03		-	-	-	-	6	6	(0)	6.7	1.5	(0)	0.12	0.31	6.1	0.21	1.8	8	0.67	-	1	0.3
200	0.2	0.8	0.03	0.04	-	-	-	-	12	12	0	4	2.9	Tr	0.19	0.20	5.7	0.15	4.3	20	2.41	-	4	0.3
240	0.4	0.3	0.03	0.2	33	35	0	0	2	2	(0)	43.0	0.6	(0)	0.02	0.07	6.6	0.45	1.3	6	0.17	0.9	1	0.3
270	0.6	0.7	0.05	0.01	11	29	0	0	4	4	(0)	4	0.3	(0)	0.15	0.16	(12.0)	0.32	5.3	10	2.24	2.4	1	0.2
180	0.1	0.4	0.02	0.01	21	37	0	0	1	1	(0)	7	0.4	-	0.09	0.03	6.1	0.22	2.2	11	0.18	2.3	1	0.3
130	0.3	0.4	0.11		84	58	0	0	65	65	(0)	4	2.4	(0)	0.03	0.07	3.1	0.04	1.0	2	0.20	0.8	2	0.4
240	1.1	1.9	0.10	0.03	-	-	-	-	(0)	0	(0)	10.0	0.3	Tr	0.02	0.25	(9.6)	0.44	8.3	8	0.87	-	3	0.4
450	2.4	2.5	0.07	0.12	-	-	-	-	60	59	6	1	9.3	(0)	0.01	1.31	(6.3)	0.24	19.0	49	2.38	-	4	4.1
180	0.3	0.3	0.02	0	-	-	-	-	1500	1500	0	3.5	4.6	1	0.05	0.10	4.1	0.09	2.8	1	0.21	-	0	0.1
490	0.3	0.3	0.02	0.01	-	-	-	-	63	63	(0)	2	1.7	(0)	0.03	0.05	5.8	0.28	1.1	9	0.23	-	1	0.1
180	0.5	1.2	0.05	0.01	-	-	-	-	4	4	(0)	14.0	2.0	(0)	0.46	0.18	6.3	0.13	10.0	1	1.48	-	Tr	0.1
230	1.3	0.7	0.16	-	35	31	1	0	(Tr)	Tr	(0)	9	2.5	(0)	Tr	0.17	5.6	0.33	10.0	8	1.13	7.4	0	0.4
170	1.8	0.9	0.06	0.09	-	-	-	-	(Tr)	Tr	(0)	7	0.5	(0)	Tr	0.17	(5.7)	0.15	8.1	1	0.41	-	(0)	2.3
260	0.4	0.6	0.07	0.01	-	-	-	-	13	13	(0)	22.0	0.7	(0)	0.25	0.18	(12.0)	0.49	4.6	16	1.30	-	1	0.1
290	0.3	0.6	0.05	0.01	9	29	1	0	36	36	Tr	15.0	1.8	(0)	0.15	0.14	9.0	0.32	5.2	9	1.37	4.5	1	0.1
260	0.4	0.5	0.06	0.01	-	-	-	-	63	63	(0)	10.0	2.3	(0)	0.11	0.14	(13.0)	0.52	7.6	21	0.97	-	1	0.1
240	0.5	0.5	0.07	0.01	5	31	1	0	11	11	(0)	32.0	0.4	(0)	0.15	0.21	11.0	0.58	5.9	20	1.27	9.0	1	1.8
270	0.3	0.4	0.05	0.01	18	43	0	0	24	24	(0)	23.0	0.4	(0)	0.14	0.15	12.0	0.58	6.9	11	0.95	11.0	1	1.8
530	2.0	2.1	0.76	0.06	-	-	-	-	330	330	0	44.0	9.1	(0)	0.42	0.55	(6.1)	0.06	47.0	100	2.36	-	6	2.3
240	0.3	0.5	0.05	0.01	5	19	0	0	14	14	(0)	8.3	3.8	6	0.23	0.10	11.0	0.45	7.2	27	1.31	6.3	2	0.1
250	0.3	0.5	0.04	0.01	4	22	0	(0)	57	57	(0)	11.0	5.5	-	0.17	0.10	11.0	0.45	5.2	12	1.78	5.4	2	0.1
240	0.2	0.6	0.06	0.01	-	-	-	-	17	17	(0)	12.0	1.2	(0)	0.21	0.10	7.3	0.36	6.0	13	1.63	-	1	0.1
260	0.4	0.5	0.07	0.01	-	-	-	-	27	27	(0)	33.0	1.3	(0)	0.26	0.15	(10.0)	0.41	9.4	13	1.23	-	Tr	0.1
250	0.3	0.4	0.06	0.01	-	-	-	-	160	160	0	16.0	3.3	(0)	0.13	0.12	(11.0)	0.43	3.4	12	1.38	-	1	0.1
220	1.2	1.1	0.12	0.01	21	70	2	2	37	37	1	5.1	1.3	2	0.21	0.31	16.0	0.59	13.0	11	0.66	4.9	1	0.3
260	1.6	1.1	0.13	0.01	-	-	-	-	8	8	0	4.3	1.2	4	0.17	0.28	20.0	0.65	13.0	10	0.72	-	Tr	0.2
210	0.9	0.9	0.06	0.01	69	45	0	0	44	44	0	10.0	0.7	(0)	0.14	0.35	10.0	0.35	8.1	4	0.72	6.6	1	0.3
200	2.0	0.6	0.07	0.02	110	78	1	0	9	9	0	11.0	0.5	(0)	0.16	0.59	17.0	0.41	7.1	4	0.59	5.9	(0)	1.8
160	1.1	0.4	0.18	0.01	430	73	1	Tr	14	14	0	13.0	0.5	(0)	0.13	0.28	12.0	0.36	11.0	4	0.71	7.6	Tr	1.6
36	1.2	3.1	0.06	0.09	-	-	-	-	(0)	(0)	0	1	0.4	(0)	Tr	Tr	(11.0)	0.02	0.9	23	0.24	-	(0)	0.5
190	0.3	1.9	0.03	0.02	-	-	-	-	(Tr)	Tr	(0)	3	0.3	(0)	Tr	0.12	(8.8)	0.33	5.5	10	0.44	-	2	0.5
220	0.8	1.0	0.03	0.01	-	-	-	-	12	12	(0)	7	0.3	(0)	0.09	0.35	13.0	0.40	5.3	8	1.16	-	Tr	0.2
180	1.4	0.8	0.12	0.02	22	32	2	1	16	16	0	16.0	1.7	(0)	0.01	0.28	11.0	0.54	16.0	15	0.74	7.4	0	0.4
140	1.1	0.7	0.12	0.02	-	-	-	-	25	25	0	14.0	1.5	(0)	Tr	0.30	(8.0)	0.54	10.0	10	0.84	-	(0)	1.3
260	2.9	0.1	0.14	0.09	-	-	-	-	28	28	0	12.0	2.4	(0)	Tr	0.27	(9.8)	0.28	12.0	12	0.55	-	(0)	1.5
250	0.7	0.5	0.05	0.01	-	-	-	-	8	8	0	5	0.5	(0)	0.20	0.15	(13.0)	0.46	2.6	3	0.36	-	1	0.1
430	1.6	1.8	0.10	0.11	74	35	1	1	100	100	6	0.6	0.8	(0)	0.02	0.25	(5.5)	0.07	7.5	37	1.95	18.0	1	1.2

参照ページ	食品番号	食品名	廃棄率	エネルギー	水分	たんぱく質	アミノ酸組成によるたんぱく質	脂質	脂肪酸のトリアシルグリセロール当量	飽和脂肪酸	一価不飽和脂肪酸	多価不飽和脂肪酸	コレステロール	炭水化物	利用可能炭水化物（質量計）	食物繊維総量（プロスキー変法）	食物繊維総量（AOAC法）	ナトリウム	カリウム	カルシウム	マグネシウム
			%	kcal	g	g	g	g	g	g	g	g	mg	g	g	g	g	mg	mg	mg	mg
	10182	からふとししゃも　生干し　生	0	160	69.3	15.6	12.6	11.6	9.9	1.95	5.52	2.03	290	0.5	(0.5)	-	-	590	200	350	55
p.205	10184	■したびらめ　生	45	89	78.0	19.2	(15.9)	1.6	1.2	0.34	0.33	0.45	75	Tr	(Tr)	-	-	140	310	36	31
	10185	■しまあじ　養殖　生	55	153	68.9	21.9	(18.2)	8.0	6.6	1.88	2.37	2.04	71	0.1	(0.1)	-	-	53	390	16	29
p.206	10186	■しらうお　生	0	70	82.6	13.6	(11.3)	2.0	1.4	0.34	0.30	0.69	220	0.1	(0.1)	-	-	170	250	150	39
p.203	10188	■すずき　生	0	113	74.8	19.8	(16.4)	4.2	3.5	1.04	1.20	1.08	67	Tr	(Tr)	-	-	81	370	12	29
p.203	10189	■たい類　きだい　生	60	100	76.9	18.6	(15.4)	3.1	2.5	0.87	0.83	0.68	67	0.2	(0.2)	-	-	73	390	23	30
	10190	くろだい　生	55	137	71.4	20.4	(16.9)	6.7	5.4	1.78	2.33	1.07	78	0.3	(0.3)	-	-	59	400	13	36
	10191	ちだい　生	0	97	76.8	19.4	16.6	2.4	1.9	0.66	0.60	0.59	74	0.1	(0.1)	-	-	75	390	33	32
	10192	まだい　天然　生	50	129	72.2	20.6	17.8	5.8	4.6	1.47	1.59	1.38	65	0.1	(0.1)	-	-	55	440	11	31
	10193	養殖　皮つき　生	55	160	68.5	20.9	18.1	9.4	7.8	2.26	2.72	2.44	69	0.1	(0.1)	-	-	52	450	12	32
	10196	■たかさご　生	40	93	76.7	20.2	(16.7)	1.5	1.1	0.43	0.24	0.36	50	0.1	(0.1)	-	-	48	510	51	36
p.203	10198	■たちうお　生	35	238	61.6	16.5	14.6	20.9	17.7	5.83	7.26	3.87	72	Tr	(Tr)	-	-	88	290	12	29
p.204		■たら類																			
	10199	すけとうだら　生	0	72	81.6	17.4	14.2	1.0	0.5	0.12	0.08	0.27	76	0.1	(Tr)	-	-	100	350	13	24
	10202	たらこ　生	0	131	65.2	24.0	21.0	4.7	2.9	0.71	0.81	1.28	350	0.4	(0.4)	-	-	1800	300	24	13
	10204	からしめんたいこ	0	121	66.6	21.0	(18.4)	3.3	2.3	0.54	0.59	1.09	280	3.0	-	-	-	2200	180	23	11
	10205	まだら　生	0	72	80.9	17.6	14.2	0.2	0.1	0.03	0.03	0.07	58	0.1	(Tr)	-	-	110	350	32	24
	10207	しらこ　生	0	60	83.8	13.4	(7.3)	0.8	0.4	0.09	0.12	0.20	360	0.2	(0.2)	-	-	110	390	6	23
	10448	加工品　桜でんぶ	0	351	5.6	10.6	9.6	0.5	0.1	0.06	0.03	0.03	73	80.2	79.4	-	-	930	43	300	17
	10213	■どじょう　生	0	72	79.1	16.1	13.5	1.2	0.6	0.16	0.16	0.22	210	Tr	(Tr)	-	-	96	290	1100	42
p.204	10215	■とびうお　生	40	89	76.9	21.0	18.0	0.7	0.5	0.15	0.07	0.22	59	0.1	(0.1)	-	-	64	320	13	37
	10216	■なまず　生	55	145	72.0	18.4	(15.5)	8.6	7.3	1.76	3.48	1.75	73	Tr	(Tr)	-	-	46	320	18	23
p.199	10218	■にしん　生	45	196	66.1	17.4	14.8	15.1	13.1	2.97	7.18	2.39	68	0.1	(0.1)	-	-	110	350	27	33
	10219	身欠きにしん	9	224	60.6	20.9	(17.8)	16.7	14.6	3.46	8.33	2.18	230	0.2	(0.2)	-	-	170	430	66	38
	10224	かずのこ　塩蔵　水戻し	0	80	80.0	15.0	(16.1)	3.0	1.6	0.52	0.45	0.52	230	0.6	(0.5)	-	-	480	2	8	4
	10225	■はぜ　生	60	78	79.4	19.1	16.1	0.2	0.1	0.03	0.02	0.04	92	0.1	(Tr)	-	-	93	350	42	27
	10226	つくだ煮	0	277	23.2	24.3	(20.5)	3.0	1.6	0.53	0.32	0.68	270	39.9	-	-	-	2200	480	1200	73
	10228	■はたはた　生	0	101	78.8	14.1	12.8	5.7	4.4	0.92	1.95	1.35	100	Tr	(Tr)	-	-	180	250	60	18
	10231	■はも　生	0	132	71.0	22.3	18.9	5.3	4.3	1.36	1.28	1.45	75	Tr	(Tr)	-	-	66	450	79	29
p.205	10234	■ひらめ　天然　生	40	96	76.8	20.0	(17.6)	2.0	1.6	0.43	0.48	0.61	55	Tr	(Tr)	-	-	46	440	22	26
p.205	10236	■ふぐ類　とらふぐ　養殖　生	0	80	78.9	19.3	(15.9)	0.3	0.2	0.06	0.04	0.10	65	0.2	(0.2)	-	-	100	430	6	25
	10238	■ふな　生	50	93	78.0	18.2	15.3	2.5	2.0	0.52	0.72	0.69	64	0.1	(0.1)	-	-	30	340	100	23
	10449	ふなずし	20	181	57.0	21.3	19.1	7.9	5.6	1.50	1.89	1.95	300	9.2	-	-	-	1500	64	350	20
p.204	10241	■ぶり　成魚　生	0	222	59.6	21.4	18.6	17.6	13.1	4.42	4.35	3.72	72	0.3	(0.3)	-	-	32	380	5	26
	10411	はまち　養殖　皮なし　生	0	180	66.4	21.0	17.6	12.0	9.9	2.81	4.11	2.57	78	0.3	(0.3)	-	-	36	390	5	29
	10244	■ほうぼう　生	50	110	74.9	19.6	(16.2)	4.2	3.0	0.96	1.04	0.85	55	Tr	(Tr)	-	-	110	380	42	34
	10248	■ほっけ　開き干し　生	35	161	67.0	20.6	18.0	9.4	8.3	1.99	3.48	2.45	86	0.1	(0.1)	-	-	690	390	170	37
p.200		■まぐろ類																			
	10252	きはだ　生	0	102	74.0	24.3	20.6	1.0	0.6	0.21	0.12	0.25	37	Tr	(Tr)	-	-	43	450	5	37
	10253	くろまぐろ　天然　赤身　生	0	115	70.4	26.4	22.3	1.4	0.8	0.25	0.29	0.19	50	0.1	(0.1)	-	-	49	380	5	45
	10254	天然　脂身　生	0	308	51.4	20.1	16.7	27.5	23.5	5.91	10.20	6.41	55	0.1	(0.1)	-	-	71	230	7	35
	10450	養殖　赤身　生	0	153	68.8	24.8	20.5	7.6	6.7	1.73	2.53	2.15	53	0.3	(0.3)	-	-	28	430	3	38
	10255	びんなが　生	0	111	71.8	26.0	21.6	0.7	0.6	0.15	0.19	0.23	49	0.2	(0.2)	-	-	38	440	9	41
	10256	みなみまぐろ　赤身　生	0	88	77.0	21.6	16.9	0.4	0.2	0.06	0.05	0.09	52	0.1	(0.1)	-	-	43	400	5	27
	10257	脂身　生	0	322	50.3	20.3	16.6	28.3	25.4	6.06	10.62	7.68	59	0.1	(0.1)	-	-	44	280	9	29
	10425	めばち　赤身　生	0	115	72.2	25.4	21.9	2.3	1.7	0.49	0.54	0.61	41	0.1	(0.1)	-	-	39	440	3	35
	10260	缶詰　水煮　フレーク　ライト	0	70	82.0	16.0	(13.0)	0.7	0.5	0.18	0.10	0.18	35	0.2	(0.2)	-	-	210	230	5	26
	10263	油漬　フレーク　ライト	0	265	59.1	17.7	(14.4)	21.7	21.3	3.37	4.86	12.16	32	0.1	(0.1)	-	-	340	230	4	25
	10266	■まながつお　生	40	161	70.8	17.1	(13.9)	10.9	9.7	3.80	3.98	1.52	70	Tr	(Tr)	-	-	160	370	21	25
p.205	10268	■むつ　生	0	175	69.7	16.7	14.5	12.6	11.6	1.69	8.59	0.81	59	Tr	(Tr)	-	-	85	390	25	20
p.205	10271	■めばる　生	55	100	77.2	18.1	15.6	3.5	2.8	0.79	0.92	0.95	75	Tr	(Tr)	-	-	75	350	80	27
p.206	10275	■やまめ　養殖　生	45	110	75.6	18.4	(15.1)	4.3	3.7	0.91	1.39	1.20	65	0.3	(0.3)	-	-	50	420	85	28
p.206	10276	■わかさぎ　生	0	71	81.8	14.4	11.8	1.7	1.2	0.29	0.32	0.56	210	0.1	(0.1)	-	-	200	120	450	25
		■<貝類>																			
p.207	10281	■あさり　生	60	27	90.3	6.0	4.6	0.3	0.1	0.02	0.01	0.04	40	0.4	(0.4)	-	-	870	140	66	100
p.207	10427	■あわび　くろあわび　生	55	76	79.5	14.3	11.2	0.8	0.3	0.09	0.06	0.11	110	3.6	3.3	-	-	430	160	25	69

食品番号-10000（青数字）：切り身　（可食部100gあたり　Tr：微量　（）：推定値または推計値　-：未測定）

ミネラル									ビタミン															食塩相当量
リン	鉄	亜鉛	銅	マンガン	ヨウ素	セレン	クロム	モリブデン	A レチノール活性当量	A レチノール	A β-カロテン当量	ビタミンD	E α-トコフェロール	ビタミンK	ビタミンB1	ビタミンB2	ナイアシン当量	ビタミンB6	ビタミンB12	葉酸	パントテン酸	ビオチン	ビタミンC	
mg	mg	mg	mg	mg	µg	µg	µg	µg	µg	µg	µg	µg	mg	µg	mg	mg	mg	mg	µg	µg	mg	µg	mg	g
360	1.4	2.0	0.06	0.04	27	41	1	1	120	120	0	0.4	1.6	Tr	Tr	0.31	4.8	0.08	8.7	21	1.20	17.0	1	1.5
160	0.3	0.5	0.02	0.02	-	-	-	-	30	30	0	2	0.6	(0)	0.06	0.14	(6.8)	0.20	2.6	12	0.26	-	1	0.4
250	0.7	1.1	0.04	0.01	-	-	-	-	10	10	0	18.0	1.6	(0)	0.25	0.15	(12.0)	0.52	3.2	2	0.88	-	Tr	0.1
270	0.4	1.2	0.03	0.09	-	-	-	-	50	50	(0)	1	1.8	(0)	0.08	0.10	(4.3)	0.12	3.3	58	0.94	-	4	0.4
210	0.2	0.6	0.02	0.01	-	-	-	-	180	180	0	10.0	1.2	(0)	0.02	0.20	(7.5)	0.27	2.0	8	0.93	-	3	0.2
210	0.2	0.4	0.02	0.01	-	-	-	-	50	50	0	4	1.5	(0)	0.03	0.04	(6.2)	0.20	3.2	8	0.38	-	1	0.2
250	0.3	0.8	0.03	0.01	-	-	-	-	12	12	0	4	1.4	(0)	0.12	0.30	(9.2)	0.42	3.7	14	0.62	-	1	0.1
230	0.6	0.4	0.03	0.01	24	43	Tr	0	21	21	(0)	2	1.3	(0)	0.03	0.10	8.6	0.33	3.0	3	0.49	4.3	2	0.1
220	0.2	0.4	0.02	0.01	-	-	-	-	8	8	0	5	1.0	(0)	0.09	0.05	9.8	0.31	1.2	5	0.64	-	1	0.1
240	0.2	0.5	0.02	0	6	36	1	0	11	11	0	7	2.4	-	0.32	0.08	9.6	0.40	1.5	4	1.34	7.7	3	0.1
290	0.5	0.4	0.04	0.01	-	-	-	-	7	7	0	2	0.1	(0)	0.03	0.07	(8.0)	0.20	4.4	3	0.46	-	Tr	0.1
180	0.2	0.5	0.02	0.02	-	-	-	-	52	52	0	14.0	1.2	(0)	0.01	0.07	6.9	0.20	0.9	2	0.56	-	1	0.2
180	0.2	0.5	0.03	0	160	25	-	-	10	10	0	0.5	0.9	0	0.05	0.11	4.4	0.09	2.9	12	0.20	2.5	1	0.3
390	0.6	3.1	0.08	0.04	130	130	1	Tr	24	24	0	1.7	7.1	Tr	0.71	0.43	54.0	0.25	18.0	52	3.68	18.0	33	4.6
290	0.7	2.7	0.08	0.04	-	-	-	-	41	37	46	1	6.5	1	0.34	0.33	(24.0)	0.17	11.0	43	2.16	-	76	5.6
230	0.2	0.5	0.04	0.01	350	31	-	-	10	10	0	1	0.8	(0)	0.10	0.10	4.4	0.07	1.3	5	0.44	2.5	3	0.3
430	0.2	0.7	0.03	0.01	-	-	-	-	8	8	0	2	1.8	(0)	0.24	0.13	(2.2)	0.01	3.1	11	0.68	-	2	0.3
180	0.4	0.6	0.03	0.03	58	14	4	Tr	2	2	0	0	0.1	-	0.01	0.01	2.3	Tr	0.6	3	0.06	0.9	-	2.4
690	5.6	2.9	0.08	0.38	-	-	-	-	15	13	25	4	0.6	1	0.09	1.09	6.7	0.10	8.5	16	0.66	-	1	0.2
340	0.5	0.8	0.06	0.01	-	-	-	-	3	3	0	2	2.3	(0)	0.01	0.10	11.0	0.47	3.3	8	0.42	-	1	0.2
170	0.4	0.6	0.03	0.02	-	-	-	-	71	70	7	4	6.3	(0)	0.33	0.10	(4.2)	0.16	2.3	10	0.81	-	0	0.1
240	1.0	1.1	0.09	0.02	-	-	-	-	18	18	0	22.0	3.1	(0)	0.01	0.23	7.3	0.42	17.0	13	1.06	-	Tr	0.3
290	1.5	1.3	0.10	0.04	-	-	-	-	(Tr)	Tr	(0)	50.0	2.7	(0)	0.01	0.03	(8.6)	0.21	13.0	12	1.24	-	(0)	0.4
94	0.4	1.3	0.06	0.02	-	-	-	-	2	2	0	17.0	0.9	0	Tr	0.01	(5.2)	0.04	4.5	0	0.44	-	0	1.2
190	0.2	0.6	0.02	0.10	-	-	-	-	7	6	9	3	1.0	(0)	0.04	0.04	4.8	0.07	2.7	8	0.42	-	1	0.1
820	12.0	3.2	0.08	1.20	-	-	-	-	160	150	51	5	2.4	(0)	0.11	0.41	(6.7)	0.06	6.8	230	0.79	-	0	5.6
120	0.5	0.6	0.06	-	32	37	Tr	0	20	20	(0)	2	2.2	(0)	0.02	0.14	5.6	0.08	1.7	7	0.50	3.3	1	0.5
280	0.2	0.6	0.03	0.07	-	-	-	-	59	59	0	5	1.1	(0)	0.04	0.18	7.8	0.23	1.9	21	0.46	-	1	0.1
240	0.1	0.4	0.04	-	-	-	-	-	12	12	0	3	0.6	(0)	0.04	0.11	(8.6)	0.33	1.0	16	0.82	-	3	0.1
250	0.2	0.9	0.02	-	-	-	-	-	3	3	0	4	0.8	(0)	0.06	0.21	(9.6)	0.45	1.9	3	0.36	-	Tr	0.1
160	1.5	1.9	0.04	0.02	-	-	-	-	12	12	0	4	1.5	(0)	0.55	0.14	5.3	0.11	5.5	14	0.69	-	1	0.1
240	0.9	2.9	0.23	0.34	24	48	1	36	43	43	-	3.6	4.6	4	Tr	0.07	4.1	0.03	7.4	15	0.14	28.0	0	3.9
130	1.3	0.7	0.08	0.02	24	57	Tr	0	50	50	0	8	2.0	(0)	0.23	0.36	14.0	0.42	3.8	7	1.01	7.7	1	0.1
220	1.1	0.5	0.10	0.01	14	35	0	(0)	41	41	0	4.4	5.5	-	0.17	0.23	12.0	0.53	6.6	9	0.99	6.4	1	0.1
200	0.4	0.5	0.04	0.05	-	-	-	-	9	9	0	3	0.5	(0)	0.09	0.15	(8.6)	0.44	2.2	5	0.82	-	3	0.3
330	0.5	0.9	0.05	0.03	15	31	1	4	30	30	0	4.6	1.3	(0)	0.10	0.24	7.1	0.21	5.3	7	0.65	3.7	4	1.8
290	2.0	0.5	0.06	0.01	14	74	1	2	2	1	Tr	6	0.4	(0)	0.15	0.09	22.0	0.64	5.8	5	0.36	1.4	0	0.1
270	1.1	0.4	0.04	0.01	14	110	0	0	83	83	0	5	0.8	Tr	0.10	0.05	19.0	0.85	1.3	8	0.41	1.9	2	0.1
180	1.6	0.5	0.04	Tr	-	-	-	-	270	270	0	18.0	1.5	(0)	0.04	0.07	14.0	0.82	1.0	8	0.47	-	4	0.2
270	0.8	0.5	0.02	Tr	31	79	0	1	840	840	-	4	1.5	(0)	0.16	0.05	20.0	0.51	2.5	10	0.27	1.1	2	0.1
310	0.9	0.5	0.05	0.01	12	71	1	4	4	4	0	7	0.7	(0)	0.13	0.10	26.0	0.94	2.8	4	0.31	1.2	1	0.1
240	1.8	0.4	0.04	-	5	73	0	6	6	4	-	4	1.0	(0)	0.03	0.05	15.0	1.08	2.2	5	0.30	2.2	Tr	0.1
210	0.6	0.4	0.05	0.01	38	120	1	4	34	34	0	5	1.5	(0)	0.10	0.06	15.0	1.00	1.5	4	0.29	4.4	5	0.1
270	0.9	0.4	Tr	Tr	18	75	Tr	2	17	17	0	3.6	0.9	(0)	0.09	0.05	20.0	0.76	1.4	5	0.15	1.5	1	0.1
160	0.6	0.7	0.05	0.01	-	-	-	-	10	10	0	3	0.4	(0)	0.01	0.04	(13.0)	0.26	1.1	4	0.13	-	0	0.5
160	0.5	0.3	0.02	0.01	-	-	-	-	8	8	0	3	2.8	44	0.01	0.03	(12.0)	0.26	1.1	3	0.09	-	0	0.9
190	0.3	0.5	0.02	0.01	-	-	-	-	90	90	(0)	5	1.4	(0)	0.22	0.13	(6.9)	0.30	1.4	7	1.37	-	1	0.4
180	0.5	0.4	0.03	0.01	-	-	-	-	8	8	0	4	0.9	(0)	0.03	0.16	5.5	0.10	1.9	4	0.31	-	Tr	0.2
200	0.4	0.4	0.05	-	-	-	-	-	11	11	(0)	1	1.5	(0)	0.07	0.17	5.0	0.11	1.5	5	0.37	-	2	0.2
280	0.5	0.8	0.04	0.01	-	-	-	-	15	15	Tr	8	2.2	-	0.15	0.16	(6.9)	0.22	6.6	13	1.48	-	3	0.1
350	0.9	2.0	0.19	0.13	29	22	1	1	99	99	2	2	0.7	Tr	0.01	0.14	4.0	0.17	7.9	21	0.51	4.0	1	0.5
85	3.8	1.0	0.06	0.10	55	38	4	9	4	2	22	0	0.4	Tr	0.02	0.16	2.4	0.04	52.0	11	0.39	23.0	1	2.2
82	2.2	-	-	0.01	200	8	6	15	1	0	17	(0)	0.3	-	0.15	0.09	2.6	0.02	0.4	20	2.44	1.2	1	1.1

穀類　いも・でん粉類　砂糖・甘味類　豆類　種実類　野菜類　果実類　きのこ類　藻類　魚介類

食品番号	食品名	廃棄率	エネルギー	水分	たんぱく質	アミノ酸組成によるたんぱく質	脂質	脂肪酸のトリアシルグリセロール当量	飽和脂肪酸	一価不飽和脂肪酸	多価不飽和脂肪酸	コレステロール	炭水化物	利用可能炭水化物(質量計)	食物繊維総量(プロスキー変法)	食物繊維総量(AOAC法)	ナトリウム	カリウム	カルシウム	マグネシウム
		%	kcal	g	g	g	g	g	g	g	g	mg	g	g	g	g	mg	mg	mg	mg
10289	いがい 生	60	63	82.9	10.3	7.5	1.6	0.8	0.24	0.12	0.39	47	3.2	2.8	-	-	540	230	43	73
10292	かき 養殖 生	75	58	85.0	6.9	4.9	2.2	1.3	0.41	0.21	0.60	38	4.9	2.3	-	-	460	190	84	65
10295	さざえ 生	85	83	78.0	19.4	14.2	0.4	0.1	0.05	0.02	0.06	140	0.8	(0.7)	-	-	240	250	22	54
10297	しじみ 生	75	54	86.0	7.5	5.8	1.4	0.6	0.24	0.14	0.19	62	4.5	(4.1)	-	-	180	83	240	10
10300	つぶ 生	0	82	78.2	17.8	13.6	0.2	0.1	0.02	0.01	0.05	110	2.3	(2.1)	-	-	380	160	60	92
10303	とりがい 斧足 生	0	81	78.6	12.9	10.1	0.3	0.1	0.04	0.02	0.02	22	6.9	(6.2)	-	-	100	150	19	43
10306	はまぐり類 はまぐり 生	60	35	88.8	6.1	4.5	0.6	0.3	0.09	0.05	0.13	25	1.8	(1.6)	-	-	780	160	130	81
10310	ちょうせんはまぐり 生	60	41	88.1	6.5	4.6	1.0	0.5	0.18	0.10	0.23	27	2.7	1.2	-	-	510	170	160	69
10311	ほたてがい 生	50	66	82.3	13.5	9.0	0.9	0.3	0.07	0.06	0.15	33	1.5	(1.4)	-	-	320	310	22	59
10313	貝柱 生	0	82	78.4	16.9	12.3	0.3	0.1	0.03	0.01	0.06	35	3.5	(3.1)	-	-	120	380	7	41
10316	ほっきがい 生	65	66	82.1	11.1	(8.1)	1.1	0.3	0.10	0.10	0.10	51	3.8	(3.4)	-	-	250	260	62	75
	<えび類>																			
10319	あまえび 生	65	85	78.2	19.8	15.2	1.5	0.7	0.17	0.21	0.34	130	0.1	(0.1)	-	-	300	310	50	42
10320	いせえび 生	70	86	76.6	20.9	17.4	0.4	0.1	0.03	0.03	0.07	93	Tr	(Tr)	-	-	350	400	37	39
10321	くるまえび 養殖 生	55	90	76.1	21.6	18.2	0.6	0.3	0.08	0.05	0.12	170	Tr	(Tr)	-	-	170	430	41	46
10325	さくらえび 素干し	0	286	19.4	64.9	(46.9)	4.0	2.1	0.59	0.63	0.75	700	0.1	(0.1)	-	-	1200	1200	2000	310
10327	大正えび 生	55	89	76.3	21.7	(17.9)	0.3	0.1	0.04	0.04	0.04	160	0.1	(0.1)	-	-	200	360	34	45
10328	しばえび 生	50	78	79.3	18.7	15.7	0.4	0.2	0.06	0.05	0.08	170	0.1	(0.1)	-	-	250	260	56	30
10415	バナメイえび 養殖 生	20	82	78.6	19.6	16.5	0.6	0.3	0.10	0.05	0.15	160	0.7	(0.6)	-	-	140	270	68	37
10329	ブラックタイガー 養殖 生	15	77	79.9	18.4	(15.2)	0.3	0.1	0.04	0.06	0.06	150	0.3	(0.3)	-	-	150	230	67	36
10330	加工品 干しえび	0	213	24.2	48.6	(40.0)	2.8	0.8	0.42	0.45	0.20	510	0.3	(0.3)	-	-	1500	740	7100	520
	<かに類>																			
10332	がざみ 生	65	61	83.1	14.4	(10.8)	0.3	0.1	0.04	0.05	0.04	79	0.3	(0.1)	-	-	360	300	110	60
10333	毛がに 生	70	67	81.9	15.8	12.1	0.5	0.3	0.05	0.06	0.15	47	0.2	(0.1)	-	-	220	340	61	38
10335	ずわいがに 生	70	59	84.0	13.9	10.6	0.4	0.2	0.03	0.04	0.13	44	0.1	(0.1)	-	-	310	310	90	42
10338	たらばがに 生	70	56	84.7	13.0	10.1	0.9	0.5	0.09	0.12	0.20	34	0.2	(0.1)	-	-	340	280	51	41
	<いか類>																			
10344	こういか 生	35	64	83.4	14.9	10.6	1.3	0.6	0.19	0.05	0.33	210	0.1	(0.1)	-	-	280	220	17	48
10345	するめいか 生	30	76	80.2	17.9	(13.4)	0.8	0.3	0.11	0.03	0.19	250	0.1	(0.1)	-	-	210	300	11	46
10348	ほたるいか 生	0	74	83.0	11.8	7.8	3.5	2.3	0.58	0.69	0.94	240	0.2	(0.2)	-	-	270	290	14	39
10352	やりいか 生	25	79	79.7	17.6	13.1	1.0	0.5	0.18	0.05	0.26	320	0.4	(0.4)	-	-	170	300	10	42
10353	加工品 するめ	0	304	20.2	69.2	(50.2)	4.3	1.7	0.60	0.12	0.89	980	0.4	(0.4)	-	-	890	1100	43	170
10358	塩辛	0	114	67.3	15.2	(11.0)	3.4	2.7	0.74	0.57	1.24	230	6.5	-	-	-	2700	170	16	48
	<たこ類>																			
10360	いいだこ 生	0	64	83.2	14.6	(10.6)	0.8	0.4	0.11	0.06	0.20	150	0.1	(0.1)	-	-	250	200	20	43
10361	まだこ 生	15	70	81.1	16.4	11.7	0.7	0.2	0.07	0.03	0.14	150	0.1	(0.1)	-	-	280	290	16	55
10432	みずだこ 生	20	61	83.5	13.4	9.4	0.9	0.4	0.04	0.04	0.23	100	0.1	(0.1)	-	-	430	270	19	60
	<その他>																			
10365	うに 生うに	0	109	73.8	16.0	11.7	4.8	2.5	0.63	0.77	1.02	290	3.3	(3.0)	-	-	220	340	12	27
10370	くらげ 塩蔵 塩抜き	0	21	94.2	5.2	-	0.1	Tr	0.03	0.01	0	31	Tr	(Tr)	-	-	110	1	2	4
10371	しゃこ ゆで	0	89	77.2	19.2	15.3	1.7	0.8	0.25	0.23	0.32	150	0.2	(0.2)	-	-	310	230	88	40
10375	ほや 塩辛	0	69	79.7	11.6	-	1.1	0.6	0.16	0.16	0.29	34	3.8	-	-	-	1400	79	14	25
	<水産練り製品>																			
10376	かに風味かまぼこ	0	89	75.6	12.1	(11.3)	0.5	0.4	0.11	0.10	0.16	17	9.2	-	-	-	850	76	120	14
10379	蒸しかまぼこ	0	93	74.4	12.0	11.2	0.9	0.5	0.13	0.09	0.23	15	9.7	-	-	-	1000	110	25	14
10381	焼き竹輪	0	119	69.9	12.2	(11.3)	2.0	1.7	0.48	0.46	0.72	25	13.5	-	-	-	830	95	15	15
10382	だて巻	0	190	58.8	14.6	-	7.5	6.3	1.78	2.95	1.26	180	17.6	-	-	-	350	110	25	11
10383	つみれ	0	104	75.4	12.0	-	4.3	2.6	0.89	0.75	0.89	40	6.5	-	-	-	570	180	60	17
10384	なると	0	80	77.8	7.6	-	0.4	0.3	0.15	0.03	0.08	17	11.6	-	-	-	800	160	15	11
10385	はんぺん	0	93	75.7	9.9	-	1.0	0.9	0.26	0.19	0.44	15	11.4	-	-	-	590	160	15	13
10386	さつま揚げ	0	135	67.5	12.5	-	3.7	3.0	0.51	0.85	1.49	20	13.9	-	-	-	730	60	60	14
10388	魚肉ソーセージ	0	158	66.1	11.5	10.3	7.2	6.5	2.53	2.78	0.91	30	12.6	-	-	-	810	70	100	11

肉類

食品番号	食品名	廃棄率	エネルギー	水分	たんぱく質	アミノ酸組成によるたんぱく質	脂質	脂肪酸のトリアシルグリセロール当量	飽和脂肪酸	一価不飽和脂肪酸	多価不飽和脂肪酸	コレステロール	炭水化物	利用可能炭水化物(質量計)	食物繊維総量(プロスキー変法)	食物繊維総量(AOAC法)	ナトリウム	カリウム	カルシウム	マグネシウム
	<畜肉類>																			
11001	いのしし 肉 脂身つき 生	0	249	60.1	18.8	(16.7)	19.8	18.6	5.83	9.37	2.55	86	0.5	(0.5)	-	-	45	270	4	20

p.207◀
p.207◀
p.207◀
p.207◀
p.207◀
p.208◀
p.208◀
p.209◀
p.210◀
p.210◀
p.211◀
p.220◀

	ミネラル									ビタミン															食塩相当量
リン	鉄	亜鉛	銅	マンガン	ヨウ素	セレン	クロム	モリブデン	A レチノール活性当量	A レチノール	A β-カロテン当量	ビタミンD	E α-トコフェロール	ビタミンK	ビタミンB1	ビタミンB2	ナイアシン当量	ビタミンB6	ビタミンB12	葉酸	パントテン酸	ビオチン	ビタミンC	
mg	mg	mg	mg	mg	μg	μg	μg	μg	μg	μg	μg	μg	mg	μg	mg	mg	mg	mg	μg	μg	mg	μg	mg	g
160	3.5	1.0	0.05	0.86	65	37	5	9	34	34	Tr	(0)	1.1	Tr	0.01	0.37	3.7	0.02	10.0	42	0.63	6.4	5	1.4
100	2.1	14.0	1.04	0.39	67	46	3	4	24	24	6	0.1	1.3	0	0.07	0.14	2.6	0.07	23.0	39	0.54	4.8	3	1.2
140	0.8	2.2	0.39	0.02	97	19	6	5	31	Tr	360	(0)	2.3	3	0.04	0.09	4.1	0.05	1.3	16	0.24	1.9	1	0.6
120	8.3	2.3	0.41	2.78	-	-	-	-	33	25	100	0.2	1.7	2	0.02	0.44	3.1	0.10	68.0	26	0.53	-	2	0.4
120	1.3	1.2	0.06	0.04	-	-	-	-	2	0	19	(0)	1.8	(0)	Tr	0.12	3.4	0.11	6.5	15	0.59	-	Tr	1.0
120	2.9	1.6	0.05	0.11	-	-	-	-	Tr	Tr	Tr	(0)	1.2	(0)	0.16	0.06	3.7	0.04	10.0	18	1.10	-	1	0.3
96	2.1	1.7	0.10	0.14	-	-	-	-	9	7	25	(0)	0.6	1	0.08	0.16	2.1	0.08	28.0	20	0.37	-	1	2.0
94	5.1	1.2	0.11	0.22	27	21	4	6	6	3	30	(0)	0.5	0	0.13	0.12	1.9	0.07	19.0	21	0.57	13.0	1	1.3
210	2.2	2.7	0.13	0.12	-	-	-	-	23	10	150	(0)	0.9	1	0.05	0.29	3.4	0.07	11.0	87	0.66	-	3	0.8
230	0.2	1.5	0.03	0.02	2	18	3	1	1	1	Tr	(0)	0.8	0	0.01	0.06	4.1	0.11	1.7	61	0.28	1.7	2	0.3
160	4.4	1.8	0.15	0.11	-	-	-	-	7	6	10	(0)	1.4	(0)	0.01	0.16	(3.5)	0.12	48.0	45	0.20	-	2	0.6
240	0.1	1.0	0.44	0.02	18	33	Tr	1	3	3	Tr	(0)	3.4	(0)	0.02	0.03	4.4	0.04	2.4	25	0.21	2.1	Tr	0.8
330	1.1	1.8	0.65	0.02	-	-	-	-	0	0	(0)	(0)	3.8	(0)	0.01	0.18	5.2	0.14	0.3	15	0.41	-	1	0.9
310	0.7	1.4	0.42	0.02	4	35	0	1	4	0	49	(0)	1.6	(0)	0.11	0.06	7.0	0.12	1.9	23	1.11	2.6	Tr	0.4
1200	3.2	4.9	3.34	0.23	-	-	-	-	(Tr)	Tr	(0)	(0)	(7.2)	(0)	0.17	0.15	(17.0)	0.21	11.0	230	1.16	-	0	3.0
300	0.1	1.4	0.61	0.02	-	-	-	-	6	6	4	(0)	1.8	(0)	0.03	0.04	(5.8)	0.07	2.1	45	0.61	-	1	0.5
270	1.0	1.0	0.35	0.11	-	-	-	-	4	3	20	(0)	1.7	(0)	0.02	0.06	5.5	0.10	1.1	57	0.38	-	2	0.6
220	1.4	1.2	0.33	0.10	10	27	2	-	0	0	0	(0)	1.7	(0)	0.03	0.04	6.8	0.14	1.2	38	0.23	1.9	1	0.3
210	0.2	1.4	0.39	0.02	4	26	2	1	1	0	7	(0)	1.4	(0)	0.07	0.03	(5.5)	0.07	0.9	15	0.59	1.9	1	0.4
990	15.0	3.9	5.17	3.93	-	-	-	-	14	14	5	(0)	2.5	(0)	0.10	0.19	(12.0)	0.19	11.0	46	0.72	-	0	3.8
200	0.3	3.7	1.10	0.06	-	-	-	-	1	0	7	(0)	1.8	(0)	0.02	0.15	(6.3)	0.18	4.7	22	0.78	-	Tr	0.9
260	0.5	3.3	0.47	0.03	-	-	-	-	(Tr)	Tr	(0)	(0)	2.2	(0)	0.07	0.23	4.5	0.16	1.9	13	0.41	-	Tr	0.6
170	0.5	2.6	0.35	0.02	58	97	1	2	(Tr)	Tr	(0)	(0)	2.1	(0)	0.24	0.60	10.0	0.13	4.3	15	0.48	3.0	Tr	0.8
220	0.3	3.2	0.43	0.03	43	25	1	1	1	0	7	(0)	1.9	(0)	0.05	0.07	4.3	0.14	5.8	21	0.65	4.9	Tr	0.9
170	0.1	1.5	0.45	0.02	4	23	0	0	5	5	Tr	(0)	2.2	(0)	0.03	0.05	3.3	0.06	1.4	3	0.52	1.6	Tr	0.7
250	0.1	1.5	0.29	Tr	7	41	Tr	1	13	13	(0)	(0)	2.1	-	0.07	0.05	(6.5)	0.21	4.9	5	0.34	4.9	1	0.5
170	0.8	1.3	3.42	0.05	-	-	-	-	1500	1500	Tr	(0)	4.3	Tr	0.19	0.27	4.6	0.15	14.0	34	1.09	-	5	0.7
280	0.1	1.2	0.25	0.02	-	-	-	-	8	8	0	(0)	1.4	(0)	0.04	0.03	5.9	0.10	1.1	5	0.07	-	2	0.4
1100	0.8	5.4	0.99	0.06	-	-	-	-	22	22	0	(0)	4.4	(0)	0.10	0.10	(24.0)	0.34	12.0	11	1.57	-	0	2.3
210	1.1	1.7	1.91	0.03	-	-	-	-	200	200	1	(0)	3.3	Tr	Tr	0.10	(5.5)	0.31	17.0	13	0.61	-	Tr	6.9
190	2.2	3.1	2.96	0.06	-	-	-	-	36	35	9	(0)	2.7	(0)	0.01	0.08	(5.3)	0.11	2.0	37	0.70	-	1	0.6
160	0.6	1.6	0.30	0.03	-	-	-	-	5	5	0	(0)	1.9	Tr	0.03	0.09	4.3	0.07	1.3	4	0.24	-	Tr	0.7
150	0.1	1.6	0.64	0.04	8	46	0	1	4	4	0	(0)	1.1	(0)	0.04	0.05	3.7	0.05	0.8	6	0.43	2.4	1	1.1
390	0.9	2.0	0.05	0.05	-	-	-	-	58	0	700	(0)	3.6	27	0.10	0.44	4.4	0.15	1.3	360	0.72	-	3	0.6
26	0.3	Tr	0.06	Tr	-	-	-	-	0	0	0	(0)	0	(0)	Tr	0.01	0.9	0	0.2	3	0	-	0	0.3
250	0.8	3.3	3.46	0.13	-	-	-	-	180	180	15	(0)	2.8	(0)	0.26	0.13	4.8	0.06	13.0	15	0.30	-	0	0.8
75	3.0	2.5	0.10	0.08	-	-	-	-	(Tr)	Tr	(0)	(0)	1.3	(0)	0.01	0.18	2.5	0.03	5.6	13	0.07	-	(0)	3.6
77	0.2	0.2	0.04	0.02	-	-	-	-	21	21	0	1	0.9	(0)	0.01	0.04	(2.5)	0.01	0.7	3	0.08	-	1	2.2
60	0.3	0.2	0.03	0.03	-	-	-	-	(Tr)	Tr	(0)	2	0.2	(0)	Tr	0.01	2.8	0.01	0.3	5	0	-	0	2.5
110	1.0	0.3	0.03	0.03	-	-	-	-	(Tr)	Tr	(0)	1	0.4	(0)	0.05	0.08	(3.1)	0.01	0.8	4	0.04	-	(0)	2.1
120	0.5	0.6	0.04	0.03	-	-	-	-	60	60	0	1	1.8	(0)	0.04	0.20	2.6	0.03	0.3	16	0.52	-	(0)	0.9
120	1.0	0.6	0.06	0.06	-	-	-	-	(Tr)	Tr	(0)	5	0.2	(0)	0.02	0.20	6.5	0.09	2.2	3	0.15	-	(0)	1.4
110	0.5	0.6	0.01	0.02	-	-	-	-	(Tr)	Tr	(0)	Tr	0.1	(0)	Tr	0.01	2.0	Tr	0.4	1	0.04	-	(0)	2.0
110	0.5	0.1	0.02	0.01	-	-	-	-	(Tr)	Tr	(0)	Tr	0.4	(0)	Tr	0.01	2.4	0.07	0.4	1	0.10	-	(0)	1.5
70	0.8	0.3	0.08	0.04	-	-	-	-	(Tr)	Tr	(0)	1	0.4	(0)	0.05	0.10	2.6	0.02	1.2	5	0.04	-	(0)	1.9
200	1.0	0.4	0.06	0.11	-	-	-	-	(Tr)	Tr	(0)	0.9	0.2	(0)	0.20	0.60	7.0	0.02	0.3	4	0.06	-	(0)	2.1
170	2.5	3.2	0.12	0.01	0	11	Tr	1	4	4	Tr	0.4	0.5	1	0.24	0.29	(9.0)	0.35	1.7	1	1.02	5.0	1	0.1

食品ライブラリーの参照ページ

食品番号	食品名	廃棄率	エネルギー	水分	たんぱく質	アミノ酸組成によるたんぱく質	脂質	脂肪酸のトリアシルグリセロール当量	飽和脂肪酸	一価不飽和脂肪酸	多価不飽和脂肪酸	コレステロール	炭水化物	利用可能炭水化物（質量計）	食物繊維総量（プロスキー変法）	食物繊維総量（AOAC法）	ナトリウム	カリウム	カルシウム	マグネシウム
		%	kcal	g	g	g	g	g	g	g	g	mg	g	g	g	g	mg	mg	mg	mg
11002	■いのぶた　肉　脂身つき　生	0	275	56.7	18.1	(16.1)	24.1	23.2	9.23	10.15	2.81	66	0.3	(0.3)	-	-	50	280	4	19
11003	■うさぎ　肉　赤肉　生	0	131	72.2	20.5	18.0	6.3	4.7	1.92	1.29	1.29	63	Tr	(Tr)	-	-	35	400	5	27
	■うし　[和牛肉]																			
11018	ばら　脂身つき　生	0	472	38.4	11.0	(9.6)	50.0	45.6	15.54	26.89	1.12	98	0.1	(0.1)	-	-	44	160	4	10
11019	もも　脂身つき　生	0	235	61.2	19.2	(16.2)	18.7	16.8	6.01	9.51	0.54	75	0.5	(0.5)	-	-	45	320	4	22
11020	皮下脂肪なし　生	0	212	63.4	20.2	17.4	15.5	13.9	5.34	7.49	0.40	73	0.6	(0.5)	-	-	47	330	4	23
11021	赤肉　生	0	176	67.0	21.3	(17.9)	10.7	9.7	3.53	5.31	0.39	70	0.6	(0.5)	-	-	48	350	4	24
11029	ヒレ　赤肉　生	0	207	64.6	19.1	(16.6)	15.0	13.8	5.79	6.90	0.49	66	0.3	(0.3)	-	-	40	340	3	22
	■うし　[乳用肥育牛肉]																			
11030	かた　脂身つき　生	0	231	62.0	17.1	-	19.8	18.0	7.23	9.10	0.83	66	0.3	(0.3)	-	-	59	290	4	18
11031	皮下脂肪なし　生	0	193	65.9	17.9	-	14.9	13.4	5.39	6.78	0.67	60	0.4	(0.4)	-	-	59	310	4	19
11032	赤肉　生	0	138	71.7	20.4	17.4	6.7	5.7	2.20	2.90	0.39	57	0.2	(0.2)	-	-	69	340	4	22
11033	脂身　生	0	650	21.9	4.5	-	73.3	67.7	27.48	34.60	2.59	110	0	0	-	-	21	84	2	5
11034	かたロース　脂身つき　生	0	295	56.4	16.2	(13.7)	26.4	(24.7)	(10.28)	(12.31)	(1.00)	71	0.2	(0.2)	-	-	50	260	4	16
11035	皮下脂肪なし　生	0	285	57.3	16.5	(13.9)	25.2	(23.5)	(9.78)	(11.75)	(0.96)	70	0.2	(0.2)	-	-	51	270	4	17
11036	赤肉　生	0	196	65.9	18.0	(16.1)	13.9	12.7	5.10	6.42	0.59	67	0.2	(0.2)	-	-	57	310	4	19
11037	リブロース　脂身つき　生	0	380	47.9	14.1	12.5	37.1	35.0	15.10	16.99	1.32	81	0.2	(0.2)	-	-	40	230	4	14
11040	皮下脂肪なし　生	0	351	50.7	15.0	(13.0)	33.4	31.4	13.60	15.21	1.00	81	0.2	(0.2)	-	-	42	240	4	15
11041	赤肉　生	0	230	62.2	18.8	16.2	17.8	16.4	7.27	7.72	0.67	78	0.3	(0.3)	-	-	51	300	4	19
11042	脂身　生	0	703	15.6	3.7	3.2	80.5	76.7	32.71	37.81	2.78	89	0	0	-	-	18	72	2	4
11043	サーロイン　脂身つき　生	0	313	54.4	16.5	(14.0)	27.9	(26.7)	(11.36)	(13.10)	(1.01)	69	0.4	(0.4)	-	-	48	270	4	16
11044	皮下脂肪なし　生	0	253	60.0	18.4	16.0	20.2	(19.3)	(8.23)	(9.48)	(0.75)	66	0.5	(0.5)	-	-	53	300	4	17
11045	赤肉　生	0	167	68.2	21.1	(18.0)	9.1	8.8	3.73	4.27	0.38	62	0.6	(0.5)	-	-	60	340	4	20
11046	ばら　脂身つき　生	0	381	47.4	12.8	11.1	39.4	37.3	12.79	21.87	0.99	79	0.3	(0.3)	-	-	56	190	3	12
11047	もも　脂身つき　生	0	196	65.8	19.5	(16.0)	13.3	12.6	5.11	6.39	0.69	69	0.4	(0.4)	-	-	49	330	4	22
11048	皮下脂肪なし　生	0	169	68.2	20.5	17.1	9.9	9.2	3.68	4.67	0.45	67	0.4	(0.4)	-	-	50	340	4	23
11051	赤肉　生	0	130	71.7	21.9	(17.9)	4.9	4.2	1.56	2.13	0.29	65	0.4	(0.4)	-	-	52	360	4	24
11053	そともも　脂身つき　生	0	220	64.0	18.2	(15.0)	16.3	(15.9)	(6.46)	(8.09)	(0.66)	68	0.5	(0.5)	-	-	55	310	4	20
11056	ランプ　脂身つき　生	0	234	62.1	18.6	(15.3)	17.8	(17.1)	(7.05)	(8.55)	(0.75)	65	0.6	(0.5)	-	-	54	300	4	20
11059	ヒレ　赤肉　生	0	177	67.3	20.8	17.7	11.2	10.1	4.35	4.80	0.50	60	0.5	(0.5)	-	-	56	380	4	23
	■うし　[交雑牛肉]																			
11260	ばら　脂身つき　生	0	445	41.4	12.2	10.8	44.4	42.6	14.13	25.33	1.28	98	0.3	(0.3)	-	-	59	200	3	12
11261	もも　脂身つき　生	0	312	53.9	16.4	14.6	28.9	28.0	9.63	16.18	0.95	85	0.4	(0.4)	-	-	63	270	3	17
11262	皮下脂肪なし　生	0	250	59.5	18.3	16.2	21.6	20.4	6.92	11.81	0.75	76	0.4	(0.4)	-	-	68	300	3	19
11265	赤肉　生	0	222	62.7	19.3	17.1	17.5	16.9	5.73	9.75	0.64	71	0.4	(0.4)	-	-	71	320	4	20
11267	ヒレ　赤肉　生	0	229	62.3	19.0	16.8	18.0	16.4	6.59	8.46	0.63	60	0.4	(0.4)	-	-	56	330	4	21
	■うし　[輸入牛肉]																			
11074	ばら　脂身つき　生	0	338	51.8	14.4	-	32.9	31.0	13.05	16.05	0.54	67	0.2	(0.2)	-	-	52	230	4	14
11075	もも　脂身つき　生	0	148	71.4	19.6	(16.5)	8.6	7.5	3.22	3.69	0.25	61	0.4	(0.4)	-	-	41	310	3	21
11076	皮下脂肪なし　生	0	133	73.0	20.0	17.2	6.7	5.7	2.44	2.68	0.35	61	0.4	(0.4)	-	-	42	320	3	22
11077	赤肉　生	0	117	74.2	21.2	(17.8)	4.3	3.6	1.48	1.72	0.19	62	0.4	(0.4)	-	-	44	340	4	23
11085	ヒレ　赤肉　生	0	123	73.3	20.5	(18.5)	4.8	4.2	1.99	1.79	0.22	62	0.3	(0.3)	-	-	45	370	4	24
	■うし　[子牛肉]																			
11086	リブロース　皮下脂肪なし　生	0	94	76.0	21.7	(17.9)	0.9	0.5	0.19	0.17	0.13	64	0.3	(0.3)	-	-	67	360	5	23
11087	ばら　皮下脂肪なし　生	0	113	74.5	20.9	(17.2)	3.6	2.9	1.31	1.25	0.25	71	0	0	-	-	100	320	6	19
11088	もも　皮下脂肪なし　生	0	107	74.8	21.2	(17.4)	2.7	2.1	0.90	0.84	0.21	71	0.2	(0.2)	-	-	54	390	5	21
11089	■うし　[ひき肉]　生	0	251	61.4	17.1	14.4	21.1	19.8	7.25	11.06	0.63	64	0.3	(0.3)	-	-	64	260	6	17
11090	■うし　[副生物]　舌　生	0	318	54.0	13.3	12.3	31.8	29.7	11.19	15.98	1.25	97	0.2	(0.2)	-	-	60	230	3	15
11091	心臓　生	0	128	74.8	16.5	13.7	7.6	6.2	3.11	2.49	0.33	110	0.1	(0.1)	-	-	70	260	5	23
11092	肝臓　生	0	119	71.5	19.6	17.4	3.7	2.1	0.93	0.48	0.64	240	3.7	(3.3)	-	-	55	300	5	17
11094	第一胃　ゆで	0	166	66.6	24.5	(19.2)	8.4	6.9	2.73	3.35	0.51	240	0	0	-	-	51	130	11	14
11098	小腸　生	0	268	63.3	9.9	(7.8)	26.1	24.7	11.82	11.23	0.58	210	0	0	-	-	77	180	7	10
11103	尾　生	40	440	40.7	11.6	-	47.1	43.7	13.20	27.24	1.30	76	Tr	(Tr)	-	-	50	110	7	13
11274	横隔膜　生	0	288	57.0	14.8	13.1	27.3	25.9	9.95	13.86	0.97	70	0.3	(0.3)	-	-	48	250	2	16
	■うし　[加工品]																			
11105	コンビーフ缶詰	0	191	63.4	19.8	18.1	13.0	12.6	6.35	5.39	0.32	68	1.7	0.9	-	-	690	110	15	13

p.214◀
p.214◀
p.215◀
p.221◀

（可食部100gあたり）　Tr：微量　（ ）：推定値または推計値　-：未測定

ミネラル / ビタミン / 食塩相当量

リン	鉄	亜鉛	銅	マンガン	ヨウ素	セレン	クロム	モリブデン	A レチノール活性当量	A レチノール	A β-カロテン当量	ビタミンD	E α-トコフェロール	ビタミンK	ビタミンB1	ビタミンB2	ナイアシン当量	ビタミンB6	ビタミンB12	葉酸	パントテン酸	ビオチン	ビタミンC	食塩相当量
mg	mg	mg	mg	mg	µg	µg	µg	µg	µg	µg	µg	µg	mg	µg	mg	mg	mg	mg	µg	µg	mg	µg	mg	g
150	0.8	1.8	0.06	0.01	-	-	-	-	11	11	(0)	1.1	0.4	3	0.62	0.16	(9.9)	0.48	0.7	Tr	1.23	-	1	0.1
300	1.3	1.0	0.05	0.01	-	-	-	-	3	3	Tr	0	0.5	1	0.10	0.19	12.0	0.53	5.6	7	0.74	-	1	0.1
87	1.4	3.0	0.09	0	-	-	-	-	3	3	Tr	0	0.6	16	0.04	0.11	(5.2)	0.16	1.2	2	0.74	-	1	0.1
160	2.5	4.0	0.07	0.01	-	-	-	-	Tr	Tr	0	0	0.3	6	0.09	0.20	(9.6)	0.34	1.2	8	1.09	-	1	0.1
170	2.7	4.3	0.08	0.01	1	14	Tr	Tr	0	0	0	0	0.5	5	0.09	0.21	10.0	0.36	1.2	9	1.14	2.1	1	0.1
180	2.8	4.5	0.08	0.01	-	-	-	-	0	0	0	0	0.4	4	0.10	0.22	(11.0)	0.38	1.3	9	1.19	-	1	0.1
180	2.5	4.2	0.09	0.01	-	-	-	-	1	1	Tr	0	0.4	4	0.09	0.24	(8.4)	0.37	1.6	8	1.28	-	1	0.1
160	2.1	4.5	0.07	0.01	Tr	14	0	1	5	5	1	0	0.4	9	0.08	0.20	6.7	0.33	2.8	9	1.00	1.7	1	0.1
170	0.9	4.5	0.09	Tr	-	-	-	-	4	4	0	0	0.4	6	0.09	0.21	7.3	0.34	2.3	8	1.15	-	1	0.1
190	2.5	5.5	0.08	0.01	1	17	0	1	3	3	1	0	0.5	5	0.10	0.24	8.9	0.40	3.4	9	1.16	2.2	1	0.2
44	0.7	0.5	0.02	0.01	-	-	-	-	17	17	(0)	0	0.1	23	0.02	0.03	2.1	0.08	0.5	7	0.42	-	1	0.1
140	0.9	4.7	0.06	0.01	-	-	-	-	7	7	Tr	0.1	0.6	8	0.06	0.17	(6.7)	0.21	1.7	7	0.84	-	1	0.1
140	0.9	4.8	0.07	0.01	-	-	-	-	7	7	Tr	0.1	0.5	8	0.06	0.17	(6.9)	0.22	1.7	7	0.85	-	1	0.1
160	2.4	5.7	0.08	0.01	-	-	-	-	5	5	Tr	0.1	0.5	8	0.07	0.20	(7.9)	0.25	2.0	8	0.97	-	1	0.1
120	1.0	3.7	0.05	0.01	Tr	10	2	Tr	13	12	8	0.1	0.5	7	0.05	0.12	6.6	0.22	1.0	6	0.64	1.1	1	0.1
130	0.9	4.0	0.05	0.01	Tr	11	2	Tr	12	12	7	0.1	0.4	6	0.05	0.13	(7.1)	0.23	1.1	6	0.67	1.1	1	0.1
160	2.1	5.2	0.06	0.01	Tr	14	2	Tr	10	10	4	0.2	0.3	7	0.06	0.21	9.0	0.29	1.3	8	0.81	1.1	1	0.1
37	0.6	0.5	0.02	0.01	0	2	1	0	18	17	15	0	0.8	17	0.02	0.02	1.6	0.05	0.4	1	0.26	0.9	1	0
150	1.0	2.9	0.06	Tr	-	-	-	-	8	8	1	0	0.4	7	0.06	0.11	(8.4)	0.38	0.8	6	0.66	-	1	0.1
170	0.8	3.3	0.06	Tr	-	-	-	-	7	7	1	0	0.4	6	0.06	0.11	9.5	0.43	0.8	7	0.72	-	1	0.2
190	2.1	3.8	0.07	0	-	-	-	-	5	5	Tr	0	0.3	4	0.07	0.12	(11.0)	0.50	0.9	8	0.80	-	2	0.2
110	1.4	2.8	0.04	0	Tr	10	1	Tr	13	13	2	0	0.6	11	0.05	0.12	5.4	0.21	1.9	3	0.60	1.5	1	0.1
180	1.4	4.5	0.08	0.01	-	-	-	-	3	3	0	0	0.6	5	0.08	0.20	(8.9)	0.32	1.2	7	1.02	-	1	0.1
190	1.3	4.7	0.08	0.01	Tr	20	1	1	2	2	0	0	0.5	4	0.08	0.21	9.4	0.33	1.2	9	1.06	2.1	1	0.1
200	2.7	5.1	0.09	0.01	-	-	-	-	1	1	0	0	0.4	2	0.09	0.22	(10)	0.35	1.3	10	1.12	-	1	0.1
150	1.4	3.2	0.06	Tr	-	-	-	-	5	5	0	0	0.5	8	0.08	0.17	(8.1)	0.34	1.6	6	0.91	-	1	0.1
150	1.4	3.7	0.08	Tr	-	-	-	-	6	6	0	0	0.7	8	0.08	0.19	(7.5)	0.30	1.6	6	0.93	-	1	0.1
200	2.4	3.4	0.08	0.01	1	15	0	1	4	4	2	0	0.5	4	0.12	0.26	9.2	0.43	3.0	11	0.90	2.1	1	0.1
110	1.4	3.0	0.03	0	1	10	1	Tr	3	3	2	0	0.5	10	0.05	0.10	5.5	0.23	1.7	6	0.40	1.6	1	0.2
140	2.1	3.9	0.06	0	1	14	1	1	2	2	1	0	0.3	4	0.08	0.16	7.3	0.31	2.1	12	0.62	2.0	1	0.2
160	2.3	4.5	0.07	0	1	16	1	1	1	1	1	0	0.2	4	0.09	0.18	8.2	0.35	2.3	14	0.69	2.2	1	0.2
170	2.4	4.8	0.07	0	1	17	1	1	1	1	1	0	0.2	5	0.10	0.19	8.7	0.38	2.4	15	0.73	2.3	1	0.2
180	2.7	3.8	0.07	0	Tr	15	0	1	2	2	1	0	0.1	2	0.11	0.23	8.6	0.39	2.0	9	0.85	1.8	1	0.1
130	1.5	3.0	0.05	0	-	-	-	-	24	24	Tr	0.4	1.1	13	0.05	0.12	6.3	0.28	1.3	5	0.50	-	1	0.1
170	2.4	3.8	0.08	0.01	-	-	-	-	5	5	1	0.2	0.5	4	0.08	0.19	(9.0)	0.44	1.5	8	0.78	-	1	0.1
170	2.5	3.9	0.08	0.01	1	12	0	1	4	4	1	0.2	0.4	4	0.09	0.20	9.2	0.45	1.5	8	0.78	1.9	1	0.1
180	2.6	4.1	0.08	0.01	-	-	-	-	3	3	0	0.1	0.4	3	0.09	0.21	(9.7)	0.48	1.6	8	0.82	-	1	0.1
180	2.8	2.8	0.11	0.02	-	-	-	-	4	4	Tr	0.4	0.7	2	0.10	0.25	(8.7)	0.39	2.0	5	1.26	-	1	0.1
190	1.6	2.8	0.07	0	-	-	-	-	0	0	Tr	0	0.1	Tr	0.09	0.17	(13.0)	0.48	1.2	6	0.72	-	1	0.2
160	1.7	3.6	0.07	0	-	-	-	-	3	3	Tr	0	0.2	3	0.10	0.18	(9.7)	0.26	1.6	3	0.84	-	1	0.3
200	1.3	2.3	0.06	0	-	-	-	-	3	3	Tr	0	0.1	3	0.08	0.16	(13.0)	0.44	0.8	3	0.72	-	1	0.1
100	2.4	5.2	0.06	Tr	1	11	2	1	13	12	11	0.1	0.5	9	0.08	0.19	7.5	0.25	1.6	6	0.72	1.8	1	0.2
130	2.0	2.8	0.09	0.01	1	10	0	2	3	3	5	0	0.9	6	0.10	0.23	6.4	0.14	3.8	14	0.68	1.9	1	0.2
170	3.3	2.1	0.42	-	-	-	-	-	9	9	Tr	0	0.6	5	0.42	0.90	9.4	0.29	12.0	16	2.16	-	4	0.2
330	4.0	3.8	5.30	-	4	50	Tr	94	1100	1100	40	0	0.3	1	0.22	3.00	18.0	0.89	53.0	1000	6.40	76.0	30	0.1
82	0.7	4.2	0.08	0.03	-	-	-	-	1	1	(Tr)	Tr	0.4	6	0.04	0.14	(5.6)	0.01	2.0	3	0.49	-	2	0.1
140	1.2	1.2	0.07	0.10	-	-	-	-	2	2	(Tr)	0	0.3	9	0.07	0.23	(4.7)	0.05	21.0	15	1.21	-	15	0.2
85	2.0	4.3	0.08	-	-	-	-	-	20	20	Tr	0	0.3	Tr	0.06	0.17	4.5	0.26	1.8	3	1.95	-	1	0.1
140	3.2	3.7	0.13	0.01	1	14	0	1	4	4	3	0	0.7	5	0.14	0.35	7.1	0.18	3.8	6	1.06	2.9	1	0.1
120	3.5	4.1	0.11	0.04	9	10	4	1	Tr	Tr	Tr	0	0.8	5	0.02	0.14	12.0	0.04	1.3	5	0.20	1.6	0	1.8

食品ライブラリーの参照ページ	食品番号	食品名	廃棄率	エネルギー	水分	たんぱく質	アミノ酸組成によるたんぱく質	脂質	脂肪酸のトリアシルグリセロール当量	飽和脂肪酸	一価不飽和脂肪酸	多価不飽和脂肪酸	コレステロール	炭水化物	利用可能炭水化物（質量計）	食物繊維総量（プロスキー変法）	食物繊維総量（AOAC法）	ナトリウム	カリウム	カルシウム	マグネシウム
			%	kcal	g	g	g	g	g	g	g	g	mg	g	g	g	g	mg	mg	mg	mg
	11107	ビーフジャーキー	0	304	24.4	54.8	47.5	7.8	5.8	2.11	2.70	0.69	150	6.4	9.2	-	-	1900	760	13	54
p.220 ◀	11109	■うま 肉 赤肉 生	0	102	76.1	20.1	17.6	2.5	2.2	0.80	0.99	0.29	65	0.3	(0.3)	-	-	50	300	11	18
p.220 ◀	11110	■くじら 肉 赤肉 生	0	100	74.3	24.1	19.9	0.4	0.3	0.08	0.11	0.06	38	0.2	(0.2)	-	-	62	260	3	29
	11114	■しか あかしか 赤肉 生	0	102	74.6	22.3	(18.9)	1.5	0.9	0.44	0.26	0.20	69	0.5	(0.5)	-	-	58	350	4	26
p.216 ◀		■ぶた ［大型種肉］																			
	11115	かた 脂身つき 生	0	201	65.7	18.5	-	14.6	14.0	5.25	6.50	1.65	65	0.2	(0.2)	-	-	53	320	4	21
	11117	赤肉 生	0	114	74.0	20.9	-	3.8	3.3	1.17	1.60	0.40	64	0.2	(0.2)	-	-	58	360	4	24
	11119	かたロース 脂身つき 生	0	237	62.6	17.1	(14.7)	19.2	18.4	7.26	8.17	2.10	69	0.2	(0.1)	-	-	54	300	4	18
	11121	赤肉 生	0	146	71.3	19.7	(16.7)	7.8	7.1	2.77	3.36	0.67	68	0.2	(0.1)	-	-	61	340	4	22
	11123	ロース 脂身つき 生	0	248	60.4	19.3	17.2	19.2	18.5	7.84	7.68	2.21	61	0.2	(0.2)	-	-	42	310	4	22
	11127	赤肉 生	0	140	70.3	22.7	19.7	5.6	5.1	2.07	2.35	0.48	61	0.3	(0.3)	-	-	48	360	5	26
	11129	ばら 脂身つき 生	0	366	49.4	14.4	12.8	35.4	34.9	14.60	15.26	3.50	70	0.1	(0.1)	-	-	50	240	3	15
	11130	もも 脂身つき 生	0	171	68.1	20.5	(16.9)	10.2	9.5	3.59	4.24	1.24	67	0.2	(0.2)	-	-	47	350	4	24
	11131	皮下脂肪なし 生	0	138	71.2	21.5	18.0	6.0	5.4	2.01	2.48	0.69	66	0.2	(0.2)	-	-	49	360	4	25
	11134	赤肉 生	0	119	73.0	22.1	(18.0)	3.6	3.1	1.12	1.48	0.37	66	0.2	(0.2)	-	-	50	370	4	26
	11136	そともも 脂身つき 生	0	221	63.5	18.8	(15.6)	16.5	15.9	5.80	7.40	2.00	69	0.2	(0.2)	-	-	51	320	4	22
	11138	赤肉 生	0	133	71.8	21.4	(17.5)	5.5	5.0	1.79	2.46	0.49	68	0.2	(0.2)	-	-	57	360	4	26
	11140	ヒレ 赤肉 生	0	118	73.4	22.2	18.5	3.7	3.3	1.29	1.38	0.45	59	0.3	(0.3)	-	-	56	430	3	27
		■ぶた ［中型種肉］																			
	11154	もも 脂身つき 生	0	211	64.2	19.5	(16.1)	15.1	14.3	5.47	6.71	1.52	71	0.1	(0.1)	-	-	48	330	4	22
	11155	皮下脂肪なし 生	0	153	69.6	21.3	(17.4)	7.8	7.1	2.69	3.37	0.75	70	0.1	(0.1)	-	-	51	360	4	24
	11156	赤肉 生	0	133	71.5	21.9	(17.9)	5.3	4.7	1.74	2.22	0.48	70	0.2	(0.2)	-	-	53	370	4	25
p.216 ◀	11163	■ぶた ［ひき肉］ 生	0	209	64.8	17.7	15.9	17.2	16.1	6.24	7.55	1.62	74	0.1	(0.1)	-	-	57	290	6	20
p.217 ◀	11164	■ぶた ［副生物］ 舌 生	0	205	66.7	15.9	12.6	16.3	15.2	5.79	7.34	1.38	110	0.1	(0.1)	-	-	80	220	8	15
	11166	肝臓 生	0	114	72.0	20.4	17.3	3.4	1.9	0.78	0.24	0.76	250	2.5	(2.3)	-	-	55	290	5	20
	11168	胃 ゆで	0	111	76.8	17.4	(13.9)	5.1	4.1	2.02	1.48	0.43	250	0	0	-	-	100	150	9	15
	11172	豚足 ゆで	40	227	62.7	20.1	-	16.8	16.3	4.99	9.21	1.35	110	Tr	(Tr)	-	-	110	50	12	5
p.221 ◀	11175	■［ハム類］ ボンレスハム	0	115	72.0	18.7	15.8	4.0	3.4	1.18	1.49	0.56	49	1.8	1.1	-	-	1100	260	8	20
	11176	ロースハム ロースハム	0	211	61.1	18.6	16.0	14.5	13.5	5.35	5.94	1.61	61	2.0	1.1	-	-	910	290	4	20
	11181	生ハム 促成	0	243	55.0	24.0	20.6	16.6	16.0	6.47	6.91	1.92	78	0.5	3.3	-	-	1100	470	6	27
	11178	■［プレスハム類］ プレスハム	0	113	73.3	15.4	12.9	4.5	3.7	1.51	1.56	0.44	43	3.9	4.5	-	-	930	150	8	13
	11180	チョップドハム	0	132	68.0	11.7	10.1	4.2	3.6	1.14	1.56	0.78	39	12.7	8.1	-	-	1000	290	15	17
p.221 ◀	11183	■［ベーコン類］ ばらベーコン	0	400	45.0	12.9	11.2	39.1	38.1	14.81	18.00	3.57	50	0.3	2.6	-	-	800	210	6	18
p.221 ◀		■［ソーセージ類］																			
	11186	ウインナーソーセージ ウインナソーセージ	0	319	52.3	11.5	10.5	30.6	29.3	10.98	13.42	3.59	60	3.3	3.1	-	-	740	180	6	12
	11188	ドライソーセージ	0	467	23.5	26.7	23.1	42.0	39.8	15.61	17.98	4.47	95	2.6	3.3	-	-	1700	430	27	22
	11189	フランクフルトソーセージ	0	295	54.0	12.7	11.0	24.7	24.2	8.78	11.26	3.07	59	6.2	4.5	-	-	740	200	12	13
	11195	■［その他］ 焼き豚	0	166	64.3	19.4	16.3	8.2	7.2	2.51	3.31	1.02	46	5.1	4.7	-	-	930	290	9	20
	11198	ゼラチン	0	347	11.3	87.6	86.0	0.3	-	-	-	-	2	0	0	-	-	260	8	16	3
p.220 ◀		■めんよう																			
	11199	［マトン］ ロース 脂身つき 生	0	192	68.2	19.3	17.7	15.0	13.4	6.80	5.52	0.50	65	0.2	(0.2)	-	-	62	330	3	17
	11200	もも 脂身つき 生	0	205	65.0	18.8	17.2	15.3	13.6	6.88	5.53	0.57	78	0.1	(0.1)	-	-	37	230	4	21
	11202	［ラム］ ロース 脂身つき 生	0	287	56.5	15.6	13.6	25.9	23.2	11.73	9.52	0.87	66	0.2	(0.2)	-	-	72	250	10	17
	11203	もも 脂身つき 生	0	164	69.7	20.0	17.6	12.0	10.3	4.91	4.39	0.52	64	0.3	(0.3)	-	-	59	340	3	22
	11204	■やぎ 肉 赤肉 生	0	99	75.4	21.9	18.9	1.5	1.0	0.38	0.35	0.18	70	0.2	(0.2)	-	-	45	310	7	25
		＜鳥肉類＞																			
p.220 ◀	11239	■がちょう フォアグラ ゆで	0	470	39.7	8.3	(7.0)	49.9	48.5	18.31	27.44	0.61	650	1.5	(1.4)	-	-	44	130	3	10
p.220 ◀	11208	■かも まがも 肉 皮なし 生	0	118	72.1	23.6	(19.8)	3.0	2.2	0.70	0.86	0.55	86	0.1	(0.1)	-	-	72	400	5	27
p.220 ◀	11210	■しちめんちょう 肉 皮なし 生	0	99	74.6	23.5	19.8	0.7	0.4	0.15	0.13	0.15	62	0.1	(0.1)	-	-	37	190	8	29
	11211	■すずめ 肉 骨・皮つき 生	0	114	72.2	18.1	-	5.9	4.6	1.84	1.53	1.01	230	0.1	(0.1)	-	-	80	160	1100	42
p.218 ◀		■にわとり																			
	11218	［若どり・主品目］ 手羽 皮つき 生	35	189	68.1	17.8	(16.5)	14.3	13.7	3.98	7.13	1.99	110	0	0	-	-	79	220	14	17
	11219	むね 皮つき 生	0	133	72.6	21.3	17.3	5.9	5.5	1.53	2.67	1.03	73	0.1	(Tr)	-	-	42	340	4	27
	11220	皮なし 生	0	105	74.6	23.3	19.2	1.9	1.6	0.45	0.74	0.37	72	0.1	(0.1)	-	-	45	370	4	29
	11221	もも 皮つき 生	0	190	68.5	16.6	17.4	14.2	13.5	4.37	6.71	1.85	89	0	0	-	-	62	290	5	21
	11224	皮なし 生	0	113	76.1	19.0	16.3	5.0	4.3	1.38	2.06	0.71	87	0	0	-	-	69	320	5	24

ミネラル									ビタミン															食塩相当量
リン	鉄	亜鉛	銅	マンガン	ヨウ素	セレン	クロム	モリブデン	A レチノール活性当量	A レチノール	A β-カロテン当量	ビタミンD	E α-トコフェロール	ビタミンK	ビタミンB1	ビタミンB2	ナイアシン当量	ビタミンB6	ビタミンB12	葉酸	パントテン酸	ビオチン	ビタミンC	
mg	mg	mg	mg	mg	μg	μg	μg	μg	μg	μg	μg	μg	mg	μg	mg	mg	mg	mg	μg	μg	mg	μg	mg	g
420	6.4	8.8	0.25	0.13	5	38	11	3	5	5	(0)	0.3	2.2	8	0.13	0.45	23.0	0.85	3.5	12	1.25	4.5	1	4.8
170	4.3	2.8	0.11	-	0	17	0	1	9	9	Tr	-	0.9	2	0.10	0.24	9.9	0.02	7.1	4	1.01	1.1	1	0.1
210	2.5	1.1	0.06	0.01	2	32	Tr	0	7	7	(0)	0.1	0.6	Tr	0.06	0.23	17.0	0.46	2.0	4	0.31	1.6	1	0.2
200	3.1	3.1	0.18	0.02	-	-	-	-	3	3	(0)	Tr	0.5	4	0.21	0.35	(8.0)	0.54	0.6	1	0.81	-	1	0.1
180	0.5	2.7	0.09	0.01	-	-	-	-	5	5	0	0.2	0.3	1	0.66	0.23	8.0	0.32	0.4	2	1.16	-	2	0.1
200	1.1	3.1	0.10	0.01	-	-	-	-	3	3	Tr	0.1	0.3	1	0.75	0.27	9.1	0.37	0.4	2	1.29	-	2	0.1
160	0.6	2.7	0.09	0.01	-	-	-	-	6	6	0	0.3	0.3	1	0.63	0.23	(7.0)	0.28	0.5	2	1.18	-	2	0.1
190	1.1	3.2	0.10	0.01	-	-	-	-	4	4	Tr	0.2	0.3	1	0.72	0.28	(8.0)	0.33	0.4	2	1.34	-	2	0.1
180	0.3	1.6	0.05	0.01	1	21	3	Tr	6	6	0	0.1	0.3	3	0.69	0.15	11.0	0.32	0.3	1	0.98	3.7	2	0.1
210	0.7	1.9	0.06	0.01	1	25	3	1	4	4	Tr	0.1	0.3	3	0.80	0.18	13.0	0.38	0.2	1	1.11	3.0	2	0.1
130	0.6	1.8	0.04	0.01	1	13	0	Tr	11	11	0	0.5	0.5	6	0.51	0.13	7.3	0.22	0.2	2	0.64	3.7	2	0.1
200	0.7	2.0	0.08	-	-	-	-	-	4	4	0	0.1	0.3	2	0.90	0.21	(10.0)	0.31	0.3	2	0.84	-	2	0.1
210	0.7	2.1	0.08	-	0	23	0	1	3	3	Tr	0.1	0.3	2	0.94	0.22	11.0	0.32	0.3	2	0.87	2.7	2	0.1
220	0.9	2.2	0.08	-	-	-	-	-	3	3	Tr	0.1	0.3	2	0.96	0.23	(11.0)	0.33	0.2	2	0.88	-	2	0.1
190	0.5	1.9	0.07	-	-	-	-	-	5	5	0	0.2	0.4	2	0.79	0.18	(9.0)	0.36	0.3	1	0.97	-	1	0.1
210	0.9	2.3	0.08	-	-	-	-	-	3	3	Tr	0.2	0.4	2	0.90	0.21	(10.0)	0.41	0.2	1	1.10	-	2	0.1
230	0.9	2.2	0.07	0.01	1	21	1	1	3	3	(0)	0.3	0.3	1	1.32	0.25	12.0	0.54	0.5	1	0.93	3.0	1	0.1
190	0.5	2.0	0.07	0.01	-	-	-	-	5	5	0	0.2	0.3	1	0.90	0.19	(11.0)	0.37	0.2	1	0.92	-	1	0.1
200	0.5	2.0	0.07	0.01	-	-	-	-	4	4	0	0.1	0.3	1	0.98	0.20	(12.0)	0.40	0.4	1	0.99	-	1	0.1
210	0.9	2.3	0.07	0.01	-	-	-	-	4	4	Tr	0.1	0.4	1	1.01	0.21	(13.0)	0.42	0.3	1	1.02	-	1	0.1
120	1.0	2.8	0.07	0.01	1	19	2	1	9	9	0	0.4	0.3	5	0.69	0.22	8.9	0.36	0.6	2	1.22	3.3	1	0.1
160	2.3	2.0	0.20	-	-	-	-	-	7	7	Tr	2	0.3	Tr	0.37	0.43	7.8	0.21	2.2	4	1.49	-	3	0.2
340	13.0	6.9	0.99	-	1	67	0	120	13000	13000	Tr	1.3	0.4	Tr	0.34	3.60	19.0	0.57	25.0	810	7.19	80.0	20	0.1
140	1.5	2.4	0.19	0.05	-	-	-	-	4	4	(0)	0.5	0.4	14	0.10	0.23	(6.4)	0.04	0.9	31	0.59	-	5	0.3
32	1.4	1.0	0.07	-	-	-	-	-	6	6	(0)	1	0.4	1	0.05	0.12	4.1	0.02	0.4	1	0.16	-	0	0.1
340	0.7	1.6	0.07	0.01	1	19	4	1	(Tr)	Tr	(0)	0.6	0.2	2	0.90	0.28	10.0	0.24	1.3	1	0.70	2.1	49	2.8
280	0.5	1.6	0.04	0.01	0	21	12	1	3	3	(0)	0.2	0.1	6	0.70	0.12	11.0	0.28	0.5	1	0.71	3.8	25	2.3
200	0.7	2.2	0.08	0.02	180	19	1	1	5	5	(0)	0.3	0.3	7	0.92	0.18	15.0	0.43	0.4	3	1.36	3.3	18	2.8
260	1.2	1.5	0.09	0.03	41	21	5	3	(Tr)	Tr	(0)	0.3	0.3	3	0.55	0.18	7.0	0.14	1.8	3	0.50	2.0	43	2.4
260	0.8	1.5	0.06	0.03	100	14	16	2	(Tr)	Tr	(0)	0.3	0.2	6	0.17	0.20	4.2	0.16	0.8	2	0.50	3.5	32	2.5
230	0.6	1.8	0.08	-	60	15	2	1	6	6	(0)	0.4	0.3	5	0.47	0.14	5.5	0.14	0.7	1	0.64	6.3	35	2.0
200	0.5	1.3	0.05	0.03	3	17	2	2	2	2	Tr	0.4	0.4	9	0.35	0.12	5.7	0.14	0.6	1	0.60	4.0	32	1.9
250	2.6	3.9	0.12	0.10	2	25	2	3	3	3	(0)	0.5	1.1	11	0.64	0.39	12.0	0.24	1.6	4	0.85	6.2	3	4.4
170	0.9	1.8	0.06	0.05	36	15	4	4	5	5	(0)	0.4	0.4	6	0.21	0.13	4.6	0.15	0.4	2	0.61	4.3	10	1.9
260	0.7	1.3	0.06	0.04	6	17	2	5	Tr	Tr	(0)	0.6	0.4	3	0.85	0.20	17.0	0.20	1.2	3	0.64	3.3	20	2.4
7	0.7	0.1	0.01	0.03	2	7	6	2	(0)	(0)	0	0	0	0	(0)	(0)	(0.1)	0	0	0	0.08	0.4	(0)	0.7
180	2.7	2.5	0.08	0.01	1	8	1	1	12	12	0	0.7	0.7	19	0.16	0.21	9.8	0.32	1.3	1	0.51	1.4	1	0.2
140	2.5	3.4	0.13	0.01	-	-	-	-	7	7	(0)	0.4	1.3	18	0.14	0.33	8.5	0.30	1.6	1	1.12	-	1	0.1
140	1.2	2.6	0.08	0.01	1	8	1	Tr	30	30	0	0	0.6	22	0.12	0.16	7.3	0.23	1.4	1	0.64	2.0	1	0.2
200	2.0	3.1	0.10	0.01	1	9	Tr	1	9	9	0	0.1	0.4	15	0.18	0.27	11.0	0.29	1.8	2	0.80	2.1	1	0.2
170	3.8	4.7	0.11	0.02	-	-	-	-	3	3	0	0	1.0	-	0.07	0.28	11.0	0.26	2.8	2	0.45	-	1	0.1
150	2.7	1.0	1.85	0.05	-	-	-	-	1000	1000	(0)	0.9	0.3	6	0.27	0.81	(4.4)	0.30	7.6	220	4.38	-	7	0.1
260	4.3	1.4	0.36	0.03	-	-	-	-	15	15	Tr	3.1	Tr	14	0.40	0.69	(14.0)	0.61	3.5	3	2.17	-	1	0.2
140	1.1	0.8	0.05	0.02	-	-	-	-	Tr	Tr	(0)	0.1	Tr	18	0.07	0.24	12.0	0.72	0.6	10	1.51	-	2	0.1
660	8.0	2.7	0.41	0.12	-	-	-	-	15	15	Tr	0.2	0.2	4	0.28	0.80	5.8	0.59	5.0	16	4.56	-	Tr	0.2
150	0.5	1.2	0.02	0	2	14	1	4	47	47	0	0.4	0.6	42	0.07	0.10	(9.4)	0.38	0.4	10	0.87	3.1	2	0.2
200	0.3	0.6	0.03	0.01	0	17	1	2	18	18	0	0.1	0.5	23	0.09	0.10	15.0	0.57	0.2	12	1.74	2.9	3	0.1
220	0.3	0.7	0.02	0.02	0	17	Tr	2	9	9	0	0.1	0.5	16	0.10	0.11	17.0	0.64	0.2	13	1.92	3.5	3	0.1
170	0.6	1.6	0.04	0.01	Tr	17	0	2	40	40	-	0.4	0.6	29	0.10	0.15	8.5	0.25	0.3	13	0.81	3.5	3	0.2
190	0.6	1.8	0.04	0.01	0	19	0	2	16	16	-	0.2	0.6	23	0.12	0.19	9.5	0.31	0.3	10	1.06	3.6	3	0.2

参照	食品番号	食品名	廃棄率	エネルギー	水分	たんぱく質	アミノ酸組成によるたんぱく質	脂質	脂肪酸のトリアシルグリセロール当量	飽和脂肪酸	一価不飽和脂肪酸	多価不飽和脂肪酸	コレステロール	炭水化物	利用可能炭水化物（質量計）	食物繊維総量（プロスキー変法）	食物繊維総量（AOAC法）	ナトリウム	カリウム	カルシウム	マグネシウム
			%	kcal	g	g	g	g	g	g	g	g	mg	g	g	g	g	mg	mg	mg	mg
p.218	11227	[若どり・副品目] ささみ 生	5	98	75.0	23.9	19.7	0.8	0.5	0.17	0.22	0.13	66	0.1	(Tr)	-	-	40	410	4	32
p.218	11230	[二次品目] ひき肉 生	0	171	70.2	17.5	14.6	12.0	11.0	3.28	5.31	1.90	80	0	0	-	-	55	250	8	24
p.218	11231	[副品目] 心臓 生	0	186	69.0	14.5	12.2	15.5	13.2	3.86	6.46	2.27	160	Tr	(Tr)	-	-	85	240	5	15
p.219	11232	肝臓 生	0	100	75.7	18.9	16.1	3.1	1.9	0.72	0.44	0.63	370	0.6	(0.5)	-	-	85	330	5	19
	11233	すなぎも 生	0	86	79.0	18.3	15.5	1.8	1.2	0.40	0.49	0.24	200	Tr	(Tr)	-	-	55	230	7	14
	11234	皮 むね 生	0	466	41.5	9.4	6.8	48.1	46.7	14.85	23.50	6.31	110	0	0	-	-	23	140	3	8
	11236	なんこつ（胸肉） 生	0	54	85.0	12.5	-	0.4	0.3	0.09	0.12	0.03		0.4	(0.4)	-	-	390	170	47	15
	11238	■はと 肉 皮なし 生	0	131	71.5	21.8	(19.0)	5.1	4.4	1.23	1.90	1.09	160	0.3	(0.3)	-	-	88	380	3	28
	11241	■いなご つくだ煮	0	243	33.7	26.3	-	1.4	0.6	0.11	0.12	0.32	77	32.3		-	-	1900	260	28	32
	11242	■かえる 肉 生	0	92	76.3	22.3	-	0.4	0.2	0.07	0.06	0.09	43	0.3	(0.3)	-	-	33	230	9	23
	11243	■すっぽん 肉 生	0	175	69.1	16.4	-	13.4	12.0	2.66	5.43	3.36	95	0.5	(0.5)	-	-	69	150	18	10

卵類

参照	食品番号	食品名	廃棄率	エネルギー	水分	たんぱく質	アミノ酸組成によるたんぱく質	脂質	脂肪酸のトリアシルグリセロール当量	飽和脂肪酸	一価不飽和脂肪酸	多価不飽和脂肪酸	コレステロール	炭水化物	利用可能炭水化物（質量計）	食物繊維総量（プロスキー変法）	食物繊維総量（AOAC法）	ナトリウム	カリウム	カルシウム	マグネシウム
p.223	12020	■あひる卵 ピータン	45	188	66.7	13.7	-	16.5	13.5	3.06	8.19	1.64	680	0.3	0	-	-	780	65	90	6
p.223	12002	■うずら卵 全卵 生	15	157	72.9	12.6	11.4	13.1	10.7	3.87	4.73	1.61	470	0.3	(0.3)	-	-	130	150	60	11
	12003	水煮缶詰	0	162	73.3	11.0	(9.7)	14.1	11.9	4.24	5.36	1.79	490	0.6		-	-	210	28	47	8
p.223	12004	■鶏卵 全卵 生	14	142	75.0	12.2	11.3	10.2	9.3	3.12	4.32	1.43	370	0.4	0.3	-	-	140	130	46	10
	12005	全卵 ゆで	11	134	76.7	12.5	11.2	10.4	9.0	3.04	4.15	1.40	380	0.3	0.3	-	-	140	130	47	11
	12010	卵黄 生	0	336	49.6	16.5	13.8	34.3	28.2	9.39	13.00	4.54	1200	0.2	0.2	-	-	53	100	140	11
	12014	卵白 生	0	44	88.3	10.1	9.5	Tr	Tr	Tr	Tr	Tr	1	0.5	0.4	-	-	180	140	5	10
	12017	たまご豆腐	0	76	(85.2)	(6.5)	(5.8)	(5.3)	(4.5)	(1.53)	(2.10)	(0.71)	(190)	(0.9)	(0.1)	-	-	(390)	(99)	(26)	(8)

乳類

参照	食品番号	食品名	廃棄率	エネルギー	水分	たんぱく質	アミノ酸組成によるたんぱく質	脂質	脂肪酸のトリアシルグリセロール当量	飽和脂肪酸	一価不飽和脂肪酸	多価不飽和脂肪酸	コレステロール	炭水化物	利用可能炭水化物（質量計）	食物繊維総量（プロスキー変法）	食物繊維総量（AOAC法）	ナトリウム	カリウム	カルシウム	マグネシウム
p.226		■液状乳類																			
	13001	生乳 ジャージー種	0	77	85.5	3.9	3.5	5.2	5.0	3.46	1.11	0.18	17	4.7	4.5	-	-	58	140	140	13
	13002	ホルスタイン種	0	63	87.7	3.2	2.8	3.7	3.8	2.36	1.06	0.15	12	4.7	4.4	-	-	40	140	110	10
	13003	普通牛乳	0	61	87.4	3.3	3.0	3.8	3.5	2.33	0.87	0.12	12	4.8	4.4	-	-	41	150	110	10
	13004	加工乳 濃厚	0	70	86.3	3.4	3.0	4.2	4.2	2.75	1.14	0.14	16	5.3	4.8	-	-	55	170	110	13
	13005	低脂肪	0	42	88.8	3.8	3.4	1.0	1.0	0.67	0.23	0.03	6	5.5	4.9	-	-	60	190	130	14
	13059	乳児用液体ミルク	0	66	87.6	1.5	-	3.6	-	-	-	-	11	7.1		-	-	-	81	45	5
	13011	■粉乳類 乳児用調製粉乳	0	510	2.6	12.4	10.8	26.8	26.0	11.27	8.44	5.07	63	55.9	51.3	-	-	140	500	370	40
	13012	■練乳類 無糖練乳	0	135	72.5	6.8	(6.2)	7.9	7.5	4.88	2.10	0.13	27	11.2	(10.8)	-	-	140	330	270	21
	13013	加糖練乳	0	314	26.1	7.7	7.0	8.5	8.4	5.59	2.16	0.26	19	56.0	53.2	-	-	96	400	260	25
p.226		■クリーム類																			
	13014	クリーム 乳脂肪	0	404	48.2	1.9	1.6	43.0	39.6	26.28	9.89	1.37	64	6.5	2.7	-	-	43	76	49	5
	13016	植物性脂肪	0	353	55.5	1.3	1.1	39.5	37.6	26.61	7.38	1.73	21	3.3	2.5	-	-	40	67	50	6
p.226		■発酵乳・乳酸菌飲料																			
	13025	ヨーグルト 全脂無糖	0	56	87.7	3.6	3.3	3.0	2.8	1.83	0.71	0.10	12	4.9	3.8	-	-	48	170	120	12
	13054	無脂肪無糖	0	37	89.1	4.0	3.8	0.3	0.2	0.16	0.06	0.01	4	5.7	4.1	-	-	54	180	140	13
	13028	乳酸菌飲料 乳製品	0	64	82.1	1.1	0.9	0.1	Tr	0.03	0.01	Tr	1	16.4	15.1	-	-	18	48	43	5
p.227		■チーズ類																			
	13032	ナチュラルチーズ エメンタール	0	398	33.5	27.3	(27.2)	33.6	29.5	18.99	8.12	0.87	85	1.6	(0)	-	-	500	110	1200	32
	13033	カテージ	0	99	79.0	13.3	13.2	4.5	4.1	2.73	1.00	0.13	20	1.9	0.5	-	-	400	50	55	4
	13034	カマンベール	0	291	51.8	19.1	17.7	24.7	22.5	14.87	5.71	0.70	87	0.9	0	-	-	800	120	460	20
	13035	クリーム	0	313	55.5	8.2	7.6	33.0	30.1	20.26	7.40	0.89	99	2.3	2.4	-	-	260	70	70	8
	13036	ゴーダ	0	356	40.0	25.8	(26.3)	29.0	26.2	17.75	6.39	0.67	83	1.4	-	-	-	800	75	680	31
	13037	チェダー	0	390	35.3	25.7	23.9	33.8	32.1	20.52	9.09	0.81	100	1.4	(0.4)	-	-	800	85	740	24
	13038	パルメザン	0	445	15.4	44.0	(41.1)	30.8	27.6	18.15	7.11	0.94	96	1.9	(0)	-	-	1500	120	1300	55
	13039	ブルー	0	326	45.6	18.8	(17.5)	29.0	26.1	17.17	6.76	0.80	90	1.0	(0)	-	-	1500	120	590	19
	13056	モッツァレラ	0	269	56.3	18.4	-	19.9	-	-	-	-	62	4.2	(0)	-	-	70	20	330	11
	13040	プロセスチーズ	0	313	45.0	22.7	21.6	26.0	24.7	16.00	6.83	0.56	78	1.3	0.1	-	-	1100	60	630	19
		■アイスクリーム類																			
	13042	アイスクリーム 高脂肪	0	205	61.3	3.5	3.1	12.0	10.8	7.12	2.79	0.34	32	22.4	17.3	0.1	-	80	160	130	14
	13045	ラクトアイス 普通脂肪	0	217	60.4	3.1	2.7	13.6	14.1	9.11	3.67	0.62	21	22.2	20.0	0.1	-	61	150	95	12
	13047	ソフトクリーム	0	146	69.6	3.8	(3.4)	5.6	5.6	3.69	1.48	0.19	13	20.1	-	-	-	65	190	130	14
	13051	■その他 人乳	0	61	88.0	1.1	0.8	3.5	3.6	1.32	1.52	0.61	15	7.2	(6.4)	-	-	15	48	27	3

(可食部100gあたり　　Tr：微量　（　）：推定値または推計値　-：未測定)

ミネラル									ビタミン															食塩相当量
リン	鉄	亜鉛	銅	マンガン	ヨウ素	セレン	クロム	モリブデン	A レチノール活性当量	A レチノール	A β-カロテン当量	ビタミンD	E α-トコフェロール	ビタミンK	ビタミンB1	ビタミンB2	ナイアシン当量	ビタミンB6	ビタミンB12	葉酸	パントテン酸	ビオチン	ビタミンC	
mg	mg	mg	mg	mg	μg	μg	μg	μg	μg	μg	μg	μg	mg	μg	mg	mg	mg	mg	μg	μg	mg	μg	mg	g
240	0.3	0.6	0.03	0.01	0	22	0	4	5	5	Tr	0	0.7	12	0.09	0.11	17.0	0.62	0.2	15	2.07	2.8	3	0.1
110	0.8	1.1	0.04	0.01	2	17	1	2	37	37	0	0.1	0.9	26	0.09	0.17	9.3	0.52	0.3	10	1.40	3.3	1	0.1
170	5.1	2.3	0.32	-	-	-	-	-	700	700	Tr	0.4	1.0	51	0.22	1.10	9.4	0.21	1.7	43	4.41	-	5	0.2
300	9.0	3.3	0.32	0.33	1	60	1	82	14000	14000	30	0.2	0.4	14	0.38	1.80	9.0	0.65	44.0	1300	10.00	230.0	20	0.2
140	2.5	2.8	0.10	-	-	-	-	-	4	4	Tr	0	0.3	28	0.06	0.26	6.7	0.04	1.7	36	1.30	-	5	0.1
63	0.3	0.5	0.05	0.01	-	-	-	-	120	120	0	0.3	0.4	110	0.02	0.05	7.6	0.11	0.4	3	0.64	-	1	0.1
78	0.3	0.3	0.03	0.02	-	-	-	-	1	1	(0)	0	Tr	5	0.03	0.03	5.7	0.03	0.1	5	0.64	-	3	1.0
260	4.4	0.6	0.17	0.04	-	-	-	-	16	16	Tr	0.2	0.3	5	0.32	1.89	(16.0)	0.53	2.0	2	4.48	-	3	0.2
180	4.7	3.2	0.77	1.21	-	-	-	-	75	Tr	900	0.3	2.8	7	0.06	1.00	6.1	0.12	0.1	54	0.43	-	(0)	4.8
140	0.4	1.2	0.05	0.01	-	-	-	-	(0)	0	(0)	0.9	0.4	7	0.04	0.13	7.8	0.22	0.4	4	0.18	-	0	0.1
88	0.9	1.6	0.04	0.02	-	-	-	-	94	94	Tr	3.6	0.7	5	0.91	0.41	5.7	0.11	1.2	16	0.20	-	1	0.2
230	3.0	1.3	0.11	0.03	34	29	Tr	5	220	220	22	6.2	1.9	26	Tr	0.27	2.4	0.01	1.1	63	0.94	16.0	(0)	2.0
220	3.1	1.8	0.11	0.03	140	46	0	8	350	350	16	2.5	0.9	15	0.14	0.72	3.2	0.13	4.7	91	0.98	19.0	(0)	0.3
160	2.8	1.8	0.13	0.02	73	42	0	9	480	480	7	2.6	1.6	21	0.03	0.33	(2.7)	0.05	3.3	47	0.53	8.4	(0)	0.5
170	1.5	1.1	0.05	0.02	33	24	0	4	210	210	7	3.8	1.3	12	0.06	0.37	(3.2)	0.09	1.1	49	1.16	24.0	(0)	0.4
170	1.5	1.1	0.05	0.03	20	25	0	4	170	160	7	2.5	1.2	11	0.06	0.32	(3.3)	0.09	1.0	48	1.18	25.0	(0)	0.4
540	4.8	3.6	0.13	0.08	110	47	0	12	690	690	24	12.0	4.5	39	0.21	0.45	3.8	0.31	3.5	150	3.60	65.0	0	0.1
11	Tr	0	0.02	0	2	15	-	4	0	0	0	0	0	1	0	0.35	2.9	0	Tr	0	0.13	6.7	0	0.5
(95)	(0.8)	(0.6)	(0.03)	(0.02)	(770)	(15)	0	(1)	(83)	(83)	(2)	(0.6)	(0.6)	-	(0.04)	(0.17)	(1.6)	(0.05)	(0.7)	(25)	(0.62)	(13.0)	0	(1.0)
110	0.1	0.4	0.01	0	22	4	0	5	53	51	27	0.1	0.1	1	0.02	0.21	1.0	0.03	0.4	3	0.25	2.1	1	0.1
91	Tr	0.4	Tr	Tr	14	3	0	4	38	37	8	Tr	0.1	1	0.04	0.15	0.8	0.03	0.3	5	0.53	2.4	1	0.1
93	0.02	0.4	Tr	Tr	16	3	0	4	38	38	6	0.3	0.1	1	0.04	0.15	0.9	0.03	0.3	5	0.55	1.8	1	0.1
100	0.1	0.4	Tr	0	24	3	0	4	35	34	14	0.1	0.1	1	0.04	0.17	0.9	0.05	0.4	0	0.52	3.5	Tr	0.1
90	0.1	0.4	0.01	0.01	19	3	0	4	13	13	3	Tr	Tr	Tr	0.04	0.18	1.0	0.04	0.4	Tr	0.52	2.0	Tr	0.2
29	0.6	0.4	0.04	-	-	2	-	-	66	-	-	1.1	1.9	4	0.08	0.11	0.9	0.05	0.2	21	0.68	2.5	31	0
220	6.5	2.8	0.34	0.05	41	8	4	16	560	560	85	9.3	5.5	24	0.41	0.72	8.1	0.35	1.6	82	2.20	4.4	53	0.4
210	0.2	1.0	0.02	-	-	-	-	-	50	48	18	0.7	0.3	3	0.06	0.35	(1.7)	0.01	0.1	1	1.10	-	Tr	0.4
220	0.1	0.8	0.02	0.01	35	6	0	9	120	120	20	0.1	0.2	0	0.05	0.37	1.0	0.04	0.7	1	1.29	3.2	2	0.2
84	0.1	0.2	0.02	-	8	2	1	14	160	150	110	0.3	0.4	14	0.02	0.13	0.4	Tr	0.2	0	0.13	1.2	0	0.1
79	0	0.2	0.03	0	7	1	2	2	9	1	99	0.1	4.0	5	0.01	0.07	0.2	0	0.1	0	0.17	0.7	0	0.1
100	Tr	0.4	0.01	Tr	17	3	0	4	33	33	3	0.1	0.1	1	0.04	0.14	0.9	0.04	0.1	11	0.49	2.5	1	0.1
110	Tr	0.4	0	0	16	3	0	4	3	3	2	0	0	0	0.04	0.17	1.1	0.04	0.2	16	0.35	2.1	1	0.1
30	Tr	0.4	Tr	-	6	1	0	1	0	0	0	0	Tr	Tr	0.01	0.05	0.2	Tr	Tr	Tr	0.11	0.6	Tr	0
720	0.3	4.3	0.76	0.01	-	-	-	-	220	200	180	0.1	1.3	8	0.02	0.48	(6.9)	0.07	1.0	10	0.72	-	(0)	1.3
130	0.1	0.5	0.03	-	9	14	0	-	37	35	20	0.1	0.1	2	0.02	0.15	0.4	0.03	1.0	21	0.48	2.2	(0)	1.0
330	0.2	2.8	0.01	0.01	17	14	1	8	240	230	140	0.2	0.9	3	0.03	0.48	4.7	0.08	1.3	47	0.49	6.3	(0)	2.0
85	0.1	0.7	0.01	0.01	14	7	0	10	250	240	170	0.2	1.2	6	0.03	0.22	2.1	0.03	1.1	11	0.42	2.2	(0)	0.7
490	0.3	3.6	0.01	-	-	-	-	-	270	260	170	0.2	0.8	6	0.03	0.33	(6.2)	0.05	1.9	29	0.32	-	(0)	2.0
500	0.3	4.0	0.07	-	20	12	0	-	330	310	210	0.1	1.6	12	0.04	0.45	5.5	0.07	1.9	32	0.43	2.7	(0)	2.0
850	0.4	7.3	0.15	-	-	-	-	-	240	230	120	0.2	0.8	15	0.05	0.68	(10)	0.05	2.5	10	0.50	-	(0)	3.8
440	0.3	2.5	0.02	0.01	-	-	-	-	280	270	170	0.3	0.6	11	0.03	0.42	(5.4)	0.15	1.1	57	1.22	-	(0)	3.8
260	0.1	2.8	0.02	0.01	-	-	-	-	280	280	-	0.2	0.6	6	0.01	0.19	3.1	0.02	1.6	9	0.06	-	-	0.2
730	0.3	3.2	0.08	-	19	13	2	10	260	240	230	Tr	1.1	2	0.03	0.38	5.0	0.01	3.2	27	0.14	2.1	0	2.8
110	0.1	0.5	0.01	-	13	4	0	7	100	100	45	0.1	0.2	5	0.06	0.18	0.9	0.03	0.4	Tr	0.72	2.6	Tr	0.2
93	0.1	0.4	0.01	0.01	19	3	0	4	10	10	0	Tr	0.6	1	0.03	0.15	1.0	0.01	0.2	1	0.51	1.7	Tr	0.2
110	0.1	0.4	Tr	0.01	-	-	-	-	18	17	0	0.1	0.2	4	0.05	0.22	(0.9)	0.01	Tr	Tr	0.58	-	(0)	0.2
14	0.04	0.3	0.03	Tr	*	2	0	-	46	45	12	0.3	0.4	1	0.01	0.03	0.4	Tr	Tr	Tr	0.50	0.5	5	0

▶ 母親の食事条件に強く影響されるため、標準値の設定は見送られた。

油脂類

植物油脂類

食品番号	食品名	廃棄率 %	エネルギー kcal	水分 g	たんぱく質 g	アミノ酸組成によるたんぱく質 g	脂質 g	脂肪酸のトリアシルグリセロール当量 g	飽和脂肪酸 g	一価不飽和脂肪酸 g	多価不飽和脂肪酸 g	コレステロール mg	炭水化物 g	利用可能炭水化物（質量計）g	食物繊維総量（プロスキー変法）g	食物繊維総量（AOAC法）g	ナトリウム mg	カリウム mg	カルシウム mg	マグネシウム mg
14023	あまに油	0	897	Tr	0	-	100	99.5	8.09	15.91	71.13	2	0	-	-		0	0	Tr	0
14001	オリーブ油	0	894	0	0	-	100	98.9	13.29	74.04	7.24	0	0	-	-		Tr	0	Tr	0
14002	ごま油	0	890	0	0	-	100	98.1	15.04	37.59	41.19	0	0	-	-		Tr	Tr	1	Tr
14004	サフラワー油　ハイオレイック	0	892	0	0	-	100	98.5	7.36	73.24	13.62	0	0	-	-		0	0	0	0
14025	ハイリノール	0	883	0	0	-	100	96.6	9.26	12.94	70.19	0	0	-	-		0	0	0	0
14005	大豆油	0	885	0	0	-	100	97.0	14.87	22.12	55.78	1	0	-	-		0	Tr	0	0
14006	調合油	0	886	0	0	-	100	97.2	10.97	41.10	40.94	2	0	-	-		0	Tr	Tr	0
14007	とうもろこし油	0	884	0	0	-	100	96.8	13.04	27.96	51.58	0	0	-	-		0	0	Tr	0
14008	なたね油	0	887	0	0	-	100	97.5	7.06	60.09	26.10	2	0	-	-		0	0	Tr	0
14011	ひまわり油　ハイリノール	0	899	0	0	-	100	99.9	10.25	27.35	57.94	0	0	-	-		0	0	0	0

動物脂類　牛脂

食品番号	食品名	廃棄率 %	エネルギー kcal	水分 g	たんぱく質 g	アミノ酸組成によるたんぱく質 g	脂質 g	脂肪酸のトリアシルグリセロール当量 g	飽和脂肪酸 g	一価不飽和脂肪酸 g	多価不飽和脂肪酸 g	コレステロール mg	炭水化物 g	利用可能炭水化物（質量計）g	食物繊維総量（プロスキー変法）g	食物繊維総量（AOAC法）g	ナトリウム mg	カリウム mg	カルシウム mg	マグネシウム mg
14015	動物脂類　牛脂	0	869	Tr	0.2	-	99.8	93.8	41.05	45.01	3.61	100	0	-	-		1	1	Tr	0
14016	ラード	0	885	0	0	-	100	97.0	39.29	43.56	9.81	100	0	-	-		0	0	0	0

バター類

14017	無発酵バター　有塩バター	0	700	16.2	0.6	0.5	81.0	74.5	50.45	17.97	2.14	210	0.2	0.5	-		750	28	15	2
14018	食塩不使用バター	0	720	15.8	(0.4)		83.0	77.0	52.43	18.52	2.05	220	0.2	(0.6)	-		11	22	14	2

マーガリン類

14020	マーガリン　家庭用　有塩	0	715	14.7	0.4	0.4	83.1	78.9	23.04	39.32	12.98	5	0.8		-		500	27	14	2
14021	ファットスプレッド	0	579	30.2	0.2	0.1	69.1	64.1	20.40	20.72	20.02	4	0.6		-		420	17	8	2

その他　ショートニング　家庭用

14022	ショートニング　家庭用	0	889	0.1	0	-	99.9	97.8	46.23	35.54	11.56	4	0		-		0	0	0	0

菓子類

和生菓子・和半生菓子類

食品番号	食品名	廃棄率 %	エネルギー kcal	水分 g	たんぱく質 g	アミノ酸組成によるたんぱく質 g	脂質 g	脂肪酸のトリアシルグリセロール当量 g	飽和脂肪酸 g	一価不飽和脂肪酸 g	多価不飽和脂肪酸 g	コレステロール mg	炭水化物 g	利用可能炭水化物（質量計）g	食物繊維総量（プロスキー変法）g	食物繊維総量（AOAC法）g	ナトリウム mg	カリウム mg	カルシウム mg	マグネシウム mg
15009	カステラ	0	313	(25.6)	(7.1)	6.5	(5.0)	(4.3)	1.51	1.74	0.91	(160)	(61.8)	61.8	(0.5)	-	(71)	(86)	(27)	(7)
15018	くし団子　あん　こしあん入り	0	198	(50.0)	(3.8)	3.3	(0.4)	(0.4)	0.12	0.08	0.14	(0)	(45.4)	43.9	(1.2)	-	(22)	(43)	(13)	(13)
15019	みたらし	0	194	(50.5)	(3.2)	2.7	(0.4)	(0.4)	0.13	0.10	0.14	(0)	(44.9)	43.5	(0.3)	-	(250)	(59)	(4)	(13)
15121	くずもち　関西風　くずでん粉製品	0	93	(77.4)	(0.1)	-	(0.1)	-	-	-	-	(0)	(22.5)	22.5		-	(1)	(1)	(5)	(1)
15122	関東風　小麦でん粉製品	0	94	(77.4)	(0.1)	-	(0.1)	-	-	-	-	(0)	(22.4)	22.4		-	(1)	(2)	(4)	(1)
15143	ずんだあん	0	190	(52.7)	(6.3)	5.4	(3.4)	(3.2)	-	-	-	(0)	(36.6)	34.1	(2.5)	-	(87)	(270)	(42)	(40)
15027	どら焼　つぶしあん入り	0	292	(31.5)	(6.6)	6.0	(3.2)	(2.8)	0.92	1.15	0.62	(98)	(57.9)	59.9	(1.9)	-	(140)	(120)	(22)	(15)
	まんじゅう　中華まんじゅう																			
15034	あんまん　こしあん入り	0	273	(36.6)	(6.1)	5.6	(5.6)	(5.3)	1.63	2.01	1.41	(3)	(51.3)	48.8	(2.6)	-	(11)	(65)	(58)	(23)
15035	肉まん	0	242	(39.5)	(10.0)	8.7	(5.1)	(4.7)	1.60	1.97	0.88	(16)	(43.4)	39.0	(3.2)	-	(460)	(310)	(28)	(20)
15038	ようかん　練りようかん	0	289	(26.0)	(3.6)	3.1	(0.2)	(0.1)	0.05	0.06	0.10	(0)	(69.9)	68.0	(3.1)	-	(3)	(24)	(33)	(12)
15039	水ようかん	0	168	(57.0)	(2.6)	2.3	(0.2)	(0.1)	0.02	(Tr)	0.04	(0)	(39.9)	38.7	(2.2)	-	(57)	(17)	(23)	(8)
15040	蒸しようかん	0	237	(39.5)	(4.4)	3.8	(0.2)	(0.1)	0.05	0.04	0.11	(0)	(55.4)	53.8	(2.2)	-	(83)	(32)	(30)	(13)

和干菓子類

小麦粉せんべい

15049	かわらせんべい	0	390	(4.3)	(7.0)	6.5	(3.2)	(2.9)	0.92	1.11	0.71	(90)	(84.9)	83.7	(1.2)	-	(57)	(54)	(10)	(6)
15051	南部せんべい　ごま入り	0	423	(3.3)	(11.2)	10.6	(11.1)	(10.8)	1.73	3.69	4.92	0	(72.0)	66.7	(4.2)	-	(430)	(170)	(240)	(78)
15057	米菓　揚げせんべい	0	458	(4.0)	(5.6)	4.9	(17.4)	(16.9)	2.08	7.02	7.09	(Tr)	(71.3)	69.0	(0.5)	-	(490)	(82)	(5)	(21)
15059	あられ	0	378	(4.4)	(7.5)	6.7	(1.0)	(0.8)	0.28	0.18	0.29	(0)	(84.9)	75.4	(0.8)	-	(660)	(99)	(8)	(17)
15060	しょうゆせんべい	0	368	(5.9)	(7.3)	6.3	(1.0)	(0.9)	0.30	0.22	0.33	0	(83.9)	80.4	(0.6)	-	(500)	(130)	(8)	(30)

菓子パン類

15127	カレーパン　皮及び具	0	302	(41.3)	(6.6)	5.7	(18.3)	(17.3)	7.04	7.11	2.41	(13)	(32.3)	29.5	(1.6)	-	(490)	(130)	(24)	(17)
15070	クリームパン	0	286	(35.5)	(7.9)	6.7	(7.4)	(6.8)	3.16	2.39	0.95	(98)	(48.3)	42.3	(1.3)	-	(150)	(120)	(57)	(15)
15132	メロンパン	0	349	20.9	8.0	6.7	10.5	10.2	4.93	3.44	1.31	37	59.9	56.2	(1.7)	-	210	110	26	16

ケーキ・ペストリー類

15073	シュークリーム	0	211	(56.3)	(6.0)	5.5	(11.4)	(10.4)	6.28	2.95	0.66	(200)	(25.5)	23.8	(0.3)	-	(78)	(120)	(91)	(9)
15074	スポンジケーキ	0	283	(32.0)	(7.9)	7.3	(7.5)	(6.0)	1.97	2.59	1.18	(170)	(52.1)	49.3	(0.7)	-	(65)	(92)	(27)	(8)
15170	ショートケーキ　いちご	0	314	(35.0)	(6.9)	6.3	(14.7)	(13.4)	-	-	-	(140)	(42.7)	41.5	(0.9)	-	(77)	(120)	(34)	(10)
15135	チーズケーキ　レアチーズケーキ	0	349	(43.1)	(5.8)	5.3	(27.5)	(25.2)	16.59	6.36	0.90	(64)	(22.5)	20.5	(0.9)	-	(210)	(93)	(98)	(9)
	ドーナッツ																			
15077	イーストドーナッツ　プレーン	0	379	(27.5)	(7.2)	6.4	(20.2)	(19.4)	3.52	8.30	6.73	(19)	(43.9)	33.2	(1.5)	-	(310)	(110)	(43)	(14)

（可食部100gあたり）　Tr：微量　（　）：推定値または推計値　-：未測定

	ミネラル									ビタミン															食塩相当量
	リン	鉄	亜鉛	銅	マンガン	ヨウ素	セレン	クロム	モリブデン	A レチノール活性当量	A レチノール	A β-カロテン当量	ビタミンD	E α-トコフェロール	ビタミンK	ビタミンB1	ビタミンB2	ナイアシン当量	ビタミンB6	ビタミンB12	葉酸	パントテン酸	ビオチン	ビタミンC	
単位	mg	mg	mg	mg	mg	μg	μg	μg	μg	μg	μg	μg	μg	mg	μg	mg	mg	mg	mg	μg	μg	mg	μg	mg	g
	0	0	0	0	0	-	-	-	-	1	0	11	(0)	0.5	11	0	0	0	-	-	-	-	-	(0)	
	0	0	0	0	0	0	0	Tr	0	15	0	180	(0)	7.4	42	0	0	0	(0)	(0)	(0)	(0)		(0)	
	1	0.1	Tr	0.01	0	0	1	1	0	0	Tr	(0)	0.4	5	0	0	0.1	(0)	(0)	(0)	(0)			(0)	
	Tr	0	0	0	0					0	0	0	(0)	27.0	10	0	0	0						(0)	
	Tr	0	0	0	0					0	0	0	(0)	27.0	10	0	0	0						(0)	
	Tr	0								0	0	0	0	10.0	210	0	0	0						(0)	
	Tr	0						Tr		0	0	0	0	13.0	170	0	0	0						(0)	
	Tr									0	0	0	0	17.0	5	0	0	0						(0)	
	0	0	0							0	0	0	0	39.0	11	0	0	0						(0)	
	1	0.1	Tr	Tr		-	-	-	-	85	85	0	0	0.6	26	0	0	Tr	-	-	-	-		(0)	
	0	0	Tr	Tr		-	-	-	-	0	0	0	0	0.2	0.3	7	0	0	0	-	-	-	-	(0)	
	15	0.1	0.1	Tr	0	2	Tr	1	3	520	500	190	0.6	1.5	17	0.01	0.03	0.1	Tr	0.1	Tr	0.06	0.4	0	1.9
	18	0.4	0.1	0.01	0.01	3	Tr	0	3	800	780	190	0.7	1.4	24	0	0.03	(0.1)	Tr	0.1	1	0.08	0.3	0	0
	17	Tr	0.1	Tr	Tr	2	1	0	2	25	0	300	11.0	15.0	53	0.01	0.03	0.1	0	Tr	Tr	0.2	0		1.3
	10	Tr	Tr	Tr	Tr	1	0	Tr	1	31	0	380	1.1	16.0	71	0.02	0.02	Tr	0	Tr	0.1		0		1.1
	0	0	0	0	0	0	0	Tr	0	0	0	0	0.1	9.5	6	0	0	0							0
	(85)	(0.7)	(0.6)	(0.03)	(0.10)	(8)	(15)	(Tr)	(4)	(91)	(90)	(7)	(2.3)	(2.3)	(6)	(0.05)	(0.18)	(1.9)	(0.05)	(0.4)	(22)	(0.54)	(11.0)	0	(0.2)
	(50)	(0.7)	(0.5)	(0.11)	(0.40)	(Tr)	(2)	(1)	(39)	0	0	0	0	(0.1)	(1)	(0.04)	(0.02)	(1.3)	(0.05)	0	(5)	(0.27)	(0.8)	0	(0.1)
	(52)	(0.4)	(0.5)	(0.11)	(0.39)	(1)	(2)	(1)	(37)	0	0	0	0	(0.1)	(1)	(0.04)	(0.04)	(1.3)	(0.06)	0	(7)	(0.33)	(1.1)	0	(0.6)
	(3)	(0.5)	0	(0.01)	(0.01)	-	-	-	-	0				0		0	0	0	0		0	0		0	(0.1)
	(9)	(0.2)	(Tr)	(0.01)	(0.02)	-	-	-	-	0				0		0	0	0	0		0	0		0	(0.1)
	(94)	(1.4)	(0.7)	(0.20)	(0.41)	0	0	0	0	(13)	0	(160)	0	0.3	(18)	(0.13)	(0.07)	(1.6)	(0.04)	0	(140)	(0.25)	0	(8)	(0.2)
	(78)	(1.1)	(0.6)	(0.12)	(0.27)	(7)	(6)	(1)	(26)	(40)	(40)	(1)	(0.7)	0	(4)	(0.04)	(0.09)	(1.6)	(0.04)	0	(15)	(0.41)	(5.6)	(0)	(0.4)
	(57)	(1.1)	(0.6)	(0.14)	(0.36)	0	(7)	(1)	(20)	0	0	0	0	(0.1)	(7)	(0.08)	(0.03)	(1.7)	(0.04)	0	(9)	(0.27)	(1.4)	0	(0.2)
	(87)	(0.8)	(1.2)	(0.12)	(0.45)	(Tr)	(12)	(1)	(9)	(3)	0	(20)	(0.1)	-	(9)	(0.23)	(0.10)	(3.9)	(0.16)	(0.1)	(38)	(0.80)	(1.9)	(7)	(1.2)
	(32)	(1.1)	(0.6)	(0.09)	(0.30)	0	0	(Tr)	(22)	0	0	0	0	E	0	(3)	(0.01)	(0.02)	(1.1)	(0.03)	0	(4)	(0.03)	(0.9)	0	(0.1)
	(23)	(0.8)	(0.3)	(0.06)	(0.21)	0	0	(Tr)	(16)	0	0	0	0	α	0	(2)	(0.01)	(0.01)	(0.9)	(0.02)	0	(1)	(0.02)	(0.7)	0	(0.1)
	(37)	(1.1)	(0.4)	(0.10)	(0.32)	0	(Tr)	(1)	(24)	0	0	0	0	(Tr)	(3)	(0.02)	(0.02)	(0.9)	(Tr)	0	(1)	(0.06)	(1.1)	0	(0.2)
	(70)	(0.6)	(0.4)	(0.05)	(0.21)	(8)	(8)	(1)	(7)	(51)	(51)	(1)	(0.3)	(0.4)	(3)	(0.07)	(0.11)	(1.9)	(0.04)	(0.3)	(16)	(0.54)	(6.4)	0	(0.1)
	(150)	(2.2)	(1.3)	(0.38)	(0.80)	(Tr)	(6)	(2)	(28)	0	0	0	0	(0.3)	(1)	(0.27)	(0.08)	(4.2)	(0.14)	0	(25)	(0.59)	(3.2)	0	(1.1)
	(87)	(0.7)	(0.9)	(0.17)	(0.68)	0	(4)	(1)	(70)	0	0	0	0	(2.3)	(28)	(0.08)	(0.02)	(2.5)	(0.11)	0	(11)	(0.61)	(2.5)	0	(1.2)
	(55)	(0.3)	(1.6)	(0.21)	(1.07)	0	(4)	(Tr)	(98)	0	0	0	0	0	0	(0.06)	(0.03)	(2.2)	(0.06)	(Tr)	(11)	(0.63)	(2.5)	0	(1.7)
	(120)	(1.0)	(1.1)	(0.20)	(0.88)	(1)	(5)	(1)	(86)	0	0	0	0	(0.2)	0	(0.10)	(0.04)	(3.0)	(0.14)	0	(16)	(0.75)	(2.3)	0	(1.3)
	(91)	(0.7)	(0.6)	(0.07)	(0.28)	(4)	(14)	(3)	(11)	(34)	(7)	(320)	0	(2.1)	(8)	(0.11)	(0.15)	(2.2)	(0.05)	(0.1)	(17)	(0.26)	(3.3)	0	(1.2)
	(110)	(0.8)	(0.9)	(0.08)	(0.15)	(14)	(20)	(1)	(13)	(66)	(66)	(4)	(1.1)	(0.8)	(4)	(0.10)	(0.14)	(2.4)	(0.07)	(0.4)	(46)	(0.82)	(8.1)	(Tr)	(0.4)
	84	0.6	0.6	0.09	0.28	4	15	1	12	40	37	31	0.2	1.2	3	0.09	0.10	2.4	0.05	0.1	29	0.38	3.2	0	0.5
	(150)	(0.8)	(0.8)	(0.04)	(0.06)	(26)	(10)	(0)	(6)	(150)	(150)	(14)	(2.1)	(2.1)	(8)	(0.07)	(0.18)	(1.5)	(0.07)	(0.7)	(28)	(0.96)	(11.7)	(1)	(0.2)
	(94)	(0.8)	(0.6)	(0.05)	(0.14)	(15)	(12)	(1)	(6)	(120)	(120)	(9)	(1.7)	(1.7)	(6)	(0.06)	(0.18)	(2.1)	(0.05)	(0.4)	(24)	(0.68)	(11.0)	(0)	(0.2)
	(100)	(0.7)	(0.5)	(0.05)	(0.15)	(13)	(9)	(1)	(8)	(130)	(130)	(34)	(1.3)	(1.3)	(7)	(0.05)	(0.15)	(1.8)	(0.05)	(0.4)	(40)	(0.59)	(8.4)	(15)	(0.2)
	(75)	(0.2)	(0.4)	(0.03)	(0.08)	(10)	(4)	(1)	(8)	(160)	(150)	(93)	(0.2)	(0.7)	(8)	(0.04)	(0.16)	(1.3)	(0.03)	(0.1)	(8)	(0.34)	(1.9)	(2)	(0.5)
	(73)	(0.5)	(0.6)	(0.07)	(0.17)	(5)	(17)	(1)	(12)	(10)	(10)	(Tr)	(0.2)	(2.5)	(25)	(0.09)	(0.11)	(2.2)	(0.05)	(0.1)	(37)	(0.56)	(3.9)	(Tr)	(0.8)

食品番号	食品名	廃棄率 %	エネルギー kcal	水分 g	たんぱく質 g	アミノ酸組成によるたんぱく質 g	脂質 g	脂肪酸のトリアシルグリセロール当量 g	飽和脂肪酸 g	一価不飽和脂肪酸 g	多価不飽和脂肪酸 g	コレステロール mg	炭水化物 g	利用可能炭水化物（質量計）g	食物繊維総量（プロスキー変法）g	食物繊維総量（AOAC法）g	ナトリウム mg	カリウム mg	カルシウム mg	マグネシウム mg
15078	ケーキドーナッツ　プレーン	0	367	(20.0)	(7.2)	6.6	(11.7)	(11.2)	(3.70)	(4.28)	(2.68)	(90)	(60.2)	(58.7)	(1.2)	-	(160)	(120)	(42)	(9)
15079	パイ　パイ皮	0	373	(32.0)	(5.0)	4.6	(25.4)	(23.3)	5.26	9.97	7.06	(1)	(36.4)	(34.5)	(1.3)	-	(390)	(50)	(9)	(9)
15080	アップルパイ	0	294	(45.0)	(4.0)	3.7	(17.5)	(16.0)	(3.61)	(6.84)	(4.85)	(1)	(32.8)	(36.9)	(1.2)	-	(180)	(54)	(5)	(5)
15083	ホットケーキ	0	253	(40.0)	(7.7)	7.0	(5.4)	(4.9)	(2.33)	(1.61)	(0.76)	(77)	(45.3)	(43.8)	(1.1)	-	(260)	(210)	(110)	(13)
15084	ワッフル　カスタードクリーム入り	0	241	(45.9)	(7.3)	6.6	(7.9)	(7.0)	(3.18)	(2.55)	(0.97)	(140)	(38.1)	(37.0)	(0.8)	-	(63)	(160)	(99)	(12)
	■デザート菓子類 (p.233)																			
15086	カスタードプリン	0	116	(74.1)	(5.7)	5.3	(5.5)	(4.5)	2.10	1.60	0.57	(120)	(14.0)	(13.8)	-	-	(69)	(130)	(81)	(9)
15088	ゼリー　コーヒー	0	43	(87.8)	(1.6)	1.4	0	0	-	-	-	(0)	(10.3)	(9.6)	-	-	(5)	(47)	(2)	(5)
15091	ババロア	0	204	(60.9)	(5.6)	5.0	(12.9)	(11.7)	(5.27)	(5.13)	(0.78)	(150)	(19.9)	(19.9)	-	-	(52)	(90)	(72)	(6)
	■ビスケット類 (p.233)																			
15093	クラッカー　オイルスプレークラッカー	0	481	2.7	8.5	(7.7)	22.5	21.1	9.03	8.34	2.76	-	63.9	-	2.1	-	610	110	180	18
15097	ビスケット　ハードビスケット	0	422	2.6	7.6	6.4	10.0	8.9	3.98	3.42	1.12	10	77.8	71.9	2.3	-	320	140	330	22
15098	ソフトビスケット	0	512	3.2	5.7	(5.3)	27.6	23.9	12.42	8.81	1.56	58	62.6	(67.0)	1.4	-	220	110	20	12
15099	プレッツェル	0	465	1.0	9.9	(8.6)	18.6	16.8	5.05	9.61	1.35	-	68.2	-	2.6	-	750	160	36	22
	■スナック類 (p.233)																			
15102	コーンスナック	0	516	0.9	5.2	(4.7)	27.1	25.4	9.97	9.68	4.65	(0)	65.3	-	1.0	-	470	89	50	13
15103	ポテトチップス　ポテトチップス	0	541	2.0	4.7	(4.4)	35.2	(34.2)	(3.86)	(14.47)	(14.41)	Tr	54.7	-	4.2	-	400	1200	17	70
	■キャンデー類　キャラメル (p.233)																			
15105	キャラメル	0	426	5.4	4.0	(3.4)	11.7	10.4	7.45	2.06	0.35	14	77.9	-	-	-	110	180	190	13
15110	ドロップ	0	389	(2.0)	0	-	0	-	-	-	-	(0)	(98.0)	(98.0)	-	-	(1)		(1)	0
	■チョコレート類 (p.233)																			
15115	ホワイトチョコレート	0	588	0.8	7.2	-	39.5	37.8	22.87	11.92	1.32	22	50.9	(55.4)	0.6	-	92	340	250	24
15116	ミルクチョコレート	0	550	0.5	6.9	(5.8)	34.1	32.8	19.88	10.38	1.08	19	55.8	(56.5)	3.9	-	64	440	240	74
15117	**■果実菓子類**　マロングラッセ	0	303	21.0	1.1	(0.9)	0.3	(0.2)	(0.05)	(0.03)	(0.15)	(0)	77.4	(75.0)	-	-	28	60	8	
15140	**■しるこ**　つぶしあん (p.233)	0	179	(54.5)	(4.2)	3.6	(0.4)	(0.2)	(0.06)	(0.01)	(0.12)	0	(40.5)	(38.6)	(4.3)	-	(42)	(120)	(14)	(17)

■ し好飲料類

■アルコール飲料類

食品番号	食品名	廃棄率 %	エネルギー kcal	水分 g	たんぱく質 g	アミノ酸組成によるたんぱく質 g	脂質 g	脂肪酸のトリアシルグリセロール当量 g	飽和脂肪酸 g	一価不飽和脂肪酸 g	多価不飽和脂肪酸 g	コレステロール mg	炭水化物 g	利用可能炭水化物（質量計）g	食物繊維総量（プロスキー変法）g	食物繊維総量（AOAC法）g	ナトリウム mg	カリウム mg	カルシウム mg	マグネシウム mg
	［醸造酒類］ (p.236)																			
16002	清酒　純米酒	0	102	83.7	0.4	(0.3)	Tr	0	0	0	0	0	3.6	(2.3)	0	-	4	5	3	1
16003	本醸造酒	0	106	82.8	0.4	(0.3)	0	0	0	0	0	0	4.5	(2.6)	0	-	2	5	3	1
16004	吟醸酒	0	103	83.6	0.3	(0.2)	0	0	0	0	0	0	3.6	(2.4)	0	-	2	7	3	1
16005	純米吟醸酒	0	102	83.5	0.4	(0.3)	0	0	0	0	0	0	4.1	(2.5)	0	-	3	5	2	1
16006	ビール　淡色	0	39	92.8	0.3	0.2	0	0	0	0	0	0	3.1	Tr	0	-	3	34	3	7
16009	発泡酒	0	44	92.0	0.1	(0.1)	0	0	0	0	0	0	3.6	-	0	-	1	13	4	4
16010	ぶどう酒　白	0	75	88.6	0.1	-	Tr	-	-	-	-	(0)	2.0	(2.2)	-	-	3	60	8	7
16011	赤	0	68	88.7	0.2	-	Tr	-	-	-	-	(0)	1.5	-	-	-	2	110	7	9
	［蒸留酒類］ (p.237)																			
16014	しょうちゅう　連続式蒸留しょうちゅう	0	203	71.0	0	-	0	-	-	-	-	(0)	0	-	-	-	-	-	-	-
16015	単式蒸留しょうちゅう	0	144	79.5	0	-	0	-	-	-	-	(0)	0	-	-	-	-	-	-	-
16016	ウイスキー	0	234	66.6	0	-	0	-	-	-	-	(0)	0	-	-	-	2	1	0	-
	［混成酒類］ (p.237)																			
16022	梅酒	0	155	68.9	0.1	-	Tr	-	-	-	-	-	20.7	-	-	-	4	39	1	2
16023	合成清酒	0	108	82.2	0.1	-	0	-	-	-	-	-	5.3	-	-	-	11	3	2	Tr
16025	みりん　本みりん	0	241	47.0	0.3	0.2	Tr	-	-	-	-	-	43.2	26.6	-	-	3	7	2	2
	■茶類 (p.238)																			
	［緑茶類］																			
16034	玉露　浸出液	0	5	97.8	1.3	(1.0)	(0)	-	-	-	-	(0)	Tr	-	-	-	2	340	4	15
16035	抹茶　茶	0	237	5.0	29.6	23.1	5.3	3.3	0.68	0.34	2.16	(0)	39.5	1.5	38.5	-	6	2700	420	230
16037	せん茶　浸出液	0	2	99.4	0.2	(0.2)	(0)	-	-	-	-	(0)	0.2	-	-	-	3	27	3	2
16039	番茶　浸出液	0	0	99.8	Tr	-	(0)	-	-	-	-	(0)	0.1	-	-	-	2	32	5	1
16040	ほうじ茶　浸出液	0	0	99.8	Tr	-	(0)	-	-	-	-	(0)	0.1	-	-	-	1	24	2	Tr
16041	玄米茶　浸出液	0	0	99.9	Tr	-	(0)	-	-	-	-	(0)	0.1	-	-	0	2	7	2	1
	［発酵茶類］																			
16042	ウーロン茶　浸出液	0	0	99.8	Tr	-	(0)	-	-	-	-	(0)	0.1	-	-	-	1	13	2	1
16044	紅茶　浸出液	0	1	99.7	0.1	-	(0)	-	-	-	-	(0)	0.1	-	-	-	1	8	1	1
	■コーヒー・ココア類 (p.239)																			
16045	コーヒー　浸出液	0	4	98.6	0.2	(0.1)	Tr	(Tr)	(0.01)	(Tr)	(0.01)	0	0.7	(0)	-	-	1	65	2	6
16048	ココア　ピュアココア	0	386	4.0	18.5	13.5	21.6	20.9	12.40	6.88	0.70	1	42.4	9.6	23.9	-	16	2800	140	440

(可食部100gあたり　　Tr：微量　（　）：推定値または推計値　　-：未測定)

	リン	鉄	亜鉛	銅	マンガン	ヨウ素	セレン	クロム	モリブデン	A レチノール活性当量	A レチノール	A β-カロテン当量	ビタミンD	E α-トコフェロール	ビタミンK	ビタミンB₁	ビタミンB₂	ナイアシン当量	ビタミンB₆	ビタミンB₁₂	葉酸	パントテン酸	ビオチン	ビタミンC	食塩相当量
(単位)	mg	mg	mg	mg	mg	µg	µg	µg	µg	µg	µg	µg	µg	mg	µg	mg	mg	mg	mg	µg	µg	mg	µg	mg	g
	(95)	(0.6)	(0.4)	(0.06)	(0.21)	(10)	(8)	(1)	(7)	(54)	(53)	(2)	(0.9)	(1.3)	(9)	(0.07)	(0.12)	(2.0)	(0.04)	(0.3)	(16)	(0.58)	(6.4)	(0)	(0.4)
	(31)	(0.3)	(0.3)	(0.06)	(0.19)	0	(11)	(1)	(9)	0	0	0	(Tr)	(2.5)	(2)	(0.05)	(0.02)	(1.3)	(0.02)	0	(6)	(0.32)	(0.7)	0	(1.0)
	(17)	(0.2)	(0.1)	(0.04)	(0.09)	(0)	(5)	(1)	(4)	(Tr)	(0)	(4)	(Tr)	(1.2)	(1)	(0.03)	(0.01)	(0.6)	(0.02)	0	(3)	(0.15)	(0.5)	(1)	(0.4)
	(160)	(0.5)	(0.5)	(0.05)	(Tr)	(12)	(6)	(3)	(9)	(52)	(51)	(5)	(0.7)	(0.5)	(3)	(0.08)	(0.16)	(2.1)	(0.05)	(0.3)	(15)	(0.68)	(5.1)	(Tr)	(0.7)
	(150)	(0.8)	(0.8)	(0.05)	(0.13)	(24)	(10)	(Tr)	(7)	(110)	(110)	(7)	(1.7)	(0.8)	(6)	(0.08)	(0.19)	(1.9)	(0.07)	(0.6)	(25)	(0.96)	(10.2)	(1)	(0.2)
	(110)	(0.5)	(0.6)	(0.02)	(0.01)	(20)	(9)	0	(4)	(88)	(87)	(6)	(1.4)	(0.4)	(5)	(0.04)	(0.20)	(1.5)	(0.05)	(0.3)	(18)	(0.69)	(8.4)	(1)	(0.2)
	(5)	(Tr)	0	(Tr)	(0.02)	0	0	0	0	0	0	0	0	0	0	0	(Tr)	(0.6)	0	0	0	(Tr)	(1.1)	0	0
	(130)	(0.6)	(0.6)	(0.02)	(0.01)	(21)	(7)	(Tr)	(5)	(130)	(130)	(24)	(1.6)	(0.6)	(7)	(0.04)	(0.13)	(1.0)	(0.05)	(0.6)	(20)	(0.67)	(8.4)	(Tr)	(0.1)
	190	0.8	0.5	0.12	0.49	-	0	3	2	10	(0)	(0)	-	12.0	4	0.08	0.04	(2.5)	0.04	-	12	0.45	1.7	(0)	1.5
	96	0.9	0.5	0.12	0.58	4	4	2	9	18	18	6	Tr	0.9	2	0.13	0.22	2.4	0.06	-	16	0.63	2.2	(0)	0.8
	66	0.5	0.4	0.08	0.33	3	4	1	9	150	130	180	Tr	2.2	6	0.06	0.05	1.8	0.04	-	7	0.45	2.3	(0)	0.6
	140	0.9	0.5	0.12	0.43	-	-	-	-	5	(0)	59	-	2.6	7	0.13	0.11	(3.1)	0.06	-	27	0.51	-	(0)	1.9
	70	0.4	0.3	0.05	0.08	-	-	-	-	11	(0)	130	-	3.7	-	0.02	0.05	(1.3)	0.06	-	8	0.30	-	(0)	1.2
	100	1.7	0.5	0.21	0.40	260	0	3	10	(0)	-	-	-	6.2	-	0.26	0.06	(5.6)			70	0.94	1.6	15	1.0
	100	0.3	0.4	0.03	0.06	14	3	1	6	110	110	15	3	0.5	3	0.09	0.18	2.0	0.02	-	5	0.58	2.7	(0)	0.3
	(Tr)	(Tr)	0	(0.01)	(Tr)	0	0	0	0	0	0	0	0	0	0	0	0	0	0	0	0	(Tr)	0	(Tr)	0
	210	0.1	0.8	0.02	0.02	20	5	1	4	50	47	39	Tr	0.8	9	0.08	0.39	1.4	0.05	-	8	1.05	4.4	-	0.2
	240	2.4	1.6	0.55	0.41	19	6	24	11	66	63	37	1	0.7	6	0.19	0.41	(2.8)	0.11	-	18	1.56	7.6	(0)	0.2
	20	0.6	-	-	-	-	-	-	-	1	0	10	(0)	-	-	-	0.03	(0.3)	-	-	-	-	-	0	0.1
	(55)	(1.1)	(0.5)	(0.15)	(0.30)	0	0	(1)	(37)	0	0	0	0	(0.1)	4	(0.01)	(0.02)	(0.8)	0.02	-	6	(0.13)	1.3	-	(0.1)
	9	0.1	0.1	Tr	0.18	-	-	-	-	0	0	0	0	0	0	Tr	0	(Tr)	0.12	0	0	0.02	-	0	0
	8	Tr	0.1	Tr	0.19	-	-	-	-	0	0	0	0	0	0	Tr	0	(Tr)	0.09	0	0	0.08	-	0	0
	7	Tr	0.1	0.01	0.16	-	-	-	-	0	0	0	0	0	0	0	0	(Tr)	0.12	0	0	0.06	-	0	0
	8	Tr	0.1	0.01	0.20	-	-	-	-	0	0	0	0	0	0	0	0	(Tr)	0.14	0	0	0	-	0	0
	15	Tr	Tr	Tr	0.01	1	Tr	0	0	0	0	0	0	0	0	0	0.02	Tr	0.05	0.1	7	0.08	0.9	0	0
	8	0	Tr	Tr	0.01	-	-	-	-	0	0	0	0	0	0	0	0.01	(0.3)	0.01	0	4	0.10	-	0	0
	12	0.3	Tr	0.01	0.09	-	-	-	-	(0)	(0)	(0)	(0)	-	(0)	-	0	0.1	Tr	0	0	0.07	-	0	0
	13	0.4	Tr	0.02	0.15	Tr	0	2	1	(0)	(0)	(0)	(0)	-	(0)	0	0.01	0.1	0.03	0	0	0.07	1.9	0	0
	-	-	-	-	-	-	-	-	-	(0)	(0)	(0)	(0)	-	(0)	(0)	(0)	(0)	(0)	(0)	(0)	(0)	(0)	(0)	(0)
	-	-	-	-	-	-	-	-	-	(0)	(0)	(0)	(0)	-	(0)	(0)	(0)	(0)	(0)	(0)	(0)	(0)	(0)	(0)	-
	Tr	Tr	Tr	0.01	0	-	-	-	-	(0)	(0)	(0)	(0)	-	(0)	(0)	(0)	(0)	(0)	(0)	(0)	(0)	(0)	(0)	0
	3	Tr	Tr	0.01	0.01	0	0	1	Tr	(0)	(0)	(0)	(0)	-	-	0	0.01	Tr	0.01	0	0	0	0.1	0	0
	5	0	Tr	Tr	0	-	-	-	-	(0)	(0)	(0)	(0)	-	-	0	0	Tr	0.01	0	0	0	0	0	0
	7	0	0	0.05	0.04	-	-	-	-	(0)	(0)	(0)	(0)	-	-	Tr	0	Tr	0.01	0	0	0	0	0	0
	30	0.2	0.3	0.02	4.60	-	-	-	-	(0)	(0)	(0)	(0)	Tr	-	0.02	0.11	(1.0)	0.07	(0)	150	0.24	-	19	0
	350	17.0	6.3	0.60	-	-	-	-	-	2400	(0)	29000	(0)	28.0	2900	0.60	1.35	12.0	0.96	(0)	1200	3.70	-	60	0
	2	0.2	Tr	0.01	0.31	0	0	0	0	(0)	(0)	(0)	(0)	Tr	-	0	0.05	(0.3)	0.01	(0)	16	0.04	0.8	6	0
	2	0.2	Tr	0.01	0.19	-	-	-	-	(0)	(0)	(0)	(0)	Tr	-	0	0.03	0.2	0.01	(0)	7	0	-	3	0
	1	Tr	Tr	0.01	0.26	-	-	-	-	(0)	(0)	(0)	(0)	-	-	0	0.02	0.1	Tr	(0)	13	0	-	Tr	0
	1	Tr	Tr	0.01	0.15	-	-	-	-	(0)	(0)	(0)	(0)	-	(0)	0	0.01	0.1	0.01	(0)	3	0	-	1	0
	1	Tr	Tr	Tr	0.24	0	0	0	0	(0)	(0)	(0)	(0)	-	-	0	0.03	0.1	Tr	(0)	2	0	0.2	0	0
	2	0	Tr	0.01	0.22	0	0	0	0	(0)	(0)	(0)	(0)	-	-	0	0.01	0.1	0.01	(0)	0	0	0.2	0	0
	7	Tr	Tr	0	0.03	0	0	0	0	0	0	0	0	0	0	0	0.01	(0.8)	0	0	0	0	1.7	0	0
	660	14.0	7.0	3.80	-	-	-	-	-	3	0	30	(0)	0.3	2	0.16	0.22	6.6	0.08	-	31	0.85	-	0	0

肉類　卵類　乳類　油脂類　菓子類　し好飲料類　調味料・香辛料類　調理済み流通食品類

参照	食品番号	食品名	廃棄率 (%)	エネルギー (kcal)	水分 (g)	たんぱく質 (g)	アミノ酸組成によるたんぱく質 (g)	脂質 (g)	脂肪酸のトリアシルグリセロール当量 (g)	飽和脂肪酸 (g)	一価不飽和脂肪酸 (g)	多価不飽和脂肪酸 (g)	コレステロール (mg)	炭水化物 (g)	利用可能炭水化物（質量計）(g)	食物繊維総量（プロスキー変法）(g)	食物繊維総量（AOAC法）(g)	ナトリウム (mg)	カリウム (mg)	カルシウム (mg)	マグネシウム (mg)
	16049	ミルクココア	0	400	1.6	7.4	-	6.8	6.6	3.98	2.05	0.24	-	80.4	-		5.5	270	730	180	130
	16056	■その他　青汁　ケール	0	312	2.3	13.8	10.8	4.4	2.8	0.55	0.10	2.08	0	70.2	-		28.0	230	2300	1200	210
	16050	甘酒	0	76	79.7	1.7	(1.3)	0.1	-	-	-	-	(0)	18.3	(16.9)	0.4	-	60	14	3	5
	16051	昆布茶	0	173	1.4	5.2	7.5	0.2	-	-	-	-	0	42.0	33.4	2.8	-	20000	580	88	51
	16057	スポーツドリンク	0	21	94.7	0	-	Tr	-	-	-	-	-	5.1			Tr	31	26	8	3
p.239	16053	■炭酸飲料類　コーラ	0	46	88.5	0.1	-	Tr	-	-	-	-	(0)	11.4	(12.0)	-	-	2	Tr	2	1
	16058	ビール風味炭酸飲料	0	5	98.6	0.1	0.1	Tr	-	-	-	-	(0)	1.2			-	3	9	2	1
p.239	16055	■麦茶　浸出液	0	1	99.7	Tr	-	(0)	-	-	-	-	(0)	0.3			-	1	6	2	Tr

調味料・香辛料類

参照	食品番号	食品名	廃棄率 (%)	エネルギー (kcal)	水分 (g)	たんぱく質 (g)	アミノ酸組成によるたんぱく質 (g)	脂質 (g)	脂肪酸のトリアシルグリセロール当量 (g)	飽和脂肪酸 (g)	一価不飽和脂肪酸 (g)	多価不飽和脂肪酸 (g)	コレステロール (mg)	炭水化物 (g)	利用可能炭水化物（質量計）(g)	食物繊維総量（プロスキー変法）(g)	食物繊維総量（AOAC法）(g)	ナトリウム (mg)	カリウム (mg)	カルシウム (mg)	マグネシウム (mg)
		■<調味料類>																			
p.244		■ウスターソース類																			
	17001	ウスターソース	0	117	61.3	1.0	0.7	0.1	Tr	0.01	Tr	Tr	-	27.1	23.8	0.5	-	3300	190	59	24
	17002	中濃ソース	0	129	60.9	0.8	0.5	0.1	Tr	0.01	Tr	0.01	-	30.9	26.6	1.0	-	2300	210	61	23
	17003	濃厚ソース	0	130	60.7	0.9	-	0.1	Tr	0.01	Tr	0.01	-	30.9	(26.7)	1.0	-	2200	210	61	26
	17085	お好み焼きソース	0	144	58.1	1.6	1.3	0.1	Tr	0.01	0.01	0.01	Tr	33.7	29.1	0.9	-	1900	240	31	20
p.245	17004	■辛味調味料類　トウバンジャン	0	49	69.7	2.0	-	2.3	1.8	0.34	0.29	1.12	3	7.9	-	4.3	-	7000	200	32	42
	17005	チリペッパーソース	0	58	84.1	0.7	(0.5)	0.5	(0.4)	(0.07)	(0.04)	(0.26)	-	12.8			-	630	130	15	13
	17006	ラー油	0	887	0.1	0.1	-	99.8	(97.5)	(14.58)	(35.51)	(43.15)	-	Tr			-	Tr	Tr	Tr	Tr
p.242	17007	■しょうゆ類　こいくちしょうゆ	0	76	67.1	7.7	6.1	0	-	-	-	-	(0)	7.9	1.6	-	-	5700	390	29	65
	17086	減塩	0	68	74.4	8.1	(6.4)	Tr	-	-	-	-	(0)	9.0	(1.3)	-	-	3300	260	31	74
	17008	うすくちしょうゆ	0	60	69.7	5.7	4.9	0	-	-	-	-	(0)	5.8	2.6	-	-	6300	320	24	50
p.242	17012	■食塩類　食塩	0	0	0.1	0	0	0	-	-	-	-	(0)	0			-	39000	100	22	18
	17014	精製塩　家庭用	0	0	Tr	0	0	0	-	-	-	-	(0)	0			-	39000	2	0	87
p.244	17090	■食酢類　黒酢	0	54	85.7	1.0	-	0	-	-	-	-	(0)	9.0			-	10	47	5	21
	17015	穀物酢	0	25	93.3	0.1	-	0	-	-	-	-	(0)	2.4			-	6	4	2	1
	17016	米酢	0	46	87.9	0.2	-	0	-	-	-	-	(0)	7.4			-	12	16	2	6
	17017	果実酢　ぶどう酢	0	22	93.7	0.1	-	Tr	-	-	-	-	0	1.2		0	-	4	22	3	2
	17018	りんご酢	0	26	92.6	0.1	-	0	-	-	-	-	(0)	2.4	(0.5)		-	18	59	4	4
p.242		■だし類																			
	17019	かつおだし　荒節	0	2	99.4	0.4	0.2	Tr	-	-	-	-	0	Tr		0	-	21	29	2	3
	17020	昆布だし　水出し	0	4	98.5	0.1	(0.1)	Tr	-	-	-	-	-	0.9			-	61	140	3	4
	17021	かつお・昆布だし　荒節・昆布だし	0	2	99.2	0.3	(0.2)	Tr	-	-	-	-	-	0.3			-	34	63	3	4
	17022	しいたけだし	0	4	98.8	0.1	-	0	-	-	-	-	-	0.9			-	3	29	1	3
	17023	煮干しだし	0	1	99.7	0.1	-	0.1	-	-	-	-	-	Tr			-	38	25	3	2
	17024	鶏がらだし	0	7	98.6	0.9	0.5	0.4	0.4	0.11	0.19	0.07	1	Tr			-	40	60	1	1
	17025	中華だし	0	3	99.0	0.8	(0.7)	0	-	-	-	-	-	Tr			-	20	90	3	5
	17026	洋風だし	0	6	97.8	1.3	(0.6)	0	-	-	-	-	-	0.3			-	180	110	5	6
	17027	固形ブイヨン	0	233	0.8	7.0	(8.2)	4.3	4.1	2.12	1.73	0.03	Tr	42.1		0.3	-	17000	200	26	19
	17028	顆粒和風だし	0	223	1.6	24.2	(26.8)	0.3	0.2	0.08	0.04	0.08	23	31.1		0	-	16000	180	42	20
	17029	めんつゆ　ストレート	0	44	85.4	2.2	(2.0)	0	-	-	-	-	-	8.7			-	1300	100	8	15
p.244	17031	■調味ソース類　オイスターソース	0	105	61.6	7.7	(6.1)	0.3	0.1	0.03	0.02	0.06	2	18.3		0.2	-	4500	260	25	63
	17107	魚醤油　ナンプラー	0	47	65.5	9.1	6.3	0.1	0	Tr	Tr	0	-	2.7			-	9000	230	20	90
	17098	ごまだれ	0	282	(40.7)	(7.2)	(6.7)	(15.1)	14.2	(2.10)	(5.29)	(6.18)	-	(29.2)	(19.9)	(3.0)	-	(1700)	(210)	(220)	(100)
	17105	デミグラスソース	0	82	81.5	2.9	-	3.0	-	-	-	-	-	11.0			-	520	180	11	11
	17106	テンメンジャン	0	249	37.5	8.5	-	7.7	-	-	-	-	-	38.1		3.1	-	2900	350	45	61
	17109	ホワイトソース	0	99	81.7	1.8	(1.2)	6.2	(6.2)	(1.97)	(2.45)	(1.46)	6	9.2	(5.3)	0.4	-	380	62	34	5
	17111	マリネ液	0	66	(83.9)	(0.1)	0	0	-	-	-	-	-	(10.9)	(10.5)		-	(370)	(26)	(4)	(3)
	17033	ミートソース	0	96	78.8	3.8	-	5.0	-	-	-	-	-	10.1	(9.4)		-	610	250	17	
p.245	17034	■トマト加工品類　トマトピューレー	0	44	86.9	1.9	(1.4)	0.1	(0.1)	(0.02)	(0.01)	(0.03)	-	9.9	(5.2)	1.8	-	19	490	19	27
	17035	トマトペースト	0	94	71.3	3.8	(3.2)	0.1	(0.1)	(0.02)	(0.01)	(0.03)	-	22.0	(13.4)	4.7	-	55	1100	46	64
	17036	トマトケチャップ	0	104	66.0	1.6	1.2	0.2	0.1	0.05	0.04	0.05	-	27.6	(24.0)	1.7	-	1200	380	16	18
	17037	トマトソース	0	41	87.1	2.0	(1.9)	0.2	(0.1)	(0.03)	(0.02)	(0.06)	-	8.5	(5.3)	1.1	-	240	340	18	20
	17038	チリソース	0	112	67.3	1.8	(1.7)	0.1	(0.1)	(0.02)	(0.01)	(0.03)	-	26.3		1.9	-	1200	500	27	23
p.245		■ドレッシング類　半固形状ドレッシング																			
	17042	マヨネーズ　全卵型	0	668	16.6	1.4	1.3	76.0	72.5	6.07	39.82	23.51	55	3.6	(2.1)	-	-	730	13	8	2

(可食部100gあたり　Tr：微量　（ ）：推定値または推計値　-：未測定)

ミネラル									ビタミン															食塩相当量
リン	鉄	亜鉛	銅	マンガン	ヨウ素	セレン	クロム	モリブデン	A レチノール活性当量	A レチノール	A β-カロテン当量	ビタミンD	E α-トコフェロール	ビタミンK	ビタミンB1	ビタミンB2	ナイアシン当量	ビタミンB6	ビタミンB12	葉酸	パントテン酸	ビオチン	ビタミンC	食塩相当量
mg	mg	mg	mg	mg	μg	μg	μg	μg	μg	μg	μg	μg	mg	μg	mg	mg	mg	mg	μg	μg	mg	μg	mg	g
240	2.9	2.1	0.93	0.74	-	-	-	-	8	8	Tr	-	0.4	0	0.07	0.42	1.5	0.07	-	12	0.90	-	(0)	0.7
270	2.9	1.8	0.17	2.75	5	9	12	130	860	0	10000	0	9.4	1500	0.31	0.80	10.0	0.75	0	820	1.31	20.0	1100	0.6
21	0.1	0.3	0.05	0.17	-	-	-	-	(0)	(0)	(0)	(0)	Tr	0	0.01	0.03	(0.6)	0.02	-	8		-	(0)	0.2
14	0.5	0.3	Tr	0.03	26000	2	13	1	3	0	31	Tr		13	0.01	0.02	0.1	Tr	0	11	0.01	0.5	6	51.3
0	Tr	0	0	0	-	-	-	-	0	0	0	0	0	0	0	0	0.8	0.12	0	0	Tr	-	Tr	0.1
11	Tr	Tr	Tr	0	-	-	-	-	(0)	(0)	(0)	(0)	-	-	0	0	Tr	-	-	-	-	-	0	0
8	0	0	0	0	-	-	-	-	(0)	(0)	(0)	(0)	(0)	(0)	0	0	Tr	-	-	1	0.02	-	8	0
1	Tr	0.1	Tr	Tr	0	0	0	0	(0)	(0)	(0)	(0)	-	-	0	0	0.1	-	0	0	0	0.1	(0)	0
11	1.6	0.1	0.10	-	3	1	9	4	4	(0)	47	(0)	0.2	1	0.01	0.02	0.3	0.03	Tr	1	0.15	6.5	0	8.5
16	1.7	0.1	0.18	0.23	3	1	7	3	7	(0)	87	(0)	0.5	2	0.02	0.04	0.4	0.04	Tr	1	0.18	5.8	(0)	5.8
17	1.5	0.1	0.23	0.23	-	-	-	-	9	(0)	110	(0)	0.5	2	0.03	0.04	0.8	0.06	Tr	1	0.21	-	(0)	5.6
28	0.9	0.2	0.10	0.13	2	2	5	6	17	-	200		0.8	1	0.03	0.03	0.8	0.06	0.1	6	0.19	4.5	3	4.9
49	2.3	0.3	0.13	0.28	-	-	-	-	120	(0)	1400	(0)	3.0	12	0.04	0.17	1.3	0.24	-	8	0.24	-	3	17.8
24	1.5	0.1	0.08	0.10	-	-	-	-	130	(0)	1600	(0)			0.03	0.08	(0.5)						0	1.6
Tr	0.1	Tr	0.01	-	-	-	-	-	59	(0)	710	-	3.7	5	0	0	0.1	-	-	-	-	-	0	0
160	1.7	0.9	0.01	1.00	1	11	3	48	0	(0)	0	(0)	(0)	0	0.05	0.17	1.6	0.17	0.1	33	0.48	12.0	0	14.5
170	2.1	0.9	Tr	1.17	1	10	3	84	0	(0)	0	(0)	(0)	(0)	0.07	0.17	(1.8)	0.17	0	57	0.46	11.0	0	8.3
130	1.1	0.6	0.01	0.66	1	6	2	40	0	(0)	0	(0)	(0)	(0)	0.05	0.11	1.2	0.13	0.1	31	0.37	8.4	0	16.0
(0)	Tr	Tr	0.01	Tr	1	1	1	0	(0)	(0)	(0)	(0)	(0)	(0)	(0)	(0)	(0)	(0)	(0)	(0)	(0)	(0)	(0)	99.5
(0)	0	0	Tr	0		0	0	0	(0)	(0)	(0)	(0)	(0)	(0)	(0)	(0)	(0)	(0)	(0)	(0)	(0)	(0)	(0)	99.6
52	0.2	0.3	0.01	0.55	0	0	0	2	9			(0)		(0)	0.02	0.01	0.1	0.06	0.1	1	0.07	1.0	(0)	
2	Tr	0.1	Tr		0		1	1	0	0	0	0	(0)	0	0	0.01	0.1	0.01	0.1	0	0.1	0.1	0	
15	0.1	0.2	Tr		0	Tr	1	4	0	0	0	0	(0)	0	0.01	0.01	0.3	0.09	0.1	0	0.08	0.4	0	
8	0.2	Tr	0.01	0.03	Tr	0	1	1	(0)	(0)	Tr	Tr	Tr	(Tr)	Tr	Tr	Tr	Tr	0.1	Tr	0.08	0.1	Tr	
6	0.2	0.1	Tr	-	-	-	-	-	(0)	0	(Tr)	-	Tr	0	0	0.1	0.1	0.01	0.3	-	0.06	-	0	
18	Tr	Tr	Tr	0	1	4	0	0	0	0	0	0	0	0	Tr	0.01	1.4	0.02	0.4	1	0.04	0.1	0	0.1
6	Tr	Tr	Tr	0.01	5300	0	0	0	(0)	(0)	0	-	0	0	Tr	Tr	(0)	0	0	2	0	0.1	Tr	0.2
13	Tr	Tr	Tr	Tr	1500	4	0	0	(Tr)	(Tr)	0	-	0	0	0.01	0.01	(0.9)	0.01	0.3	1	0.04	0.1	Tr	0.1
8	0.1	Tr	0.01	-	-	-	-	-	0	0	0	0	0	0	Tr	0.02	1.6	Tr	0.2	0	0.57	-	0	0.1
7	Tr	Tr	Tr	Tr	-	-	-	-	0	0	0	-	0	0	0.01	Tr	0.3	Tr	0.2	0	0.06	-	0	0.1
15	0.1	Tr	0.01	0	Tr	1	0	1	1	1	0	0	Tr	2	0.01	0.04	1.1	0.02	0.1	4	0.31	0.5	0	0.1
40	Tr	Tr	Tr	0.01	-	-	-	-	0	0	0	-	0	0	0.15	0.03	(1.3)	0.05	0.1	1	0.26	-	0	0.2
37	0.1	0.1	0.01	0.01	-	-	-	-	0	0	0	-	0	0	0.02	0.05	(1.1)	0.06	0.2	3	0.25	-	0	0.5
76	0.4	0.1	0.10	0.10	1	2	2	2	0	0	0	Tr	0.7	2	0.03	0.08	(1.1)	0.40	0.1	16	0.28	0.5	0	43.2
260	1.0	0.5	0.12	0.09	5	74	8	1	0	0	0	0.8	0.1	2	0.03	0.20	(6.9)	0.06	1.4	14	0.18	3.8	0	40.6
48	0.4	0.2	0.01	-	-	-	-	-	0	0	0	(0)	0	0	0.01	0.04	(1.2)	0.03	0.3	17	0.18	-	0	3.3
120	1.2	1.6	0.17	0.40	-	-	-	-			(Tr)	-	0.1	1	0.01	0.07	(0.8)	0.04	2.0	9	0.14	-	Tr	11.4
57	1.2	0.7	0.03	0.03	27	46	5	1	0	0	0	0	0	-	0.01	0.10	4.3	0.10	1.6	26	0.56	7.9	0	22.9
(200)	(2.3)	(1.6)	(0.42)	(0.75)	(Tr)	(10)	(2)	(46)	(4)	0	(2)	(Tr)	(Tr)	(1)	(0.11)	(0.09)	(3.5)	(0.19)	(0.1)	(38)	(0.20)	(6.1)	0	(4.3)
53	0.3	0.3	0.03	0.09	2	1	7	3							0.04	0.07	2.1	0.05	0.2	25	0.18	1.8	-	1.3
140	1.6	0.6	0.27	0.54	1	5	7	58	0	(0)	3	(0)	0.8	14	0.04	0.11	2.4	0.11	0	20	0.07	7.7	0	7.3
42	0.1	0.2	0.01	0.03	5	1	1	2	0	0	0	-	0.6	2	0.01	0.05	(0.5)	0.02	0	3	0.17	0.9	-	1.0
(6)	(0.2)	0	(0.01)	(0.04)	0	0	0	(Tr)	0	0	0	0	0	0	0	0	(Tr)	(0.01)	(Tr)	0	(0.04)	(Tr)	0	(0.9)
47	0.8	-	-	-	-	-	-	-	49	5	530	-	-	-	0.14	0.05	2.0	-	-	-	-	-	6	1.5
37	0.8	0.3	0.19	0.19	-	0	1	2	52	0	630	(0)	2.7	10	0.09	0.07	(1.7)	0.20	-	29	0.47	8.9	10	0
93	1.6	0.6	0.31	0.38	-	-	-	-	85	0	1000	(0)	6.2	18	0.21	0.14	(4.2)	0.38	-	42	0.95	-	15	0.1
35	0.5	0.2	0.09	0.11	1	4	4	9	43	0	510	0	2.0	8	0.06	0.04	1.7	0.11	Tr	13	0.30	5.2	8	3.1
42	0.9	0.2	0.16	-	-	-	-	-	40	(0)	480	(0)	2.1	8	0.09	0.08	(1.6)	0.12	Tr	3	0.24	-	(Tr)	0.6
32	0.9	0.2	0.15	0.15	-	-	-	-	42	(0)	500	(0)	2.1	5	0.07	0.07	(1.8)	0.15	0	5	0.32	-	(Tr)	3.0
29	0.3	0.2	0.01	0.01	3	3	1	1	24	24	1	0.3	13.0	120	0.01	0.03	0.2	0.02	0.1	1	0.16	3.1	0	1.9

食品ライブラリーの参照ページ	食品番号	食品名	廃棄率	エネルギー	水分	たんぱく質	アミノ酸組成によるたんぱく質	脂質	脂肪酸のトリアシルグリセロール当量	飽和脂肪酸	一価不飽和脂肪酸	多価不飽和脂肪酸	コレステロール	炭水化物	利用可能炭水化物（質量計）	食物繊維総量（プロスキー変法）	食物繊維総量（AOAC法）	ナトリウム	カリウム	カルシウム	マグネシウム
			%	kcal	g	g	g	g	g	g	g	g	mg	g	g	g	g	mg	mg	mg	mg
	17043	卵黄型	0	668	19.7	2.5	2.2	74.7	72.8	10.37	27.69	31.54	140	0.6	(0.5)	-	-	770	21	20	3
p.245 ◀		■ドレッシング類　分離液状ドレッシング																			
	17040	フレンチドレッシング　分離液状	0	325	(47.8)	(Tr)	0	(31.5)	(30.6)	(3.46)	(12.95)	(12.90)	(1)	(12.4)	(11.3)	-	-	(2500)	(2)	(1)	(Tr)
	17116	和風ドレッシング　分離液状	0	179	(69.4)	(1.9)	(1.6)	(14.5)	(14.0)	(1.68)	(5.79)	(5.90)	(1)	(9.3)	(6.5)	(0.2)	-	(1400)	(75)	(7)	(16)
p.245 ◀		■ドレッシング類　乳化液状ドレッシング																			
	17041	サウザンアイランドドレッシング	0	392	(44.1)	(0.3)	(0.2)	(39.2)	(38.1)	(4.34)	(16.10)	(15.99)	(9)	(12.8)	(11.9)	(0.4)	-	(1200)	(32)	(7)	(3)
p.243 ◀	17044	■みそ類　米みそ　甘みそ	0	206	42.6	9.7	8.7	3.0	3.0	0.49	0.52	1.84	(0)	37.9	-	5.6	-	2400	340	80	32
	17045	淡色辛みそ	0	182	45.4	12.5	11.1	6.0	5.9	0.97	1.11	3.61	(0)	21.9	11.8	4.9	-	4900	380	100	75
	17046	赤色辛みそ	0	178	45.7	13.1	11.3	5.5	5.4	0.88	1.07	3.21	(0)	21.1	-	4.1	-	5100	440	130	80
	17047	麦みそ	0	184	44.0	9.7	8.1	4.3	4.2	0.74	0.73	2.51	(0)	30.0	-	6.3	-	4200	340	80	55
	17048	豆みそ	0	207	44.9	17.2	14.8	10.5	10.2	1.62	1.88	6.29	(0)	14.5	-	6.5	-	4300	930	150	130
	17119	減塩みそ	0	190	46.0	11.0	9.1	5.9	(5.8)	(0.98)	(1.18)	(3.38)	(0)	25.7	12.5	4.3	-	4200	480	62	71
p.247 ◀	17051	■ルウ類　カレールウ	0	474	3.0	6.5	5.7	34.1	32.8	14.84	14.85	1.65	20	44.7	35.1	3.7	6.4	4200	320	90	31
	17052	ハヤシルウ	0	501	2.2	5.8	-	33.2	31.9	15.62	14.00	0.88	20	47.5	-	2.5	-	4200	150	30	21
p.244 ◀	17053	■その他　酒かす	0	215	51.1	14.9	(14.2)	1.5	-	-	-	-	(0)	23.8	-	5.2	-	5	28	8	9
	17054	みりん風調味料	0	225	43.6	0.1	-	0	-	-	-	-	(0)	55.7	39.2	-	-	68	3	Tr	1
p.246 ◀		■＜香辛料類＞																			
p.247 ◀	17058	からし　練り	0	314	31.7	5.9	-	14.5	(14.4)	(0.80)	(9.01)	(4.04)	(0)	40.1	-	-	-	2900	190	60	83
	17060	粒入りマスタード	0	229	57.2	7.6	(6.9)	16.0	(15.9)	(0.88)	(9.94)	(4.45)	(Tr)	12.7	(5.1)	-	-	1600	190	130	110
	17061	カレー粉	0	338	5.7	13.0	(10.2)	12.2	11.6	1.28	6.44	3.40	8	63.3	-	36.9	-	40	1700	540	220
	17065	こしょう　混合　粉	0	369	12.5	10.6	(7.4)	6.2	(5.7)	(2.65)	(1.41)	(1.90)	(0)	68.3	(38.6)	-	-	35	680	330	120
	17069	しょうが　おろし	0	41	88.2	0.7	(0.4)	0.6	(0.4)	(0.16)	(0.12)	(0.12)	(0)	8.6	(4.7)	-	-	580	140	16	17
	17073	とうがらし　粉	0	412	1.7	16.2	(9.9)	9.7	(8.3)	(1.83)	(1.54)	(4.70)	(0)	66.8	-	-	-	4	2700	110	170
	17074	ナツメグ　粉	0	520	6.3	5.7	-	38.5	(30.6)	(11.31)	(13.28)	(5.22)	(0)	47.5	-	-	-	15	430	160	180
	17077	バジル　粉	0	307	10.9	21.1	(17.3)	2.2	(2.2)	(1.17)	(0.67)	(0.27)	(0)	50.6	-	-	-	59	3100	2800	760
	17079	パプリカ　粉	0	385	10.0	15.5	(14.6)	11.6	(10.9)	(1.93)	(1.53)	(6.99)	(0)	55.6	-	-	-	60	2700	170	220
	17081	わさび　練り	0	265	39.8	3.3	(1.9)	10.3	-	-	-	-	-	39.8	-	-	-	2400	280	62	39
	17083	■＜その他＞酵母　パン酵母　乾燥	0	307	8.7	37.1	30.2	6.8	4.7	0.79	3.71	0.04	(0)	43.1	1.4	32.6	-	120	1600	19	91
	17084	ベーキングパウダー	0	150	4.5	Tr	-	1.2	(0.6)	(0.22)	(0.02)	(0.36)	(0)	29.0	(35.0)	-	-	6800	3900	2400	1

調理済み流通食品類

食品ライブラリーの参照ページ	食品番号	食品名	廃棄率	エネルギー	水分	たんぱく質	アミノ酸組成によるたんぱく質	脂質	脂肪酸のトリアシルグリセロール当量	飽和脂肪酸	一価不飽和脂肪酸	多価不飽和脂肪酸	コレステロール	炭水化物	利用可能炭水化物（質量計）	食物繊維総量（プロスキー変法）	食物繊維総量（AOAC法）	ナトリウム	カリウム	カルシウム	マグネシウム
p.249 ◀	18024	■和風料理　和え物類　青菜の白和え	0	81	(79.7)	(4.2)	(3.9)	(3.4)	(2.6)	-	-	-	(Tr)	(10.5)	(7.2)	(2.4)	-	(500)	(180)	(95)	(42)
	18028	汁物類　とん汁	0	26	(94.4)	(1.5)	(1.3)	(1.5)	(1.4)	-	-	-	(3)	(2.0)	(0.9)	(0.5)	-	(220)	(63)	(10)	(6)
	18032	煮物類　切り干し大根の煮物	0	48	(88.2)	(2.3)	(1.9)	(2.5)	(1.9)	-	-	-	0	(5.7)	(3.2)	(2.0)	-	(370)	(76)	(46)	(18)
	18033	きんぴらごぼう	0	84	(81.6)	(1.4)	(3.1)	(4.5)	(4.3)	-	-	-	(Tr)	(11.3)	(4.2)	(3.2)	-	(350)	(150)	(36)	(25)
	18035	筑前煮	0	85	(80.4)	(4.4)	(4.1)	(3.5)	(3.3)	-	-	-	(19)	(10.2)	(5.9)	(1.8)	-	(430)	(160)	(22)	(15)
	18036	肉じゃが	0	78	(79.6)	(4.3)	(3.8)	(1.3)	(1.1)	-	-	-	(9)	(13.0)	(10.3)	(1.3)	-	(480)	(210)	(13)	(14)
	18037	ひじきのいため煮	0	75	(80.8)	(3.1)	(2.8)	(4.0)	(3.5)	-	-	-	(Tr)	(9.9)	(6.5)	(3.4)	-	(560)	(180)	(100)	(43)
p.250 ◀		■洋風料理																			
p.252 ◀	18001	カレー類　ビーフカレー	0	119	(78.5)	(2.4)	(2.1)	(9.0)	(8.6)	-	-	-	(10)	(8.1)	(5.7)	(0.9)	-	(680)	(93)	(20)	(8)
	18043	コロッケ類　カニクリームコロッケ	0	255	(54.6)	(5.1)	(4.4)	(17.1)	(16.5)	-	-	-	(8)	(22.0)	(21.1)	(1.0)	-	(320)	(94)	(30)	(14)
	18044	コーンクリームコロッケ	0	245	(54.1)	(5.1)	(4.4)	(16.0)	(15.3)	-	-	-	(7)	(23.4)	(21.6)	(1.4)	-	(330)	(150)	(47)	(18)
	18018	ポテトコロッケ	0	226	(55.5)	(5.3)	(4.5)	(12.6)	(12.1)	-	-	-	(14)	(25.2)	(23.2)	(2.0)	-	(280)	(250)	(15)	(19)
	18011	シチュー類　ビーフシチュー	0	153	(74.9)	(4.1)	(3.5)	(12.6)	(11.9)	-	-	-	(18)	(7.1)	(4.3)	(0.7)	-	(380)	(150)	(11)	(9)
	18050	ハンバーグステーキ類　合いびきハンバーグ	0	197	(62.8)	(13.4)	(11.7)	(12.2)	(11.2)	-	-	-	(47)	(10.0)	(4.3)	(1.1)	-	(340)	(280)	(29)	(23)
	18009	フライ用冷凍食品　えびフライ　冷凍	0	139	66.3	10.2	-	1.9	-	-	-	-	-	20.3	-	-	-	340	95	42	
	18010	白身フライ　冷凍	0	148	64.5	11.6	-	2.7	-	-	-	-	-	19.3	-	-	-	340	240	47	
	18020	フライ類　えびフライ	0	236	(50.5)	(15.9)	(13.2)	(11.6)	(11.0)	-	-	-	(120)	(20.5)	(20.0)	(1.0)	-	(340)	(200)	(69)	(36)
	18021	白身フライ	0	299	50.7	9.7	-	21.8	-	-	-	-	-	16.2	-	-	-	340	240	47	
p.252 ◀	18002	■中国料理　点心類　ぎょうざ	0	209	(57.8)	(6.9)	(5.8)	(11.3)	(10.0)	3.09	4.43	2.00	(19)	(22.3)	(19.7)	(1.5)	-	(460)	(170)	(22)	(16)
p.253 ◀	18012	しゅうまい	0	191	(60.2)	(9.1)	(7.5)	(9.2)	(8.7)	2.86	4.05	1.39	(27)	(19.5)	(17.1)	(1.7)	-	(520)	(260)	(26)	(28)
	18046	中華ちまき	0	174	(59.5)	(5.9)	(5.5)	(5.5)	(5.2)	-	-	-	(16)	(27.7)	(25.6)	(0.5)	-	(420)	(100)	(6)	(11)
	18047	菜類　酢豚	0	77	(83.4)	(4.6)	(4.0)	(3.3)	(3.1)	-	-	-	(15)	(7.6)	(6.0)	(0.8)	-	(210)	(130)	(9)	(10)
	18048	菜類　八宝菜	0	64	(86.0)	(5.8)	(4.9)	(3.2)	(2.9)	-	-	-	(44)	(3.8)	(1.5)	(0.9)	-	(320)	(150)	(26)	(14)
	18049	菜類　麻婆豆腐	0	104	(80.0)	(7.8)	(7.2)	(6.8)	(6.4)	-	-	-	(10)	(3.8)	(1.5)	(0.7)	(0.7)	(380)	(150)	(64)	(43)
p.251 ◀	18039	■韓国料理　和え物類　もやしのナムル	0	70	(84.4)	(3.1)	(2.5)	(4.5)	(4.2)	-	-	-	(0)	(5.7)	(2.5)	(2.7)	-	(510)	(160)	(91)	(29)

(可食部100gあたり)　Tr：微量　（ ）：推定値または推計値　-：未測定

ミネラル									ビタミン															食塩相当量
リン	鉄	亜鉛	銅	マンガン	ヨウ素	セレン	クロム	モリブデン	A レチノール活性当量	A レチノール	A β-カロテン当量	ビタミンD	E α-トコフェロール	ビタミンK	ビタミンB1	ビタミンB2	ナイアシン当量	ビタミンB6	ビタミンB12	葉酸	パントテン酸	ビオチン	ビタミンC	
mg	mg	mg	mg	mg	μg	μg	μg	μg	μg	μg	μg	μg	mg	μg	mg	mg	mg	mg	μg	μg	mg	μg	mg	g
72	0.6	0.5	0.02	0.02	9	8	1	2	54	53	3	0.6	11.0	140	0.03	0.07	0.5	0.05	0.4	3	0.43	7.2	0	2.0
(1)	(Tr)	(Tr)	0	0	0	0	(Tr)	(Tr)	0	0	0	0	(4.0)	(54)	(Tr)	(Tr)	(0.1)	(Tr)	(Tr)	0	0	(Tr)	0	(6.3)
(43)	(0.4)	(0.2)	(0.03)	(0.19)	0	(3)	(1)	(10)	(Tr)	0	(4)	-	(1.5)	-	(0.03)	(0.03)	(0.5)	(0.04)	(Tr)	(7)	(0.09)	(2.2)	0	(3.5)
(9)	(0.1)	(0.1)	(0.02)	(0.01)	(1)	(1)	(Tr)	(1)	(8)	(4)	(43)	(0.1)	(5.2)	(72)	(Tr)	(0.01)	(0.2)	(0.02)	(Tr)	(3)	(0.05)	(0.8)	(2)	(3.0)
130	3.4	0.9	0.22	-	Tr	2	2	33	(0)	(0)	(0)	(0)	0.3	8	0.05	0.10	3.5	0.04	0.1	21	Tr	5.4	(0)	6.1
170	4.0	1.1	0.39	-	1	9	2	57	(0)	(0)	(0)	(0)	0.6	11	0.03	0.10	3.9	0.11	0.1	68	Tr	12.0	(0)	12.4
200	4.3	1.2	0.35	-	1	8	1	72	(0)	(0)	(0)	(0)	0.5	11	0.03	0.10	3.5	0.12	Tr	42	0.23	14.0	(0)	13.0
120	3.0	0.9	0.31	-	16	2	2	15	(0)	(0)	(0)	(0)	0.4	9	0.04	0.10	2.9	0.10	Tr	35	0.26	8.4	(0)	10.7
250	6.8	2.0	0.66	-	31	19	9	64	(0)	(0)	(0)	(0)	1.1	19	0.04	0.12	3.4	0.13	Tr	54	0.36	17.0	(0)	10.9
170	1.7	1.4	0.29	0.73	1	5	5	150	(0)	(0)	0	(0)	0.6	-	0.10	0.11	2.7	0.16	0.1	75	0.27	11.0	(0)	10.7
110	3.5	0.5	0.13	0.58	0	10	7	14	6	0	69	0	2.0	-	0.09	0.06	1.0	0.07	Tr	9	0.38	4.1	(0)	10.6
55	1.0	0.3	0.12	0.32	-	-	-	-	95	0	1100	0	2.5	-	0.14	0.06		0.08	0	9	0.29	-	0	10.7
8	0.8	2.3	0.39	-	-	-	-	-	(0)	(0)	(0)	(0)	0	0	0.03	0.26	(5.3)	0.94	0	170	0.48	-	(0)	0
15	0.1	Tr	Tr	0	-	-	-	-	(0)	(0)	(0)	(0)	-	(0)	Tr	0.02	Tr	0	0	0	0	0	-	0.2
120	2.1	1.0	0.15	0.36	-	-	-	-	0		16	(0)			0.22	0.07	2.5	-	(0)	(0)	-	-	0	7.4
260	2.4	1.4	0.16	0.62	1	87	3	17	(0)	0	32	(Tr)	1.0	5	0.32	0.05	(3.0)	0.14	0.1	16	0.28	23.0	Tr	4.1
400	29.0	2.9	0.80	4.84	5	18	21	42	32	0	390	0	4.4	86	0.41	0.25	(8.7)	0.59	0.1	60	2.06	28.0	2	0.1
150	14.0	1.0	1.10	-	3	2	12	17	1	0	89	0	-	(0)	0.06	0.18	(1.8)			-	(0)	15.0	1	1.5
14	0.3	0.1	0.04	3.58	0	1	1	1	1	0	7	0	-	7	0.02	0.03	(0.9)		-	-	-	0.3	120	1.5
340	12.0	2.0	1.20	-	3	5	17	41	720	0	8600	0	4.4	86	0.43	1.15	(13.0)		-	-	-	49.0	Tr	0
210	2.5	1.3	1.20	2.68	-	-	-	-	1	0	12	0	-	-	0.05	0.10	1.5		-	-	-	-	(0)	0
330	120.0	3.9	1.99	10.00	42	18	47	200	210	0	2500	0	4.7	820	0.26	1.09	(12.0)	1.75	0	290	2.39	62.0	1	0.1
320	21.0	10.0	1.08	1.00	17	10	33	13	500	0	6100	0	-	-	0.52	1.78	(14.0)		-	-	-	39.0	(0)	0.2
85	2.0	0.8	0.11	0.23	-	-	-	-	1	0	15	0	-	-	0.11	0.07	(1.2)		-	-	-	-	0	6.1
840	13.0	3.4	0.20	0.40	1	2	2	1	0	0	0	2.8	Tr	0	8.81	3.72	(28.0)	1.28	0	3800	5.73	310.0	1	0.3
3700	0.1	Tr	0.01	-	-	-	-	-	0	0	0	0	0	0	0	0	(0)	0	0	(0)	(0)	0	0	17.3
(69)	(1.2)	(0.6)	(0.15)	(0.35)	(2)	(4)	(2)	(21)	(130)	0	(1600)	(Tr)	(0.6)	(70)	(0.06)	(0.05)	(1.2)	(0.07)	(Tr)	(32)	(0.11)	(2.9)	(3)	(1.3)
(18)	(0.2)	(0.2)	(0.03)	(0.02)	0	(1)	0	(7)	(17)	0	(200)	(Tr)	(0.1)	(2)	(0.03)	(0.01)	(0.6)	(0.03)	(0.1)	(7)	(0.05)	(0.8)	(1)	(0.6)
(39)	(0.5)	(0.3)	(0.02)	(0.18)	0	(2)	(Tr)	(5)	(54)	0	(640)	0	(0.2)	(Tr)	(0.01)	(0.02)	(0.8)	(0.03)	(Tr)	(8)	(0.08)	(1.2)	(Tr)	(0.9)
(37)	(0.5)	(0.4)	(0.09)	(0.16)	0	(1)	0	(3)	(86)	0	(1000)	0	(0.7)	(12)	(0.06)	(0.08)	(1.6)	(0.07)	(Tr)	(32)	(0.14)	(1.0)	(1)	(0.9)
(55)	(0.5)	(0.5)	(0.05)	(0.21)	0	(2)	(Tr)	(3)	(80)	(6)	(880)	(0.1)	(0.4)	(12)	(0.04)	(0.08)	(1.7)	(0.14)	(0.1)	(16)	(0.31)	(0.9)	(4)	(1.1)
(44)	(0.8)	(0.9)	(0.07)	(0.14)	0	(1)	(1)	(3)	(53)	(1)	(630)	(0.1)	(0.2)	(14)	(0.05)	(0.14)	(1.6)	(0.14)	(0.1)	(14)	(0.30)	(1.4)	(9)	(1.2)
(45)	(0.6)	(0.3)	(0.03)	(0.23)	(750)	(3)	(2)	(7)	(84)	0	(1000)	(0.1)	(0.4)	(40)	(0.02)	(0.10)	(1.0)	(0.08)	(0.1)	(6)	(0.08)	(2.2)	(Tr)	(1.4)
(32)	(0.7)	(0.4)	(0.04)	(0.12)	(1)	(2)	(1)	(2)	(9)	(1)	(90)	0		(3)	(0.02)	(0.03)	(0.8)	(0.05)	(0.2)	(4)	(0.14)	(0.9)	(1)	(1.7)
(51)	(0.4)	(0.4)	(0.08)	(0.15)	(1)	(Tr)	0	(5)	(9)	(8)	(8)	(0.1)	(2.2)	(23)	(0.05)	(0.07)	(1.5)	(0.03)	(0.1)	(12)	(0.23)	(0.2)	(Tr)	(0.8)
(76)	(0.4)	(0.5)	(0.06)	(0.18)	(1)	(Tr)	0	(5)	(16)	(15)	(19)	(0.1)	(1.8)	(21)	(0.06)	(0.08)	(1.6)	(0.04)	(Tr)	(27)	(0.34)	(0.2)	(2)	(0.8)
(60)	(0.8)	(0.5)	(0.11)	(0.20)	(1)	(5)	(1)	(3)	(10)	(5)	(67)	(0.1)	(1.5)	(17)	(0.11)	(0.05)	(2.0)	(0.14)	(0.1)	(23)	(0.46)	(1.4)	(10)	(0.7)
(45)	(0.5)	(0.8)	(0.04)	(0.06)	(1)	(3)	(1)	(3)	(58)	(6)	(620)	(0.1)	(0.7)	(17)	(0.03)	(0.06)	(1.9)	(0.10)	(0.4)	(26)	(0.26)	(1.3)	(4)	(1.0)
(110)	(1.3)	(2.4)	(0.09)	(0.14)	(1)	(9)	(1)	(11)	(18)	(11)	(84)	(0.2)	(0.6)	(7)	(0.23)	(0.15)	(5.3)	(0.20)	(0.5)	(17)	(0.71)	(2.5)	(2)	(0.9)
90	1.5	-	-	-	8	27	1	8	Tr	Tr	Tr	-	-	-	0.04	0.07	2.4	-	-	-	-	3.1	1	0.9
100	0.5	-	-	-	-	-	-	-	57	57	0	-	-	-	0.10	0.10	3.1	-	-	-	-	-	1	0.9
(200)	(0.6)	(1.3)	(0.38)	(0.18)	(4)	(18)	(1)		(13)	(13)	0	(0.2)	(2.2)	(16)	(0.08)	(0.05)	(4.6)	(0.05)	(0.6)	(22)	(0.57)	(3.2)	(1)	(0.9)
100	0.5	-	-	-	-	-	-	-	57	57	0	-	-	-	0.10	0.10	2.8	-	-	-	-	-	1	0.9
(62)	(0.6)	(0.6)	(0.07)	(0.20)	0	(5)	(1)	(7)	(10)	(3)	(77)	(0.1)	(0.6)	(28)	(0.14)	(0.07)	(2.6)	(0.11)	(0.1)	(22)	(0.44)	(1.8)	(4)	(1.2)
(92)	(0.9)	(0.8)	(0.12)	(0.35)	(1)	(6)	(1)	(4)	(6)	(6)	(1)	(0.2)	(0.2)	(4)	(0.16)	(0.10)	(3.3)	(0.15)	(0.2)	(26)	(0.55)	(2.5)	(1)	(1.3)
(45)	(0.3)	(0.7)	(0.07)	(0.33)	(8)	(5)	(Tr)	(28)	(10)	(6)	(56)	(0.1)	(0.4)	(8)	(0.04)	(0.05)	(2.4)	(0.10)	(0.4)	(29)	(0.48)	(1.6)	0	(1.1)
(52)	(0.3)	(0.5)	(0.04)	(0.15)	0	(5)	(1)	(5)	(50)	(2)	(570)	(0.1)	(0.5)		(0.17)	(0.05)	(2.3)	(0.10)	(0.4)	(9)	(0.25)	(1.6)	(4)	(0.5)
(77)	(0.4)	(0.6)	(0.08)	(0.16)	(3)	(7)	(1)	(20)	(49)	(13)	(440)	(0.3)	(0.6)	(25)	(0.13)	(0.06)	(2.3)	(0.08)	(0.3)	(20)	(0.28)	(1.3)	(5)	(0.8)
(86)	(1.3)	(0.9)	(0.12)	(0.32)	(4)	(6)	(3)	(31)	(3)	(1)	(17)	(0.1)	(0.3)	(6)	(0.16)	(0.07)	(2.4)	(0.10)	(0.1)	(13)	(0.21)	(3.7)	(1)	(1.0)
(62)	(1.2)	(0.5)	(0.11)	(0.38)	0	(1)	(Tr)	(5)	(140)	0	(1700)	0	(1.1)	(160)	(0.05)	(0.07)	(0.9)	(0.08)	0	(64)	(0.24)	(1.3)	(9)	(1.3)

日本食品標準成分表2020年版（八訂）
アミノ酸成分表編

「第3表 アミノ酸組成によるたんぱく質1g当たりのアミノ酸成分表」より抜粋

■ アミノ酸成分表とは

　たんぱく質はアミノ酸が結合した化合物であり、たんぱく質の栄養価は主に構成アミノ酸の種類と量（組成）によって決まる。そのため、摂取に当たっては、アミノ酸総摂取量のほか、アミノ酸組成のバランスをとることが重要となる。

　アミノ酸成分表は、食品のたんぱく質の質的評価を行う際に活用できるよう、日常摂取する食品のたんぱく質含有量とともに、アミノ酸組成がとりまとめられている。

　なお、「日本食品標準成分表2020年版（八訂）　アミノ酸成分表編（以下「アミノ酸成分表2020」）」では、以下の4種類が収載されている。
第1表　可食部100g当たりのアミノ酸成分表
第2表　基準窒素1g当たりのアミノ酸成分表
第3表　アミノ酸組成によるたんぱく質1g当たりのアミノ酸成分表（**本書掲載**）
第4表　（基準窒素による）たんぱく質1g当たりのアミノ酸成分表
※第3表・第4表は、Webでのみ収載。

■ 本書のアミノ酸成分表の使い方 （→p.135）

　本書のアミノ酸成分表は、アミノ酸評点パターン（人体にとって理想的な必須アミノ酸組成）と比較できるよう、第3表「アミノ酸組成によるたんぱく質1g当たりのアミノ酸成分表」から必須アミノ酸を抜粋（448食品）したものである。なお、ここで使用するアミノ酸評点パターンは、成長のために必要量の多い1～2歳の数値である。本表では、制限アミノ酸の数値（アミノ酸評点パターンに満たない数値）は、赤色で示し、かつ第一制限アミノ酸は太字とした。

　また、アミノ酸価（制限アミノ酸のうち、最も比率の小さいアミノ酸の数値）も併記している。例えば「01137　とうもろこし　コーンフレーク」のアミノ酸価を求めてみる。制限アミノ酸は、リシンとトリプトファンの2つである。それぞれアミノ酸評点パターンと比較すると、リシンは10/52×100≒19、トリプトファンは6.0/7.4×100≒81となるので、コーンフレークのアミノ酸価は、数値の最も低いリシンの19になり、**19Lys**と表記した。

　参考として、15～17歳と18歳以上のアミノ酸評点パターンを使用した場合のアミノ酸価も併記している。

食品番号	食品名	イソロイシン Ile	ロイシン Leu	リシン Lys	含硫アミノ酸 AAS	芳香族アミノ酸 AAA	トレオニン Thr	トリプトファン Trp	バリン Val	ヒスチジン His	アミノ酸価（1～2歳）	アミノ酸価（15～17歳）	アミノ酸価（18歳以上）
	アミノ酸評点パターン（1～2歳）	**31**	**63**	**52**	**25**	**46**	**27**	**7.4**	**41**	**18**			
	アミノ酸評点パターン（15～17歳）	30	60	47	23	40	24	6.4	40	16			
	アミノ酸評点パターン（18歳以上）	30	59	45	22	38	23	6.0	39	15			

1 穀類

食品番号	食品名	Ile	Leu	Lys	AAS	AAA	Thr	Trp	Val	His	アミノ酸価（1～2歳）	アミノ酸価（15～17歳）	アミノ酸価（18歳以上）
01002	■あわ 精白粒	47	150	22	59	97	46	21	58	26	**42**Lys	47Lys	49Lys
01004	■えんばく オートミール	48	88	51	63	100	41	17	66	29	**98**Lys	100	100
01006	■おおむぎ 押麦 乾	43	85	40	51	100	44	16	60	27	**77**Lys	85Lys	89Lys
01167	■キヌア 玄穀	50	84	74	49	91	52	17	61	39	**100**	100	100
01011	■きび 精白粒	47	140	17	56	110	38	15	57	26	**33**Lys	36Lys	38Lys
	■こむぎ												
01015	［小麦粉］薄力粉 1等	41	79	24	48	92	34	14	49	26	**46**Lys	51Lys	53Lys
01016	2等	41	78	26	48	92	34	13	49	26	**50**Lys	55Lys	58Lys
01018	中力粉 1等	41	79	24	47	92	33	13	49	26	**46**Lys	51Lys	53Lys
01019	2等	41	78	27	47	91	34	13	49	26	**46**Lys	51Lys	53Lys
01020	強力粉 1等	40	79	22	46	92	33	13	49	26	**42**Lys	47Lys	49Lys
01021	2等	40	78	24	44	89	33	13	49	26	**42**Lys	47Lys	49Lys
01146	プレミックス粉 お好み焼き用	40	75	26	39	88	33	12	48	27	**50**Lys	55Lys	58Lys
01025	天ぷら用	43	81	26	42	96	33	13	51	27	**50**Lys	55Lys	58Lys
01026	［パン類］角形食パン 食パン	42	81	23	42	96	35	12	48	27	**44**Lys	49Lys	51Lys
01028	コッペパン	43	80	23	41	94	35	12	48	27	**44**Lys	49Lys	51Lys
01031	フランスパン	41	80	23	42	95	36	12	49	27	**40**Lys	45Lys	47Lys
01032	ライ麦パン	42	77	33	42	93	40	12	56	27	**63**Lys	70Lys	73Lys

食品番号	食品名	イソロイシン Ile	ロイシン Leu	リシン Lys
	アミノ酸評点パターン（1～2歳）	**31**	**63**	**52**
	アミノ酸評点パターン（15～17歳）	30	60	47
	アミノ酸評点パターン（18歳以上）	30	59	45
01034	ロールパン	43	81	25
01148	ベーグル	42	79	21
	［うどん・そうめん類］			
01038	うどん 生	42	79	23
01041	干しうどん 乾	40	79	23
01043	そうめん・ひやむぎ 乾	41	79	22
01047	［中華めん類］中華めん 生	41	79	24
01049	蒸し中華めん 蒸し中華めん	43	80	23
01056	［即席めん類］即席中華めん 油揚げ味付け	37	69	19
	［マカロニ・スパゲッティ類］			
01063	マカロニ・スパゲッティ 乾	43	83	21
01149	生パスタ 生	42	83	27
01066	［ふ類］焼きふ 釜焼きふ	44	81	19
01070	［その他］小麦はいが	43	79	83
01150	冷めん 生	41	79	26
	■こめ			
01080	［水稲穀粒］玄米	46	93	45
01083	精白米 うるち米	47	96	42
01151	もち米	48	95	41
01152	インディカ米	47	95	42
01153	発芽玄米	46	93	45
01085	［水稲めし］玄米	46	93	47
01168	精白米 インディカ米	48	96	42
01088	うるち米	46	95	41
01154	もち米	48	97	39
01155	発芽玄米	46	93	45
01110	［うるち米製品］アルファ化米 一般用	48	95	40
01111	おにぎり	47	94	42
01114	上新粉	48	96	40
01158	米粉	47	95	42
01159	米粉パン 小麦グルテン不使用	49	95	42
01160	米粉めん	47	94	40
01115	ビーフン	48	94	44
01117	［もち米製品］もち	47	94	39
01120	白玉粉	49	97	39
01122	［そば］そば粉 全層粉	44	78	69
01127	そば 生	42	79	38
01129	干しそば 乾	42	79	34
01137	とうもろこし コーンフレーク	44	170	10
01138	■はとむぎ 精白粒	44	150	18
01139	■ひえ 精白粒	55	120	16
01142	■ライむぎ 全粒粉	41	77	46
01143	ライ麦粉	41	74	44

2 いも・でん粉類

食品番号	食品名	Ile	Leu	Lys
02068	■アメリカほどいも 塊根 生	55	99	68
02006	■さつまいも 塊根 皮なし 生	50	74	59
02048	■むらさきいも 塊根 皮なし 生	50	76	58
02010	■さといも 球茎 生	39	91	57
02050	■セレベス 球茎 生	41	98	55
02052	■たけのこいも 球茎 生	39	87	54
02013	■みずいも 球茎 生	41	82	65
02015	■やつがしら 球茎 生	42	81	57
02017	■じゃがいも 塊茎 皮なし 生	42	65	68
02021	乾燥マッシュポテト	46	80	74
02022	■ながいも いちょういも 塊根 生	45	75	55
02023	ながいも 塊根 生	39	57	47
02025	やまといも 塊根 生	47	78	58
02026	■じねんじょ 塊根 生	49	83	56
02027	■だいじょ 塊根 生	48	85	55

左表

含硫アミノ酸 AAS	芳香族アミノ酸 AAA	トレオニン Thr	トリプトファン Trp	バリン Val	ヒスチジン His	アミノ酸価（1~2歳）	アミノ酸価（15~17歳）	アミノ酸価（18歳以上）
25	**46**	**27**	**7.4**	**41**	**18**			
23	40	24	6.4	40	16			
22	38	23	6.0	39	15			
43	95	35	12	50	27	**48**Lys	53Lys	56Lys
41	94	34	12	49	27	**40**Lys	45Lys	47Lys
42	92	33	13	49	26	**44**Lys	49Lys	51Lys
42	92	34	13	48	25	**44**Lys	49Lys	51Lys
42	94	33	13	49	26	**42**Lys	47Lys	49Lys
40	98	33	12	50	25	**46**Lys	51Lys	53Lys
49	91	33	14	48	28	**44**Lys	49Lys	51Lys
36	79	30	10	44	24	**37**Lys	40Lys	42Lys
44	91	34	13	52	30	**40**Lys	45Lys	47Lys
40	95	35	12	50	27	**52**Lys	57Lys	60Lys
51	95	32	12	47	26	**37**Lys	40Lys	42Lys
40	83	54	13	65	32	**100**	100	100
41	95	34	12	49	26	**50**Lys	55Lys	58Lys
54	110	45	17	70	32	**87**Lys	96Lys	100
55	110	44	16	69	31	**81**Lys	89Lys	93Lys
55	120	43	16	70	30	**79**Lys	87Lys	91Lys
62	120	44	17	69	29	**81**Lys	89Lys	93Lys
58	110	45	17	69	29	**87**Lys	96Lys	100
52	110	45	17	70	32	**90**Lys	100	100
64	120	45	18	70	29	**81**Lys	89Lys	93Lys
56	110	45	17	66	30	**79**Lys	87Lys	91Lys
55	120	45	17	71	30	**75**Lys	83Lys	87Lys
54	120	46	17	69	33	**87**Lys	96Lys	100
58	120	44	16	71	30	**77**Lys	85Lys	89Lys
51	120	45	17	70	31	**81**Lys	89Lys	93Lys
57	110	43	16	72	30	**77**Lys	85Lys	89Lys
55	120	43	17	70	30	**77**Lys	85Lys	89Lys
52	120	46	17	71	30	**81**Lys	89Lys	93Lys
56	120	44	17	70	30	**77**Lys	85Lys	89Lys
63	120	46	18	70	29	**85**Lys	94Lys	98Lys
58	120	43	16	69	29	**75**Lys	83Lys	87Lys
56	120	43	16	71	30	**75**Lys	83Lys	87Lys
53	84	48	19	61	31	**100**	100	100
43	89	38	15	51	27	**73**Lys	81Lys	84Lys
44	92	37	15	52	27	**65**Lys	72Lys	76Lys
44	110	38	6.0	55	33	**19**Lys	21Lys	22Lys
47	99	32	5.6	60	24	**35**Lys	38Lys	40Lys
46	120	41	14	66	26	**31**Lys	34Lys	36Lys
50	88	45	14	59	30	**88**Lys	98Lys	100
48	83	42	13	57	30	**85**Lys	94Lys	98Lys
31	110	67	25	76	43	**100**	100	100
37	110	76	17	71	24	**100**	100	100
43	110	69	17	72	23	**100**	100	100
52	130	54	26	63	24	**100**	100	100
45	120	52	24	63	27	**100**	100	100
43	110	51	21	61	25	**100**	100	100
48	100	52	21	61	25	**100**	100	100
43	110	56	22	67	27	**100**	100	100
36	82	48	14	66	22	**100**	100	100
36	98	52	16	66	26	**100**	100	100
32	100	40	20	58	27	**100**	100	100
26	79	44	19	51	25	**90**Lys	95Leu	97Leu
33	110	41	22	58	29	**100**	100	100
34	110	46	23	59	30	**100**	100	100
31	110	49	20	57	31	**100**	100	100

右表

食品番号	食品名	イソロイシン Ile	ロイシン Leu	リシン Lys	含硫アミノ酸 AAS	芳香族アミノ酸 AAA	トレオニン Thr	トリプトファン Trp	バリン Val	ヒスチジン His	アミノ酸価（1~2歳）	アミノ酸価（15~17歳）	アミノ酸価（18歳以上）
	アミノ酸評点パターン（1~2歳）	31	63	52	25	46	27	7.4	41	18			
	アミノ酸評点パターン（15~17歳）	30	60	47	23	40	24	6.4	40	16			
	アミノ酸評点パターン（18歳以上）	30	59	45	22	38	23	6.0	39	15			

4　豆類

食品番号	食品名	Ile	Leu	Lys	AAS	AAA	Thr	Trp	Val	His	（1~2歳）	（15~17歳）	（18歳以上）
04001	■あずき　全粒　乾	51	93	90	33	100	47	13	63	39	**100**	100	100
04004	あん　こし生あん	53	100	88	29	110	44	12	63	38	**100**	100	100
04005	さらしあん（乾燥あん）	62	100	84	45	110	48	13	69	39	**100**	100	100
04006	つぶし練りあん	51	97	87	30	110	47	12	62	40	**100**	100	100
04007	■いんげんまめ　全粒　乾	58	98	82	45	110	53	14	67	38	**100**	100	100
04009	うずら豆	57	100	81	23	100	45	13	67	39	**92**AAS	100	100
04012	■えんどう　全粒　青えんどう　乾	49	85	89	31	94	50	11	58	31	**100**	100	100
04017	■ささげ　全粒　乾	54	93	82	38	110	44	14	63	40	**100**	100	100
04019	■そらまめ　全粒　乾	50	90	80	24	89	44	11	57	33	**96**AAS	100	100
	■だいず												
	[全粒・全粒製品]												
04023	全粒　黄大豆　国産　乾	53	87	72	34	100	45	15	55	31	**100**	100	100
04077	黒大豆　国産　乾	38	88	75	34	100	45	15	55	32	**100**	100	100
04025	黄大豆　米国産　乾	53	88	74	34	99	45	15	55	33	**100**	100	100
04026	中国産　乾	52	88	74	34	97	49	15	56	33	**100**	100	100
04078	いり大豆　黄大豆	54	90	66	48	110	45	15	57	31	**100**	100	100
04028	水煮缶詰　黄大豆	54	92	70	41	110	45	15	55	31	**100**	100	100
04029	きな粉　黄大豆　全粒大豆	55	91	59	33	100	45	15	58	34	**100**	100	100
04030	脱皮大豆	56	92	57	32	100	51	16	59	40	**100**	100	100
04031	ぶどう豆	55	92	70	31	100	51	15	58	32	**100**	100	100
04032	[豆腐・油揚げ類]　木綿豆腐	52	89	72	30	110	48	16	53	30	**100**	100	100
04033	絹ごし豆腐	53	88	72	30	110	51	15	55	31	**100**	100	100
04039	生揚げ	53	89	71	30	110	47	16	56	31	**100**	100	100
04040	油揚げ　生	54	91	69	27	110	47	15	56	30	**100**	100	100
04041	がんもどき	54	90	69	27	110	47	15	56	30	**100**	100	100
04042	凍り豆腐　乾	54	91	71	27	110	45	15	57	29	**100**	100	100
04046	[納豆類]　糸引き納豆	54	89	78	40	100	45	16	59	34	**100**	100	100
04047	挽きわり納豆	53	90	75	34	100	45	15	59	33	**100**	100	100
04051	[その他]　おから　生	52	91	75	37	99	54	16	60	34	**100**	100	100
04052	豆乳　豆乳	51	86	72	30	110	45	16	53	34	**100**	100	100
04053	調製豆乳	52	86	72	31	100	46	15	55	30	**100**	100	100
04054	豆乳飲料・麦芽コーヒー	53	87	70	31	100	46	15	56	31	**100**	100	100
04059	湯葉　生	55	90	71	30	110	44	14	57	30	**100**	100	100
04060	干し　乾	54	89	71	30	110	44	16	56	30	**100**	100	100
04071	■りょくとう　全粒　乾	51	95	84	25	110	42	12	64	35	**100**	100	100

5　種実類

食品番号	食品名	Ile	Leu	Lys	AAS	AAA	Thr	Trp	Val	His	（1~2歳）	（15~17歳）	（18歳以上）
05001	■アーモンド　乾	46	78	35	27	89	35	11	53	30	**67**Lys	74Lys	78Lys
05041	■あまに　乾	54	72	33	36	89	49	20	65	29	**63**Lys	70Lys	73Lys
05005	■カシューナッツ　フライ　味付け	50	86	55	48	91	43	19	64	38	**100**	100	100
05008	■ぎんなん　生	46	80	45	45	75	61	19	64	23	**87**Lys	96Lys	100
05010	■日本ぐり　生	41	68	61	33	74	45	15	54	28	**100**	100	100
05014	■くるみ　いり	48	84	32	41	91	41	15	58	29	**62**Lys	68Lys	71Lys
05017	■ごま　乾	44	79	32	61	93	41	19	57	29	**62**Lys	68Lys	71Lys
05046	■チアシード　乾	44	79	56	62	100	46	16	57	34	**100**	100	100
05026	■ピスタチオ　いり　味付け	52	85	60	39	110	52	17	71	29	**100**	100	100
05038	■ひまわり　乾	54	76	41	51	110	52	17	64	32	**79**Lys	87Lys	91Lys
05039	■ヘーゼルナッツ　いり	45	83	31	40	86	38	17	58	30	**60**Lys	66Lys	69Lys
05031	■マカダミアナッツ　いり　味付け	38	70	45	55	93	43	13	49	28	**87**Lys	96Lys	100
05033	■まつ　いり	48	80	41	56	94	38	11	60	28	**79**Lys	87Lys	91Lys
05034	■らっかせい　大粒種　乾	40	76	42	28	110	35	11	51	29	**81**Lys	89Lys	93Lys
05037	ピーナッツバター	41	78	38	31	100	35	11	52	30	**73**Lys	81Lys	84Lys

6　野菜類

食品番号	食品名	Ile	Leu	Lys	AAS	AAA	Thr	Trp	Val	His	（1~2歳）	（15~17歳）	（18歳以上）
06007	■アスパラガス　若茎　生	41	70	69	33	74	48	14	59	24	**100**	100	100
06010	■いんげんまめ　さやいんげん　若ざや　生	44	70	63	30	86	60	15	63	32	**100**	100	100
06015	■えだまめ　生	52	87	73	34	99	48	15	53	33	**100**	100	100
06020	■えんどう類　さやえんどう　若ざや　生	47	66	72	25	73	59	14	68	24	**100**	100	100

アミノ酸成分表

左表

食品番号	食品名	イソロイシン Ile	ロイシン Leu	リシン Lys	含硫アミノ酸 AAS	芳香族アミノ酸 AAA	トレオニン Thr	トリプトファン Trp	バリン Val	ヒスチジン His	アミノ酸価(1～2歳)	アミノ酸価(15～17歳)	アミノ酸価(18歳以上)
	アミノ酸評点パターン(1～2歳)	**31**	**63**	**52**	**25**	**46**	**27**	**7.4**	**41**	**18**			
	アミノ酸評点パターン(15～17歳)	30	60	47	23	40	24	6.4	40	16			
	アミノ酸評点パターン(18歳以上)	30	59	45	22	38	23	6.0	39	15			
06023	グリンピース 生	51	91	89	25	99	54	11	59	29	**100**	100	100
06032	■オクラ 果実 生	41	67	60	17	54	44	12	54	27	**100**	100	100
06036	■かぶ 根 皮つき 生	48	80	87	36	90	62	17	71	32	**100**	100	100
06046	■日本かぼちゃ 果実 生	48	75	72	47	93	42	18	63	28	**100**	100	100
06048	■西洋かぼちゃ 果実 生	46	81	78	41	100	47	18	58	31	**100**	100	100
06052	■からしな 葉 生	48	88	78	35	99	63	22	69	28	**100**	100	100
06054	■カリフラワー 花序 生	53	85	88	41	95	60	24	75	28	**100**	100	100
06056	■かんぴょう 乾	51	71	61	32	86	46	**7.2**	61	28	**97Trp**	100	100
06061	■キャベツ 結球葉 生	35	**55**	56	29	62	47	12	52	32	**87Leu**	92Leu	93Leu
06065	■きゅうり 果実 生	44	70	59	29	82	41	16	59	28	**100**	100	100
06084	■ごぼう 根 生	38	**46**	58	20	58	38	12	43	17	**73Leu**	77Leu	78Leu
06086	■こまつな 葉 生	51	88	72	**24**	110	66	25	73	29	**96AAS**	100	100
06093	■ししとう 果実 生	46	72	79	41	95	57	17	63	28	**100**	100	100
06099	■しゅんぎく 葉 生	53	93	69	30	110	59	21	70	29	**100**	100	100
06103	■しょうが 根茎 皮なし 生	40	58	**29**	28	77	60	15	55	24	**56Lys**	62Lys	64Lys
06119	■セロリ 葉柄 生	43	64	57	**18**	73	47	15	49	24	**72AAS**	78AAS	82AAS
06124	■そらまめ 未熟豆 生	48	87	80	**23**	95	45	10	55	33	**92AAS**		
06130	■だいこん 葉 生	53	95	79	33	110	64	24	73	29	**100**	100	100
06132	根 皮つき 生	45	**57**	84	30	70	53	12	51	28	**90Leu**	95Leu	97Leu
06149	■たけのこ 若茎 生	35	**62**	61	41	85	47	15	57	24	**98Leu**		
06153	■たまねぎ りん茎 生	21	**38**	66	14	70	29	17	27	24	**60Leu**	63Leu	64Leu
06160	■チンゲンサイ 葉 生	49	81	67	**17**	95	58	23	67	30	**68AAS**	74AAS	77AAS
	とうもろこし類												
06175	スイートコーン 未熟種子 生	41	120	57	52	95	51	11	61	30	**100**	100	100
06182	■トマト類 赤色トマト 果実 生	31	**49**	51	30	65	37	10	35	24	**78Leu**	82Leu	83Leu
06370	ドライトマト	26	42	**32**	26	59	34	8.2	30	19	**62Lys**	68Lys	71Lys
06191	■なす 果実 生	46	72	76	31	88	50	16	62	33	**100**	100	100
06205	■にがうり 果実 生	50	82	90	31	110	57	20	67	30	**100**	100	100
06207	■にら 葉 生	50	86	74	34	100	62	25	64	41	**100**	100	100
06212	■にんじん 根 皮つき 生	46	72	69	32	77	54	16	59	24	**100**	100	100
06223	■にんにく りん茎 生	29	**55**	61	33	73	37	17	48	22	**87Leu**	92Leu	93Leu
06226	■根深ねぎ 葉 軟白 生	38	65	68	34	83	49	14	52	32	**100**	100	100
06227	■葉ねぎ 葉 生	53	91	82	37	100	58	21	65	34	**100**	100	100
06233	■はくさい 結球葉 生	43	71	71	32	78	53	14	61	27	**100**	100	100
06239	■パセリ 葉 生	55	100	74	39	120	63	27	72	30	**100**	100	100
06240	■はつかだいこん 根 生	41	**57**	62	24	73	50	15	71	29	**90Leu**	95Leu	97Leu
06245	■ピーマン類 青ピーマン 果実 生	46	76	76	30	90	59	16	62	30	**100**	100	100
06263	■ブロッコリー 花序 生	44	71	75	30	81	50	19	64	34	**100**	100	100
06267	■ほうれんそう 葉 通年平均 生	50	86	64	41	110	56	25	66	33	**100**	100	100
06287	■もやし類 だいずもやし 生	52	74	68	22	97	49	17	62	44	**100**	100	100
06289	ブラックマッペもやし 生	61	69	46	22	110	47	17	83	44	**88AAS**	96AAS	100
06291	りょくとうもやし 生	56	62	69	16	110	39	15	75	43	**64AAS**	70AAS	73AAS
06305	■らっきょう りん茎 生	33	**53**	83	28	79	34	18	45	29	**84Leu**	88Leu	90Leu
06312	■レタス 土耕栽培 結球葉 生	51	79	68	30	87	60	21	64	24	**100**	100	100
06313	■サラダな 葉 生	52	89	67	32	96	60	21	64	25	**100**	100	100
06317	■れんこん 根茎 生	25	**38**	38	32	61	38	13	34	24	**60Leu**	63Leu	64Leu
06324	■わらび 生わらび 生	45	81	63	30	110	53	17	59	26	**100**	100	100

7 果実類

食品番号	食品名	Ile	Leu	Lys	AAS	AAA	Thr	Trp	Val	His	(1～2歳)	(15～17歳)	(18歳以上)
07006	■アボカド 生	53	91	79	49	95	58	18	69	34	**100**	100	100
07012	■いちご 生	38	65	**51**	42	58	44	13	50	23	**98Lys**		
07015	■いちじく 生	42	63	57	35	52	43	13	57	21	**100**	100	100
07019	■うめ 生	33	**49**	48	**19**	51	30	10	43	26	**76AAS**	82Leu	83Leu
07049	■かき 甘がき 生	61	92	82	56	87	71	24	69	30	**100**	100	100
07027	■うんしゅうみかん じょうのう 普通 生	35	**60**	65	36	56	40	9.7	47	24	**95Leu**		
07030	ストレートジュース	22	**37**	40	28	47	29	7.0	31	15	**59Leu**	62Leu	63Leu
07040	■オレンジ ネーブル 砂じょう 生	32	**53**	60	31	51	36	9.2	44	22	**84Leu**	88Leu	90Leu
07062	■グレープフルーツ 白肉種 砂じょう 生	22	**37**	46	24	38	31	7.8	31	20	**59Leu**	62Leu	63Leu
07093	■なつみかん 砂じょう 生	31	**53**	54	25	49	35	8.6	42	21	**84Leu**	88Leu	90Leu
07142	■ゆず 果皮 生	41	67	67	33	86	45	14	53	30	**100**	100	100

右表

食品番号	食品名	イソロイシン Ile	ロイシン Leu	リシン Lys
	アミノ酸評点パターン(1～2歳)	**31**	**63**	**52**
	アミノ酸評点パターン(15～17歳)	30	60	47
	アミノ酸評点パターン(18歳以上)	30	59	45
07156	■レモン 果汁 生	20	**32**	33
07054	■キウイフルーツ 緑肉種 生	62	75	67
07077	■すいか 赤肉種 生	49	**53**	49
07080	■にほんすもも 生	32	**42**	43
07088	■日本なし 生	31	40	**29**
07097	■パインアップル 生	44	**59**	59
07107	■バナナ 生	49	97	71
07116	■ぶどう 皮なし 生	29	**48**	49
07179	■マンゴー ドライマンゴー	53	88	72
07135	■メロン 露地メロン 緑肉種 生	26	**37**	35
07136	■もも 白肉種 生	25	**40**	40
07184	黄肉種 生	45	**49**	49
07148	■りんご 皮なし 生	39	**59**	52

8 きのこ類

食品番号	食品名	Ile	Leu	Lys
08001	■えのきたけ 生	51	81	76
08006	■きくらげ類 きくらげ 乾	49	96	64
08039	■しいたけ 生しいたけ 菌床栽培 生	53	82	75
08042	原木栽培 生	52	84	75
08013	乾しいたけ 乾	48	80	71
08016	■ぶなしめじ 生	52	81	74
08020	■なめこ 株採り 生	61	96	64
08025	■ひらたけ類 エリンギ 生	56	87	82
08026	ひらたけ 生	53	82	70
08028	■まいたけ 生	49	**57**	72
08031	■マッシュルーム 生	58	88	68
08034	■まつたけ 生	48	83	67

9 藻類

食品番号	食品名	Ile	Leu	Lys
09001	■あおさ 素干し	48	83	57
09002	■あおのり 素干し	46	86	57
09003	■あまのり ほしのり	52	91	63
09017	■こんぶ類 まこんぶ 素干し 乾	38	68	47
09023	つくだ煮	47	74	49
09049	■てんぐさ 粉寒天	100	170	41
09050	■ひじき ほしひじき ステンレス釜 乾	60	100	**42**
09033	■ひとえぐさ つくだ煮	50	78	54
09037	■おきなわもずく 塩蔵 塩抜き	54	99	58
09038	■もずく 塩蔵 塩抜き	53	100	63
09044	■わかめ カットわかめ 乾	58	110	73
09045	湯通し塩蔵わかめ 塩抜き 生	57	100	71
09047	■めかぶわかめ 生	46	86	69

10 魚介類

食品番号	食品名	Ile	Leu	Lys
10002	■あこうだい 生	57	95	120
10003	■あじ類 まあじ 皮つき 生	52	91	110
10393	まるあじ 生	52	91	110
10015	■あなご 生	58	95	110
10018	■あまだい 生	59	96	110
10021	■あゆ 天然 生	49	90	100
10025	養殖 生	50	91	110
10032	■あんこう きも 生	57	96	91
10033	■いかなご 生	56	96	110
10042	■いわし類 うるめいわし 生	56	93	110
10044	かたくちいわし 生	54	91	110
10047	まいわし 生	56	93	110
10396	しらす 生	53	95	100
10055	しらす干し 微乾燥品	53	94	110
10056	半乾燥品	53	94	110
10397	缶詰 アンチョビ	63	97	99

右表

食品番号	食品名	イソロイシン Ile	ロイシン Leu	リシン Lys	含硫アミノ酸 AAS	芳香族アミノ酸 AAA	トレオニン Thr	トリプトファン Trp	バリン Val	ヒスチジン His	アミノ酸価(1~2歳)	アミノ酸価(15~17歳)	アミノ酸価(18歳以上)
	アミノ酸評点パターン(1~2歳)	**31**	**63**	**52**	**25**	**46**	**27**	**7.4**	**41**	**18**			
	アミノ酸評点パターン(15~17歳)	30	60	47	23	40	24	6.4	40	16			
	アミノ酸評点パターン(18歳以上)	30	59	45	22	38	23	6.0	39	15			
10067	うなぎ 養殖 生	44	77	90	43	76	51	9.4	50	42	**100**	100	100
10071	うまづらはぎ 生	60	97	110	51	89	54	14	68	29	**100**	100	100
10079	かさご 生	50	90	110	48	87	58	12	54	26	**100**	100	100
10083	かじき類 くろかじき 生	59	90	100	50	83	55	14	65	98	**100**	100	100
10085	めかじき 生	54	93	110	48	88	58	14	60	69	**100**	100	100
10086	かつお類 かつお 春獲り 生	51	88	100	47	85	56	15	59	120	**100**	100	100
10087	秋獲り 生	53	89	100	47	86	56	15	61	120	**100**	100	100
10091	加工品 かつお節	56	92	100	46	89	56	15	63	88	**100**	100	100
10092	削り節	55	93	100	47	92	60	16	64	75	**100**	100	100
10098	かます 生	58	93	110	57	92	55	13	64	34	**100**	100	100
10100	かれい類 まがれい 生	54	95	110	49	88	58	13	60	29	**100**	100	100
10103	まこがれい 生	48	85	98	46	82	53	12	55	25	**100**	100	100
10107	かわはぎ 生	52	92	110	48	87	58	13	59	28	**100**	100	100
10424	かんぱち 背側 生	56	94	110	49	89	59	14	62	49	**100**	100	100
10109	きす 生	53	93	110	49	88	58	13	59	28	**100**	100	100
10110	きちじ 生	50	92	110	49	89	57	11	55	25	**100**	100	100
10115	ぎんだら 生	52	89	110	48	86	59	12	56	27	**100**	100	100
10116	きんめだい 生	51	90	110	49	89	57	13	57	37	**100**	100	100
10117	ぐち 生	60	96	110	53	92	55	13	66	27	**100**	100	100
10119	こい 養殖 生	50	88	100	46	84	57	12	57	40	**100**	100	100
10124	このしろ 生	59	97	110	50	88	59	14	65	45	**100**	100	100
	さけ・ます類												
10134	しろさけ 生	54	90	100	49	89	60	13	63	53	**100**	100	100
10141	すじこ	72	110	90	50	100	56	12	85	31	**100**	100	100
10144	たいせいようさけ 養殖 皮つき 生	52	89	100	47	89	59	13	61	31	**100**	100	100
10148	にじます 淡水養殖 皮つき 生	48	85	100	49	84	56	12	56	41	**100**	100	100
10154	さば類 まさば 生	54	89	100	51	87	58	13	64	73	**100**	100	100
10404	ごまさば 生	52	90	100	46	88	57	15	60	78	**100**	100	100
10168	よしきりざめ 生	62	96	110	50	90	58	15	60	30	**100**	100	100
10171	さわら 生	56	91	110	49	87	57	13	62	40	**100**	100	100
10173	さんま 皮つき 生	53	89	99	47	87	56	14	60	73	**100**	100	100
10182	ししゃも類 からふとししゃも 生干し 生	58	96	93	51	91	58	16	72	30	**100**	100	100
10192	たい類 まだい 天然 生	58	95	110	49	89	58	13	64	31	**100**	100	100
10193	養殖 皮つき 生	54	92	110	47	89	57	13	61	32	**100**	100	100
10198	たちうお 生	56	92	110	53	89	59	14	62	30	**100**	100	100
10199	たら類 すけとうだら 生	48	88	100	52	88	55	12	58	30	**100**	100	100
10202	たらこ 生	63	110	87	39	99	66	13	69	25	**100**	100	100
10205	まだら 生	50	90	110	51	88	56	12	56	31	**100**	100	100
10213	どじょう 生	55	92	100	46	86	62	12	62	27	**100**	100	100
10215	とびうお 生	59	95	110	52	88	54	14	64	30	**100**	100	100
10218	にしん 生	59	98	110	53	90	55	13	68	31	**100**	100	100
10225	はぜ 生	58	97	110	52	94	55	13	61	29	**100**	100	100
10228	はたはた 生	52	90	100	48	83	56	12	57	26	**100**	100	100
10231	はも 生	58	94	120	50	86	52	13	60	33	**100**	100	100
10235	ひらめ 養殖 皮つき 生	53	91	110	48	88	58	13	61	31	**100**	100	100
10238	ふな 生	58	96	110	49	88	62	13	63	34	**100**	100	100
10241	ぶり 成魚 生	56	90	110	47	89	59	14	63	91	**100**	100	100
10243	はまち 養殖 皮つき 生	52	86	99	44	83	56	14	58	75	**100**	100	100
10246	ほっけ 生	57	96	120	47	90	58	13	63	34	**100**	100	100
10249	ぼら 生	59	95	110	51	85	55	14	65	39	**100**	100	100
	まぐろ類												
10252	きはだ 生	54	89	100	46	84	57	13	60	100	**100**	100	100
10253	くろまぐろ 天然 赤身 生	54	90	100	46	84	55	14	61	110	**100**	100	100
10254	脂身 生	54	88	110	47	86	56	14	63	100	**100**	100	100
10450	養殖 赤身 生	49	89	110	46	86	56	14	62	110	**100**	100	100
10255	びんなが 生	55	92	110	48	89	58	15	65	75	**100**	100	100
10256	みなみまぐろ 赤身 生	57	93	110	48	89	58	16	66	70	**100**	100	100
10257	脂身 生	56	91	110	47	89	58	16	67	72	**100**	100	100
10425	めばち 赤身 生	54	92	110	48	89	56	14	65	78	**100**	100	100
10426	脂身 生	52	89	100	46	87	56	14	62	76	**100**	100	100

左表（食品名は前ページより続く）

含硫アミノ酸 AAS	芳香族アミノ酸 AAA	トレオニン Thr	トリプトファン Trp	バリン Val	ヒスチジン His	アミノ酸価(1~2歳)	アミノ酸価(15~17歳)	アミノ酸価(18歳以上)
25	**46**	**27**	**7.4**	**41**	**18**			
23	40	24	6.4	40	16			
22	38	23	6.0	39	15			
23	40	24	6.9	30	13	51Leu	53Leu	54Leu
65	75	61	18	68	30	**100**	100	100
41	71	35	19	49	34	84Leu	88Leu	90Leu
17	39	34	5.3	37	21	67Leu	70Leu	71Leu
30	32	38	6.4	53	14	56Lys	62Lys	64Lys
74	69	43	17	55	28	94Leu	98Leu	100
41	63	49	14	68	110	**100**	100	100
35	44	48	10	42	36	76Leu	80Leu	81Leu
42	94	55	14	69	37	**100**	100	100
29	44	37	12	44	23	59Leu	62Leu	63Leu
21	36	36	5.8	34	19	63Leu	67Leu	68Leu
26	51	37	8.7	39	23	78Leu	82Leu	83Leu
41	45	40	9.2	45	22	94Leu	98Leu	100
32	120	67	22	66	44	**100**	100	100
34	100	81	26	70	37	**100**	100	100
24	89	66	20	65	29	96AAS	100	100
32	89	67	19	65	28	**100**	100	100
36	81	64	17	59	28	**100**	100	100
26	90	64	12	64	32	**100**	100	100
33	57	78	11	75	35	**100**	100	100
32	98	69	22	70	28	**100**	100	100
26	100	65	19	68	32	**100**	100	100
28	100	73	22	73	35	90Leu	95Leu	97Leu
27	77	66	21	70	30	**100**	100	100
32	92	69	15	60	33	**100**	100	100
44	100	66	20	75	24	**100**	100	100
48	95	64	19	69	22	**100**	100	100
49	89	65	16	81	18	**100**	100	100
41	65	51	12	53	18	90Lys	100	100
29	66	44	6.4	58	22	86Lys	100	100
32	120	42	4.7	120	6.5	36His	41His	43His
47	100	67	21	74	22	81Lys	89Lys	93Lys
25	62	46	4.7	60	24	64Trp	73Trp	78Trp
57	110	64	22	69	22	**100**	100	100
53	110	65	23	70	23	**100**	100	100
46	98	64	23	75	26	**100**	100	100
49	110	62	23	73	25	**100**	100	100
48	87	60	17	69	25	**100**	100	100
50	90	57	12	60	27	**100**	100	100
47	88	57	13	59	47	**100**	100	100
50	88	57	14	60	56	**100**	100	100
50	87	57	13	61	36	**100**	100	100
53	89	57	13	63	26	**100**	100	100
49	87	55	13	57	36	**100**	100	100
49	89	54	14	59	33	**100**	100	100
50	110	63	17	72	32	**100**	100	100
53	90	60	14	64	32	**100**	100	100
47	91	56	14	65	61	**100**	100	100
49	89	57	14	63	60	**100**	100	100
46	90	58	13	64	61	**100**	100	100
47	93	59	14	64	34	**100**	100	100
46	94	60	15	63	31	**100**	100	100
48	95	60	14	63	32	**100**	100	100
51	100	60	19	70	40	**100**	100	100

アミノ酸成分表

食品番号	食品名	イソロイシン Ile	ロイシン Leu	リシン Lys	含硫アミノ酸 AAS	芳香族アミノ酸 AAA	トレオニン Thr	トリプトファン Trp	バリン Val	ヒスチジン His	アミノ酸価(1~2歳)	アミノ酸価(15~17歳)	アミノ酸価(18歳以上)
	アミノ酸評点パターン(1~2歳)	**31**	**63**	**52**	**25**	**46**	**27**	**7.4**	**41**	**18**			
	アミノ酸評点パターン(15~17歳)	30	60	47	23	40	24	6.4	40	16			
	アミノ酸評点パターン(18歳以上)	30	59	45	22	38	23	6.0	39	15			
10268	■むつ 生	53	94	110	49	90	59	14	58	35	**100**	100	100
10271	■めばる 生	58	96	120	53	91	55	13	62	27	**100**	100	100
10272	■メルルーサ 生	58	96	110	53	94	54	13	64	25	**100**	100	100
10276	■わかさぎ 生	54	93	100	54	89	55	12	64	30	**100**	100	100
10279	■貝類 あかがい 生	50	84	83	49	82	57	12	53	26	**100**	100	100
10281	あさり 生	48	81	84	45	86	58	12	54	25	**100**	100	100
10427	あわび くろあわび 生	39	72	60	36	68	52	10	44	16	**89His**		
10292	かき 養殖 生	49	78	85	46	89	59	13	55	28	**100**	100	100
10295	さざえ 生	45	82	64	43	78	49	14	49	18	**100**	100	100
10297	しじみ 生	51	80	91	47	97	70	16	64	30	**100**	100	100
10300	つぶ 生	45	91	76	42	77	53	11	55	25	**100**	100	100
10303	とりがい 斧足 生	55	89	92	52	92	55	12	57	23	**100**	100	100
10305	ばかがい 生	53	84	87	46	87	54	12	51	21	**100**	100	100
10306	はまぐり 生	52	84	89	50	84	54	14	56	29	**100**	100	100
10311	ほたてがい 生	46	79	81	47	75	51	10	49	26	**100**	100	100
10313	貝柱 生	47	87	91	52	77	51	11	46	23	**100**	100	100
10320	■えび類 いせえび 生	49	84	94	22	87	45	11	51	25	**100**	100	100
10321	くるまえび 養殖	43	78	88	41	80	43	11	49	22	**100**	100	100
10328	しばえび 生	53	91	93	51	86	47	13	54	23	**100**	100	100
10415	バナメイえび 養殖	48	86	96	45	88	46	13	53	24	**100**	100	100
10333	■かに類 毛がに 生	49	82	85	44	84	49	12	52	26	**100**	100	100
10335	ずわいがに 生	52	83	89	42	84	49	13	55	28	**100**	100	100
10344	■いか類 こういか 生	52	95	97	46	84	50	11	48	25	**100**	100	100
10417	するめいか 胴 皮つき 生	53	90	91	47	83	54	12	51	33	**100**	100	100
10348	ほたるいか 生	61	94	85	69	100	59	14	64	30	**100**	100	100
10352	やりいか 生	49	86	91	46	81	54	12	48	24	**100**	100	100
10361	■たこ類 まだこ 生	53	88	85	39	81	54	12	54	27	**100**	100	100
10365	■その他 うに 生うに	53	91	81	53	95	58	17	65	36	**100**	100	100
10368	おきあみ 生	61	94	90	48	94	57	14	66	29	**100**	100	100
10371	しゃこ ゆで	57	93	100	45	92	54	12	62	31	**100**	100	100
10372	なまこ 生	41	55	41	31	65	54	9.6	42	14	**78His**	87Lys	91Lys
10379	■水産練り製品 蒸しかまぼこ	58	94	110	46	92	52	13	61	24	**100**	100	100
10388	魚肉ソーセージ	55	90	93	46	80	54	14	60	25	**100**	100	100

11 肉類

食品番号	食品名	イソロイシン Ile	ロイシン Leu	リシン Lys	含硫アミノ酸 AAS	芳香族アミノ酸 AAA	トレオニン Thr	トリプトファン Trp	バリン Val	ヒスチジン His	アミノ酸価(1~2歳)	アミノ酸価(15~17歳)	アミノ酸価(18歳以上)
11003	■うさぎ 肉 赤肉 生	58	94	110	46	90	58	13	62	55	**100**	100	100
	■うし												
11011	[和牛肉] リブロース 脂身つき 生	51	91	98	41	91	53	13	59	40	**100**	100	100
11016	サーロイン 皮下脂肪なし 生	56	94	110	47	88	60	13	59	47	**100**	100	100
11020	もも 皮下脂肪なし 生	56	96	110	45	91	55	15	59	44	**100**	100	100
11037	[乳用肥育牛肉] リブロース 脂身つき 生	50	90	98	41	89	53	13	58	40	**100**	100	100
11041	赤肉 生	54	94	110	44	89	57	14	58	47	**100**	100	100
11042	脂身 生	32	66	63	25	62	38	**5.7**	49	35	**77Trp**	89Trp	95Trp
11044	サーロイン 皮下脂肪なし 生	52	91	100	46	86	55	13	57	46	**100**	100	100
11046	ばら 脂身つき 生	48	87	95	44	83	52	12	55	40	**100**	100	100
11048	もも 皮下脂肪なし 生	54	94	110	44	91	57	14	58	44	**100**	100	100
11059	ヒレ 赤肉 生	55	98	110	45	92	59	15	60	43	**100**	100	100
11254	[交雑牛肉] リブロース 脂身つき 生	51	98	98	45	91	53	13	57	45	**100**	100	100
11260	ばら 脂身つき 生	51	91	100	44	88	52	13	57	40	**100**	100	100
11261	もも 脂身つき 生	52	92	100	44	89	55	14	58	44	**100**	100	100
11267	ヒレ 赤肉 生	55	98	110	45	91	59	15	60	46	**100**	100	100
11067	[輸入牛肉] リブロース 脂身つき 生	53	93	100	44	88	55	13	58	45	**100**	100	100
11076	もも 皮下脂肪なし 生	53	94	110	44	89	55	14	58	46	**100**	100	100
11089	[ひき肉] 生	50	91	98	41	85	54	13	55	42	**100**	100	100
11090	[副生物] 舌 生	51	95	92	42	88	53	13	58	34	**100**	100	100
11091	心臓 生	55	100	94	46	92	55	16	64	32	**100**	100	100
11092	肝臓 生	53	110	92	47	100	55	17	71	34	**100**	100	100
11093	じん臓 生	53	110	84	49	99	55	19	72	34	**100**	100	100
11274	横隔膜 生	51	98	94	42	91	56	14	59	36	**100**	100	100
11109	■うま 肉 赤肉 生	58	96	110	44	89	57	14	60	59	**100**	100	100

食品番号	食品名	イソロイシン Ile	ロイシン Leu	リシン Lys
	アミノ酸評点パターン(1~2歳)	**31**	**63**	**52**
	アミノ酸評点パターン(15~17歳)	30	60	47
	アミノ酸評点パターン(18歳以上)	30	59	45
11110	■くじら 肉 赤肉 生	56	100	120
11275	■しか にほんじか 赤肉 生	52	88	100
	■ぶた			
11123	[大型種肉] ロース 脂身つき 生	53	91	100
11127	赤肉 生	54	94	100
11128	脂身 生	32	65	65
11129	ばら 脂身つき 生	49	88	95
11131	もも 皮下脂肪なし 生	54	94	100
11140	ヒレ 赤肉 生	56	96	110
11150	[中型種肉] ロース 皮下脂肪なし 生	57	94	100
11163	[ひき肉] 生	49	88	96
11164	[副生物] 舌 生	55	97	98
11165	心臓 生	55	100	94
11166	肝臓 生	54	110	89
11167	じん臓 生	53	110	83
11198	[その他] ゼラチン	14	34	42
	■めんよう			
11199	[マトン] ロース 脂身つき 生	52	93	100
11245	皮下脂肪なし 生	50	96	110
11202	[ラム] ロース 脂身つき 生	50	91	98
11246	皮下脂肪なし 生	47	91	110
11203	もも 脂身つき 生	53	95	100
11204	■やぎ 肉 赤肉 生	56	96	110
11247	■かも あひる 肉 皮なし 生	56	97	100
11284	皮 生	33	64	64
11210	■しちめんちょう 肉 皮なし 生	59	94	110
	■にわとり			
11285	[若どり・主品目] 手羽さき 皮つき 生	44	78	84
11286	手羽もと 皮つき 生	50	86	95
11219	むね 皮つき 生	54	92	100
11220	皮なし 生	56	93	100
11221	もも 皮つき 生	51	88	98
11224	皮なし 生	55	93	100
11230	[二次品目] ひき肉 生	52	89	99
11231	[副品目] 心臓 生	56	100	95
11232	肝臓 生	55	100	90
11233	すなぎも 生	51	89	81
11234	皮 むね 生	40	71	75
11235	もも 生	32	62	62
11293	[その他] つくね	53	89	90
11240	■ほろほろちょう 肉 皮なし 生	59	96	110

12 卵類

食品番号	食品名	イソロイシン Ile	ロイシン Leu	リシン Lys
12002	■うずら卵 全卵 生	60	100	85
12004	■鶏卵 全卵 生	58	98	84
12010	卵黄 生	60	100	89
12014	卵白 生	59	96	77

13 乳類

食品番号	食品名	イソロイシン Ile	ロイシン Leu	リシン Lys
13001	■液状乳類 生乳 ジャージー種	57	110	90
13002	ホルスタイン種	62	110	94
13003	普通牛乳	58	110	91
13005	加工乳 低脂肪	56	110	91
13007	乳飲料 コーヒー	57	110	88
13010	■粉乳類 脱脂粉乳	59	110	87
13011	乳児用調製粉乳	68	110	91
13013	■練乳類 加糖練乳	58	110	90
13014	■クリーム類 クリーム 乳脂肪	56	110	89
13016	植物性脂肪	48	110	92
13020	コーヒーホワイトナー 液状 乳脂肪	56	100	87

左表

含硫アミノ酸 AAS	芳香族アミノ酸 AAA	トレオニン Thr	トリプトファン Trp	バリン Val	ヒスチジン His	アミノ酸価(1~2歳)	アミノ酸価(15~17歳)	アミノ酸価(18歳以上)
25	**46**	**27**	**7.4**	**41**	**18**			
23	40	24	6.4	40	16			
22	38	23	6.0	39	15			
42	87	56	14	55	45	**100**	100	100
47	88	58	14	62	53	**100**	100	100
44	86	56	14	58	48	**100**	100	100
45	89	58	14	58	52	**100**	100	100
27	65	39	**5.9**	50	40	**80Trp**	92Trp	98Trp
39	85	53	12	57	41	**100**	100	100
47	90	57	15	60	50	**100**	100	100
46	92	59	16	61	48	**100**	100	100
47	86	57	14	62	59	**100**	100	100
42	84	54	13	55	44	**100**	100	100
48	88	53	16	62	35	**100**	100	100
50	92	55	16	64	31	**100**	100	100
48	100	54	19	70	33	**100**	100	100
9.8	26	23	**0.1**	31	7.8	**1Trp**	2Trp	2Trp
40	88	57	14	57	48	**100**	100	100
47	91	60	15	57	43	**100**	100	100
43	87	56	13	58	43	**100**	100	100
47	91	59	15	59	53	**100**	100	100
44	89	57	15	58	46	**100**	100	100
47	90	57	15	59	49	**100**	100	100
45	92	58	15	59	40	**100**	100	100
30	63	39	**5.6**	45	23	**76Trp**	88Trp	93Trp
46	87	56	14	61	62	**100**	100	100
38	75	48	10	51	39	**100**	100	100
42	82	53	13	56	46	**100**	100	100
45	87	56	15	58	62	**100**	100	100
46	88	57	15	59	61	**100**	100	100
43	84	54	14	55	41	**100**	100	100
45	88	56	15	58	43	**100**	100	100
44	86	55	14	57	49	**100**	100	100
50	94	55	16	67	31	**100**	100	100
48	100	59	17	69	34	**100**	100	100
47	82	52	11	56	26	**100**	100	100
40	66	41	8.6	55	50	**100**	100	100
29	60	39	**5.7**	43	32	**77Trp**	89Trp	95Trp
38	82	53	13	58	41	**100**	100	100
45	88	55	15	62	61	**100**	100	100
71	110	66	16	76	34	**100**	100	100
63	110	56	17	73	30	**100**	100	100
50	100	61	17	69	31	**100**	100	100
71	120	54	18	78	30	**100**	100	100
36	110	52	15	70	31	**100**	100	100
40	98	50	15	76	32	**100**	100	100
36	110	51	16	71	31	**100**	100	100
36	110	51	15	71	31	**100**	100	100
35	110	51	16	71	32	**100**	100	100
36	110	51	14	72	33	**100**	100	100
48	84	65	15	74	28	**100**	100	100
35	98	52	14	72	33	**100**	100	100
41	110	57	14	68	32	**100**	100	100
37	110	54	13	72	34	**100**	100	100
36	110	51	14	71	32	**100**	100	100

右表

食品番号	食品名	イソロイシン Ile	ロイシン Leu	リシン Lys	含硫アミノ酸 AAS	芳香族アミノ酸 AAA	トレオニン Thr	トリプトファン Trp	バリン Val	ヒスチジン His	アミノ酸価(1~2歳)	アミノ酸価(15~17歳)	アミノ酸価(18歳以上)
	アミノ酸評点パターン(1~2歳)	**31**	**63**	**52**	**25**	**46**	**27**	**7.4**	**41**	**18**			
	アミノ酸評点パターン(15~17歳)	30	60	47	23	40	24	6.4	40	16			
	アミノ酸評点パターン(18歳以上)	30	59	45	22	38	23	6.0	39	15			
	■発酵乳・乳酸菌飲料												
13025	ヨーグルト 全脂無糖	62	110	90	39	100	50	15	74	31	**100**	100	100
13053	低脂肪無糖	56	110	89	35	110	52	15	70	32	**100**	100	100
13054	無脂肪無糖	60	110	92	36	100	56	16	71	31	**100**	100	100
13026	脱脂加糖	55	100	88	34	100	54	14	69	31	**100**	100	100
13027	ドリンクタイプ 加糖	57	110	91	35	110	52	15	71	32	**100**	100	100
13028	乳酸菌飲料 乳製品	62	110	84	41	98	50	13	75	32	**100**	100	100
	■チーズ類												
13033	ナチュラルチーズ カテージ	56	110	89	33	120	49	14	71	33	**100**	100	100
13034	カマンベール	55	100	85	33	120	46	14	72	34	**100**	100	100
13035	クリーム	57	110	90	35	110	51	14	73	33	**100**	100	100
13037	チェダー	56	110	89	38	120	41	14	75	33	**100**	100	100
13055	マスカルポーネ	57	110	90	37	120	51	15	73	33	**100**	100	100
13040	プロセスチーズ	59	110	90	33	120	44	14	75	34	**100**	100	100
	■アイスクリーム類												
13042	アイスクリーム 高脂肪	58	110	90	39	100	53	14	73	33	**100**	100	100
13045	ラクトアイス 普通脂肪	64	110	92	40	90	53	13	77	32	**100**	100	100
13048	■カゼイン	60	100	86	37	120	44	14	75	33	**100**	100	100
13051	■人乳	63	120	79	47	100	55	18	69	31	**100**	100	100
14 油脂類													
14017	■バター類 無発酵バター 有塩バター	56	110	88	40	110	56	14	72	34	**100**	100	100
	■マーガリン類												
14020	マーガリン 家庭用 有塩	58	110	88	37	110	53	9.8	71	33	**100**	100	100
14021	ファットスプレッド	65	110	94	34	97	71	12	72	32	**100**	100	100
15 菓子類													
15125	■揚げパン	44	81	**27**	42	95	35	12	52	27	**52Lys**	57Lys	60Lys
15127	■カレーパン 皮及び具	(45)	(80)	**(34)**	(37)	(91)	(38)	(12)	(52)	(29)	**65Lys**	72Lys	76Lys
15132	■メロンパン	45	82	**30**	47	95	34	11	56	27	**58Lys**	64Lys	67Lys
15097	■ビスケット ハードビスケット	49	88	**19**	46	89	35	11	56	27	**37Lys**	40Lys	42Lys
16 し好飲料類													
16001	■清酒 普通酒	43	69	**39**	27	95	45	**4.0**	66	34	**54Trp**	63Trp	67Trp
16006	■ビール 淡色	30	**42**	38	41	84	38	17	53	36	**67Leu**	70Leu	71Leu
16025	■みりん 本みりん	49	89	41	**12**	110	47	6.4	74	30	**48AAS**	52AAS	55AAS
16035	■抹茶 茶	49	91	76	40	98	52	21	63	31	**100**	100	100
16048	■ココア ピュアココア	45	78	**46**	45	110	56	19	71	25	**88Lys**	98Lys	100
16056	■青汁 ケール	51	96	65	39	100	61	22	70	32	**100**	100	100
17 調味料・香辛料類													
17002	■ウスターソース類 中濃ソース	34	48	46	18	60	40	**3.1**	48	26	**42Trp**	48Trp	52Trp
17007	■しょうゆ類 こいくちしょうゆ	62	91	69	26	70	53	**2.9**	67	27	**39Trp**	45Trp	48Trp
17008	うすくちしょうゆ	60	88	66	30	66	51	**2.7**	66	29	**36Trp**	42Trp	45Trp
17009	たまりしょうゆ	50	66	72	23	59	54	**2.5**	62	27	**34Trp**	39Trp	42Trp
17093	■だし類 顆粒中華だし	16	30	33	13	28	21	**2.5**	24	22	**34Trp**	39Trp	42Trp
17107	■調味ソース類 魚醤油 ナンプラー	45	**59**	120	38	52	69	9.1	74	44	**94Leu**	98Leu	100
	■ドレッシング類												
17118	マヨネーズタイプ調味料 低カロリータイプ	32	**52**	45	30	57	31	8.4	40	16	**83Leu**	87Leu	88Leu
17044	■みそ類 米みそ 甘みそ	54	95	58	31	110	49	14	62	33	**100**	100	100
17045	淡色辛みそ	58	93	68	30	110	49	13	64	33	**100**	100	100
17046	赤色辛みそ	60	96	62	34	110	50	14	65	33	**100**	100	100
17047	麦みそ	55	91	**51**	34	100	49	13	62	29	**98Lys**	100	100
17048	豆みそ	56	90	56	28	100	49	9.1	61	33	**100**	100	100
17119	減塩みそ	56	90	67	33	100	51	11	64	31	**100**	100	100
18 調味料・香辛料類													
18007	■コロッケ ポテトコロッケ 冷凍	47	76	57	40	81	39	13	59	24	**100**	100	100
18002	■ぎょうざ	47	79	57	39	79	40	12	54	27	**100**	100	100
18012	■しゅうまい	50	84	74	39	80	44	12	56	33	**100**	100	100

日本人の食事摂取基準 (2020年版 2020年4月〜2025年3月)

※摂取量平均値は「令和元年国民健康・栄養調査」より15〜19歳を抜粋

■ 食事摂取基準とは

　日本人の食事摂取基準は、健康な個人並びに集団を対象とし、エネルギー摂取の過不足を防ぐこと、栄養素の摂取不足を防ぐことを基本としている。また、生活習慣病の予防も目的とする。サプリメントなど、特定の成分を高濃度に含有する食品を摂取している場合には、過剰摂取による健康障害を防ぐことにも配慮する。なお、2020年版では、高齢者の低栄養予防などの観点から、年齢区分が細分化された。

■ エネルギーの指標

　エネルギーの摂取量－消費量によって、エネルギー収支バランスがわかる。そのため2015年版の食事摂取基準から、エネルギー収支バランスの維持を示す指標としてBMI (➔p.103) が採用されている。実際には、エネルギー摂取の過不足について体重の変化を測定して評価する。また測定されたBMIの値が、目標とする範囲におさまっているかどうかも考慮し、総合的に判断する。

　なお、エネルギー必要量の概念＊は重要であること、目標とするBMIの提示が成人に限られていることなどから、推定エネルギー必要量が参考として示されている。

＊エネルギー必要量は、WHOの定義に従い、「ある身長・体重と体組織の個人が、長期間に良好な健康状態を維持する身体活動レベルの時、エネルギー消費量との均衡が取れるエネルギー摂取量」と定義する。

■ 目標とするBMIの範囲 (18歳以上)

年齢 (歳)	目標とするBMI (kg／m²)
18〜49	18.5〜24.9
50〜64	20.0〜24.9
65〜74	21.5〜24.9
75以上	21.5〜24.9

$$BMI* = \frac{体重 (kg)}{身長 (m) \times 身長 (m)}$$

※BMIは、あくまでも健康を維持し、生活習慣病の発症予防を行うための要素の一つとして扱うに留める。また、個人差が存在することにも注意する。

参考資料

■ 推定エネルギー必要量

　成人では、推定エネルギー必要量を以下の方法で算出する。

> 推定エネルギー必要量 (kcal/日)
> ＝基礎代謝量(kcal/日)×
> 　身体活動レベル

　基礎代謝量とは、覚醒状態で必要な最小限のエネルギーであり、早朝空腹時に快適な室内 (室温など) において測定される。
　身体活動レベルは、健康な日本人の成人で測定したエネルギー消費量と推定基礎代謝量から求めたものである。
　なお、小児、乳児、及び妊婦、授乳婦では、これに成長や妊娠継続、授乳に必要なエネルギー量を付加量として加える。

■ 推定エネルギー必要量 (kcal／日)

性別	男性			女性		
身体活動レベル	I	II	III	I	II	III
0〜5 (月)	-	550	-	-	500	-
6〜8 (月)	-	650	-	-	600	-
9〜11 (月)	-	700	-	-	650	-
1〜2 (歳)	-	950	-	-	900	-
3〜5 (歳)	-	1,300	-	-	1,250	-
6〜7 (歳)	1,350	1,550	1,750	1,250	1,450	1,650
8〜9 (歳)	1,600	1,850	2,100	1,500	1,700	1,900
10〜11 (歳)	1,950	2,250	2,500	1,850	2,100	2,350
12〜14 (歳)	2,300	2,600	2,900	2,150	2,400	2,700
15〜17 (歳)	2,500	2,800	3,150	2,050	2,300	2,550
18〜29 (歳)	2,300	2,650	3,050	1,700	2,000	2,300
30〜49 (歳)	2,300	2,700	3,050	1,750	2,050	2,350
50〜64 (歳)	2,200	2,600	2,950	1,650	1,950	2,250
65〜74 (歳)	2,050	2,400	2,750	1,550	1,850	2,100
75歳以上	1,800	2,100	-	1,400	1,650	-
妊婦 (付加量) 初期				(+50)	(+50)	(+50)
中期				(+250)	(+250)	(+250)
後期				(+450)	(+450)	(+450)
授乳婦 (付加量)				(+350)	(+350)	(+350)
摂取量平均値	2,515			1,896		

■ 基礎代謝量 (kcal／日)

性別	男性	女性
年齢 (歳)	基礎代謝量 (kcal／日)	基礎代謝量 (kcal／日)
1〜2	700	660
3〜5	900	840
6〜7	980	920
8〜9	1,140	1,050
10〜11	1,330	1,260
12〜14	1,520	1,410
15〜17	1,610	1,310
18〜29	1,530	1,110
30〜49	1,530	1,160
50〜64	1,480	1,110
65〜74	1,400	1,080
75以上	1,280	1,010

※身体活動レベルIの場合、少ないエネルギー消費量に見合った少ないエネルギー摂取量を維持することになるため、健康の保持・増進の観点からは、身体活動量を増加させる必要がある。

■ 身体活動レベル別に見た活動内容と活動時間の代表例

＊代表値。( ) 内はおよその範囲。

身体活動レベル＊	低い (I) 1.50 (1.40〜1.60)	ふつう (II) 1.75 (1.60〜1.90)	高い (III) 2.00 (1.90〜2.20)
日常生活の内容	生活の大部分が座位で、静的な活動が中心の場合	座位中心の仕事だが、職場内での移動や立位での作業・接客等、通勤・買い物での歩行、家事、軽いスポーツ、のいずれかを含む場合	移動や立位の多い仕事への従事者、あるいは、スポーツ等余暇における活発な運動習慣を持っている場合
中程度の強度 (3.0〜5.9メッツ) の身体活動の1日当たりの合計時間 (時間／日)	1.65	2.06	2.53
仕事での1日当たりの合計歩行時間 (時間／日)	0.25	0.54	1.00

■ 栄養素の指標

栄養素については、次の5種類の指標がある。

推定平均必要量	ある対象集団に属する50%の人が必要量を満たすと推定される摂取量。
推奨量	ある対象集団に属するほとんどの人（97〜98%）が充足している量。推奨量は、推定平均必要量があたえられる栄養素に対して設定される。
目安量	特定の集団における、ある一定の栄養状態を維持するのに十分な量。十分な科学的根拠が得られず「推定平均必要量」が算定できない場合に算定する。
耐容上限量	健康障害をもたらすリスクがないとみなされる習慣的な摂取量の上限量。これを超えて摂取すると、過剰摂取によって生じる潜在的な健康障害のリスクが高まると考えられる。
目標量	生活習慣病の予防を目的として、特定の集団において、その疾患のリスクや、その代理指標となる値が低くなると考えられる栄養状態が達成できる量。現在の日本人が当面の目標とすべき摂取量として設定する。

■ 食事摂取基準の各指標を理解するための概念

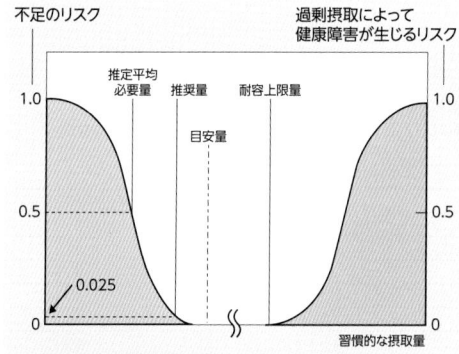

※推定平均必要量では不足のリスクが0.5（50%）あり、推奨量では0.02〜0.03（中間値として0.025）（2〜3%または2.5%）あることを示している。

※目標量については、ここに示す概念や方法とは異なる性質のものであるため、ここには図示できない。

■ 炭水化物の食事摂取基準
(% エネルギー：総エネルギーに占める割合)

性別	男性	女性
年齢等（歳）	目標量	目標量
0〜5（月）	-	-
6〜11（月）	-	-
1〜2	50〜65	50〜65
3〜5	50〜65	50〜65
6〜7	50〜65	50〜65
8〜9	50〜65	50〜65
10〜11	50〜65	50〜65
12〜14	50〜65	50〜65
15〜17	50〜65	50〜65
18〜29	50〜65	50〜65
30〜49	50〜65	50〜65
50〜64	50〜65	50〜65
65〜74	50〜65	50〜65
75以上	50〜65	50〜65
妊婦		50〜65
授乳婦		50〜65
摂取量平均値	56.0	53.6

■ 食物繊維の食事摂取基準
(g ／日)

性別	男性	女性
年齢等（歳）	目標量	目標量
0〜5（月）	-	-
6〜11（月）	-	-
1〜2	-	-
3〜5	8以上	8以上
6〜7	10以上	10以上
8〜9	11以上	11以上
10〜11	13以上	13以上
12〜14	17以上	17以上
15〜17	19以上	18以上
18〜29	21以上	18以上
30〜49	21以上	18以上
50〜64	21以上	18以上
65〜74	20以上	17以上
75以上	20以上	17以上
妊婦		18以上
授乳婦		18以上
摂取量平均値	20.0	17.0

■ 脂質の食事摂取基準
(% エネルギー：総エネルギーに占める割合)

性別	男性		女性	
年齢等（歳）	目標量	目安量	目標量	目安量
0〜5（月）	-	50	-	50
6〜11（月）	-	40	-	40
1〜2	20〜30	-	20〜30	-
3〜5	20〜30	-	20〜30	-
6〜7	20〜30	-	20〜30	-
8〜9	20〜30	-	20〜30	-
10〜11	20〜30	-	20〜30	-
12〜14	20〜30	-	20〜30	-
15〜17	20〜30	-	20〜30	-
18〜29	20〜30	-	20〜30	-
30〜49	20〜30	-	20〜30	-
50〜64	20〜30	-	20〜30	-
65〜74	20〜30	-	20〜30	-
75以上	20〜30	-	20〜30	-
妊婦			20〜30	-
授乳婦			20〜30	-
摂取量平均値	29.8		31.3	

■ たんぱく質の食事摂取基準 (g ／日)

※乳児の目安量は、母乳栄養児の値である。

性別	男性		女性	
年齢等（歳）	推奨量	目安量	推奨量	目安量
0〜5（月）	-	10	-	10
6〜8（月）	-	15	-	15
9〜11（月）	-	25	-	25
1〜2	20		20	
3〜5	25		25	
6〜7	30		30	
8〜9	40		40	
10〜11	45		50	
12〜14	60		55	
15〜17	65		55	
18〜29	65		50	
30〜49	65		50	
50〜64	65		50	
65〜74	60		50	
75以上	60		50	
妊婦（付加量） 初期			(+0)	
中期			(+5)	-
後期			(+25)	
授乳婦（付加量）			(+20)	-
摂取量平均値	88.7		71.8	

● 飽和脂肪酸の目標量　男女とも3〜14歳で10%以下、15〜17歳で8%以下、18歳以上と妊婦・授乳婦で7%以下

■ ミネラル摂取基準 ■は多量ミネラル、■は微量ミネラル

※妊婦・授乳婦の（＋数値）は付加量を示す
摂取量平均値は「令和元年国民健康・栄養調査」より15～19歳を抜粋

年齢等（歳）	カルシウム (mg／日)❶		リン (mg／日)❷		カリウム (mg／日)		ナトリウム (食塩相当量g／日)❸	
	推奨量		目安量		目安量		目標量	
	男性	女性	男性	女性	男性	女性	男性	女性
0～5（月）	200	200	120	120	400	400	0.3	0.3
6～11（月）	250	250	260	260	700	700	1.5	1.5
1～2	450	400	500	500	900	900	3.0未満	3.0未満
3～5	600	550	700	700	1,000	1,000	3.5未満	3.5未満
6～7	600	550	900	800	1,300	1,200	4.5未満	4.5未満
8～9	650	750	1,000	1,000	1,500	1,500	5.0未満	5.0未満
10～11	700	750	1,100	1,000	1,800	1,800	6.0未満	6.0未満
12～14	1,000	800	1,200	1,000	2,300	1,900	7.0未満	6.5未満
15～17	800	650	1,200	900	2,700	2,000	7.5未満	6.5未満
18～29	800	650	1,000	800	2,500	2,000	7.5未満	6.5未満
30～49	750	650	1,000	800	2,500	2,000	7.5未満	6.5未満
50～64	750	650	1,000	800	2,500	2,000	7.5未満	6.5未満
65～74	750	650	1,000	800	2,500	2,000	7.5未満	6.5未満
75以上	700	600	1,000	800	2,500	2,000	7.5未満	6.5未満
妊婦（付加量）		+0		800		2,000		6.5未満
授乳婦（付加量）		+0		800		2,200		6.5未満
摂取量平均値	504	454	1,181	985	2,280	2,060	10.4	8.8

❶1. カルシウムの耐容上限量は18歳以上男女ともに2,500mg／日。 2. 0～11（月）児の値は男女ともに目安量。　❷リンの耐容上限量は18歳以上男女ともに3,000mg／日。　❸1. ナトリウムの0～11（月）児の値は男女ともに目安量。 2. 18歳以上男女のナトリウムの推定平均必要量は600mg／日（食塩相当量1.5g／日）。

年齢等（歳）	マグネシウム (mg／日)❹		鉄 (mg／日)❺				
	推奨量		推奨量			耐容上限量	
	男性	女性	男性	女性月経なし	女性月経あり	男性	女性
0～5（月）	20	20	0.5	0.5	-	-	-
6～11（月）	60	60	5.0	4.5	-	-	-
1～2	70	70	4.5	4.5	-	25	20
3～5	100	100	5.5	5.5	-	25	25
6～7	130	130	5.5	5.5	-	30	30
8～9	170	160	7.0	7.5	-	35	35
10～11	210	220	8.5	8.5	12.0	35	35
12～14	290	290	10.0	8.5	12.0	40	40
15～17	360	310	10.0	7.0	10.5	50	40
18～29	340	270	7.5	6.5	10.5	50	40
30～49	370	290	7.5	6.5	10.5	50	40
50～64	370	290	7.5	6.5	11.0	50	40
65～74	350	280	7.5	6.0	-	50	40
75以上	320	260	7.0	6.0	-	50	40
妊婦（付加量）初期		(+40)		(+2.5)	-		-
中期・後期				(+9.5)			
授乳婦（付加量）		(+0)		(+2.5)	-		-
摂取量平均値	239	213	7.9	7.0	-	-	-

❹1. 通常の食品以外からのマグネシウム摂取量の耐容上限量は成人の場合350mg／日、小児では5mg／kg体重／日とする。通常の食品からの摂取の場合、耐容上限量は設定しない。 2. 0～11（月）児の値は男女ともに目安量。　❺推奨量の表にある0～5（月）児の値は男女ともに目安量。

年齢等（歳）	亜鉛 (mg／日)❻				銅 (mg／日)❼		マンガン (mg／日)❽		ヨウ素 (µg／日)❾			
	推奨量		耐容上限量		推奨量		目安量		推奨量		耐容上限量	
	男性	女性	男性	女性	男性	女性	男性	女性	男性	女性	男性	女性
0～5（月）	2	2	-	-	0.3	0.3	0.01	0.01	100	100	250	250
6～11（月）	3	3	-	-	0.3	0.3	0.5	0.5	130	130	250	250
1～2	3	3	-	-	0.3	0.3	1.5	1.5	50	50	300	300
3～5	4	3	-	-	0.4	0.3	1.5	1.5	60	60	400	400
6～7	5	4	-	-	0.4	0.4	2.0	2.0	75	75	550	550
8～9	6	5	-	-	0.5	0.5	2.5	2.5	90	90	700	700
10～11	7	6	-	-	0.6	0.6	3.0	3.0	110	110	900	900
12～14	10	8	-	-	0.8	0.8	4.0	4.0	140	140	2,000	2,000
15～17	12	8	-	-	0.9	0.7	4.5	3.5	140	140	3,000	3,000
18～29	11	8	40	35	0.9	0.7	4.0	3.5	130	130	3,000	3,000
30～49	11	8	45	35	0.9	0.7	4.0	3.5	130	130	3,000	3,000
50～64	11	8	45	35	0.9	0.7	4.0	3.5	130	130	3,000	3,000
65～74	11	8	40	35	0.9	0.7	4.0	3.5	130	130	3,000	3,000
75以上	10	8	40	30	0.8	0.7	4.0	3.5	130	130	3,000	3,000
妊婦（付加量）		(+2)		-		(+0.1)		3.5		(+110)		-
授乳婦（付加量）		(+4)		-		(+0.6)		3.5		(+140)		-
摂取量平均値	11.4	8.6			1.29	1.05						

❻亜鉛の推奨量の表にある0～11（月）児の値は男女ともに目安量。　❼1. 銅の耐容上限量は18歳以上男女ともに7mg／日。 2. 0～11（月）児の値は男女ともに目安量。　❽マンガンの耐容上限量は18歳以上男女ともに11mg／日。　❾1. 妊婦及び授乳婦のヨウ素の耐容上限量は2,000µg／日。 2. 推奨量の表にある0～11（月）児の値は男女ともに目安量。

年齢等 (歳)	セレン (μg／日)⑩				モリブデン (μg／日)⑪				クロム (μg／日)	
	推奨量		耐容上限量		推奨量		耐容上限量		目安量	
	男性	女性	男性	女性	男性	女性	男性	女性	男性	女性
0～5 (月)	15	15	-	-	2	2	-	-	0.8	0.8
6～11 (月)	15	15	-	-	5	5	-	-	1.0	1.0
1～2	10	10	100	100	10	10	-	-	-	-
3～5	15	10	100	100	10	10	-	-	-	-
6～7	15	15	150	150	15	15	-	-	-	-
8～9	20	20	200	200	20	15	-	-	-	-
10～11	25	25	250	250	20	20	-	-	-	-
12～14	30	30	350	300	25	25	-	-	-	-
15～17	35	25	400	350	30	25	-	-	-	-
18～29	30	25	450	350	30	25	600	500	10	10
30～49	30	25	450	350	30	25	600	500	10	10
50～64	30	25	450	350	30	25	600	500	10	10
65～74	30	25	450	350	30	25	600	500	10	10
75以上	30	25	400	350	30	25	600	500	10	10
妊婦 (付加量)		(+5)		-		(+0)		-		10
授乳婦 (付加量)		(+20)		-		(+3)		-		10
摂取量平均値										

⑩セレンの推奨量の表にある0～11 (月) 児の値は男女ともに目安量。　⑪モリブデンの推奨量の表にある0～11 (月) 児の値は男女ともに目安量。

■ ビタミン摂取基準 　■は脂溶性ビタミン、■は水溶性ビタミン

※妊婦・授乳婦の (＋数値) は付加量を示す
摂取量平均値は「令和元年国民健康・栄養調査」より15～19歳を抜粋

年齢 (歳)	ビタミンA (μgRAE／日)❶				ビタミンD (μg／日)❷			
	推奨量		耐容上限量		目安量		耐容上限量	
	男性	女性	男性	女性	男性	女性	男性	女性
0～5 (月)	300	300	600	600	5.0	5.0	25	25
6～11 (月)	400	400	600	600	5.0	5.0	25	25
1～2	400	350	600	600	3.0	3.5	20	20
3～5	450	500	700	850	3.5	4.0	30	30
6～7	400	400	950	1,200	4.5	5.0	30	30
8～9	500	500	1,200	1,500	5.0	6.0	40	40
10～11	600	600	1,500	1,900	6.5	8.0	60	60
12～14	800	700	2,100	2,500	8.0	9.5	80	80
15～17	900	650	2,500	2,800	9.0	8.5	90	90
18～29	850	650	2,700	2,700	8.5	8.5	100	100
30～49	900	700	2,700	2,700	8.5	8.5	100	100
50～64	900	700	2,700	2,700	8.5	8.5	100	100
65～74	850	700	2,700	2,700	8.5	8.5	100	100
75以上	800	650	2,700	2,700	8.5	8.5	100	100
妊婦 (付加量) 初期		(+0)		-		8.5		
中期		(+0)						
後期		(+80)						
授乳婦 (付加量)		(+450)		-		8.5		
摂取量平均値	529	446	-	-	5.9	5.3	-	-

❶1. レチノール活性当量 (μgRAE) ＝レチノール (μg) ＋β-カロテン (μg) ×1/12＋α-カロテン (μg) ×1/24＋β-クリプトキサンチン (μg) ×1/24＋その他のプロビタミンAカロテノイド (μg) ×1/24 2. ビタミンAの耐容上限量はプロビタミンAカロテノイドを含まない数値。 3. 推奨量の表にある0～11 (月) 児の値は男女ともに目安量 (プロビタミンAカロテノイドを含まない)。　❷日照により皮膚でビタミンDが産生されることを踏まえ、フレイル予防を図る者はもとより、全年齢区分を通じて、日常生活において可能な範囲での適度な日光浴を心掛けるとともに、ビタミンDの摂取については、日照時間を考慮に入れることが重要である。

年齢 (歳)	ビタミンE (mg／日)❸				ビタミンK (μg／日)		ビタミンB₁ (mg／日)❹		ビタミンB₂ (mg／日)❺	
	目安量		耐容上限量		目安量		推奨量		推奨量	
	男性	女性	男性	女性	男性	女性	男性	女性	男性	女性
0～5 (月)	3.0	3.0	-	-	4	4	0.1	0.1	0.3	0.3
6～11 (月)	4.0	4.0	-	-	7	7	0.2	0.2	0.4	0.4
1～2	3.0	3.0	150	150	50	60	0.5	0.5	0.6	0.5
3～5	4.0	4.0	200	200	60	70	0.7	0.7	0.8	0.8
6～7	5.0	5.0	300	300	80	90	0.8	0.8	0.9	0.9
8～9	5.0	5.0	350	350	90	110	1.0	0.9	1.1	1.0
10～11	5.5	5.5	450	450	110	140	1.2	1.1	1.4	1.3
12～14	6.5	6.0	650	600	140	170	1.4	1.3	1.6	1.4
15～17	7.0	5.5	750	650	160	150	1.5	1.2	1.7	1.4
18～29	6.0	5.0	850	650	150	150	1.4	1.1	1.6	1.2
30～49	6.0	5.5	900	700	150	150	1.4	1.1	1.6	1.2
50～64	7.0	6.0	850	700	150	150	1.3	1.1	1.5	1.2
65～74	7.0	6.5	850	650	150	150	1.3	1.1	1.5	1.2
75以上	6.5	6.5	750	650	150	150	1.2	0.9	1.3	1.0
妊婦 (付加量)		6.5		-		150		(+0.2)		(+0.3)
授乳婦 (付加量)		7.0		-		150		(+0.2)		(+0.6)
摂取量平均値	7.3	6.6	-	-	237	215	1.17	0.98	1.32	1.11

❸ビタミンEは、α-トコフェロールについて算定。α-トコフェロール以外のビタミンEは含んでいない。　❹❺1. ビタミンB₁はチアミン塩化物塩酸塩(分子量＝337.3) の重量。 2. ビタミンB₁、B₂は、身体活動レベルⅡの推定エネルギー必要量を用いて算定。 3. 0～11 (月) 児の値は男女ともに目安量。

食事摂取基準と4つの食品群

年齢(歳)	ナイアシン (mgNE／日) ❻				ビタミンB6 (mg／日) ❼				ビタミンB12 (μg／日) ❽	
	推奨量		耐容上限量		推奨量		耐容上限量		推奨量	
	男性	女性	男性	女性	男性	女性	男性	女性	男性	女性
0～5(月)	2	2	-	-	0.2	0.2	-	-	0.4	0.4
6～11(月)	3	3	-	-	0.3	0.3	-	-	0.5	0.5
1～2	6	5	60 (15)	60 (15)	0.5	0.5	10	10	0.9	0.9
3～5	8	7	80 (20)	80 (20)	0.6	0.6	15	15	1.1	1.1
6～7	9	8	100 (30)	100 (30)	0.8	0.7	20	20	1.3	1.3
8～9	11	10	150 (35)	150 (35)	0.9	0.9	25	25	1.6	1.6
10～11	13	10	200 (45)	150 (45)	1.1	1.1	30	30	1.9	1.9
12～14	15	14	250 (60)	250 (60)	1.4	1.3	40	40	2.4	2.4
15～17	17	13	300 (70)	250 (65)	1.5	1.3	50	45	2.4	2.4
18～29	15	11	300 (80)	250 (65)	1.4	1.1	55	45	2.4	2.4
30～49	15	12	350 (85)	250 (65)	1.4	1.1	60	45	2.4	2.4
50～64	14	11	350 (85)	250 (65)	1.4	1.1	55	45	2.4	2.4
65～74	14	11	300 (80)	250 (65)	1.4	1.1	50	40	2.4	2.4
75以上	13	10	300 (75)	250 (60)	1.4	1.1	50	40	2.4	2.4
妊婦(付加量)		(+0)		-		(+0.2)		-		(+0.4)
授乳婦(付加量)		(+3)		-		(+0.3)		-		(+0.8)
摂取量平均値	-	-			1.31	1.09			4.9	4.4

❻1. NE＝ナイアシン当量＝ナイアシン+1/60トリプトファン　2. ナイアシンは、身体活動レベルⅡの推定エネルギー必要量を用いて算定。　3. 耐容上限量は、ニコチンアミドのmg量、( )内はニコチン酸のmg量。参照体重を用いて算定。　4. 推奨量の表にある0～11(月)児の値は男女ともに目安量(0～5(月)児の単位はmg／日)。　❼1. ビタミンB6は、たんぱく質食事摂取基準の推奨量を用いて算定(妊婦・授乳婦の付加量は除く)。　2. ピリドキシン(分子量=169.2)の重量。　3. 推奨量の表にある0～11(月)児の値は男女ともに目安量。　❽1. ビタミンB12の0～11(月)児の値は男女ともに目安量。　2. シアノコバラミン(分子量=1,355.37)の重量。

年齢(歳)	葉酸 (μg／日) ❾				パントテン酸 (mg／日)		ビオチン (μg／日)		ビタミンC (mg／日) ❿	
	推奨量		耐容上限量		目安量		目安量		推奨量	
	男性	女性	男性	女性	男性	女性	男性	女性	男性	女性
0～5(月)	40	40	-	-	4	4	4	4	40	40
6～11(月)	60	60	-	-	5	5	5	5	40	40
1～2	90	90	200	200	3	4	20	20	40	40
3～5	110	110	300	300	4	4	20	20	50	50
6～7	140	140	400	400	5	5	30	30	60	60
8～9	160	160	500	500	6	5	30	30	70	70
10～11	190	190	700	700	6	6	40	40	85	85
12～14	240	240	900	900	7	6	50	50	100	100
15～17	240	240	900	900	7	6	50	50	100	100
18～29	240	240	900	900	5	5	50	50	100	100
30～49	240	240	1,000	1,000	5	5	50	50	100	100
50～64	240	240	1,000	1,000	6	5	50	50	100	100
65～74	240	240	900	900	6	5	50	50	100	100
75以上	240	240	900	900	6	5	50	50	100	100
妊婦(付加量)		(+240)		-		5		50		(+10)
授乳婦(付加量)		(+100)		-		6		50		(+45)
摂取量平均値	260	245	-	-	6.85	5.60	-	-	75	81

❾1. プテロイルモノグルタミン酸(分子量=441.40)の重量。　2. 耐容上限量は、通常の食品以外の食品に含まれる葉酸(狭義の葉酸)に適用する。　3. 妊娠を計画している女性、妊娠の可能性がある女性及び妊娠初期の妊婦は、胎児の神経管閉鎖障害のリスクの低減のために、通常の食品以外の食品に含まれる葉酸(狭義の葉酸)を400μg／日摂取することが望まれる。　4. 推奨量の表にある0～11(月)児の値は男女ともに目安量。　❿1. L-アスコルビン酸(分子量=176.12)の重量。　2. ビタミンCの0～11(月)児の値は男女ともに目安量。

■ 食品群の種類

食品群とは、日常の食生活でだれもが簡単に栄養的な食事をつくれるように考案されたものである。食事摂取基準の値を十分に満たすために、すべての食品を栄養成分の類似しているものに分類して食品群をつくり、食品群ごとに摂取量を決め、献立作成に役立つようにしている。p.325で扱っている4つの食品群以外に、3色食品群と6つの食品群がある。

■ 3色食品群

含有栄養素の働きの特徴から、食品を赤、黄、緑の3つの群に分けた。簡単でわかりやすいので、低年齢層や食生活に関心の薄い階層によびかけができたが、量的配慮がないのが欠点である。

■ 6つの食品群

バランスのとれた栄養に重点をおき、含まれる栄養素の種類によって食品を6つに分け、毎日とるべき栄養素と食品の組み合わせを示している。

3色食品群	色	赤	緑	黄
	食品	魚介・肉・豆類・乳・卵	野菜・海藻・くだもの	穀類・砂糖・油脂・いも類
	主な栄養素	たんぱく質・脂質・ビタミンB2・カルシウム	カロテン・ビタミンC・カルシウム・ヨウ素	糖質・脂質・ビタミンA・B1・D
	主な働き	血や肉や骨・歯をつくる	からだの調子をよくする	力や体温となる

6つの食品群	① 魚介・肉・卵、豆・豆製品	③ 緑黄色野菜	⑤ 穀類・いも類・砂糖
	たんぱく質・脂質・ビタミンB2 ●血液や筋肉をつくる	カロテン・ビタミンC・カルシウム・鉄・ビタミンB2 ●皮膚や粘膜の保護 ●からだの各機能を調節する	糖質 ●エネルギー源となる
	② 牛乳・乳製品・小魚・海藻	④ その他の野菜、果物	⑥ 油脂
	カルシウム・たんぱく質・ビタミンB2 ●骨・歯をつくる ●からだの各機能を調節する	ビタミンC・カルシウム・ビタミンB1・B2 ●からだの各機能を調節する	脂質 ●効率的なエネルギー源となる

4つの食品群

日本人の食生活に普遍的に不足している栄養素を補充して完全な食事にするため、乳類と卵を第1群におき、他は栄養素の働きの特徴から3つの群に分けた。食事摂取基準を満たす献立が簡単につくれるよう、分量が決められている。

■ 4つの食品群の年齢別・性別・身体活動レベル別食品構成　(1人1日あたりの重量＝g)　　(香川明夫監修)

身体活動レベル	食品群\年齢 性別	乳・乳製品 男性	乳・乳製品 女性	卵 男性	卵 女性	魚介・肉 男性	魚介・肉 女性	豆・豆製品 男性	豆・豆製品 女性	野菜 男性	野菜 女性	芋 男性	芋 女性	果物 男性	果物 女性	穀類 男性	穀類 女性	油脂 男性	油脂 女性	砂糖 男性	砂糖 女性
身体活動レベルⅠ（低い）	6～7歳	250	250	30	30	80	80	60	60	270	270	50	50	120	120	200	170	10	10	5	5
	8～9	300	300	55	55	100	80	70	70	300	300	60	60	150	150	230	200	10	10	10	10
	10～11	320	320	55	55	100	100	80	80	300	300	100	100	150	150	300	270	15	15	10	10
	12～14	380	380	55	55	150	120	80	80	350	350	100	100	150	150	360	310	20	20	10	10
	15～17	320	320	55	55	150	120	80	80	350	350	100	100	150	150	420	300	25	20	10	10
	18～29	300	250	55	55	180	100	80	80	350	350	100	100	150	150	370	240	20	15	10	10
	30～49	250	250	55	55	150	100	80	80	350	350	100	100	150	150	370	250	20	15	10	10
	50～64	250	250	55	55	150	100	80	80	350	350	100	100	150	150	360	230	20	15	10	10
	65～74	250	250	55	55	120	100	80	80	350	350	100	100	150	150	340	200	15	15	10	10
	75以上	250	200	55	55	120	80	80	80	350	350	100	100	150	150	270	190	15	10	10	5
	妊婦 初期		250		55		100		80		350		100		150		260		15		10
	妊婦 中期		250		55		120		80		350		100		150		310		15		10
	妊婦 後期		250		55		150		80		350		100		150		360		20		10
	授乳婦		250		55		120		80		350		100		150		330		20		10
身体活動レベルⅡ（ふつう）	1～2歳	250	250	30	30	50	50	40	40	180	180	50	50	100	100	120	110	5	5	3	3
	3～5	250	250	30	30	60	60	60	60	240	240	50	50	120	120	190	170	10	10	5	5
	6～7	250	250	55	55	80	80	60	60	270	270	60	60	120	120	230	200	10	10	10	10
	8～9	300	300	55	55	120	80	80	80	300	300	60	60	150	150	270	240	15	15	10	10
	10～11	320	320	55	55	130	100	80	80	350	350	100	100	150	150	350	320	15	15	10	10
	12～14	380	380	55	55	170	120	80	80	350	350	100	100	150	150	430	390	25	20	10	10
	15～17	320	320	55	55	200	120	80	80	350	350	100	100	150	150	480	380	30	20	10	10
	18～29	300	250	55	55	180	120	80	80	350	350	100	100	150	150	440	320	30	15	10	10
	30～49	250	250	55	55	180	120	80	80	350	350	100	100	150	150	450	330	30	15	10	10
	50～64	250	250	55	55	180	120	80	80	350	350	100	100	150	150	440	300	25	15	10	10
	65～74	250	250	55	55	170	120	80	80	350	350	100	100	150	150	400	280	20	15	10	10
	75以上	250	250	55	55	150	100	80	80	350	350	100	100	150	150	340	230	15	15	10	10
	妊婦 初期		250		55		120		80		350		100		150		340		15		10
	妊婦 中期		250		55		150		80		350		100		150		360		20		10
	妊婦 後期		250		55		180		80		350		100		150		420		25		10
	授乳婦		320		55		180		80		350		100		150		380		20		10
身体活動レベルⅢ（高い）	6～7歳	250	250	55	55	100	100	60	60	270	270	60	60	120	120	290	260	10	10	10	10
	8～9	300	300	55	55	140	100	80	80	300	300	60	60	150	150	320	290	20	15	10	10
	10～11	320	320	55	55	160	130	80	80	350	350	100	100	150	150	420	380	20	20	10	10
	12～14	380	380	55	55	200	170	80	80	350	350	100	100	150	150	510	450	25	25	10	10
	15～17	380	320	55	55	200	170	120	80	350	350	100	100	150	150	550	430	30	25	10	10
	18～29	380	300	55	55	200	120	120	80	350	350	100	100	150	150	530	390	30	20	10	10
	30～49	380	250	55	55	200	150	120	80	350	350	100	100	150	150	530	390	30	20	10	10
	50～64	320	250	55	55	200	150	120	80	350	350	100	100	150	150	530	360	25	20	10	10
	65～74	320	250	55	55	200	130	80	80	350	350	100	100	150	150	480	340	25	15	10	10
	授乳婦		320		55		170		80		350		100		150		470		25		10

注）1）野菜はきのこ、海藻を含む。また、野菜の1/3以上は緑黄色野菜でとることとする。　2）エネルギー量は、「日本人の食事摂取基準（2020年版）」の参考表・推定エネルギー必要量の93～97%の割合で構成してある。各人の必要に応じて適宜調整すること。　3）食品構成は「日本食品標準成分表2020年版（八訂）」で計算。

冠 婚 葬 祭

冠婚葬祭の「冠」は成人式を指す。現在は人生の節目の祝い事をすべて「冠」の儀式とするのが一般的。「婚」は婚礼を指す。「葬」は臨終から年忌供養までを指す。納骨後も末永く供養していく一連の儀式が「葬」と考えるのが一般的。

冠

❶帯祝い
妊娠5か月目の戌の日に妊婦が腹帯を巻く祝い。これから先の妊娠、出産の無事を祈って巻く。戌の日に行うのは、犬が多産・安産であることから。腹帯は、妊婦の動きを楽にし、胎児の位置を安定させる効果がある。

右の写真が腹帯。

❷お宮参り

赤ちゃんの生後30日前後に、家族で神社にお参りする。地域の守り神と赤ちゃんを対面させ、健やかに育つようお祈りをする儀式。

❹七五三

11月15日に男の子は(3歳と)5歳、女の子は3歳と7歳のとき、神社へ参拝する。これまで無事に成長できたことへの感謝と幸福祈願。

❸お食い初め

生後100日目または120日目の赤ちゃんにご飯を食べさせるまねをする。一生、食に困らないようにという願いが込められている。

❺成人式

1月の第2月曜日に20歳に達した人を祝う。社会的権限が認められたことを公に意味し、それを祝う。一般的には、地域ごとの自治体などで式典が開かれる。

❻長寿の祝い

年齢	名称	由来
60歳	還暦	干支がひと回りし、生まれた干支に戻ることから
70歳	古希	「人生七十古来稀なり」という杜甫の詩から
77歳	喜寿	喜の略字が㐂と書くことから
80歳	傘寿	傘の略字が仐と書くことから
88歳	米寿	米の字が八十八を組み合わせて書くことから
90歳	卒寿	卒の略字が卆と書くことから
99歳	白寿	百の字から一を引くと白になることから

長寿の祝いは、古くは中国から伝わったもので、本来は数え年（満年齢＋1）で行ったが、最近では、満年齢で行うことが多くなってきた。

婚

❶披露宴での装い

 女性

結婚式は、男性のスーツや黒留袖などで、黒っぽい色が多くなりがちなので、女性は明るく華やかな印象の服装がよい。ただし、花嫁の色である白や、目立ちすぎる服装はひかえるべき。

 男性

ブラックあるいはダークスーツに白いネクタイと胸元にチーフが一般的なスタイル。黒白のストライプや銀色のネクタイなどを着けることもある。靴と靴下は黒のプレーンなものが一般的。男女とも、学生の場合は制服でもよい。

❷お祝い

お祝い金のめやす

新郎新婦との関係	金額
家族・親戚	3〜10万円
会社の上司	3万円〜
会社の同僚、友人・知人	3万円

　陰陽道では奇数を縁起のよい数字と考え、祝い事に使われる。ただし、新郎新婦との関係や立場によって包む金額は変わってくる。

❸袱紗

　のし袋を袱紗に包むのは、きれいなまま渡したいという心づかいである。紫色はお祝い・お悔やみの両方に使えて便利。

祝儀（しゅうぎ）用のし袋

　婚礼は一度きりという思いをこめて、ほどけやすい「蝶結び」ではなく、「あわじ結び」「結び切り」の水引を使う。

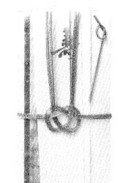

○あわじ結び　○結び切り

×蝶結び

●袱紗の包み方

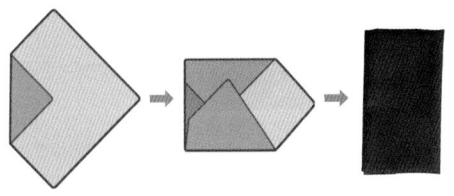

●披露宴への招待状の返信

出席の場合

　「出席」に○を付け、「御欠席」を消す。自分への敬語表現には、2本線を引く（「御」など）。届いたらすぐに返信するのがよい。遅くとも2週間以内に返信するのがマナー。

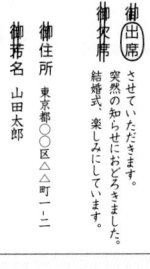

欠席の場合

　「欠席」に○を付け、「御出席」を消す。どうしても出席できないときは、お祝いのことばを添えて欠席理由を失礼にならないように伝える。ただし縁起の悪いことは書かないようにする。

葬

❶弔事の服装

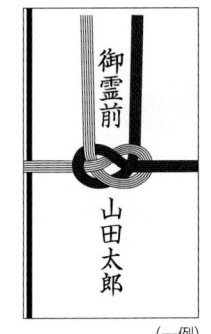

- ●髪が長い場合はまとめる
- ●香水や化粧は控えめに
- ●アクセサリーは付けない（控えめなパールは可）
- ●黒いワンピースやスーツ
- ●黒いストッキングと靴
- ●黒いスーツとネクタイに白いワイシャツ
- ●黒い靴下と靴

※通夜の場合は、正式な喪服でなくとも地味な色のスーツなどでもよい。学生であれば、通夜・告別式とも学生服でもよい。

●お通夜と告別式

　通夜は本来、線香の火を絶やさないように家族が一晩中お守りし、亡くなった人との最後のお別れをする儀式。
　告別式は、亡くなった人と地上での最後のお別れをするもの。最後に出棺を見送る。

❷香典

香典とは

　香典とは線香のかわりに差し上げるお金のことをいう。お札は新券は避け、裏向きで香典袋（不祝儀袋）に入れ、袱紗に包んで持って行くのがマナー。包む金額は、縁起が悪いとされる偶数と4（死）、9（苦）などの数字は避ける。

香典のめやす

近隣の人	3,000円〜
友人・知人	5,000円〜
会社の上司・同僚	5,000円〜
親族	10,000円〜
家族	50,000円〜

表の金額は、あくまでめやす。

不祝儀袋

　香典は、宗教や宗派によって不祝儀袋や表書きが異なるので、遺族に確認して間違いのないようにする。

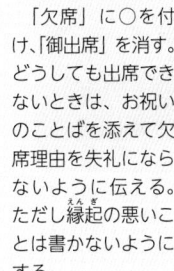

御霊前
山田太郎

（一例）

❸焼香の仕方（仏式の場合）

　焼香に先立ち、僧侶や遺族に向かって一礼し、焼香台の前で遺影に向かってさらに一礼する。終わったら逆の順序で一礼をする。

❶抹香を右手の3本の指でつまむ。

❷軽く頭を下げ、目の高さまで持ち上げる。

❸香炉の中に静かに落とす（数回）。

❹合掌する。

知っておきたい生活の知識

冠婚葬祭

冠婚葬祭の「祭」とは、古くは祖先や神を迎えて供物をささげ、霊を慰め祈る儀式であった。現在ではその形式のみを残し、年中行事という形で定着している。その行事に込められた思いはどれも、家族の健康、先人や神への感謝である（→p.100）。

春

節分（2月3日）

節分とは、季節の分かれ目を意味する。この日の夜、煎った大豆を「鬼は外、福は内」の掛け声とともに家の内外にまく。年の数だけ豆を食べると、災難から逃れられるといわれている。

また、いわしの頭をヒイラギの枝に刺して玄関に飾る地域もある。

桃の節句（3月3日）

関東ひな

ひな人形を飾り、女の子の健やかな成長と幸せを願う行事。白酒、はまぐりのお吸い物などでお祝いする。人形には、ひしもちやひなあられを供える。人形を飾る時期に決まりはないが、一般に一夜飾りを避け、翌日以降に片づける。

彼岸（春の彼岸）

春分の日を中日にして、前後合わせて1週間を春の彼岸という。先祖の墓をきれいにした後、墓前や仏前にぼたもちや団子を供え、お参りをする。

●おはぎとぼたもち

基本的には同じ食べ物である。春の彼岸に食べるものを「ぼたもち」、秋の彼岸に食べるものを「おはぎ」と一般的にはいう。春に咲くぼたん、秋に咲く萩になぞらえたという説がある。

夏

端午の節句（5月5日）

男の子がたくましく育つようにとの願いが込められた行事。こいのぼりを立て、武者人形やよろいかぶとを飾り、かしわもちを食べて祝う（関西ではちまきも食べる）。別名「菖蒲の節句」ともいい、この日に菖蒲湯に入ると病気にならないといわれている。

七夕（7月7日）

笹飾りを星にささげる行事。願い事を書いた5色の短冊を笹に下げて飾る。昔は織女星にあやかって女の子の手芸の上達を祈ることが多かった。

盂蘭盆会（7月13～16日）

先祖の霊を供養する仏事。先祖の墓を掃除した後、迎え火をたいて先祖の霊を迎える。仏壇の前にきゅうりの馬やなすの牛などを供える。16日には送り火をたく。

土用の丑（7月下旬）

立秋前18日間を土用といい、この間の丑の日を「土用の丑」という。暑い時期をのりきる栄養をつけるため、この日にうなぎを食べる習慣がある。

●暑中見舞を送る時期

時期：7月20日ごろ～立秋（8月8日ごろ）

```
暑中御見舞
申し上げます
①季節のことがら
②相手への気遣い
③近況 など
```

暑中見舞は暑中に相手を見舞うもの。季節が感じられる書き出しから始め、相手への気遣い、近況を忘れずに。時期が遅れたら「残暑見舞」とし、8月末日までに出す。

重陽の節句(9月9日ごろ)

中国から伝わった行事で、この日に、菊の花を浮かべた酒を飲むと長寿になれる、といわれていた。現在はこの慣習は薄れたものの、全国でこの時期に菊にちなんだ祭が開かれている。

彼岸(秋の彼岸)

秋分の日を中日にして、その前後合わせて1週間を秋の彼岸という。基本的に春の彼岸とすることは同じである。

墓前・仏前に供えるおはぎは、ぼたもちよりも小さめに作られる。

お月見(9月中旬)

旧暦8月15日の満月の夜(十五夜)に行う月を観賞する行事。「中秋の名月」、「芋名月」とも呼ばれる。ちょうど秋の収穫が始まるころのため、豊作を願い、また収穫のお礼として満月に月見団子や里芋などを供える。月見団子とともに、ススキをはじめとする秋の七草を飾ることもある。

● 並べ方

二百十日(9月初旬)

立春から数えて210日目の日のこと。稲が育つころであるとともに、台風が上陸するころでもある。注意を喚起するための日本独自の雑節(季節の変化の目安となる特定の日の総称)。

農村部では二百十日の前に風除けを願うお祭を行うところもある。

● 秋の七草

秋の七草はおもに観賞用として親しまれている。萩、ススキ、葛、なでしこ、藤ばかま、女郎花、桔梗または朝顔。ススキは、8月1日に病気予防のためにかゆに混ぜて食べる習慣があった。

新嘗祭(11月23日)

秋の収穫を祝い、天皇が新米を神に供え感謝を示す祭典。転じて勤労を感謝する日になった。現在は「勤労感謝の日」と呼ばれ祝日になっている。

明治神宮の新嘗祭

冬至(12月22日ごろ)

この日にかぼちゃを食べたり、ゆず湯に入ったりすると風邪を引かないといわれている。本格的な寒さに耐えるための知恵と考えられる。

ゆず湯

大晦日(12月31日)

年が明けないうちに年越しそばを食べ、除夜の鐘とともに新たな気持ちで新年を迎える日。

正月

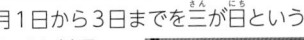

家を清め、正月飾りをほどこして、穏やかな気持ちで新年を迎えるのが正しい正月の迎え方とされている。1月1日から3日までを三が日という。

初詣

● おせち料理

家族の健康や子孫繁栄を願って食べられる。よろ「こぶ」や、「まめ」に暮らすなどすべての料理に意味が込められている。

● 正月飾り

門松
年神様を迎えるために門に飾る。

しめ飾り
神聖な場所を示すための飾り。

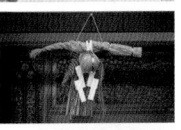

鏡もち
年神様への供物として飾る。

七草がゆ(1月7日)

せり、なずな、ごぎょう、はこべら、ほとけのざ、すずな、すずしろの春の七草をかゆ

に入れて、1月7日の朝に食べる。おせち料理で疲れた胃を休める効果がある。また、邪気を払うともいわれている。

● 鏡開き(1月11日)

年神様が宿ったとされる鏡もちを食べることで無病息災を願う行事。鏡もちは木づちなどで割る。

小正月(1月15日)

小豆がゆを食べて家族の健康を祈る。「女正月」ともいう。正月のしめ飾りや書き初めなどを燃やす「どんど焼き」も行われる。

どんど焼き

● 寒中見舞を送る時期

時期:小寒(1月6日ごろ)~立春(2月4日ごろ)

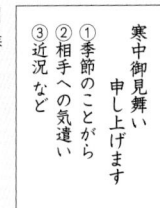

寒中御見舞い申し上げます
① 季節のことがら
② 相手への気遣い
③ 近況 など

暑中見舞と同じく、季節、気遣い、近況を入れること。喪中に年賀状をもらった場合の返信としてもよい。立春以降は「余寒見舞」とし、2月末日までに出す。

知っておきたい生活の知識

生活マナーの基本

マナーを身につけておくと、相手に好印象を与えることができる。豊かな人間関係を築くために、最低限のマナーは身につけておきたい。ただし、マナーは形だけではなく、相手のことを思いやる心を持つことが大切だ。家族や友人に対しても思いやりの心を持とう。

マナーの基本

❶ 時間を守る

時間を守れないと、けじめのない人と見なされることも。遅刻をしないのはもちろん、期限も守ること。

時間ぴったりだ！

❷ 決まりを守る

決定された事を守るのは大事だ。自分くらいは…と思っていると後で大変なことになるので気をつける。

❸ 相手を不快にしない

ため息や舌打ち、髪をいじる、ほおづえをつく、話のコシを折ることや否定する行為は、相手をイライラさせる原因となる。本人も無意識のことが多いため、しないように意識して気をつけること。また、話をするときは相手に体を向けることも大切。

電車・バスの中で

❶ 座り方

なるべく多くの人が座れるように、ひざを閉じる。荷物は網棚の上かひざの上にのせ、人の迷惑にならないよう心がける。

❷ ぬれた傘の持ち方

傘をたたんだら必ずひもで留める。自分の体に近付けて、柄の部分を持つようにする。近くの人がぬれないよう気を配る。

❸ 席をゆずる

高齢者や体の不自由な人を見かけたら、すぐに席をゆずる。ゆずるのを迷う相手のときは、さりげなく席を立つとよい。

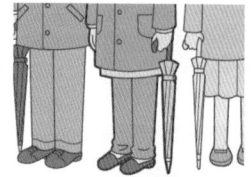

❹ 音楽の聞き方

ヘッドホンをつけていても、音量が大きいと周囲にも聞こえている。音がもれていないか、はじめにチェックしてから聞くとよい。

あいさつ

❶ 明るく大きな声で

おはようございます

おはよう

あいさつは相手に敬意や仲良くなりたいという意志を伝える、一番分かりやすいコミュニケーションの手段。特に初対面でのあいさつは大切。相手に届く声の大きさで、地声よりもやや高めの声を意識し、笑顔ではっきりとあいさつする。何より心を込めることが大切である。

❷ 相手の目を見て

あいさつは、まず相手の目を見てからすること。あいさつの末尾で頭を下げて、お辞儀をする。お辞儀が終わったら、再び相手の目を笑顔で見る。

TPOを考えよう

「TPO」とは、「Time（時間）」「Place（場所）」「Occasion（場合）」の頭文字をとったことば。時・場所・場合に応じて服装や行為・ことばなどを使い分ける考え方。

❶「平服」と指定されても…

パーティーの招待状に「平服でお越しください」とあっても、普段着は着ていかない。困ったら、招待者に聞いてもよい。

❷ 電車は自分の部屋ではない！

電車の中で食べたり、大声で騒いだりするのは、周りの人に迷惑。公共の場では、周囲のことを考えて行動する。

❸ 似合っていれば何を着ても良い？

バーベキューやハイキングなどでは、周りの人に気を遣わせないよう、動きやすく汚れてもよい服を着る。

和室のマナー（席次については→p.334）

❶ 和のあいさつ
招待を受けた場合は、まずお礼のあいさつを。室内に入ったら下座のあたりに正座をし、両手をついてお礼を述べ、丁寧（ていねい）にお辞儀をする。手みやげがある場合は、このときに渡す。

❷ 座布団の座り方
座布団の下座側にいったん座り、両手を軽く握り座布団につく。手を支えにしてひざを座布団の上に進める。

座布団の中央まで進んだら、ひざをそろえて座る。背筋を伸ばし、手はももの上で重ねる。

❸ 和室のNG

敷居を踏む	畳のへりを踏む・座る	座布団を踏む	素足、ペディキュア

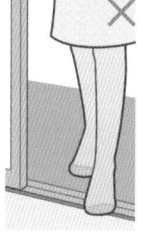
敷居はその家の象徴とされ、それを踏むことは家や家人を踏みつけることと同じという考え方。

畳のへりはその家の格式を表しており、それを踏むことは先祖や家人の顔を踏むことと同じという考え方。

座る時はもちろん、歩きながら座布団を踏むのもNG。もてなしの心を踏みにじる行為。

和室では、素足はNG。また、人が見て驚くような色のペディキュアは避けるようにしたい。

もじもじ…

敬語の使い方

❶ 尊敬語
相手を尊敬して使うことば。話題中の人や、聞き手に直接使うこともある。

❷ 謙譲語（けんじょうご）
相手への尊敬を表すため、自分の動作などをへり下って言うことば。

❸ 丁寧語
話題の内容に関係なく、話し手が聞き手に敬意を表し、丁寧に言うことば。

普通の表現	尊敬語	謙譲語	丁寧語
する	なさる	いたす	します
与える	くださる	さしあげる、あげる	与えます
飲む、食べる	召し上がる	いただく	飲みます、食べます
見る	ご覧になる	拝見する	見ます
行く	いらっしゃる	参る、うかがう	行きます
来る	いらっしゃる	参る	来ます
言う	おっしゃる	申す	言います
聞く	お聞きになる	承る、うかがう	聞きます
持つ	お持ちになる	お持ちする	持ちます
話す	お話しになる	お話しする	話します

この言い方、まちがっているの！？

❶ コーヒーでよろしかったでしょうか

「コーヒーでよろしいでしょうか」が正解。
少し前に頼まれた内容を確認していることばに聞こえるが、実際に使われるのは現在の場合がほとんど。よってこの言い方は不適切。

❷ 1万円からお預かりします

「1万円をお預かりします」が正解。
お店などでよく使われる表現だが、お金を預かるのは1万円からではなく、お客様から。これでは意味がおかしくなってしまう。

● 学生ことば・省略ことば
若者の間では学生ことばや省略ことばがよく使われている。就職試験の場合や目上の人と話す場合は、子どもっぽい印象を与えるので使わないよう注意しよう。

放課後っていうと、やっぱバイトっすよ。スマホとか、マジでめっちゃお金かかるじゃないすかぁ。

知っておきたい生活の知識

訪問のマナー

招く側と招かれる側のポイントを押さえておこう。自分が招く場合は、事前にスケジュールを組みしっかり準備しておくと、ゆとりをもって客を迎えることができる。招かれた場合は、その場を楽しむ心の余裕も忘れないようにしよう。

招く側

❶ 献立とスケジュール

段階にわけて計画をたてるとよい。想定外の事態に備え、余裕をもったスケジュールにしよう。

- 調理に時間がかかるもの、一晩おいたほうがおいしいものは前日にとりかかるとよい。
- 冷蔵庫は計画的に片づけ、作った料理や飲み物を入れる十分なスペースを確保しておく。
- 炒め物など、作りたてがおいしい料理は一品にすると、当日あわてない。
- テーブルセッティングは、直前にやろうとすると意外に手こずる。最低でも30分〜1時間前にとりかかる。

❷ 掃除

- 自分が客になったつもりで確認するとよい。
- トイレは内側も外側も丁寧に掃除する。トイレットペーパーもチェックしておく。

❸ 盛りつけと料理

調理不要な食材も盛りつけを丁寧にすれば立派な一皿になる。

花
食卓に植物があると、心がなごむ。

温・冷バランスよく
メリハリをつけるとよい。

小さく出す
気軽に手を出せるよう、小さいサイズで出すとよい。

大皿で出す
豪華に見えて洗い物が少なくてすむ。

飲み物を冷やすことを忘れずに

招かれる側

❶ 手みやげ

- 会費制や持ち寄りパーティーでなければ、手みやげを持って行くとよい。
- 迷ったらリクエストを聞いてもよい。

❷ 訪問時間

- 訪問するときは、時間厳守よりも5分程度遅れて行くとよいと言われる。

❸ 玄関で

- 靴：玄関先で靴をそろえるときは、ひざをついてそろえる。
- コート：玄関に入る前、もしくは玄関で脱ぐとよい。

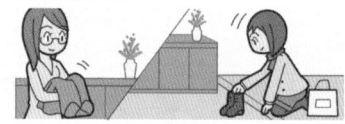

❹ 料理

- 出された料理はすぐに食べる。おしゃべりに夢中になっていてはいけない。
- 好みを聞かれたときは、はっきりと伝える。

❺ 片づけの手伝い

- 台所を見られたくないという人もいるので、無理に手伝わない。
- テーブルの上の汚れた食器は片づけやすい位置にまとめておく。

❻ 引き際

- 引き際は招かれた側から。招いた側からお開きにするとはいいにくいもの。

贈り物・お見舞のマナー

贈り物は、親しみや感謝、喜びを分け合う思いやりの心である。あまり高価なものを贈る必要はない。気持をこめて贈りたい。
お見舞は、病気やけがが治るようにと励ますためのものだ。相手や家族の気持ちを第一に思いやりたい。

贈り物
贈るのを避けたほうがよいものもあるので気をつけよう。受け取った後のお礼のしかたにも決まりがある。

❶ 品物を贈る場合

お祝いごと	贈り物の例	贈る時期	お返しの例
出産	ベビーウェア、おもちゃ、現金、ギフト券などをお祝いのカードを添えて贈る	生後1週間〜1か月ごろ	お菓子、タオル、石けんなどの消耗品
入園・入学	学用品、現金、図書カードなど	入園・入学の10日前ごろ	お菓子など
卒業・就職	名刺入れ、財布などの品物、現金、商品券など	3月中（新生活が始まる前）	お礼状を出す
成人	現金、花、時計、ネックレス、ネクタイ、財布など大人になっても使えるもの	成人式の1週間前ごろ〜当日	お菓子など 本人からのお礼のことばを添える
結婚	キッチン用品、食器、バス用品など新生活で役立つもの	結納後〜式の10日前ごろ ご祝儀として当日に渡すことも	引き出物、式に招待することがお返しになる
新築	花びん、食器、観葉植物など	新築披露当日までに	新居披露がお返しになる
定年退職	花束、退職後の趣味につながるようなもの、お酒など	退職の決定後1週間以内が目安	お礼状を出す
開店・開業	先方の希望を聞く、植物、時計、現金など	開店の前日、または当日	名前を入れた記念品、お菓子など
長寿	マフラー、カーディガン、茶器、装飾品、旅行など	本人の誕生日のころ	祝賀会を開く場合は引き出物 内祝いとしては菓子折りや食器、袱紗など

❷ 贈り物のNG
お茶は葬式を連想させるので、お祝いごとのときは出さないほうがよいとされている。結婚祝いでは「切る」「別れる」を連想させる刃物はタブー。長寿祝いなど目上の人に贈るときは、スリッパやマットは「踏みつける」ということから失礼にあたるため、やめたほうがよい。新築や引越しの祝いには、灰皿など火を連想させるものも贈らないほうがよい。

結婚祝い

長寿祝い

新築祝い

❸ いただく側のマナー
贈り物をいただく側にも基本的なルールがある。先方の心づかいに感謝し、きちんとお礼の気持ちを伝えることが必要である。内祝いは、「お返し」としてお祝いをいただいた人だけに行うのが、現在一般的になっている。

結婚内祝い	出産内祝い
・披露宴に出席しなかった人からいただいた場合 ・いただいたお祝いの半額程度 	・いただいたお祝いの半額から1/3程度 ・赤ちゃんの名前で贈る 

お見舞

❶ 病気・ケガ見舞
病気やケガで療養している人を見舞うときは、まず相手の状況や気持ちを考えなければならない。入院している場合は、相手の家族に容態を尋ねて見舞えるかどうか、いつごろ伺えばいいかを事前に確認しておく。また、同室の方に迷惑をかけないように、少人数で大声を出さないように気をつけて、短時間（15分程度）で帰るよう心がける。お見舞の品物は、食事がとれるようなら小分けの菓子や果物など、また気軽に気分転換ができるアイテムも喜ばれる。近年、生花の持ちこみを禁止している病院が増えている。

大勢で押しかけない

派手な服装・香水は避ける

❷ 病気見舞の品物NG
鉢植えは「ね（寝・根）つく」ということで贈るべきではない。
また、花が根元からポロリと取れるもの、シクラメンや菊のような「死」や「苦」を連想させるものも避ける。

❷ 快気祝い（お返し）
できればお礼状をそえて本人が持参し、元気な姿を見せたい。「きれいに治った」「あとに残らない」という意味で、消耗品を贈るのが一般的。病気が完全に治り、退院した後1週間〜10日前後に。

社会人になる

社会人になるにあたって、面接は自分をアピールする大切な場面。面接の流れを理解して、各場面でのポイントを確認しよう。
また、ビジネスの場では、学生気分では通用しない。社会人として必要なルールやマナー、ことばづかいを習得しよう。

面接

❶事前の準備

以下の項目に答えられるように準備しておくとよい。

- 自己PRをしてください。
- 学校生活で打ちこんだことは何ですか。
- 当社を志望した理由は何ですか。
- 得意科目は何ですか。
- 勤務地の希望はありますか。
- 最近のニュースで関心を持っていることは何ですか。
- 現在の日本の首相はだれですか。

このほかにも、志望企業や職種に関しての質問は多いので、情報はできるだけ多く集めておこう。

履歴書に記入したことは、詳しく質問されやすいので、ポイントを整理してスムーズに答えられるようにしておく。

想定される質問に対して、答えだけではなくその理由や意見を説明できるようにしておくとよい。

学生時代の一番の想い出は文化祭です。理由は…

- 深く座り背筋を伸ばす
- 手はひざの上
- 足はそろえる

❷面接の流れ

控え室でのマナー

控え室から面接は始まっている。姿勢を正して座り、静かに順番を待つこと。自分の名前が呼ばれたらはっきりと返事をする。

面接時のマナー

いすの脇に立ってあいさつをし、面接官にいすを勧められたら「失礼いたします」と言って座る。

受け答えは明るく丁寧に。伏し目がちになったり、キョロキョロしたりするのは禁物。受け答えは相手の目を見て、それ以外は面接官の胸元を見るなど、視線を安定させておくとよい。

入室時のマナー

ドアをノックして応答を確認する。「失礼いたします」とあいさつをして、面接官に背中を向けないように中に入る。ノブを反対の手に持ちかえて静かに閉める。

退室時のマナー

いすの脇に立ち「ありがとうございました」や「失礼します」と言って一礼し、ドアに向かう。ドアの前で面接官の方に向き直り、再度「失礼いたします」と言って一礼し、退室する。

服装・身だしなみ

男性はスーツにネクタイ、女性はスーツやワンピースなど清潔感のある服装で。学生の場合は制服でもよい。靴下やシャツなどがだらしなくならないようにしたい。

席次について
お客様や上司と一緒の席になった場合、座る場所にも配慮が必要となる。間違えると失礼にあたる。

❶応接室の場合

基本は、部屋の出入口に近い方が下座、遠い方が上座となる。下座が出入口に近いのは、雑用をこなすという意味もある。

❷和室の場合

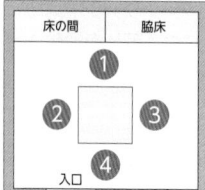

基本は、床の間の位置で決まる。上座は、床の間（床柱）を背にした席。床の間側が次席。脇床側がその次となる。

❸車の場合

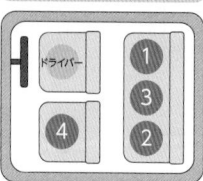

タクシーなどの場合は、運転席の真後ろが上座。下座は助手席になる。当事者が運転する場合と混乱しやすいので注意。

当事者のだれかが運転をするときは、上座は助手席に変わる。後部座席の真ん中が下座になるので注意する。

❹エレベーターの場合

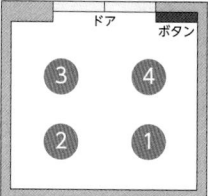

エレベーターでは、ボタンがある側の奥が上座、その横、その前、と続く。下座はボタンを操作する役目もある。

ビジネスマナー 電話応対や話し方、仕事に対する姿勢など、社会人としてのマナーを知っておこう。

❶ 電話の基本的な対応

● 電話が鳴ったら3コール以内に取る

「はい、○○社です。」

　↓

- 相手が名乗る。「いつもお世話になっております。」
- 相手が名乗らない。「失礼ですが、どちら様でしょう。」

　↓

相手を待たせる。「少々お待ちください。」

● 電話を再開する

「お待たせいたしました。」

必要に応じて相づちを打ち、要件を復唱(ふくしょう)するとよい。

● 相手の要望に応えられない

「大変申し訳ございませんが——。」

このとき、代替案を提案できるとよい。

● 注文を受ける

「かしこまりました。」

もう一度、受けた内容を復唱し、間違いがないか確認する。

● 電話を切る

「ありがとうございました、失礼いたします。」

相手が切るのを待ってから切ること。

❷ 社会人にふさわしい言葉づかい

	会社	自分・相手	同行者	訪問
自称	弊社(へいしゃ)・小社(しょうしゃ)	わたくしども	連れの者	うかがう
他称	御社(おんしゃ)・貴社(きしゃ)	そちら様	お連れ様	いらっしゃる

すみません ➡ 申し訳ございません	だれ ➡ どちら様
どうしよう ➡ いかがいたしましょう	ここ ➡ こちら
いいですか ➡ よろしいでしょうか	さっき ➡ 先ほど
ちょっと少し ➡ 少々	あとで ➡ 後ほど

※地域や慣習、企業、業界などにより、異なることがあります。

❌ そうなんですよぉー
❌ そんなには食べれないです。

NG トーク

語尾はのばさない　　ら抜き言葉

❸ 名刺交換の基本

名刺は目下の方から差し出すのがルール。もし相手が先にあいさつをしたら、「申し遅れました。」と一言付け加えることが大切。同時に名刺交換をする場合は、右手で自分の名刺を出し、左手で相手の名刺を受け取ること。

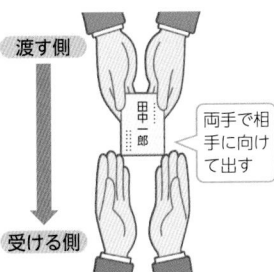

渡す側
甲一郎
両手で相手に向けて出す
受ける側

❹ お辞儀の種類

会釈	敬礼	最敬礼

 約15°  約30°  約45°

人とすれ違ったときや入退室など、軽くあいさつをするときは会釈を。

出社・退社や上司へのあいさつ、お客様を迎えるときは敬礼を。

感謝や謝罪などの気持ちを表すときは一番丁寧(ていねい)な最敬礼を。

❺ ビジネスの心得

● 給料を得る責任

仕事の対価としてお金を得る、ということを改めて考えよう。

● 身だしなみ

「外見よりも中身で勝負!」ではダメ。第一印象も社会人の基本。

責任
給料

出直してきます……

● 時間厳守

時間を守ることは信用の基本。常に余裕をもって行動しよう。遅れるときは、あらかじめ連絡すること。

● チームワーク

仕事は協力し合ってこそ結果がでる。コミュニケーションをうまくとるように心がけよう。

ねぼうした　おそい…　すみません

● 報告(ほう)・連絡(れん)・相談(そう)

- 指示された仕事を終えたら必ず報告する。
- 予定変更などの連絡は迅速に。
- 分からないことやトラブル発生時は必ず相談。自分勝手な判断は厳禁。

終わりました　報告
次回のアポは　連絡
実は…　相談

335

知っておきたい生活の知識

スマホ・手紙

現在は、友達や家族と連絡やコミュニケーションをとるにもスマホや手紙などたくさんの方法がある。なかでもスマホは持っていない人のほうが少ないほどだ。これらは、気持ちを伝えるものだからこそマナーが大切。改めてマナーを確認しておこう。

スマホのマナー

❶電車やバスの中での通話はひかえる

多くの人が乗り合わせる電車やバスの中では、周囲に迷惑をかけないよう通話はひかえよう。

❷飛行機では機内モードに

スマホを機内で使用するには、離着陸時を含み、電波を発さない状態（機内モード）にしておく必要がある。飛行機に搭乗する前に、機内モードに設定しておくと良い。

❸相手の前でスマホのチェックをしない

だれかと一緒にいるときに、スマホのディスプレイをのぞいたりアプリのチェックをするのは、相手の話を聞いていないようで失礼な印象を与える。確認は、化粧室など相手のいない所でしよう。

❹通話ではすぐに用件を話さない

相手がどこで何をしているのかわからないので、今話しても大丈夫かどうかを確認してから用件を話し始めよう。

❺早朝・深夜の通信は避ける

緊急の場合以外は、就寝時間中の通信はひかえよう。

❻スマホのメールは短めの文章を送る

パソコンに比べると長い文章は読みにくいので、できるだけ簡潔にする。改行もあまり多用しない。

❼絵文字に注意

相手によっては、使い過ぎると失礼になることもある。相手に応じて使い分けよう。

手紙の書き方
手紙よりもメールのほうが手軽だが、気持ちをこめたメッセージは自分の字で丁寧に書こう。

❶手紙の構成（お礼状の例）

❶頭語　❺お礼の内容　❾差出人名
❷時候の挨拶　❻結び　❿宛先人名
❸相手の安否　❼結語
❹自分の安否　❽日付

頭語と結語はセットで使うもの。覚えておこう。

頭語	結語
拝啓	敬具
謹啓	謹白
急啓	草々
前略	草々
拝復	敬具
再啓	敬具

❷お礼状のポイント

好意を受けたら1週間以内に相手に届くように出すのがマナー。相手に感謝の気持ちを伝えるものなので、具体的なエピソードもまじえてうれしかった気持ちをメインに書く。

❹おもてがき・うらがき

はがき おもて

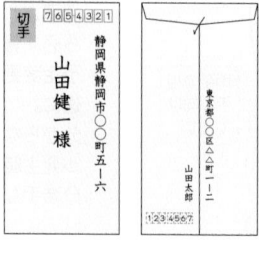

封筒

❸書き方のポイント

万年筆か黒色のペンを使い、縦書きで書く。相手が読みやすい字で書くことがポイント。書き上げたら誤字や脱字がないか、敬語の間違いがないかなどをチェックしてから出すようにする。

往復はがき

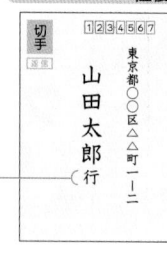

往復はがきを出すときは、自分宛の返信用には「行」とする
返信を出すときは「行」を消して「様」とする

はがきの種類には、大きく分けて通常の往信だけのはがきと往復はがきの2種類がある。往復はがきには、往信面は水色、返信面には緑色の切手が印字されている。往復はがきを出す場合は、あらかじめ返信用はがきのおもてに自分の住所と名前を書いて送る。

病気やケガに備えよう

かぜをひいたりちょっとしたケガをした場合に備えて、自分にあった常備薬を用意し、用法・用量を確認しておこう。
またメンタルヘルス不全防止のためにも、自分なりのストレス解消の方法も見つけておこう。不安な場合は、専門家に相談しよう。

常備薬

❶ 内服薬

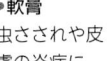

- **かぜ薬**
かぜの症状をやわらげる。総合感冒薬が便利。
- **胃腸薬**
胃もたれや胃の痛みをおさえる。
- **解熱剤**
一時的に熱を下げる。
- **下痢止め**
- **鎮痛剤**
頭痛・生理痛・歯痛をやわらげる。

❷ 外用薬

- **消毒薬**
傷口の消毒に。
- **軟膏**
虫さされや皮膚の炎症に。
- **目薬**
目の疲れや乾燥、炎症を抑える点眼薬。
- **湿布薬**
ねんざには冷湿布、腰痛などには温湿布。

❸ 処置用品

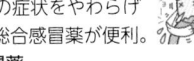

- **体温計**
自分の平熱を知っておくとよい。
- **包帯**
患部にガーゼを当てたり、固定したりする。
- **氷枕（熱冷まし用冷却剤）**
発熱時に頭部を冷やす。
- **絆創膏**
切り傷などによる傷口を守る。

❹ 薬を安全に使用するために

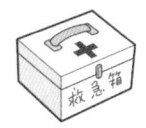

- 暗くて涼しい場所に保管する。
- 有効期限を守る。
- 説明書も保管する。

こんなときどうする！？

やけどした！

- まずは流水で十分冷やす。このとき患部に直接流水を当てない。
- 救急絆創膏を貼る。
- 水ぶくれをつぶしてはダメ。

包丁で切った！

- 滅菌ガーゼを傷口に当て、軽く押さえて止血する。
- 救急絆創膏を貼るか包帯を巻く。
- 出血が多いときは強く押さえ、心臓より高い位置に。

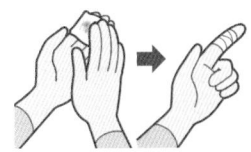

ねんざした！

- ぬれタオルや冷湿布で患部を冷やす。
- 無理に動かさずに、包帯で固定する。

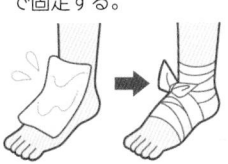

● AED（自動体外式除細動器）

心臓の動きを精査し、必要に応じて電気ショックを与えて蘇生させる医療機器で、設置が広がっている。

薬の飲み方、間違っていない？

Q1 食前、食後、食間っていつ飲めばよい？
A1 食前：食事の30分前。食後：食後30分以内。食間：食事のおよそ2時間後。

Q2 薬を飲み忘れたら次回に倍量飲んでもよい？
A2 ダメ。次に飲む時間が近ければ忘れた分はとばす。そうでなければ全体の時間をくり下げる。

Q3 薬をお茶やコーヒーで飲んでもよい？
A3 ダメ。水以外のもので飲むと効き目が悪くなったり、反対に効き過ぎたりすることがある。

Q4 水なしで薬を飲んでも大丈夫？
A4 ダメ。水の量が少なかったり水なしで飲んだりすると、薬の吸収が低下したり遅くなったりする。

ストレスとメンタルヘルスケア

「ストレスは人生のスパイスである」これはストレス学説を唱えたハンス・セリエの言葉です。ストレスといっても全てが有害なわけではなく、適度なストレスは心を引き締めて、仕事や勉強の能率をあげたり、心地よい興奮や緊張を与えてくれます。

しかし、その興奮や緊張が度を超してしまうと心やからだが適応しきれなくなり（過剰適応）、心身にダメージを与えます。ストレスと上手につきあうためには、自分に過剰なストレスがかかっていることに早く気づくこと、そして自分に合うストレス対処法を見つけて実践することがとても大切です。

（厚生労働省「こころの健康　気づきのヒント集」）

● ストレスと上手につきあうポイント

❶ 自分に合ったリラクセーション法を身につける

❷ 規則正しい生活を心がけ、睡眠を十分とる

❸ 親しい人たちと交流する時間をもつ

❹ 笑いのすすめ

❺ 緊張を細切れにする

❻ 適度に運動をする

電気と郵便の話

普段使っている電気について、基本的な知識を確認しておこう。また、電源コードは使い方を誤ると、思わぬ事故につながりかねないので、注意しよう。

郵便には、メールにはない便利な機能もあるので、賢く使おう。

電気の話

❶アンペアって何？

電流の大きさを表す単位。家庭で同時に使用できる電気の量は、契約アンペア以内である。例えば、40Aの契約をした場合、照明＋冷蔵庫＋炊飯器＋電子レンジ≒34Aまでは同時使用できるが、さらにエアコンを使用すると40Aを超えてしまうため、ブレーカーが落ちてしまう。

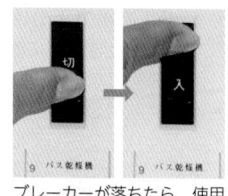

ブレーカーが落ちたら、使用中のおもな家電製品の電源を切ってから、ブレーカーを上げれば復旧する。

エアコン	暖房	6.6A
	冷房	5.8A
掃除機（強）		10A
ドラム式 洗濯乾燥機	乾燥時	13A
	洗濯時	2A
電子レンジ		15A
冷蔵庫（450L）		2.5A

テレビ	プラズマ（42型）	4.9A
	液晶（42型）	2.1A
アイロン		14A
ヘアードライヤー		12A
IHジャー炊飯器（炊飯時）		13A
電気カーペット（3畳）		8A
IHクッキングヒーター		20〜30A

参考：消費電力（W）＝電圧（100V）×アンペア（A）　（東京電力の資料より）
　　　アンペア（A）＝消費電力（W）÷電圧（100V）

❷電池の種類

一度だけ使い切りの電池

マンガン
小さな電力で長く使うものに適する。寿命が短い。

アルカリ
大きな電力を使うものに適する。マンガンより長寿命。

アルカリボタン
ボタン型。小さくても長寿命。ゲーム機等に適する。

酸化銀
ボタン型。寿命がくる直前までほぼ最初の電圧を保つ。

くり返し使える充電式電池

ニカド
一般的な充電式電池。コードレス電話等に使用。

ニッケル水素
ニカドの約2倍の容量。1回の充電で機器が長く使える。

リチウムイオン
小さくて軽く、パワーがある。携帯電話等に使われる。

❸照明（電灯）の種類（→p.74）

白熱灯

白熱電球
もっとも一般的な電球。浴室、トイレによく使われる。

ハロゲン電球
小型で明るいのが特徴。お店やスポットライトに使用される。

蛍光灯

蛍光ランプ
一般家庭で使われる代表格。リビングや寝室でよく使われる。

電球形蛍光ランプ
白熱電球と同じソケット（器具）に使える蛍光灯。

LED

LED電球
発光ダイオードを利用した照明。消費電力が小さく寿命も長い。

● 家電NG集

● 電源コードを束ねてはダメ

蓄熱したり内部で断線したりして、発火の危険がある。

● たこ足配線はダメ

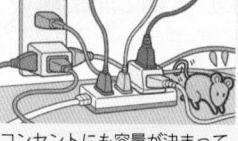

コンセントにも容量が決まっている。発熱・発火の危険がある。

● 電池は種類を混在して使うことはダメ

電池寿命が短くなるだけでなく、破裂や液漏れの危険がある。

● コンセント周辺のホコリはダメ

家具の裏などはホコリがたまりやすく、発火の危険がある。

郵便の話　郵便には、配達を記録・証明できるものもある。クーリング・オフ（→p.83）利用時に有効だ。

❶書留

- **一般書留**　受付から配達までの状況が記録される。万一事故が起きた場合、賠償金が支払われる。
- **現金書留**　現金を送付する場合専用の一般書留。専用封筒はのし袋も入るのでお祝いを贈るのにも便利。
- **簡易書留**　一般書留に比べて料金が安い。万一の場合の賠償額は原則として5万円以内の実損額。

❷証明郵便

- **引受時刻証明**　一般書留の郵便物や荷物の引受時刻について証明するもの。郵便料金に書留と引受時刻証明料金がかかる。
- **配達証明**　一般書留郵便物を受取人に配達した事実を証明する制度。
- **内容証明**　一般書留郵便物の中の文書がどんな内容であったかを証明する制度。
- **特定記録**　郵便物及びゆうメールで利用でき、引受の記録として受領証をもらう。配達は受取人の郵便箱に入れられる。郵便料金に特定記録料金がかかる。

● 引っ越したら郵便物はどうなる？

旧住所に届いた郵便物を1年間新住所へ転送することができる。旧住所の最寄窓口へ転居届を提出すればだれでも無料で利用できるサービス。日本郵便のホームページからも利用可能。

● 電報を打つには？

一般電話・携帯電話から115番、インターネットの場合はNTTのホームページから申し込める。当日中に届けたい場合はその日の午後7時までに申し込む。

住まいのトラブル シューティング

日常起きるちょっとしたトラブルには、知っていれば自分で解決できることも多い。ここでは、ありがちなトラブル6つを厳選して、その対処法と注意すべきことをまとめた。これ以外のトラブルについても、日ごろから対処方法を調べておくとよい。

電球・蛍光灯が切れたら？

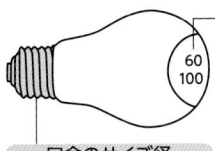

ボルト数・ワット数
電圧にあった器具で、指定されたワット数のランプを使う。器具に表示してある適合ランプを確認してから買おう。

口金のサイズ径
落下や過熱の原因となり、事故をまねくこともあるので、口金径を確かめてからサイズの合うものを取り付けよう。

電球形蛍光ランプの見方
「40W形　消費電力7W」とは？40W形とは40Wの白熱電球と同等の明るさであることを示し、実際の消費電力（7W）とは関係ない。

排水管がつまったら？

❶ 洗面所やお風呂の場合
- とれるごみは取り除く。
- パイプ洗浄剤を使う。
- 配水管用ブラシを使う。

❷ トイレの場合
- ラバーカップを便器の穴に入れ、押すときはゆっくり、引くときに力を入れる。

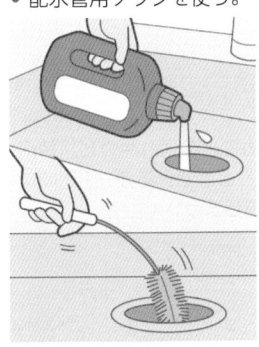

ラバーカップ

トイレの水が止まらない！　出ない!?

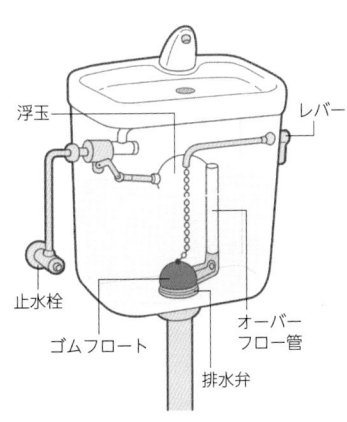

浮玉
レバー
止水栓
ゴムフロート
オーバーフロー管
排水弁

しくみがわかれば、直し方もわかる。
- オーバーフロー管が外れていると、便器に水が流れ続ける。
- ゴムフロートと排水弁がずれていても同様。
- 浮玉がはずれていると、タンクに水がたまらない。
- くさりがはずれたり緩むと、水が出ない。

※タンク内にペットボトルを入れる節水法は、排水量の不足からつまる原因になることもある。

カビが発生したら？

浴室の扉のカビ▶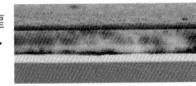

バッチリ

カビはこすっても落ちない。酢や消毒用アルコールを散布すると効果がある。カビ取り洗浄剤を使う場合は、下記の点に注意。
- 窓を開け、換気扇を回す。
- 手袋やめがね、マスクをつける。
- 製品の注意書きをよく確かめる。

予防のために（➡p.76）

「ゴキブリとの同居は無理！」という人は？

- **殺虫剤**：一番効くが、化学物質に抵抗がある人もいる。
- **サラダ油・液体洗剤**：ゴキブリを窒息死させるが、即効性はいまいち。
- **熱湯**：熱死させるが、使用場所が限られる。
- **スリッパ**：確実性は高いが、後処理が大変。

やーっ

遭遇しないために
- 水回りを清潔にし、乾燥させる。
- エサとなるものを放置しない。
- ホウ酸だんご（毒性のあるエサ）を置く。
- くん煙剤をたく。
- 粘着シート系トラップなどを置く。

牛乳
たまねぎ　砂糖
ホウ酸　小麦粉

ホウ酸だんごレシピ

天ぷらなべから火が出た！　どうする？

❶ 消火器で火を消す。

❶ピンを抜く

❷ホースを火に向ける

❸レバーをにぎる

❹火元をねらい左右に噴射

❷ 消火器がなければ、ぬらした毛布で覆う。

ゴウ　ゴウ

注意
- 火のついた天ぷら油に水をかけることは厳禁！高温の油が飛び散り、火も急激に拡大する。
- 天ぷら油は300℃以上になると、白煙を出し自然発火する。10分程度で達することもあるので、目を離さないこと。

知っておきたい生活の知識

掃除のコツ

掃除で大切なことは、毎日最低限の作業を積み重ねていくことだ。一度にしようと思うと時間がかかって大変なうえに汚れもとれにくくなる。特に湿気が多いお風呂はこまめに掃除するのが鉄則。上手な掃除のコツを覚え、きれいな家をキープしよう。

掃除の基本

❶上から下へ

ほこりは上から下に落ちてくるので、まず家具や高いところのほこりを落としてから床掃除をする。

❷奥から手前へ

掃除機は、後ろから出る排気でほこりを舞いあげるので、部屋の奥から始めて後ずさりしながら入り口へ移動。

❸時間を決める

時間を決めて集中すると、掃除がストレスにならず、部屋をきれいに保てる。ズルズルと続けると疲れやすい。

❹洗剤をむやみに使わない
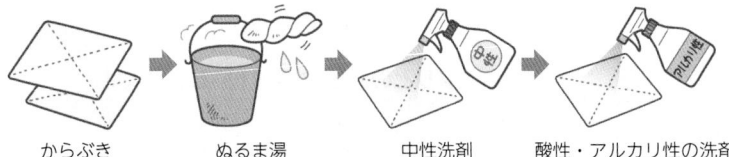
からぶき　ぬるま湯　中性洗剤　酸性・アルカリ性の洗剤

洗剤の間違った使い方で、かえって汚れが目立ったり、本体を傷めることもある。使用法は必ず読もう。また、弱いものから順に試してみよう。最後は必ず洗い流すか水ぶきして、洗剤分を除去する。

❺ふだんの掃除も大切

ふだんからこまめに片づけ、汚れがついたらさっとひとふきするくせをつけよう。

キッチン

キッチンの汚れの特徴は、油とほこりが混ざっていることである。しつこい汚れをすっきり落とすには、専用の洗剤を使うのがよい。

❶シンクのまわり
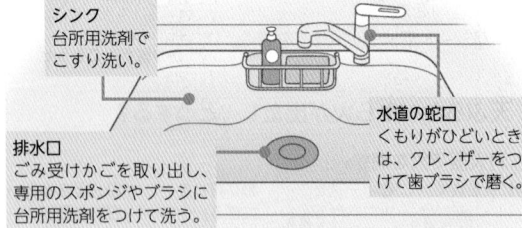
シンク
台所用洗剤でこすり洗い。

排水口
ごみ受けかごを取り出し、専用のスポンジやブラシに台所用洗剤をつけて洗う。

水道の蛇口
くもりがひどいときは、クレンザーをつけて歯ブラシで磨く。

❷ガス台まわり
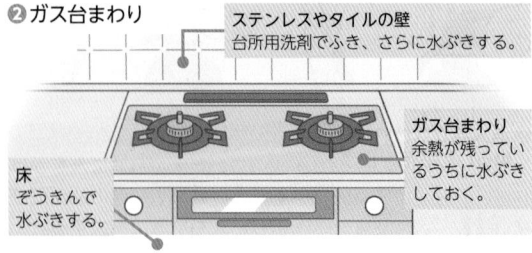
ステンレスやタイルの壁
台所用洗剤でふき、さらに水ぶきする。

ガス台まわり
余熱が残っているうちに水ぶきしておく。

床
ぞうきんで水ぶきする。

❸冷蔵庫や電子レンジなどの電化製品
台所用洗剤などをつけた台ふきんでふき、さらに水ぶきする。

お風呂

お風呂で気になるのは、水アカなどの汚れやカビ。毎日の掃除である程度の汚れを防ぐことはできるが、1週間に1度は洗剤を使って丁寧に掃除をしよう。

●毎日の掃除
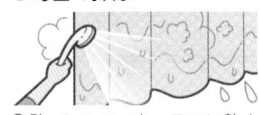
❶壁・シャワーカーテンに熱めのお湯をかけ、泡を完全に流す。

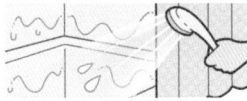
❷浴そう・壁・シャワーカーテンに水をかけ温度を下げる。

❸シャワーカーテンは水気をふきとり、広げておく。

❹窓があれば開け、なければ換気扇を回して乾燥させる。

トイレと洗面台

❶トイレ
毎日の掃除には、トイレ用除菌シートがあると便利。

※週に1度便器の内側にトイレ用洗剤をかけてブラシでこすり洗い。

❷洗面台
毎日スポンジで軽くこすれば汚れはほとんど落ちる。

※週に1度、蛇口のまわりを磨く。定期的に排水パイプもきれいに。

さくいん

食品名さくいん

● [ ] 内は食品番号（一部省略したものもある）。
● 一般に使用されることの多い別名や地方名については、
　成分表掲載食品名と参照ページを示した。
　　例：青じそ→しそ……182 282

さくいん

さくいん

345

■ 写真・資料提供

HAデコチップキタムラ／Kai House ／PPS通信社／SOYBEAN FARM ／ TOTO株式会社／YKKファスニングプロダクツ販売株式会社／愛知県農業総合試験場養鶏研究所／アグリシステム株式会社／甘竹田野畑株式会社／家の光フォトサービス／井上哲郎／エスビー食品株式会社／大塚化学株式会社／岡田精糖所／株式会社INAX ／株式会社PANA通信社／株式会社PPS通信社／株式会社朝日新聞社／株式会社アフロ／株式会社アマナ／株式会社エセルテジャパン／株式会社カネコ種苗／株式会社カワグレ／株式会社共進牧場／株式会社協同宣伝／株式会社共同通信社／株式会社キングジム／株式会社コムラ製作所／株式会社サカタのタネ／株式会社ジャノメ／株式会社東芝／株式会社道祖神／株式会社ドーコーボウ／株式会社日本航空／株式会社北海道・シーオー・ジェイピー／株式会社ボルボックス／株式会社毎日新聞社／株式会社前田創作舎／株式会社モスフードサービス／株式会社ユニフォトプレスインターナショナル／株式会社読売新聞／キユーピー株式会社／久遠チョコレート／コクヨ株式会社／小松義夫／コレクティブハウスかんかん森／小若順一／財団法人日本食肉消費総合センター／サンスター文具株式会社／三洋電機株式会社／時事通信フォト／渋谷高橋医院／島根県保健環境科学研究所／シャープ株式会社／社団法人京のふるさと産品価格流通安定協会／社団法人静岡県茶業会議所／社団法人日本種豚登録協会／小学館／食品と暮らしの安全／精糖工業界／セーラー万年筆株式会社／世界文化フォト／セコム株式会社／全ïٰ企画株式会社／象印マホービン株式会社／タキイ種苗株式会社／チェスコ株式会社／中央エレベータ工業株式会社／帝人株式会社／デザインモリコネクション有限会社／東京国立博物館／東京都消費生活総合センター／東芝ホームアプライアンス株式会社／東芝ライテック株式会社／東レ株式会社／永井撚糸株式会社／西川リビング株式会社／日清食品株式会社／日本KFCホールディングス株式会社／日本化学繊維協会／日本食鳥協会／日本畜産副生物協会／日本ファイバーリサイクル連帯協議会／日本マクドナルド株式会社／ハウス食品株式会社／パナソニック電工株式会社／ピクスタ株式会社／フィスラージャパン株式会社／フォトエージェンシー・アイ／ブルーダイヤモンド・アーモンドグロワーズ日本支社／ペイレスイメージズ株式会社／本田技研工業株式会社／本場奄美大島紬協同組合／松戸市立博物館／ミウラ・ドルフィンズ／森産業株式会社／森永製菓株式会社／結納屋さんドットコム／結城市役所商工観光課／雪印メグミルク株式会社／渡辺採種場

本書の食品成分値は、文部科学省科学技術・学術審議会資源調査分科会による「日本食品標準成分表 2020年版（八訂）」および「日本食品標準成分表 2020年版（八訂）アミノ酸成分表編」に準拠しています。本書の食品成分値を複製または転載する場合には、文部科学省の許諾が必要となる場合があります。

■ QRコードは (株)デンソーウェーブの登録商標です。

表紙デザイン／アトリエ小びん　佐藤志帆
本文アートディレクション／鈴木住枝 (株式会社コンセント)
本文デザインDTP ／株式会社コンセント
イラストレーション／しかのるーむ、戸塚恵子、広瀬祐子、P.U.M.P、
　　　　　　路みちる

ニューライブラリー家庭科 資料＋成分表 2024

著作者／実教出版編修部

発行者／小田　良次

印刷所／株式会社広済堂ネクスト

発行所／実教出版株式会社

〒102-8377　東京都千代田区五番町5
電話〈営業〉(03) 3238-7777
　　〈編修〉(03) 3238-7723
　　〈総務〉(03) 3238-7700
https://www.jikkyo.co.jp/

002402012017　　　　　　ISBN978-4-407-36319-7